JN150197

南山大学地域研究センター共同研究シリーズ

8

記憶の共有をめざして

第二次世界大戦終結70周年を迎えて

川島正樹 編

行路社

本書の刊行にあたっては、
2015 年度南山大学地域研究センター共同研究助成金を受けた。

はしがき

地域研究センター共同研究「『記憶』の共有を目指して――第二次世界大戦終結70周年を前に『歴史認識問題』等の未解決の問題と取り組み好ましき地球市民社会を展望するための諸地域の枠を超えた共同研究の試み」は第二次世界大戦の終結70周年を3年後に控えた2012年春に開始された。それから今日までの僅か3年間にこれほど「歴史認識」をめぐる問題が世界、とりわけ東アジア地域で深刻化するとは、その時の私は予想できなかった。中立的立場を堅持しつつあくまでも科学的な方法で史実の探求を心がけるべき歴史研究という学問分野に、近年において極めてあいまいで科学的とは言い難い「記憶」という情念に満ちた概念が入り込む傾向が顕在化している。おそらく他の誰も予想できなかったであろう新たな現象である。

本共同研究の開始時点において私は以下のように漠然と楽観的に考えていた。史実を追究する歴史研究の進展により、第二次世界大戦に関する歴史的事実の共有化が起こり、それに伴って諸国民間で「記憶」の共有化が進み、いわゆる「歴史認識」をめぐる各国民間および同国民内で時折見え隠れしていた亀裂は修復の方向に向かうでろう、と。現代史を専攻してきた私には、古代史や中世史や近世史と比べて、近現代史、とりわけ20世紀以降の同時代史的歴史研究においては、史料が豊富であり、科学的に確定された「歴史的事実」への到達が比較的容易であろうと思われた。しかしながら、この想定があまりにも楽観的に過ぎたことは間もなく判明した。

戦争をめぐる事実の確定は予想外に困難であることを、私はまず思い知らされた。例えば本共同研究の第2年度で扱った南京大虐殺の例に見られるように、日中双方および日本国内でさえ、その犠牲者数の確定や犠牲者の多くが兵士か一般民衆かは、現時点においては大多数の研究者の同意を得る推定値の設定の可能性を展望することすら極めて困難と言わざるを得ない。「慰安婦」をめぐっても事情はあまり変わらない。日本政府による「強制」の有無は歴史的事実の共有の問題を超えて、架橋が困難な亀裂が歴史的に固定化された人々の「認識」のレベルに関わる問題でもあることが分かった。おそらく今後もこの情況に大きな変化は望めそうにない。むしろ直接の当事者が亡くなり、孫の世代の人々に「記憶」が伝達されるに至る今日、諸国民と同国民内の「認識」の亀裂の架橋はより困難になっている。犠牲者や被害者の孫の世代に至っている中国や韓国の地元民衆と、加害者たる日本の兵士や民間業者の子孫の情念の分かたれた方向性へのベクトルの強さは、有効な合力をもたらす交点を結ぶことを展望しうるに足る、厳密な歴史研究の国際的共同作業の実行すら許さないであろう。そもそも各国の専門の歴史家において、実証研究の進展によって自信をもって「確定的事実」を提示しうると豪語できる者は皆無であろう。日中韓三国の「共通教科書」編纂が試みられたことには敬意を表すが、多くの記述が「両論併記」に留まらざるを得ないゆえんがそこにある。

このような情況は何によって生じたのだろうか。各国の「国益」にも深く関わる、政府による記念碑や博物館の建設ないし展示、教科書記述の変更を通じた「上から」の働きかけが影響しているのは勿論だが、それには広く国民の「下から」の声が反映されている事実も看過できない。現在問題化している「歴史認識」は、当事者から子どもや孫の世代に口伝えを含めた様々な直接的手段を通じて「記憶」として特定の方向付けをもって固定化されつつある。市井の人々に深く根差す情念が介在しながら地方や国家レベルで集団的に記憶され、事実を超えて確信となるに至っていわゆる「歴史認識」が形成され、政府の「上から」の後押しを得てさらに各国でバラバラに、接点を結ぶことなく、ますます先鋭化しているのが現状であると言わざるを得ない。その有効な合力を生み出し得ない別方向のベクトルを持つ認識の違いは、今や各国の良心的歴史家や政治家の努力の限界値を乗り越えて顕在化している。悲惨極まりない戦争の直接的な体験者が急速に減少する今後、背景を異にしても共有化され得た戦争の悲惨な現場体験と切り離されて伝承された「戦争の記憶」が各国で独り歩きし始めている。とりわけ東アジアではその共有化されることなき「歴史認識」の相違が深刻な「領土問題」とも重なって、重大な危機を孕む国際問題となっている。

この燃え上がる国民感情の背後には皮肉にもグローバル化の急激な進行がある。国境を越える物や金のみならず人の移動の激化や情報アクセスの至便化がもたらしているのは、当初予想された国の枠を越えた人々の利益と未来像の共有化というよりも、むしろ歴然たる国民生活レベルにおける幾重もの格差の存在を明らかにしていることである。アジアの「後発」諸国の人々が「先進」諸国、とりわけ日本を訪れて感じるのは、憧れのみならず妬みであることは想像に難くない。「大戦中に私たちの祖父母が強いられた犠牲に対して日本人は不十分な反省と補償しかしていない。戦後私たちが米ソ冷戦に翻弄されて多大な犠牲を強いられている間に日本は戦後復興を遂げ、いち早く高度経済成長を経験したのは不当である」との思いも募るであろう。その一方で、日本をはじめいわゆる「先進」諸国ないし工業化しつつある諸国では例外なく少子高齢化が顕在化しつつあり、国を超えた競争の激化と先行き不透明感が増す中で、福祉の領域でますます政府の責任が期待し難くなる現状にあって、深まる自己と家族の未来の生活への不安とも相俟って、この有利な「先進」諸国の人々においても身近な利益の確保に血眼にならざるを得ない情況を強いられている。彼ら彼女らは不満と不安を募らせ、そのはけ口の一つとしての「ヘイトクライム」の横行がもたらされていると見なしうるのである。制御を欠いた急速なグローバル化がもたらしている各国の「下から」の不満と不安の広がりは、戦後の希望をもたらしたものとはかなり異質な「ナショナリズム」の再生を伴いつつ「領土問題」を契機とした戦争の危険も孕みながら「歴史認識問題」の先鋭化をもたらしている。これが研究代表としてこの３年間の共同研究を終えた時点での総括的な印象である。漠然たる楽観で始まった共同研究は、残念ながら深い悲観で閉じられようとしている。

本共同研究は南山大学が誇る四つの地域研究センターが総力を挙げて取り組みつつ、外部から立場を超えた多様な協力者を募りながら、ようやくここにまとめ本の刊行にまで漕ぎつけることができた。下記に挙げた学内分担研究者とシンポジウムや講演会等の催しへの外部協力者のすべての方々にご執筆をいただけたわけではないが、南山ならではの多様な戦争の「記憶」の現状に関する論稿が本書に収められたことは、研究代表としてこの上ない喜びである。総花的で内容的に「まとまりがない」とおしかりを受けるかもしれないが、むしろこの総花性が本共同研究の一番の価値であると自負している。本共同研究の完遂と本書の刊行に当たって、まず下記に挙げた南山大学同僚諸氏の本共同研究メンバーおよび海外を含む学外からご参加くださった諸氏のご協力に心より感謝したい。加えて、歴代三名の地域研究センター事務職員の皆さん、城所佑委氏、成田ゆかり氏、そして最終段階での追加的な催しの企画運営や原稿編集作業の労を一手にお引き受け下さった加藤奈緒子氏に、特段の謝意を表すものである。また私の様々な無理な願いを聞いて下さった前教学担当副学長青木清教授（法学部）にも御礼を申し上げる。出版に当たっては行路社の楠本耕之氏に大いにお世話になったことを特筆させていただいて謝意に代えたい。

本書が戦後70周年の節目に、とりわけ東アジア各国で情念の油を注がれて先鋭化して燃え盛ろうとしている「歴史認識」の問題を冷静に考え直すきっかけの一つになることを、心より願うものである。

2015年5月31日
研究代表　川島 正樹

I．研究代表・分担研究者

1）研究代表

川島 正樹（南山大学外国語学部英米学科教授・アメリカ研究センター長）

2）分担研究者

藤本 博（南山大学外国語学部英米学科教授・アメリカ研究センター研究員）
上村 直樹（南山大学外国語学部英米学科教授・アメリカ研究センター研究員）
山岸 敬和（南山大学外国語学部英米学科教授・アメリカ研究センター研究員）
Tee, Ve-Yin（南山大学外国語学部英米学科講師）
加藤 隆浩（南山大学外国語学部スペイン・ラテンアメリカ学科教授・ラテンアメリカ研究センター長）
木下 登（南山大学外国語学部スペイン・ラテンアメリカ学科教授・ラテンアメリカ研究センター研究員）
牛田 千鶴（南山大学副学長・外国語学部スペイン・ラテンアメリカ学科教授・ラテンアメリカ研究センター研究員）
蔡 毅（南山大学外国語学部アジア学科教授・アジア・太平洋研究センター長）
小林 寧子（南山大学外国語学部アジア学科教授・アジア・太平洋研究センター研究員）
細谷 博（南山大学人文学部日本文化学科教授）
松田 京子（南山大学人文学部日本文化学科教授・アジア・太平洋研究センター研究員）
宮原 佳昭（南山大学外国語学部アジア学科講師・アジア・太平洋研究センター研究員）
真野 倫平（南山大学外国語学部長・フランス学科教授・ヨーロッパ研究センター研究員）
Courron, David（南山大学外国語学部フランス学科教授・ヨーロッパ研究センター研究員）
小林 純子（南山大学外国語学部フランス学科准教授・ヨーロッパ研究センター研究員）
中村 督（南山大学外国語学部フランス学科講師・ヨーロッパ研究センター研究員）
Szippl, Richard（南山大学外国語学部ドイツ学科教授・ヨーロッパ研究センター研究員）
大竹 弘二（南山大学外国語学部ドイツ学科准教授）

Ⅱ．活動記録

（肩書は発表当時のもの）

〈シンポジウム〉

第1回シンポジウム

主催：地域研究センター共同研究
共催：外国語学部、大学院国際地域文化研究科
日時：2012年12月8日（土）13：30～17：30
場所：L棟9階 910会議室
テーマ：1930年代再訪――あまりにも早くおとずれる二度目の大戦への道
講演者：1）秋元 英一（帝京平成大学教授、千葉大学名誉教授）
　演題：1929年、大恐慌から第二次世界大戦へ――アメリカの歩み
　2）木村 靖二（立正大学教授、東京大学名誉教授）
　演題：予期されていた戦争――ヨーロッパと第二次世界大戦：「国民国家の時代」の視点から
　3）永井 和（京都大学教授）
　演題：日中戦争から世界戦争へ
総合司会：川島 正樹（南山大学アメリカ研究センター長、共同研究代表）

第2回シンポジウム

主催：地域研究センター共同研究
共催：外国語学部、大学院国際地域文化研究科、名古屋アメリカ研究会
日時：2013年2月16日（土）13：30～17：30
場所：J棟1階 特別合同研究室（Pルーム）
テーマ：日米開戦への道と日系人収容問題を考える
講演者：1）川田 稔（名古屋大学名誉教授）
　演題：陸軍と日米開戦への道
　2）山倉 明弘（天理大学教授）
　演題：ペルー日系人拉致・米国抑留および戦後処分の意味
総合司会：川島 正樹（南山大学アメリカ研究センター長、共同研究代表）

第3回シンポジウム

主催：地域研究センター共同研究
共催：外国語学部、大学院国際地域文化研究科
日時：2013年7月13日（土）13：30～17：30
場所：L棟9階 910会議室
テーマ：アジアでの『和解』の追究――第二次世界大戦終結70周年を前に
講演者：1）王 暁葵（華東師範大学教授）
　演題：中国において南京大虐殺はいかに記憶されてきたか

2）和田 春樹（東京大学名誉教授、元アジア女性基金専務理事）
演題：戦後平和主義とアジアとの和解の可能性
コメンテーター：金 光旭（岐阜経済大学兼任講師）
総合司会：川島 正樹（南山大学アメリカ研究センター長、共同研究代表）

第4回シンポジウム
主催：地域研究センター共同研究
共催：外国語学部、大学院国際地域文化研究科、名古屋アメリカ研究会
日時：2013年10月12日（土）13：30～17：30
場所：L棟9階910会議室
テーマ：日米戦をめぐる『記憶』共有の模索
講演者：1）松尾 文夫（元共同通信ワシントン支局長）
演題：オバマ大統領をヒロシマへ——中国、韓国、そしてアメリカどこを向いても待ったなしの「歴史和解」
2）油井 大三郎（東京女子大学教授）
演題：日米戦争の記憶——その溝をどう埋めるか
総合司会：川島 正樹（南山大学アメリカ研究センター長、共同研究代表）

第5回シンポジウム
主催：地域研究センター共同研究
日時：2014年3月23日（日）14：00～16：30
場所：D棟地下1階DB1教室
テーマ：日米戦争と戦後日米関係
講演者：五百旗頭 真（熊本県立大学理事長、ひょうご震災記念21世紀研究機構理事長、前防衛大学校長）
総合司会：川島 正樹（南山大学アメリカ研究センター長、共同研究代表）

第6回シンポジウム
主催：地域研究センター共同研究
共催：アメリカ研究センター
日時：2014年10月11日（土）14：00～17：00
場所：J棟1階 特別合同研究室（Pルーム）
テーマ：アジアでの和解を目指して（その2）——第二次世界大戦終結70周年を前に
講演者：1）中野 涼子（シンガポール国立大学助教授、南山大学社会倫理研究所非常勤研究員）
演題：多民族都市国家シンガポールにおける「日本占領期」の記憶の忘却と再生産
2）Ve-Yin Tee（南山大学外国語学部英米学科講師）
演題：The Unauthorized History of the Japanese Occupation
総合司会：川島 正樹（南山大学アメリカ研究センター長、共同研究代表）

〈特別講演会〉

特別講演会

主催：外国語学部アジア学科主催

共催：アジア・太平洋研究センター

日時：2012年11月27日（木）13：30～15：00

場所：M棟地下2階MB11教室

講演者：ジョゼ・ラモス＝ホルタ（前東ティモール大統領・1996年ノーベル平和賞受賞者）

　　演題："Post Conflict Countries: From Conflict to Peace and Prosperity - The Case of Timor-Leste"

〈講演会〉

講演会 1

主催：アメリカ研究センター

共催：名古屋アメリカ研究会

日時：2013年3月23日（土）14：00～17：00

場所：L棟9階910会議室

講演者：川崎 哲（ピースボート共同代表）

　　演題：東アジアの情勢と平和共存の課題――日米関係も射程に入れつつ

講演会 2

主催：アメリカ研究センター、地域研究センター共同研究

日時：2014年9月25日（木）17：00～19：00

場所：L棟9階909会議室

講演者：豊下 楢彦（元関西学院大学法学部教授）

　　演題：昭和天皇と「戦後レジーム」の形成

総合司会：川島 正樹（南山大学アメリカ研究センター長、共同研究代表）

講演会 3

主催：アメリカ研究センター、地域研究センター共同研究

共催：ラテンアメリカ研究センター

日時：2014年11月29日（土）13：30～17：30

場所：L棟9階910会議室

テーマ：戦争の記憶、スペインと沖縄

講演者：1）川成 洋（法政大学名誉教授）

　　演題：内戦後の「国際旅団」の運動について

　2）冨山 一郎（同志社大学グローバルスタディーズ研究科教授）

　　演題：沖縄戦を想起するということ――記憶と病の間

総合司会：川島 正樹（南山大学アメリカ研究センター長、共同研究代表）

〈学内勉強会〉

第1回学内勉強会

主催：地域研究センター共同研究

日時：2012年11月29日（木）17：00～18：30

場所：L棟9階910会議室

テーマ：「総力戦」と「戦略爆撃」をめぐって

報告者：1）川島 正樹（南山大学アメリカ研究センター長、共同研究代表）

演題：第二次世界大戦と踏みにじられた「戦争の倫理」――市民を巻き込む「総力戦」と「戦略爆撃」の系譜

2）藤本 博（南山大学外国語学部英米学科教授）

演題：「現代戦争」としてのヴェトナム戦争――戦争の実相、「戦争の克服」と「和解・共生」

第2回学内勉強会

主催：地域研究センター共同研究

日時：2013年11月28日（木）17：00～18：30

場所：L棟9階910会議室

報告者：1）松田 京子（南山大学人文学部日本文化学科教授）

演題：植民地支配下での戦争動員をめぐる語りの相克――近年の台湾での同行に即して

2）中村 仁美（南山大学大学院国際地域文化研究科国際地域文化専攻博士後期課程）

演題：原爆投下に関する米国の歴史教科書の記述の変遷――テキサス州採択の教科書と21世紀発行の教科書を事例に

第3回学内勉強会

主催：地域研究センター共同研究

日時：2013年12月6日（金）17：00～18：30

場所：L棟9階910会議室

報告者：1）小林 純子（南山大学外国語学部フランス学科講師）

演題：現代フランス教育制度のなかの独仏共通歴史教科書

2）大竹 弘二（南山大学外国語学部ドイツ学科准教授）

演題：カール・シュミットとポスト主権国家の秩序構想

以上。

目次

序章

市民を巻き込む総力戦と国民国家

近代世界の歩みとグローバル化の行方を展望するために
「戦争の世紀」の記憶の共有を目指して

川島 正樹

はじめに

前世紀が終焉に近づくにつれ、人口に膾炙されるに至った言い回しに、20世紀は「戦争の世紀」だったというものがある。確かに20世紀の幕開け後間もなく、日本が絡む大規模な戦争であった日露戦争（1905～1906年）が起き、ほどなく当時の言葉でいう「世界戦争」（The World War、1914～1918年）が勃発した。それは未曽有の損害を人類社会にもたらしたが、恒久平和をもたらすはずのヴェルサイユ条約締結のわずか20年後に「第一次世界大戦」と呼ばれなければならなくなった。この二つの「世界大戦」では、戦闘員とともに多くの一般市民を含む、それぞれ1600万人と5500万人もの命が失われたとされているが、正確な数値は今もって明らかではない。第二次世界大戦後に日本は「押し付けられた」とされる平和憲法の下で、敗戦の荒廃から見事に復興を遂げただけでなく、長期の持続的高度成長経済の下で戦前において望むべくもなかったほどの物質的豊かさを国民レベルで実現し得た。その間、欧州は長らく冷戦という名の臨戦態勢の下に置かれ、アジアでは悲惨な実際の熱い戦争も続発した。実は日本の戦後の復興と高度成長は日本国民自身の努力の賜物であったとばかりは言えない。朝鮮戦争とベトナム戦争という、第二次世界大戦の戦勝国アメリカが関わったアジアの二つの戦争による「特需」なくしてはあり得なかったのである。世界規模での戦争が続いたという意味で、20世紀は確かに「戦争の世紀」であったが、とりわけ近代の日本の歩みは第二次世界大戦後も含め戦争に大いに関わりがあったのである。第二次世界大戦中に開発され使用された原爆という大量破壊兵器を生んだ科学技術は、戦後に水爆と大陸間弾道ミサイルをもたらし、それらの技術の拡散によって、21世紀に入って15年目を迎えた今も世界は破滅の危機にさらされたままである。この意味で「戦争の世紀」は続いている。

南山大学が誇る四つの地域研究センター（アメリカ研究センター、ラテンアメリカ研究センター、アジア・太平洋研究センター、ヨーロッパ研究センター）を中心として2012年度初頭に企画された3カ年計画である本共同研究プロジェクトは、終了の年となる西暦2015年が第二次世界大戦終結70周年となることから、今なお周辺諸国と「歴史認識問題」や「領土問題」といった戦争に関わる未解決の問題を抱える我が国の現状に鑑み、アジア環太平洋諸国間の第二次世界大戦にまつわる「記憶」の共有の方途を模索すべく、3年前に立ち上げられた。本稿は最初の学内勉強会における研究代表の報告を基にしている。その際に研究代表が取組んだのは、第二次世界大戦でとりわけ顕著となる20世紀の戦争の特徴としての「総力戦」の歴史を検証しその意味を問い直すという壮大なテーマであった。同時に先輩同僚の藤本博教授には、ベトナム戦争における米軍の戦争犯罪を含む米国とベトナムの双方の「記憶」の問題に取り組んでいただいた。続いて学外から日本を代表する3名の各分野で著名な講師を招いて、最初の「世界戦争」の反省の後あまりにも早く訪れる二度目の世界戦争に至る1930年代の諸問題を考察することとした。それらを踏まえ、第2年度以降には本論というべき戦争の「記憶」をめぐる諸問題と格闘しながら、記憶の共有へ向けた具体的方途を探ることが試みられた。なお本共同研究で言う「記憶」とは当事者個々人の実体験を基にした直接的あるいは体験者からの伝聞によって得られた間接的経験によって形成された認識に留まらず、歴史教育を主たる手段に含む、政策的に国民レベルで形成された集団的な歴史観としてのいわゆる「歴史認識」を含み、むしろ本共同研究では後者を主たる研究対象とする。日本は今なお近隣アジア諸国から植民地支配や「先の戦争」にまつわる歴史認識の在り方を指弾され続けている。本共同研究はアジア諸国民間そして太平洋の対岸にある南北アメリカ大陸諸国民との「記憶」の共有化を「下から」図るためのささやかな試みである。なお主要には研究代表の力量的制約から、残念ながらオセアニア諸国を直接の研究対象から外さざるを得なかった次第である。

既述のごとく、本共同研究の口火を切った第1回目の学内勉強会において研究代表である本稿執筆者が設定したテーマは「総力戦」の意味を問い直すことであり、その起源を「国民国家」が人間集団の基礎的単位の国際的標準として成立する近代以降の、とりわけ諸列強による植民地争奪戦と重なるグローバル化が本格的な流れとなる時代の幕開け時から総力戦の起源と特徴を再検討し、何らかの仮説的な歴史の法則を展望することに、その具体的な研究目的が設定された。まず総力戦という概念を定義すれば、単に軍事的な領域に留まらず、産業や経済全般と政治や文化など、国家に関わるすべての資源を動員した、いわば国民国家の総力を結集した、一般市民を巻き込む戦争の形態である。その極端な象徴的現象例の一つが市民に多大な犠牲を強いた無差別の「戦略爆撃」であった。中世から近世に至る、それまでの世界史上各地で共通に見られた国内および国際的戦争が、武士階級や騎士階級および傭兵部隊などの、いわば専門的戦闘集団による戦争であったのに対し、近代の国民国家が成立して以降の戦争は一般市民を巻き込まずにはおかなかった。それどころか国民を主役の座へと押し上げた戦争へと変化した。このような総力戦の原型は、近代の国民国家の幕開けというべきアメリカ独立をめぐる戦争（1775 ～ 1783 年）、すなわち戦力的に明らかに劣る民兵主体のアメリカ軍が当時世界最強を誇ったイギリス軍に勝利した戦争と、それに続くフランス革命戦争からナポレオン戦争（1792 ～ 1815 年）という大西洋の両岸における諸戦争の中に求めることができる。それらを再検討することで、日本が日中戦争の泥沼にはまり込み、日米戦争に至らざるを得なくなった背景や、アメリカがベトナム戦争において最終的に勝利を展望できないままに撤退を余儀なくされるに至った理由を考究する上での重要な手がかりや近代の戦争におけるある種の法則を見出すことも可能であると期待される。

著名な日系アメリカ人政治学者のフランシス・フクヤマは、冷戦終結後の現在において民主主義国家間の戦争は想定し難くなりつつあると指摘しているが、民主主義国とそうでない国との間に破滅的な戦争に発展しかねない偶発的武力衝突が起こりうるという懸念を払拭している訳ではない（『朝日新聞』2014 年 11 月 8 日のインタビュー記事）。より悲観主義に傾く本稿筆者は 21 世紀に起こるかもしれない戦争は、仮に人類の破滅の核戦争に至らずとも、前世紀の戦争とは本質的に違ったものとなると確信する。本稿最後に述べるように、総力戦を不可避的に伴う国民国家を標準とした近代という世界史の時代区分は、二つの世界大戦とアジアやアフリカでの悲惨な実際の熱き戦争を伴った冷戦が終結して四半世紀を経る一方でグローバル化が急速に進展しつつある現在において、新たな問題と破滅的危機を孕みつつ、その終焉に向かっていると見ることができる。

以下においてまず近代国民国家の出発点に目を向ける。なぜ当時世界最強の軍事力を誇るイギリス軍を相手に、明らかに戦力的に劣る寄せ集めの民兵主体のアメリカ軍が植民地からの独立という近代の幕開けを飾る輝かしい勝利を達成し得たのか。なぜフランス革命の延長上に誕生したナポレオン軍は西ヨーロッパの大半を席巻し得たのにスペイン戦争（「半島戦争」とも呼ばれた）で泥沼にはまったのか。近代の幕開けとされる歴史的出来事にまつわるこの二つの疑問への取組みから総力戦の意味の探求を開始したい。まずこの二つの疑問を解くことで「近代」と「国民国家」と「総力戦」の深い相互関係が明らかにされ、グローバル化が進む今後の世界の在り方を展望する手がかりが得られるものと期待されるからである。

1　総力戦の起源と戦略爆撃の正当化への道
――近代国民国家の創造

まず「総力戦」の起源について確認したい。筆者は総力戦の起源はヨーロッパの世界進出の結果生じた植民地の独立をめぐって戦われた近代史上最初の戦争であるアメリカ独立革命戦争（1775 ～ 1783 年）に深く関わっていると考えている。アメリカ独立革命戦争に改めて注目することを通じて総力戦にまつわる本質的特徴と問題が明らかにされるとともに、近代の指標としての国民国家の成立史が大きく重なり合っている事実が効果的に明示されうると確信するものである。

ベネディクト・アンダーソンが指摘したように、近代における国家は「想像の共同体」であり、様々な意味において「国民」は新たに創造されたもの、すなわち近代国家の支配階級が意図的に構築したものである。国民の創生は近代国家の国力の源泉の二本柱である工業化の達成と軍事力の増強、すなわち「富国強兵」を実現するための不可欠の条件であり、それは国民に徴兵制とともにかなりの程度の民主主義的諸権利や生活レベルの全般的向上という、ある種の平等原理に基づく福祉・教育・社会保障的諸政策の実行と制度化を伴ってもいる。国民は生産活動を末端において担い、また国民国家同士の競争状態にあって国家の安全を保障し発展を支える軍事力の基礎的構成要員として、すなわち国民国家における国力の源泉として位置付けられた。重要なのは、統治の座に就いた者において、国民国家の潜在力を最大限に調達するためには、ある種の平等原理が不可欠であるという共通認識が存在した、という事実である。アメリカにおいて19世紀前半にいち早く地方レベルから導入された「一人一票」の制度化で象徴される民主主義は、列強と呼ばれることになる主要国の統治原則の重要部分として広く採用されるに至り、アメリカでそうだったように、それに伴って一定レベルの無償の公教育制度が必要とされ、同時に国民皆兵という名の、生命を賭す貢献が国民的合意の下に制度化された。加えて、多くの列強諸国では社会保障や福祉の制度的確立が試みられる一方で、工業化の推進と前後して整備されるのが、全国民（原則として男子）の義務としての徴兵制度であった。19世紀末以降に列強と呼ばれる主要な国民国家、とりわけドイツや日本のような後発的諸国は、工業化と軌を一にした徴兵制度の確立と対外戦争の遂行による領土併合を伴う国威発揚によって発展を遂げ、それとともに戦争の形態は大きな変化を遂げた。近隣他国民ないし海外の他民族への支配やその領土侵略を伴う、そのような軍国主義的傾向には、国民の下からの支持も確保された。共通して植民地支配を国是とした西欧諸国や日本は自らを「帝国」と自称した。それは欧州に中世末まで見られた分権制に基づく封建的な「帝国」とは違って、集権的で国民と植民地人を峻別する位階制秩序を伴っていた。既に触れたように、いち早く「国民国家」を達成したフランスは、他の西欧諸国がそれを模範として国力の充実によって競合しうるように至るまで、一時期とはいえ大陸ヨーロッパを席巻し得たのである。なおフランスの徴兵制の原型はフランス人義勇兵も多く独立派として参加したアメリカ独立革命戦争における民兵制度にあり、このような「国民国家」の出発点としてのアメリカ合衆国を誕生させた独立革命戦争と、フランスにヨーロッパを一時期とはいえ支配するに至らせたフランス革命期の戦争の意義については、続く節で詳述する。

前述のごとく近代国民国家はある種の平等性原則に基づいて民主主義を基準としつつ工業化を進め、公教育や社会保障という国力の内実と国民による生命に関わるものを含む貢献への代償としての諸制度を整えながら、国民皆兵の原則を確立し、実際の戦時において生命の犠牲という究極的貢献を国民に納得させることによって、軍事的にも国力を充実させ得たのである。

前述の意味における近代化の結果、国民国家の時代の進行とともに列強諸国家間の戦争が頻発することになるが、それは中世から近世に至るまでの戦争とは規模も形態も大いに異なるものとなった。近代以前における戦争は、既に触れたように、武士階級や騎士階級などの世襲の、あるいは後にはアメリカ独立革命戦争初期においてイギリス軍で多用された傭兵部隊のような、専門的な戦闘集団によって担われるというのが、洋の東西を問わず共通の現象であり約束事であった。戦争中であっても一般民衆は、ある程度の制約を受けつつも、また生活の場が余所者たる外国軍隊に蹂躙されることが時たまあるとしても、原則的に戦闘に従事することを免れ、通常に近い生活を営むことが許されていたのである。しかしながら、徴兵制による国民皆兵を原則とする国民国家がスタンダード化されるに至る近代の幕開けとともに、戦争はすべからく国民すなわち一般民衆を巻き込み、兵士となる若き男性以外の国民も戦争と密接な工業や食糧生産の担い手として、あるいは将来の兵士の「再生産者」として総動員された。その結果、老若男女を問わず国民は次第に「敵」の直接の標的とされるようにもなるに至るのだった。第一次世界大戦を契機としてドイツ人将軍フリードリヒ・ルーデンドルフが着目し、他国の指導者も注目するようになるのが「総力戦」の思想である。こうした総力戦への国際的関心の高まりがルーデンドルフの『総力戦』の翻訳本が日本で原著の出版後間もなく公刊される背景となった。物質的な要素のみならず国民の文化的ないし精神的資源をも総動員する「総力戦」の思想が確立され、やがて科学技術の発展とともに武器の殺傷能力が向上し、航空戦力による爆撃が主たる戦争手段となるにつれ、一般市民の大量殺傷や非軍事目標を含む無差別破壊を正当化する「戦略爆撃」の思想の確立へと向かうのである。

2　総力戦の起源としてのアメリカ独立革命戦争
——貧弱な装備のアメリカ軍が独立を達成できた理由

スペインやオランダを打ち破ったイギリスは、1763 年のパリ条約までにフランスも屈服させ、近代西欧の豊かさの源をもたらす奴隷貿易を底辺に据えた大西洋交易システムの覇権を確立し、カリブ海域から北米に至る広大な植民地を領有するに至った。約 1 世紀に及ぶ長期の対外戦争による戦費等で累積した債務支払いを迫られていたイギリスは、それまで他国との抗争への動員の必要などから黙認していた奴隷貿易を含む北米植民地商人の密貿易への取り締まりを強化する方向へ転じるとともに、植民地の一般民衆への課税を強化した。植民地の指導層は民衆を動員して当初は抗議運動を、次第に独立を目指す武力闘争を組織するに至った。その転換点は 1775 年 4 月 19 日に北部ニューイングランド地方のマサチューセッツ植民地の中心都市であるボストン郊外のレキシントンとコンコードで起こった戦闘である。後に連邦国家「アメリカ合衆国」として統一的に独立を果たす英領北米13植民地の一致した武力行使による独立の決意が固まる「独立宣言」が発布される1776年7月4日までには、さらに1年と2カ月半を要するのであった。

当初、武力行使も辞さぬ確固たる独立の意志を表明していたのは植民地人の4割にすぎなかった。英国王への忠誠派は2割にすぎなかったが、南部を中心に約50万人いた黒人奴隷の動向は微妙であった。残りの4割の植民地民衆は態度を決めかねており、この中立派の動向が戦争の鍵を握った。大半の植民地人にとって、自身ないし親たちの祖国であり、当時世界最強を誇っていたイギリス軍との軍事対決による独立を決意するまでには紆余曲折があった。もちろん独立を先導する愛国派の説得も功を奏したが、誰かれ見境なく暴力的に言わば「過激派狩り」に駆り立てられたドイツ諸邦出身傭兵部隊を当初主体としていたイギリス軍に協力する国王忠誠派は、支持者を拡大することが難しくなった。このような傾向が顕在化するにつれ、英軍および国王忠誠派の蛮行は次第に中立派を熱情的な独立志向の愛国派の陣営に追いやっていったのである。

愛国派の軍隊の大半は民兵だった。数で優るとはいえ、彼らは装備においても訓練においても貧弱であり、個々の戦闘で敗北と撤退を余儀なくされる例が後を絶たなかったが、地理に明るく、また一般民衆の中に紛れて神出鬼没の抵抗を止めることはなく、英軍と忠誠派を大いに悩ませた。後に英語の辞書にも載る、ナポレオンを苦しめことになるスペイン人の「ゲリラ」のように。「点」を抑えることはできても「面」を確保することはできなかったイギリス軍は傭兵部隊が不足すると植民地化していたアイルランドを含むイギリス諸地方から徴用された兵士を投入したが、次第に数を増す愛国派を抑えることができなくなっていった。

他方、イギリス国内では次第に増税や強引な募兵活動に対する民衆レベルでの不満が各地で高まった。レキシントンとコンコードの戦闘から8年を経るころまでに、イギリス政府は最終的勝利が望めないこと、つまり「敵」にしてしまった大半の植民地民衆の心を転じることがもはや不可能であることを悟るに至った。この間に海軍力に劣る愛国派に対して、長年の宿敵だったスペイン、オランダ、そしてフランスの海軍が加勢していた。さらに西欧諸国から多くの義勇軍部隊が愛国派の支援に馳せ参じていた。こうして1783年までには、イギリスは13植民地の独立を承認するパリ条約の締結に応じるほかなくなっていった。他方、独立した13植民地は、戦争中に強化された絆を基に、統一的な連邦共和国を形成することを決意した。その後にしばしば「単一民族」神話を伴いながら成立する西欧や極東の国民国家的植民地帝国と比べて、かなり特異な、近代最初の成文憲法を伴う、多様な出自と外観を持つ人々からなる、血統よりも理念に基づく国民国家としてのアメリカ合衆国は、こうして生まれたのである。

長期的な歴史的観点に立てば、軍事的装備や訓練度合で劣る植民地の愛国派の勝利は、その後の植民地民衆の独立志向の先駆けとなった、と見ることができるだろう。換言すれば、アメリカ合衆国による独立の達成により、一つの法則が確立されたと見ることが可能である。つまり、植民地民衆が「ナショナリズム」に燃えて独立を掲げて立ち上がった時に、宗主国の最終的戦略目標、すなわち植民地民衆の多数派の支持回復という本質的翻意は純軍事的手段では達成が不可能である、というその後の近代史に共通する法則である。なるほどスペインとの米西戦争後のフィリピン人が独立を求めた米比戦争（1898 ～ 1903 年）は「ゲリラ」が鎮圧された例外と見ることができるかもしれない。しかし長期的に見れば、米連邦議会は 1934 年に「10 年後の独立の承認」を約束する立法措置を講じざるを得なくなるに至るのであり、日米戦争をはさんで 1946 年にフィリピンの独立は承認されるのであった。また後述するように、日米戦で唯一大規模な住民を巻き込んだ地上戦となった沖縄戦も例外と見るには、同様にかなりの無理がある。

ここで関連事項として、南北戦争がなぜ膨大な戦死者を生んだのか、北部が産業力でも人口でも南部を圧倒していたのに膠着状態に陥ったのはなぜか、さらにそれを打開して北軍を勝利に至らせた最終的要因は何だったのかについて、筆者独自の知見を基に若干の解説を試みたい。南北戦争（北部人が「内戦」と呼ぶのに対して南部人は依然として「南部独立戦争」と呼ぶ向きが多い）の総戦死者数は、現在の約 10 分の 1 に過ぎない当時の人口 3100 万人に比して異常に多い 62 万人（最近の研究では戦病死や民間人に目立った餓死者も加えて 75 万人と言われる）に及び、独立戦争から先の 2 回の湾岸戦争に至る米国の全対外戦争の戦死者累計数の約 60 万人を上回る。それは南北両軍ともに、米国史上初の徴兵制を取り入れた、各々の地域の経済力と文化・精神力のすべてを動員した総力戦だった。ちなみにアメリカにおいては軍隊は原則的に志願制であり、臨時措置法に基づいて徴兵制が確立されるのは、この南北戦争の時と、第一次世界大戦に途中から参戦した折と、欧州で第二次世界大戦が勃発した翌年の 1940 年から戦後朝鮮戦争やベトナム戦争を経て 1973 年まで続いた最長期間のものと、合わせて史上3回のみであった。選抜徴兵制はすべて例外的な臨時措置法で実行されたのであり、米軍は基本的に志願制で、ベトナム戦争後はペルシャ湾岸戦争やアフガン戦争を含め、純粋な志願制で現在に至っている。

さて南北戦争に戻ろう。両軍で多数の戦死者を出したのは機関銃をはじめとする殺傷能力の高い新たな武器の開発など軍事技術の高度化が進む一方で、個々の戦闘や会戦で戦場の指揮官たちがこだわったのが、かつてのナポレオン戦争期に確立された集団突撃戦法だったからである。多くが徴兵された民衆出身の前線の兵士たちはやみくもに突撃を命じられて大量の無駄死にを強いられたのである。次第に南北双方で厭戦気分が広まり、戦況は膠着状態に陥ったが、それを打開したのが、北軍の最高司令官であるリンカーン大統領の臨時行政命令としての「奴隷解放宣言」であった。同宣言は「道徳的文書」であったというよりも、膠着状態を打開するための「政治的文書」であったとされている。つまり北軍に味方する四つの奴隷州（デラウエア、メリーランド、ケンタッキー、ミズーリの4州で、戦中に分離したウェストヴァージニア州を含めれば5州）と既に北軍の占領下にある南部地域は例外とされたこと、同時に綿花という重要な工業原料の供給を南部連合国から受けていた英仏など西欧列強の介入による「内戦」の国際紛争化を阻止すること、そして何よりも新たに北部の自由黒人義勇兵の参戦を確保すること、さらに大量の奴隷反乱を促すことで南部の社会経済的混乱を招くことが企図されたのである。とりわけ北軍優位に大きく寄与したのは、自由黒人5万2千人と逃亡奴隷13万4千人からなる新たな合計18万6千余人の黒人兵士の北軍への加勢であった。映画『グローリー』（1989年）でも有名な黒人部隊、マサチューセッツ第54歩兵連隊の「玉砕」を辞さぬ勇猛果敢な奮戦ぶりは北軍全体を鼓舞し、戦況の劇的な転換と最終的な勝利を北部にもたらしたのである。リンカーンは間もなく戦後に将来の領地も含めた米国全土に例外なく施行される奴隷制の廃止を定めた憲法修正第13条の議会での通過に奔走し、ついにそれを実現させ、終戦直後の狂信的南部連合支持者による暗殺に結びついたのである。南北戦争は、近代の戦争における最終的勝敗を決するのは単なる軍事力や生産力の差だけではないという、アメリカ独立戦争やスペイン戦争で示された法則を補強する事例を提供した。

3　ナポレオン軍の強さと弱さ——近代戦争のもう一つの法則

間もなくフランス革命で活躍することになるラファイエット侯爵（マリー＝ジョゼフ・ポール・イヴ・ロシュ・ジルベール・デュ・モティエ・ラファイエット）など、アメリカ独立軍に国際義勇兵として参加したフランス人は少なくなかった。フランス革命後期にナポレオン軍はヨーロッパを席巻することになるが、その主たる背景としてよく指摘されるのは、フランスが「徴兵制」をいち早く確立し「国民」の創造と総動員体制を達成した事実である。その士気の高さとも相俟って、ナポレオン軍はしばらく連戦連勝を重ねるのだった。ロシアの「冬将軍」と並んでナポレオン軍に立ちはだかったのが、執拗に抵抗し続けたスペインの民衆だった。結局ナポレオンはスペイン戦争に勝利できなかったのであるが、その主因とされるのが、この用語が生まれるきっかけともなった、民衆を基盤とする神出鬼没のゲリラであった。それはアメリカ軍がイギリス軍についに屈服しなかった事実にも重なる。その 60 年後の普仏戦争で勝利するのは東隣の新興国家プロイセンだった。それは鉄血宰相といわれたビスマルクによる「国民国家」建設における「後発の利点」の故であったとされる。ビスマルクは新興国家プロイセンの民衆への厳しい「鞭」のみならず、予防反革命政策としての社会保障的な「飴」の政策も織りまぜた巧みな手法もまじえつつ「国民」の効果的統合と動員体制を確立していた。その手法にいちはやく注目して上手に模倣したのが明治の日本であることは既知の事実である。やがて最終局面でアメリカの途中参戦もあって第一次世界大戦で敗北を喫してドイツ帝国は崩壊するが、初期の対仏戦闘の局面での勝利の経験を基にエーリッヒ・ルーデンドルフ将軍によって 1930 年代前半に確立されるに至った「総力戦」（Der totale Krieg）の概念は、日本のみならず当時「列強」と呼ばれた主要国の軍部を中心に世界中で標準化された。戦争の勝敗を決するのは、生産力だけではなく、文化および精神的な資源をも駆使して国家の全潜在能力を総動員する体制の確立とその効率的稼働の度合である、とされるようになった。それはとりわけ「持たざる国」日本に積極的に取り入れられ、極端な精神主義的志向性を基調とする「玉砕」思想の形成にも明らかに影響を及ぼした。

ルーデンドルフの『総力戦』の日本語訳（『國家總力戰』）が出版される 1938 年は前年に勃発した日中戦争が泥沼化し始める時期と重なった。確かに装備と練度に勝る日本軍は国民党軍や共産党系の八路軍を主体とする中国軍を軍事的に圧倒していたが、いくら「点」を確保しても、広大な中国大陸の「面」を支配することはできなかったのである。かつて米独立派に苦戦した英軍やスペイン戦争時にゲリラに悩まされたナポレオンと同じく、民衆を「敵」としてしまった日本軍は、各地で虐殺事件を引き起こすのであった。後に戦犯とされる武藤章も刑死直前の回想で認めた如く、侵略的日本軍は中国民衆の「ナショナリズム」の高揚に効果的に対応することはできなかったどころか、それを刺激し、やがて絶望的な日米戦に至ってその明治以来の国家体制は崩壊したのである。

日米戦争の最終局面では次の二例を含む凄惨な地上戦が戦われた。一つは映画化もされた硫黄島決戦であり、主要には正規軍同士のぶつかり合いで、日本軍の戦死者1万7845人（ないし1万8375人とも推計される）に対して、米軍側の人的損害の累計はそれを上回る2万1865人（戦死者6821人を含む）に及んだ。続く沖縄戦では日本側は正規軍将兵と地元で臨時に徴用された防衛隊および志願制とされた学徒隊を含めた戦闘員ないしその補助員の戦死者約10万人に加えて、米軍の事実上無差別の爆撃や砲火および銃撃の犠牲者に、病死者と餓死者、そして「集団自決」の犠牲者や「スパイ」容疑で処刑された人々を含めると、15万の死者を出したと推定されている。米軍の戦死者は一つの戦闘としては第二次世界大戦で最大の1万2520人（戦闘中行方不明者や日本軍の「特攻」による艦船上での海軍戦死者4907名を含む）とされている。この戦死者に加えて戦傷者は7万人に上ったと推定されている。現地での日本側の兵士や民衆の抵抗は1945年6月23日未明の日本軍司令部の「玉砕」後も継続し、少なくとも現地での正式な降伏調印（9月7日）の2カ月近く後の10月末まで米軍を悩ませ続けた。来るべき「本土決戦」を前に、原爆投下やソ連の参戦という軍事的手段の強化と並んで、アメリカ政府および軍の指導部の中に計画中の本土決戦がもたらす損害が従来の想定を大きく上回ることが懸念されるようになり、日本側からなされるかもしれない天皇制の存続を意味する「国体護持」要求を容認する可能性を含めた「無条件降伏」方針の事実上の修正が真剣に考慮され始める背景となった。

ベトナム戦争にまで視野を広げれば、ソンミ村事件などの明らかな戦争犯罪を伴った末の米国の「勝利なき撤退」は、米国の政府と軍指導部における「ナショナリズム」軽視の産物であったと見ることができよう。なぜアメリカが当時世界最強の英国軍に屈することなく独立を達成できたのか。自国の歴史の理解不足のそしりを免れないのは日本人だけではないのかもしれない。ここで前節で指摘した「植民地の独立の流れに抗することはできない」とした近代史の法則を次のように拡大して修正する提案をしたい。すなわち「近代以降の戦争において外国軍隊は最終的勝利を達成することは難しい」のである。つまり近代以降において、純粋に軍事的な手段のみでは、外国軍は敵国政府の一時的屈服は望めても、大多数の現地住民からの敬意や支持を確保するという意味での最終的な勝利を確保し得ない、という多くの歴史的事例が示す法則性である。

繰り返すが、ここで言う「最終的勝利」とは大多数の現地住民の支持ないし支配の受容を確保するということである。再び日米戦末期の沖縄に注目すれば、米軍は確かに地上戦で、現地徴集の防衛隊と法の未整備のために形式的に志願制とされた10代半ばの現地エリート生徒から成る学徒隊を含めた10万の日本軍将兵および軍属、さらに10万ないし15万人の一般住民の犠牲を伴いつつ、軍事的には日本軍を圧倒できた。そしてよく知られるように、生き残った住民には「米兵は鬼畜ではなかった」との認識が現在も残っている。なるほど戦闘中は住民を含む無差別的な殺戮が展開され、女性への強姦も多数あったことは否定できない。その一方で中国での日本軍と違って戦闘終結後に米軍によって組織的な残虐行為が展開されることはなかったし、主要な戦闘の収束後に米軍憲兵隊が米兵による女性に対する強姦を含む戦闘中の国際法および軍規の違反行為の摘発を開始したのも事実である。戦後の事実上の占領状態の継続の中で頻発する強姦や暴行などの事件によって沖縄民衆の米兵への見方は逆転するが、戦闘終結後の住民の米兵への印象は意外なほど良かったのである。それは日本軍の地元民衆への戦前からの住民蔑視と戦闘中および直後になされた住民への残虐行為の故でもあった。

日本軍司令部が崩壊した後も牛島満中将による自決直前の命令に従って現地軍民の散発的抵抗は続き、それは既述のごとく本土に遅れて1945年9月7日になされた現地日本軍の正式な降伏手続き後も少なくとも10月末まで終息しなかった。さらに現在まで続く圧倒的な米軍基地の存在が象徴する事実上の占領状態の継続の中で、米軍は大多数の沖縄の人々の心からの支持を確保できないままである。もちろん戦前と戦中はもとより戦後に至るまで多大な犠牲を沖縄民衆に強い続ける「ヤマトンチュウ」も支持を確保できているとは到底言い難い。一部ではあるが「沖縄独立」の方向性も依然として議論され続けている。その意味で、まだ沖縄に真の意味での「戦後」は到来していないのであり、沖縄民衆の闘いは違った形で続いている。

多大な住民を巻き込み犠牲とした沖縄の死闘の故に、さらに悲惨な「本土決戦」を免れ得たこと、すなわち多くの日本の本土人が生命を永らえ得たことを、大半の日本人は意識すらしないままに、政府も民衆レベルでも戦後急速に「鬼畜米英」のスローガンを心底捨て去った。この意味で、大半の国民の心性が「親米」に変わるという意味での勝利を米軍は得たと言える。沖縄民衆の犠牲のもとで、実のところ天皇制の存続という重大な付加的条件を伴った「無条件降伏」が実現されたことを、本土の日本人は知らねばならない。沖縄の地上戦をはるかに上回る犠牲を米軍にも生むことが確実な本土決戦を回避すべく米国側から存続を許された天皇制の下で、天皇も積極的に協力しつつ米軍主導で戦後実現された民主化と経済的繁栄という非軍事的側面における米国による対日支援策が、日本本土人の反米から親米への翻意という、真の意味での米国の勝利のために必要だったのである。

次に米軍による日本への二度の原爆投下をはじめとする無差別爆撃は真珠湾奇襲攻撃への報復として正当化できるのかどうかという、立場を問わず米国民が触れたがらない問題について考察する。まず確認したいのはアメリカの国民レベルにおいて第二次世界大戦、とりわけ太平洋戦争と称される日米戦争が「よい戦争」と一般に認識されている事実である。本来平和を愛すべきクリスチャンが主流であるアメリカ国民にとって破壊と殺人をもたらす戦争は悪であるべきだが、それが例外的に肯定される第一の根拠は、日本軍による「宣戦布告」（実際には交渉打切りの最後通告）の１時間前の日本海軍によるパールハーバーへの奇襲攻撃である。しかし仮に在ワシントン日本政府代表部から本国の指示通りに最後通牒が予定通りの時間に伝えられていても、そのあやふやな文面が「宣戦布告」とアメリカ政府側に解釈された可能性は低い。一方、アメリカ人の「記憶」のされ方は複雑な心性を反映している。それは「フランクリン・デラノ・ローズヴェルト大統領は日本軍のパールハーバー奇襲攻撃を事前に知っていたが、国民を奮い立たせるために敢えて日本軍に一撃を加えさせたのである」という「神話」は、いくら史実としては否定されても、民衆レベルで根強く残っていることにも表れている。今日までに明らかになっている歴史的事実は次の通りである。ハワイが予想される攻撃対象のうちの候補の一つであることは察知されていた。しかしローズヴェルト大統領や現地軍司令官は日本軍による第一撃の目標は比較的日本本土から近い太平洋の西側の香港やマニラであると考えていた。極めて遠距離に位置するハワイへの秘密裏の大規模攻撃の可能性についてそれほど真剣に考慮されてはいなかったのである。そのような米国の政府および軍首脳の日本の軍事的潜在力に対する過小評価を生んだある種の偏見は戦後反省されることになる。

「奇襲」かどうか以上に問題なのは日本軍の攻撃による民間人の損害の規模である。真珠湾攻撃の際の米国側戦死者は2403名だったが、そのうち民間人は68名であった。その少なからぬ部分は基地で雇用されていた、日本ではいわゆる「軍属」とされる人々で、日系人が多く含まれていた。しかも民間人死者のうち50名以上が米軍による高射砲から発射された砲弾のうちの空中不発弾の落下後地上爆発によるいわば「同士討ち」の犠牲者であり、日本軍の攻撃による純粋な民間人犠牲者は、零戦の攻撃を受けて破壊された2機の民間飛行機の乗員数名だけだった。この意味で、日本軍による真珠湾攻撃は対中国本土への一般民衆をもっぱら対象とした無差別爆撃とは違って、国際法に則った「ピンポイント爆撃」に徹したものであり、日本側の戦争をめぐる国際法に関する二重基準と明らかなアジア人蔑視を示唆する事実と解されるべきである。その一方で、米軍による無差別空襲や原爆投下は「パールハーバーのだまし討ち」によって正当化されうる程度をはるかに超えているのは明らかであるが、既述の数的事実に関して日米双方の国民レベルではほとんど知られていない。

この項目の最後に日本政府の戦争責任について指摘したい。日本はドイツと並んで1928年に成立した、国際紛争の解決に当たって戦争を放棄するとしたケロッグ＝ブリアン条約（いわゆる「不戦条約」）の当初締約15カ国の一つであった。この制約により、日本は宣戦を布告できず、1931年9月18日に始まる「満州事変」も、1937年7月7日に始まる日中戦争（「日華事変」）を含め、日米戦争の開戦までの「15年戦争」の前半期の戦争が「事変」と呼称され続けた所以でもある。さらに国際条約違反の延長上の武力行使である日米戦争の開戦時に当たって、日露戦争時と違って、昭和天皇は国際法の遵守を宣言しなかった。日本軍によって数々の大量虐殺事件が既に中国大陸で引き起こされていたが、憲兵組織はほとんど有効に機能しなかった。また捕虜の虐待も多数行われた。これらは東京裁判をはじめとする戦犯に対する裁判を勝者による敗者への一方的な断罪として非難する人々に是非とも考えていただきたい事実である。

4　戦略爆撃への戦後の反省と戦争をめぐる世論の現状

本稿における最後の論点である、無差別の戦略爆撃思想の系譜について考察し、戦争をめぐる世界的な世論や政策の最新の傾向を確認し、抗し難いグローバル化の流れの中で変容を迫られる国民国家の軍事的側面の将来像を探ることとする。戦略爆撃に関してまず提起したいのは次の問いである。一般市民への無差別の攻撃を禁じたハーグ陸戦条約をめぐる国際的協議（1899 ～ 1907 年）を経て確立された倫理的基準は、もし戦争に「倫理」を求めうるとしてだが、第二次世界大戦ではどうしていとも簡単に交戦諸国双方によって踏みにじられたのだろうか。第二次世界大戦においては航空機が戦争の主役となった。市民に対する無差別の戦略爆撃の端緒は第一次世界大戦の末期に見られた。本格的な戦略爆撃の始まりは 1937 年 4 月のスペイン市民戦争に介入したナチス・ドイツによるゲルニカへの攻撃においてであった。その直後の同年 7 月 7 日の盧溝橋事件に始まる日中全面戦争の勃発後間もなく開始される日本軍による上海への一般市民を攻撃対象に含む無差別の「渡洋爆撃」は、翌年末に始まり長期間続いた重慶への継続的無差別爆撃（1938 年 12 月 4 日～ 1943 年 8 月 23 日）に引き継がれた。それらはナチス・ドイツによるゲルニカ攻撃を拡大して応用されたものにほかならなかった。1939 年 9 月 1 日にドイツがポーランドに侵入し二日後に英米が対独宣戦して第二次世界大戦が勃発した。翌年にナチス・ドイツはロンドンへの無差別爆撃（1940 年 9 月 7 日～ 1941 年 5 月 10 日）を開始した。戦争末期に至って米英両軍はドレスデン（1945 年 2 月 13 ～ 15 日）への無差別爆撃を展開した。その半年前にサイパンを陥落させて（1944 年 7 月）航空基地を確保して以降、米軍は日本各地の主要都市に対して持続的な無差別の爆撃を開始していた。1944 年の 11 月 14 日に始まり合計 106 回を数えた東京への無差別空襲のうちでもとりわけ 10 万人以上の死者を出した 1945 年 3 月 5 日の焼夷弾を主要手段とした一般市民とその住居を対象とした大空襲は戦略爆撃の典型とされる。その延長線上に広島と長崎への原爆攻撃の実行は位置付けられるのである。

第二次世界大戦終結後に戦犯を裁く諸裁判でこの双方による「戦略爆撃」が問題にされることはなかった。しかし一般民衆への無差別爆撃が国際法上の戦争の倫理の制約を大きく逸脱していたという感覚は、戦後において戦勝国においてさえ共有されるに至ったと見なしうる。例えばベトナム戦争中の当時のベトナム民主共和国への米軍による持続的「北爆」は、当初「軍需工場を標的とする」とされたが、間もなく米国人記者をはじめとする現地からの報道を試みた各国のジャーナリストたちによって無差別的であった事実が暴かれ、米国政府は世界中から糾弾を受けた。予防的措置として「先制攻撃」が正当化された近年の二度の湾岸戦争では「ピンポイント爆撃」が実行されたことが政府発表において資料映像とともに何度も強調されたことは記憶に新しい。これらは第二次世界大戦で正当化された「戦略爆撃」という名の一般市民を対象に含む無差別の破壊と大量殺戮への「いびつな反省」の表れと見ることができるだろう。

昨今、外部から見て岩礁にすぎない「領土問題」をめぐって日本近海で武力衝突の懸念を含む緊張状態が生じている。我が国の近年の選挙では、日本の核武装の可能性に言及するなどの、従来ならタブーとされた政治的立場を堂々と主張しかなりの票を集める候補者が現れている。2014 年 1 月の都知事選では日本の核武装の可能性に言及するだけでなく、自衛隊を国防軍に昇格させ、憲法 9 条を改正することを公約に掲げた、元幹部自衛官の候補が、落選したとはいえ予想を超えた支持を獲得して注目された。長期的な不況の蔓延の中で「在日」の人々への集団的なヘイト・スピーチが横行するようにもなっている。このような情勢の下で、国会の審議を経ずに閣議決定のみで、新たな「解釈改憲」によって従来明らかに違憲と見なされてきた「集団的自衛権」の行使を「合憲」と解釈し直し、米軍と自衛隊による共同の軍事行動が可能とされるに至っている。東アジアにおいて核戦争や武力衝突が起こる可能性が、この共同研究が始まって以来わずか 3 年足らずで確実に高まり、仮に一時的に収束しても、とるに足らない「領土」や些細な「領海／領空侵犯」をめぐって再燃しかねない。

東アジアでの武力衝突の可能性を孕む国際的緊張の高まりに比して、日本では国民レベルで自分自身の生命に関わる問題であるという意識はあまり広がっていない。志願者の特別国家公務員である自衛隊にお任せすべき事柄とされている。世界各地でテロや武力衝突が頻発しているが、同様に欧米各国の国民の間にも自分の問題としての関心は高まっていない。かつてのような徴兵された軍隊同士の悲惨な殺し合いを意味する地上戦に送り込まれる可能性も、また無差別の爆撃に巻き込まれることもないだろうとの楽観が、日本や欧米諸国民に共通しているよう見える。その背景には、志願制に基づく高度な専門家集団としての職業軍人ないし傭兵部隊への、先進各国に共通の依存傾向がある。アメリカでは職業軍人のなり手が足りないようで、近年は PMC（軍事請負会社）が隆盛している。これと並行してアメリカのみならず中国や北朝鮮でも「無人爆撃機」に象徴される新技術の開発に基づく新たな戦争の形態が模索されるようになっている。世界中から志願兵を集める「イスラム国」の軍事行動に対して、オバマ大統領は地上軍の投入を避け、空爆での対応を第一に考え、さらに無人の攻撃機の活用が試みられてもいる。冷戦後のアメリカの軍事的覇権の低下が進行する今日において、世界各地で武力衝突や戦争の危機はむしろ高まっているが、欧米や日本において専門的な訓練を積んだ志願制を原則とした職業軍人集団や傭兵部隊、そして空爆に限定する軍事介入や無人航空兵器の活用など、総じてより「国民に支持されやすい／反発されにくい戦争」の模索努力が共通して見られ、中国や北朝鮮にもこの傾向が波及しつつある。この意味で、アメリカ独立革命戦争を端緒とする民衆を総動員する戦争、そして一般住民を巻き込む地上戦や戦略爆撃を含む総力戦で象徴される、歴史区分としての近代は終焉を迎えつつあると言えよう。しかしこのことはけして人類滅亡につながりかねない戦争の可能性が低下していることを意味しない。武力衝突の危機の高まりやテロの横行の一方で、グローバル化と軍事技術の高度化、そして何より長期的不況の出口が見えない中で過酷な競争を日夜強いられる一般民衆に生じつつある「国民的一体感」への憧れを伴いつつも、浸透した個人主義的価値観を背景に、戦争の様相の変化を伴う「ポストモダン」の新時代が始まっているにすぎないのである。

おわりに――共通歴史教科書編集努力への高まる期待

本稿を閉じるに当たって将来へ向けた地球市民社会の好ましき進展に資するための、地道だが確実な努力の方向性と、歴史研究や歴史教育に関わる者としての責務について、付言したい。第二次世界大戦後に高まった平和への希求の再構築において絶望的な情況が蔓延する現在において見える微かな希望の光は、各国で共通に使用されるべき歴史教科書の編集努力に見られる。それは戦後間もなく独仏両国やドイツとポーランドの間で始まり、一定の成果を上げ、その後に東アジア諸国の間でも試みられるようになっている。この貴重な努力を継承し発展させつつ、その枠組みを太平洋の東岸やオセアニアも含めた環太平洋諸国全域に何とか広げたい、というのが本共同研究のささやかな狙いである。各国の歴史家の未来社会を見据えた共同研究の構築と各自が所属する教育現場への還元に向けた、さらなる連携の努力が求められているのである。

参考文献

Anderson, Benedict. *Imagined Communities: Reflections on the Origin and Spread of Nationalism*. New York, NY: Verso, 1983, 2nd edition, 1991, Revised edition, 2006（アンダーソン、ベネディクト『定本 想像の共同体――ナショナリズムの起源と流行』白石隆・白石さや訳、書籍工房早山、2007 年）.
荒井信一『空爆の歴史――終わらない大量虐殺』（岩波新書）、岩波書店、2008 年。

Maharidge, Dale. *Bringing Mulligan Home: The Other Side of the Good War*. New York, NY: Public Affairs, 2013（マハリッジ、デール『日本兵を殺した父――ピュリツァー賞作家が見た沖縄戦と元兵士たち』藤井留美訳、原書房、2013 年）.

ガイス、ペーター、ギョーム・カントレック『ドイツ・フランス共通歴史教科書【現代史】』福井憲彦・近藤孝弘監訳、明石書店、2008 年。

Guttman, John. "Ask WWII," *World War II*, October, 2007: 11.

Hagen, Kenneth J. and Ian J. Bickerton. *Unintended Consequences: The United States at War*. London: Reaktion, 2007（ヘイガン、ケネス・J、イアン・J・ビッカートン『アメリカと戦争 1775 − 2007――「意図せざる結果」の歴史』高田馨里訳、大月書店、2010 年）.

Hockfield, Victoria. *An Unauthorized Guide to the American Revolutionary War*. Baldwin City, KS : Webster's Digital Services, 2010.

Horne, Gerald. *Negro Comrades of the Crown: African Americans and the British Empire Fights the U.S. Before Emancipation*. New York, NY: New York University Press, 2012.

五百旗頭真『日米戦争と戦後日本』（講談社学術文庫）、講談社、2005 年。

片山杜秀『未完のファシズム――「持たざる国」日本の運命』（新潮選書）、新潮社、2011 年。

加藤陽子『昭和天皇と戦争の世紀』（天皇の歴史 08）、講談社、2008 年。

木畑洋一編『20 世紀の戦争とは何であったか』（講座 戦争と現代）、大月書店、2004 年。

木村靖二『第一次世界大戦』（ちくま新書）、筑摩書房、2014 年。

近藤孝弘『国際歴史教科書対話――ヨーロッパにおける「過去」の再編』（中公新書）、中央公論社、1998 年。

Ludendorff, Erich. *Der totale Krieg*. München : Ludendorffs, 1935（ルーデンドルフ、エーリヒ『國家總力戰』間野俊夫訳、三笠書房、1938 年）.

McPherson, James M. *Why the Confederacy Lost*. New York, NY: Oxford University Press, 1992.

前田哲男『戦略爆撃の思想――ゲルニカ・重慶・広島』（新訂版）、凱風社 、2006 年。

Millett, Alan and Peter Maslowski. *For the Common Defense: A Military History of the United States of America*. New York: Free Press, 1984（ミレット、A・R、P・マスロウスキー『アメリカ社会と戦争の歴史――連邦防衛のために』防衛大学校戦争史研究会訳、彩流社、2011 年）.

森達也・姜尚中『戦争の世紀を超えて――その場所で語られるべき戦争の記憶がある』（集英社文庫）、集英社、2010 年。

森山優『日本はなぜ開戦に踏み切ったか――「両論併記」と「非決定」』（新潮選書）、新潮社、2011 年。

武藤章『比島から巣鴨へ――日本軍部の歩んだ道と一軍人の運命』（中公文庫）、中央公論社、2008 年。

日中韓 3 国共通歴史教材委員会『新しい東アジアの近現代史』（上）（下）、日本評論社、2012 年。

Peckham, Howard H. *The War for Independence: A Military History*. Chicago, IL: Chicago University Press, 1979（ペッカム、ハワード・H『アメリカ独立戦争――知られざる戦い』松田武訳、彩流社、2002 年）.
桜井哲夫『戦争の世紀――第一次世界大戦と精神の危機』（平凡社新書）、平凡社、1999 年。
猿谷要編『アメリカの戦争』（世界の戦争 第 8 巻）、講談社、1984 年。
志垣嘉夫編『ナポレオン戦争』（世界の戦争 第 7 巻）、講談社、1984 年。
菅原出『外注される戦争――民間軍事会社の正体』草思社、2007 年。
Terkel, Studs. *The Good War: An Oral History of World War Two*. New York: Pantheon Books, 1984（ターケル、スタッズ『よい戦争』中山容ほか訳、晶文社、1985 年）.
Tuchman, Barbara W. *The First Salute*. New York: Russell and Volkening, 1988（タックマン、バーバラ・W『最初の礼砲――アメリカ独立をめぐる世界戦争』大社淑子訳、朝日新聞社、1991 年）.
吉武輝子『「戦争の世紀」を超えて――わたくしが生きた昭和の時代』春秋社、2010 年。

第1章

予期されていた戦争

ヨーロッパと第二次世界大戦：「国民国家」と「帝国への渇望」

木村 靖二

はじめに——二つの世界大戦開戦への反応

ナチス・ドイツは、1938年春からチェコスロヴァキアにたいし、軍事行動の恫喝のもとに、ドイツ人が多く居住するズデーテン地方の割譲を要求していた。なんとしても戦争を避けたいと考えるイギリス・フランス・イタリアの仲介と参加のもとに、38年9月末、当事国のチェコスロヴァキアを参加させないまま、ミュンヘン会談が開かれた。その結果、チェコスロヴァキアはズデーテン地方をドイツに譲渡させられたが、4国は残りのチェコスロヴァキアの領土保全を保証した。イギリス首相チェンバレンは、この結果を帰国後「我らの時代の平和」を達成したと誇った。

しかし、ナチス・ドイツの指導者ヒトラーは、武力を行使することなく念願のドイツ国民国家を完成させた成果にも満足しなかった。彼が望んでいたのは、ドイツの軍事力を試し、国民に戦争への決意を固めさせる機会としての戦争であった。ミュンヘン会談での英・仏首相のいわゆる宥和政策を、両国の政府と国民の無気力の現れと決めつけたヒトラーは10月下旬、次の段階として「残部チェコスロヴァキアの清算」を指示した。翌年3月、彼はチェコスロヴァキアを解体させて、スロヴァキアを保護国に、ベーメン・メーレンを保護領に再編させて、事実上ドイツの従属地域とした。その後、ポーランドにも領土提供とドイツへの協力を強要し、開戦を辞さない姿勢を示して緊張を高めた。ドイツ国内では大々的な反ポーランド・プロパガンダが展開された。ポーランドがドイツの要求を拒否して、英・仏に支援を求め、両国がポーランド独立の保証を与えると、ヒトラーはポーランドとの外交交渉を断念し、武力で屈服させる方針に転じた。以後、ドイツはポーランドを国際的に孤立させ、戦争をドイツ・ポーランドの二国間戦争に限定させることに集中した。

しかし、ドイツ国民の間で戦争支持の気配は見られなかった。国民の多くは、前年のズデーテン地方割譲を要求したヒトラーが、それを「ヨーロッパでの最後の領土要求」と繰り返し言明したことを忘れてはいなかった。ドイツでは伝統的に反ポーランド感情が強かったが、ポーランドとはつい半年前まで不可侵条約を結んでいた関係でもあり、開戦は国際的にも説得力に欠けることを感じていたからである。

一方、イギリスやフランスでは、ミュンヘン会談の合意を踏みにじってチェコスロヴァキアを解体・消滅させたうえ、さらにポーランドにまで手を伸ばすドイツの姿勢への非難が高まり、世論は急速にドイツとの対決路線に傾いた。国論の分裂が激しかったフランスでも、国民の多数はドイツとの戦争を覚悟するようになった。8月23日、ドイツとソ連の間で不可侵条約が締結され、国際情勢はドイツに有利に展開したように思われた。ヒトラーもこれによって英・仏両国の戦意を挫けさせたと考えたが、両国世論の反ドイツの決意は衰えなかった。

ドイツが9月1日ポーランドに侵攻を開始すると、チェンバレン首相も対独宣戦やむなしと考えた。しかし、翌2日の議会での彼の演説は、イタリアの仲介によってなおドイツの軍事行動中止を期待するかのような印象を与えた。野党の労働党代表が立ち上がって「労働党を代表して」反論すると語りはじめると、与党保守党議員から「イギリスを代表して」話してくれと激励の声が飛んだ。与党議員の多くも、ドイツの侵略に対し曖昧な態度をとり続けるチェンバレン首相を公然と非難しはじめたのである。フランスでも、ヒトラーと妥協をはかる動きはもはやなく、ドイツとの対決の決意は広く支持されていた。こうして英・仏両国も9月3日ドイツに宣戦した。

英・仏では、第一次大戦の経験と反省から、平和主義的感情や反戦意識が広くあったにもかかわらず、こうした経過が示すように、ドイツの強引な東方への膨張政策を前に、39年には戦争を必至とみなす空気が広がった。その意味で開戦は意外でも唐突でもなく、半年以上も前から時間の問題とみなされていた。第一次世界大戦開戦は、ヨーロッパでは文字どおり青天の霹靂と受け取られたが、第二次世界大戦は、かねてから想定されていたものがついに起こったという受け止め方が多かった。ドイツの第二次大戦前史研究では、開戦を

Entfesselung（英語では unleashing）と表現することがよくある。抑えていたものが解き放たれるという意味だが、戦争はやはり起きてしまったのかと感じた同時代人の気持ちを表現している。

第一次世界大戦開戦時を体験したことのある一ドイツ市民は、39 年 9 月初め「通りには、1914 年 8 月のような愛国的熱狂はまったくうかがわれない。人々の会話からはむしろ無言の失望感が感じられる」と書き、同じように、アメリカの特派員もベルリンの状況を「1914 年の開戦初日の市民の興奮はとてつもなく大きなものであったらしい。今日は、興奮も、万歳も、歓呼や出征兵士に花束を投げる光景も、戦争熱もない。ヒトラーが“イギリスの戦争挑発者やユダヤ資本家”が戦争を起こしたと非難しても、フランス人やイギリス人への憎悪すら見られない。英・仏大使館前の通りはがらんとして〔両国に抗議する―木村〕人影はなかった」と記している。

現在では、第一次大戦開戦時の愛国的高揚は必ずしも全国に広がったものではなく、主に大都市の市民層、とくにその若い世代に見られたもので、労働者層や収穫作業を前にした農村部では、そうした熱狂に距離を置き、当惑した空気が強かったことが明らかにされている。とはいえ、限定されたものであっても、そうした熱狂は一部には確かにあったのであり、参戦各国の国民の多くも自国の戦争は防衛戦、つまり正しい戦争であるという信念を共有していた。一方、39 年 9 月のドイツのポーランド侵攻の際には、参戦各国では沈鬱な空気が支配的であった。もっとも、参戦への抗議や反対の動きもほとんどなく、兵役に召集された市民も黙々と命令に従い、前線に向かったのである。

39 年夏の時点で、ヨーロッパで戦争を積極的に望んでいた国家指導者は、ナチス・ドイツの指導者ヒトラーだけであった。しかし、ヒトラーといえども、一人で戦争ができたわけではない。そのことは、1 年前のズデーテン危機の際には、彼の強い意欲にもかかわらず、西欧諸国や友邦イタリアの反対、さらにドイツ国内でも軍上層部の時期尚早という異議やナチ党指導層内でのゲーリングなどの逡巡に直面して、結局軍事行動を断念せざるを得なかったことからも明らかである。

したがって、ヨーロッパでの第二次大戦開戦を理解するには、ヒトラーの決定的役割を前提としながらも、彼が最後にはポーランド侵略を強行できた国内的理由、さらに国際社会の対応などの検討が不可欠である。小論は第一次世界大戦後のヨーロッパの国際社会の構造、ドイツの状況を検討し、第二次世界大戦開戦までの基本線を提示しようとする試みである。

1　第二次世界大戦はいつ始まったのか

ナチス・ドイツのポーランド侵略をもって第二次世界大戦のはじまりとするのは、現在歴史研究ではいわば定説となっている。しかし、開戦後しばらくは、ヨーロッパの武力交戦はドイツとポーランド間に限定され、それも優勢な軍事力とソ連の協力によって、1カ月足らずでドイツはポーランドを占領して終わった。ドイツはソ連とのあいだでポーランドを分割して、ポーランド国家は再興後20年で再び消滅した。この間もその後も、ドイツと英・仏は西部戦線で対峙していたが、交戦ではなく宣伝戦を展開し合うという「奇妙な戦争」状態が半年以上も続いていた。ドイツを支持していたイタリアも、戦争準備ができていないことを理由に、それまで国際法にはなかった非交戦国という新しい概念を案出して、局外で傍観していた。そのため、1938年のズデーテン危機からポーランド戦までを「宣戦布告なき戦争状態」、ポーランド戦から40年のナチス・ドイツの北欧・西欧侵攻までの期間を「戦争なき宣戦布告状態」と区分する見方すらある。

しかも、この時期の侵略行動はドイツだけに限定されてはいなかった。すでに39年4月には、ドイツのチェコ解体によってミュンヘン協定の保証国としての立場を無視されたことへの当てつけに、イタリアはドイツに通告することなくアルバニアを占領している。さらに11月末にはソ連がフィンランドに領土要求を迫り、拒否されると、侵攻を開始して（冬戦争）、国際連盟から除名された。フィンランド側は善戦したが、翌年3月、ソ連の圧倒的軍事力に屈し、要求を受け入れて、講和を結ぶことを余儀なくされた。こうしたヨーロッパでの戦争とは独立に、東アジアでは日本が中国への侵略戦争を続ける一方、39年5月からは、満州国境地域でソ連との間で大規模な軍事衝突を引き起こしていた（ノモンハン事件）。

第二次世界大戦を歴史教科書風に、ファシズム諸国と反ファシズム諸国の戦争と規定するなら、少なくとも初期の段階をそれに含めることはかなり無理がある。実際、ドイツの一歴史家は、1939～41年の戦争、すなわち独ソ戦と日米戦の開始までの戦争は、ドイツ、ソ連、イタリア、日本が、並行してそれぞれ独自の帝国主義戦争を遂行している状態、つまり帝国主義戦争並行期とみるべきだと指摘しているし、ヨーロッパに限れば、1939年から独ソ戦が開始される41年6月まではヨーロッパ戦争であり、独ソ戦と日本の対米戦で初めて世界大戦といえるとの説もある。

1・1　第二次大戦史研究の難しさ

第一次大戦では、列強間の同盟関係を軸にした対抗関係が基本にあり、主要戦場もヨーロッパとその周辺に集中していたので、全体の性格や構造を比較的把握しやすかった。一方、第二次大戦では、戦場はヨーロッパ・アジア・アフリカ、さらに大西洋と太平洋を含み、参加主体や戦争目的なども錯綜して、複合戦争という構造を持ち、さらにそれも戦争の推移とともに変容するなど複雑であった。つまり、第二次大戦は参戦国の多様性や戦場の拡散、イデオロギーの交錯などから、簡単に整理できない多元的、重層的構造を持っている。

このため歴史研究の進展とともに、第二次世界大戦を構成する「それぞれの戦争」を個別に考察するアプローチが多くなり、大戦全体の性格を考える問題関心は後退している。日本でも、「アジア・太平洋戦争」や「十五年戦争」という呼称が提案されているのも、そうした方向の一つの表れであろう。興味あることに、研究方向のこうした変化は、第一次大戦研究が英・仏・ロシア・ドイツなどいずれかの主要参戦国の一つを取り上げ、それぞれの一国史的枠組みのなかで大戦を分析するアプローチから、最近ではグローバルな戦争としての性格に注目しはじめたのとちょうど逆の方向に向かっている。両大戦の特徴を比較する際に、こうした研究方向の違いは留意すべきことの一つである。

したがって、第二次世界大戦は部分戦争の集合体なのか、それとも全体を包括できるような性格規定が可能なのかという問題はなお残されている。これに関連して、そもそも第二次大戦の起点をどこに置くべきかも議論が続いている。第一次大戦の勃発を1914年8月とすることに疑義を唱える研究者はほとんどいない。それに対して、第二次世界大戦では、ドイツの場合はポーランド侵攻が、日本の場合にはハワイ奇襲が挙げられることが多いが、スペイン内戦やチェコスロヴァキア危機を挙げる説もあり、日本でも満州事変にそのはじまりを求める見解がある。第二次大戦はいつ始まったのかという問いは、大戦の複雑さを象徴する問いになっている。

1・2　第二次大戦原因研究について

ここで、第二次大戦原因研究について簡単に触れておきたい。第一次大戦の原因論、戦争責任論は、1914年の開戦当時から現在まで、時にはそれぞれの参戦国の利害も絡んだ長く、激しい論争が続いた研究史があることはよく知られている。それに対し、第二次大戦開戦原因論・戦争責任論をめぐっては、少なくとも歴史学界では大きな論争はみられない。戦争を起こしたのは、ヨーロッパではナチス・ドイツであり、アジア・太平洋地域では日本であることに基本的に異議は出されていないからである。

ヨーロッパでの第二次大戦原因論をめぐる大きな論争は、A・J・P・テイラーの問題提起をめぐる論争のみであるといっても過言ではない。テイラーは、ヒトラーは一貫した目的を追求した指導者というより、機会主義的政治家に過ぎず、彼だけに大戦の責任を押しつけて、ドイツを含め他の関係国すべてを免罪にするような説明はあまりにもご都合主義ではないか、という疑問から出発している。これは確かに聞くべき批判であるが、彼の描いたヒトラー像はその後否定されており、現在では彼の解釈をそのまま認める歴史家はいない。とはいえ、彼の問題提起が第二次大戦の諸原因の再検討を促した功績は評価されている。

したがって、第二次大戦原因論では、ナチス・ドイツないし日本の侵略戦争をなぜ阻止できなかったのか、ナチス・ドイツと日本の侵略行動を容易にした責任は主にどの国に、またどのような政策にあったのか、という問題視角からの考察が多い。つまり主犯ははっきりしているが、それを助けた共犯者捜しとでもいうべき課題に研究が集中してきたのである。前述したように、1938年末以降、すでにヨーロッパ中心部での戦争の危険が認識され、西欧諸国でナチス・ドイツへの警戒感が高まっていた事実が、この問いへの関心を高めてきた。

つまり、1938～39年の時期は、第一次大戦開戦直前の「7月危機」と同じ意義を与えられてきたのである。本章末の英語参考文献にも、表題に1939年を掲げているものが見受けられる。その際の中心的キーワードとして、英・仏の宥和政策の頂点となったミュンヘン会談と、ナチス・ドイツのポーランド侵攻決断を容易にさせたとされる独ソ不可侵条約の役割が注目されてきた。しかし、七月危機同様、1938/39年の大戦直前期に集中した分析は、大戦開始への最終局面の解明としては重要だが、ナチス・ドイツの成立やその影響力の拡大、ヴェルサイユ体制の崩壊、国際連盟の機能不全などのより広い構造的要因を明らかにすることはできない。ここでは、両大戦間期と呼ばれる第一次大戦後の1920～30年代の状況全体に視野を広げて、開戦を可能にした諸要因を考えることにしたい。

2　両大戦間期のヨーロッパ世界

両大戦に挟まれた1919～1939年のほぼ20年間は、両大戦間期と呼ばれている。ヨーロッパの20世紀にこの20年間を位置づけてみると、前後の時期とはっきりと区別できる特徴を持っていることがすぐに理解できる。

第一次大戦前の20年間は、ヨーロッパでは西欧・中欧地域を中心に、それ以前の不況と停滞の時期を脱して長期の経済成長期を迎え、ベルエポックと呼ばれる市民文化の一大爛熟期になっていた。第二次大戦後、1950年以降の20年間は年３～5％の高い経済成長率が続く歴史的な好況期であった。国際的には前者では列強体制が、後者では米ソ超大国が国際関係を規定して、戦争を局地化させて封じ込め、各国内では好況を反映して政治・社会体制が比較的安定していた。それと対照的に戦間期は、大戦の打撃による後遺症が長く続いた上に、1920年代は経済停滞と農業不況が加わり、1930年代には世界恐慌の影響もあって、国際的にも国内的にも政治・社会体制の不安定・動揺が続く時期であった（表１参照）。

表１　ヨーロッパ主要国の20世紀の経済成長率（%）

国＼年	1900-13	1913-50	1950-73	1973-87
イギリス	1.5	1.3	3.0	1.3
フランス	1.7	1.1	5.1	3.0
ドイツ（西ドイツ）	3.0	1.3	5.9	1.8
イタリア	2.8	1.4	5.5	2.4

出所：木村靖二・近藤和彦『近現代ヨーロッパ史』（日本放送出版協会、2006年）。以下の、図１、表２、表３も同書より。

2・1　ヴェルサイユ体制：国民国家・国際連盟・国民参加の政治

2・1・1　国民国家の時代

第一次世界大戦前と戦後のヨーロッパ国際社会の構成を比較してもっとも目立つ違いは､戦前の列強体制に代表される帝国型国家と統治形態としての帝政・王政に代わって、戦後では国民国家と共和制が主流になったこと、また中欧・東欧地域での多数の新しいタイプの国民国家が誕生したことである（地図〔次頁〕参照）。

国民国家は原理的にはフランス革命に起源を持ち、言語・宗教的共通性や政治的・思想的・文化的アイデンティティを共有する（と主観的に感じていた）同質的住民で構成される国家、あるいはそれを追求しようとする国家である。

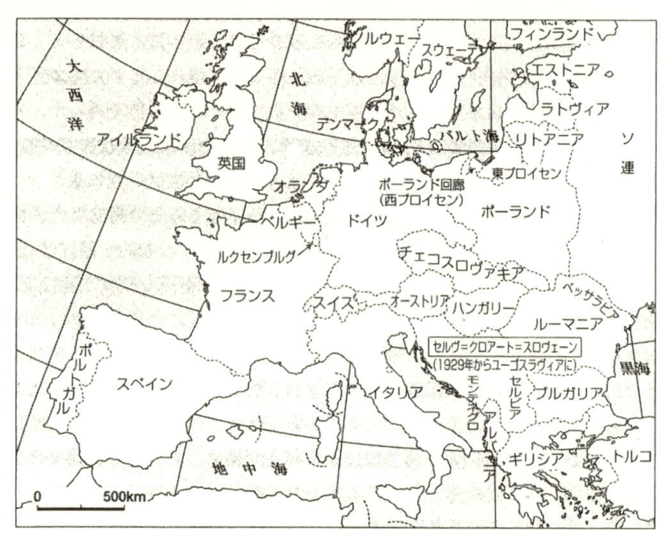

図1　第一次世界大戦終了直後のヨーロッパ

しかし19世紀ヨーロッパの国際社会では、こうしたタイプの国家はなお例外的で、ようやく世紀末になって、国民経済の確立と近代化の進展、徴兵制や義務教育の導入などによって、国民国家的性格を持つ国が増加してきた。

しかし、第一次世界大戦は、伝統的帝国型国家を一掃し、参戦国の国民国家への移行を一挙に加速させた。

2・1・2　既存国家の国民国家化

参戦列強は、総力戦となった大戦を生き残るために、国民を兵役・軍需経済に動員したほか、銃後社会における多元的戦争協力活動を通じて、社会的リソースを戦争遂行に集中させ、国家の統合力を強めた。戦勝国・敗戦国を問わず大戦を生き残った参戦国は、程度の差はあれ、こうした方向への転換に成功した国であり、それに失敗した伝統的多民族帝国は、解体・消滅せざるを得なかったのである。戦後、参戦各国は、国民の協力への見返りとして選挙権拡大によって、国家運営への公的参加の道を開いた。さらに、膨大な数の戦死・戦傷者を国家・国民のための犠牲者と位置づけ、慰霊碑・記念碑建立、公的記念日などの多くの大戦記念シンボルを設置・設定して、国家を追悼共同体へと転化させ、国民と国家との一体意識（アイデンティティ）を強固なものにしようとした。

また戦後の帝国的秩序の変容も、参戦国の国民国家化を促進させた。たとえばイギリスは戦後、ドイツ植民地や旧オスマン帝国領などを得て、最大版図の世界帝国になった。しかし、大戦への協力で自信を深めたオーストラリア・カナダなど多くのイギリス自治領は、本国との対等意識を持ち、イギリス連邦内での発言権の拡大や政治的自立を要求するようになり、インドなどの支配地域でも民族運動が激化し、アイルランドは独立してイギリス連邦から離脱した。イギリスは、外見的には世界帝国の地位を強めたようにみえたが、その統合力をかなり低下させ、本国自体も国民国家的性格を濃くした。

同じことはドイツにも当てはまる。ドイツは敗戦後、東部のポーランド人居住地をポーランドに割譲し、アルザス・ロレーヌをフランスに返還するなど、少数民族の多い国境地域を手放したため、国民国家としての同質性を高めた。もっともそれは、国内に残った非ドイツ系とみなされたユダヤ系市民などへの視線を厳しくさせることにもなった。

2・1・3　エスニック型国民国家途上国の出現

戦前からロシア・オーストリア・ドイツ・オスマン４帝国内で民族の自治、あるいは国家的独立を求めていたスラヴ系などの民族運動にとって、大戦は目的達成の絶好の機会となり、大戦末期、４帝国が崩壊・解体するなかで、相次いで独立を宣言した。これらの国家も国民国家であったが、その正統性の根拠を民族自決権に求めた点で共通していた。革命ロシアが提起し、アメリカ大統領ウィルソンも唱えた民族自決権は、パリ講和会議で事実上国際的な原理となったが、もともとは必ずしもそれぞれの民族の国家的独立を想定してはいなかった。しかし、新興国家は民

表２　東欧諸国における 1931 年国内少数民族（万人）

・ポーランド	31 年（人口 3200 万人）
ドイツ人	74（2.3%）
ユダヤ人	270（8.5%）
ウクライナ人	440（13.8%）
ベラルーシ人	170（5.3%）
・チェコスロヴァキア	31 年（人口 1450 万人）
ドイツ人	320（22.1%）
ユダヤ人	35（2.4%）
ウクライナ人	55（3.8%）
ハンガリー人	69（4.8%）
・ハンガリー	31 年（人口 870 万人）
ドイツ人	48（5.5%）
ユダヤ人	50（5.8%）
・ルーマニア	31 年（人口 1800 万人）
ドイツ人	75（4.1%）
ユダヤ人	73（4%）
ウクライナ人	58（3.2%）
ハンガリー人	140（7.7%）

族自決権を一民族一国家論へと読み替えて独立国家となる道を選んだのである。これは伝統的国家群の国民国家化とは異なる、エスニック型国民国家とでも呼ぶべき新しい性格の国民国家であった。

しかし、東南欧地域の複雑な諸民族の混住状況から、新興国家の国境線を他民族を含まない形で画定することは不可能であり、パリ講和会議で新興国家の国境線画定のため設立された戦勝四大国代表（英・米・仏・伊）の領土委員会も、この現実を受け入れざるをえなかった。そのため、ほとんどの新興国家は、多数派民族の名称を国名に掲げながらも、実際は単一民族国家ではなく、多くの少数民族を抱える多民族国家であった（表2参照)。一民族一国家という建前と矛盾する国民構成は、当該国家に、自国はまだ国民国家への途上段階にある未完の国家であり、早期にエスニック的同質性を実現して単一民族の国民国家を完成させたいとの意志を強めさせた。そのため、これらの新興国では少数民族を迫害したり、国外に追放する動きが強まるのではないか、さらに国外に取り残された同胞を統合するために、彼らの住む領土を併合しようとして、周辺国家と抗争を引き起こすのではないか、ということは早くから懸念されていた。

それはすぐに事実となって現れた。独立を回復したばかりのポーランドで、少数派のユダヤ人に対するポグロムが発生したのである。ユダヤ人団体がパリ講和会議に訴えたため、会議では新興国家の独立を承認する条件に、国内の少数民族の保護規定受け入れを義務づけた（ポーランドの場合、比較的数の多いユダヤ人が「国家のなかの国家」となって混乱をもたらさないよう、彼らの自治は認められなかった)。その結果1924年までにポーランドを初め東・南欧の新興独立国13カ国が少数民族保護条約を受け入れた。

ところが、保護条約は内容もさることながら、別の点でも新興諸国の不満を呼び起こした。保護義務は新興国だけに適用され、戦勝列強国には適用されなかったからである。イギリス、フランスなど西欧諸国は、自国は少数民族の統合に十分対応できる文明国家なので、その規定は必要ないと主張した。ただでさえ自国内の少数民族の存在に不満をもっていた新興国家側は、保護条約を一方的に押しつけられた不当な条約とみなした。後述するように、ヴェルサイユ条約で独立を認められた新興国家の多くが、ヴェルサイユ体制批判派（修正主義国）になった一因もここにあった。当然、少数民族への差別・迫害は収まらず、とくに、経済危機が激化した1930年代に入ると、国際連盟には少数民族からの迫害の訴えが多数提出されるようになった。

2・1・4　単一民族国家形成と民族強制交換

既存国家を同質的なエスニック型国民国家に「純化」しようとする動きは、バルカン地域ではすでに大戦前に現れていた。1913 年の第二次バルカン戦争後、ギリシアとブルガリアが、国境地域での両民族混住状態を解消するために、それぞれの相手地域に居住する自民族を引き取ることを約した相互交換協定を結んだのはその先例であった。第一次大戦勃発後、オスマン帝国が純トルコ民族国家への転換を目指して、国内のアルメニア人をメソポタミアの砂漠地域に追放し、多数を死に追いやるジェノサイド的政策を強行したのは、こうした政策が内包する危険性を示す例となった。

大戦後も民族交換方式は受け継がれ、しかもさらに大規模になった。1923 年１月にトルコ・ギリシア間で調印された強制的民族交換協定は、その典型であった。大戦後、敗戦国となったトルコは、パリ講和会議のセーヴル講和条約で小アジアの地中海沿岸地域を失い、その一部をギリシアに割譲させられた。これに反発したトルコでは、ムスタファ・ケマルの指導のもとに国内諸勢力を結集して巻き返しを図り、セーブル条約の改定を求めて、ギリシア軍を駆逐したばかりか、ギリシアとの紛争の種を将来的にも除去するために、相互の民族交換協定を結んだのである。これを背景に、トルコは 1923 年８月連合国との間でセーヴル条約に代わる新たなローザンヌ講和条約を結ぶことに成功し、その際、交換協定も正式に批准された。交換協定は 1925 年には国際連盟条約集にも登録されて、国際的に承認された。

この協定は、民族を分別する基準を宗教に求め、トルコ内のギリシア正教徒をギリシア人としてギリシアに強制移住させ、ギリシア内のイスラーム教徒（トルコ人）をトルコ人としてトルコに強制的に移住させて、それぞれの移住者には移住先の国籍を与えるものであった。移住を強制された住民の多くは、すでに何世代もそれぞれギリシア、トルコ内に居住し、それまで大きな衝突もなく異教徒と共存していた人々であった。にもかかわらず、彼らは事実上全財産を放棄させられて、着の身着のままで見知らぬ「祖国」に追放されたのである。対象になって移住したギリシア人は 130 万人以上だが、その多くはすでに 1923 年以前にトルコ軍に追われてギリシアに脱出していたので、協定は実態としてすでに起こったことの事後承認であった。一方、ギリシアからのトルコ人の強制移住者は、約 35 万人といわれている。

個々人の意向を無視し、民族という集団の権利を優先した住民の強制交換（移住）という解決策が、多くの問題をはらむことは当時から指摘されていたが、抗争の拡大を恐れて、やむを得ない対策として受け入れられたのであった。とはいえ、それが国際連盟にも認められたことの意味は決して小さくはない。それは複数民族の共存を認めた前述の少数民族保護規定に反して、国民国家は一民族の国家であるという理解を一層強めたからである。

2・1・5　難民の時代

こうして国民国家は、異質と見なされた集団に対し、堅い外殻で固める「甲殻類型国家」（カール・ポランニー）の方向に歩を進めることになる。この結果、国境・境界という敷居は大戦前よりはるかに高くなり、同時に政治的な迫害から逃れる人々や少数民族にとって、国家への帰属を証明し、国際的な移動を保証する書類（パスポート）の有無は文字どおり死活にかかわる問題になった。

パスポートは、19 世紀後半以降自由主義的経済の拡大を背景に、ヨーロッパでは西欧諸国を中心に事実上廃止されて、国家間の移動規制を緩和する流れが主流になった。しかし、19 世紀末になると、移民の増加等からパスポートによる出入国管理が再び強化されはじめ、第一次大戦勃発以降にはほとんどの国で出入国にはパスポート携帯が必須になった。「国家による移動手段の独占」といわれるパスポート制度は、とりわけ第一次大戦後に大きな国際問題を引き起こした。大戦、ロシア革命、戦後の内戦、ポグロムや民族紛争によって、故国を逃れざるを得なかった数百万人以上の人々が、パスポートを持たない無国籍者となったからである。それまでの移民・季節労働者・亡命者といった国家間移動のカテゴリーに、第一次大戦期には難民という新しい区分が加えられた。新設されたばかりの国際連盟の最初の任務の一つが、この難民対策事業であり、難民救済のため難民高等弁務官が設けられ、極地探検家として著名なノルウェーのナンセンが任命された。国際連盟はパスポートを持たない難民に連盟発行のパスポートを与えて保護したが、それはナンセンの名を取って、ナンセン・パスポートと呼ばれている。

2・1・6　ヴェルサイユ体制と修正主義の拡大

第一次大戦後のヨーロッパの国際社会は、新旧の国民国家を国際連盟にまとめ、そこでの協議と交渉によって、国際紛争を阻止し、平和を維持しようとした。しかし、国民国家といっても、前述したように、個々の国家を取り上げると統合力やエスニックな同質性の程度はかなり異なっていた。大きく分ければ、そこには、西・北欧に多い現状の固定化・安定化を唱えてヴェルサイユ体制を支持する、伝統ある旧来の国家から国民国家に転換した国家群と、東・南欧に多い民族的同質性を求めて、現状のヴェルサイユ体制に異を唱え、講和条約が定めた国境の修正を求めるヴェルサイユ体制批判国家（修正主義国家・国民国家途上国)、という大きな分断線があった。新旧国民国家の対立は、戦間期の国際状況を不安定にした要因の一つであったが、1920年代にはまだ深刻な亀裂や対立にはならなかった。新興国家の多くが国内の政治・経済の不安定を抱え、単独で大規模な軍事行動に訴える力を持たず、さらに国境を接するソ連という共通の脅威に直面していたからである。

ヴァイマル共和国となったドイツもまた、帝国から国民国家への転換を遂げた国であったが、ヴェルサイユ条約の修正や民族統合を国策として掲げる点では修正主義国家に属していた。1920年代初期の賠償問題をめぐるフランスなどとの対立や国内の政治的混乱が収まると、1924年からシュトレーゼマン外相の協調外交が登場し、強硬な修正主義外交は後退した。しかし、シュトレーゼマンも修正主義的目標を決して放棄しなかった。ただ彼は軍事力ではなく、経済力を梃子にドイツの国際的地位を高め、ヴェルサイユ条約の修正と、国境、特に東部国境の改定を目指そうとした。したがって、彼の外交の根底にあるのも基本的には戦前・戦中から引き継いだドイツ帝国の大国意識であった。当時のヨーロッパ諸国のなかで、国外にもっとも多くの同胞を持つ国家となったドイツは、少数民族保護でも先頭に立ち、民族自決権を主張しながら、ヴェルサイユ体制に揺さぶりをかけた。

ヴェルサイユ体制批判（修正主義）の潮流は、1920年代後半から30年代にはかなり大きな流れになった。しばしば誤解されているが、それはヴェルサイユ体制の諸原理の全否定ではなかった。もっとも強硬な反ヴェルサイユ体制論者も、民族自決権・一民族一国家論は受け入れていたからである。

3　脱民主主義の潮流とナチス・ドイツの成立

1933年１月にドイツでヒトラー政権が成立した時、それを取り巻くヨーロッパの国際状況は次のようなものであった。世界恐慌がなお猛威を振るい、世界経済システムそのものが機能しなくなるなかで、多くの国では国内の政治的安定と経済の立て直しが最優先課題となり、国際社会への関与を避けようとする保守的な姿勢が強くなった。国際経済への依存を最小限に抑えようとするアウタルキー型経済体制が注目され、その関連からそれまで異端視されていたソ

表3　1920〜34年のヨーロッパのファシズム政府・軍事（国王）独裁

1920	ハンガリー，ホルティの権威主義的摂政体制
1922	イタリア，ムッソリーニのファシスト政権成立
1923	スペイン，プリモ・デ・リヴェーラ将軍，クーデタで独裁政権
1923	ブルガリア，国王・軍部のクーデタ
1925	リトアニア，軍のクーデタ。翌年新たなクーデタで軍事独裁
1926	ポーランド，軍部のクーデタ
1928	アルバニア，大統領のクーデタ。自ら国王を宣言
1929	ユーゴスラヴィア，国王のクーデタ。国王独裁体制
1933	ドイツ，ヒトラー政権成立
1933	オーストリア，ドルフース首相，クーデタで権威主義政府樹立
1934	ラトビア，クーデタで独裁政権
1934	エストニア，クーデタで独裁宣言

連の5カ年計画にも強い関心が寄せられ、ナチス・ドイツでも4カ年計画といった用語が導入された。こうした一国主義的内向き志向は、国際連盟の権威と機能を低下させる一方で、国際的規制から解放された日本やイタリアの支配圏拡大行動を活性化させた。帝国主義時代は第一次大戦後終わったと考えるのは誤りで、日本、イタリア、ドイツ、さらにソ連などの対外政策にその継続を見るべきだと指摘する歴史家もいる。

民主主義からの離反傾向は、東南欧では1920年代前半から現れはじめ、ハンガリー、イタリア、ポーランドなどが、議会制民主主義を放棄して保守的権威主義体制やファシズムに移行した。この動きは30年代に入ると一段と加速して、1939年までに東欧・南欧の新興国を中心に13の国家が民主主義を放棄していた。東南欧の新興国家は、国家の統合力がまだ弱く、国内の分裂がそのまま国政に持ち込まれて政治が安定せず、またチェコスロヴァキアを除けば国民経済の基盤は主に農業にあったことから、世界恐慌の前の20年代半ばに世界的に広がった農業不況の影響を受け、政治的・社会的対立によって混乱が広まったことも、強権的な統治への移行を促したのである。これはヨーロッパ諸国民の過半数が非民主主義的、あるいは反民主主義的政治下に置かれたことを意味した。

もっとも、個々の権威主義的体制や独裁の社会基盤や掲げる政治目的にはかなり幅があり、保守的・伝統的性格が濃厚で国民動員に消極的な静態的体制から、イタリアのファシズムのように、大衆動員を推進し、現代文化への関心も高い体制まで多様であった。もっとも、保守的権威主義体制も、国民主権の原則を正面から否定することはできず、無力化された議会を形式的には残していた。そこには、単なる戦前の特権階層支配の継続では、国民の同意を得られない時代になっていたことが反映していた。

3・1　ナチス・ドイツの位置

ナチス・ドイツの成立も、こうした潮流に棹さしたものであった。ヒトラー率いるナチ党の台頭と政権掌握の背景については、これまで多くの研究が明らかにしているので詳述しないが、二つの点について指摘しておきたい。

一つは、ヴァイマル共和国では早くから共和国の政治・社会体制を否定する帝政派・急進的ナショナリスト勢力が復権していたことである。敗戦と革命の後、1919 年 1 月には初の男女普通選挙によって、民主主義を受け入れる社会民主党などの政治勢力が過半数を制した。しかし早くも 1920 年 3 月には、軍の一部と保守的反共和国勢力がカップ＝リュトヴィッツ一揆とよばれるクーデタを起こし、一時首都ベルリンから合法政府を追いやるまでになった。クーデタは失敗したものの、これ以後共和国支持勢力が国政選挙で過半数を獲得することはなかった。

にもかかわらず、脆弱な共和国が 10 年以上も持続しえたのは、皮肉にもヴェルサイユ体制が機能していたからである。講和条約を否定し、賠償支払いを拒否するようなドイツ政府の登場は、ヴェルサイユ体制が機能している限り、国際的に受け入れられないことは明らかであった。ヴェルサイユ条約がドイツに課した各種の制約や賠償支払いなど負担が軽減されるにつれ、ドイツ国内ではかえって反共和勢力が伸張し、共和国支持派が低落するのも、そうした関連を裏付けている。

第二に、ヒトラーとナチ党は、反共和国・反ヴェルサイユ志向の広い基盤に依拠して勢力を拡大できたことである。ナチ党支持層と保守的反共和国勢力支持層の間には越えがたい対立より、むしろ重なり合う部分が多く、相互に移行可能な関係にあった。ナチ党・ヒトラーというと、最初から同時代の政治運動のなかでは特別な存在であることを前提に考察しがちであるが、それはすでに歴史的経過を俯瞰できる立場からの評価であって、同時代人のそれとは異なっていたことに注意しなければならない。たとえば反ユダヤ主義はナチ党の専有イデオロギーのように見なされるが、急進的な主張から穏健なものまでかなり幅があるものの、反ユダヤ主義は当時すでにドイツの広範な社会層に浸透し、定着していた。

3・1・1　ナチス・ドイツとヴェルサイユ体制

ヒトラー内閣は成立直後こそ国際的に警戒されたが、その後急速に国内における一党支配体制を確立して安定し、国際社会からも受け入れられるようになった。当時の国際状況のなかでは、ナチス・ドイツだけがとくに異質な国家とはみえなかったからである。国内でも、ヴェルサイユ体制の打破——軍備拡大、賠償支払い拒否、国際連盟からの脱退——には、軍部や産業界、保守派をはじめ、国民の広いコンセンサスがあった。

ヒトラーはその強硬な姿勢や言動にもかかわらず、最初の5年間は外交的にはヴァイマル共和国から引き継いだ修正主義外交の延長上で行動していたことも、ナチス・ドイツの見方に影響を与えていた。ヴェルサイユ体制にたいしても、当初は正面からの全否定ではなく、ヴェルサイユ体制が認める諸原理を梃子に批判する方法をとることが多かった。たとえば、ヴェルサイユ体制が認める民族自決権がドイツにだけ認められないのはなぜかと迫ったり、ドイツの国際連盟脱退の際も、ヴェルサイユ条約のドイツの軍備制限はドイツが率先して軍縮を実行したことになっているのに、他国はなぜ続いて軍縮しないのか、国際連盟の軍縮会議もなぜ成果を上げないのかと詰問し、この状況では国際連盟に留まる理由はないと説明した。連盟からの脱退はすでに日本が先鞭をつけていたし、英・仏もドイツ側の主張には反論しにくかった。

このころ西欧諸国のなかにも、ヒトラー政権が成立した背景には、ヴェルサイユ条約が過酷すぎたことへのドイツ国民の憤懣があったからではないかとの反省も現れ、ナチス・ドイツの要求にはそれなりの根拠があるとの見解が影響力を持ってきた。ここから、要求を認めてやりさえすれば、ナチス・ドイツも普通の国家として行動するはずだとする宥和政策が浮上してくる。さらにヒトラーの反共主義に注目して、ドイツにソ連の防壁の役割を期待する声も、ナチス・ドイツへの強硬な政策を控えさせた。

1930年半ば、西欧諸国が注視し、警戒していたのは、ナチス・ドイツよりむしろ中国での武力侵略を続ける日本と、国際連盟の勧告を無視してエチオピアを征服し、さらに地中海世界での覇権を狙って、フランコ側を支援し7万人以上の兵力を派遣して、スペイン内戦に公然と大規模介入を行うイタリアであった。この同じ時期に、ナチス・ドイツではベルリン・オリンピックが開催され、国際的評価を高め、しかも、大規模な軍拡に着手して景気を急速に立て直し、なお不況からの脱却に苦しむ欧米諸国を尻目に、1937 〜 38 年には事実上完全雇用状態を達成した。新興国家にとって 1920 年代の未来国家モデルがイタリア・ファシズムであったとすれば、1930 年代後半にはナチス・ドイツがそれに取って代わった。

ナチス・ドイツの民族“純化”政策、とくに反ユダヤ主義は、早くから国際的非難を受けていた。しかし、1938 年までは、反ユダヤ政策の目的はユダヤ系市民の国外移住を強要することにあった。ユダヤ人の経済基盤と日常生活環境を圧迫して孤立状態に追いやり、形式上は自発的に出国させるのが基本方針であった。職業活動の制約、公民権の剥奪、日常生活での嫌がらせなど、差別と迫害は全生活領域に及んだ。しかし、当時ユダヤ人への差別を強めた国はナチス・ドイツだけではなかった。ユダヤ人の国外追放問題を複雑にしたのは、多数のユダヤ人を受け入れる国家がなく、彼らが難民化していたことであった。

1938 年、深刻化したユダヤ系難民への対応を協議するため、ローズヴェルト米大統領の発案でエヴィアン会議が開催された。しかし会議に参加した 32 カ国のうち、ヨーロッパ諸国はわずか四分の一の 8 カ国に過ぎず、しかもそれは英・仏を含めすべて西欧・北欧の国家であった。ヒトラーは「ユダヤ系難民に同情するなら、ぜひ会議参加国で受け入れてもらいたい。必要なら、そのために豪華船を提供してもよい」と語って、ドイツを非難しながら、自国へのユダヤ人受け入れは拒む欧米諸国を偽善者と嘲笑した。実際、ユダヤ系難民の期待を集めた会議は具体的な成果なく終わった。東・南欧諸国の不参加は、この地域で強かった反ユダヤ主義の現れでもあるが、すでに強力な国家になっていたナチス・ドイツの意向を意識した対応でもあった。

3・1・2　民族自決権を掲げた領土拡大

1938 年から、ナチス・ドイツは、国外のドイツ人の統合を目指す拡張主義的外交政策に乗り出した。オーストリア併合とチェコスロヴァキアのズデーテン地方の編入である。この行動はいずれも民族統合・民族自決権の発動として説明された。

ヒトラーにはもともとオーストリアを併合する意図はなかった。オーストリアは彼自身の故国であったが、ドイツに従順な衛星国であれば十分だと考えていた。オーストリア政府がそれに抵抗を示したため、ヒトラーは急遽軍を派遣し、併合を強行した。こうした経過からも、併合は全ドイツ人のドイツ本国統合を目指す民族自決権の発動というヒトラーの説明は、後からの理由付けに過ぎないことが分かる。もっとも、オーストリア国民が既成事実を前に併合を歓迎したことは確かであり、各国も併合を承認した。

しかし、オーストリア併合で注目されるのは、ヨーロッパの中央部に位置し、長い伝統を持つ独立国が、事前の了解をえないまま隣国からの軍の侵入の圧力のもとに、消滅してしまった点にあった。東南欧地域のみならずヨーロッパ全体の勢力バランスを大きく変え、ナチス・ドイツの地位と影響力を飛躍的に高める重大な変動にもかかわらず、事前にイギリス、フランスはもちろん、周辺国への説明や通告もなかったし、目立った抗議もなかった。民族統合という目的に目を奪われて、国際社会はその手段やプロセスの不当性を不問に付したのである。

オーストリア併合はヒトラーに次の行動を容易にさせた重大な転換点となった。以後彼は外交問題でますますドイツが有利になる二国間交渉方式と、軍事力による威圧を用いるようになった。

1938年のドイツのズデーテン地方割譲要求でも、ほぼ同じ方法がとられた。ヒトラーにとって意外であったのは、英・仏のみならずイタリアまでもが、戦争を回避しようと交渉による解決を強く主張したことであった。ドイツを交えた4国のミュンヘン会談の結果、当事者のチェコスロヴァキアを参加させないまま、ドイツの要求がほぼ全面的に受け入れられた。イギリスでは、チェコスロヴァキアの「かたくなな」態度を非難する声さえあった。1921年以来、チェコスロヴァキアと同盟関係にあったフランスも、結局同盟国を見捨てたのである。チェコスロヴァキアは対ドイツ用要塞地帯でもあった国境地域を失い、国際的にも孤立して、ドイツに対し無防備の状態に置かれ、以後抵抗できなくなった。

イギリスが当初民族交換方式を打診したことから分かるように、ズデーテン地方には当然のことながら多数のチェコ人も住んでいた。実際、ズデーテン地方がドイツに編入されると、十数万のチェコ人が残部チェコ領に移住しなければならなかった。にもかかわらず、ヒトラーの恫喝的手法への批判はあっても、ドイツ人が多数を占める地域のドイツ編入は当然と見なす、あるいはやむを得ないとする見方が一般的であった。しかも、ミュンヘン会談では、ポーランドにもチェコスロヴァキアの領土の一部を割譲することも認められた。同年11月には、ナチス・ドイツとイタリアが裁定国となって、ハンガリーへのチェコスロヴァキア領の割譲も承認された（第一次ウィーン裁定）。ハンガリーの要求は、トリアノン条約で喪失した領土の一部の返還であったが、かつて戦勝国が決定した国境線を、今やドイツとイタリアの指示で修正されるようになった事実に、この間のヨーロッパにおける主導権の移動が確認できる。

この頃になると、ドイツ国外でもナチス・ドイツの支持者や信奉者、シンパも多くなり、ナチス・ドイツに迎合して、その政策を模倣したり、導入する国も増加してきた。イタリアは、エチオピアなどアフリカの住民に対する人種的差別意識があったが、ユダヤ人へのそれは比較的薄かったと言われている。しかし、そのイタリアでもドイツの例に倣った反ユダヤ立法が導入されている。

3・1・3　ヒトラーの独裁的地位の確立

・反対派指導者の大量殺害

一般的なイメージと違って、ヒトラーの絶対的権力者としての地位は、最初から確定していたわけではなかった。ナチ党の中核的指導層・中堅党活動家層は、早くから彼をカリスマ的指導者と仰いでいたが、ヒトラー政権成立後も党内にはヒトラーの「軟弱で妥協的な」方針に批判的な突撃隊（SA）のレームのような勢力が存在していた。1934 年夏、ヒトラーはゲーリング、ゲッベルスら側近に促されて重い腰を上げ、レームら突撃隊幹部を反逆の口実で殺害させた。ナチ体制が安定しつつあるなかで、なおテロ行使を止めない突撃隊は国民に危険視されていたから、レームらの殺害は国民にはヒトラーが決断力を発揮して、ナチ党内の急進的不満分子を一掃したものと歓迎され、彼の地位を高める結果になった。

ここでも、目的達成に使われた手段や、SA 幹部のみならず、シュライヒャー前首相夫妻など保守派の反ナチ派も殺害されたことは無視された。

・「民族共同体」

その後、国内ではナチ党は、結婚奨励金、母子支援、青少年保護、貧困者のための大規模な募金活動（冬期救済事業など）、労働創出策による失業者吸収、農民保護など、多角的な社会福祉活動を展開して、国民の平等な連帯意識をかき立てる「民族共同体」建設を急いだ。ナチ党・ヒトラーは政権につくまで、具体的な「民族共同体」政策を持っていなかったので、役に立つものは他国の政策でも積極的に取り入れて利用した。イタリア・ファシズムの先駆的大衆余暇組織「ドーポ・ラボーロ」を範にとった、余暇組織「喜びを通じて力を」はその代表的事例であった。旅行や観光などの週末の休暇事業、映画・演劇・音楽会などの娯楽事業から大規模保養施設の建設、北欧・地中海への長期巡航旅行まで、一般国民にはなお手の届かなかった広範な余暇プログラムの提供は、国民からも好評であった。
「民族共同体」のメンバーとして受け入れられるのは、ナチスが定める「人種的規準」をはじめ、さまざまな政治的・社会的規準に合致したドイツ国民に限られ、ユダヤ系市民などは排除された。このためナチスの「民族共同体」は国民を欺くまやかしに過ぎないという批判は当時からあり、多くの歴史家もそれを支持してきた。しかし、ドイツ国民の多くは1914年の第一次大戦開戦以来ほぼ20年間にわたって、将来を見通せない不安定な経済状況と既成の価値体系が崩壊する時代を生きてきたのであり、とりわけ青年層の多くが長期失業に苦しんだことを考慮すれば、ナチ体制下の「政治的安定」や、余暇や娯楽の提供が持った体制への統合機能は小さいとは言えなかった。現在では「民族共同体」の諸事業が、ヒトラーの権威を高めるうえで重要な役割を果たしたと認める研究者は増えている。

・「大国」への復帰

国内の「民族共同体」建設以上に、ヒトラーのカリスマ的指導者像を強固にしたのは、外交面での一連の成果であった。とりわけ、1935年の徴兵制導入と再軍備の実施公表、翌年のラインラント進駐とロカルノ条約の破棄、1938年のオーストリア併合・ズデーテン併合などは、戦争の危機を指摘されながらも、結局平和裡に実現されたことで、国民に感銘を与え、38年末にはヒトラーはドイツ史上最大の政治指導者とまで賞賛された。ここまでのヒトラーの外交目的自体は多くの国民も望んでいたことであり、反対する者は少なかった。ただ彼の性急で強引な行動が西欧諸国との軍事対決を招くことを恐れた保守派や軍の一部には、ヒトラーの独断に抗議しようとする動きがあった。しかし、ヒトラーの「一か八かの賭け」が成功を重ねると、こうした反対の動きも吹き飛ばされてしまった。

ヒトラー自身、これらの成功は彼の正しさを示すものとの確信を深め、「私ほど国民の絶対的信頼を勝ち得た政治家は、これまでになかった」とか、目的実現には、「私の存在」が不可欠であり、神慮による歴史的使命を委ねられているなどと語ることが多くなった。こうした自己認識に加えて、彼は「民族共同体」の構築による生活の安定や対外戦争なしにドイツ国民国家を完成させたことが、かえって国民を現状に満足させ、彼の構想する人種主義的帝国主義戦争を担える闘争心を失わせるのではないかとの不安を抱いた。また彼は長生きできないという強迫観念にとらわれていたので、目標達成までの時間は少ないとの危機感を募らせていた。ポーランド侵攻を急いだのは、こうした認識からである。39 年には国内には、もはや彼の決定を阻止する勢力はいなかった。

4　まとめとして

第一次大戦を挟んで、ヨーロッパの国際体制は列強体制からヴェルサイユ体制、すなわち国民国家体制（国際連盟体制）へと変化した。しかし、ヴェルサイユ体制は円滑に機能しなかった。それには多くの要因があった。

第一に、国際連盟を構成する国民国家は、その実態にはかなりの違いがあった。西欧列強のように、主権国家としての歴史がそれなりにあり、近代化によって国民統合が進捗し、さらに総力戦に直面して、国民の動員体制を強化した結果、戦後、国民国家への移行が比較的容易であった西・北欧諸国がある。もっとも、敗北したドイツを除いて、イギリス・フランスはなお植民地・保護領・勢力圏を抱える帝国という性格も保持し続けていた。

他方には、政治・社会・経済的に安定した国民国家というより国民国家途上国とでもよぶべき段階の新興国家群があった。この二つの国民国家群は、現状維持志向の国民国家と現状打破志向の国民国家と言い換えることができる。

第二に、戦後ヨーロッパ社会、特に参戦諸国では、大戦がもたらした甚大な損失の衝撃から、新たな戦争はなんとしても回避したいと願う平和主義・反戦意識が広まった。しかし、それは必ずしも国際連盟の安全保障や国際連帯を支える方向に作用せず、むしろ国際的関与をできるだけ避けようとする傾向を強めた。アメリカ合衆国の連盟不参加にも、こうした姿勢が影響していた。その結果、両大戦間期のヨーロッパ国際社会で、全体を統制するはずの国際連盟も中途半端な役割しか果たせず、それを補佐して主導権を発揮する国家も存在しない、不安定な状態が続いた。30 年代に日本、ドイツ、イタリアが連盟を脱退すると、連盟はほとんど機能しなくなった。ミュンヘン会談のように、戦前の列強協議方式の再登場が可能になったのは、そうした状況の反映である。

その結果、1930 年代には、ヨーロッパの国際社会には自国本位の単独行動を可能にする空間が成立した。もっとも、この空間を利用できるのは、相応の戦争遂行能力と、帝国主義的野望実現に国民を動員でき、必要なら単独での武力行使も躊躇しない強力な政治指導者が支配する国家だけであった。1930 年代のヨーロッパには、多数の強権国家や権威主義国家が存在したが、その大部分は積極的対外行動に必要な条件を満たしていなかった。アジアも含めれば、日本・イタリア・ドイツだけがこの空間を利用できたし、実際利用したのであった。日本は東アジア支配圏確保を、イタリアは地中海帝国樹立を、ナチス・ドイツは東方生存圏獲得を目指して行動を開始した。

しかし、この3国も最初から連携していたわけではなかったし、個々の目標もそれほど明確ではなかった。連携や目標は、国内の支配体制の進展具合と欧米の有力国家との交渉を通して、徐々に明確化・具体的したのである。その過程で、彼らの帝国主義的覇権欲に歯止めを掛ける機会がなかったわけではなかった。小論でも指摘したように、たとえば、オーストリア併合のプロセス一つとっても、ナチス・ドイツが、国際社会が合意していたプロセスを無視し、暴力的手段を行使したことは、誰の目にも明らかであった。

ヨーロッパ社会は、あるいはドイツ国民は、ナチス・ドイツの主張する国民国家の完成や「民族共同体」建設という、それ自体は正当と思われた目的に目を奪われて、目的は手段を正当化しないこと、目的と手段は一体、不可分であることを十分考慮しなかった。

それが、ヒトラーやムッソリーニに一見正当に思われる目的を掲げ、既成事実を作れば、国際社会は受け入れるという自信を与えた。手段もまたそれ自体として価値があることを悟ったとき、ナチス・ドイツのポーランド侵攻は始まっていた。

参考文献（英語・日本語文献に限った）

1）第二次世界大戦前史・大戦史研究

英語文献（＊は基本文献）

＊ Bell, P. M. H. *The Origins of the Second World War in Europe*. 3.ed., 2007.（研究史など文献案内も有益）

Carr, William. *From Poland to Pearl Harbor. The Making of the Second World War*. 1985.

Crozier, Andrew J. *The Causes of the Second World War*. 1997.

Keith Eubank, *The Origins of World War II*. 3.ed. 2004.

Finney, Patrick (ed.). *The Origins of the Second World War*. 1997.

Finney, Patrick. *Remembering the Road to World War Two. International history, national identity, collective memory*. 2011.

Martel, Gordon (ed.). *The Origins of the Second World Reconsidered. The A. J. P. Taylor Debate after Twenty-Five Years*. 2.ed. 1999.（テイラー論争に関する論文集）

Marwick, Arthur, Clive Emsley and Wendy Simpson(ed.). *Total War and Historical Change: Europe 1914-1955*. 2001.

＊ McDonough, Frank (ed.). *The Origins of the Second World War. An International Perspective*. 2011.（大戦原因を多角的観点から検討した論集で、30以上の小論を収録している).

Overy, Richard with Andrew Wheatcroft. *The Road to War*, Revised Ed. 1999.
Overy, Richard. *1939. Countdown to War*. 2009.
Purdue, A. W. *The Second World War*. 1999.
Robertson, Esmonde M. (ed.). *The Origins of the Second World War*. 1971.
Rothwell, Victor. *The Origins of the Second World War*. 2001.
Steiner, Zara. *The Lights That Failed. European International History 1919-1933*. 2005; *The Triumph of the Dark. European International History 1933-1939*. 2011.（2 巻で 2000 頁を越える大著だが、両大戦間期のヨーロッパ国際関係史の決定版とでも言うべき通史）
Wright, Jonathan. *Germany and the Origins of the Second World War*. 2007.

すでに高い評価を得ている詳細で大部のドイツの第二次大戦史研究（10 巻 13 分冊）は、英訳（オックスフォード大学出版会）があるので挙げておく。第一巻が大戦前史を扱っている。

Germany and the Second World War（ドイツ語版は *Das Deutsche Reich und der Zweite Weltkrieg*. 1979-2008）

日本語文献（翻訳を含む）（＊は主題への導入に適した文献に適した基本文献）

＊木畑洋一『第二次世界大戦　現代世界への転換点』吉川弘文館、2001 年（大戦の全体像を概観し、簡単な文献目録もある）。
＊木村靖二『二つの世界大戦』山川出版社、1996 年（両大戦を比較、概観したもの）。
木村靖二他『世界の歴史 26　世界大戦と現代文化の開幕』中央公論新社、2009 年。
木村靖二『第一次世界大戦』ちくま新書、2014 年。
＊斉藤孝『戦間期国際政治史』岩波書店、1978 年・再刊 2015 年（初版からは時間が経っているが、大戦間期の国際関係史の古典的概説）。
綱川政則『第二次大戦前史の研究』刀水書房、1997 年（英・独関係が中心）。
山上正太郎『二つの世界大戦』社会思想社、1996 年（1985/86 年刊の 2 冊の原著を合本・改題したもの）。
ピエール・ルヌーバン『第二次世界大戦の原因』鹿島守之助訳、鹿島出版会、1972 年。
テイラー，Ａ・Ｊ・Ｐ・『第二次世界大戦の起源』吉田輝夫訳、中央公論社、1977 年。
ワット，ドナルド・キャメロン『第二次世界大戦はこうして始まった』上・下、鈴木主税訳、河出書房新社、1995 年。

ナチス・ドイツと第二次大戦への関わりについては、膨大な研究文献や通史があり、邦訳も含めて日本語の研究文献も多いが、詳細については次のドイツ史研究入門の該当章を参照してほしい。

木村・千葉・西山編『ドイツ史研究入門』山川出版社、2014 年。

２）国民国家・民族国家と少数民族問題

Fink, Carol. “The Minorities Question at Paris Peace Conference: The Polish

Minority Treaty, June 28, 1919", in: M. Boemeke, G. Feldman and E.Glaser (ed.), *The Treaty of Versailles. A Reassesment after 75 Years*. 1998.
Hirschon, Rene (ed.). *Crossing the Aegean. An Appraisal of the 1923 Compulsory Population Exchange between Greece and Turkey*. 2003.
Martel, Gordon (ed.). *A Companion to International History 1900-2001*. 2010.
Mazower, Mark. *Dark Continent. Europe's Twentieth Century*. 1999.
———. "The Strange Triumph of Human Rights, 1933-1950", in: *The Historical Journal*: 47-2(2004).
———. "An international civilization? Empire, Internationalism and the Crisis", in: *International Affairs*, 82-3(2006).
———. "National Socialism and the Search for International Order", in: *GHI (Washington) Bulletin*, 50(2012).
Naimark, Norman. *Fires of Hatred. Ethnic Cleansing in Twentieth Century*. 2000.
Peteri, Gyögy. "Between Empire and Nation-State", in: *Central European History*, 9-3(2000).
Weitz, Eric D. "From the Vienna to the Paris System: International Politics and the Entangled Histories of Human Rights, Forced Deportation, and Civilizing Missions ", in: *American Hisorical Review*, Dec.2008.

第2章

日中戦争から世界戦争へ

永井 和

はじめに

本章は拙著『日中戦争から世界戦争へ』（思文閣出版、2007年）の序章をベースにしており、第一次世界大戦から第二次世界大戦までの日本の歩みを概観したものである。本論に入る前に、筆者がどのような立場にたっているのかを簡単に説明しておきたい。

私の著書の第1章は「日本陸軍の華北占領統治計画について」というタイトルが示すように、現在の北京天津区域に駐屯していた支那駐屯軍が1937年7月の盧溝橋事件のほぼ1年前に作成した「昭和11年度北支那占領地統治計画」という機密文書を分析した研究である。これは日中間に戦争が起こった場合を想定して、華北主要域の軍事占領と親日政権の樹立、日・満・華北経済ブロックの構築の手順を定めた計画書であり、この文書の分析から、日本の陸軍が少なくとも1933年9月以来すなわち実際に日中戦争が勃発する数年前から、華北の軍事占領と占領地支配のための有事計画を立案していたことを実証したものである。

第2章「日中戦争と日英対立――日本の華北占領地支配と天津英仏租界」は日中戦争がはじまったあと、1939年6月に断行された日本軍による天津の英仏租界封鎖事件とその解決のために1939年7月から8月に開催された日英会議を分析することで、この時期に陸軍が有していた日中戦争解決のための対英外交戦略を検証したものである。日本の占領地支配によって華北における日英対立が顕在化するにともない、日本陸軍はイギリスの在華北権益をいわば「人質」にとることで、蔣介石政権支援政策の放棄をイギリスに迫ろうとしたのであった。また、イギリスを共通の敵として打ち出すことで、中国（および朝鮮、台湾）の民族主義を抗日から排英にそらそうともした。しかし日本の対英外交攻勢は、1939年9月のナチスドイツのポーランド侵攻にはじまるヨーロッパ戦争とイギリス支援を目的としたアメリカの介入（日米通商航海条約の破棄通告）により失敗に終わったのだった。

第3章「1939年の排英運動」は第2章と対になるもので、天津英仏租界封鎖事件と日英交渉を機に日本国内で展開された大規模な排英運動をとりあげ、日中戦争開始とともに登場した右翼の戦争観「日中戦争は英・ソの侵略的帝国主義の傀儡である蒋介石政権から中国を解放する聖戦であり、必然的に対英・対ソの世界戦争へと拡大するもしくはさせるべきものである」が、戦争の進展とともに国民一般に浸透し、政府と軍部のあとおしにより「イギリスをアジアから駆逐すべき」とする排英世論が広範に形成されていった過程をあきらかにしたものである。

この三つの研究は扱っているテーマは異なるが、そこにひとつの共通性がみられる。それは何かと言えば、戦争が拡大していく過程あるいはその構造、より正確には戦争の拡大を求めるあるいは拡大を引き起こす論理や政策を研究の対象としているという点で共通している。第1章は、満洲事変と日中戦争とをつなぐ環としての陸軍の華北支配構想をあつかった研究であり、第2章、第3章は、日中戦争とアジア太平洋戦争をつなぐ媒介としての陸軍の対英外交戦略およびより直截に、日中戦争の世界戦争への拡大は不可避であると主張した「アジア解放の聖戦論」と「排英論」を対象としている。満洲事変から日中戦争、日中戦争からアジア太平洋戦争へと戦争は段階的に拡大していったが、それぞれの段階をつなぐ戦争拡大の論理・構想・志向をとりあげた点で共通しているのである。

研究テーマにこのような共通性がみられるのは偶然ではなくて、それなりの理由がある。ひとつには筆者が満洲事変・日中戦争・アジア太平洋戦争をひとつづきの戦争としてとらえる15年戦争史観に立っていることがあげられる。それぞれの戦争がつながっていると考えるので、それをつなぐものに関心をもったわけである。と同時に、15年戦争はひとつづきの戦争だとしても、段階を踏んで拡大していったと考えていることが第二の理由となる。各段階において次のステージに戦争が拡大していくにあたって、それを拡大させていく構造があり、それがいかなるものであったのかを解明することが重要だと考えたので、上にあげたような研究をおこなったのである。

なぜ、筆者がこういった発想にもとづく研究をしたかと言えば、それは古屋哲夫と江口圭一という二人の先達から大きな影響をうけたからである。二人とも、すぐれた日本近現代史の研究者であり、日中戦争史の研究において重要な業績をあげられたが、惜しいことに江口氏は2003年に古屋氏は2006年に亡くなられた。

古屋氏は日露戦争にはじまる日本の「満蒙政策」の研究で知られる。古屋氏は第一次世界大戦中からあらわれてくる日本の「満蒙政策」の基調を、「満蒙問題」を中国全体の問題から切り離し、中国の中央政府の介入を排除して現地の地方政権を相手に処理する「満蒙分離主義」にあったと定式化したうえで、満洲国の樹立はこの「満蒙分離主義」の産物であり、その極限的形態であったと論じた。さらに、華北分離工作の過程を詳細に研究し、日本の陸軍が中心となって進めた華北分離工作が、中国の中央政府の介入を排除して、現地の地方政権を相手に華北問題を処理せんとする「現地解決主義」によって進められたことを明かにした。そのうえで、華北分離工作は満洲事変で成功をおさめた「満蒙分離主義」が長城線を越えてさらに南下したものにほかならないと結論づけたのである。古屋氏によれば、塘沽停戦協定以前からすでに華北分離工作ははじまっており、塘沽停戦協定は満洲事変の終わりではなくて、華北分離工作がより本格的に展開される起点となったとみるべきであり、この「現地解決主義」がとめどなく戦争を拡大させていったのだということになる。この見地からすれば、一般に不拡大主義のあらわれといわれている「現地解決主義」が、じつは戦争拡大の契機をはらんでいたことになるわけである。

江口圭一氏は15年戦争論者として有名である。満洲事変、日中戦争、アジア太平洋戦争をひとつらなりの戦争とみなし、中国大陸と東南アジアに日本の排他的な政治・経済的支配圏（日満支ブロック、大東亜共栄圏）を樹立することをめざした侵略戦争であると規定した。そのうえで、江口氏は「二面的帝国主義論」と名付けた主張を展開した。中国・東南アジアに日本の支配力・影響力を拡張するとの目的では一致していても、それを実現するのにどのような方法をとるかによって、日本の支配層内には大きくいって二つの路線が存在し、両者はときにはげしく対立しあい、その対立を内包しながら戦争が拡大していったという議論である。その二つの路線の対立とは英米との協調関係を重視する立場（＝対英米協調論）と逆に英米を排除して東アジア・東南アジアにおける日本の覇権を求める立場（アジア・モンロー主義）との対立であると江口氏は定式化した。そして、そのような対立を内包しているがために、戦争が拡大していく過程も単線的な自動的拡大過程とはならず、戦争の拡大か否かが決まる重要な分岐点が拡大過程の節目節目に存在しており、二つの路線をめぐる対立がそこで発生し、その抗争の結果、アジア・モンロー主義（＝軍事解決主義）の路線が勝利をおさめることによって、順次戦争が拡大していったのだととらえたのであった。

重要な分岐点で戦争拡大派が勝利をおさめた要因はいくつかあるが、江口氏が重視するのは国民の排外主義・対外強硬論・戦争協力であった。アジア・モンロー主義路線への国民的支持があったがゆえに、戦争拡大派が勝利をおさめることができたのだと論じたのである。

以上の説明からもわかるように、筆者の研究は、この二人の先行研究に大きく依拠しており、大枠においてそれをこえるものではない。筆者がそのような立場にたつものであることを確認したうえで、20世紀前半の日本の対外政策の大きな流れの中で満洲事変からアジア太平洋戦争にいたる戦争拡大の過程を概観してみたい。

1　第一次世界大戦と日本

第一次世界大戦は、19世紀後半にグローバルな国際秩序として成立した「近代帝国主義体制」にともなう帝国主義競争の悲惨な帰結であった。しかし、戦争の発火点はバルカン半島であり、主戦場はヨーロッパ大陸であったために（現在のポーランド、ベラルーシ、ウクライナ、バルト三国、ロシアにまたがる東部戦線とドイツ、ベルギー、フランス国境地帯の西部戦線がその二大戦場であった）、東アジアへの直接の影響は大きくなかった。ただ、ヨーロッパの戦争にかかりきりとなった西洋諸列強（イギリス、フランス、ドイツ、オーストリア・ハンガリー、ロシア、イタリア等）は東アジアに目を向ける余裕を失い、この方面での日本の相対的比重はにわかに高まった。日本は日英同盟にもとづきドイツに対して宣戦布告して参戦したが、それは山東半島にあるドイツの権益（租借地の青島とそこから奥地に伸びる鉄道）を獲得するためであった。さらにこの「権力の空白」を好機とみて、中国における権益の拡張と勢力圏の拡大をめざし、積極的な中国政策を展開した（対華二十一箇条要求）。

しかしながら、過酷な世界戦争は1907年以来日本のパートナーであった帝政ロシアの崩壊をもたらし（ロシア二月革命）、資本主義と帝国主義をともに否定し、プロレタリアの解放、被圧迫諸民族の解放を唱えるソビエト政権の樹立を招いた（ロシア十月革命）。誕生したソビエト政権はドイツと単独で講和し、戦線から離脱した。帝政ロシアの崩壊は帝国主義列強間の力の均衡を大きく変化させ、日本はアメリカ、イギリス、フランスとともにロシアに出兵し、沿海州からシベリアにかけて広大な地域を占領し、また、中国と日華共同防敵軍事協定を締結して、ロシアの勢力範囲であった北満洲を制圧し、その権益（中東鉄道とその附属権益）を掌握しようとした。その結果、世界大戦末期に日本はドイツとロシアの権益と勢力範囲をあわせ、中国東北部に大きな勢力を築きあげるにいたった。

2　四つの反作用とワシントン体制

とはいえ、このような状態が永続きするはずなく、戦争の終結とともに四つの方向から反作用が生じた。

第一は世界列強間に作用する均衡回復の力である。世界戦争の結果、東アジアにおいて実質上世界列強として残ったのは、イギリス、日本それに戦争途中から対独参戦によってドイツ側の敗北を決定づける力となり、世界政治を左右する強国となったアメリカ、この三国のみとなった。戦勝国間の力のバランスを回復するには、この三国間で何らかの再調整が必要だったが、問題はアメリカが日本とは対照的に、中国における勢力圏設定主義に批判的な「門戸開放・機会均等主義」を国是としていた点にあった。イギリスの立場は両者の中間であったが、戦争中に明らかになったイギリスのアメリカへの依存性と戦後世界秩序の再構築のために、全体としてはアメリカよりの立場をとった。

第二に、世界戦争はその犠牲の大きさ、悲惨さのゆえに、戦争の原因と目された帝国主義に対する批判の声をまきおこさずにはおかなかった。世界戦争の再発を防止するために、「近代帝国主義体制」に代わる新しい国際秩序、集団的な平和・安全保障体制の構築が求められた。これに答えを与えたのがアメリカ大統領ウィルソンの提唱した平和 14 カ条であり、その具体化としての国際連盟であった。

なるほどウィルソンのいう民族自決の原則の適用はヨーロッパに限定され、植民地支配の現状に大きな変更をせまるものでは決してなかった。その意味で、十分帝国主義的であった。しかし国際的な経済自由主義（門戸開放・機会均等主義）を前提に、加盟国が相互にそれぞれの独立と主権の尊重および領土保全を保障しあい、国際平和の維持を目的とする常設の国際機関を設立するとの理念が提出されたことは大きな意義をもつ。提唱国アメリカの孤立主義への復帰により、その連盟への加盟がなかったはといえ、「近代帝国主義体制」に代わる新たな国際体制の原型がここに姿をあらわしたからである。国際連盟の設立から戦後の一連の軍縮条約の成立、さらに 1927 年の不戦条約の締結にいたる流れは、限定的だったとはいえ、侵略戦争の違法化と国家主権の絶対性に対する制限の嚆矢をなすものとして記録されるべきであろう。

第三はソビエト政権の指導者レーニンが唱えた世界革命論である。レーニンは世界戦争の根本原因を資本主義そのものに求め、帝国主義を倒すには、宗主国における社会主義革命と植民地における民族解放の遂行以外に方法はないと主張した。そして国際連盟に対抗すべく社会主義者・共産主義者と反帝国主義的な民族主義者の国際的結合組織として 1919 年にコミンテルンを創設した。レーニン主義は帝国主義国の労働者階級のみならず、植民地の民族主義者にも歓迎され、またたく間に世界中に広がり、宗主国や植民地での反資本主義・反帝国主義・反専制主義の運動を勢いづけることになった。

第四は世界戦争後の激動の中で植民地にまきおこった民族解放運動の昂揚である。世界戦争に勝利するため、各宗主国は植民地の資源、資金、軍事力、労働力を戦争のために動員した。戦後植民地ではその協力や犠牲に対する代償として、独立や自治を求める運動がまきおこり、ウィルソン主義やレーニン主義はそれを鼓舞した。

東アジアでは中国の五・四運動、朝鮮の三・一独立運動や台湾の台湾議会設置運動が日本の支配に対する民族的な抵抗として展開され、とくに朝鮮の運動は植民地支配体制を大きく動揺させ、その修正を迫った。また、五・四運動を経て、中国革命は新たな展開をみせ、その動きは 1924 年の国共合作から国民革命へと進み、1920 年代後半には中国の半植民地状態打破をスローガンとする国民党政権のもとで中国の統一が現実のものとなりはじめる。中国に民族主義的な中央政権が登場し、辛亥革命以来の軍閥割拠状態に終止符がうたれようとしつつあった。

この複雑にからまりあった四つの反作用の働く場で、第一次世界大戦後の東アジアの国際体制は再編されていった。ワシントン体制と呼ばれるこの体制は、もはや戦前の「近代帝国主義体制」の単純なる復活ではありえなかった。それは次のような三層構造を有していたと考えられる。基底になるのは戦前からの「近代帝国主義体制」であった。ワシントン体制は戦勝国の植民地支配をすべて正当なものとしてそのまま継承した。また、太平洋上の旧ドイツ植民地を国際連盟の委任統治領の形式ではあるが、戦勝国同士（日本、イギリス・オーストラリア）で分割した。この体制は植民地の住民にとっては旧態依然たる「近代帝国主義体制」の継続にすぎなかったといえよう。ただ、ドイツが中国に有していた山東省の権益はすったもんだのあげく、中国に返還されたのであった。

その上に中国に関する門戸開放・機会均等主義の相互確認の層がある（九カ国条約）。ワシントン体制は戦勝国がすでに戦前に中国に保持していた既得権益と地位をほとんどそのまますべて正当なものとして容認したが、これ以上の中国の分割、つまり新しい「特殊権益」の発生や勢力範囲の設定については原則としてこれを禁止した。また、中国を巨大な不平等条約国として扱い、中国側の条件が整備されたあかつきには、対等条約国として処遇する用意のあることを表明した。この面からいえば、ワシントン体制はアメリカとイギリスの主導による「現状維持」と「経済競争」の体制であり、それを日本が受け入れることで成立した、米・英・日の三国協調体制にほかならないといえよう。結果として、日本はドイツの山東権益の獲得に失敗し、シベリア・北満洲から撤退することになる。ただ、南満洲における日本の権益はそのまま保持され、満洲を支配する地方軍閥政権（張作霖政権）を支援することにより日本側はその権益の確保と拡大につとめることになった。

最後の層は、国際連盟と軍縮条約に象徴される国際平和と集団的安全保障のシステムである。この面で重要なのは、中国が原加盟国として国際連盟に参加したことであり、これ以降は中国の独立と統一を脅かし、その領土と主権を侵害せんとする行為は国際平和に反する侵略行為と見なされるようになる。

3　対英米協調路線と「アジア・モンロー主義」路線

日本は大戦中の突出した地位の維持をあきらめ、イギリスやアメリカとの協調維持の観点からこの新しい戦後体制を受け入れた。原敬内閣によってレールが敷かれたこの路線は、その後満洲事変で幣原外交が崩壊するまで、曲折はあったが、日本の対外政策の基本方針となった。中国において日本の権益の拡大維持よりも英米との協調関係の維持をより重視する立場であるので、これを対英米協調路線とよんでよいわけである。ただし、日露戦争以来日本が勢力範囲を築いてきた満蒙（南満洲と東部内蒙古）については、中華民国の領土であるとの前提のもとで日本が特殊な地位を有しているとの立場は捨てておらず、維持されていた。中国本土については九カ国条約の枠組みにしたがいつつも、この「満蒙特殊権益」を維持するために、この地域を支配する張作霖政権を支援するという政策がとられたのであった。満蒙を中国の他の地域とは異なる扱いをするという意味では、この路線は「緩い満蒙分離主義」を採用していたともいえる。なお、この路線は明治期日本の政治指導者たちが採用した、協調＝従属的帝国主義路線を正統に後継したものであり、それを第一次世界大戦後の現状に応じて再定義しなおしたものといえよう。

アメリカ・イギリスに匹敵する軍事力（とくに海軍力）を整備するには、日本の経済力はとても堪えきれないこと、さらに日本の国力そのものが資源、貿易、金融、投資、技術のあらゆる面でアメリカとイギリス帝国に依存していたこと、これが対英米協調路線をして第一次世界大戦後の日本の外交方針の主流たらしめた要因であったと考えられる。この立場は当然のごとく資本主義肯定論であり、国内の政治体制についても明治憲法のもとで保守的な政党を担い手とする「政党政治」を是認していた。天皇・元老などの宮中勢力、政党指導者、外務省主流派、陸軍主流派、海軍主流派、財閥など、政財界の上層にはこの路線を支持する勢力が広く分布していた。

しかしその一方で、アメリカ・イギリス主導の国際体制を受け入れたことは、日本国内に大きな不満を残し、対英米協調路線に対する有力な反対派を生みだした。彼らは、この路線がイギリス・アメリカとの協調維持を優先するあまり、日本の中国政策が犠牲にされたと憤り、中国における日本権益の維持拡大を英米との協調よりも優先させるべきだと考えた。さらに、両者の調和が困難な場合には、アメリカ・イギリスとの対決も辞すべきでないとも考えていた。そもそも英米とちがってアジアに属する日本は「アジアの盟主」であるべきであり、アメリカ・イギリスは東アジア問題については日本の優位を認めるべきであるというのがこの立場であり、この反対派およびその路線を江口圭一にならって「アジア・モンロー主義」とよぶことにする。

なお、この立場からすれば、対英米協調論がもっている説得力を否定するためには、対英米協調論の現実的根拠である日本経済の依存構造を解消することが必至となるため、この論者がアジアにおける自給自足圏ないしは日本主導の独自の経済圏の構築を要求するようになるのは、ある意味で、論理的必然であったともいえる。もっとも、それは、ただちに中国や東南アジアからイギリス・アメリカ勢力を駆逐し、日本の単独支配の樹立を要求するものではなかったが、その論理的な帰結がどこに収斂せざるをえないかは明らかであった。

もちろんこの立場も「満蒙特殊権益」の維持・拡大をめざしていた。しかもこちらはさらに強く「満蒙生命線論」（日本帝国にとって満蒙はなくてはならない地域）を唱えた。つまり、場合によっては満蒙に対する中華民国の領有権を否定しかねない「硬い満蒙分離主義」に立っていた。それゆえ、このような日本の特殊地位を容認する中国の中央・地方制権とは提携するが、それを容認しない政権は中央・地方を問わず、敵対的と認めて否定することになる。

この反対派も当時の日本の政治勢力の内部（政党、軍部、官僚、右翼）に広く分布しており、有力な反主流派を形成していた。この反主流派は、復古・神権的な天皇主義者から、逆に危険思想家として警察からマークされる国家社会主義者まで、じつに雑多な層にわたっていたが、明治維新以来の暗流である反西洋・反近代のナショナリズムをその活力源にしていたといえる。この立場のもっとも尖鋭な表現は、北一輝などの国家社会主義者がとなえた「欧米帝国主義からのアジア解放」を大義名分とする日本帝国膨張論（「反帝国主義を掲げる帝国主義」）に見ることができよう。それは、第一次世界大戦後の四つの反作用すべてに対立する、日本独自の覇権追求の主張（＝「アジアの盟主」論）にほかならなかった。

1920年代には今述べた二つの主張のほかにも、異なる立場がまだ存在していた。そのひとつは、ウィルソン主義と欧米の社会民主主義に親近感をもつ自由主義・社会民主主義の流れである。そのもっともラジカルな議論は、朝鮮台湾の放棄・満蒙権益の放棄を唱えた石橋湛山の小日本主義、朝鮮独立運動を支持した吉野作造の植民地主義批判であろう。これらは、近代国家として独立・自立した中国、朝鮮と友好関係（欧米に対して排他的でない）を築くことが、通商国家としての日本がとるべき長期的戦略であるという発想に立っていた。この立場は、どちらかといえば対英米協調路線と親和的であり、アジア・モンロー主義とは対立的といえる。さらにもうひとつは、レーニン主義とコミンテルンに忠実な共産主義であり、日本の植民地主義・帝国主義を打倒するために天皇制を廃止する革命をめざしていた。言うまでもないが、共産主義は他のすべての勢力を帝国主義およびその手先として否定していたのであった。

1930年代になり、戦争が拡大していくとともに、アジア・モンロー主義が優勢となり、他は圧迫されるかそれに合流することになる。

4　満洲事変

1931年後半に日本軍は中国の東北地方を軍事占領し、中国本土と切り離して「満洲国」を樹立し、日本の支配下におく。この満洲事変は「アジア・モンロー主義」によって主導された軍事行動であり、第一次世界大戦中に垣間見た全満洲の支配を一挙に実現せんとする企てであったといえる。ただし、古典的な植民地支配とはならず、旧清朝皇帝溥儀を頭首にあおぐ傀儡国家（事実上の「保護国」）の樹立という形式がとられた。公然たる「満蒙分離」とその保護国化といえる。

この軍事行動は、また民族主義的な国民党政権による中国統一の進展への巻き返しでもあった。これより先、国民党による北伐の進展に対して日本が支援していた張作霖政権は武力で対抗したが、敗北し、敗走する張作霖を日本軍人が暗殺する事件が起った（1928年6月）。張作霖の後を継いだ張学良の東北政権は国民党政権の傘下に入り、従来のような日本の満蒙権益を尊重する政策を徐々に転換しはじめた。張作霖政権を支援することで国民党政権による中国統一に対抗しようとした田中義一内閣の中国政策は失敗に終わった。それはまた第一次世界大戦後の「緩い満蒙分離主義」を支えてきた枠組みが消滅したことを意味する。

田中外交の失敗の後、かわって成立した浜口雄幸内閣の外相幣原喜重郎は、国民党政権を承認し、中央政府である国民党政権を対手に日本の満蒙権益の保護をめざす方針に転換した。それは従来の「緩い満蒙分離主義」からの転換をはかるものであったといえる。それゆえに、日本の国内の一部からは強い批判を浴びた。さらに1929年からはじまる世界大恐慌により日本の経済が深刻な不況におちいると、日本国内の対外的危機感は一層昂進し、「満蒙は日本の生命線」という「硬い満蒙分離主義」が台頭するようになった。その中で陸軍の中堅幕僚層の中に軍事力による「満蒙問題の解決」をめざすグループが形成され、満洲事変を引き起こしたのであった。

陸軍の中堅幕僚層は1928年頃から満蒙領有方針を定め、準備を進めていた。彼らは日本帝国の自存のために満蒙を領有すべきであると考え、中国の抵抗は小さく、英米およびソ連も介入しないであろうとの判断にもとづいてクーデター的に軍事行動を開始したのであった。また、満蒙を領有することで、来たるべき対ソ戦争を日本に有利に進めることができるとの戦略判断もそれを後押しした。この陸軍の行動を若槻礼次郎内閣は統制できず、それまでの外交路線を維持しようとした幣原外交は行き詰まりに陥り、終焉をむかえる。陸軍が発動した満蒙問題の武力解決方針は「アジア・モンロー主義」的な政治勢力を結集させるとともに、国民的支持の調達に成功した。その結果、対英米協調派も既成事実を追認し、ワシントン体制の枠組みを前提とした日英米協調路線はここに放棄されることになった。1930年代は「アジア・モンロー主義」の優位ではじまったのである。

しかし、そのことは日本の対外方針が「アジア・モンロー主義」一色に染まったことを必ずしも意味しない。日本経済のアメリカ・イギリスへの依存構造が厳存する限り、それらとの協調を考慮せよとの主張は常に説得性を持ち続けるのであり、あらたな方法でアメリカ・イギリスとの協調を模索すべしとする再版対英米協調論が姿を消すことはなかった。「アジア・モンロー主義」と対英米協調路線の対立と妥協の錯綜した関係は、時期によりその主題と舞台と背景をかえつつも、その後も繰り返し再演されることになるのである。

5　華北分離工作・内蒙工作

「満洲国」の樹立と日本の国際連盟脱退は日英米三国の協調にヒビを入れ、ワシントン体制を機能不全にいたらしめた。しかし、日本が「満洲国」の承認を中国側に強要せず、対ソ戦争の準備に専念して「満洲国」の開発を進め、当時「安内攘外」政策をとっていた中国の国民党政権に対してイギリスやアメリカとともに有効な経済的支援を与えたならば、その後の事態の推移はまた違った結果になったかもしれない。当時の国際状況からすれば、事態固定化の可能性がまったくなかったとはいえないからである。アメリカは「満洲国」に対して不承認主義をとり、武力による現状の変更は一切認めない立場を表明していたが、具体的な対日制裁措置をとるまでにはいたらなかった。イギリスはワシントン体制の枠組みによらない、すなわち「満洲国」の事実上の容認を前提とした日英協調の用意があることを日本に示していた。中国の国民党政権は日本の満蒙侵略に対抗するよりも、共産党との内戦に勝利することを優先させる「安内攘外」政策をとっており、世界大恐慌による経済的打撃からの回復と経済開発のために国際的な支援を欲していた。さらに日本が恐れたソ連は、日本の侵攻に備えるために極東方面の軍備を強化する一方で、むしろ北満洲からは徐々に撤退する方針をとっていたからである。

だが日本がとった政策は、「満洲国」に接する華北と内モンゴルにさらに勢力範囲を押しひろげ、この地域に親日・反国民党の地方政権を樹立して「日満支ブロック」を築こうとする華北分離工作・内蒙工作であり、「満洲国」の承認を求めて国民党政権を窮地におとしいれる広田外交であった。そのため、上に述べたように事態固定化の可能性は現実にはなかったと言わねばならないだろう。
逆に日本の工作は中国側の抵抗を強める結果をまねいた。河北省と内モンゴルに親日地方政権を樹立せんとした日本のもくろみは成功せず、北京・天津区域には国民党政権と日本との間にはさまれた中間的な政権である冀察政務委員会がつくられたにとどまり、内モンゴルでは日本軍の支援を受けた内蒙独立軍が中国政府軍に敗北を喫してしまった（綏遠事件）。そのような状況のもとでは、国民党政権もそれまでの「安内攘外」政策を維持することがむずかしくなり、1936年11月の西安事件を機に国共内戦停止から抗日統一戦線の結成へと大きく方向転換をしはじめる。また、日本に対中共同借款を打診して拒否されたイギリスは、単独借款に踏みきり、国民党政権が推進した幣制改革に協力し、その財政基盤強化に支援を与えた。さらにアメリカもこれに追随し、国民党政権に対して財政支援をおこなったのである。

華北分離工作・内蒙工作は日本が予期したような成果を生まなかった。中国側の抵抗が大きいのをみた日本政府と軍部は1937年春に政策転換をおこない、華北分離工作・内蒙工作を停止するが、その転換は中途半端に終わった。華北分離工作を推進するために、1936年に北京・天津方面に駐屯する支那駐屯軍が混成旅団規模に増強されたが、政策転換によってその必要がなくなったはずであるにもかかわらず、兵力はもとに戻されずにそのままに駐屯しつづけた。この増強された支那駐屯軍の存在が盧溝橋事件を引き起こす原因となったのである。なお、1937年春の政策転換を主導したのは陸軍では参謀本部の石原莞爾大佐であったが、陸軍内には政策転換を一時的な後退にすぎないものとみて、あくまでも華北分離を追求すべきと考えるグループが少なからず存在していた。彼らは政治工作が失敗したので、今度は機会があれば武力による華北問題の解決を試すべきであると考えており、盧溝橋事件とその後の展開は、彼らにその機会を提供したのであった。

6　日中全面戦争

1937年7月8日未明、北平（現在の北京）市郊外の盧溝橋周辺において、日本の支那駐屯軍と中国第29軍の小部隊との間に武力衝突が発生した。柳条湖事件にはじまる日中戦争はこの盧溝橋事件を機に新たな局面を迎えることになる。7月下旬、満洲と朝鮮からの増援により兵力を増強した支那駐屯軍は北平周辺区域の中国軍に対して総攻撃を開始し、本格的な戦闘の火蓋が切られた。

日本軍の目的は華北・内蒙問題の武力解決すなわち華北・内モンゴルの要域を占領して、そこに反国民党・反共の親日政権を樹立することにあった。日本の政府と軍部が最初に抱いていたのは、初動のうちに華北方面に必要な兵力を送り込んで電撃的に勝利をおさめ、短期間のうちに戦争を終わらせるという戦略であった。しかし、華北派兵の決定は、逆に中国側の抗戦意志を決定的なものにした。戦面を華北に限定しようという考えがそもそも甘い見通しだったのであり、戦火はただちに上海方面に飛火して、8月中旬には華中へと戦線を拡大せざるをえなくなる。こうして8年間にわたる全面戦争がはじまったのだった。ただし、本格的な戦争となったにもかかわらず、日中双方とも宣戦布告をしなかったため、この戦争は国際法上の「戦争」ではなかった。そのため日本では公式には「支那事変」とよばれた。宣戦布告がなされなかったのは、アメリカとの関係を考慮したためであった。1935年にアメリカで中立法が成立し、アメリカが他国のおこした戦争に巻き込まれないために、交戦国に対して武器や軍需物質の輸出を禁じる権限が大統領に与えられた。日中戦争が国際法上の戦争となった場合、アメリカが中立法を発動して、日中双方に対して禁輸措置をとるおそれがあった。日中の双方ともにアメリカから輸入する物資がなければ戦争を継続できない状態であったので、宣戦布告を行わなかったのである。

上海戦は日露戦争以来の激戦となり、苦戦を強いられた日本軍はさらに兵力を増派して反撃するとともに、今度は首都南京を攻略して、中国の国民党政権に致命的な打撃を加え、戦争に決着をつけようと考えた。しかし、国民党政権は南京を放棄して奥地に退き、長期・徹底抗戦の態勢を崩さなかった。この戦争の拡大過程で、軍事指導の面でも戦争の拡大か不拡大かをめぐっていくつかの分岐点があった。最初は対ソ戦備完成を優先すべしとの論に立って従来の「現地解決主義」による盧溝橋事件の局地的解決をはかる立場と、この際華北において数個師団規模の軍事力を行使し、懸案の華北問題を一挙に解決せんとする「対支一撃論」との対立、次いで戦面を華北に限定するか、それとも上海方面こそが主戦場になるとみて華中に戦線を拡大するかをめぐっての対立、さらに上海方面で中国軍に打撃を与えたあとには、やはり対ソ戦備を優先するために南京攻略前に国民党政権との和平を進めるべきとする立場と、余勢をかって一挙に南京を攻略し、国民党政権を壊滅に追い込むべしとする立場との対立などがそれである。これらの対立は、実は「アジア・モンロー主義」内部での対立といってもよいが、その分かれ目となったのは、中国側の抵抗力に対する認識の差異にあった。

日中戦争発生時の内閣は、公爵近衛文麿がひきいる第一次近衛内閣であったが、南京攻略戦を進める一方で、ひそかにドイツを間に立てた和平交渉を進めていた（トラウトマン和平工作）。しかし、日本側の示した講和条件を過大であるとして中国側が呑みそうもないのを見て、近衛内閣は交渉を打ち切り、1938 年 1 月 16 日に「爾後国民政府ヲ対手トセズ」との国民党政権の否認声明（第一次近衛声明）を発し、華北、内モンゴル、華中の占領地に親日傀儡政権を育成して、「満洲国」同様の支配地とする方針を明確にした。中国に強力な中央政府をおかず地方政権の寄せ集めとし、その地方政権との間に特殊権益を設定するという「満蒙分離主義」が中国全体に適用されようとしたのであった。しかし、これによって戦争の早期決着は不可能となり、ここでも日本の戦争指導部は見通しを誤ったのだった。軍事的劣性をよく認識していた中国側は「空間を与えて、時間をかせぐ」長期持久戦略を採用した。戦争は長引けば、長引くほど日本に不利であった。

短期終結を切望する日本側は、南京から武漢へと転退した国民党政権を主標的に、軍事的圧力（武漢攻略、広東作戦の実施）と、裏面での外交的接触（宇垣・孔交渉）あるいは国民党内和平派への働きかけ（汪兆銘工作）による国民党勢力の分断工作を併用しつつ、「和平」の糸口を探ろうとした。日本側が国民党の指導者蒋介石の下野を要求したため、宇垣・孔交渉は物別れに終わったが、陸軍の推進する汪工作は汪兆銘の引き出しに成功し、武漢作戦終了後の 1938 年 11 月 3 日に近衛内閣は有名な「東亜新秩序声明」（第二次近衛声明）を公表した。これは 1 月の「対手トセズ」声明の事実上の撤回といってよく、汪兆銘を中心とする国民党和平派との提携による「事変処理」構想をその背景に有していた。日本の華北・内モンゴル支配を容認する国民党和平派の新中央政府との間で講和をおこない、ワシントン体制にかわる日本中心の新しい東アジアの国際体制（「日満支提携」の「東亜新秩序」）を樹立することを唱っていた。しかし、その表面上の美辞麗句にもかかわらず、日本側の講和条件の内容が「勝者」の立場を前提にした苛酷なものであるかぎり、「和平」工作は現実には「屈服」工作としてしか機能しなかった。汪工作は国民党政権の崩壊につながらず、汪兆銘政権という「お荷物」を残しただけで「事変処理」の決め手とはならなかった。

以後日本軍は、国民党政権の首都となった重慶に対する戦略爆撃に望みを託すだけで、軍事的にも外交的にも手詰まりにおちいる。汪兆銘政権の樹立と並行して、1940 年にもう一度軍事的打撃（宜昌作戦）と秘密交渉（桐工作）の組み合わせによる蒋介石政権との接触が行われたが、これも「事変処理」にはつながらなかった。日本軍の視線は必然的に、インドシナやビルマさらに新疆方面から抗戦根拠地へ通ずる補給路に向けられ、手詰まり打開の方法として「援蒋ルート」の遮断が取り沙汰されるようになる。しかし、「援蒋ルート」の遮断は紛争を第三国との間に波及させ、日中戦争を多国間戦争＝世界戦争へと拡大・発展させかねない危険性をはらんでいた。それでなくとも、アメリカやイギリスは日本の行動を九カ国条約と不戦条約への違反とみなし、日本に好意を抱いていなかったが、長期にわたる戦争と日本が占領地で進めていた排他的な経済建設とがそれらの国の対中通商関係・経済関係に与えた大きな打撃のために、その傾向にはますます拍車がかかった。中国との全面戦争は対英米関係を確実に悪化させたのであった。

両者の対立関係が鮮明になるのは、日本が「東亜新秩序」声明を公表し、侵略戦争で獲得した既成事実の承認を列国に求めるにいたった1938年の秋から冬にかけてのことである。この時、アメリカ、イギリスは日本の提唱する「東亜新秩序」を否認し、国民党政権支持の立場を再確認するにとどまらず、さらに進んで借款供与などの実質的援助に踏み切り、汪兆銘の離反により動揺する国民党政権を支援した。すでにソ連はいち早く国民党政権と不可侵条約を結び、有形無形の援助を中国に与えていたから、中国を間において日本はアメリカ、イギリス、ソ連と間接的に敵対しあう関係に入ったことになる。日本はこれらの国を「親支援蒋国」とみなし、その中国援助を停止させることをもって「事変処理」の重要な一環をなすものととらえた。日本が最初に標的としたのはイギリスであり、硬軟両様の手段を用いてイギリスにその「親支援蒋」政策の転換を強く迫まった（＝天津租界封鎖と「日英交渉」）が、結果的には日本とイギリスさらにアメリカとの対立を増幅させるだけに終わった（日米通商航海条約の廃棄通告、1939年7月）。

7　日独伊三国同盟をめぐる対立

ほぼ同じ頃、「事変処理」のための世界戦略として構想されたドイツ、イタリアとの三国同盟をめぐり、対英米協調論（＝反三国同盟派）と「アジア・モンロー主義」（＝親独伊枢軸派）の間で外交戦略をめぐる対立が再び生じた。陸軍は、①日中戦争によって生じていた対ソ軍事的劣勢を補いうる（独ソ戦になれば、参戦して東西からソ連を挟み撃ちできる）、②英仏に威嚇を与えることで、その対中政策を日本に有利に転換させることができれば、「事変処理」の促進を期待できる、③ドイツと英仏の間に戦争が発生した場合には、英仏の東南アジア植民地を押えることができる、との「一挙三得」論に立って、軍事同盟締結を熱心に主張した。ところが海軍は、①三国同盟を結べば、世界戦争(ドイツとソ連あるいは英仏との戦争)に否応なしに巻き込まれるおそれがあり、②独伊との提携強化は対米関係を悪化させ、日米戦争を誘発しかねない、とそれに強く反対した。アメリカでは孤立主義の勢力が強いので、世界戦争に介入することはないというのが陸軍・三国同盟派の判断であった。近衛内閣のあとを継いだ平沼騏一郎内閣はこの対立を調整できずに、進退きわまる状態に陥ったが、日本の優柔不断に業を煮やしたドイツが180度転換してソ連と手を結び(独ソ不可侵条約、1939年8月)、9月にはポーランドに侵攻を開始してヨーロッパで二度目の世界戦争がはじまったために、三国同盟派は大きな打撃をこうむり、一時後退を余儀なくされた。

つづく阿部信行内閣と米内光政内閣は日中戦争の遂行に邁進するとして、第二次世界大戦に不介入の立場をとった。しかし、ヨーロッパ「新秩序」の樹立を称えて軍事的に躍進しつつあるドイツと軍事同盟を結ぶことによって、イギリスやフランスを圧迫し、さらにアメリカをも牽制することができると信じる親枢軸派(=「アジア・モンロー主義」)は、日中戦争を世界戦争に結合させることで、一挙にその解決をはかることを考えた。1940年の春になってヨーロッパの西部戦線でドイツ軍が圧勝し、フランスが降伏すると、再び親枢軸派が勢いを盛り返し、雪崩をうって「不介入論」を押し流してしまった。親枢軸派が政権を掌握し(=第二次近衛内閣)、外相に起用された松岡洋右の手で日独伊三国同盟が結ばれたのであった(1940年9月)。この同盟成立時の交戦関係を整理しておくと、ヨーロッパ戦争は主としてイギリスとドイツ・イタリアの戦いであり、アメリカはまだ参戦していない。しかし、アメリカはイギリス支援・反ドイツの姿勢を明確に表明していた。ソ連はドイツと提携してポーランドを分割し、そのためイギリスとは対立していたが、戦争状態にはなかった。日本はドイツ・イタリアと軍事同盟を結んだが、しかしまだ参戦にはいたっていない。日本と交戦中の中国もヨーロッパ戦争には参戦せず、ただ英米の支援を受け、ソ連とは提携関係にあった。いまだ日中戦争は世界戦争に拡大はしていないが、ドイツ・イタリアとの同盟により、ヨーロッパの戦争と結合され、世界レベルでの陣営対立の一角を構成することになったのである。

8　独ソ戦から「武力南進」へ

日独伊三国同盟成立時点での親枢軸派の狙いは、①ドイツが征服した、あるいは征服しつつあるフランス、オランダ、イギリスなどの東南アジアにおける植民地を日本の勢力下におくことで自給自足圏を構築し、対英米依存の経済構造を解消するとともに、②イギリスやアメリカが中国を支援するのに使用している補給ルート（インドシナ、ビルマ経由）を切断して中国に対する経済封鎖を完成させること、さらに③ソ連とも不可侵条約を結んでドイツとともにアメリカを牽制し、その圧力を背景にアメリカに中国援助の停止と日本の勢力圏の承認をせまって（＝日米交渉）、日中戦争を勝利的に解決するというものだった（日独伊ソ四国協商路線）。

ほぼこのシナリオにしたがうかたちで、1940 年 9 月から翌年 3 月にかけて陸軍と外務省では「好機南進」論が高まった。これはドイツのイギリスに対する攻勢を機に参戦し、東南アジアのイギリスとオランダの植民地（とくに現在のインドネシアとシンガポール、マレーシア）を奪取しようという計画であった。しかし、この「好機南進」論は海軍の強い反対で放棄される。争点となったのは、アメリカの参戦可能性に対する認識の差であった。海軍は日本がドイツ側に立ってイギリスに宣戦し、東南アジアの英蘭植民地を占領すれば、アメリカは必ず参戦するであろうから、対米戦の覚悟なくして対英参戦はできないと主張した。つまり「英米不可分論」の立場に立っていた。

いっぽう陸軍は、アメリカとの戦争はできれば避けるべきであるから、極力イギリスだけを相手とすべきである。対英参戦してもアメリカが参戦するとはかぎらないという「英米可分論」に立って「好機南進」を主張したのだった。海軍の反対で、「好機南進」は放棄されたが、東南アジアに対する日本の勢力拡大をめざすことには両者ともに反対はなく、まず三国同盟の成立とほぼ同時に北部フランス領インドシナ（ベトナム北部）への派兵が実施され、その軍事力を背景に対仏印・タイ・オランダ領インド（インドネシア）に対する工作が展開された。また 1941 年 4 月からは日米交渉がはじまった。

ヨーロッパで世界戦争がはじまったことにより、アメリカの対外政策は大きく変化した。ローズヴェルト大統領は、中立法に違反せずに、イギリスに武器・軍需物資を輸出できるよう武器貸与法を成立させ（1941 年 3 月）、イギリスのチャーチル首相と共同で大西洋憲章（1941 年 8 月）を発表するなど、反独伊枢軸の立場から現実に世界戦争にコミットをはじめつつあった。日本に対しては段階的に通商制限を実施しつつ、武器貸与法を中国にも適用したことにより、アメリカは日中戦争についてももはや厳密な意味では中立の立場ではなくなった。そのアメリカに対して、日本は戦争を賭けて日米交渉をはじめたのであった。

1941 年 6 月に独ソ戦がはじまると、機会あれば対ソ戦を開始するべく日本軍は大動員をはじめた。しかし、対英、対ソいずれにせよ、日本がドイツ側に立って参戦した場合、アメリカが中立法を適用して、石油その他の重要物資について対日全面禁輸を断行するのは明らかであった。対日全面禁輸となれば、石油の供給がストップして戦争の継続そのものが不可能となる。そこで参戦の場合にそなえて、インドネシアの油田を掌握できるように、ベトナム南部に日本軍を駐屯させ、航空基地を確保するという計画が立てられ、実施された。それが 1941 年 7 月のベトナム南部進駐であった。しかし、アメリカ、イギリス、オランダは日本軍のベトナム南部進出をもって東南アジア占領の前触れと見なし、対日全面禁輸に踏み切った。つまり、将来の対日禁輸にそなえた措置が現実に禁輸をもたらしたわけであった。

ことここにいたって、日本は中国とインドシナから撤退するか、それともこのまま経済封鎖をうけて軍事力を枯渇させせられるか、いずれを選ぶのか、ぎりぎりの選択をせまられることになった。日本が選んだのは、英米に対する経済的依存関係を断ち切るために、短期間のうちに東南アジアを含む広域経済圏=「大東亜共栄圏」をつくること、いいかえれば「武力南進」の道だった。その年の初めに「好機南進」に反対していた海軍も、アメリカの石油禁輸措置をみて、開戦に踏む切ることに反対しなかった。しかも「英米不可分」論に立つ海軍が同意したことにより、「武力南進」はイギリス、オランダだけでなくアメリカをも対象とする戦争となったのである。それにより日中戦争はアジア・太平洋戦争に拡大し、かつ世界戦争と現実に連結したのであった。

対英米蘭戦争は、重要資源（石油等）確保のためイギリス、オランダの東南アジア植民地の奪取が主目的であったが、戦争を正当化するために「欧米帝国主義からのアジア解放」を大義名分とする日本帝国膨張論が掲げられた。「アジア・モンロー主義」が対英米協調論を完全に抑えきったのだといえよう。もともとは対英米協調派の一員であり、1941 年 9 月初めにはまだ対英米戦争に難色を示していた昭和天皇が、同年 10 月には親枢軸派の雄である東条英機を首相に選び、さらにその年の末の開戦時には絶大の信頼を寄せるまでにいたった事実に、その間の転変がよく象徴されているといえるかもしれない。

9　アジア太平洋戦争

東アジアと西太平洋における局地的な軍事的優位を最大限に活用した日本は、1941年12月にハワイ奇襲攻撃を実施するとともに、東南アジアの英米蘭の植民地を奪取するための南方作戦を開始し、瞬く間に東南アジアと西太平洋の諸地域を占領し、「帝国」の支配領域を一気に拡大させた。ここにおいて「日本帝国」の支配領域は最大限に達したのである。旧来からの朝鮮、台湾、南樺太、「満洲国」、中国占領地に加えて、西はインド洋のアンダマン諸島、ビルマ（ミャンマー）からマレーシア、シンガポール、タイ、インドシナ（ベトナム）、フィリピン、インドネシア、東ティモール、ニューギニア、ビスマルク諸島、ギルバート諸島に及ぶ東南アジアから西太平洋の広大な地域が日本軍の占領下におかれた。日本の軍部と政府の計画では、マレーシア、シンガポール、インドネシア、ニューギニア、西南太平洋の島々は戦後日本の領土に編入し、インドシナはフランスのビシー政権の宗主権を認めるが、事実上日本の保護下におき、ビルマとフィリピンは日本の保護のもとに独立（自治政権を容認）させる予定だった。またこの二国に、「満洲国」、汪兆銘政権、タイを加えた諸国は日本の衛星国として大東亜共栄圏ブロックを作ることになっていた。

しかしながら、日本の覇権を支える軍事的優位もわずか1年しかもたなかった。それどころか、戦争の過程で、日本には連合国、とくにアメリカを敵にまわして世界戦争に勝利するだけの能力のないことを、見るも無惨なかたちで思い知らされることになった。まず、1942年6月のミッドウェー海戦の敗北で西太平洋上での海上優位を失い、次いで1942年8月から43年2月まで続くガダルカナル島とその周辺海域での厳しい消耗戦で、西南太平洋方面での制海権と制空権を失い、日本陸海軍がアメリカ陸海軍の敵とはなりえないことが判明する。1943年から44年にかけてニューギニア方面で連合国軍が日本軍を圧倒するにいたって（制海権・制空権を失った日本軍は輸送船を次々と撃沈され、補給を失った日本の部隊は孤立し、戦闘能力を失い、さらに飢餓へと追い込まれていった）、連合国側が攻勢に立つ局面へと移行する。

1944年夏にマリアナ諸島がアメリカ軍により占領され、長距離爆撃機B29による日本本土空襲の基地が確保された。ただし、本格的な日本本土空襲は1945年に入ってからはじまる。1944年10月にはアメリカ軍がフィリピンのレイテ島に上陸した。この時、日本海軍は残存兵力のすべてをあげてアメリカ艦隊に海上決戦を挑んだが、逆に壊滅的打撃を受けて、海上兵力のほぼすべてを失った。レイテ戦の敗北により、すでにそれ以前から危うくなっていた石油をはじめとする南方の戦略物資の補給が完全に断絶した。東南アジアの資源を獲得することを目的に開始された戦争であったが、この時点でその成果を維持することが不可能となり、戦争の意味が変質することになる。フィリピンを奪回するために、アメリカ軍は1945年1月にはルソン島に上陸し、集結していた日本軍と激しい地上戦を展開した。いっぽうインドのイギリス軍も、1944年前半に日本軍が企てたインパール作戦（インド東部侵攻作戦）を挫折させると、逆に反攻にうつり、1945年前半にはビルマを奪回した。さらにアメリカ軍は、日本本土上陸作戦の前哨戦として1945年4月に沖縄占領作戦を開始し、沖縄を占領したあとは、引き続き1945年秋の九州上陸作戦、1946年春の関東上陸作戦にむけて準備を進めつつあった。

1943年に防御局面に移行したあと、日本側のとりうる選択としては次の三つがありえた。ひとつは最後の最後まで戦う徹底抗戦論で、まず海上決戦を戦い、それが失敗すれば本土決戦に転じるというシナリオである。二つ目は海上決戦・和平論で、まず海上決戦を戦い、敵に一撃を加えて和平にもちこむ（あるいは海上決戦に敗れたら本土決戦を回避して和平を求める）というシナリオ。第三はもはや勝ち目はないので、即時和平を申し込む（すなわち「無条件降伏論」）であった。おおざっぱに言えば、陸軍は第一のシナリオ、海軍は第二のシナリオをよしとしていた。マリアナ沖海戦から沖縄戦までは、戦略問題の対立を内包しながらも第一と第二のシナリオで進んでいったわけだが、レイテ戦の敗北で日本海軍の海上兵力がもはや機能しえなくなると、第二のシナリオは存立の基盤を失ってしまう。

絶望的な戦局は、開戦前に成立した親枢軸派と対英米協調派との間の不均衡な同盟関係を変調に追い込み、逼塞させられていた対英米協調派の活動再開と一部親枢軸派の転向とをひきおこした。マリアナ諸島陥落前後からその動きがはじまる。レイテ戦後海上決戦そのものが不可能となると、陸軍を中心とする親枢軸派はシナリオどおりに徹底抗戦＝本土決戦の準備に邁進するが、対英米協調派と海軍の和平派（近衛文麿、吉田茂、東郷重徳、米内光政、岡田啓介、平沼騏一郎など）は、本土決戦は日本帝国の解体どころか、天皇制そのものの崩壊を招来するにちがいないと危惧し、本土決戦回避の立場から密かに和平にむけて工作を開始した。彼らは、本土決戦の回避と「国体護持」（天皇制の維持）

のためには無条件降伏もやむをえないと判断したのだった。

沖縄戦後には本土決戦か、本土決戦の回避かが争点となった。1945年6月には両派の一致により対ソ交渉がはじめられる。これは本土決戦の準備のために（ソ連の参戦を阻止する目的で）はじまったのだが、途中からソ連を仲介とする和平交渉の瀬踏みへと性格を変えた。昭和天皇も沖縄戦の終わった頃から本土決戦の準備が進まないのを知って、本土決戦回避に傾き、対英米協調論に復帰する。対ソ交渉が進まないなか（すでにソ連は1945年2月のヤルタ会談でアメリカ、イギリスに対してドイツ降伏後の対日参戦を約束していた）、アメリカ・イギリス・中国が共同で日本に降伏を呼びかけたポツダム宣言が出され、さらに原爆投下とソ連参戦へと続いた。ソ連参戦は日本の大本営の考える本土決戦のシナリオが崩壊したことを意味した。それを受けて「聖断」シナリオによるポツダム宣言受諾がおこなわれ、無条件降伏が選択されたのであった。

10　敗戦・占領——対英米協調派の復活

ポツダム宣言受諾は一面において、軍部を中心とする本土決戦派を天皇の権威によって抑えつつ、「アジア・モンロー主義」を切り捨てて、再び対英米協調路線に復帰することを意味した。しかしそれは同時に、日清戦争以来日本が獲得したすべての海外領土を放棄することを意味し、明治期に対英米協調派の先輩たちが営々と築き上げてきた「大日本帝国」そのものの解体を受け容れることをも意味した。対英米協調派は復活したが、もはや彼らには守るべき「帝国」はなかった。彼ら自身が「帝国」解体の協力者となったのである。それどころか、日本の本土が外国軍隊の占領下におかれ、いわば、連合国（実質的にはアメリカ）の「保護国」に等しきものになりはててしまった。

たしかにポツダム宣言の受諾は本土決戦を回避して戦争を終結させ、交戦国双方にそれ以上の戦争犠牲者が出ることを防いだ。しかし、日本のナショナリズムの問題としてとらえた場合、侵略戦争としてはじまった戦争が国土防衛戦争に転化する契機がこれで失われたのだともいえる。日本軍は東アジア・東南アジア・西太平洋の広大な領域で、他者の国土を蹂躙して戦争をおこない、占領統治をおこなった。しかし、自らは（沖縄と千島の一部を除き）自国内で外国軍と戦い、敗北した後占領されるという、世界戦争に関与した多くの国民が経験せざるをえなかった経験を共有することはなかったのである。そのかわりに原爆投下の被害をうけた。そのため戦後日本のナショナリズムの核に被爆体験がおかれることになった。

アメリカ軍の占領下において、世界戦争の後始末と敗戦処理をおこないつつ、「帝国」なき日本をいかにして再建するかが、政権に返り咲いた対英米協調派（＝戦後保守派、以下この名前を使用する）の課題であった。彼らは占領軍に積極的に協力する姿勢を示し、ポツダム宣言の忠実な履行を約束しつつ、同時に占領改革の行き過ぎを抑制することで、「新日本建設」の課題を果たそうとした。その過程で形成された対英米協調派・戦後保守派とアメリカ占領軍との間の従属的な政治的同盟関係が、戦後日本の枠組みを作った。1945年9月27日に行われた第1回の会見において、昭和天皇はマッカーサーにポツダム宣言の忠実な履行を約束し、逆にマッカーサーは、占領政策につき自分に有益な助言を与えうるのは昭和天皇が第一人者であり、今後とも腹蔵のない意見を聞かせて欲しいと昭和天皇に求めた。復活した対英米協調派（昭和天皇・幣原喜重郎・吉田茂等々）と占領軍との間の同盟関係はここにはじまったと言える。

「帝国」と「アジア・モンロー主義」を犠牲にして彼らが守ろうとしたのは、「国体」すなわち天皇制と昭和天皇であった。戦後保守派の一部には昭和天皇を戦争責任者として退位させることにより、天皇制の制度的変更を最小限に食い止めようとする動きもあったが、マッカーサーと昭和天皇のパートナー・シップが確立されてからは、昭和天皇の留位（とそれによる戦犯訴追の回避）が日米双方の既定方針となった。そのためには、対英米協調派は、自ら予想だにしなかった象徴天皇と戦争放棄・非武装を規定した新憲法草案を受け入れることすらも辞さなかった。

他にも、占領軍の構想した多くの改革措置は戦後保守派には行き過ぎに思えた。彼らの抵抗は戦後改革への消極性となってあらわれ、占領軍の不信をかい、一時は政権を手放さざるをえなくなる。しかし、占領軍と戦後保守派との間の緊張関係も、米ソ対立の激化にともないアメリカの対日政策が転換したことによって解消された。日本を東アジアにおける西側陣営の有力な兵站基地に再生させ、強固な日米同盟関係を築いて反共の砦とする決意を固めたアメリカ政府と占領軍にとり、戦後保守派の総帥吉田茂は最も信頼できるパートナーとなったのである。

敗戦で復活したのは、元の対英米協調派（＝戦後保守派）だけではなかった。戦前の自由主義・社会民主主義と共産主義もまた活動を再開した。その中核となったのは、戦争中も「アジア・モンロー主義」と距離をおいていた（おくことができた）少数の人々と獄中につながれていた非転向組であったが、それだけにとどまらず、戦争中は積極的に戦争に協力し、「アジア・モンロー主義」を信奉していた転向組や戦中世代も大量にその旗の下に馳せ参じた。その結果、敗戦後の占領下において未曾有の労働運動の勃興と展開をみたのであった。

これら両勢力も、ポツダム宣言履行のための、とくに軍国主義一掃を目的とした戦後改革には基本的に賛成であり、占領軍の措置を歓迎した。米ソ対立が深刻化するまでは、連合国との関係については戦後保守派と同じく対英米協調論に立っていたと言えるであろう。共産主義者もその例外でなかったことは、再建時の日本共産党が占領軍を「解放軍」と規定したことからもうかがえる。これら三者（戦後保守派、自由主義・社会民主主義、共産主義）の相違点・対立点は、もっぱら天皇と天皇制、戦後改革の質と深度をめぐる問題に集中していた。占領軍の一部、とくにニュー・ディーラーと呼ばれたグループからは、戦後改革に抵抗する保守派よりも、自由主義・社会民主主義者をより高く評価する声があがり、その支援を受けて短命ながらも、社会党と民主党の連立政権が誕生した（＝片山哲内閣・芦田均内閣)。逆に占領軍が行った戦後初期の改革とその理念はこれらの勢力によって後々までも強く支持されることになった。これらの勢力が反占領軍・反アメリカの姿勢に転じるのは、米ソ対立が深刻化し、アメリカの東アジア政策と占領軍の対日政策が大きく転換してから後のことになる。

「アジア・モンロー主義」のみが戦後に生き残ることができなかった。なぜなら敗戦は「アジア・モンロー主義」の理念と路線の総敗北にほかならなかったからである。さらに、復活した対英米協調派を協力者としつつ占領軍が実施した一連の改革措置（軍隊の解体、公職追放、天皇の人間宣言、新憲法の制定、神道指令、教育改革等）が、その活動の余地を完全に封じてしまった。戦後保守派は、日本の戦争責任・敗戦責任をすべて「アジア・モンロー主義」に被せることによって、昭和天皇はじめとする対英米協調派の責任を回避したと言えるかもしれない。東京裁判は日本の戦争犯罪を裁くとともに「アジア・モンロー主義」を断罪した。ここに「アジア・モンロー主義」は政治勢力としてはもちろん、政治思想としても全面的に否定されたのであった。

11　戦前の政治空間と戦後の政治空間

「日中戦争から世界戦争へ」と題した本稿の趣旨からすれば、以上で話はお終いとなるはずである。満洲事変からアジア太平洋戦争にいたる15年戦争期のとらえ方の大きな枠組みは、最初に紹介した江口氏の議論をほぼ踏襲しており、ただ最後に江口氏が扱わなかった敗戦後の占領期にまで、その枠組みを延長したところに新味があると言えるにすぎない。そこで、以下ではもう少し戦後の問題について話を進めることで、江口氏の問題意識を戦後に延長するとどうなるかを考えてみたい。

江口氏が扱わなかった問題とは、対英米協調論と「アジア・モンロー主義」の対立関係は戦後どうなったのかという問題である。もちろん、対英米協調論と「アジア・モンロー主義」の対立関係は、日本帝国の存在を前提としているので、日本帝国そのものが消失してしまった戦後においては、両者ともにそれと運命をともにしたと言うべきかもしれない。本稿でも敗戦と占領の過程で、「アジア・モンロー主義」は復活しなかったと述べたばかりである。しかし、ほんとうに日本帝国とともに消え去ったのであろうか。

少し見方を変えてみよう。「対英米協調論」と「アジア・モンロー主義」とは、中国と英米と日本とで形作られる三角関係において日本の政治主体が選択するいくつかの立場のひとつであると考えると、この三角関係そのものは戦後になってもかわりなく続いていると言わざるをえない。もちろん戦後になるとイギリスはこの三角関係から脱落してアメリカだけとなり、逆にアジアの方には中国だけでなく、日本の植民地であった韓国・北朝鮮、台湾が入ってくる。そのへんを思い切って単純化して省略すると、中国、アメリカ、日本という三角関係は戦後も続くのだから、戦前の「対英米協調論」と「アジア・モンロー主義」の両者を生み出す構造は、かたちを変えつつも、戦後にも受け継がれていったと考えることもできるのである。

「アジア・モンロー主義」は復活できなかったと述べたが、ほんとうに絶滅させられたのであろうか。もちろんそうではない。米ソ対立の激化にともなうアメリカの方針転換は、かつての「アジア・モンロー主義」勢力の部分的復活の容認を含んでいたからである。それを機に再生を果たした代表的政治家の一人が東条内閣の閣僚であった岸信介にほかならない。しかし、岸の戦後の軌跡が示すように、戦後の「アジア・モンロー主義」はもはや昔日の「アジア・モンロー主義」そのままではなかった。なぜなら、戦後保守政治は日米同盟をその根軸においており、その枠をこえる反米自主外交は、日米再戦を覚悟するか、さもなくば戦後保守政治の自殺（西側陣営から離脱）を意味するか、そのいずれかであったからである。東京裁判のA級戦犯容疑者として巣鴨プリズンに拘束された経歴をもちながら、不死鳥のように再生して総理大臣となった岸は、日米安保条約の形式的片務性を改めることによって、そのかつての「アジア・モンロー主義」的なナショナリズムを満足させつつも、アメリカから最も信頼される親米反共政治家へと変身した。再生した「アジア・モンロー主義」は対英米協調派と融合し（＝保守合同）、強固な親米反共保守政権を構成するところに自らを定位したのであった。

戦後保守派（吉田内閣）が親米反ソ路線に立って、西側との講和と日米安全保障条約の締結を進めようとした時、また旧対英米協調派と旧「アジア・モンロー主義」とが合体した保守合同政権（岸内閣）が日米安全保障条約の改定を目指したとき、それに強力に反対したのは、全面講和と非武装中立あるいは安保改定反対を唱えた大衆的な政治運動であった。もちろん、この運動の指導部ではソ連と共産主義陣営にシンパシーを感じる社会民主主義左派や共産主義勢力が影響力を有していたが、運動の理念とそれを支えた心情はそれらの主義とは別のところにあったと言うべきであろう。それは「戦後平和主義」と呼ぶべきもので、悲惨な世界戦争をくぐり抜け、戦争で大きな犠牲をはらった日本の国民の「戦争はもう二度とゴメンだ」という強固な心情に根ざしていた。その心情は、政治的な理念としては、連合国と占領軍が占領初期に提示した敗戦国日本が進むべき再生の道（＝「東洋のスイス」）のイメージに通底しており、世界情勢の変化にあわせていくぶん修正しつつも、核心のところでは「反戦平和主義」を簡単に変えるようなことはしなかった。その観点から、再度世界戦争に巻き込まれる危険性をはらんだ日米安保体制と日本の軍事力強化とに反対したのであった。社会民主主義左派と共産主義はむしろこの「戦後平和主義」と合体することで、大衆的な政治勢力たりえたにすぎなかったとも言える。

ここで戦後保守派を軸にながめると、その親米路線に対して、アメリカとの協調維持を優先するあまり、日本が進むべき平和主義が踏みにじられたとして憤り、日本独自の対外政策（非武装中立）のためには、アメリカとの協調も犠牲にしてかまわないとする「戦後平和主義」の主張は、中味はちがっても、かつての「アジア・モンロー主義」が対英米協調派に対してもっていたのと同じ位相にたつものとして見えてくるであろう。世界政治を内包した国内政治の対立図式の空間において、戦前は「アジア・モンロー主義」が占めていた場所を、戦後は、少なくとも占領期末期から 1960 年の安保改定までは、「戦後平和主義」が占めることになったのだと言える。いや正確に言えば、かつて「アジア・モンロー主義」を支えた日本近代のナショナリズムが、世界戦争をくぐり抜けることで転生した姿が「戦後平和主義」であったと言うべきなのかもしれない。

以上二点、すなわち占領が終わって政界に復帰した旧「アジア・モンロー主義」勢力が独立した政治勢力たりえずに、旧対英米協調派と合体して親米反ソの保守合同政権を構成した点、さらにその戦後保守の親米路線に対峙したのが、「アジア・モンロー主義」ではなくて、親米でないという一点を除き政治的主張においてまったくその正反対に立つ「戦後平和主義」であった点、この二点こそが、戦前と戦後の政治構造を明瞭に区別する相違点なのであり、世界戦争と「帝国」の解体が引き起こした政治的対立図式の本質的変容にほかならない。このような変化を引き起こしたのは、もちろん世界戦争における日本の敗北とそれに続く「帝国」の解体であったわけだが、それを固定化させたのは東アジアと西太平洋におけるアメリカの軍事的プレゼンスであった。第二次世界大戦の結果、アメリカは世界の覇権国家となったが、それは全太平洋が「アメリカの海」となり、アメリカの自国防衛ラインが太平洋の西端に大きくシフトしたことを意味する。そして占領期からこの方60年以上にわたり、日本はこのアメリカの自国防衛ラインの中にしっかりと組み込まれてしまっている。もとより、全太平洋を「アメリカの海」に変えたのは、ほかならぬ日本であり、日本の「アジア・モンロー主義」が引き起こした日米戦争とその結末がそれをもたらしたわけである。

かつて「アジア・モンロー主義」を支えた日本のナショナリズムは、戦後に転生して「戦後平和主義」を産みだした。しかし、そのような戦後の「政治対立図式」も世界レベルの冷戦体制の終焉とともに、1990年代に入って大きく変化したように見える。その前に1970年代から80年代にかけて、親米反共反中の戦後保守派と反米容共親中の「戦後平和主義」の対立構造に緩みが一度生じた。言うまでもなく、1970年代初めの米中和解、日中国交回復がその転機であった。その結果、中国問題は戦後保守派と「戦後平和主義」との対立の焦点からは一時外れることになった。

しかし、ソ連東欧の社会主義圏の崩壊後、資本主義化した中国の経済発展が急速に進み、その経済大国化・軍事大国化が否定できない現実となるいっぽうで、日本の相対的な経済成長鈍化がはっきりしてくると、それまでの日中の共存関係にきしみが生じはじめる。それにともなって、日本の内部におけるアジア観も大きく変化してきた。言うまでもなく、反中・反韓・反北朝鮮感情の強まりである。そのいっぽうで、「戦後平和主義」とは異なる「大東亜戦争肯定論」的な反米志向も登場してきた。「アメリカの占領政策によって戦後日本は先の戦争について誤った戦争観を植え付けられたので、その洗脳を脱して正しい戦争観をとりもどさなければならない」という主張である。これはある意味で、かたちをかえた「アジア・モンロー主義」にほかならず、このような主張が広く支持されるようになったことは、「戦後平和主義」の存立基盤が消滅しつつあることを意味する。

それにともなって、グローバリゼーションの深まりとともに、今までにはない二つの傾向があらわれてきた。ひとつは、「日本はアジアではない、価値観を共有できるのはアメリカやEUであって、中国、韓国・北朝鮮ではない」という日本の自己イメージが広がっているように思われる。いわば「超脱亜論」ともいうべき傾向であるが、これは見方を変えれば、対英米協調論の極限というべきものとも言えるかもしれない。もうひとつは「反中と反米（対米自立論）の両立」であり、反アジア主義的な「アジア・モンロー主義」とでも言うべきものである。両者は反中という点では共通しているので、もしも「超脱亜論者」がアメリカとの間にも埋めがたい価値観の相違があると認識するにいたれば（それは第二次世界大戦とその後の日本占領に関する価値評価という歴史認識問題をめぐって生じるかもしれない）、彼らは対米自立論に転じて、反アジア主義的な「アジア・モンロー主義」と合流するかもしれない。このような傾向があらわれていることは、先ほど述べたような「戦後の政治空間」が21世紀になって大きく転換しつつある、あるいは転換したことを意味している。新たに生まれつつあるものが、われわれをどこに導くことになるのか、日本の国際的孤立と再度の戦争が繰り返されないことを強く祈るばかりである。

参考文献

坂野潤治『日本近代史』ちくま新書、2012年。
江口圭一『十五年戦争小史』青木書店、1986年、1991年。
古屋哲夫『日中戦争』岩波新書、1985年。
加藤陽子『満州事変から日中戦争へ』岩波新書、2007年。
川田稔『昭和陸軍の軌跡——永田鉄山の構想とその分岐』中公新書、2011年。
松尾尊兊『戦後日本への出発』岩波書店、2002年。
松浦正孝『「大東亜戦争」はなぜ起きたのか——汎アジア主義の政治経済史』名古屋大学出版会、2010年。
永井和『日中戦争から世界戦争へ』思文閣出版、2007年。
冨永望『象徴天皇制の形成と定着』思文閣出版、2010年。
吉田裕『アジア・太平洋戦争』岩波新書、2007年。

第3章

陸軍と日米開戦への道

武藤章を中心に

川田 稔

はじめに

武藤章は、東京裁判でA級戦犯として死刑判決をうけた人物としてよく知られている。

武藤は対米開戦時の陸軍省軍務局長で、開戦前後の国策決定において重要な位置を占めていた。それだけではなく、満州事変前後から対米開戦までの昭和史において、軽視しえない役割をはたしている。

そこで本稿では、陸軍の武藤章を中心に、日米開戦への道をたどりたいと思う。

さて、陸軍の日米開戦への道は、満州事変から始まる。

満州事変は、1931年（昭和6年）9月、石原莞爾、板垣征四郎ら関東軍主導で始まった。だが、陸軍中央においても、陸軍省の永田鉄山軍事課長、岡村寧次補任課長、参謀本部の東条英機編制動員課長、渡久雄欧米課長など一夕会メンバーが、「関東軍の活動を有利に展開させる」★1 方向で動いていた。石原・板垣も一夕会員だった。

一夕会は、永田鉄山、岡村寧次、小畑敏四郎を中心に、その約2年前に結成された陸軍中央の中堅幕僚グループで、構成員は40名前後、陸士14期から25期にわたり、武藤章もその一員だった。

したがって満州事変は、関東軍の石原・板垣らと陸軍中央の永田・岡村・東条らの一夕会系中堅幕僚グループの連携によるものといえた。

満州事変について、武藤の手記では、次のように記されている。

9月中旬に、満州事変が勃発した。私は中村大尉事件、万宝山事件……など新聞で読み、満州が緊迫した空気を醸している事は知ってはいたが、事変そのものは寝耳に水であった★2。

だが、参謀本部作戦課長だった今村均は、その回想で次のように述べている。当時武藤は作戦課員で、今村は直属の上司だった。

武藤章……も公々然と私に対抗したですね。……そしてむしろ石原莞爾に同調するようなことを絶えずやっておったですね★3。

今村は、事変当初は石原ら関東軍の行動を、やむをえないものと見ていた。だが、その後、関東軍が北満出兵や錦州攻撃を企図していることを知ると、国際的な配慮から批判的となり、その行動を抑制しようとした（今村は一夕会に属していなかった）。武藤はそのような今村に反抗して、石原ら関東軍の動きを支援していたのである。

このような武藤の姿勢は、彼が一夕会のメンバーだったこともあるが、じつは別の背景があった

武藤の手記では、中村大尉事件を新聞で読んだと、さりげなく書かれているが、事件の新聞発表がなされた8月17日当時、武藤は作戦課兵站班長だった。中村大尉は作戦課兵站班員で、武藤はその直属の上司だったのである。

中村大尉事件とは、満州事変直前に、参謀本部作戦課員中村震太郎大尉が、満州北西部で殺害された事件である。中村大尉は、現地で軍用目的での地誌調査中だった。本来、満州でのこのような地誌調査は、参謀本部情報部の支那課兵要地誌班が担当すべき任務だった。だが、兵要地誌班の事情で、かわって作戦課兵站班の中村が派遣されることになったとされている。その経緯の詳細は判然としないが、このことが満州事変時に武藤が強硬姿勢を続けた一つの理由であったと思われる。

ただ、武藤が兵站班長となったのは8月1日付で、中村大尉の調査出張指示には直接関係していない。事態の詳細が判明する7月中旬から下旬には、武藤はまだ参謀本部情報部の欧米課ドイツ班員だった。

だが、兵站班長となって以降は、すでに死亡が確認されていたとはいえ、中村大尉は職務上武藤の直属の部下であり、この事件は武藤にとって、部下を失

うという重大な出来事であったにちがいない。

1　永田鉄山と武藤――二・二六事件前後

その後武藤は、参謀本部情報部の総合班長となり、そこで情報部長であった永田鉄山と近い関係となる。総合班は情報部長直属で、総合班長であった武藤は、この時期に情報部長の永田から直接強い影響を受けたと思われる。永田は、一夕会の理論的指導者であり、武藤は一夕会メンバーとして、それまでも当然その影響下にあったと考えられる。だが、この時期に永田情報部長直属の総合班長として勤務したことが、その影響をさらに強め、永田の腹心ともいえる関係となった。

永田が情報部長であった時期に、一夕会が事実上分裂し、皇道派と統制派の対立が生じる。以後武藤は永田を中心とする統制派グループに属することとなる。統制派には東条英機（のち陸相・首相）、冨永恭次（のち陸軍次官）、池田純久（のち関東軍参謀副長）、真田穣一郎（のち軍務局長）、服部卓四郎（のち作戦課長）ら中堅少壮の中央幕僚が集まっていた。

永田は、一旦陸軍中央を離れるが、間もなく陸軍省軍務局長として中央に復帰する。軍務局長は陸軍省の実務トップで、永田は林銑十郎陸相を動かして、皇道派を陸軍中央から追放し、事実上全陸軍をリードする存在となった。武藤も、永田の意向で、昭和 10 年 3 月、陸軍省軍務局の軍事課高級課員（課長補佐）となる。

だが、陸軍内の派閥抗争の激化のなかで、8 月 12 日、永田が陸軍省内で執務中に現役将校に刺殺される。軍務局長室の急変を聞いて駆けつけた池田純久（当時軍事課課員）は、その時の様子を、次のように回想している。

> 武藤〔章〕中佐が先頭で、私がそれに続いて局長室に駆け込んだ。……局長は鮮血に染まって、片肘をついて絨毯の上に倒れているではないか。……武藤中佐がうしろから、私が前から、抱きかかえるようにして「局長、局長」と数回叫んでみた。しかし何の反応もない。……私は、ほとばしるおびただしい血しぶきを浴びて、軍服を朱に染めた★4。

武藤は、永田遭難の現場に立ち会ったのである。池田と同様、武藤の軍服も永田の血に染まったであろう。

翌年２月、皇道派につながる部隊付きの青年将校たちが、クーデターによる国家改造をめざし、約1500の武装兵を率いて蜂起する。二・二六事件である。彼らは斎藤実内大臣、高橋是清大蔵大臣、渡辺錠太郎陸軍教育総監らを殺害。鈴木貫太郎侍従長に重傷を負わせた。

武藤は、その時の自身の動きを、次のように記している。

> 出勤してみると、参謀本部や陸軍省が軍隊によって占領されていた。……陸軍省裏門に近づくと、栗林主計課長が飛んで来て「君！危ない」と叫んで私を押し止めた。……昨夜在京部隊が決起して、重臣を殺し……君も殺すといってるそうだ、とのことであった。……当時軍事課長は高血圧のため仕事に支障があった……各局長や部長は途方に迷っていたようであった。私は……いわゆる決起部隊を反乱軍として一刻も速やかに鎮圧すること、……速やかに粛軍の実を挙げることの方針を、軍事課課員に示して一切の処置に当たった★5。

結局、蜂起部隊によるクーデターは失敗し、彼らにつながる荒木貞夫、真崎甚三郎ら皇道派の将官も陸軍から追放された。また、それとともに政治色のある有力な上級将官は、ほとんど現役を去った。

そのような陸軍のなかで強い発言力をもつようになったのが、陸軍省では武藤章（軍事課高級課員）であり、参謀本部では石原莞爾（作戦課長）であった。石原は武藤と同様、永田が中央に呼び寄せたのである。ただ、石原の着任は永田遭難当日だった。

武藤は、二・二六事件直後、軍事課員を動かして、真崎、荒木のみならず、川島義之陸相や林銑十郎ら古参将官に辞職を迫り、実現させた。また広田弘毅内閣成立のさいには、陸相候補の寺内寿一とともに組閣に介入するなど、陸軍省において重要な役割をはたした。永田死後、武藤が陸軍中央における統制派の中心的存在となったのである。ちなみに東条はこのころ満州の関東憲兵隊司令官として中央から離れていた。

なお石原は、統制派メンバーではないが、非皇道派系一夕会員で、陸軍内で満州事変の主導者として声望が高く、作戦課長として、事実上参謀本部をリードする存在となった。

この武藤・石原らを中心とする陸軍の圧力によって、同年５月、広田弘毅内閣下で陸軍大臣現役武官制が復活する。大正はじめに陸相任官資格は予後備役にまで拡大されていた。それが再び現役武官に限定されることとなったのである。武藤ら陸軍省軍事課の起案によるものであった。この制度は、陸軍が政治的影響力を行使する有力な手段の一つとなった。

その翌月、武藤は関東軍参謀として満州に転出。その結果、石原が陸軍中央において主導的役割を果たすようになる。

2　日中戦争と武藤——石原莞爾との抗争

昭和12年7月7日、日中戦争の発端となる蘆溝橋事件が起こる。このころ武藤は陸軍中央に復帰し、作戦部長に就いた石原のもとで作戦課長となっていた。

蘆溝橋事件の知らせを聞いた石原は、事態不拡大、現地解決の方針を示し、現地の日本軍に拡大防止を指示した。このころ、参謀本部を統括していた参謀次長は病床にあり（参謀総長は皇族）、石原作戦部長が実質的に軍令部門の最高責任者だった。

だが、武藤作戦課長は、石原とは異なった姿勢だった。すなわち、南京政府は「全面戦」を企図している可能性もあり、この事態には「力」をもって対処するほか方法はない。それには「北支」の兵力を増強し、状況に応じて機を失せず「一撃を加える」必要がある。そう考えていた。陸軍省の中核である軍事課長の田中新一も、武藤の考えを支持した。田中は統制派系で武藤と親しい関係にあった。

9日、武藤ら作戦課は、近辺の中国軍および国民党中央軍の増援に対応するためとして、関東軍2個旅団、内地3個師団などの現地派兵案を作成した。田中軍事課長も、この際「徹底的に禍根を剪除（せんじょ）」するため、華北の中国軍を、北京天津地域のみならず河北省全域から排除すべき、との強硬姿勢だった。

その後、武藤ら作戦課は、厳しい要求を中国側に突きつけ、誠意ある回答がなければ、内地3個師団をただちに動員して「支那軍を膺懲（ようちょう）」すべしとの主張をまとめた。その際、戦場はなるべく「北支に限定」するが、状況によっては「対支全面戦争」に移行することもありうるとしていた。

石原は、これに次のように反対した。

現在の動員可能師団は30個師団で、そのうち中国方面に振り向けることができるのは15個師団程度である。それでは中国との「全面戦争」は不可能である。しかし、内地3個師団を派遣し戦闘状態に入れば、全面戦争となる危険が大きい。今中国と戦争になれば、長期にわたる「持久戦争」とならざるをえない。それでは底なし沼にはまることになる、と。しかも、長期戦となりソ連が侵攻してくれば、対処不能となり、その面からも本格的な対中軍事発動は避けるべきだと判断していた★6。

それに対して、武藤らはこう考えていた。

中国は国家統一が不可能な分裂状態にあり、日本側が強い態度を示せば蒋介石ら国民政府は屈服する。今は軍事的強硬姿勢を貫き一撃を与え、彼らを屈服させて華北を日本の勢力下に入れるべきである。現在の事態は、それを実現する絶好の機会である、と★7。

その後も、内地師団派遣中止を主張する石原と、派遣実施をせまる武藤とが対立。「君が辞めるか僕が辞めるか、どっちかだ」(石原の発言)、との言い争いにまで至った。下僚でありながら武藤は、上司である石原の意向と徹底的に争ったのである。

このような武藤の強硬姿勢には、じつは背景があった。

約2年前の永田の遭難直前、永田ら陸軍中央は、関東軍など現地軍に対して、華北五省を国民政府(南京)から分離させる工作、すなわち華北分離工作を指示した。華北の軍需資源獲得のためだった。

そもそも永田は、次期世界大戦は不可避であり、日本も否応なくそれに巻き込まれると判断していた。その場合、戦争は必ず国家総力戦となり、それに対応するには国家総動員と、戦時自給自足のための不足軍需資源確保が必須だと考えていた。永田は、その不足資源を中国大陸ことに華北に求めようとしていたのである。武藤もまた同様に考えていた。華北分離工作方針は、永田軍務局長の指示で武藤自身が起案したものであり、武藤にとっては永田の遺志でもあった。

その華北分離工作を、石原は独自の判断から中止させていた。石原は、極東ソ連軍の増強に強い危機感をもっており、対ソ戦備充実を最優先課題とする観点より中国との紛争を避けようとしていたからである。

ところが、当時欧州では、ドイツの再軍備宣言に続くラインラント進駐や、イタリアのエチオピア侵入などで、軍事的緊張が高まっていた。そのようななか、武藤らは近づく次期大戦への対処の観点から、石原の華北分離工作中止方針に強い危機感をもち、華北の軍需資源をあくまでも確保しようとしたのである。永田や武藤は、次期大戦はドイツ周辺から起こる可能性が高いと判断していた。

したがって、武藤の対中強硬論の主要なねらいは、石原作戦部長による華北分離工作中止の方針を打破し、華北の軍需資源を確保することにあった。

その後、中国側も強硬姿勢となり、北京広安門などで日中軍が衝突。石原ら陸軍中央は、現地での緊張状態に対処するため内地3個師団の派遣を決定するとともに、26日、現地中国軍を徹底的に「膺懲（ようちょう）」すべきとの通報を現地軍に送った。

こうして、昭和12年7月28日、陸軍中央の命令によって現地日本軍が華北で中国軍への総攻撃を開始した。日中戦争が本格的に始まったのである。

この後も石原は戦線不拡大方針を堅持しようとするが、戦線拡大を主張する武藤や田中との抗争に敗れ関東軍に転出する。こうして日中戦争は拡大していった。だが武藤らの予想に反し、中国国民政府は容易に屈服せず、戦争は泥沼に入っていくことになる。

そして、日中戦争開始から約2年後の1939年9月、ドイツがポーランドに侵入。それに対して英仏が対独宣戦布告し、第二次世界大戦が始まる。

ところで、日中戦争開始以前、華北分離工作と並行して関東軍は内蒙工作を進めた。蒙古王族徳王（とくおう）を援助して、内蒙古を国民政府から独立させようとするものだった。だが、昭和11年11月、徳王の内蒙軍による華北綏遠（すいえん）省侵攻作戦が失敗。内蒙軍内の反乱によって、上級佐官を含む29人の日本人特務機関員らが殺害された。事件後、武藤は関東軍第二課長（情報担当）として現地で事態の収拾にあたった。その時随行した松井忠雄徳化特務機関補佐官に武藤は次のような言葉を残している。

> 政党政治の時代は去った。しかし軍が肩代わりするのは好ましくない。これは過渡的便法だ。……この過渡的時代に日本が国際的危機に追いこまれるのは日本の不幸だ。しかしこれは日本の運命だ★8。

同年、日本はロンドン海軍軍縮条約から脱退し、ワシントン海軍軍縮条約を破棄した。また、前年、国際連盟からの脱退が発効していた。

この発言は、その後の日本とともに武藤自身の「運命」を暗示するかのようである。

3　太平洋戦争と武藤――「大東亜共栄圏」構想

昭和14年9月、武藤は陸軍省軍務局長に就任する。そして、当面欧州戦争不介入方針を示し、「国防国家」建設を最重要課題にかかげる。その基本プランが軍務局で作成された「総合国策十年計画」であった。

その内容には、

> 一、最高国策として、日本・満州・中国の結合をもとに、「大東亜を包容する協同経済圏」を建設し、国力の充実発展を期す。また、「日満支」結合の強化を図り、ことに、「日、満、北支、蒙彊」は、「大和民族の自衛的生活圏」として建設する。
>
> 二、この国策遂行のため、必要な陸海軍の軍備を充実する。
>
> 三、内政においては、新事態に即応する「強固なる政治指導力」を確立し、既存政党の解消を図るとともに、国家統制を強化する。

などが含まれていた。この「総合十年計画」は当時の近衛文麿内閣の基本国策として、ほぼそのまま取り入れられる。

ここで注目されるのは、中国のみならず東南アジアを含む地域が、資源の自給自足などの観点から「協同経済圏」とされ、南方資源獲得への視角が示されていることである。東南アジアから獲得すべき必要資源は、石油、生ゴム、錫、ニッケル、燐、ボーキサイトなどとされていた。これは永田の自給自足構想を、その後の戦争形態の変化にあわせて、さらに展開させたものといえた。この「協同経済圏」は、「大東亜生存圏」「大東亜新秩序」とも呼ばれ、「大東亜共栄圏」論につながっていく。

この「大東亜生存圏」(「大東亜共栄圏」)論の設定が、戦前期昭和史において武藤が果たした役割の最も重大なものであろう。これが太平洋戦争への主要な動因となっていくからである。

また、満州のみならず「北支、蒙彊」を「大和民族の自衛的生活圏」としたことが、のちの日米交渉において、武藤が華北・内蒙からの撤兵に最後まで踏み切れなかった要因となった。

自給圏の東南アジアへの拡大は、そこを植民地とする、イギリス、フランス、オランダなどとの対立を意味した。とりわけイギリスとの対立は、その存立に安全保障上重大な関心をもっていたアメリカとの対立の誘因となった。

ドイツのフランス占領後、イギリス崩壊の危機のなか、アメリカ参戦の可能性が高まってきた。このような事態に対して武藤は、日独伊三国同盟と日ソ中立条約によってアメリカの参戦を阻止しようとした。日米の大きな国力差を認識していたからである。なお、日独伊三国同盟と日ソ中立条約は、松岡洋右外相・近衛首相主導で締結されたが、武藤もそれに積極的に賛同していた。日独ソの提携によってアメリカの参戦を阻止しながら、東南アジアへの勢力圏拡大をはかろうと考えていたのである。

そのころ武藤は、世界は大きく日本・独伊・アメリカ・ソ連それぞれを中心とする四つの勢力圏に分割されるとの展望を示している★9。

だが、同年６月、独ソ戦が始まり、日独ソの提携によってアメリカの参戦を阻止しようとする武藤の構想は崩壊する。ここから武藤は、ドイツに一定の距離を置き、外交交渉によって対米関係を改善すべく日米交渉に全力を注ぐことになる。

だがアメリカの要求する中国からの撤兵を容認することに最後まで躊躇し、結局アメリカ側からの最後通牒ともいうべきハル・ノートの提示を受ける。そして対米開戦を決意することとなっていく。

4　日米開戦をめぐる相克——武藤章と田中新一

この日米開戦に至る過程を、武藤とならんで当時の陸軍を牽引していた田中新一参謀本部作戦部長のうごきとともに、もう少し詳しくみていこう。

当時日本の政治・軍事を主導していたのは陸軍であった。日米開戦時、陸軍をリードしていたのは、東条英機首相兼陸相、武藤章陸軍省軍務局長、田中新一参謀本部作戦部長の三人だった。そして東条は、武藤と田中の構想に支えられていた。

では、この頃の陸軍を事実上リードしていた武藤軍務局長、田中作戦部長は、どのような世界戦略をもっていたのだろうか。

武藤は、次期大戦に対応するため、「広義国防」の観念に基づく「国防国家」の建設を主張していた。すなわち第一次世界大戦以降、戦争は「国家総力戦」となり、国家の有する「総合国力」を戦争目的に向けて統制する挙国一致の「国防国家」によらなければ国防の目的は達せられない。そう武藤は考えていた。

その国防国家建設のためには、軍備の充実とともに、自給自足経済体制の樹立が必要であり、そのためには南方の資源を獲得しなければならないとみていた。そこから、「日満支」を枢軸とする「大東亜生存圏」（後の大東亜共栄圏）の形成が必要だとする。大東亜生存圏は、中国など東アジアのみならず、南方すなわち東南アジアを含むものだった。そこでの自給自足経済体制は、武藤にとって、資源の自給自足のみならず、米英依存経済からの脱却を意味していた★10。

実際に、軍需資源の自給自足の観点からみて、東アジアのみでは、石油・錫・生ゴム・ニッケル・燐・ボーキサイト・タングステンなど重要軍需物資が不足し、それらは東南アジアから獲得可能とされていた。だが、東南アジアは、イギリス、フランス、オランダ、アメリカなどの植民地として、欧米列強の支配下にあった。したがって、東南アジアの自給自足圏への包摂は、欧米列強の利害と正面から衝突するものであり、通常の外交手段によっては実現困難とみられていた。しかし、欧州大戦の勃発によって、オランダ、フランスはドイツの侵攻をうけ、その植民地である蘭印（インドネシア）、仏印（インドシナ）は、国際的に不安定な状況に置かれる。それを好機に、日本は北部仏印に進駐し、タイへの影響力も強めた。

そして、欧州情勢は、さらにドイツのイギリス侵攻作戦の開始へと展開していく。

このような事態のなかで、武藤は、ドイツのイギリス本土攻略が成功した場合、南方武力行使によって英領マレー半島、英領西ボルネオなどを攻略しようとした。また、外交的措置による石油などの資源獲得に失敗した場合には、蘭印（オランダ領東インド諸島、現インドネシア）にも侵攻し、それらの地域を包摂しよう考えていた。

そのさい武藤は、武力行使はイギリス領および蘭印に限定しようとしていた。強大な国力をもつアメリカとの戦争は、できるだけ回避すべきだと考えていたからである。また、イギリス本土が攻略されれば、アメリカが東南アジアのイギリス植民地のために日本との戦争にふみ込む可能性は少ないと判断していた。

武藤は、イギリスを日本の対中国政策や南方政策を妨害する頑強な敵とみており、その中国および東南アジアからの放逐が必要だと考えていた。大東亜共栄圏形成のためには、ある意味で対英戦は不可避と想定していたのである。その強い反英的志向は、天津英仏租界封鎖問題など中国での経験も関係していた。ただ、対英関係は対米関係と連動する可能性があり、アメリカの軍事介入から対米戦になることを警戒していた。

だが、ドイツのイギリス攻略は失敗し、イギリス本土上陸作戦は翌年まで延期される。

同じ頃、松岡外相主導で三国軍事同盟が結ばれるが、武藤は、南方武力行使にさいして、イギリス領やオランダ領の処理の関係から、独伊との軍事同盟が必要だと考えていた。また、南方武力行使時の北方（背後）の安全を確保しておくため、ソ連との国交調整、さらには日ソ提携が必要だと考えており、松岡外相による日ソ中立条約の締結にも賛同していた。ドイツのイギリス侵攻作戦は再度実施されると想定していたからである。さらに、三国同盟と日ソ中立条約は、日独伊ソの連携によってアメリカの軍事介入を抑え、その参戦を阻止するためにも必要だと、武藤は判断していた★11。

田中作戦部長もまた、「国防の自主独立性の確立」のためには、軍需資源の自給自足が必要であり、そのためには東アジア・東南アジアを包摂する大東亜共栄圏の建設が必須だとしていた。また、武藤と同様、ドイツのイギリス攻略を機に、南方武力行使によって東南アジアを日本の勢力圏化に置くことを考えていた★12。

ドイツのイギリス攻略延期後、両者は、大東亜共栄圏建設の一階梯として、当面仏印・タイを包摂する方針を定める。

だが、ドイツの対ソ軍事侵攻とともに、独ソ戦の評価とそれへの対応をめぐって両者に亀裂が生じる。そして、それが三国同盟の意味づけや対米認識の相違を浮かび上がらせることとなる。

田中は、独ソ戦について、短期間でのドイツ勝利に終わると予想し、また長期化する場合でも、ドイツとともにソ連を東西から挟撃して早期に崩壊させるべきだとして、対ソ武力行使を主張する。イギリスの対独抗戦意志を破砕するには、ソ連の屈服が必要であり、そのことはまた日本の北方からの脅威を取り除くことになると考えていたからである。

だが、武藤は、対英戦途中での対ソ武力行使には批判的だった。ソ連の国力と領土の広大さからして、独ソ戦は国家総力戦となり、長期化するとみていた。したがって、ヒトラーが再開を公言していた英本土上陸作戦は遠のき、近い将来でのイギリス崩壊の可能性も低下すると判断していた。また、たとえ日本が北方武力行使に踏み切ってもソ連は容易に崩壊せず、日中戦争に相当の戦力を割かれている今、さらに本格的な対ソ開戦となれば、基本国策である南方への展開が事実上不可能になると考えていた。それゆえ、事態を静観し情勢の展開を見守るしかないとの姿勢をとった。
独ソ戦の可能性がドイツ駐在武官などから伝えられていたころ、武藤は、対英戦途中の今、ヒトラーが気でも狂わない限り、対ソ戦をはじめることはないだろうと考えていた。しかし、実際にヒトラーは独ソ戦を開始し、これ以後、武藤はナチス・ドイツに一定の距離感をもつようになる。
そもそも武藤は、三国同盟をイギリスに対する軍事同盟、イギリス打倒のための同盟として想定していた。また、三国同盟を活用して、日ソ国交調整を進め、各国からの対重慶政府援助を抑えようとしていた。したがって、それは対米戦を目的とするものではなく、対米関係においては、日ソ中立条約と相まって、あくまでも日米戦を阻止するためのものと位置づけられていた。だがドイツは、武藤が対米牽制のための提携国の一つとみていたソ連を攻撃した。武藤からみて、独ソ戦はドイツの戦略的誤りであった。少なくとも、それによってイギリス攻略が遠のき、またアメリカの参戦を抑えることが困難になったからである。
しかし田中は、対米戦は不可避だとみており、三国同盟もそのためのものだった。対米戦にはドイツとの同盟が絶対に必要だと判断していたからである。もちろん田中も強大な国力をもつアメリカとの戦争はできれば避けたいと考えていた。だが、国防の自主独立性の確保のためには大東亜共栄圏の建設は必須であり、それは、アメリカの太平洋政策――九カ国条約体制を軸とする門戸開放政策――と衝突するとみていた。また、アメリカの安全保障からみて、イギリスの存続をアメリカは極めて重視しており、独英戦に必ず介入してくる。ゆえに対独参戦は必至と判断していた。日本が大東亜圏共栄圏の建設を貫徹しようとすれば、アメリカの門戸開放政策と衝突せざるをえない。しかも、南方のイギリス植民地攻略にも、イギリスの崩壊を阻止するため、アメリカは介入してくるだろう。したがっていずれにせよ対米戦は不可避だ。そう田中は考えていた。
対米戦が不可避だとすると、それに対処するにはドイツとの同盟は絶対に必要となる。したがって三国同盟はあくまでも維持しなければならない。それが、日米交渉において、三国同盟を弱める方向での譲歩に田中が強く反対した理由であった。
これに対して武藤は、対米戦はできるかぎり回避すべきだし、回避可能だとみていた。日米間にフリクションが生じても、アメリカは必ずしもアジアに死活的利害をもっておらず、アジアにおいて日米間に妥協不可能な対立はありえない、と考えていたからである。したがって、三国同盟と日ソ中立条約によってアメリカの軍事介入を阻止しながら、南方に進出し大東亜共栄圏を形成することは可能だと判断していた。

だが、独ソ戦によって、武藤の想定に狂いが生ずる。独ソの亀裂は、アメリカ参戦への抑止力を弱めるばかりでなく、独ソ戦の長期化によって、ドイツの英本土侵攻の見通しが立たなくなってきたからである。そのことは南方への武力展開による大東亜共栄圏の形成が困難となることを意味した。英米連携による頑強な軍事的抵抗が予想されたからである。それでは、武藤が最も警戒していた対米開戦に陥ることとなる。

ここから、武藤はナチス・ドイツに一定の距離を取るようになってくる。対米交渉対応においても、日米国交調整の阻害要因の一つとなっている三国同盟の存在に、それほど重きを置かないスタンスをとる。

一方、田中は、独ソ開戦後も、ナチス・ドイツへの信頼は揺るがず、三国同盟を重視し、アメリカの参戦に備えるためには対独軍事同盟は絶対に必要だと考えていた。むしろ独ソ戦は、北方の脅威を取り除く絶好の機会を与えるものだとみていたのである。

この二人の対独姿勢の相違は、戦略上の位置づけのみならず、彼らのドイツ駐在時期とも関係があるように思われる。武藤のドイツ駐在は、1923 年（大正 12 年）から 3 年間で、ワイマール共和国が安定に向かう時代だった。ドイツ到着直前に、ヒトラーらナチ党のミュンヘン一揆失敗があり、「ヒトラーは狂気だ」との評判などを聞いていた。ヒトラーやナチスへの評価がもっとも低い時期だったといえよう。

これに対して田中は、1933 年（昭和 8 年）末から約 2 年間ベルリンに駐在した。この時期は、ナチスの政権掌握、授権法成立、国際連盟脱退と続いたあと、ナチス政権は深刻な失業問題を改善させ、ヒトラーが国家元首「総統」に就任。国民投票によって圧倒的支持をうるなど、ドイツは、ヒトラーとナチスを高く評価する熱狂的な雰囲気の中にあった。

二人は、そのドイツ駐在期間中のナチス評価の雰囲気から、無意識のうちに影響を受けていたのではないだろうか。なお、武藤は、帰国途中、約 2 カ月間アメリカを視察し、最新の文明とその躍動性に強い印象を受けたようである。

独ソ戦以後、武藤は、ドイツとの軍事同盟に固執するよりも、日米交渉によって対米戦を回避することに全力を注ぐこととなる。対米国交調整を実現するとともに、それによって日中戦争を解決し、対米戦を避けて将来に備えるべきと判断していた。したがって、当面は南方武力行使による大東亜共栄圏の全面的建設は断念せざるをえないと考えていたといえよう。

もちろん、武藤も国防国家建設のため、大東亜共栄圏の形成には強い執着をもっていた。独ソ戦時に北方武力行使に反対したさいにも、自らの予想に反して早期にソ連が崩壊した場合には、対ソ武力行使を容認していた。また、ドイツがソ連を屈服させた後イギリス本土侵攻に成功した場合には、南方武力行使に踏み切るつもりだった。その場合にはドイツとの同盟も意味をもつことになる。しかしそのような事態となる可能性は少ないと判断していたのである。

したがって、少なくとも、将来に備えて仏印・タイへの影響力は維持し、同地域の資源は確保しておこうとしていた。

しかし、すでに対独参戦を決意していたアメリカ政府は、日本の参戦回避のため、三国同盟の事実上の空文化を求めていた。そしてまた、対日全面禁輸決定後は、全仏印からの撤兵を要求した。アメリカは、イギリスの存続に世界戦略上・安全保障上から強い関心をもっており、いわば死活的利害を有していた。仏印への日本軍の駐留は、マレーや西ボルネオなどの英領植民地を脅(おびや)かすものと考えられていたからである。アジアの英領植民地からの物資補給の途絶は、イギリスの対独継戦を困難にする可能性があるとみられていた。また、アメリカ自身、東南アジアの天然ゴムや錫などの資源を必要としており、その安定的確保の観点からも日本軍の駐留は容認し得なかった。

さらにアメリカは、通商無差別原則の中国への適用、中国からの日本軍の撤兵を要求した。武藤は、日米戦を避けるためには、三国同盟問題の譲歩、通商無差別原則の承認、全仏印からの撤兵のみならず、中国からもある程度の撤兵はやむをえないと判断していた。

そして、武藤は、この線で東条首相を説得し、了承をえていた。また外務省の対米乙案（南部仏印からの撤兵案）についても、反対する参謀本部を説き伏せ、受け入れさせた。ドイツとの距離感が生じていた武藤にとって、世界戦略上、日米戦の回避は、これまで以上に大きな重みをもつ課題であったからである。したがって、日米交渉の過程で、最終的には中国撤兵についても、対米甲案（中国への駐兵要求を含む案）での駐兵条件より、さらに譲歩する考えをもっていたようである。

だが、ハル・ノートによって、もはや交渉継続の道は断たれたと判断した武藤は、やむなく対米開戦を最終的に決意する。

しかし、武藤が、対米戦回避を最重要視していたのなら、なぜ、より早い段階で、中国からの全面撤兵に踏み切らなかったのだろうか。またその線で、東条や田中を説得しようとしなかったのであろうか。たとえ全面衝突によって免職になったとしても、武藤に確信があれば、自ら「傲慢不遜」と称するその性格からして、自説を貫くことに躊躇しなかったであろう。

アメリカがすでに対独参戦を決意し、対日開戦の可能性も念頭に置きながら、日米交渉において早くから中国撤兵を要求していたことは、武藤も十分承知していた。

だが武藤にとって、甲案に含まれていた、華北・内蒙古の資源確保とそのための駐兵は、ことに重要な意味をもっていた。そもそも華北・内蒙古の資源は、武藤が強い影響を受けた永田鉄山が重視していたものだった。永田は次期大戦に備えるためには、中国資源の確保が必要であるとして、満州事変の後、華北分離工作に乗り出した。永田暗殺後、石原莞爾らによって華北分離工作は中止されたが、武藤は永田の遺志を継ぐかたちで、再び中国での資源確保のための勢力拡大を強力に推し進めた。それが日中戦争であった。

中国からの全面撤兵とそれにともなう特殊利権（資源開発権など）の放棄は、これら永田以来の営為の結果が、全て無に帰することを意味した。自らも所属していた一夕会結成以来の昭和陸軍の長い努力が、全く無意味なものとなってしまうのである。

対米戦回避に力を尽くそうとした武藤といえども、容易には、そこまでは踏み切れなかったといえよう。また、それを東条や田中に説得するだけの武藤自身の覚悟がつかなかったのではないだろうか。

それにしても、そのことによってもたらされた内外の犠牲はあまりにも大きかったといえよう

東条英機首相兼陸相も、国家総力戦による様々な影響の大きさを予想して、対米戦には最後まで躊躇し動揺していたが、武藤と同様な理由で、中国からの全面撤兵は受け入れられなかった。華北・内蒙古駐兵を固守する点では、武藤よりはるかに強硬だった。

また武藤は、永田の対米認識を受け継いで、アメリカはアジアに死活的利害をもたず、日米間に妥協不可能な対立はありえないとみていた。すなわち、日米間でアジアにおける利害の対立が起きても、政治的妥協による解決が可能だと考えていたのである。

東アジアすなわち日中関係に限れば、このような見方は必ずしも的を外したものではなかった。アメリカ国務省の対日強硬派ホーンベック国務長官特別顧

問（元極東部長）でさえも、アメリカは中国市場をめぐって日本と戦争するべきでないとし、日米戦争回避のスタンスだった。

だが、欧州大陸をドイツが席巻し独英戦争が始まると、アメリカはアジアに死活的利害をもつこととなる。すでにふれたように、アメリカはイギリスの存続に安全保障上死活的な利害をもっており、そのイギリスの存続にとって、アジアの英領植民地は不可欠のものだった。それゆえ、アメリカ政府は、日本が三国同盟に基づいて対英参戦することを危惧し、それを阻止しようとしていた。日本が参戦すれば、太平洋からの軍事的脅威を受けるだけでなく、イギリスへのアジア・オーストラリアなどからの物資補給が遮断されるおそれがあったからである。そのような事態は対独抗戦に苦しむイギリスを崩壊させかねないとみられていた。

欧州大戦を通じて、日本の大東亜共栄圏構想は、アメリカの世界戦略と正面から衝突することとなったのである。その結節点となったのが、イギリスであったといえよう。

それでは、早くから対米戦は不可避だと判断していた田中作戦部長は、どのような対米軍事戦略をもっていたのだろうか。

田中は、太平洋を渡ってアメリカを屈服させる手段は日本には無く、日独同盟によっても、アメリカを軍事的に屈服させることは不可能だと判断していた。だが、アメリカの対独参戦は不可避だとみていた。

アメリカは、すでにグリーンランド、アイスランドに進駐しており、さらに西アフリカ沖のケープ・ヴェルデ諸島、ポルトガル沖のアゾレス諸島の予防占領を計画していた。また、6月、独伊在米資産の凍結。9月には、ルーズベルト大統領が、英国向け輸送船団護送水域で独伊艦船を発見次第発砲すると声明して、アメリカの対独参戦決意を公にした。

このように、すでに対独参戦を決意しているアメリカ政府の対日政策について、田中は基本的に対日戦遷延策だとみていた。すなわち、太平洋地域における対日戦を当面回避しつつ、大西洋側では英独戦に介入し、ドイツ打倒後日本を屈服させる方針であり、いわば、ドイツ、日本を各個撃破しようとするものだ、と。その米戦略を破砕するには、アメリカの対独参戦後、機を逸せず対米開戦すべきだと判断していた。

ただ、アメリカの挑発に対して、ドイツはアメリカの参戦を回避しようとして、独艦艇に先制攻撃を禁止し、米管理海域での英駆逐艦攻撃も禁止した。したがって実際には日米開戦まで、アメリカの対独参戦に至らなかったのである。

さて、田中は、具体的な対米軍事作戦については、こう考えていた。

対米戦は必ず長期戦となる。それに対応するには、先制奇襲攻撃により緒戦でアメリカ太平洋艦隊に徹底的な打撃を与え、以後2年間は制空制海権を確保する。これにより西太平洋地域の覇権を確立し、英領植民地、蘭印、米領フィリピンなど南方地域を占領する。それとともに、南方資源の開発獲得を促進し、自給自足体制を確立して長期持久戦を遂行しうる態勢を整える。

1941年（昭和16年）末の日米艦艇比率は､対米75パーセントとなっている。だが、すでに実行着手されているアメリカの大規模な軍備拡張政策によって、1942年末には対米65パーセント、1943年には対米50パーセント、1944年には対米30パーセント程度に低下する。

1942年末には、海軍で漸減邀撃作戦による対米決戦に絶対必要な比率とされている70パーセントを切ることになる。航空機では、1942年から44年の間で、アメリカは日本の5倍前後となり、海軍機のみをとれば10倍となる。

このような日米両国の国力差、生産力格差からして、早期の海上決戦によって両国の戦力比率を破砕し、数年後の戦力比を日本に絶対的に不利でないように変換させるしかない。

すなわち、初期作戦において米艦隊に大打撃を与える、それによってのみ対米長期持久戦を戦える見込みがある。

対米戦における日本の主戦力は海軍であり、対米開戦はその対米比率が有利な時期に実施すべきで、戦機は1941年末しかない。翌年春になれば北方ソ連軍が自由に行動できるようになり、南方武力行使は危険になる。北方の安全が確保される冬季1942年末の開戦では、対米艦船比率や石油備蓄量などの条件から、もはや勝算はない。したがって、それ以後は、実際問題として対米戦は不可能となり、日本は軍事的に三流国に転落する。

緒戦の勝利によって長期持久戦態勢を確立し、対米戦を持続させることができれば、その間に日独伊の軍事協力によってイギリスを屈服させる。そのことによって、ヨーロッパにおけるアメリカの足がかりを失わせ、アメリカを欧州大陸から引き離す。また、アジアにおいても、緒戦に大打撃を与えることによって足場を失わせる。こうしてアメリカをヨーロッパとアジアから手を引かざるをえない事態に追い込み、両大陸から孤立させ、その戦意を喪失させる。そして戦争終結へと導く。

このような田中の対米軍事戦略にとって、緒戦の対米海戦勝利とともに、イギリスをいかに屈服させうるかが、最大のポイントであった。イギリスの存在が、米独日それぞれにとって、戦略的な焦点をなしていたといえよう。

田中はイギリス屈服のため、次のような方策を考えていた。

英領香港、英領マレー、英領西ボルネオ占領後、オーストラリア・インドに対し、通商破壊などの手段により、イギリス本国との連携を遮断する。また、オーストラリアをアメリカ本土からも遮断するため、フィジー、サモア、ニューカレドニアを攻略する。それとともに、オーストラリアを海空から制圧すべく東部ニューギニアに侵攻し、同地の要衝ポートモレスビーを占領する。

さらに、英領ビルマの独立を促進し、それによって英領インドの独立を刺激する。

また、独伊に対して、近東、北アフリカ、スエズ作戦の実施を要請し、それに呼応して西インド方面での敵増援部隊の遮断と敵艦船の撲滅を実施する。さらに独伊に、対英封鎖の強化と、情勢が可能になれば英本土上陸作戦の実施を求める。

なお、イギリスを屈服させるには英本土侵攻が必要とみられていたが、それには独ソ戦においてソ連に勝利することが前提であった。そこで田中は、南方作戦が一段落し、長期持久戦態勢確立のための南方必要資源を確保した段階で、対ソ武力行使を行うことを再度意図していた。当初南方作戦のため投入した陸軍兵力は、全兵力の2割にあたる11個師団約35万で、全陸軍兵力の大部分は温存されていたからである。ドイツとともにソ連を東西から挟撃することで、その体制を崩壊させ、日本は北方の脅威を取り除くとともに、ドイツを英本土侵攻に向かわせようとしたのである。

だが田中の企図は、ミッドウェー海戦の惨敗とガダルカナル攻防戦の失敗によって崩壊する。また、ドイツも日米開戦直後に冬季モスクワ西部近郊でソ連軍の強力な反攻をうけ、対ソ東部戦線で後退を余儀なくされることになる。

一方、武藤軍務局長も、できるかぎり日米戦は回避すべきだと考えていたが、それが不可能になった場合は、大東亜共栄圏建設に突き進む選択肢も捨ててはいなかった。

したがって、当然、武藤ら軍務局でも、参謀本部戦争指導班や海軍の協力をえて、対米戦となった場合の軍事戦略が検討されていた（「対米英蘭戦争指導要綱」）。

その内容は、次のようなものであった。対米英蘭戦は長期戦となる。先制奇襲攻撃によって、戦略上優位の態勢を確立し、重要資源地域および主要交通網を確保して長期自給自足の体制を整える。武力戦による占領地の範囲は、ビルマ、マレー、蘭印、フィリピン、グアム、ニューギニア、ビスマルク諸島までとする。占領地においては、重要国防資源を確保し、作戦軍の現地自活の方針をとる。

戦争終結の方向については、軍事的にアメリカを屈服させることはできず、独伊と提携してイギリスを屈服させ、欧州での足がかりを失わせる。またアジアからも、日本の海軍力によって米勢力を一掃する。こうしてアメリカをアジアと欧州から切り離して孤立させ、その継戦意志を喪失させ、戦争終結を図るとの方針であった。

これらは、田中の方針とそれほど相違はなく、イギリス屈服の方策についてもほぼ同様であった。ただ、対ソ武力行使には否定的で、できれば独ソ講和を促進し、ソ連を枢軸側に接近させることを考えていた。また、武藤は日独を含め戦局の見通しについては、より悲観的であった。したがって、もし可能なら、相当不利な条件でも早期講和すべきとの意見ももっていた。

一般には、対米開戦時、陸軍は戦争終結の見通しを全くもっていなかったとの見方があるが、田中や武藤らは、一応このような戦争終結方針を考えていたのである。また東条も、「対米英蘭戦争指導要綱」を了承していた。

対米開戦後の、1941年（昭和16年）11月15日、大本営・政府連絡会議は、この「対米英蘭戦争指導要綱」をほぼ踏襲して、「対米英蘭戦争終結促進に関する腹案」を決定した。田中ら作戦部も、対ソ政策については意見を異にしていたが、当面の方針として、これに同意していた。したがって、田中らは必ずしも対ソ武力行使を断念していたわけではなかった。

ただ、このような武藤ら軍務局の戦略は、田中と同様、先制奇襲攻撃により米艦隊に大打撃を与え、その後反撃してくるアメリカ海軍を各個撃破し戦争を持久させるとの軍事作戦を前提にしていた。だが、ミッドウェー海戦の惨敗によって、その前提そのものが崩れ、対米戦略は、まずその面から崩壊していく。

注

★1　舩木繁『岡村寧次大将』河出書房新社、1984年、235頁。
★2　武藤章『比島から巣鴨へ』実業之日本社、1952年、17頁。
★3　『今村均政治談話録音速記録』国立国会図書館所蔵、1995年、47頁。
★4　池田純久『日本の曲がり角』千城出版、1968年、41-2頁。
★5　武藤『比島から巣鴨へ』中央公論新社、2008年、24頁。
★6　『石原莞爾資料・国防論策』、433-452頁。
★7　上方快男編『武藤章回想録』芙蓉書房、1981年、97頁。

★8　松井忠雄「綏遠事件始末期」『現代史資料』第8巻、578頁。

★9　武藤章「新東亜建設と太平洋」『東京朝日新聞』昭和16年元旦。

★10　武藤章「時局の展望と国防国家確立の急務に就いて」『支那』31号、東亜同文会調査編纂部、1940年。

★11　川田稔『昭和陸軍の軌跡』（中央公論新社、2011年）、197-223頁。以下、武藤については、上方編『武藤章回想録』、石井秋穂『石井秋穂大佐回想録』（厚生省引揚援護局、1954年）など参照。

★12　川田『昭和陸軍の軌跡』、225-239頁。以下、田中については、上方快男編『田中作戦部長の証言』（芙蓉書房、1978年）、田中新一「大東亜戦争への道程」（防衛省防衛研究所所蔵）、「参謀本部第一部長田中新一中将業務日誌」（防衛省防衛研究所所蔵）など参照。

参考文献

日本国際政治学会太平洋戦争原因究明部編『太平洋戦争への道』全8巻、朝日新聞社、1962-3年。

防衛庁防衛研修所戦史室『支那事変陸軍作戦』全3巻、朝雲新聞社、1975-6年。

防衛庁防衛研修所戦史室『大本営陸軍部大東亞戦争開戦経緯』全5巻、朝雲新聞社、1973-4年。

三宅正樹・秦郁彦・藤村道生・義井博編『昭和史の軍部と政治』全6冊、第一法規出版株式会社、1983年。

上方快男編『武藤章回想録』芙蓉書房、1981年、

上方快男編『田中作戦部長の証言』芙蓉書房、1978年。

石井秋穂『石井秋穂大佐回想録』厚生省引揚援護局、1954年。

西浦　進『昭和戦争史の証言』原書房、1980年。

野村　実『太平洋戦争と日本軍部』山川出版社、1983年。

波多野澄雄『幕僚たちの真珠湾』朝日新聞社、1991年。

矢次一夫『昭和動乱私史』全3巻、経済往来社、1971-3年。

川田　稔『昭和陸軍の軌跡』中央公論新社、2011年。

――――『昭和陸軍全史』全3巻、講談社、2015年。

第4章

アメリカの政策選択と第二次世界大戦への道

秋元 英一

はじめに

2014年が第一次世界大戦勃発から100年にあたるということで、さまざまな共同研究、企画が日の目を見ている★[1]。言うまでもなく、第一次世界大戦が起こらなければ、第二次世界大戦も起きなかったであろう。だから両大戦間期から第二次大戦に至る歴史を理解するには第一次大戦から始めるのが正しい。とはいっても、第一次大戦の研究にのめり込んでしまえば、それだけで一生かかる。本企画のような両大戦間期から第二次大戦までを総覧するためには、第一次大戦はある程度所与として考えるしかない。

この時期に日本は、日英同盟を理由に第一次大戦に参戦したものの、戦後はワシントン体制が日英米の友好関係を支持するという理由から、日英同盟は廃棄され、日本はイギリスというクッションなしにアメリカと対峙せざるを得なくなった。周知のごとく、日米関係は悪化の一途を辿った。日米関係の悪化に至る軌跡を知る手がかりとなるのは、日米開戦の年、1941年2月に雑誌『ライフ』に掲載されたヘンリー・ルースの「アメリカの世紀」というエッセイである。ルースはそこで、当時なお広くアメリカ国民のあいだに浸透していた孤立主義を批判し、以下のように議論を展開した。ヨーロッパで対ドイツ戦が開始されてから1年半にもなるのに、イギリスは祖国を守るという崇高な任務を強いられている。アメリカが実質的に戦争の渦中にあるにもかかわらず、世界の現状にコミットできないのは、国内に渦巻く孤立主義と7年に及ぶ、国際協調にリーダーシップを発揮できないローズヴェルトの政治である。アメリカにはすでに1919年に第一次大戦の戦後処理という黄金の機会があった。しかしながら、ウィルソンはそれを活用するのに失敗した。ローズヴェルトはウィルソンの失敗したところから成功の一歩を踏み出さなくてはならない。そもそも20世紀はわれわれの世紀である。アメリカにとって最初の、世界で支配的な覇権国となるという意味で、20世紀はアメリカの世紀である。今日ではヒトラーも世界覇権のイデオロギーを有している。しかしながら、われわれアメリカ人の国際協調主義は国民のためのものである。われわれは経済と企業、技術、理想にもとづいた良きサマリア人としての活動、自由と正義の国、を有している。

ルースのエッセイが出現する1カ月前、ニューヨークのシンクタンク、外交政策評議会（Council on Foreign Relations）は、「アメリカの極東政策」と題する小冊子を発表した。そこでは、日本が大陸で動けなくするために中国に対する全面的な援助、および日本に対する軍需物資の禁輸を行うべきだと勧告していた。この勧告はローズヴェルトが数カ月後には実践することになるものである。ヘンリー・ルースは中国との縁が深かった。両親は伝道布教活動のために中国に長く滞在したし、ヘンリー・ルース夫妻はその後も何度か中国を訪れ、蔣介石夫妻とも昵懇の仲だった★2。

ローズヴェルトもドイツ軍と戦うために日々苦闘しているイギリスを最大限援助することになるし、その不干渉主義的な外交方針は1940年に日本が三国同盟を締結するあたりから積極主義に転換する。日米戦争が始まる以前は、戦争が地理的にヨーロッパに限定されていたが、日本がアメリカと事を構えるに及んで、文字通り世界戦争となり、ドイツはソ連とアメリカという二大大国を相手にすることになって、戦争も世界的な広がりを持つに至った。

言うまでもなく、歴史過程はさまざまな人々の意思決定と行動の複合体であり、それらを解析して単純なストーリーへと積み上げていくのは困難な仕事である。そこで、最初に私自身の歴史を考えるスタンスといったものを提示しておきたい。

たとえば政治史を考えた場合、政策決定の圧倒的部分は政治家と呼ばれるエリートたちが継続的に行う。大衆、あるいは、民衆は選挙や世論調査、デモなどにおいて瞬間的に意思表示や行動を起こすのみである。ただし、革命のような状況下では民衆運動のかかわり方が決定的であれば、その革命はクーデターでなく、より大きな社会構造の変革を伴う社会革命となる。革命までいかなくとも、同じ政治体制のなかで、それまでの支配者エリートとはかなり異なる政党や政治集団が権力を握った場合、それは「政策レジーム」（policy regime）の転換と呼ばれ、政治の大きな変動に結果する。これが起きたことはどのように認識されるのか。典型的には、民衆の期待が大きく変わることで示されよう。大恐慌期においては、アメリカのフーヴァー政権からローズヴェルト政権への移行、ドイツにおけるヒトラー政権の誕生がそれにあたる。もっとも後者の場合、当初の内閣成立は政治システムの転換を伴わなかったが、その後の独裁政治への移行は、「革命」と似た変化をもたらした。日本における浜口内閣から犬養内閣へのバトンタッチは、蔵相が井上準之助から高橋是清に変わることによって金解禁によって金本位制に終止符を打ってケインズ的な通貨・財政政策を呼び込んだので、政策レジームの転換と呼んでもいいかもしれない。

次に、歴史における選択肢のあり方について考えてみよう。ある時点でたとえば、いくつかの選択肢のなかからAという政策が選択されたとすると、選択されなかった選択肢（B、C、D、……）がありうるわけである。これらを潜在的選択肢と呼ぶ。次の時点でやはりいくつかの選択肢のなかからA1という政策が選択された場合、選択されなかった選択肢がB1、C1、D1、……となる。じっさいにとられた進路、あるいはコースをAと考えた場合、とられなかったコース（B）も、ある程度は、いわば潜在的選択可能性があったことになる。このA、Bを比較することで、どういう条件があれば、Aに行き着いたか、あるいは、Bはなぜ選択されなかったかが、考察の対象となる。しかも、歴史は、選択された選択肢の継続で成り立っているので、この考察を行うことが歴史研究を深めていくきっかけとなる。

ところで、歴史がエリートや民衆の意思決定の連鎖によって形作られていくと考える私のような立場からすると、「必然性」によって方向が決まってしまうとする歴史観は甚だ魅力がない。ここで対象とする両大戦間期のような、いわば現代史の中の現代史を扱うにさいしては、中長期的な「必然性」史観が、時代の方向性について一定程度見通しを立ててくれることは確かだとしても、数年、あるいは日々の選択のような短期の局面についての関係者の選択についてのフレキシブルな見方が許容されなければ、選択肢の多様性や偶然の果たす役割を歴史のプロセスに組み入れることができず、歴史研究は楽しくなくなってしまうだろう。むろん、ここで数ある選択肢の中からいずれかを選択する自由を享受できるのは、エリートの側、とくに政治家や官僚といった国の意思決定にきわめて近い位置にある少数の人々であって、多くの「無辜の民」は彼らエリートの選択の範囲を限定する役割に甘んじることになろう。

1　第一次大戦と戦後処理の失敗

よく知られているように、1919年6月に締結されたヴェルサイユ条約は231条（戦争犯罪条項）に「ドイツとその同盟国の攻撃によって連合国政府とその国民に対して負わされたすべての損失と損害の原因となったことについて、ドイツとその同盟国が責任を受け入れる」と述べている。フランスやイギリスの国民がドイツ皇帝に対して懐いていたいわば盲目的な復讐の本能がその背景にあった。悪いのはプロイセン軍国主義であり、長い休戦交渉の終りにウィルソン大統領は、ドイツ皇帝を排除し、「軍事支配者たちと専制的独裁者たち」を取り除く必要を強調していた★3。

第一次大戦直後に「14カ条」をひっさげてヨーロッパにやってきたウィルソン大統領は、政治家や外交官のみならず、ヨーロッパの一般の人々にとってもこれ以上はない期待の星であったが、その期待はすぐに幻滅に変わってしまった。ケインズが『平和の経済的帰結』において喝破した★4ように、ウィルソンは、「人生の大半を大学で過ごしてきた人」だったにもかかわらず、その気質は「もともと研究者や学者のそれでない」のみならず、「外的な意味での環境に対して鈍感」であり、「周囲の状況というものに対しておよそ神経を欠いていた」。パリでの会議当初においては、ウィルソンは「14カ条を実際の平和条約中に具体化するための包括的な計画をもすでに考案し終わっているものと、一般に信じられていた。ところが、実際には、大統領は何事も考えてはいなかった」。さらに悪いことに、ウィルソンはヨーロッパの実情について無知であった。結局会議を通じて、彼は、「他の巨頭たちのかもし出す雰囲気の麻酔にかけられ、彼らの計画や彼らの資料に基づいて討議し、彼らの径に沿って導かれるままになった」のである。こうしてウィルソンは、戦勝国の年金等の支出までがドイツによる賠償範囲に含まれることをすら承認してしまった。

帰国したウィルソンは、さらに挫折を味わうことになった。1920年の大統領選挙には敗北し、アメリカ議会、とくに上院は条約の批准に必要な3分の2規定をクリアすることができず、国際連盟加盟もヴェルサイユ条約批准も拒否した。次の大統領ハーディングは国民の孤立主義ムードに乗り、ヨーロッパ政治への干渉を最小限化する。ハーディングが開始した1920年代の共和党外交は、中国政策に典型的に表れたように、「オープンドアの国際化」と表現される。それは、19世紀の古い「帝国主義外交」に代わるものであった★5。1921年のワシントン会議では主要国が海軍軍縮に同意し、「ワシントン体制」が実現する。日英同盟は終了し、「4カ国条約」に途を譲った。1928年にはパリ不戦条約（ケロッグ＝ブリアン条約）が締結された。ドイツ賠償問題の解決がドーズ案で図られたように、国際連盟不参加は必ずしもアメリカの国際政治からの孤立を意味してはいなかったが、高関税保護主義に見られたように、アメリカのスタンスは及び腰であった。

他方で、カリフォルニア州の土地所有などに関連して吹き出していたアメリカの日本人に対する偏見問題、および国際連盟憲章における人種平等条項実現の失敗を別にすれば、第一次大戦とヴェルサイユ条約後に日本は、国際的地位を格段に高めていた。「第一次大戦はイギリス、ドイツ、そしてロシアが世界的覇権をめぐる主要なライバルの形で開戦したのだが、平和会議はイギリス、アメリカ合衆国、そして日本が少なくともしばらくの間は新しいグローバルな列強であることを確認した」★6。全権大使石井菊次郎は、アメリカのオープンドアに対抗して「日本版のモンロー宣言」を主張したし、それは1934年には天羽英二による宣言となって継続された。1920年代と1930年代を通じて日本は国内安定を確保したうえで、アジアで唯一の真に統一された国家であった。

ドイツの賠償金は、当初1921年にロンドン支払い計画として決められたものだが、これは当時のドイツ国民所得の6%に当たるもので、ケインズがドイツを「アジア的貧困状態」に陥らせると批判したほど巨額ではない。フランス首相ポワンカレによるルール占領は、滞っている賠償金支払いを強いる最後の手段であり、ドイツを解体することを視野に入れたものではなかった。フランスは一国でドイツに支払いを迫るほどの軍事力は持たなかったから、1924年の国際的再調整によるドーズ案（実質負担ドイツ国民所得の2.6%）の成立によって、賠償金の実質的減額がなされ、ドイツによる支払いはドイツが自発的に協力することで可能になる性質のものだった。

ドーズ案のもとでは、原理的には、年間20億金マルクの支払いが要求された。支払いは外国通貨に限定されたので、外国通貨は貿易黒字（輸出価額－輸入価額）によって支払うしかない。もしも、その後ドイツがもっぱらそうしたように、海外からローンを借りて支払うことになれば、1）何らかの事情で外国から借金できなくなれば、ドイツによる賠償支払いはストップする。また、2）順調に借入が続いている場合でも、ドイツが返済すべき元金（の一部）と利息は雪だるま式に増えるだろう。これを打開するには、輸出を振興して外貨を蓄積するしかない。1929年以降の世界大恐慌の局面では、ドイツにローンを提供する国はほとんどなくなったため、ドイツは賠償支払いに窮し、短期資金をつなぎ的に借りたり、ブリュニング政府のように、国内の物価・賃金を押し下げるデフレ政策によって輸入物価を引き下げるしかなくなった。1929年のヤング案となると、賠償負担はさらに国民所得の2.0%に減った。ヴェルサイユ条約破棄、賠償廃止を掲げたナチス党が得票率を急伸させた1930年9月の国会選挙以降、ドイツ国内の政治経済状況と対外政治経済とはこれまで以上に密接に結びつくことが避けられず、上記のスローガンに雇用創出を結びつけて喧伝したナチスが、国民の支持をつなぎ止めることに成功した。

2 スティムソン・ドクトリンの継承

1929年10月24日にニューヨーク株式市場で暴落が起き、アメリカから世界に波及して大恐慌となる。この景気後退の最も悪化した数年間がアメリカではフーヴァー政権の時期と重なる。フーヴァー政権と世界経済、とくにヨーロッパとの関係では、1931年6月からのフーヴァー・モラトリアム（1年間の主としてドイツ賠償とイギリス、フランスに対するアメリカ戦債の債務返済猶予措置）が有名であるが、1933年に世界経済会議を行うことを決めたのもこの政権の時であった。第一次大戦後に中国に対する利権の拡大を画策していた日本は、1931年9月に軍部が独走する形で満州事変を引き起こした。フーヴァー政権ではスティムソン国務長官が正統派的な観点から、これはワシントン条約やケロッグ条約違反であると非難した（1932年1月、スティムソン・ドクトリン）が、フーヴァーはその意見に必ずしも同意せず、結局、数カ月後に建国された満州国を「不承認」することでフーヴァーとスティムソンは妥協を図った。フーヴァーはウィルソン大統領の時代に過剰な「介入」を行ったことのマイナス面をよく承知しており、日本の軍事行動に過剰な反応を示すことに反対であった。しかしながら、満州事変が1920年代の国際主義的協調関係にピリオドを打ったことはたしかであった。国際連盟は調査団を派遣して、1932年9月に報告書を提出し、連盟の総会で満州国不承認が全会一致で決められたが、日本は連盟を脱退した。

フーヴァー大統領を引き継いだローズヴェルトは、極東政策についてはスティムソン・ドクトリンを継承した。ローズヴェルトとスティムソンは1933年1月にハイドパークで昼食をともにし、5時間にわたり議論した。ここでスティムソンは彼本来の対日政策を説明し、ローズヴェルトはそれを了承したと見られる。スティムソンは、戦争に発展することをいとわず満州侵略、傀儡国家樹立の日本に経済制裁を科すという自己の考えをローズヴェルトに伝え、ローズヴェルトはそれに反対しなかった。1月16日付のタイムズ紙の特報は以下のように伝えている。

ここ〔ワシントン〕では、大統領予定者のローズヴェルトの側では現政権の満州国についての政策を変える意図がないこと、そして消息筋の仮説では、国務長官が彼のドクトリンを再言明する前に、合衆国はパリ条約〔ケロッグ=ブリアン条約〕に違反するいかなる条約も状況も承認するつもりがないことを自分で確信していたことである。外国で繰り返し流布していた噂、すなわち、ローズヴェルト政権はフーヴァー=スティムソン極東政策をやめることは、合衆国の将来的な態度に関する不確実性をもたらし、満州問題に関するこの国の立場を弱める方向に作用すると考えていたことは明らかだ。政府はこの印象を払拭したいと考えていた★7。ローズヴェルトがニューヨーク・タイムズ紙に語ったところでは、「ある特定の外国の状況についてのいかなる声明も、もちろん、合衆国国務長官から発せられる。しかしながら、私は、アメリカの外交政策は国際条約の神聖さを支持しなければならないことを明確にすることには賛成だし、そのことは国家間のすべての関係がよって立つべき土台である」★8。これは、スティムソンが明らかにしたように、ワシントン会議のすべての条約は、それと同時的に交渉で決められた状況から相互に関係するのであり、太平洋に関する4カ国条約と海軍軍縮条約は9カ国条約の前提におけるいかなる変更によっても影響を受ける。大統領はなぜスティムソン・ドクトリンを承認したのかとタグウェルらに聞かれて、ローズヴェルトは、彼の祖先が中国貿易に従事していたこと、そして、「私はつねに中国人に対して深甚の同情をいだいてきた。どうして私が日本についてのスティムソンの立場と歩調を共にしないことを私に期待するのかね?」★9と答えた。

1932年の大統領選挙で当選したローズヴェルトの就任は1933年3月であり、選挙の当選から4カ月がたっていた。ローズヴェルトは疲弊しきった国内経済と1933年6-7月に予定されているロンドン世界経済会議をフーヴァーから引き継いだ。ローズヴェルトは国内経済立て直しを中心課題としたニューディール政策を推し進める。しかしながら、彼は最初の年に国際的な意味を持つ政策決定を行わざるをえなかった。ソ連の承認と、世界経済会議における為替安定の拒否である。

ロシアとの国交回復については、すでに共和党の三つの政権は少なくともアメリカ企業の利益のためということで部分的に貿易を行っていた。ローズヴェルトの場合は、1933年が恐慌の最下底だったから、どのようなものであれ、景気回復に資するものは歓迎だったことのほか、スティムソン・ドクトリンとの関係では、日本の軍事力強化に対抗するのに、ロシアの回復が役に立つとの思惑もあった★10。その後の展開を考えると、ローズヴェルトの選択は理にかなったものだった。

1932年からジュネーブで軍縮会議が開かれていたが、結局成果なくして終わる。これについてローズヴェルトは5月の議会向けの声明でこう述べている。「軍縮を行う方法は軍縮することだ。侵略を妨げる方法はそれを不可能にすることだ。私は各国間の協定のために四つの実践的、同時的なステップを要請した。第一に、何段階かのステップを通じて、攻撃的交戦のための武器を廃棄する。第二に、最初の明瞭なステップはいまとられるべきである。第三に、これらのステップがとられているあいだはどの国も条約の責務の限界を超えて現在の軍備を増強しない。第四に、現在の条約の諸権利にしたがって、どの国も軍縮期間にその国境を越えていかなる軍隊も送ることはできない」★11。これに関連して、アメリカの駐日大使グルーはハル国務長官に宛てた手紙で、日本の国家も軍隊も、ヨーロッパなどで想像されているよりもはるかに強力であるが、ただ、この戦闘マシーンは極東の外で攻撃的活動を行うようには設計されていないとしている。日本の軍隊は、日本がアジアでその野心を遂行するときに西側諸国が干渉するのを防ぐ目的で設計されている。たしかに、日本軍はアメリカを潜在敵国と考えているが、そして時には海や空からの潜在的なアメリカの攻撃に対して彼らの作戦を向けようとするかもしれないが、それは、ヨーロッパ諸国よりも、アメリカのほうが日本の自然的な拡大の道をふさいでいると彼らが考えているからである」★12。

3　ロンドン世界経済会議の破綻とケインズの処方箋

1933年6-7月のロンドン世界経済会議はどういう位置づけになるのか。ニューディールを開始したばかりのローズヴェルトにとっては、彼のリフレーション政策遂行にとって有害な協定や当時のヨーロッパの多くの経済指導者たちが真剣に模索していた国際金本位制の復活などは論外であった。ローズヴェルト自身が欠席したのはもとより、代議員団も国務長官のハルを別にすれば、「決定的に二級」であった★13。この会議をめぐるアーヴィング・フィッシャーとローズヴェルトの交渉については、すでに書いた★14ので、ここでは、当時のケインズの認識との関連で見てみよう。周知のように、ケインズはローズヴェルトが「爆弾声明」を発表して事実上この会議を葬り去ったことについて「すばらしく正しい」と評価した。ケインズは、すべての国が一斉に物価引き上げ＝リフレーションを行うのがベストの政策だと考えていた。リフレーションが一部の国に限定されれば、それを実施した国の通貨が価値を下げるから、それらの国が国際競争上有利となってしまう。放置すれば、為替切り下げ競争となって、「近隣窮乏化」を招く。

ケインズは6月20日にこう書いている。戦債とは区別したすべての国が関係する債務問題と、外国為替についての混乱こそが、この会議が答えを出さなくてはならない問題である。債務負担や外国為替をめぐる混乱は「物価の暴落の結果」である。したがって、物価水準がなおこの会議の根本的課題であることを忘れないようにしたい。ケインズは、ドルもポンドもフロートしている現在の「移行期」からすれば、両国が当面それぞれの国内物価を上昇させるのに妨げとならないように、しばらくの間、一致した行動をとるべきである★15とした。

また別の論考では、こう述べている。経済会議で見逃されている状況の一側面がある。ロンドンに集まった代議員団は会話によって物価を引き上げるために互いに熱狂的に言い争っている。しかし、彼らの一人として、明瞭なことをしている者はいないし、共同の行動によって望み通りの目的をどうしたら達成できるかについて具体的な提案をしている者もいない。他方で、他の人々が口先だけ以上のことをしない目的に対して世界にただ一人真剣に問題を考えている人がいる、すなわち、ローズヴェルト大統領である。もしもこの会議が、あるいはその指導的なメンバーの誰かが物価を引き上げるのに、効果的な方法を採択しようとすれば、合衆国と協力する基盤を発見するのに、克服できないような困難はない。この状況に対する鍵は大統領がドルの金価値を切り下げるために用いた権限のなかにこそ見出しうると信じる。ケインズの判断では、主要国の通貨の金価値は現在の価値に比べて20～33％の切り下げが必要である。その後その為替相場でしばらくの間移行期を維持する必要がある。これが競争的切り下げを回避する方法である★16。

そもそも物価引き上げの正しい方法は、購買力をより多く投入することによって達せられる。そのためには、借入金によって民間企業がより多くの経済活動をするか、政府の支出を減らすことなしに減税をするか、公共事業をするかである。会議はアメリカの行動計画が世界の他の諸国によって採用されるように、購買力を補充する手段を採択すべきである★17。

では、ケインズの言う、ローズヴェルトの正しさとはどういうことをさすのか。爆弾声明の翌日、ケインズはこう書いた。会議の日々からずっと、われわれの繰り返される過ちからわれわれを救ってくれたかもしれないあらゆる建設的提案は失敗に終わった。イギリス大蔵省もイングランド銀行も彼ら自身の嗅覚にのみ依拠してきた。眼は盲目であり、耳は不自由である。しかし、広義の政治問題上では、つまり、大統領や首相の仕事であるべき問題については、大統領は二つの広く分かれてしまった政策のあいだで決定を強いるという点で、すばらしく正しいのだ。経済会議はそれがこの分裂を表面化させないかぎり茶番劇に終わる。対立する党派がもしもアメリカが世界にあいまいな形で提示した根本的選択について公然と議論の仲間入りをしないつもりなら、この会議は閉会する方がはるかにいいと思う。

一方の極には、ヨーロッパ諸国があるが、彼らは世界貿易の流れからは排除されている。経済生活を回復させる手段としては、彼らは拡大主義政策には反対である。彼らは熱狂的に金の枝にしがみつき、物価を引き上げることには何の美点も見出さず、もっぱら「信認の回復」を説くのみである。他方の極にはアメリカ合衆国がある。その処方箋は驚くに足りない。物価が現在の債務にとって適切なレベルにまで上昇するまでは、われわれはあらゆる手段を通じて人々を仕事に就かせる。その後は貨幣の購買力が安定的であることを監視する。この問題は軍縮会議のようにすべての国が同意することが必要なわけではない。ケインズはローズヴェルトの問題提起の仕方には全面的に賛意を示しつつも、ただ会議が決裂するにまかせないでほしかったと考えていたと思われる。しかしながら、この会議は成果なくして終わってしまった。ニューディールの緊急性、物価の上昇と弱くなり始めたドルを見ている限り、ローズヴェルトの選択は正しかったのであろう。ただ、世界恐慌が最下底にあり、何らかの経済的協調、とくにアメリカとヨーロッパの協調が貿易や投資などで打ち出されることができれば、主要国も中小国も「世界経済」に若干の希望を託す可能性があったこともたしかであろう。

「しかし、合衆国は、ヨーロッパ諸国を自分の力で回復させるにまかされたことをあまりにも明瞭にするというのでなく、何らかの種類の経済的協調のために国際的レベルでドアをオープンにさせておくこともできたであろう。ナチスがドイツで彼らの権力をまさに掌握しはじめたことをもってすれば、それはまさしく間違った信号を送ってしまったのである」★18。歴史家アロンゾ・ハンビーは「この会議の失敗は西欧の民主主義にとって深刻な挫折であった。ローズヴェルトがそれを破壊したやり方においてさらに悪かった」と断じている★19。

4　日本経済の構造変化と井上・高橋財政

両大戦間期における日本経済の歴史的構造変化の意味を鮮明に描き出したのは、安場保吉である。「日本における人口成長、1人あたり産出の上昇、そして保護主義の出現は天然資源に対する需要を増大させる傾向があったが、1930年代における軍国主義の台頭に至るまでは、天然資源の不足は深刻な問題となることはなかった」。「拡大する人口圧力を原因とする原材料と燃料の国内供給の不足、海外諸国における保護主義の台頭、そして、1929年以降の国内経済の悪化が日本の軍事侵攻の経済的原因だと言われてきた。たしかに、軍部は帝国主義的侵攻と軍拡を正当化するために、『持たざるもの』という論理を用いた。しかしながら、そうした拡大は国際的に見て正当性を欠くばかりでなく、経済的には破滅的な進路であった」★20。

1930年の日本は軽工業製品輸出にもとづいた、ほどほどに高い生活水準を享受していた。加えて、この時期には、重工業よりも軽工業のほうが技術進歩がより急速だったのである。日本は平和的に経済発展を達成し、軽工業製品、レーヨン製品、自転車、適切な技術を用いた織機その他の軽機械製品を輸出することによって生活水準を上昇させることが可能であったろう。当時、対外的状況が絶望的だったわけではないのである。1929-35年間には輸出額は年率10.7%という急速な伸びを示していた。ところが、実際には軍拡にもとづく帝国主義的侵攻政策が採用され、その結果としての重工業の拡大は天然資源に対する需要をすさまじく増加させた。これまで存在しなかった天然資源の不足が本物となり、交易条件（輸出物価指数 / 輸入物価指数）が悪化（1932-40年間、輸入相対価格は68.7%上昇）しはじめた。石炭や鉄鉱石は価格上昇が極端であった。軍拡に伴って産業の中心が急速に資源消費型の重工業に移ったが、貨物運賃が高く、アジアからの供給が不安定だった。1940年におけるアメリカのくず鉄と石油の禁輸はそうしたプロセスを加速させた。

日本の井上財政（1930年1月～1931年11月）は、金解禁と呼ばれる金本位制停止によって長く続いた両大戦間期の円のフロート制を終りにした。そのさい、旧平価解禁といって、当時の平均的為替レートを少なくとも10%程度円高にするものだった。1927～28年当時100円＝46～47ドル平均だった為替レートを約1割円高の100円＝49.85ドルに固定しようとした。その数カ月前にはニューヨークで証券市場の暴落が起き、世界経済が不況色を濃くしているときに、そのレートを維持するためにわざわざデフレ政策をとったのである。実勢レートを円高に誘導するためには、国内物価を引き下げなくてはならない。その目標を達成することが最も重要であるが、注意すべきは、当の井上自身、そして財界の主流は金解禁実現とそれの準備の過程で、日本経済の合理化を達成し、政府も国民も勤倹節約を行って、いわば官民あげてのリストラを行うことを副次的目的と考えていたふしがあることだ。公共投資をはじめとする財政支出削減、軍事費削減、国民への消費節約の呼びかけ、公務員の給与引き下げが実践された。この緊縮型の財政政策は、経済全体に激しい需要収縮を呼び起こし、不況色が強まり、物価デフレーションとなった。金の国外流出は予想以上の額に達し、政府の音頭ではじめられた産業合理化はコスト切り下げのための人員整理を促進し、アメリカの恐慌によって生糸の輸出が激減したため、価格が暴落して養蚕農家は窮地に陥った。それはちょうどドイツのブリュニング政権期（1930-32年）と同様で、社会階層間の利害対立を先鋭化させ、国民の間に非デフレ政策に対する期待感を醸成せしめ、その後の軍拡政策に寛容な社会的雰囲気を生み出してしまったと思われる。ブリュニング期のドイツは賠償金支払い履行というデフレ政策のやむを得ざる目標に引きずられた感があったが、日本は賠償負担を負っておらず、世界的恐慌悪化という環境のもとで金の流出に悩まされたことが厳しい与件となってデフレ政策を余儀なくさせたのである。

井上財政はアメリカのフーヴァー政権期（1929-33年）とも時期的に重なっているが、違いは、フーヴァーが財政緊縮を目標としたにもかかわらず、現実の財政は恐慌対策の必要から赤字化したことと、大統領は賃金切り下げを唱道せず、むしろ賃金削減をしないように財界に要請したことである。しかしながら、フーヴァー政権は、それを引き継いだローズヴェルト政権との対比で、「これができるのにしなかった」として批判されることが多い。何よりも、世界経済を恐慌から回復させるのに失敗し、経済的に弱い債務国や新興農業国に不況のしわ寄せを強いたのである。

井上財政を引き継いだ高橋財政（1931年12月～1936年2月）は、早速金輸出の再禁止（金本位制離脱）、円と金の兌換停止を実行した。その上で公債発行による赤字財政支出と低金利政策を実行した。これまでにも日本では中央政府による公債発行は行われていたが、それは公共事業、震災復興、戦争遂行といった特定目的のためのものであり、高橋の時にはじめて政府の通常支出のために公債発行による資金が使われた。また、公債は日本銀行がいったん引き受けて、金融市場の余裕があるときに民間に売却する、日銀引受発行だった。これについては高橋自身が日本における公開市場操作の始まりだと述べている。注意すべきは、ここで一般支出目的、日銀引受、という形で従来の慣行が変更された点である。のちに軍部が軍事費の削減に反対したとき、蔵相の側には「財政規律」といった原理上の反論ができる余地はなかった。1932-33 年には財政支出の増加分の約半分が、そして 1935 年までの中央政府支出増加分の 78%が軍事支出だった。金融市場には資金が流れ、政府は必要財源を確保し、市中金利は下がった。金本位制離脱の下で円為替の下落が起きた。同時に為替管理によって資本の海外への逃避を防ぎ、為替レートの安定につとめた。100 円＝ 49.85 ドルに固定されていた為替レートは 1933 年までに 100 円＝ 25 ドル平均まで下がり、その後も 27 ～ 29 ドル平均を維持したから、ほぼ 40%にも及ぶ円の切り下げとなった。これは景気回復に結びつく国内物価の上昇をもたらし（リフレーション政策）、同時に輸出を増加させた。低金利政策は、企業の資金調達を容易にし、企業経営を改善し、その面からも景気回復に寄与した。

日銀の公債引受けは 1932 年 11 月から始まったが、公債の消化は 1934 年までは順調だった。不況下で、まだ一般産業の資金需要が旺盛でない時期だったうえに、財政支出によって遊休設備や失業者が動員され、生産が刺激されたからである。ところが 1935 年以降になると、景気回復につれて銀行資金が枯渇しはじめ、他方で軍需企業の資金需要が増大するにつれて、資本市場が逼迫して市中金利が上昇するというクラウディングアウトが発生し、国債が消化難に見舞われはじめた。景気回復が進んで完全雇用局面になったのである（大恐慌下日本の景気回復はドイツと並んで先進国中最も速かった）。そこで、高橋蔵相は 1936 年度予算の編成にさいして、公債漸減の方針を示し、とくに軍事費を抑制して歳出膨張をおさえ、自然増を目安に公債を減らしていこうとした。しかしながら、このように「財政の生命線」を守ろうとした高橋蔵相は、二・二六事件で凶弾に倒れた。その後は軍拡に歯止めがかからない馬場財政が登場した。

1930 年代全体を通じて、日本の軍拡が向けられた主な地域は中国である。

1931年には満州事変、1937年には日中戦争が起きている。この間に米中関係は激変の時を迎えた。クリストファー・ジェスパーセンによれば、1927-31年間に起きた三つの事件がその後の米中関係にとって大きな意味を持った。第一が蒋介石による中国の名目的統一と蒋介石のキリスト教への改宗である。第二は、1931年、中国育ちのアメリカ人小説家パール・バックによる『大地』の出版とその成功、ピューリッツア賞の受賞、映画化など一連の動きである。アメリカ人たちは、ジェファソン的自作農によるアメリカの発展を小説中に散りばめられた中国農民の奮闘と重ね合わせた。第三が日本による満州侵略である★21。

したがって「〔宗教上の〕神Godと〔富を司る〕神Mammon」とが温情主義的な言葉遣いと自由、開発主義的なイデオロギーの下で、アメリカ人の中国に対する態度の基本的前提を形成した」★22。『タイム』『ライフ』『フォーチュン』を支配下に置き、メディアの帝王となりつつあったヘンリー・ルースは、各種の支援団体を糾合して「中国救済同盟」(United China Relief, UCR)を組織して、広く中国への支援を拡大し、あわせてアメリカ人大衆の対中意識を変えるのに大きな役割を果たしたのである。ルースらは中国をアメリカ化した子分のごとく扱った。ルースは蒋介石が中国の救世主であり、百年のあいだ、中国は彼の出現を待ち望んでいたのだと説いた。19世紀半ばに中国の解体が始まって以来、ちょうどモーゼがユダヤ人救出のためにやってきたように、蒋介石は彼の国民を救出するために現れたのである。太平天国の乱以降、中国人は広汎な叛乱の予兆を感じており、その苦難の中から彼らをリードする男の出現を確信していた。

地理的には、米中は区別しがたいほど似ている。北京は中国のボストンであり、上海はニューヨーク、南京はワシントン、日本は中国のシカゴ、漢江に向かっている。広東は肥沃で蒸し暑い中国のニューオリンズであり、日本軍が東部海岸で勝利を収めるなかで、中国政府は、官僚、兵士、学生ともども未開拓地の西部に向けて、幌馬車隊による遠征に乗り出すことを強いられた★23。日米開戦前数年間の時期は、ルースのメディア帝国によるアメリカ人に対する「教育」が急激に加速した。ギャラップ調査によれば、日中戦争に対するアメリカ人の関心は高まり、1937年8月には中国に同情する人々が43%だったのに、1939年5月には74%に達した。1941年には先のUCRは、アメリカ人に対してアメリカ化した中国のメリットを教育するのに成功していた。パール・ハーバーの頃には、多くのアメリカ人は日本に対して絶望的な闘いを遂行している中国に対して限りない同情を寄せており、その理解や同情を支援や献金という具体的な形で示しつつあった★[24]。

5　ヒトラーの「生存圏」戦略の帰結

イギリスの歴史家 A・J・P・テイラーの著した『第二次世界大戦の起源』（1964年）をめぐる「テイラー論争」は、一方で「戦争屋ヒトラー」という正統派テーゼを覆し、他方で生存権実現のための東方帝国を目的とする戦争遂行という、ヒトラーを観念的に見る見方に疑念を差し挟んだのである★[25]。

1938 年 9 月にイギリス、フランスがドイツに対してチェコスロヴァキアのズデーテン地方の割譲を認めたミュンヘン会談は、これまでヒトラーの「脅迫」に対してイギリス首相チェンバレンが「宥和」政策によって譲歩した結果だと考えられることが多かった。しかしながらテイラーは、イギリス政府が戦争の恐怖にかられてチェコスロヴァキアの分割を容認したのではなく、戦争の恐れが台頭する前にチェコにこの地方を割譲させようと計画的に準備していたのであり、ミュンヘンはむしろイギリス政策の勝利であって、ヒトラーの勝利ではなかったとする★[26]。ヴェルサイユ条約によって、300 万人のドイツ人がチェコの支配下に置かれたことの不正義がこの協定によって正されたのだと。そもそも、多くのイギリスの保守党政治家は、「スターリンよりヒトラーがましだ」と考えていた★[27]。フランスでは、ソ連国内で 1936 年に大粛清が開始されたことを知るよしもなかったが、レオン・ブルムの人民戦線政府よりも、ヒトラーがましだ、と保守的なフランス人たちは考えたのである。

1939 年春にチェコスロヴァキアは解体され、一部はドイツの保護領となる。ポーランド回廊およびダンツィッヒが次の焦点となることが避けられなかった。イギリス、フランスはポーランドに対する第三国の将来の侵略のさいに、支持することを約した軍事同盟を締結した。この背景には、チェコをめぐる一連の経緯があったし、イギリスはポーランドの軍備を過大評価していた。ドイツはポーランドに対して、ダンツィッヒの「平和的」譲渡を働きかけたが、ポーランドは動揺することなく名誉ある拒否の姿勢を貫いた。ヒトラーはダンツィッヒ問題を「武力で解決しようとは思わな」かった。むしろヒトラーはポーランドと同盟することを目的にしていた★[28]。やがて、ソ連を抱き込んでドイツに対する同盟包囲網を形成しようとしたイギリスの戦略が失敗したのち、8 月に独ソ不可侵条約が締結された。それは秘密議定書によって、ポーランド東部やバルト諸国に対するソ連の優先権を認めていた。この間、「ドイツでは反共主義は弱められ、反ユダヤ主義がこれに代わった」★29。

テイラーは、ゲーリングらが客観的に正しく認識していたように、1939年段階ではドイツ軍の軍事力は全面戦争に耐えうるようなほどのレベルに達していなかったことを認めている。ヒトラーは、ドイツがポーランドを攻撃した場合でも、イギリスがドイツに対して宣戦布告することはないであろうと考えており、したがってヒトラーの認識は対ポーランド戦争はヨーロッパ全体を巻き込むような大戦争ではなく、限定された（local）戦争となるとの見通しを持っていた、としている。

ヒトラーは、ビスマルクからベートマン＝ホルヴェークからの系譜に位置づけられる、世界政策を外交命題とする政治家だとテイラーは位置づける。ヒトラーは、多くの歴史家によって、すべての決定をあらかじめ下すことのできた狂気の天才とされたが、テイラーの見方によれば、ヒトラーはドイツ外交史の伝統に沿ってヨーロッパにおけるドイツ帝国の覇権のために闘った一人である★30。

ところで、1930年代のフランスはドイツへの対抗上、ほぼ一貫してイギリス追随外交だったが、独自の政策構想としてベルギー、ポーランド、チェコ、ルーマニア、ユーゴスラヴィア、イタリア、ロシアの各国との対独同盟構想をもってはいた。しかしながら、1938年の段階では、イギリスはドイツと事を構えるのを拒否したことから、ミュンヘン会談のような成り行きは避けられなかった。それでも、ミュンヘン会談後の世論調査では、フランス国民の70％は、イギリスとフランスはドイツのこれ以上の要求に対しては抵抗すべきだと信じていた。平和主義が優勢だった1938年とは異なって、1939年の夏にはフランス国民は対独戦争をやむを得ないものと覚悟していたことになる。その背景には、わずか1年で急激な回復を見せた経済の変化があった。「1938年には、全体の経済状況は、きわめて不調だったのでダラディエ〔首相〕はとても戦争というリスクを受け入れるわけにはいかなかった。1年後には、経済のムードは目に見えて明るくなったので、ヒトラーを阻止する国民の決意は目立って増大したのである」★31。また、テイラーを批判する学者の中には、ダラディエやボネはチェンバレンとは明らかに違って、ヒトラーを信用できるかについて何らの幻想も持っていなかったと断言する人もいる★32。

ヒトラーの四カ年計画とホスバッハ文書などに依拠して、テイラーを批判するリチャード・オヴァリーの所説を見ておこう。オヴァリーは、1928年に口述筆記され、しかしながら1961年まで公刊されなかったヒトラーの『第二の書』★33に注意を向ける。そこではナチスが現実に遂行した「グロテスクな規模での民族浄化と東方における壮大な帝国主義」運動の根拠が綴られている。1936年8月に作成された「四カ年計画メモ」は、自分のペンで文書を書き下ろすことをしなかったヒトラーが四つのコピーをゲーリングらに手渡したものである。こうして、「1936年後半から1938年春にかけて、保守主義者たちはゆっくりと責任ある中心領域から追放され、党が任命した人々に置き換えられた」★34。

1937年11月5日の会合を記録した「ホスバッハ・メモ」においてヒトラーはおおざっぱなタイム・テーブルと優先順位を示した。それによると、生存圏を求める闘いの最終時限は1943-45年に設定された。その時までには大々的軍事計画は完成し、他方潜在的敵はまだ十分には武装していないはずだ。会合に出席したゲーリングは、1937年末にあるイギリス人の訪問者にこう語った。「最初にわれわれはチェコスロヴァキアを打破し、その次がダンツィッヒだ。それからわれわれはロシアと闘う」★35。

オヴァリーによれば、1933年から1936年までは、ヒトラーの経済政策は必ずしも再軍備一辺倒ではなかった。政権の社会的基盤を獲得するために、ヒトラーは国民の生活水準を改善することに意を用いたからである。1936年になると、再軍備の目標が明確化してくる。「ドイツ経済は4年後には戦争に適したものになる」べきとされたのである。ドイツの最終目標であるソ連の近代化と再軍備も加速していることが危惧された★36。来たるべき戦争は「総力戦」になるはずだし、そのためには「防衛に基礎を置いた経済」が必要だった。こうして、第一次大戦前の1913年にはGNPのわずか3%だった政府支出は、1938-39年には17%へと急増した。1930年代のドイツ経済の著しい特徴は、誰が見ても明瞭に武器弾薬に向かう（直接的）軍事費と、総力戦を多角的に支えるべき「経済的再軍備」ないしは「間接的再軍備」とが密接に結びついていて、直接的軍事費だけを数字の上で見ると、小さく見えたことである。しかも、計画の完成年が1943-45年だから、1939年に総力戦に突入することはまさしく、ヒトラーにとって想定外だった。

1939年9月の第二次大戦開戦は、1939年春には不可避的に方向が決まってしまっていた。ポーランドはドイツに譲歩しないと決意していたし、軍備を固めていた。4月3日にはヒトラーはポーランド侵攻準備を9月1日に完了するよう最終的命令を下していた。ヒトラーは夏の間にポーランドとの戦争が広がらないことを確保できるように、ポーランドと西ヨーロッパ諸国とのあいだにくさびを打ち込む決意だった。その意志のテストとなると、西ヨーロッパ諸国は譲歩するにちがいないという信念が、戦争開始に至るまでヒトラーの考えを支配していた。イギリスとフランスは夏のあいだ中、ドイツがポーランド作戦を開始すれば、両国がポーランド支持のために介入することを繰り返し公言していた。これら両国の決意がヒトラーを思いとどまらせる方向に作用し、交渉のテーブルに着かせることができるかもしれないという希望もあった。イギリス、フランスは戦争を望まなかったが、チェンバレンは1939年初めにはヒトラーについて幻想は持っていなかった。他方で、ヒトラーは、「限定戦争」(local war) を望んでいた。

オヴァリー以前の「通説」は、1939年の第三帝国が国内的な深刻な危機に見舞われていたために、ヒトラーはやみくもにポーランドとの戦争に突き進んだというものである。歴史家の中には国内的危機→強硬な外交(対外戦争)、という因果関係での解釈を選好する人々がいることは確かで、その場合、「危機」の中身が曖昧にされてしまう可能性がある。まず、オヴァリーの説くところを聞く必要がある。「1938-39年は高度成長、投資の拡大、完全雇用、金利の低下があったが、より重要なのは、この頃は資本市場も労働市場も国家によって規制されていたことである。そこでは、輸出入も免許制で行われていたし、価格、賃金、そして配当も統制されていた。要するに、国家が経済活動の主要変数をすべて規制しようと試みた計画経済 (a dirigiste economy) だったのである」★37。オヴァリーの考える危機とは、通説の危機とは意味合いが異なる。1939年の危機はそれまでの危機継続の結果ではなく、ヒトラーの想定に反して1939年9月に突然、予期せぬ大戦争が起きてしまったことの直接的な結果であった。「大臣も、官吏も兵士たちもドイツが全面戦争の準備ができていないという点、そしてドイツにはより多くの時間が必要だという点については見解が一致していたのである」★38。

ドイツの戦略爆撃調査団の資料を基に類書に先立ってナチス・ドイツの戦争準備についての著作を上梓したクラインはこう書いている。「1939年9月にポーランドに侵攻するというヒトラーの決意は、彼の軍事的征服に至る長期計画のさらなる一歩を表すものだった。この計画は大戦争によってでなく、中小のヨーロッパ諸国に対して一連の電撃戦 (blitzkriegs) によってドイツの領土的野心を満たすというものであった。それぞれの場合、軍事力によって、ないしは威嚇によって『敵』は、征服されなければならなかった。きわめてスピーディに遂行することで民主主義諸国は介入する時間がないままに既成事実を積み上げさせられたのである」★39。

6　中立法をめぐる攻防

1935年から4回にわたって改正された中立法は、アメリカ国民と孤立主義者エリートに深く潜在する孤立主義感情と、ローズヴェルトがイギリスやフランス（のちに中国）など、第二次大戦で連合国として同盟することになる諸国をどう実質的に支援するか、という二つの反対方向へのベクトルが妥協的に決着したプロセスの産物である。したがって、中立法という名前によってそれらが全体としてアメリカを戦争から隔離するというイメージのみを抜き出すのは誤りである。中立法がなぜこの時期に好まれたかは、一つは第一次大戦の経験にアメリカ国民がうんざりしたこと、いま一つは1934年から2年間華々しい活躍を見せた上院軍事産業調査特別委員会（ノース・ダコタ州上院議員ジェラルド・ナイの名前からナイ委員会と呼ばれる）による「死の商人」巨大企業告発による戦争反対、平和運動の影響である。1935年8月に成立した最初の中立法は議会内の孤立主義者の尽力による。ローズヴェルト自身は1920年の大統領選挙で民主党副大統領候補となったときはアメリカの国際連盟加入を強力に支持していたが、大恐慌下ではもはや無理だと断念していた。1935年1月には国際司法裁判所へのアメリカの参加も上院が否決していた。

1935年10月、イタリアはエチオピア侵略を開始した。国際連盟は経済制裁を検討し、非加盟国であるアメリカが石油禁輸に加わるかを打診した。当時、アメリカは世界の石油の半分以上を生産していた。しかしながら、石油は中立法の禁輸品目に含まれていないし、これから先の孤立主義者たちとの交渉や翌年の大統領選挙を考えて、大統領のイニシャティヴ発動についてローズヴェルトは慎重であった。結局、イタリアへの石油輸出は継続された。1936年2月、中立法は延長された。7月、フランコ将軍のスペイン共和国政府に対する反乱が開始され、イタリアとドイツはフランコに対して積極的な支援を行った。イギリスとフランスは、不干渉委員会を組織し、両陣営に対する禁輸によって、内乱を局地化させる方針をとった。1939年初頭、フランコは勝利し、イギリス、フランス、アメリカは新政府を承認した。

1937年の新中立法は、戦争突入のリスクを避けるために、「現金輸送」（cash and carry）方式が導入された。交戦国に対してあからさまに軍事的でない原材料の輸送が許可されるが、それは、購入者側が自己の艦船でアメリカの港から運び出すことを条件とするものである★40。1937年7月、日中戦争が始まった。アメリカの世論は圧倒的に親中国であった。「長いこと中国はアメリカ人の心に感動のよりどころを与えた」★41が、1930年代にそれが強化された。ちょうどこの戦争が始まった頃、パール・バックの小説『大地』が映画化され、映画の観客は2000万人以上にのぼった。小説のほうは1931年～37年間で200万人が読んだ。

1937年10月のローズヴェルトによる「隔離演説」は、伝染病がある地域ではやり出したとき村や町の住民は患者を隔離することでそれ以上の伝染を防ごうとする事例になぞらえて、戦争は宣戦されようと、されまいと伝染病であり、平和を維持するには積極的な努力が必要だと訴えたものである。イギリス外相イーデンは、中国に対する本格的な援助と日本に対する経済的圧力を組み合わせる政策が効果的だと主張したが、記者会見で日本に対する経済制裁の用意を聞かれてローズヴェルトは否定し、「制裁という恐ろしい言葉を使うべきではない」と述べた。

1938年9月のミュンヘン会談後、「アメリカの孤立主義はヨーロッパの宥和策の侍女となってしまった」と評されたりしたが★42、ローズヴェルトにとっては外交政策の転換点となったように思われた。11月ナチ党主導下の反ユダヤ暴動「水晶の夜」の後、ローズヴェルトは、世界の世論に頼るのでなく、アメリカの国民を教育しようという方針に切り替えた。さらに、戦争の悪に焦点をあてるのでなく、もしも枢軸国が勝利を収めた場合にアメリカが直面する耐えがたい状況という危険を強調しはじめたのである★43。

ヨーロッパにおける戦端の開始後、1939年11月に改正された中立法は、武器禁輸を撤廃したが、交戦国による武器購入は現金とされ、購入後の輸送は外国船によるものとした。

「現金輸送」条項がアメリカの商船による輸送に変更されたのは、1941年11月のことである。

1940年の大統領選挙では、民主党にはローズヴェルト以外の有力候補はおらず、共和党候補でかつて民主党員だったウィルキーはアメリカを戦争に巻き込まない政策を中心に闘った。ウィルキーは、記者会見で「われわれはなんとしてでも戦争に巻き込まれてはならない。ただ、私はただ頭を駝鳥のように砂の中に隠しているだけで戦争の外にいられるかどうかはわからない」★44と語った。最も効果的な方法は、国際法の枠内であらゆる手段を使って民主主義諸国を支援することだ、と彼は述べた。彼はまた、民主主義においては、国民のみが戦争の決断をすることができると述べた。民主党大会では、孤立主義派、不干渉主義派が勝利を収めるかに見えたが、大統領派は綱領に免責条項を挿入することで辛くも完全な譲歩を免れた。党綱領の戦争反対条項は、こう記している。「われわれは外国の戦争に参加することはないし、アメリカ領の外の外国の土地で闘うためにわれわれの陸軍、海軍、あるいは空軍を送ることはない、攻撃された場合を除いては」。また、平和を愛好する交戦国に対する援助については、共和党綱領がそうした援助は「国際法に違反しない範囲で」としていたのに対して、民主党綱領は国際法のみならず「法律に矛盾しない」すべての援助を約束した。これは、アメリカ政府が場合によっては国際法に違反する内容で、自分に都合のいい法律を作って、複数の交戦国に対して武器弾薬、現金、食料、その他を公的資金で供給するという、明確な国際法違反を可能にしたとビアードは批判した★45。

1940年9月、選挙戦のさなか、平時の初めての選抜徴兵法が成立した。1カ月後には、21歳から35歳までの男性1600万人が登録された。他方、イギリスの武器購入のおかげで軍需産業が活況を呈し、選挙当日までに1937-38年ローズヴェルト恐慌の谷の時より約350万人多くの労働者が雇用されていた。1941年には徴募兵100万人がキャンプに入り、武器貸与法(Lend-Lease)のために国防予算支出が増加すると、失業率は十年来はじめて10％を切ったのである。

7　武器貸与法（Lend- Lease）から日米戦争へ

ビアードの『ローズヴェルトと日米戦争の開始』が最近翻訳されて、限られた人々のあいだでは論争が再燃しそうな雰囲気もある★46。もっとも、学界の主流は秦郁彦に見られるように、日本軍がアメリカに対して先制「奇襲」をするように八方手を尽くしてローズヴェルトが陰謀をめぐらせたというのは、ハワイの艦隊の損害の大きさや当時の暗号解読技術の未熟さからいって立論に無理があるとする。また須藤眞志は泰の書物のなかでビアードの立場は「陰謀」説ではなく、「責任」論だと正しく指摘している★47。陰謀のありなしよりも重要な点は、ローズヴェルトがイギリス、フランス、中国、そして後にはロシアを含めて、最重要な実質的同盟国と位置づけて、それらの国に対しては、武器弾薬、艦船、飛行機、そして資金を供与し、日米交渉の最終場面では、日本の提案に対する同盟諸国の承認を前提として交渉に当たったことである。当然、アメリカの態度はフレキシビリティを欠く結果となった。日本からは最後通牒と見えた「ハルノート」も結局はアメリカの同盟国の最大公約数的な中味を満たすことが絶対必要だとするローズヴェルト政権の固い信念が背景にあり、ハルノートが交渉の決裂を招くかどうかはローズヴェルトにとって二義的だったかもしれない。他方で、日本側の交渉におけるフレキシビリティを奪ったのは、1940年9月に、日独伊三国同盟が締結されたことである。

1940年12月の、後に有名になる炉辺談話でローズヴェルトは、「もしもイギリスが屈服すれば、枢軸諸国はヨーロッパ大陸、アジア、アフリカ、そして豪州、および公海を支配するだろう。そして彼らは膨大な陸海軍資源をこの半球に展開する位置にある。われわれ全体が、アメリカ大陸全体が彼らの銃口のもとで生活しているといっても過言ではない。そうした結果を防ぐには、われわれはより多くの艦船、より多くの銃器、より多くの航空機、すべての物をより多く持たなければならない。われわれは民主主義の偉大な兵器廠にならなければならない」。この演説でローズヴェルトは世論に配慮してなおアメリカを「戦闘員」でなく、「兵器庫」たるべしと定義しているが、この「兵器庫」はまだナチスに屈服していないイギリスに対してほとんど無制限の武器その他の供給を行うことを意味していた。これが「武器貸与」(Lend-Lease)と呼ばれるようになる★48。

1941年1月、ローズヴェルトは「四つの自由」(言論、宗教、欠乏からの自由、恐怖からの自由)演説を行い、武器貸与法案を議会に上程した。ここには、欠乏と恐怖からの自由という点でニューディールの政策目的と戦争に参加する場合の目的の継続性が認められるが、それ以上にイギリスという交戦国に全面的な支援を行うことは、遠からずアメリカ自身が戦争に巻き込まれることを意味しており、全体としてローズヴェルト寄りになっていった世論とは別に、孤立主義者のなかには危険な進路をかぎ分けた人々もいた。

すでに1938年末に日本の新聞は、アメリカとイギリスが中国の蒋介石政府に対してユニバーサル貿易会社という幽霊会社を通じて巨額のローンを行うことを決めたと報じ、このことが中国を物質的のみならず精神的にも支援し、中国の抵抗を継続させるだろうと論じた★49。1939年2月には、アメリカで進行している軍用機の販売、海軍軍拡、グアム島の要塞化などの議論は、日本の新聞ではアメリカが孤立主義政策から離れ、イギリスやフランスと同盟して全体主義国家と対抗することを明瞭に示していると述べ、また朝日新聞のニューヨーク特派員の報告として、アメリカが金融資源を用いて南米諸国の市場を閉鎖して日独伊諸国が必要な原料をそこで獲得することを妨げる計画だと論じた。具体的には、南米諸国にローンを提供し、アメリカの製造業者には補助金を出すようだとしている★50。

1938年6月にワシントンの日本大使館員の電報は、「ニューディール」政策の名の下に、ローズヴェルトが政権を取ってからアメリカ政府の行政権は顕著に拡大し、現在の80ある行政府のうち、少なくとも30はローズヴェルト以降だとしている。「それゆえ、政府がその諸政策を国民によく理解してもらって彼らの支持を獲得することが非常に必須のこととなっている」。その結果がじつにさまざまなメディアを通しての宣伝工作である。それらはたんに新聞や雑誌を通じての情報のみならず、ラジオや映画、そして記者会見にさいしての文書の配布、オフレコの情報の供与などに至る★51。

駐日大使ジョセフ・グルーは、1939年9月にアメリカ国内向けに行った日米関係の現状と将来に関する講演の中でこう語っている。まず、(日本について）政府も国民も統一のとれた意見を持った集団だと考えると間違いをおかす。日本の真実の姿は以下のような事実のうちにある。日本自体はきわめて異種混合の要素からなる国であり、「たいていの場合、右手は、左手が何をしているかがわからないのだ。また、その中心、つまり政府はどちらの手の動きをも確信を持ってコントロールできない。それが、日本でこの先何がおこるかを私が予言しようとしてはいけないと学んだ理由である。予言を正当化するにはあまりにも多くの計量不能の要素があるからだ」★52。彼はまたこうも述べる。「しかし、日本は決して独裁国家ではない。というのも、世論が国家の運命における強力な要因であり、政策形成に影響を与えている、というまさにその点においてである。検閲を受けている新聞や望ましくない情報を国民から遠ざけるということも、この要因を無に帰するわけではない」★53。ドイツ、イタリアと軍事同盟を結ぶことをやめた決定も、世論の強さによっている。

グルーはさらに続ける。「あらゆる観点から見て、日米戦争は愚かさの極地であろう」★54。なぜなら、アメリカはどのほかの国よりも日本にとって最も信頼できるパートナーたりえるからである。他方で、だれにとっても得にならない戦争に日本が絶望的に踏み出す恐れもある。日本の軍国主義教育は、アメリカが日本の向かう先の道に立ちふさがる敵だとおしえているからである★55。といって、アメリカが中国を含む極東地域における原理原則を放棄するわけにはいかない。その原則に則りつつ、われわれの軍事力をコントロールしながら、公正に、かつ同情心を持って日本や中国と向きあわなければならない★56。

1940年1月の日米通商航海条約の失効を控えて、グルーは、1939年12月にはもう少し悲観的となる。彼が日本の政府、陸軍、民間エリート、経済界や大衆と接触してみて一つの点で明瞭に一致している点がある。それは、いわゆる「東アジアにおける新秩序」である。この用語はいろいろな解釈がありうるが、最低限、日本が満州、蒙古内陸、中国北部を恒久的に支配することを意味する。アメリカによる新条約締結への方向は無理だから、日本を孤立化させるという方策もアメリカ国内で議論されている。しかしながら、国際条約を無視する国に対して孤立化を強いる政策の行き着く先は軍事力の行使である。制裁を宣言して実行しなければ、相手国に対する威信も影響力も失われる。徹底的に制裁を行えば、結局戦争になるだろう。ここに、暫定的協定（modus vivendi）を含めて外交努力を尽くす余地がある。幣原外交というものが日本にあった。今後も再び出現するかもしれない★57。

1940年末、グルーはこう書いている。「日米関係に何らかの恒久的に建設的なものを樹立しようとする8年間の努力の後に、外交はそのコントロールを超えた諸傾向や諸力によって敗退し、われわれの仕事は台風によって何もかもが持ち去られ、何も見せるものが残っていないかのようである。日本は公然と、かつ厚顔にも略奪国家の一員となり、合衆国がよって立つすべてのものを破壊しようと狙っている」。「歴史を見れば、日本における振り子はつねに、過激派の政策と穏健派の政策のあいだを揺れ動いている。しかしながら、今日の状況を見ると、振り子はその方向を逆転するのでなく、さらに一層過激派のほうへ揺れているように思われる」★58。

日本のパールハーバー「奇襲」作戦は、大方の解釈では直前までローズヴェルトにも予測できなかったとされるが、次のような証言もあり、なお検証が必要かもしれない。「私のペルーの友人が私のスタッフの一人に話したところでは、その友人は多くの消息筋から、アメリカ合衆国とのあいだのトラブルのさいには、日本の軍部はその軍事的資源をすべて投じて、パールハーバーに対する奇襲攻撃を計画しているとのことだった」★59。あるアメリカの海軍高官は野村大使と会話をしたさいの報告をこう書いている。「私は常々日本人に対して、もしも貿易が止まってしまったら、われわれは戦争に訴えるだろうと話した。なぜなら、その事態こそが、われわれがこれまで経験してきたすべての戦争の原因だったからだ」★60。

中立法が武器貸与法に席を譲り、その方向でアメリカ国内にコンセンサスが形成されつつあった1941年春、日本の経済的戦争遂行能力に関する調査研究がアメリカ国内の広い範囲で行われていた。「各種産品に関する特別委員会が扱う領域は、客観的な分析調査から経済戦争政策への提言、さらには日本に対する懲罰的措置の提案へと急速に広がった。1941年3月11日、チャンドラー・モースは、……日本の産業のなかでも、経済全体の障害となり得る『隘路』に焦点を置いており、この隘路を突けば、多大な経済的圧力をかけることができる、と提言した。3月15日、モースは、各産品チームの研究報告はそれぞれの標題を統一し、『日本の経済的脆弱性——（品目名）』とするよう指示した。この報告書は、最終的には約50品目を対象とする「脆弱性の研究」として知られることになる」★61。

そしてグルーが恐れていた対日制裁としては、日本軍が南部仏印に進駐した1941年7月に在米日本資産凍結、そして8月には対日石油全面禁輸が実施された。資産凍結は外交官にも容赦なくおそいかかった。「日本の外交官、ビジネスマンなど、在米の日本人は、在日アメリカ人と同様、自身の口座からの引き出しができなかった。日米両政府は、それぞれの在留外国人が生活の資とする金額——一人につき、それぞれ月額500ドルおよび500円、野村大使には2000ドル——の引き出しは認めるが、南アメリカ在留の日本人職員には認めないということで合意していた。……日本人移民は、母国に残した妻子に送金することが多く、その額は一度に25ドルから50ドル程度だった」★62。

ハルのメモによると、野村駐米大使は、攻撃が今始まるとは思わないが、これまでに示されてきたことだが、「もしもアメリカの禁輸が日本政府や権力を握っている軍部に対して圧力をかけ続けていくなら、彼らは海軍ないし陸軍のやり方で進むことを余儀なくされると考えるだろうと、付け加えた」★63。また、「大使はかなりぶっきらぼうに、アメリカが日本に対して禁輸や通商制限で圧力をかけたので、ある意味で彼らは三国同盟締結を強いられたのだと感じているかもしれないと意見を述べた」★64。

1941年8月には、大西洋憲章に帰結する英米首脳会談が開かれたが、このときのチャーチルのメモには、以下のように書かれていた。「ローズヴェルトは戦争はすると言った。しかし、宣戦布告はしない。彼はもっともっと挑発的となるだろう。すべては『偶発的事件』を強いるようになされなければならない。大統領は、戦闘を開始することを正当化するような『事件』を追求する」と★65。同じような態度はスティムソンにも見られた。1941年11月、ホワイトハウスの会議のあとの日記にスティムソンは、われわれ自身に対して非常な危険を許容することなしに、第一撃を発砲する立場に彼らをどう追い込むかだ、と書いた。

もともと、ローズヴェルトには、ヨーロッパ、アフリカ、およびアジアでの交戦はすべて単一の世界戦争の一部であるという観念★[66]が強かった。つまり、アメリカの利害はヨーロッパのみならず極東においても脅威にさらされている。となれば、アメリカによる自らの生命、利害自衛の戦いはグローバルなものとならざるをえない。こういう解釈によって、ローズヴェルトはウィルソン主義的な国際主義に何歩か近づいたことになる。なぜアジアが重要かといえば、もしもヨーロッパ（つまり対ドイツ戦争）だけなら、アメリカの孤立主義者たちの射程の範囲内であり、アメリカ国民は「ヨーロッパの戦争」は支持できないからである。

日米交渉の最終局面で「暫定的協定」の話が浮上した。これについて野村大使はこう述べた。私（野村）は、そのような暫定協定の締結は、太平洋地域をカバーするリベラルかつ包括的なプログラムを日本人が支持するよう国民感情を進展させる機会を日本政府に対して与える可能性があると主張した。日本の国内政治状況はきわめて重大なので、私が提案したような形で若干の息抜きをすることが緊急に必要だ、と★[67]。

おわりに

日本の経済封鎖についての書物を著したエドワード・ミラーは当時の日本のありうべき針路についてこう述べている。

「日本には第三の道も開けていた。帝国主義的な侵略を捨て、凍結を解除させる道である。あるいは、こう考える者もいるだろう。ドイツに勝利はないと確認できるまで何とか凍結を凌ぎ、その後に枢軸国から離脱し、ことによれば第一次大戦時と同様、連合国側に加わるという方法もあったのではないか。そうなれば、大戦後はアジア各地の植民地は手放すにしても、世界に伍する海軍と有り余る資産を擁し、産業の近代化への意欲に満ちたアジア最強の大国となっていただろう。共産主義と闘う中国を支える役を果たしていたかもしれない。域内各国と手を結んだ東アジアの商業『帝国』として、日本は一世代も経ないうちに、将来性に満ちた経済力と壮大な世界的貿易網を築き、二〇世紀以降の歴史の流れを変えていた可能性も開けていたのである」★[68]。

冒頭に歴史の選択肢の問題を提示した筆者としては、こうした潜在的選択肢の問題次元にどう切り込むかについて多少の議論を提起しておく必要があろう。まず一般的には上の立論は成り立ちうることはたしかである。そもそも第一次大戦が終わった日本では、経済エリートを中心とした平和主義的な人々が必死になって金本位制を復活させ、英米との経済・政治の協調をはかろうとしていた。ところが、関東大震災、金融恐慌と思いがけない出来事が金本位制復帰をその都度阻んだ。そしてやっとアメリカやイギリスの協調を取り付け、準備をして「金解禁」（金本位制復帰）を果たしたのが 1930 年 1 月だったが、その時世界は大恐慌の入り口にあった。金解禁＝デフレーション政策は裏目に出て、日本は深刻な不況に直面し、しかも、経済エリート井上準之助のデフレ政策が景気回復と反対の方向に向かっていることを多くの国民が認識した。軍部が先行して満州事変を引き起こした 1931 年はまさしく恐慌の渦中であった。多くの国民が満州進出を歓迎したという。つまり、この時点ですでに平和を維持しつつ、米英と協調しながら恐慌脱出をはかっていくという道は著しく狭められていたのである（井上自身、1932 年に暗殺される）。やがて高橋是清が蔵相となってケインズ的拡大政策をとるが、二・二六事件で高橋是清は暗殺され、1937 年には日中戦争が起きる。軍部、および彼らと考え方を同じくする政治家たちは、戦況が悪化すればするほど、国民世論を嚮導して戦争継続を推し進めざるをえない。大使グルーが観察したように、日本の世論は一枚岩ではなかったが、米英と協調する人々の活動は文字通りしだいに命がけとなり、ないしはそうした言論は封殺されてゆく。

最終段階の日米交渉においてハルやローズヴェルトは、日本の政治を平和主義的に変更すべきではないかと何度も野村に働きかけたが、ハルなどはしだいに内心絶望的になっていたであろう。他方で、ローズヴェルトは「正義は我にあり」という態度であり、たしかに条約や国際法は彼らの味方であった。第一次大戦参戦のさいのウィルソンの拙劣な外交に学んだ彼らアメリカのエリートは、ナチスのユダヤ人排斥政策とそれに似た日本による中国人敵視政策をやめさせるには、まずもって日本が戦争を仕掛けてくるように仕組む必要があると考えた。

したがって、日米交渉の最終局面でも日本が妥協を図る余地はゼロではなかったが、それが日々狭くなるような道だったこともたしかである。政治力学的には、アメリカの同盟国イギリスはアメリカに是非とも参戦してもらいたいし、中国もアメリカが日本と妥協してもらいたくはなかった。最後に残るのはアメリカの世論である。ビアードは Forrest Davis & Ernest K. Lindley, *Peace and War: United States Foreign Policy, 1931-1941*（1943）が提示する国務省の見解に関連してこう言っている★69。「国務省の説明は、大統領と国務長官が外交問題の遂行においてある程度世論にコントロールされていたと宣言している。『彼らはこの国の支配的見解に緊密に近づいていなくてはならない』。『国』という言葉は抽象語である。国は何らの見解も持たない。人々、すなわちアメリカ国民が見解を持つ。大統領と国務長官が近づかなくてはならなかったのは、『支配的見解』、すなわち、非常に多くの国民が持っている見解、ないしは、傑出した影響力を持つ非常に多くの人々が持っている見解である。……国務省側は、大統領や国務長官が同意できない海外情勢にかんする『命題』を多くの国民が持っていたと主張している。そのテーゼとは、ヨーロッパの戦争はアメリカの安全にとって『決定的に重要』ではありえず、枢軸国のどれかによる合衆国に対する攻撃は不可能である、というものである。それに対して国務省の主張は、大統領と長官が早い段階で中立法に代表される孤立主義は捨て去られるべきであり、あらゆる可能な支援が一国かそれ以上の枢軸国政府と闘う国に対して与えられなくてはならない。そして、合衆国は一国かそれ以上の枢軸国政府と闘う国々の前線の位置を占めなくてはならない」、というものである。

わかりやすく言うと、ローズヴェルト大統領とハル国務長官は1933年から1941年のあいだのどこかの時点で大きな決定に達していた。すなわち、ヨーロッパとアジアの戦いに対する孤立主義や中立、そして不干渉の政策は放棄されなくてはならず、この政策に対して並べられたこの国の「多くの世論」にもかかわらず、合衆国政府によって反対の政策が追求されなくてはならない、ということになる★70。

こうして、アメリカの大統領と国務長官によって、ヨーロッパやアジアにおける孤立主義でない政策がひそかに採用されたことはたしかだが、それがいつかは不明であり、それを明示する公文書も存在しないと見られる。潜在的選択肢をとりうる可能性が狭まるゆえんである。

注

★1　とりあえず多くの文献、企画について知るには、国際ワークショップ第一次世界大戦再考レポート「第一次世界大戦100年」『週刊読書人』2014年2月21日号。

★2　Ralph G. Martin, *Henry & Clare: An Intimate Portrait of the Luces*. G. P. Putnam's Sons, 1991, 206-208.

★3　James Joll and Gordon Martel, *The Origins of the First World War*, Third Edition. Peason Education Limited, 2007, 2.

★4　以下の引用は、『ケインズ全集第2巻　平和の経済的帰結』早坂忠訳、東洋経済新報社、1977年、30ページ以下より。

★5　Frank Ninkovich, *The Wilsonian Century: U.S. Foreign Policy since 1900*. The University of Chicago Press, 1999, 85-87.

★6　David A. Andelman, *A Shattered Peace: Versailles 1919 and the Price We Pay Today*, Wiley, 2007. Kindle edition.

★7　Charles A. Beard, *American Foreign Policy in the Making, 1932-1940: A Study in Responsibilities*. Yale University Press, 1946, 139.

★8　*Ibid.*,141.

★9　*Ibid.*, 142.

★10　*Ibid.*, 146.

★11　Roosevelt to the Congress, May 16, 1933 in Edgar B. Nixon, ed., *Franklin D. Roosevelt and Foreign Affairs (FDRFA)*. The Belknap Press of Harvard University Press, 1969, Vol. I: January 1933 - February 1934, 124.

★12　Joseph C. Grew to Cordell Hull, May 11, 1933. in *FDRFA*, 177-180.

★13　Justus D. Doenecke & Mark A, Stoler, eds., *Debating Franklin D. Roosevelt's Foreign Policies, 1933-1945*. Rowman & Littlefield, 2005, 16.

★14　秋元「アーヴィング・フィッシャーとニューディール」『成城大学経済研究所年報』13（2000年4月）、107-137ページ。

★15　Keynes, "The Chaos of the Foreign Exchanges," *The Daily Mail*, June 20, 1933. Donald Moggridge, ed., *The Collected Writings of John Maynard Keynes*, Vol. XXI Activities, 1931-1939. Cambridge University Press, 2013, 259-263.

★16　Keynes,"Can We Co-operate with America?" in *ibid.*, 264-266.

★17　Keynes, "What Should the Conference Do Now?" in *ibid.*, 264-266.

★18　Doenecke & Stoler, eds., *op. cit.*, 17.

★19　*Ibid.*, 18.

★20　Yasukichi Yasuba, "Did Japan Ever Suffer from a Shortage of Natural Resources Before World War II?" *The Journal of Economic History*, 56-3. September 1996, 553.

★21　T. Christopher Jespersen, *American Images of China, 1931-1949*. Stanford University Press, 1996, 24-26.

★22　*Ibid.*, 9.

★23　*Ibid.*, 39-40.

★24　*Ibid.*, 58.

★25　吉田輝夫訳、472-474ページ。

★26　同書、320ページ。

★27　同書、200ページ。

★28　同書、351ページ。

★29　同書、374ページ。

★30 Gordon Martel, "The Revisionist as Moralist: A. J. P. Taylor and the Lessons of European History," in Gordon Martel, ed., *The Origins of the Second World War Reconsidered* (second edition). Routledge, New York, 1999, 29.

★31 Robert F. Young, "A. J. P. Taylor and the Problem with France," in Martel ed., *op. cit.*, 86.

★32 *Ibid.*, 87.

★33 日本語訳は、アドルフ・ヒトラー『続・わが闘争　生存権と領土問題』平野一郎訳、角川文庫、2004年。

★34 Richard Overy, "Misjudging Hitler, A. J. P. Taylor and the Third Reich," in Martel ed., *op. cit.*, 101.

★35 *Ibid.*, 104.

★36 *Ibid.*, 107-108.

★37 Overy, "Reply" Debate: Germany, "Domestic Crisis" and "War in 1939," Past and Present, #122 (1989), 229.

★38 *Ibid.*, 232.

★39 Burton H. Klein, *Germany's Economic Preparations for War*. Harvard University Press, 1959, 173.

★40 David M. Kennedy, *Freedom from Fear: The American People in Depression and War, 1929-1945*. Oxford University Press, 1999, 400.

★41 *Ibid.*, 401.

★42 *Ibid.*, 419.

★43 Ninkovich, *op. cit.*, 123.

★44 Beard, *op. cit.*, 272-273.

★45 Beard, *op. cit.*, 288-295.

★46 Charles A. Beard, *President Roosevelt and the Coming of the War, 1941: Appearances and Realities*. (Transaction Pub), 2011（『ルーズベルトの責任――日米戦争はなぜ始まったのか』上・下、開米潤監訳、阿部直哉・丸茂恭子訳、藤原書店、2011年）. 原著は1948年。

★47 泰郁彦編『検証・真珠湾の謎と真実――ルーズベルトは知っていたか』中公文庫、2011年、42ページ。

★48 Kennedy, *op. cit.*, 468-469.

★49 Grew to Hull, December 17, 1938. in George McJimsey, ed., *Documentary History of the Franklin D. Roosevelt Presidency*. Vol. 7: U.S.-Japanese Relations: Trade Relations and the Sino-Japanese War, 1938-1940. University Publications of America, 2001, 241-243.

★50 Grew to Hull, February 21, 1939, in *ibid.*, 273-274.

★51 Malin Craig to Sumner Wells, June 28, 1938. in *ibid.*, 315-321.

★52 Grew's speech, September, 1939, in *ibid.*, 368.

★53 *Ibid.*, 370.

★54　*Ibid.*, 372.

★55　*Ibid.*, 384.

★56　*Ibid.*, 392-393.

★57　Grew to Hull, December 1, 1939, in *ibid.*, 464-476.

★58　Grew to FDR, December 14, 1940. in *ibid.*, 771.

★59　Grew to Hull, January 27, 1941. in George McJimsey, ed., *Documentary History of the Franklin D. Roosevelt Presidency*. Vol. 9: U.S.-Japanese Relations, January-December 1941. University Publications of America, 2001., 30.

★60　E.M. Zacharias to H.R. Stark, February 1941, in *ibid.*, 44.

★61　エドワード・ミラー『日本経済を殲滅せよ』金子宣子訳、新潮社、2010年、183-184ページ（Edward S. Miller, *Bankrupting the Enemy: The U.S. Financial Siege of Japan before Pearl Harbor*. Naval Institute Press, 2007）。

★62　同書、321ページ。

★63　Hull, Memorandom of Conversation, March 8, 1941. in McJimsey, ed., *ibid.*, 90.

★64　Hull, Memorandom of Conversation, March 14, 1941. in McJimsey, ed., *ibid.*, 139.

★65　Kennedy, *op. cit.*, 496.

★66　FDR to Grew, January 21, 1941. in McJimsey, ed., *op. cit.*, 11.

★67　Hull, Memorandom to the President, November 24, 1941. in McJimsey, ed., *op. cit.*, 634.

★68　ミラー、前掲、359ページ。

★69　Beard, *op. cit.*, 30-31.

★70　Beard, *op. cit.*, 33.

参考文献

Andelman, David A., *A Shattered Peace: Versailles 1919 and the Price We Pay Today*. Hoboken: Wiley, 2007.

Beard, Charles A., *President Roosevelt and the Coming of the War, 1941: Appearances and Realities*. (Transaction Pub), 2011（『ルーズベルトの責任――日米戦争はなぜ始まったのか』上・下、開米潤監訳、阿部直哉・丸茂恭子訳、藤原書店、2011年）. 原著は1948年。

――――, *American Foreign Policy in the Making, 1932-1940: A Study in Responsibilities*. New Haven: Yale University Press, 1946.

Doenecke, Justus D. and Stoler, Mark A., *Debating Franklin D. Roosevelt's Foreign Policies, 1933-1945*. New York: Rowman & Littlefield, 2005.

Edward S. Miller, *Bankrupting the Enemy: The U.S. Financial Siege of Japan before Pearl Harbor*. Annapolis: Naval Institute Press, 2007（エドワード・ミラー『日本経済を殲滅せよ』金子宣子訳、新潮社、2010年）.

Ferrell, Robert H., *The Dying President: Franklin D. Roosevelt, 1944-1945*. Columbia: University of Missouri Press, 1998.

Harrison, Mark ed., *The Economics of World War II: Six Great Powers in International Comparison*. New York: Cambridge University Press, 1998.

Jespersen, T. Christopher, *American Images of China, 1931-1949*. Stanford: Stanford University Press, 1996.

Jessup, John K., ed., *The Ideas of Henry Luce*, New York: Atheneum, 1969.

Joll, James, & Martel, Gordon, *The Origins of the First World War*. Third Edition. London and New York: Pearson Education Limited, 2007.

Kennedy, David M., *Freedom from Fear: The American People in Depression and War, 1929-1945*. New York and Oxford: Oxford University Press, 1999.

Klein, Burton H., *Germany's Economic Preparations for War*. Cambridge: Harvard University Press, 1959.

Martel, Gordon, "The Revisionist as Moralist: A. J. P. Taylor and the Lessons of European History," in Gordon Martel, ed., *The Origins of the Second World War Reconsidered*. second edition, New York: Routledge, 1999, 1-12.

———, ed., *The Origins of the Second World War Reconsidered: A. J. P. Taylor and the Historians*. second edition. New York: Routledge, 1992.

Martin, Ralph G., *Henry & Clare: An Intimate Portrait of the Luces*. New York: G. P. Putnam's Sons, 1991.

McJimsey, George, ed., *Documentary History of the Franklin D. Roosevelt Presidency*. Vol. 9: U.S.-Japanese Relations, January-December 1941. Lanham: University Publications of America, 2001.

Ninkovich, Frank, *The Wilsonian Century: U.S. Foreign Policy since 1900*. Chicago: The University of Chicago Press, 1999.

Overy, Richard J., *War and Economy in the Third Reich*. Oxford: Clarendon Press, 1994.

———, *1939: Countdown to War*. New York: Viking, 2009.

———, "Misjudging Hitler, A. J. P. Taylor and the Third Reich," in Martel ed., *The Origins of the Second World War Reconsidered: A. J. P. Taylor and the Historians*. second edition. New York: Routledge, 1992, 93-115.

———, "Reply" Debate: Germany, "Domestic Crisis" and "War in 1939," *Past and Present*, #122 (1989), 221-240.

Reed, James, *The Missionary Mind and American East Asian Policy, 1911-1915*. Cambridge: Council on East Asian Studies, Harvard University Press, 1983.

Rockoff, Hugh, *America's Economic Way of War: War and the US Economy from the Spanish-American War to the Persian Gulf War*. New York: Cambridge University Press, 2012.

———, *Drastic Measures: A History of Wage and Price Controls in the United States*.

Cambridge: Cambridge University Press, 1984.
Ránki, György, *The Economics of the Second World War*. Wien: Bölau Verlag, 1993.
Schuker, Stephen A., *American "Reparations" to Germany, 1919-33: Implications for the Third-World Debt Crisis*. Princeton Studies in International Finance, No. 61 (July 1988).
———, *The End of French Predominance in Europe: The Financial Crisis of 1924 and the Adoption of the Dawes Plan*. Chapel Hill: The University of North Carolina Press, 1988.
———, 'American " Reparations" to Germany, 1919-1933,' in Gerald D. Feldman, ed., *Die Nachwirkungen der Inflation auf die deutsche Geschichte, 1924-1933*, München: R. Oldenbourg Verlag. 1985.
———, "The End of Versailles," in Martel ed., *The Origins of the Second World War Reconsidered: A. J. P. Taylor and the Historians*. second edition. New York: Routledge, 1992, 38-56.
Yasuba, Yasukichi, "Did Japan Ever Suffer from a Shortage of Natural Resources Before World War II?" *The Journal of Economic History*, 56-3. (September 1996), 543-560.
Young, Robert F., "A. J. P. Taylor and the Problem with France," in Martel ed., *The Origins of the Second World War Reconsidered: A. J. P. Taylor and the Historians*. second edition. New York: Routledge, 1992, 75-92.
秋元英一「アメリカ大恐慌下における経済政策ビジョンをめぐるエリートと民衆の交錯」『歴史と経済』207、政治経済学・経済史学会、2010年4月。
———「アーヴィング・フィッシャーとニューディール」『成城大学経済研究所年報』13、2000年4月、107-137ページ。
———「ロンドン世界経済会議と国際経済協力」『EX ORIENTE』（大阪大学言語社会学会誌）15、2008年、61-88ページ。
———「第10章　戦争の経済コスト」管英輝編著『アメリカの戦争と世界秩序』法政大学出版局、2008年、305-334ページ。
———『世界大恐慌』講談社学術文庫、2009年。
アドルフ・ヒトラー『続・わが闘争　生存権と領土問題』平野一郎訳、角川文庫、2004年。
テイラー、A・J・P『第二次世界大戦の起源』吉田輝夫訳、講談社学術文庫、2011年。
ドラッカー、P・F『「経済人」の終わり』上田惇生訳、ダイヤモンド社、1997年。
泰郁彦『検証・真珠湾の謎と真実——ルーズベルトは知っていたか』中公文庫、2011年。

第5章

スペイン内戦と戦後の「国際旅団」

川成 洋

1 「第二次世界大戦の前哨戦」――スペイン内戦の全貌

1・1 はじめに――オーウェルとの出会い

イギリス現代文学を専攻している私が、何故スペイン内戦（1936～39年）にこだわりつづけるのか。

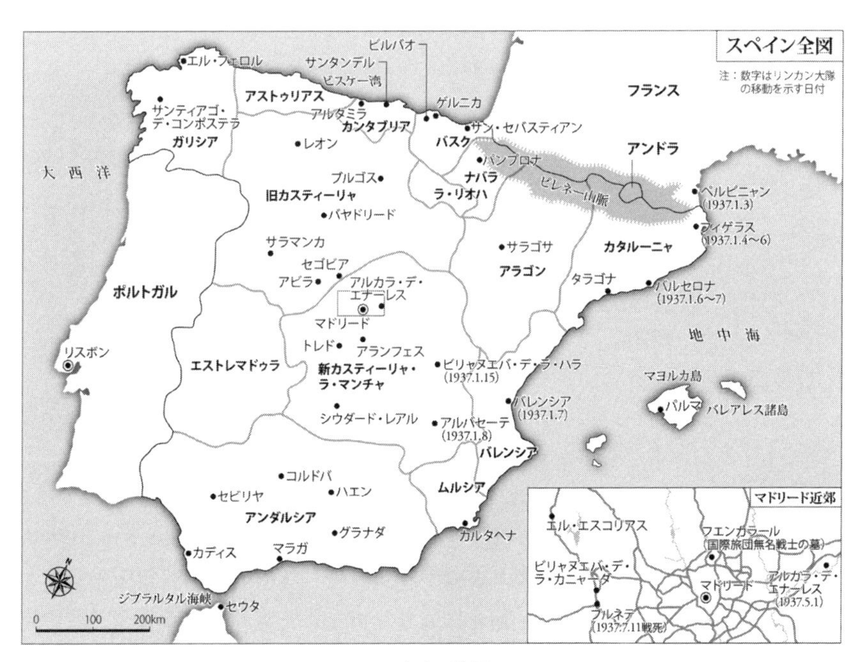

スペイン地図

出所：川成洋『ジャック白井と国際旅団――スペイン内戦を戦った日本人』（中公文庫）より

私とスペイン内戦を結びつけるきっかけを作ったのは、大学院時代に読んだジョージ・オーウェルの『カタロニア讃歌』(1938年)であった。ちょうどその頃は、まさしく大学闘争たけなわの時期であり、私の「政治の季節」でもあったためか、過大な感情移入があったかもしれない。

それにしても、オーウェルをはじめとする錚々たる作家たちがペンを捨てて、スペイン共和国陣営の義勇兵として銃を握ったスペイ内戦とはなんだったのか。

今日、スペイン内戦を含む1930年代を「怒りの30年代」とか「赤の10年間」などと呼ばれている。アメリカの経済不況の世界的規模での拡大と失業やインフレといった社会的不安の増大などが1930年代の幕明けとすれば、第2次世界大戦の勃発が、この10年間の幕引きとなる。果たせるかな、この10年間は、デモクラシー、コミュニズム、トロツキズム、アナキズム、ファシズム、ナショナリズム、民族自決主義、そしてカトリシズムまでも含む百花繚乱のイデオロギーが従来の思弁的な枠組みを越えて、政治イデオロギーとして自覚し、相互に不寛容な戦いを繰り広げた「疾風怒涛の時代」であったのだ。

1・2　スペイン軍事クーデターから内戦へ

その1930年代のちょうど折り返し点に当たる1936年2月、日本では雪で真っ白い東京を軍靴で踏みにじり血染めにした2・26事件が勃発し、確実に全国民を巻き込む戦争への道が切り開かれた年の、7月17日午後5時、かねてからの不穏な噂の通り、スペイン領モロッコのメリーリャ、セウタ、テトゥアンの各駐屯地でスペイン正規軍の将校の一団が、すでに共和国政府によってカナリアス諸島司令官に左遷されていた北アフリカの英雄フランシスコ・フランコ将軍(1892〜1975年)の名のもとに、軍事クーデターの狼煙をあげた。例えば、メリーリャにおいて、叛乱を起こした将校たちは、上官の将軍を辞職させ、ついで戦争状態を宣言するや否や、すべての公共施設を占拠し、左翼系の団体や組織の事務所を閉鎖し、共和派や左翼団体のすべての指導者を逮捕する。こうした動きに対して抵抗した人、労働組合員、この2月の総選挙に人民戦線派に投票した人も芋蔓式に逮捕された。その後、メリーリャは軍法で統治され、このやり方が叛乱軍のモデルとして踏襲されることに

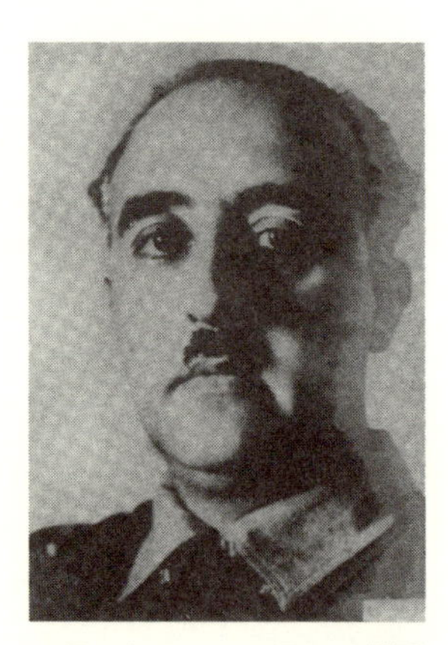

フランシスコ・フランコ将軍

ドロレス・イバルリ

「ノー・パサラン（奴らを通すな）！」

なる。この日、叛乱軍の将校たちは、クーデターの合言葉「異常なし（スン・ノビダー）」をスペイン本土の約50か所の駐屯地に打電する。これを受けて、翌18日払暁、各駐屯地で一斉に軍事叛乱が起こった。

マドリードの共和国政府がモロッコのクーデターについて知らされたのは、17日夜であった。カサレス・キロガ首相は、PSOE（社会労働党、1879年地下組織結成）系の労働組合UGT（労働総同盟、1888年結成）、アナキスト系労働組合CNT（国民労働連盟、1911年結成）などの組合員の武装化による軍事抵抗という要望を断固として拒否するが、軍事叛乱に対して何ら有効な措置を講ずることができず、ただ狼狽するだけで、19日午前4時に辞職する。のちに彼は「シビロン」、つまり「非戦闘員」というあだ名を頂戴する。後継のマルティネス・バリオ首相はスペイン本土の叛乱軍首脳のモラ将軍と和平交渉を開始する。政府側の和平条件は、叛乱軍陣営が望む政策に変更、モラの陸軍大臣の就任などを提示するが、モラからはにべもない返事が返ってくる。バリオ新政権があろうことか叛乱軍に妥協的な和平交渉をしているという噂が飛び交い、街路では抗議のデモ騒ぎが起こる。19日午前中にバリオは辞職する。彼の首相在任期間はわずか8時間ほどであった。その後、内閣を組閣したホセ・ヒラールは叛乱軍との妥協の余地はもはやあるまいと判断し、ようやく労働者階級の武装化を容認する。

このように二人の首相が労働者の武装化を拒否したのは、この事態の深刻さを的確に把握していなかったためと、それに権力を労働者階級の諸組織に手渡すことに躊躇いもあったからである。それにしても、叛乱軍首脳が政府を「大学教授の共和国政府」と揶揄していた通りであった。こうした無為無策の政府と異なり、「ラ・パッショナリア（受難華、あるいは情熱の花）」という愛称の、PCE（共産党、1922年結成）の女性指導者ドロレス・イバルリはマドリードの内務省の放送局から、全国的な抵抗を訴えたのだった。「スペインの皆さん、臆病者の妻であるよりも、勇者の未亡人であるほうがましです。膝を屈して生きるよりは、立って死にましょう！　ノー・パサラン（奴らを通すな）！」この最後のスローガン「ノー・パサラン！」は、各音節をはっきりと発音しながら繰り返され、たちどころに共和国陣営の抵抗運動の鬨の声となったのである。

1・3　本格化するスペイン内戦

7月19日正午近くになり、いよいよ共和国を防衛する労働組合、市井の民衆の出番がやって来た。だが、この二日間の武力抵抗の遅延は、共和派の抵抗の意志や態勢を削ぐことになり、そのために共和国陣営は守勢に追い込まれてしまうことになる。

しかしながら、このクーデターに対して政府の対応よりも効果的に、しかも自発的に対処したのは、まぎれもなく市井の民衆と労働者階級であった。彼らは、18日朝、「なん人も、スペイン本土では、この愚かな陰謀に加担していない」という政府声明、その他の政府側の情報、そして叛乱軍側との秘かな屈辱的な和平交渉などに愛想を尽かし、2年前の「アストゥリアスの10月革命」の敗北直後に隠匿した兵器類、ダイナマイトなどを持ち出し、叛乱軍への予想外の抵抗を試みる。もし政府が早期に武器類を彼らに配布していれば、スペイン本土での軍事叛乱は初動において鎮圧されていたかもしれない。

事実、19日午後、マドリードのモンターニャ兵舎でホアキン・ファンフル将軍が蜂起を企てるが、労働者階級に完全に包囲され、翌20日正午、兵舎は占拠される。ファンフルは逮捕され、翌月、共和国陣営の軍事裁判で反乱罪で死刑を宣告され処刑される。またバルセロナおいて、20日午後2時過ぎ、マジョルカ島を制圧した後に軍事蜂起を指揮するためにバルセロナにやって来たマヌエル・ゴデド将軍も兵舎で逮捕される。そしてもうこれ以上流血の事態を避けるためにという声明をラジオ放送するよう説得される。彼はマイクに向かって「こちらはゴデド将軍だ。この声明をスペイン国民にたいして行う。運命は私に味方せず、私は縲絏（るいせつ）の身である。私が言いたいのは依然として戦闘を続けている者は、私にたいしてなんの義務を感じる必要はないということだ」と放送する。これでスペインの2大都市が完全に共和国陣営の支配下に収まったのである。その1カ月後の8月、反乱罪で告発されたゴデドは、ファンフルと同じく、処刑される。そしてスペインの第3の都市、バレンシアでは、共和国側にとって好都合なことに、クーデターか否かの決着が付くにはもう少し時間がかかった。軍司令官のマルティネス・モンヘ将軍が優柔不断だったからだ。蜂起の２週間後に兵舎が制圧される。結局、スペインの３大都市は共和国側に掌握されることになった。これは叛乱軍側にとって全く想定外の深刻な事態であった。

ところで、スペインでは、19 世紀中葉から軍部が政局の混迷と彷徨に乗じて軍事力を背景に軍事クーデター宣言を布告し、政治権力を掌握しようとした。将軍のみが行う「プロヌンシアミエント」と称するクーデター宣言の場合、19 世紀中葉から 20 世紀のスペイン内戦まで 51 回宣言され、成功したのは 13 回である。これでは市井の民衆の側からすれば、たまったものではないと嘆息するのも宜なるかなであろう。あるいは何らかの形で、こうした悪しき道程にストップをかけねばならないと思うのも当然であったろう。

従来から「無知蒙昧で羊のごとく従順」と軍部から蔑視されていた民衆が、叛乱軍に対して、屈辱的な隷属よりも果敢な武力抵抗による、より良き社会の建設のために「内戦」を選択したのであり、ここに、スペイン内戦の「原風景」があったと言えよう。従って、軍事叛乱、戒厳令の布告、軍事政権の樹立というおきまりコースを目論んでいた叛乱軍首脳にとって、この軍事叛乱はひとまず挫折したように思えたのだった。叛乱軍の軍事蜂起に対峙して彼らの目論見を粉砕したこのことを「7 月革命」と呼ぶ人たちがいた。アナキスト系の CNT の組合員たちである。

緒戦の戦局は、フランコ将軍指揮下のモロッコ駐屯の「アフリカ軍」と総称される外人部隊とモーロ人部隊の本土侵攻の成否にかかっていた。だが、海軍は軍事叛乱に積極的に加担しなかったために、ジブラルタル海峡の制海権は共和国陣営が握っていた。これでは、アフリカ軍のスペイン本土侵攻も全く不可能だった。この窮状を打開するために、フランコは、ムッソリーニとヒトラーに爆撃機と輸送機の供与を求める。7 月 18 ～ 30 日に、両国の輸送機と爆撃機がモロッコに到着する。8 月 6 日、アフリカ軍はモロッコから本土に上陸し、今や、ジブラルタル海峡に「空の橋」を懸けたのだった。フランコも側近の助言をはね除けて独自に編成した漁船の小型船団で、空からイタリア空軍の掩護を受けて共和国海軍の海上封鎖を突破した。これで、叛乱軍は空輸できない多量の軍装備と 1 万 5000 人ものアフリカ軍将兵を本土に輸送する大輸送作戦が可能になった。

アンダルシアに橋頭堡を築いたアフリカ軍はまさに破竹の勢いで北上する。マドリードに向かって突き進む叛乱軍の最大の武器は、前進にともなうテロル、換言すれば、敵もしくは敵と思われる住民の皆殺し作戦であった。しかも、こうした殺戮もキリスト教文明の名において戦っていると自称する人々によって、公式に容認されたものだった。一つ一つの町を占領するために、不意打ち、詭計、労働者階級の抵抗への迅速な粉砕、これらが組み合わされた結果の勝利であった。これこそ叛乱軍のもっとも十八番とする作戦であった。

例えば、8月12日、ポルトガルの国境の都市で、エストレマドゥーラの州都バダホスに激しい砲撃を加えた後に、都市の壁を破って突入した叛乱軍は、無辜の住民を含むほぼ2000人を殺害する。その数日後に、ファランヘ党のパトロール隊が路上で、バダホス防禦戦に加担した人を追及するために、肩にライフル射撃の痕の有無を調べ、傷痕のある者は闘牛場に追い込まれる。そこで待ち構えていた機関銃で女性を含む1800人が銃殺された。信じられない大量殺戮事件であった。

一方、マドリードのモデロ監獄で叛乱軍支持の服役者が脱走するという噂が広まり、その結果、服役者70人が殺害された。これは、部分的には、バダホス大虐殺の報復であったと言われている。また、共和国陣営では、とりわけ都市部において、積年の反教権主義の発露であろうか、教会や修道院の破壊や焼き打ち、神父や修道女などの聖職者の迫害や殺害、など枚挙に暇がなかった。双方とも暴力や虐殺の応酬による無限のサイクルに陥ってしまった。

1・4　フェデリコ・ガルシア・ロルカの受難

20世紀スペインが生んだ世界的な詩人、劇作家、演出家、画家、そして音楽家であるロルカ（1898～1936年）は、既存の、あるいは公的な価値観を徹底的に疑い、人間として信じられるものを彼独自の文学的な香りのする言葉で表現し、「現代の吟遊詩人」とも謳われていた。

ロルカは1898年6月8日、グラナダ郊外のフエンテ・バケーロスに生れる。父親は裕福な農場主、母親は元教員であった。1909年、一家はグラナダ市内に転居。1914年、グラナダ大学に入学するが、この大学での学生生活に行き詰まりを感じたのだろう、フェルナンド・デ・ロス・リオス教授の勧めで、マドリードの「学生寮」に入寮する。この学生寮は、イギリスのオックスフォード大学やケンブリッジ大学のコレッジ（学寮）・システムを模範にして1911年に創設された。全国から選抜された優秀な学生が共同生活をし、世界的な著名な学者や文化人や芸術家を講師として招聘し、講演や音楽会などさまざまな文化活動が行われた。ロルカは、寮生のルイス・ブニュエル、サルバドール・ダリと友情を育み、相互に影響し合っていた。

1931年4月12日の統一地方選挙で反王制・共和派諸党が勝利したために、アルフォンソ13世が退位し、スペイン第二共和国が誕生する。ロルカは共和国支持を公言し、ファシズムや軍国主義を批判した。また彼は、ジプシーやユダヤ人といった虐げられた人々への同情や支援を惜しまなかった。どちらかといえば、理想主義的なリベラリストであったために、生涯どの政党にも所属せず、親友の詩人ラファエル・アルベルティや友人たちから共産党の入党を勧誘されるが、一切断わる。ソ連から帰国したばかりということもあってか、親ソ的発言が多かったアルベルティとその夫人のマリア・テレサ・レオンにはあまり党派的な活動をしないように助言するほどであった。そうはいっても、ロルカの保守勢力への批判、共和国政府の援助を受けた学生移動劇団「バラッカ」の指導、政治家に転向したロス・デオス教授との交流、1936年2月の総選挙における人民戦線派の支援活動など、右翼陣営から目の敵にされていた。

そして、1936年7月13日夜、ロルカは自分と父親の同じ洗礼名である守護聖人フェデリコの7月18日の祝日を祝うために、グラナダへ向かう。マドリードの友人たちは、政治状況がきわめて不安定であり、予期せぬ事件が起こりそうなので、マドリードの方が安全だからここに留まることを強く勧めるが、それを振り切り、翌15日朝、グラナダに着く。

これからクロノジカルに追ってみよう。

7月23日、グラナダ全市が叛乱軍の手に落ちる。これ以降、右翼によるテロ、殺害が横行する。グラナダの中で最も恐れられたのは、ファシスト政党のファランヘ党（1933年創設、34年に国民サンディカリスト攻撃会議（JONS）と合同、37年、フランコ陣営が公布した1937年政党統一令によって、他党と大同団結し「伝統主義とJONSのスペイン・ファランヘ党」になるが党名が長すぎるので、省略して「新ファランヘ党」と呼称する）を中核とする「黒色小隊」という名の殺人集団であった。この時点ではもはや袋の鼠と化したロルカにはグラナダから脱出する術もなく、逮捕されるのは時間の問題であった。

8月6日、武装したファランヘ党の一団が、ロルカ家のサン・ビセンテ農園を捜索する。ロルカが屋敷内に無線機を隠し持ち、ソ連と交信しているという根も葉もない噂に基づいての捜査であった。勿論、そのような無線機を発見できなかった。

8月9日、事態は一挙に悪化する。グラナダ守備隊蜂起の日に発生した二人の殺人事件との関係で、農園の管理人ガブリエル・ペレアとその兄弟を追って、一団の武装集団が農園にやって来る。彼らはガブリエルを木に縛り付け鞭で打ち始める。ロルカはもはや我慢ができずに、ガブリエルに罪はないと抗議すると、こんどはロルカを侮辱し殴打する。身の危険を感じたロルカは、ファランヘ党の幹部で詩人ルイス・ロサレスに助けを求める。ルイスの二人の兄、ホセとアントニオもグラナダのファランヘ党の指導的人物であった。ルイスは末弟のヘラルドとともにサン・ビセンテ農園にやって来る。

8月15日、フランシスコ・ディアス・エステベスの率いる別の武装集団がロルカの逮捕状を持って農園にやって来る。ロルカがすでにいないことを知ると、徹底的に家宅捜査を行い、ロルカの居場所を明かさなければ、父親を連行すると脅迫する。恐れをなした妹のコンチャは、ファランヘ党の友人宅にいると漏らしてしまう。

8月16日、コンチャの夫で、グラナダ前市長のマヌエル・フェルナンデス＝モンテシーノスは、この日の未明、他の29人とともに墓地で銃殺される。

その日の午後、ロサレス家に潜み暮らしていたロルカは、5月の国政再選挙で議席を失った前国会議員ラモン・ルイス・アロンソの指揮する一団により逮捕、連行される。

8月19日早朝、ロサレス兄弟のロルカ救出の労もむなしく、ビススナルの「大いなる泉」と呼ばれる泉の近くで、銃殺されたのだった。ロルカと一緒に犠牲となったのは、小学校の教員、二人の闘牛士であった。遺体はビスナルから続く道の右手に広がるオリーブ畑の脇に放置されたと言われているが、ロルカの家族、親戚だれ一人として彼の屍を発見することはなかった。銃殺した下手人は、突撃警察隊と「黒色小隊」であった。

内戦が終結して9カ月後の1939年末、ロルカ家はロルカの死亡が正式の戸籍台帳に登記される手続きを始めた。1940年になってグラナダ市当局が正式に作成したロルカの死亡証明書には「1936年8月、戦傷により死亡」と記されている。まるで流れ弾による不運な死であったかのように世間に公表されたのであった。

ロルカの受難は、彼の虐殺だけで終わらなかった。ロルカと彼の作品は、スペインを「中世の異端審問の国」に引き戻した軍事独裁者フランコ将軍の死去する1975年11月20日まで、いわば「封印された」ままであった。

ロルカが若い時に上梓した『歌集』に「別れ」という短い詩が収録されている。

わたしが死んだら、
露台はあけたままにしておいて。

子どもがオレンジの実を食べる。
（露台から、わたしはそれを見るのです。）
刈り入れ人が麦を刈る。
（露台からわたしはそれの音を聞くのです。）
わたしが死んだら、
露台は開けたままにしておいて。
（小海永二訳）

1914年のロルカ

ロルカがこの「別れ」を書いたのは、なんと二十代の前半であった。この後わずか十数年しか生きられなかったロルカにとって、当時のスペインはあまりにも残酷すぎたのだった。

1・5　マドリード防衛、国際旅団の決起

1936年11月6日、叛乱軍の首都突入を危惧した共和国政府は、包囲されたマドリードをミアハ退役将軍を議長とする「マドリード防衛評議会」に委ね、バレンシアに移転する。叛乱軍はマドリードを「首都なき首都」と揶揄して大々的に喧伝し、それに対して共和国側はマドリードこそ「世界の首都」なり、と反駁する。

翌7日払暁、フランコ叛乱軍の猛襲が開始される。マドリードは風前の灯となった。事実、開戦以来から叛乱軍支持を表明しているポルトガルのラジオ・リスボンは、将官用の軍装に身を包み、白馬に跨ったフランコ将軍が、マドリード随一の目抜き通りであるグラン・ビア通りを威風堂々と凱旋した、というまことしやかな臨時ニュースを流した。このニュースに基づいているかどうか分らないが、『東京朝日新聞（現・朝日新聞）』も、「マドリッド入城の報」と題する号外（11月8日号）を出した。勿論、このマドリード陥落は全くの大誤報であった。実は、朝日新聞は、これ以降、内戦終了（1939年4月1日）まで、3回も号外を出している。

東京朝日新聞
號外
反政府軍の猛撃奏効
落城の運命來る！
猛烈な市街戦を展開
マドリッド入城の報
政府悲壮な聲明
飛行機で都落ち

朝日新聞の号外記事

その翌日の8日の朝、エミリオ・クレーベル将軍指揮下の約1900人編成の第11国際旅団がマドリードにその雄姿を現す。アトーチャ駅からグラ

ン・ビア通りを行進し、「大学都市」と呼ばれている、建設中のマドリード大学へと向かった。夕方までに第11国際旅団は所定の陣地に就いた。大学が最前線だったのだ。学部の校舎が各々の陣営に分かれて陣取っていた。その後の二日間の戦闘で、国際旅団の三分の一が戦死する。彼らは軍事的には全くの素人であった。初陣とはいえ、まさに屍山血河を築く戦闘であった。叛乱軍もマドリード攻撃作戦を放棄せざるを得なかったほどであった。「国際旅団がマドリードを救った」と言われるようになったのは、この戦闘をさしている。

ところで、国際旅団とは、内戦勃発時に、共和国防衛やファシスト勢力の粉砕のために、外国から続々とスペインにやって来た義勇兵たちが編成した部隊のことである。各国での義勇兵の募集にコミンテルンの指令を受けた各国の共産党が担当する場合もあったし、人道主義的なフロント組織が募集していることもあった。ともかく、義勇兵志願者は全てが共産党員というわけではなく、むしろその大部分が「自由のための義勇兵」的というか、理想主義的な側面が強かったように思える。その数は55カ国から約4万人、さらに2万人ほどの青年男女が、医療、プロパガンダ、教育、その他の後方勤務に就いた。国際旅団の軍事的貢献度は、スペイン現代史家の間でも評価は分かれているが、孤立無援の共和派の人びとにとって、まさに「歴史」であり、「伝説」であったことは間違いないだろう。

マドリード防衛戦に馳せ参じた国際旅団の義勇兵たちを讃えて、フェデリコ・ガルシア・ロルカと同じく「27年の世代」の詩人の一人、ラファエル・アルベルティは「国際旅団に捧げる」という詩を書いている。

> 君たちは遥か遠くからやって来た。
> 国境を越えて歌う君たちの血には、距離など問題ではない。
> 不可避な死は、いつの日か君たちの名を呼ぶだろう。
> どこで、どの町で、どの戦場でか誰も分りはしない。
>
> この国から、あの国から、大きな国から、
> 地図の名を留めるだけの小さな国から、
> 同じ理想を共有しながら、
> 名も知らず、ただ語り合いながら君たちはやって来た。
> 君たちが守ろうと誓った家々の、
> 壁の色さえ知っていない。

君と血を埋葬する大地を、死を賭して、
防衛せよ！

留まれ！
木々も野原も蘇生する光の微分子も、
海から放射される情念もそれを望んでいる。
兄弟たちよ！　マドリードは君たちの名とともに永遠に光り輝く。

そして、第2節で詳述することになるが、この国際旅団の中に、たった一人の日本人義勇兵がいた。ジャック白井。彼は、アメリカからスペインに渡ったのだが、第15国際旅団リンカン大隊の炊事兵兼兵站部将校付兵卒であった。1937年7月11日、マドリード防衛戦の一つ、ブルネテ戦闘において、敵の機関銃弾を受けて即死する。その日の夕方、戦線が落ち着いた頃、他の戦死した戦友と一緒にスペイの太地に埋葬された。

1・6　バルセロナの市街戦（1937年5月3～8日）と　ジョージ・オーウェル（1903～1950）のスペイン内戦体験

1937年3月、これまで水面下にあった共和国陣営の中での政治的対立が顕在化してきた。

この内戦をどう戦っていくか――

「まず内戦勝利」を主張するPCE（共産党、スターリニスト）系と、「まず社会革命、次いで内戦勝利」を主張するアナキスト系のCNTや反スターリニスト系のPOUM（カタルーニャ地方を拠点とするマルクス主義統一労働者党）との政治路線上の対立が熱い舌戦の域を越えて、容易ならない事態になってきた。いろいろな非難や偶発的な撃ち合いなどがさらに緊張を高め、そのために、多種多様なグループが武器を備蓄し始めた。5月1日のメーデイの祭典は中止することになった。警察当局が両陣営の衝突を恐れたためであった。

その二日後の5月3日の午後3時、CNTが管理しているカタルーニャ広場に面するバルセロナの電話局に、カタルーニャ自治政府の公安部長で、共産党系のPSUC（カタルーニャ統一社会党）のロドリゲス・サラが、3台のトラックに分乗した突撃警備隊を従えて到着した。CNTが電話の盗聴をしているという噂が流れていたので、電話局を査察するためであった。ロドリゲス・サラたちを迎えたのは、電話局からの銃弾だった。

これが、忌わしい市街戦の発端であった。直ちに双方とも各所にバリケードを作った。バルセロナ市民の憩いの場であるランブラス、カタルーニャ広場も同様であった。バルセロナは共和国内部で戦う「内戦の中の内戦」の都市となった。双方とも接収したビルから、相手を撃っていた。それでも、電話局だけは休戦が成立し、操業は続けられていた。5日遅くなって、カタルーニャ自治政府はバレンシアの共和国政府からの治安対策用の援軍の受け入れに同意する。6日、数千の治安警備隊と軍隊を乗せた3隻の軍艦がバルセロナ港に入港する。さらに北上してきた4000人の治安警備隊が、途中タラゴナとレウスで武装したCNTを鎮圧してバルセロナに到着する。バルセロナで陣どっていたCNTとPOUMに無言の圧力をかけた。

5月8日、CNTはラジオ放送で戦闘中止を訴える。バルセロナの市街戦は終わった。公式の推計によると、約500人が死亡し、約1000人が負傷したという。

市街戦が終わったものの、その後の「戦後処理」が途轍もなく悲惨だった。何故なら、市街戦が双方の政治的な対立を抹消したわけではなかったからだ。共産党は社会労働党のラルゴ・カバリェロ首相に、この市街戦の張本人であるPOUMを断罪するよう強く迫り、組織をあげて、あろうことか「POUM＝トロツキスト＝ファシスト」という病的な反POUMキャンペーンを展開する。5月15日の閣議で、二人の共産党閣僚がPOUMの非合法化を首相に迫る。それを首相が拒否した途端、その二人の閣僚、5人の社会労働党右派の閣僚が退席する。残った閣僚は、4人のアナキスト系閣僚を含め、わずか6人となり、5月17日、カバリェロ内閣は総辞職し、その後継首相にフアン・ネグリン博士が収まる。彼は世界的に有名な生理学者であり、マドリード大学教授兼理事である。ネグリン内閣樹立の陰の功労者は共産党であり、彼らにとってネグリンほど操り易い首相はいなかった。つまり共産党の紛れもない傀儡政権だったのであり、内戦終結（1939年4月1日）まで、ネグリンが首相を務めることになる。

それにしても、カバリェロ退陣、ネグリン擁立だけで満足しない共産党はPOUMへの追及を一段と厳しくする。

6月14日、ランブラスにあるホテル・ファルコンにあるPOUMの党本部は閉鎖され、党は非合法化された。そのホテルは即刻、監獄に転用される。40人の党中央委員は逮捕された。その2日後、POUMの党首で、カタルーニャ自治政府の法務大臣のアンドレス・ニンは、別の場所に連行される。マドリード北の、ミゲル・デ・セルバンテスの生地であるアルカラ・デ・エナーレスにある、ソ連のNKVD（国際問題人民委員会）の主任アレクサンドル・オルロフ専用の秘密の監禁所であった。ここで、ニンは、フランコ、ヒトラー、ムッソリニーのためにスパイ行為を働いていたとの自供を強制され、身の毛もよだつような拷問にさらされる。数日すると、彼の顔は形のない塊みたいになったという。ニンの抵抗も驚嘆すべきもので、こうした自供をことごとく拒否したのだった。紛れもなくスターリニストが仕込んだモスクワ式の見世物裁判をスペインで成功させるための決定的な自供をニンから得られないと判断したオルロフたちは、次にニンの殺害計画に移る。ヘローナで発見されたといわれるニンの遺体の周囲には「証拠」としてナチスまたはフランコとのつながりを暗示するでっち上げの文書が大量にばらまかれてあった。ニンは強制された自供をしなかったために、ニン以外のPOUMの指導者は命拾いをしたものの、「反逆罪」を犯したという廉で、なんと1938年の年末まで裁判にかけられていたのだった。

ニンの失踪事件は、ネグリン新政権にとって重大なスキャンダルであった。新政権は憲法上保障された権利を保障しているという評価が西欧諸国の間にあったからだ。「ニンはいずこに？」という運動が瞬く間に西欧諸国に広まり、ニンの救出のための「パリ員会」も活動を開始し、パリのスペイン大使館で埒があかないと判断した彼らは代表団を編成しスペインに送り込んだ。調査を終えた代表団の感想は「もっとも力強く、もっとも信頼できる反ファシストたちに対して、強制収容所と暗殺の体制を内部に作り出し、このように民主主義の倫理的威信を失いながら、ファシズムに打ち勝つことなど不可能なことだ」であった。これこそ、スターリニスト共産党に牛耳られつつあったスペイン共和国の自己崩壊を暗示しているようだ。

共産党によるニンとPOUMの粛正の後に残っていたのは、アナキストのCNT、FAI（イベリア・アナキスト連盟、1927年創設、CNTの上部政党組織）への強権的な弾圧であった。

カタルーニャ、アラゴンの両地方に勢力を維持していたアナキストに対して、先ず共産党は、農業集産体の統括組織であるアラゴン評議会を解散させた。しかも、1937年8月11日付けの政府の解散命令を遂行するに際して、共産党の第5連隊司令官エンリケ・リステルは、多くの評議会の幹部や有力メンバーを逮捕拘留するなど、必要以上の弾圧的な軍事作戦を発動した。中央集権化の達成のために、政治的な敵対者に対する共産党の粛正は留まることがなかった。さらに、ネグリン政権下に創設された「軍事情報局（SIM）」という名称の秘密警察も大いに活用され、まさに「赤色テロ」の様相を帯びるようになった。こうしたスパイと叛乱者に関するコミンテルンの妄想を指摘して、当時、ドイツ共産党の作家で、第11国際旅団政治員のグスタフ・レグラーは「ロシア人の梅毒」と呼んだ。まさに言い得て妙な言葉である。

これほどまでの犠牲を政敵に強いて獲得した共産党の指導権で、どれほどの戦争遂行ができたのだろか。苦い歴史が示しているとおりである。

ところで、1936年12月、イギリスから内戦取材のためにバルセロナ入りするが、その革命的状況に圧倒されて、ペンを捨てて、POUM民兵隊に所属し、バルセロナでの市街戦を体験したために共産党に追及されるなど、惨憺たる経験をしたジョージ・オーウェルは、自分の内戦体験を「讃歌」という言葉に仮託し、義勇兵の素朴な同志意識、人間の尊厳への頑なな信頼を謳いあげたのだった。それは、あまたあるスペイン内戦回想記の中で最高傑作といわれている『カタロニア讃歌』である。彼はスペインの戦場でたった一度出会った若いアナキストのイタリア人義勇兵と、お互いに名前を告げずに別れてしまった。彼の『スペイン内戦回想録』（1942年）の末部にその出合いを回想して、次のような詩を書いている。

きみの骨が枯れぬうちに
きみの名も行為も忘れられた
きみを殺した嘘は
もっと深い嘘の下に埋められている

しかしぼくがきみの顔に見たものは
いかなる権力も奪うことはできない
その水晶の精神を
いかなる爆弾も砕くことはできない

イタリア人義勇兵の中に明視した「水晶の精神（クリスタル・スピリット）」こそ、スペイン参戦を禁止した自国の法律に叛き、愛する者やおのれのすべてを捨てて、命までも捨てて、苦境にたたされたスペイン共和国の防衛のため、そして彼自身の言葉によると、「ヒューマン・デーセンシィ」の確立のために馳せ参じた、すべての義勇兵の心に宿していたものである、とオーウェルは断じているのである。付言することになるが、彼の『カタロニア讃歌』が執拗に追及しているのは、スターリニズム共産党である。これこそ、「ヒューマン・デーセンスィ」と不倶戴天の敵にほかならない。宿痾の肺結核をかかえながらの彼の内戦以降の執筆活動は対スターリニズムの戦いそのものであったと言っても過言ではない。「ソ連の不誤謬性神話」の粉砕のために『動物農場』（1945 年）を書き、さらに共産主義はファシズムに他ならないことを明示するために『1984 年』（1949 年）の記念すべき作品を上梓したのである。

1・7　ゲルニカ爆撃（1937 年 4 月 26 日）と壁画《ゲルニカ》

叛乱軍はかねてから公言していたマドリード制圧ができず、北部戦線へ攻撃の目標を移す。1937 年 4 月 26 日午後 4 時 30 分から 7 時 45 分まで、叛乱軍傘下のドイツ・コンドル飛行軍団が、バスク自治政府（1936 年 10 月成立）の無防備な聖都ゲルニカに襲いかかった。使用された爆弾は、ドイツ軍側の資料によると、250 キロ爆弾 54 発、50 キロ爆弾 158 発、それに焼夷弾 5948 発であった。これこそ史上初の「絨毯爆撃」といわれるものであった。バスク自治政府の公式発表によれば、人口 7000 人ほどの町で、1654 人の犠牲者を出したと言われている。ゲルニカ爆撃直後、この町を制圧したフランコ将軍はゲルニカ爆撃に関する箝口令を公布したために、犠牲者数は現在でも正確なところ判明せず、しかも内戦後のフランコ軍事独裁体制が続く間、「共和国軍（バスク軍）犯行説」が屹立することになる。

それにしても、ゲルニカの惨事の第一報は、その夜急遽ビルバオからゲルニカに向かった 4 人の新聞記者によって世界中に打電された。その中で最も際立っていたのは、4 月 28 日付けの『タイムズ』紙のジョージ・L・スティア記者の「ゲニカの悲劇、空爆で町は破壊された。目撃者の証言」（4 月 27 日ビルバオ発）であった。この速報記事は『ニューヨーク・タイムズ』紙にも同時掲載された。

このゲルニカの速報記事が「世界中の新聞の第一面を独占する」には、それほど時間がかからなかった。ジュネーブでも非軍事目標への爆撃と非戦闘員の殺戮を禁止する緊急国際会議が開かれたのだった。

事実、このゲルニカ作戦を指揮したコンドル軍団のリヒトホーヘン参謀長はゲルニカが完全に叛乱軍の手に落ちた翌日、4 月 29 日、自らゲルニカを視察し、爆撃の成果を確認して、その日の日記にしたためているが、フランコ叛乱軍側が主張する「バスク犯行説」と対立する内容である。

ゲルニカの悲劇は、フランスの詩人ポール・エリュアールに次のような詩を書かせている。

惨禍の記念碑
崩れ落ちた家々と瓦礫の山
野っ原の　美しい世界
兄弟たち　あなた方はここで腐肉と化し
バラバラに砕かれた骸骨と変りはて
地球はあなた方の眼窩の中で廻り
あなた方は腐った砂漠となり、
死は時間の均衡を破ってしまった

あなた方はいまや蛆虫と鴉の餌食だ
だがあなた方は甦る私たちの希望だったのだ　（大島博光訳）

このゲルニカ爆撃を隠蔽しようとしたのは、張本人であるフランコ将軍だけではなかった。ちなみに、「いかなることになろうとも、ゲルニカに関する国際的な批判は何とか阻止しなくてはならない」とコンドル軍司令官リッペントロップ将軍宛の、1937年5月15日付けの命令書を出したのは、ヒトラーであった。しかしながら、皮肉というべきか、リヒトホーヘン参謀長がゲルニカを視察中の4月30日、ロンドンのアルバート・ホールで開催された国際連盟の会合で、急進的な国際法学者であり筋金入りの反ファシストであるフランス航空相ピエール・コットは、他の何人かとともにゲルニカ爆撃を激しく非難した。さらに、5月29日、国際連盟諮問人会は、すべての外国人軍隊にスペイン内戦からの撤退を要求し、スペイン国内の非武装都市に対する爆撃禁止の決議を満場一致で可決した。

ところで、「無残な廃墟に一変している」ゲルニカを目撃した日本人がいた。『東京朝日新聞』特派員の坂井米夫記者である。彼はゲルニカを取材して、サン・セバスチィアンを経由して国境

「ゲルニカ」（レプリカ・丸の内OAZO）

の町イルンからフランスに出国しようとするが、叛乱軍側の国境警備隊長が頑として国境通過を認めないという。三日間足止めを食らい、ようやく叛乱軍政府（当時はサラマンカ政府と呼ばれていた）から国境通過許可の電報が届き、イルンから出国する。両国の国境となっているピアソド川にかかっている「国境の橋を渡る。振りかへつたら呼び戻されやしないかと、橋の中頃から知らず知らず足が早くなつて、フランスの土を踏んでも何だか夢のやう、（中略）大きく呼吸する」と回想している。

マドリード日本公使館前の坂井米夫（左から二人目）

この頃、フランスに滞在していたピカソは、ゲルニカ爆撃に対して激しい怒りを込めて、そしてこのファシスト軍が引き起こした大惨事を永遠に記録しようと考え、直ちにキャンパスに向かった。ピカソは、「スペインの戦いは人民と自由に対する、反動の戦いである。芸術家としての私の生活は反動と死に対する不断の闘争以外の何物でもなかった。（中略）制作中の《ゲルニカ》と名付けることになるだろう壁画において、また近年のすべての作品において、私はスペインを苦難と死の海に引きずり込んだ軍部への嫌悪を包み隠さず表現している」と述べている。

ピカソ

7月12日、パリ万博開催にかなり遅れて、ようやくスペイン共和国政府館がオープンする。館内ホールから続くがらんとした空間の右奥に展示された《ゲルニカ》、そしてその真向かいに巨大な肖像写真が貼られ、そのキャプションに「フェデリコ・ガルシア・ロルカ、詩人、グラナダで殺される」とかかれてあった。これが、ピカソの《ゲルニカ》の初披露である。1937年11月、パリ万博閉幕後、やがて《ゲルニカ》はニューヨーク近代美術館に展示される。そこに、なんと42年間も展示されていたのだった、フランコが存命中に絶対スペインに持ち込まないというのがピカソの揺るぎない決意であった。もちろん彼も帰国しなかった。ピカソより2年長生きしたフランコの死後（1975年11月）の、1981年9月10日未明、細長い木箱に収められた《ゲルニカ》がマドリードの戒厳中のバラハス空港に降りたった。アメリカ政府と2年間の交渉の末、ついに《ゲルニカ》の帰国が実現したのである。スペインでは、《ゲルニカ》は、故国の土を踏んだ「最後の共和派の亡命者」といわれている。

1・8　日本軍部とスペイン内戦

1936年10月23日、ソ連は、9月9日に発足したスペイン不干渉委員会の「不拘束」を宣言し、スペイン共和国に対して政治顧問と軍事顧問を筆頭に、兵員、技術者、プロパガンダ要員、兵器、義捐金、食糧など全面的支援を開始する。この日本の仮想敵国のソ連軍の実質的な参戦によって、ヨーロッパ全域に駐在している日本の大・公使館付武官たちによる、ソ連軍の動向と軍事情報の収集活動がにわかに活発となる。それにしても、彼らの情報は駐在国で収集した間接的なものに過ぎなかった。こうした情報活動の中心人物は「ドイツ人よりもナチス的」といわれ、ヒトラーと昵懇（じっこん）の間柄だったドイツ駐在武官大島浩陸軍少将であった。

同年10月末、フランス駐在武官西浦進大尉は、参謀本部からスペインの叛乱軍の視察を命じられる。共和国を軍事支援しているソ連軍の兵器、戦術を即刻調査せよという指令であった。西浦は、当時仏西国境は閉鎖されていたために、リスボンに赴き、そこで叛乱軍の特務機関からビザを交付してもらい、密かに叛乱軍の仮首都サラマンカに潜入する。

だが、日本はまだフランコ叛乱軍の未承認国（正式政府として承認したのは、翌1937年12月1日）だったので、しかも特殊任務のために私服を着用していたこともあって、外出すれば必ず当局の尾行が付き、滞在先のホテルの自室がくまなく調べ上げられるという有様だった。言ってみれば、西浦は叛乱軍当局によって半ば監禁状態であった。やがて「日独防共協定」の締結（11月25日）を知り、サラマンカ駐在ドイツ大使ファウベル将軍に接触することができ、何とか自分の任務を遂行できるように取り計ってもらいたいと申し出る。数日後、彼の仲介でようやく戦線通過証明書を交付され、フランス語のできる将校、自動車1台を提供される。従って西浦は、日本の武官として初めて叛乱軍を観戦したのである。ソ連軍の兵員や兵器、軍事作戦に関しては、彼の参謀次長宛の極秘電報（1937年1月6日）からすると、それほど具体的ではなく隔靴掻痒の感が否めないものであった。これは、情報収集者の公的な資格、つまり「観戦武官」の資格に起因するわけで、参謀本部としては、完璧な情報取集のために、「観戦武官」から、作戦部に直接関与できる「作戦武官」への進展を考えねばならなかった。そのための前提要件としては、叛乱軍をスペイン政府としての正式承認が必要であった。こうした思惑は、軍当局や駐在武官だけではなく、矢野スペイン公使の有田外相宛の電報（1937年11月18日付け)、武者小路ドイツ大使の外相宛の電報（同年11月12日付け）でも、如実に述べられている。

1937年11月30日、日本政府の閣議でフランコ政権を正式政府としての承認決定。12月1日、枢密院定例参集での外相の説明後、日本政府が、スペイン共和国政府との国交断絶、フランコ政府の正式承認を発表する。

1938年4月15日、叛乱軍が地中海沿岸の町ビナロスに到達し、共和国陣営は南北に分断される。この地中海作戦にドイツ軍は「電撃戦（ブリッツ・クリーク）」を発動し、スペイン公使館付駐在日本軍武官の守屋莞爾中佐が「作戦武官」として指導した作戦が「オペラチオン・デ・モリヤ（守屋作戦)」という名称で、叛乱軍陣営の新聞などで一躍有名なり、叛乱軍が戦闘中に捕獲したソ連製の最新兵器類、ソ連が極秘開発したT 26戦車も無償で供与される。これは、満洲事変以来、対ソ戦略を画策中の参謀本部にとって多大なる機密軍事情報であった。高岡公使の広田外相宛の部外極秘電報（1938年5月17日付け）には、「守屋中佐ハ『フランコ』将軍ニ対シ我軍ノ参考ニ資スヘキ蘇連捕獲兵器（特ニ戦車ヲ希望シ其ノ製造費10萬圓程度ノモノノ由）ノ譲与ヲ願イデタル趣ナルカ代償支払意向ナシ言フ」とあるように、守屋中佐は好待遇を受けていた、しかも我が国の参謀本部にとっては、ドイツ軍の最新鋭の「電撃戦」の実地検分もできたのである。

1・9　スペイン共和国の崩壊と内戦の終結

1939年1月26日、バルセロナの陥落、2月4日、共和国政府の首脳たちは徒歩で国境を越えフランスに亡命する。

叛乱軍の戦勝パレードでのフランコ

2月14日、フランコは、政治的責任に関する法令を発布する。これは、1934年10月1日以降、フランコ陣営の「国民運動」にたいして反対した者の責任を追及する、という法令であり、復讐と制裁のための広範な権力をフランコ陣営に与えるものだった。

2月27日、イギリスとフランスは、フランコ政権を正式政府として承認する。

その数時間後、スペイン共和国のアサーニャ大統領はフランスで大統領を辞任する。

3月28日、ついに、叛乱軍がマドリード無血入城する。その2日後の3月30日、バレンシアの陥落。

4月1日、マドリードにおいて叛乱軍総師フランコ将軍の勝利宣言により、2年8カ月に及ぶスペイン内戦が終結する。第二次世界大戦勃発の5カ月前であった。

2　スペイン内戦とジャック白井

2・1　ニューヨークのジャック白井の足跡を訪ねて

スペイン内戦に共和国軍の戦列で戦ったたった一人の日本人義勇兵、ジャック白井の劇的な生涯を詳らかにした『オリーブの墓標――スペイン戦争と一人の日本人』（立風書房、1970年）の著者、石垣綾子さん（以下、敬称省略）にニューヨークを案内してもらった。かつてジャック白井が生活していたグリニッジ・ビレッジ界隈を散策し、彼の知り合いの数人の日本人と会うためだった。1981年7月のことだった。彼女も78歳であり、失礼な言いかたであるが、何とか元気なうちにいろいろと教えてもらいたかった。

1929年頃の石垣夫妻

彼女が白井を初めて見かけたのは1930年ごろ、ダウンタウンにある「日本人労働者クラブ」の会合だったという。これは満洲事変が勃発した1931年に誕生した「反戦運動」を行っていた団体で、メンバーはせいぜい多くて40人ほどであり、白井は、仕事が終わっていつも立ち寄っていたようだった。隅っこで黙り込んで、パッとしない存在だったが、いつの間にか言葉を交わし、綾子と栄太郎の住むアトリエ兼住宅に顔を見せるような間柄になる。

石垣は、ユニオン・スクエアーに近い14丁目の5階建ての老朽した集合住宅を「ああ、本当に懐かしい！」と指さしながら、付近を行きかう人に全く頓着せずに頭のてっぺんから吹き出したような大きな声で話し始めたのだった。近代的ビルの谷間に残された、この集合住宅は「アトリエビル」と呼ばれ、石垣夫妻をはじめ、売れない絵描き、飲んだくれの彫刻家、わけのわからない仕事をしている芸術家、あるいは自称音楽家など、いってみれば社会の周辺部に追いやられている人たちの生活の場であった。廊下ですれ合うとちょっと挨拶するような、人間関係の希薄な社会であった。まず一番に思い出すのは、やはり赤貧洗うがごとき生活のことである。彼女は一挙に五十数年前の自分に戻ったようである。それもなんといっても、食べる物の話題がダントツであった。「ここに住んでいたのよ！　５階に。そう屋上にも出られるの。栄太郎と二人で。とても貧乏な暮らしだった。お正月なのに、食べる物は全くない。ご飯と塩だけでした。でもこれだけあれば、餓死はしないから、などと言っていると、白井さんがひょっこり大きな紙袋を持って来て、これどうぞと言ってくれたのです。歩いて数分しか離れていない日本食の食堂、シマ・レストランでコックとして働いていたので、余ったものかもしれませんが、いろいろ美味しいものが入っておりました。本当に嬉しかったです。そして栄太郎の大好きなウィスキーや私に好物のキャビアまでも……。私たち夫婦と白井さんの３人で、お正月だからと言って、おせち代わりにウィスキーを少しずつ呑みましたよ。あのとき、本当に貧しかったが、でも何でもできると思っていた。若かったのでしょうね」。

彼女は、ジャック白井のことを、必ず「白井さん」と呼んでいた。

「今思うんですが、やはり白井さんは人との温もりを求めていたのでしょうね。たしかにアメリカ人を奥さんにしている日本人がおりましたが、そういう家庭には行きにくかったのでしょうね。どうしても遠慮しがちになります。それからすれば、私たちは『日本人労働者クラブ』のメンバーだったし、気を許せたのでしょうね。そして彼はシマ・レストランに勤めながらケーキやパンを焼くベーカリーの資格を取ったのです。そう、スペイン内戦に出かけるまで住んでいたトンプソン・ストリート 150 番地のアパートの郵便受けの表札には、『ベーカリー、ジャック・シライ』と記入されていたそうです。白井さんはコツコツとやる努力家であり、自分の職業に誇りを持っていいたのです」。

「あのころのニューヨークには非常にたくさんのユダヤ人亡命者がおりました。ドイツからの亡命者です。ヒトラー政権による迫害から一時しのぎに逃げてきたんですが、可哀想でしたね。私たち『日本人労働者クラブ』はほぼ全員が全く貧しかったので、年に１、２回か募金をすることがありまして、白井さんがボックスを持って大声で呼びかけておりました。何故か、生き生きとしておりましたね。寄る辺なき人に、わが身を投影するのでしょうか、彼はやさしく接するのです。きっとこうしたユダヤ人に同情していたのでしょうね」。

そして白井の出自に関して相当後になって彼はボツボツと彼女に打ち明けたようである。

「白井さんが、どうして、私たちの家にああやっていろいろな食べ物を運びながら、それでも自分自身の話はしないで出入りしていたのか、と考えますと、シャイな人だったことは間違いないとしても、自分の生い立ちがあったと思うの。両親も知らないし、何年何月に生れたことも分からない。函館で生まれたということが分かっているだけなの、非常に気の毒な、さびしい人生を歩んできたのですね。カトリックの修道院の運営する孤児院で育てられた。そこの外国人の神父さんに時どき怒られたとか、その以降のことは彼の口からあまり漏れなかったし、私たちも敢て尋ねようとは思わなかった」。

それから、彼女に連れられて白井が住んでいたドンプソン・ストリート150番地のアパート、シマ・レストランあたりを散策し、そしてもう一度、「アトリエビル」のところに戻り、「白井さんがスペインへ発つ前日に、私の部屋に立ち寄り、『さようなら』と、たった一言、行先も告げず別れの挨拶をしたのです。私は、彼がスペインに行くとは夢にも思っていませんでした」と彼女は、誰に語りかけるとはなしに独白したのだった。

翌日、私は彼女の買い物に同伴した。デパートで婦人服と大きい帽子、そしてアクセサリー類の買い物であった。彼女の好きな色は赤、ピンク、など明るい色であり、このような色の婦人服は、日本では、若い人向きであり体のサイズが合わないが、アメリカでは、彼女の体に見合うようなサイズで、赤やピンクの服が目移りするほどたくさん揃えている。それに帽子も。買うほど荷物が増えるものの、私が後ろからついているので全く自由奔放に買い物に熱中していたのではないだろうか。いや、彼女はまるで少女のようにはしゃいでいたというべきか。私には忘れがたい一齣であった。

2・2　ジャック白井は何者か？

石垣の言う「白井さんが朝鮮人ではないかという噂が『日本人労働者クラブ』の中で言われてましたが、彼はそれについてむきになって反論することもなかったようでしたし、肯定も否定もしなかった。それは彼が訥弁で、日本語をろくに読めなかったからかもしれません」ということが、仲間のあいだでこの「朝鮮人説」を醸成したのではあるまいか。私も気になる点であった。

それを、私なりに解明するポイントとして彼の推定年齢でもいい、まず年齢の特定が必要であった。石垣は、1900年頃生まれと言っている。そのために私は石垣から3人のニューヨーク時代の知り合いの日本人男性と女性一人を紹介してもらった。男性は77歳のジョージ谷本、78歳の貴田愛作、82歳の三浦武次である。3人の印象では、白井が彼らより少し年長だったという。すでに髪の毛は禿げあがっていた、との証言である。勿論、髪の毛の状態は個人差があるので、年齢を特定する決定的な要因にならないだろう。また、ニューヨークで紹介された日本人女性も、石垣綾子より2、3歳年上だったようだ、という印象を述べている。以上、石垣を含めて5人の同世代の男女の証言から、白井は「1900年頃」生まれたと推定される。これは、ジャック白井の戦死を我が国に初めて伝えた『東京朝日新聞』の坂井米夫記者がリンカン大隊の幹部から聞いた「三十五六歳」とも一致する（『ヴァガボンド通信』改造社、1939年）。

マドリード・マジョール広場での坂井米夫記者

白井の出生年が1900年前後（推定）だとすると、明らかに日韓併合（1910年8月22日）以前に生れたことになる。小沢有作編『近代民衆の記録（10）——在日朝鮮人』（新人物往来社、1978年）によると、日韓併合前の在日朝鮮人の数はきわめて少数であり、ほぼ全員の名前、職業、滞在地などが判明している。ちなみに、1902年の時点で、北海道には、朝鮮人は小樽と函館にそれぞれ一人ずつ、二人（ともに男性）しかいなかった。その二人の職業は「商業」であり、朝鮮との貿易を生業としていた。このことからも、白井が朝鮮人だった可能性は皆無であると断言できる。

「朝鮮人説」について、興味深い証言がある。前記3人の日本人の一人、ジョージ谷本は、1904年ハワイ生まれで、白井と初めて出会ったのは1935年ぐらいであった。彼は白井と同様に1929年の世界恐慌寸前にニューヨークで脱船し、レストランでコックをして糊口をしのいでいたが、「レストラン・ユニオン」のメンバーになり、そこの会合で白井に出会った。といっても、2、3回ぐらいであった。白井はがっちりした体格で、比較的活動的であって、自分は気後れして白井に近づかなかった。従って、白井とは直接話す機会がなかったが、彼の喋る日本語についてこう述べている。

「ある日本人だけのユニオンの会合で、白井君が中心となって募金をやっていた。皆、生活が苦しく、あまり積極的ではなかった。彼は怒ったように、募金の訴えを始めた。堂々とした話し方だった。男性的というか、ケンカ腰というか、というのも、白井君の顔が青白くて、朝鮮人にとても似ていたので、ぼくも朝鮮人だと思っていた。事実、そういう噂だった。ところが、じっと聞いていると、日本語はとてもうまかった。間違いなく日本人であった」。

管見であるが、白井は、函館生まれであり、札幌生まれの私の印象では、子供の頃には函館というか道南地方の人の言葉はかなり訛っていて、東北弁に近い言葉だったように記憶している。しかも彼は正規の義務教育も満足に受けていなかった。従って、いわゆる読み書きといった言語教育もちゃんと受けていなかった。大人になって、訛の激しい人は標準語使用者の前で寡黙になりがちになる。それが周囲の仲間からパッとしない人物と映ったのだろうと思われる。

それにもう一つ、白井は、当時の「日本人労働者クラブ」のメンバーが置かれていた、白人優位のアメリカ人社会と、ニューヨーク総領事を筆頭とする日本人エリート階級のみで構成する「日本人会」からの二重の被差別に対する裏返しとしての、スケープゴートではなかったか。こうした故なき差別のターゲットになった場合、それに反駁する手段も根拠もない。否定も、肯定もできない。すればするほど差別的攻撃は一層激しくなるからである。ただ、じっと静かに嵐が収まるまで待つか、「日本人労働者クラブ」を脱会するか、このどちらしか方法がない。1929年にニューヨークで脱船するまで艱難辛苦の生活を重ね、上陸後もかさねて辛酸をなめてきた白井にとって、どんなことがあっても「日本人労働者クラブ」は彼の心の拠り所であったのだ。白井はこうした自分に対する二重の差別に対する不満を一切口に出さなかった。

2・3 スペインのジャック白井

1936年12月26日午後3時、穏やかな午後だった。白井ら96人の義勇兵が乗り込んだ、フランスのルアーブル行きのノルマンディ号はニューヨークの岸壁を離れた。彼らを見送る家族や知人は誰一人も来ていなかった。彼らはスペインに行くことを誰にも口外してはならないと厳命されていたのだった。白井が石垣綾子に「さようなら」とたった一言告げたのもそれしか仕方がなかったのだ。

事実、彼らが保持したパスポートには「スペインへの入国不可能」というスタンプが押されていた。

ルアーブル港に着いたアメリカ人義勇兵たち

12月31日、彼らはルアーブルに入港する。入国管理官は彼らにウィンクをするだけで、荷物検査はしなかった。このままパリに直行するのではなく、この港町に丸二日間、港地区の薄汚い安宿に逗留することになった。1月2日、パリの国際旅団義勇兵派遣本部で所定の手続きを済ませ、義勇兵として正式に登録する。わずかな自由時間を過ごし、「赤の列車(レッド・トレイン)」に乗りこんだ。

演説中のアンドレ・マルティ
国際旅団総司令官

1937年1月3日夜、アメリカ人義勇兵はピレネーを越え、スペインへの第一歩を踏んだ。4日未明、フィゲラス郊外の堂々とした中世の城、カスティリア・サン・フェルナンドに着く。ここで、旅装を解いて、各々はニューヨーク14番街の軍の放出品店「アーミー・ネイビー・ストア」で調達した第一次大戦期のアメリカ陸軍の上下揃いを身に着けた。市内行進は十分に訓練してきたので、実にスマートな行進だった。

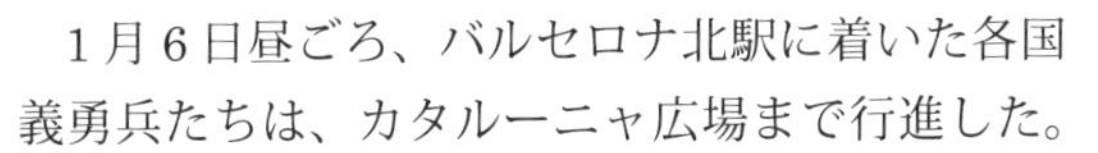

1月6日昼ごろ、バルセロナ北駅に着いた各国義勇兵たちは、カタルーニャ広場まで行進した。アルファベッド順だったので、アメリカ人義勇兵は先陣を務めた。星条旗を先頭に、四列縦隊に組み、最前列の指揮官は45口径のピストルを腰に下げていた。

1月8日午前10時、国際旅団の総司令部と訓練基地の町、あたりが赤褐色になっているアルバセーテの駅に降りたった。この町は、マドリードとバレンシアの中間地点に位置し、叛乱軍の攻撃からも安全な地点であった。

割り当てられた兵舎に入り、個人装備を置いた途端、全員集合の命令が下った。彼らは空腹だったので、さっそく昼食にありつけると期待して中庭に集合した。ところが、国際旅団の創設者の一人で、コミンテルン執行委員アンドレ・マルティ総司令官の演説が始まった。太った、ベレー帽をかぶったマルティは、到着したばかりの疲労気味の義勇兵たちに、歓迎と慰労の言葉というより、大声で怒鳴りつけるだけであった。しかも早口のフランス語で、聞かされたアメリカ人義勇兵には全く分からなかった演説だった。「トロツキストに気をつけろ。政治的裏切り者を断罪せよ」というのが、歓迎の言葉の骨子だったようだ。こんな非常識で乱暴な歓迎を受けて、大部分の義勇兵は驚き、たじろいだに違いない。

ロバート・メリマン大隊長

連日、義勇兵が続々とアルバセーテに到着する。それで、後続のアメリカ人義勇兵たちとともに、アルバセーテ北西66キロの、ビリャヌエバ・デ・ラ・ハラという村に移ることになった。ところが、ここの村人は国際旅団を軽蔑していた。ごろつき野郎だと見做していたのだ。以前この村をフランス人義勇兵が訓練基地として使っていたが、兵舎にしていたサンタ・クララ修道院を大・小便で足の踏み場もないほど汚してしまい、壁には卑猥な落書きが所せましと描かれていた。さらに彼らは村のワインを倉庫から徴発し、酔っぱらって村の女性たちをからかったり、侮辱したのだったという。早速アメリカ人義勇兵たちは大掃除作戦を開始する。真夜中過ぎに終了する。

アメリカ人義勇兵は、この村で、正式に第15国際旅団第17大隊を編成する。2箇ライフル中隊、1箇機関銃中隊、の3箇中隊編制であった。非公式ながら、彼らは、この大隊を「エイブラハム・リンカン大隊」と呼んだ。日増しにアメリカ人義勇兵が流入し、大隊の陣容も充実していった。アイルランド分遣隊もイギリス大隊から別れて転属してきた、彼らはやはりイギリス人との間で民族的、さらに宗教的にもトラブルが絶えなかった、リンカン大隊では、独自の指揮官の下で、「コノリー部隊」という名の小隊を編成した。コノリーとは、1916年のイギリスに対するアイルランド独立の「復活祭蜂起（イースター・ライジング）」の指導的愛国者で、英国軍に処刑された人物だった。これでは、イギリス人とはうまくいかないのは当然であった。

訓練基地での訓練といっても、相変わらずの行進と方陣訓練、それに砂を噛むような匍匐前進訓練だけであり、実際に銃を試射することは全くなかった。

1月下旬に、カルフォルニア大学講師ロバート・メリマンが、留学先のモスクワ大学で経済学博士号を取得してソ連から直接、リンカン大隊に加わる。彼は国際旅団総司令部からリンカン大隊の初代大隊長に任命される。ネバダ大学時代に予備役将校訓練隊で訓練を受けたメリマンは直ちに軍事訓練を開始した。彼は、ヘミングウェイの『誰がために鐘は鳴る』（1940年）の主人公ロバート・ジョーダンのモデルと言われている。トップが揃えば、いよいよリンカン大隊の隊内の部署が整備される。白井は、ニューヨークでコックをやっていたので、炊事兵、それに隣接する部署である兵站部付兵卒となる。彼の直属の上官アル・タンスは、ニューヨークで義勇兵の会合などで白井と親しく付き合った労働組合関係弁護士だった。

2・4　ハラマの戦闘――ジャック白井の初陣

2月6日、叛乱軍がマドリードに新たな攻撃を開始する。つまり、マドリードへの唯一の補給路であるバレンシア公道を遮断するためにマドリード東方のハラマ川の渡河作戦を発動したのだ。翌日、第15国際旅団の3箇大隊がそれぞれの訓練基地から出陣していった。

15日午前、リンカン大隊に必要な装備だけを持って直ちにマジョール広場に集結せよという命令が下達された。この時点で、リンカン大隊は総勢428人になっていた。輸送トラックに乗せられ、アルバセーテの闘牛場に着いた。闘牛場は出陣式場であった。正面に設営されたバルコニーには国際旅団の幹部たちがずらりと並び、まず総司令官アンドレ・マルティが握り拳を高々とかかげつつ、演説が始まる。ついで、数名の幹部の演説と続き、最後に、1台の輸送トラックが到着し、棺のような木箱が下ろされた。直ちにその箱は開けられた。メキシコシティの新聞紙に包まれたレミントンのライフル銃が出てきた。それ以外に旧式のソ連製の銃も出ていた。彼らには初めて見るライフル銃だった。150発の弾丸、第一次世界大戦に使われた脆弱なフランス陸軍のヘルメット、それに全員に渡らなかった銃剣などが各々に支給された。

2月16日夜明け前、リンカン大隊は寒さと疲労にどっぷりつかって、マドリード北東45キロのチンチョン村に到着した。最前線から10キロも離れていなかったこのチンチョン村で、メリマン大隊長は師団長のガル将軍に願い出て、各隊員に5発試射する許可を取り、各兵士は近くの丘に向かって5発試射した。彼らのうち、誰一人として兵役に就いたものはいなかった。従って初めての実射訓練であった。こんなことでヨーロッパ最強のドイツ・コンドル軍団やフランコ将軍指揮下の百戦練磨の「アフリカ軍」と互角に戦えられるのであろうか。イギリス人大隊は一発も試射したこともないまま、最前線に投入されたのである。

ジャック白井はハラマの戦線に到着以来、大隊用の炊事所で炊事兵としての任務に就いていた。この炊事所は、山荘だったので、前線応急手当所として使用されていた。実際に戦闘が始まると、負傷兵が次々と運び込まれ、この山荘は、さながら彼らの呻き声で覆われるようになった。こうした状況下で白井は、「前線に行きたい」「ファシストどもを殺してやりたい」と口癖に言っていたのも、当然といえば当然であった。

バルセロナにおけるスペンダー（右から三人目）

ハラマ川の戦闘は、2月27日の戦闘で、終わった。リンカン大隊が、120人の戦死者、175人の負傷者という多大な犠牲を払ったのだった。攻撃を仕掛けられた叛乱軍の陣地は、そのまま叛乱軍が保持していた。

ハラマ川の戦闘が終了したとはいえ、国際旅団の義勇兵たちは、アルバセーテの旅団基地に戻るのではなく、戦線維持についていた。

3月になり、アメリカ人特派員が前線取材の許可を申請するようになったが、国際旅団当局は何を書くかわからない記者の記者証よりも党員証の方を重要視した。3月9日、最初のアメリカ人記者がハラマの前線を取材した。共産党系の文学月刊誌『ニュー・マッセイズ』のジェイムズ・ホーソン記者である。旅団の幹部たちは、アメリカ人義勇兵たちを大いに讃えた。例えば、ガル将軍は、無人地帯から運び込まれるアメリカ人義勇兵の亡骸は、きまって共和国のシンボルである握り拳をしていた、と述べた。ホーソンは感激してこの与太話を記事にして本国に送った。

翌10日、イギリス共産党員で、「オーデン・グループ」の詩人で、新進気鋭の文芸評論家のスティーブン・スペンダーが「前線訪問団（フロント・ビジター）」として数人のイギリス共産党幹部に案内されてリンカン大隊の塹壕にやって来た。彼は勧められるままに機関銃座に座った。敵の塹壕へ撃つようまわりの兵が促す。彼は眼を閉じて、数発撃つた。「どうか1発もモーロ人兵士に当たりませんように、と祈って」撃ったという。

実は、この日の白井のかすかな様子が書かれている。戦死したアメリカ人義勇兵ボブ・エリオットの残した戦線日誌には、次のような記述がある。

> 3月10日水曜日、雨、日本人の知り合いに会う。詩人スペンダーが訪れてきた。アンソニー・イエーツが身元不祥な同志を連れてきた。その同志

は，非常に長い間入院していたのだ。前線はきわめて静かだった。

この戦線日誌の中の「日本人の知り合い」は紛れもなく白井である。白井は、戦友ボブ・エリオットと何を話したのだろうか。

３月中旬になると、戦線はさらに穏やかになり、敵から見えないハラマ川岸の斜面を使って日光浴をする兵士もいた。後にヘミングウェイと結婚するマーサー・ゲルホーンがリンカン大隊の戦区を取材にきた。塹壕はまるで都会のスラム街の子どもたちが遊んでいる壊れそうな穴倉のようだ、と記している。白井が管理している食糧置場でコーヒーを１杯飲んだ。泥のような味がしたと言っているが、恐らく、エスプレッソ・コーヒーだったのだろう。これでも白井たちは、大隊幹部が歓待した遠来のお客におうばん振舞いをしたのだった。

この頃、リンカン大隊への取材が比較的自由になり、ジャーナリストがマドリードから続々やって来た。その中の一人、ジョセフイン・ヘープストは白井たちの食糧置場兼炊事所に立ち寄った時の様子をこう述べている。

> 大隊の炊事所の庭には、木製のクマ手の下に猫が１匹うずくまっていて、数匹の鶏がぬれた干し草を突っついていた。炊事所の中に入ると、カーキ色の軍服を着た３人のアメリカ人兵士が、白いテーブルのまわりに座って、イモの皮をむいていた。自分は何者かを説明したが、この３人は別段興味を示さずに、ただうなずいただけだった。それで、わたしは、イモの皮むきを手伝ったが、３人は絶えず天候の話をしていた。やがて装甲トラックがやってきて、わたしをリンカン大隊の陣地のある台地へと連れて行ってくれた。

阿鼻叫喚の戦場を体験したリンカン大隊の兵士たちは、自分の都合のいい時に取材に来て、全く安全な場所に留まり、好き勝手のことを喋りまくり、アメリカの読者を驚かすような与太記事をでっち上げるような記者たちを全く相手にしなかった。彼らの書くセンセィショナルな戯言は「自分がやっていない試合に、遠く離れたところでわめき散らすチアリーダーの叫び声に過ぎない」と思っていたのだ。

４月になると、ハラマ川岸の砲弾の跡だらけの斜面にも、きゃしゃな黄色や紫色の花が咲き始める。そのうち、野戦病院や後方の病院を退院した戦友が戦線に復帰してくる。４月５日から数日間、小競り合いが起ったが、リンカン大隊はさしたる被害を蒙らなかつた。この頃、「前線訪問団」の中に、アメリカ共産党副大統領候補で、黒人運動指導者であるジェイムズ・W・フォードが白井と握手をしている写真がある。この写真の白井は、丸顔で、ヘルメットをかぶっている。それもアメリカ陸軍のヘルメットであり、上下揃いの軍服を着ている。またこの写真は白井の前線での写真であって、炊事所の写真ではない。この頃の白井は、ハラマの戦闘時にさかんに言っていた通り、自らすすんで前線維持についていたと思われる。

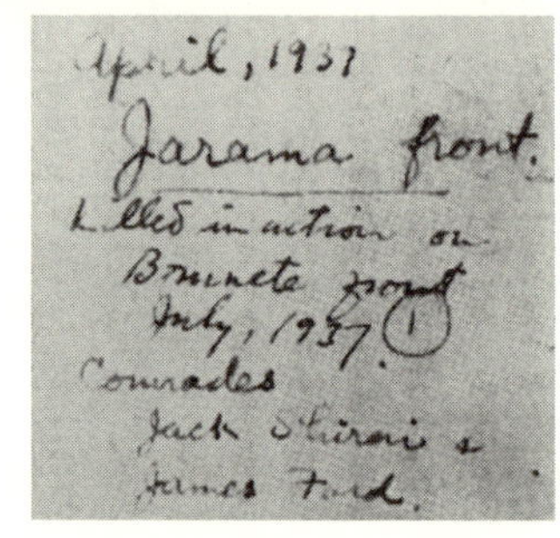

ジェイムズ・W・フォードと握手する白井とその写真の裏面

3月から6月までに長い前線維持の間、リンカン大隊はたった1回だけ、ハラマの前線から離れることができた。4月30日、戦線から近くの、『ドン・キホーテ』の著者ミゲル・デ・セルバンテスの生誕の地アルカラ・デ・エナーレスで、メーデーの行進に参加するためであった。このメーデーの行進はソ連軍の戦車大隊を後援するためだった。寒い教会で一晩過ごしたリンカン大隊は、「パサレーモス（我々は突破する）！」と大きく書かれた横断幕が掛けられている道路を行進しサンディエゴ広場へ入った。この「パサレーモス！」というスローガンが、いままでの「ノー・パサラン（奴らを通すな）！」に代わるものになった。つまり、共和国軍の戦略が、防禦から攻撃に大きく転じたことを意味していたのである。メーデー行進のクライマックスは、サンディエゴ広場での閲兵式であった。リンカン大隊はきちんと気を付けの姿勢をとり、馬に跨った凛々しい師団将校が閲兵した。リンカン大隊の誰一人まったく理解できない言葉の演説が終わっ

アルカラ・デ・エナーレスをメーデー行進するリンカン大隊

前線における
スティーブ・ネルソン（右）

て、再び行進して教会に戻った。

この日、リンカン大隊の士気の弛緩を立て直すためにアメリカ共産党中央委員会から大隊政治委員として派遣されたスティーブ・ネルソンが初めて行進中のリンカン大隊と出会う。

リンカン大隊はハラマの塹壕に戻り、再び、前線維持に就いたが、白井は依然として炊事所から離れていた。ファシストと戦うためにスペインにやって来た、これが彼の一貫とした主張であった。ネルソンの説得ですら聞きいれなかった。食事は日増しに悪化していった。ある日、白井が機関銃中隊の食事の先頭に立っていた。彼がシチューを鍋から取り、皿を鼻の所にもっていくと、「なんとひどい臭いだ！」と叫んだ。いわばこの叫び声が発端となって、炊事所の再建の議論が沸き上がった。ネルソンのスペイン内戦回想録『義勇兵』はこう述べている。

> ジャッキー（ジャック）がその場にいた。彼には聞こえていた。しかし、聞こえないふりをして、皿に盛り付けると、一人離れたところへ行って腰を下ろした。ジャッキーの目は皿に吸い付かれ、顔を悲しげだった。みんなの話は続き、次第に声高くなった。もう狂言ではなくなった。みんなは昂奮していた。（後略）
>
> いっせいに声が起った。――「ジャッキーだ！　ジャッキー白井を推薦する！」「炊事所はごめんだぞ！」と、ジャッキーは言った。「ファシストどもと戦うぞ！　もう炊事所はごめんだ」
>
> みんな激しく熱情をこめて話した。ジャッキーの顔には反応が現われてきた。「そっちで押し付けてきた連中と一緒じゃ仕事にならないぜ」と、彼は言った。「どいつもこいつも愚鈍な奴だ。それに不精ときていやがる。炊事所にはきつい仕事がうんとあるのに、奴らは働きたがらないんだ。奴らじゃだめだね」
>
> 「自分の相棒は君が自分で選んでいい」と、私が言った。
>
> ジャッキーは唇を嘗め、瞬きした。「しかし、大きな戦闘になったら、俺は炊事所にはいないぞ！」と、彼は大声で言った。「俺には立派なロシ

ア製の小銃がある。俺はそれを使うつもりだからな」みんながジャッキーが本気とわかっていたので、とやかく言うのをさしひかえた。(後略)

彼は喝采している連中をにらみつけていたが、そのにらみも次第ににやにや笑いになった。小柄なジャッキーは、立派なロシア製の小銃を背中にかかえて、炊事所の方へ行った。炊事場で何か気に入らないことが起こると、きまって銃を手に取り、もうオサラバだ、俺はファシストどもを撃ちに行く、と宣言するのだった。彼は炊事場ではまことに恐ろしい存在で、みんなのところに食糧を運ぶトラックが遅れて着いたりすると、ひどい悪態が飛び出すのだった。

こうして白井は、晴れてというか、ネルソン政治委員のお墨付きを貰って「銃を持つコック」となったのである。

5月12日、アイルランドの独立運動闘志ジェイズム・コノリーの虐殺21周年の追悼記念集会が、ハラマの前線で行われた。この追悼集会の主催者は、すでに述べたように、イギリス人大隊に配属されていたがトラブル続きのためにリンカン大隊に移籍したアイルランド人のコノリー部隊であった。この部隊史『コノリー部隊』によると、第15国際旅団傘下の各部隊から代表者が臨席した。コノリーを追悼する宣言が読み上げられ、この宣言書に第15国際旅団の幹部たちが署名した。この署名の末部に、9カ国も国名を書きいれた10人の兵士の署名がある。この追悼集会に国際的な連帯を持たせようと意図したのであろう。ギリシア、カナダ、オランダ、と続く。そして7番目の署名は、なんと「J. Shiva (Japan)」となっている。この「J. Shiva」とは、いったい誰だろうか。Shivaとなって

リンカン大隊員。前列左端、白井

ファシズムと戦うためにやって来た外国人義勇兵たち。右端が白井

いるのは、Shiraiと署名した文字をShivaと『コノリー部隊』の著者マイケル・オーリョダンが読み間違えたのだろう。ジャック白井は、確かにこの集会に出席し、この宣言文に署名していたに違いない。

6月17日、リンカン大隊がハラマの戦場を離れる日がきた。初陣してちょうど4カ月、辛苦の116日の戦場であった。想い出深い戦場だった。彼らはその気持ちを託して、《レッド・リバー・バレー》のメロディーに合わせて《ハラマ・リバー・バレー》という替え歌を作詞した。

スペインにハラマと呼ばれる谷がある
それはぼくらが誰でも知りぬいている場所だ
なぜなら、ぼくらの勇気をすり減らしたのはこの場所だから
ぼくらの大事な生涯の大半もまた。

この谷からぼくらは出て行けと命令される
だが、慌ててぼくらにサヨナラと言うな
なぜなら、たとえぼくらは出て行っても
一、二時間もすれば舞い戻ってくるだろうから。

おお、ぼくたちはリンカン大隊を誇りにする
またそれがうちたてた耐久記録を
どうかぼくらのささやかな頼みを聞いてくれ
旅団に、この最後の言葉を伝えてくれ。

君はよそ者たちと一緒では幸せになれまい
彼らはぼくらみたいに君のことが分かるまい
だからこそ、ハラマの谷を覚えておくのだ
さらに、じっと我慢している同志たちのこともまた。

2・5　ブルネテの戦闘、そしてジャック白井の戦死

共和国軍は、後に、マドリード攻防戦の天王山と呼ばれたブルネテ奇襲作戦を立案した。この作戦計画は、ロシア人軍事顧問とスペイン共産党の軍事専門家たちによって立案された。軍団、師団の指揮官は、ただひとりを除いて全員は共産党員であり、師団の指揮官で共産党員でない場合は旅団付政治委員が一

部始終監視することになっていた。この作戦には次のような戦略目標があった。叛乱軍によるゲルニカ絨毯爆撃と制圧（4月26日）、共和国傘下のバスク共和国の首都ビルバオの陥落（6月19日）、さらに攻略日程に挙がっているビルバオ西方のサンタンデールへの攻撃といった叛乱軍北部攻略作戦を牽制するためであり、また叛乱軍のマドリード包囲軍を西側から遮断するためでもあった。

それにこの作戦には、もう一つプロパガンダ的な戦略があった。7月4日から二日間、27カ国から著名な作家や詩人、文芸評論家が集まり、第2回国際文化作家会議がバレンシアで開かれた。ネグリン首相はこの会議の総括司会者となって、「スペインの兵士はスペインと人類の大義のために戦っている」と述べた。ついで、6日の会場がマドリードに移され、会議参加者にマドリード攻防戦における共和国軍の優勢な進撃を見せるためであった。

共和国軍は2箇軍団編制となり、その最高司令官はマドリード防衛評議会議長ホセ・ミアハ将軍が任命された。

白井が所属する第15国際旅団は、ガル将軍のもとで若干の編制替えが行われ、2箇連隊編制となった。第1連隊は、ディミートロフ（ユーゴスラビア人）大隊、2月6日（フランス人）大隊、スペイン人第24大隊。第2連隊は、イギリス人大隊、リンカン大隊、ワシントン大隊（4月下旬に発足）。それの予備部隊に、ワシントン大隊発足後にスペイン入りしたアメリカ人とカナダ人で編制されたマッケンジー・パピノオ（アメリカ・カナダ人）大隊であった。

戦闘は、7月6日、12日、26日としだいに縮小され、最終的決着は叛乱軍の前線作戦司令部駐屯地ブルネテでつけられることになった。

共和国軍は、2箇軍団、5箇師団、総員8万人、飛行機200機、戦車128台、野砲136門の陣容であった。また最前線司令部はエル・エスコリアルに設置された。

7月4日、アメリカ独立記念日。リンカン大隊とワシントン大隊が初めて邂逅する。両大隊が合同して、独立記念日を祝うためであった。

旅団幹部は、新設のワシントン大隊と、ハラマの戦闘で惨憺たる体験を嘗めたリンカン大隊と接触させたくなかったのだ。実

ブルネテ戦線におけるオリバー・ローと白井（前列。白井の頬がこけている）

際に、兄弟で別個の大隊の場合でも実際に会うことは一般に禁止されていた。リンカン大隊の中には不満分子がいてそれをワシントン大隊に感染させたくないという危惧からであった。

リンカン大隊からジャック白井と二人の部下、ワシントン大隊からルー・ツロトニックらが、一緒に特別料理を作った。アルコール類はもちろん禁止だが、タバコは通常の２倍、それにチョコレートがおまけに付いた。

７月６日午前２時、両大隊に出撃命令が下達された。ワシントン大隊が先陣を務め、リンカン大隊がその後方からすすんだ。６時 30 分、作戦通りに砲撃が開始された。正午にブルネテ村を手中に収めた。この初日の戦闘をブルネテの南、セヴイリアヌエボという村に駐屯中のフランコ叛乱軍を取材していた『東京朝日新聞』の坂井米夫記者は、次のように記している。

> ヤグエ、サリケツト、ヴアレラ三将軍の前線司令部を歴訪してナヴアルカルネロから愈ブルネテ戦線へ。セヴイリアヌエボといふ村で凄絶な空中戦を見る。真ツ黒な煙を吐いて墜ちる機、白煙をスーツと曳いて急降下するやうに墜ちて行く機、見る見る火焔に包まれて落ちる機 ―― 一機の後から一機が追ひ、その後からまた他の一機が追ひかける。墜ちると凄まじい黒煙が焔と共に上つて、地面に片手をつき乍ら見てゐる我々の所にまで震動が伝わつてくる。あツやられる！　と思ふと果たして無雑作に墜ちる、あれ程沢山居た飛行機が散りぢりになつて、紺碧の空に無数の白い花が咲いたやうな高射砲弾の炸裂。ブルネテの村落は目の前に見えるがもうここから先へは進めない。傷ついたモロツコ兵が続々後送される。乾き切つた陣地とて両軍の砲撃でグアダララマ連山が見えない程濛々たる土煙り、ここを突破したらマドリツドは片付くではないかとやきもきするが予備が殆んど居ないのでそう思ひ切つた作戦もとれないらしい。ブルネテの村は盛んに燃えてゐる。

７月７日午前７時までに、ビリャヌエバ・デ・ラ・カニャーダ村を完全に制圧する。敵の陣営を奪取したのがこれが初めてだった。800 人ものファランヘ党民兵隊大隊、叛乱軍第 13 師団の補充部隊の全滅、200 人余りの捕虜、多くの機関銃、何百挺ものライフル銃、105 ミリ砲１機、対戦車砲３基などの収穫があった。まさしく「パサレーモス（我々は突破した）！」のスローガン通りの戦闘であった。

緒戦は、先制攻撃側に優勢に展開するものである。

ビリャヌエバ・デ・ラ・カニャーダ村を通過する共和国軍の戦車

7月11日、態勢を立て直し、守勢から反攻作戦に転じた叛乱軍は、ついに制空権を握った。7月8日に黒人の大隊長オリバー・ローが戦死したためにリンカン大隊の臨時大隊長にスティーブ・ネルソンが就任する。それにしても、暑さは窒息させるほど強烈だった。さながら空中から酸素が消えてしまったかのようだった。太陽光線があまりに激しかったので、すべての物体が白色に変わったかのような錯覚を覚えたのだった。

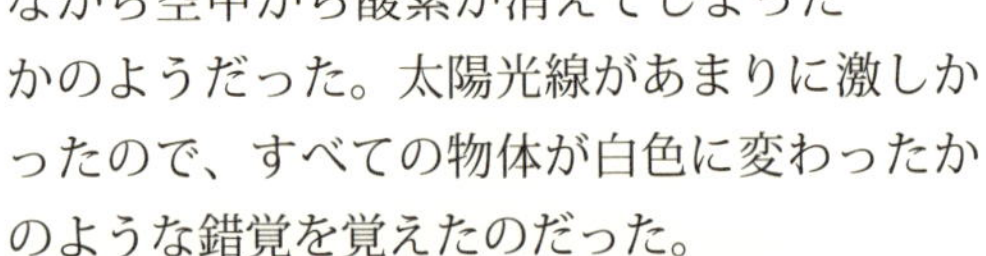

ブルネテ村の入口で休憩中の共和国軍兵士たち

その日の午後は暫らく小康状態が続いた。休憩もしたいが、敵がいつ攻めてくるか見当がつかない。こうした状況で最も勇気と安寧をもたらしてくれるのは、食事、そして水である。

夕方6時頃、夕食が運ばれる頃だった。突如、叛乱軍が再攻撃を仕掛けてきた。今度の攻撃は機関銃部隊だった。それに応戦したのは白井らの機関銃中隊であった。ちょうどその時、下から上がってくる食料車の運転手が敵の機関銃に狙撃されて運転できなくなった。白井のいる塹壕のちょっと手前であった。空腹とのどの渇きにさいなまれつつ応戦している味方の戦友と、もうこれ以上動けない味方の食料車、こうした状況下で白井の運命が決まったのだった。彼の戦死した場所は、ブルネテ北5キロのビリャヌエバ・デ・ラ・カニャーダ村であった。彼の上官であるアル・タンスは、ロサンゼルスの自宅で、わたしのインタビューにこう答えてくれた。

アル　両陣営の間で、突如、攻撃が開始されたのです。戦闘が小康状態になるまで、その場に待機するように伝令が届きました。やがて、ジャック白井が俺行ってくるよ、俺怖くないから、と言って飛び出そうとしました。

ジャック白井の埋葬

ジャッキー行くな、もう少ししたら、われわれも行くから、それまで待機していろ、と誰もかれも叫んだ。ジャック白井は、そうした叫びに無頓着だったのです。彼が飛び出して、ほんの2、3歩進んだ時、敵の機関銃弾が彼の頭を射ぬいたのです。

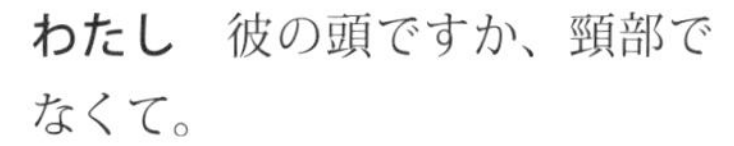
わたし　彼の頭ですか、頸部でなくて。

アル　そう、頭、そして頸部です。ともかく肩より上の部分です。これがジャック白井の戦死の状況でした。

わたし　彼の戦死後、あなたたちは彼の遺体をスペインの大地に葬ったのですか。

アル　そうです。夜になって、私たちはささやかな埋葬式をしました。ほぼ同じ時刻に戦死した7人の戦友とともに。

わたし　埋葬式をもっと詳しく話して下さいませんでしょうか。あなたたちは墓標か何かを建てましたか。

アル　墓標を建てました、私たちは、だいたい同じような墓標を建てました。例えば、ジャック白井の場合で言えば、ジャック・シライ、ジャパニーズ・アンチ・ファシスト、1937年7月11日戦死、彼の勇気を讃えて、というふうに。

わたし　墓標の材料はなんだったのでしょうか、また、その場所はだいたい確認できますでしょうか。

アル　木の端を使いました。その翌日か2日後、両アメリカ人大隊は、他の陣地へと移動しましたので、全く分かりません。

もしかしたら、ジャック白井は、スペインで、こよなく幸せだったに違いない。

彼の37歳（推定）の生涯は、このスペインでの半年あまりの生活のための、いわば助走だったといえるだろう。人種差別もなく、出自の秘密も隠す必要もなく、自分の能力をそれなりに評価され存分に発揮でき、人間的な温もりも感じられるスペイン。この中で暮らしていたからこそ、生まれて初めて地獄のごとき阿鼻叫喚を体験したにもかかわらず、「いつも笑顔をふりまく陽気な男」でありえたのだった。部下思いの黒人の大隊長オリバー・ローと白井の戦死が「このことは忘れまい」（ウィリアム・P・スミス・Jr）という追悼詩となって、第15国際旅団週刊機関紙『自由のための義勇兵』（1937年8月9日付）に掲載されている。この追悼詩は、オリバー・ローと白井の個人的なことには一切触れてはいない。ただ戦死したという事実のみが記されている。

私は聞いた、その夜の君らの嗚咽を。
私は知っている、君らの涙は恐怖のためではなく、
死者のためなのを、君らとともに終日戦った同志が死んだ

半ば判断力を失わせる暑い太陽の下で、
オリーブの根元の小麦畑で、同志は斃れた。
地獄の音と渇き、砲弾と弾丸の
飛び交う音と炸裂音の中で、
同志はやって来た。
水ぶくれの脚や肩をかがめ、
故郷でのんびりと暮らしたいと気ままに考えても、
泣かねばならない。何故なら、オリバーもジャックももはやいない。

この二人を連れ戻すことはできない。
この二人はどこか遠いところに連れ去られ、
生き返ることはあるまい。
だが、次のことは忘れまい――この二人は今だ兵士として生きている。
何故なら、この二人が残した力を受け継ぎ、
この二人が決めた目標に向かわねばならないからだ。
より大きな団結とともに、
全て人間は今や自由でなければならない。
私は聞いている。その夜の君らの嗚咽を、
だが、いつの日か、われわれもこの二人と同じになるだろう。
このことは忘れまい。

ところで、白井の場合、もう一度、10月4日付の同じ機関紙に追悼詩が掲

載されている。「ジャック白井――日系アメリカ人義勇兵、1937年7月、ビリャヌエバ・デラ・カニャーダにて戦死」（D・ルドウィック）というタイトルの詩である。この詩の右側にブルネテ戦線中に撮影した、ほほのこけた白井の顔（本書174ページ写真参照）が載っている。

同志白井が斃れた。
彼を知らない者がいただろうか
あのおかしなへたくそな英語
あの微笑の瞳
あの勇敢な心
エイブラハム・リンカン大隊の戦友は
彼を兄弟のように愛していた。
日本の大地の息子
故郷で食うことができず
アメリカに渡り
サンフランシスコでコックとなった。
彼の腕は最も食通の連中の
舌を満足させた。
1936年の夏
新聞が書きたてた
ヨーロッパで、スペインで
ファシストの狼が殺人者になったと。
ジャック白井はささやかな荷物をまとめた
人間の権利を守るために
戦っているスペイン人民を助けようと
アメリカから馳せ参じた
最初のグループの一人だった。
弾丸がうなりをたてて飛び交い
猛烈な銃弾が炸裂するとき
リンカン大隊の青年たちは
ジャック白井を見つめた。
かつて（ハラマ戦線）
彼は後方の野戦病院へ

炊事兵として派遣された。
傷病兵たちからも
村の農民たちも、遠い所からやって来た
この日本人のことを話題にした。
だが、ある日、彼は戦線へ
最前線へ逃げ戻って来た。
味方が、マドリード包囲軍を
北方から突破した。味方が、
ブルネテからビリャヌエバ・デ・ラ・カニャーダを急襲した時
彼はその最前線で戦っていた。
燃えさかる町々の焔の舌が夜空を照らし
炸裂する弾丸と砲弾の轟音が
耳をつんざいた時
ジャック白井は斃れた。
自由を求める人民軍である
エイブラハム・リンカン大隊は
さらに日本の労働者階級は
彼のことを決して忘れないだろう。

追悼文は死者に対する賛美や敬愛の言葉で飾られているのが通例である。それ故、こうした美辞麗句を捨象しても、この追悼詩には、白井らしい人柄が如実に浮かび上がってきている。ともあれジャック白井は、一兵卒に過ぎなかった。それなのに2回も追悼詩が書かれていること自体、戦友の間ではその欠落感が途轍もなく大きかったことがうかがえる。

この追悼詩が掲載されている同じ紙面の左半分には「スペイン人詩人の死」という長い記事が載っている。それは、すでに述べたように1936年8月17日、故郷のグラナダでファシスト暗殺団に虐殺されたフェデリコ・ガルシア・ロルカの殺害の目撃談である。ロルカの肖像画がついている。

結局、ブルネテの戦闘は、7月24日、叛乱軍がブルネテを制圧することで終了する。共和国軍は推定戦死者2万3000人、戦闘機と爆撃機の損失はほぼ100機などの犠牲を払い、16キロの戦線に沿って奥行き7キロの地域を獲得した。一方、叛乱軍側は1万7000人の戦死者を出し、23機の戦闘機や爆撃機を失い、北部のサンタンデール攻略を延期したものの、マドリード包囲網は

『ヴァガボンド通信』(改造社、1939年）表紙

そのまま確保することができた。いつもながら、ともに両軍は勝利したと宣言した。それにしても、わずか20日間で両軍合わせて約4万人もの戦死者を出した戦闘は、スペイン内戦の数ある激戦の中でも、もっとも凄惨な戦闘の一つであったろう、屍山血河をきずく戦闘と言っても過言ではない。

ジャック白井の戦死は、その2年後の1939年に、我が国で活字となって紹介されていた。『東京朝日新聞』の坂井米夫記者が1937年6月にリスボン経由でほぼ3カ月間叛乱軍側を取材してまわり、一旦パリに戻り、そこの日本大使館で今までのパスポートを返上し、新しいパスポート交付してもらい、スペイン共和国大使館で取材ビザを受け、今度は共和国側に入ったのである。スペインで干戈を交えている両陣営とも、スパイ摘発に専念していたために、新聞記者といえどもその例外ではなく、従ってヨーロッパの大手の主要新聞社は、両陣営に別々のベテラン記者を派遣して取材させていたのである。私見であるが、両陣営を一人の記者が取材して回ったのは、恐らく、坂井米夫くらいであったろう。

坂井は、共和国の「首都」であるバレンシア近郊のアメリカ系野戦病院を取材中、重体のイタリア人義勇兵からブルネテ戦線での「日本人義勇兵の戦死」の噂を耳にする。ついでカステリオンで入院中の中国人義勇兵から、「日本人義勇兵がブルネテで戦死した。皆彼を尊敬していた。偉い男だった」とはっきりと聞かされる。取材ビザの有効期間も切れそうであり、どうしても白井の影さえ捕まえることができない。万策尽きてついにフランスに戻ろうとバルセロナに滞在中、そこで偶然にも、白井の上官と出会う。

> 米人で編成してゐる国際義勇軍リンコルン・バタリオン第一中隊長ローア大尉と会つた。アラゴン戦線から何かの用事で来てゐるのだ。ブルネテで戦死した日本人は知らないかと聞くと、一瞬凝つと僕の目を見つめてゐたが、「それを知つてどうするのか」といふ。「日本へ報道するのだ」。「これだけは言はふ。彼は最も勇敢な偉い同志だつた。七月十一日午後一時頃、ブルネテ戦線で敵のシヤープシユータ（狙撃兵）に殺された。これ以上は彼の郷里の遺族が迷惑するから言へない」「中隊は？」「僕の中隊」「墓は

何処にある？」「ブルネテ西方」「君と一緒に米国から来たのか？」「今年の一月、スペインへ来た」「金銭問題其他に於て日本人の恥になるやうなことはなかつたか？」「何？　彼は米国で高給をとつてゐたコツク長のジヨツブ（仕事口）を捨ててやつて来た立派なコンミユニストだ。私行上の欠点がある筈はないぢやないか！」
「どういふ風にして戦死したのか？」（中略）「誰からも好かれた男で、子供を非常に可愛がつてゐた。機関銃射手として各地に転戦し、その日はブルネテ激戦の五日目だった。塹壕は半分しかない。物凄い空爆に次ぐの空爆、砲撃また砲撃で食料も水もとりに行けないのだ。一寸でも頭を出したら直ぐやられる。彼が気軽に『俺が行かう』と立ち上つた途端にここ（頸部）を撃たれて即死したのだ」「名前は？　年は？」「コムレード〔同志〕・ジヤツク、三十五六歳――」

繰り返しになるが、これが、我が国に知らされた、最初のジャック白井の情報である。この年の12月1日に日本政府はスペイン共和国と国交を断絶し、叛乱軍のフランコ政権を正式政府として承認した。そのため、東京に「2つのスペイン公使館」が設置されることになり、新聞紙上で話題になった。

その翌1939年、『ヴァガボンド通信』が出版された。あの軍事ファッショ体制の真只中でこの種の本がよく出版されたものだと驚くのは私一人ではあるまい。

ジャック白井は、東京の青山霊園の「解放運動無名戦士墓」に1966年の第19回合葬の折に、彼の名前が刻まれて合葬された。この合葬には二人の推薦者が必要なのだが、不思議なことに、ジャック白井の場合、そこは空欄となっている。これこそ、ジャック白井らしいと言えるのかもしれない。

参考文献

川成洋『資料・30年代日本の新聞報道――スペイン戦争の受容と反応』彩流社、1983年。
――――『スペイン歴史の旅』人間社、2002年。
――――『スペイン戦争――ジャック白井と国際旅団』朝日新聞社、1989年。
――――『ジャック白井と国際旅団――スペイン内戦を戦った日本人』中央公論新社、2013年。
――――『幻のオリンピック』筑摩書房、1992年。
――――『スペイン――光と影の出会い』教育社、1991年。
――――『スペイン――その民族とこころ』悠思社、1992年。
――――『スペイン内戦――政治と人間の未完のドラマ』講談社学術文庫、2003年。

川成洋・奥島孝康編『スペインの政治――議会君主制の「自治国家」』早稲田大学出版部、1998 年。

坂井米夫『ヴァガボンド通信』改造社、1939 年。

――――『動乱のスペイン報告――ヴァガボンド通信・1937』（川成洋編）彩光社、1980 年。

三輪公忠編『日本の一九三〇年代――国の内と外から』彩流社、1981 年。

斉藤孝編『スペイン内戦の研究』中央公論社、1979 年。

スティーブ・ネルソン『義勇兵』松本正雄訳、新日本出版社、1966 年。

ジョージ・オーウェル『カタロニア讃歌』橋口稔訳、筑摩書房、1970 年。

Harry Fisher, *Comrades: Tales of a Brigadista in the Spanish Civil War*, University of Nebraska Press, 1998.

Micael O'Riordan, *Connolly Column: The Story of the Irishmen Who Fought in the Spanish Republic 1936-1939*, New Books, 1979.

The Commissariat of War, XV Brigade, *The Book of the XV Brigade: Records of British, American, Canadian, and Irish Volunteers in the XV International Brigade in Spain, 1936-1938*, The Commissariat of War, XV Brigade, 1938.

第6章

中国において「南京大虐殺」は いかに記憶されてきたか

王 暁葵

はじめに

2001年に中国史家古厩忠夫氏の「『感情記憶』と『事実記録』を対立させてはならない」という論文が『世界』に掲載された。この論文は、孫歌氏、溝口雄三氏たちが中国人の日中戦争の「感情記憶」を学問的「文献史学の基準」の手順で排除しようとする日本の一部「事実記録」にこだわる学者の批判への反論でもある。古厩氏は、日本において「感情記憶」の不明瞭さが「南京大虐殺」を否定する修正主義に口実を与える危険性があると指摘し、「感情記憶」と「事実記録」の二つのフィールドを大切にしなければならないと強調した。また、日本人も戦争に関する「感情記憶」があり、それは「加害」への反省は不十分とはいえ、広島・長崎・沖縄を通じて体得した「戦争はもう御免だ」という日本人の「感情記憶」は、「加害」の責任を認識していく道筋であると主張し、ヒューマニズムを基盤にして、日中双方が自他の相違性や差異性を明確に認識し、相手の考えを理解することは意義があるといっている★[1]。

ここで提示された「感情記憶」と「事実記録」という対置概念は、戦争記憶をめぐる対立の本質をみる際に有効であると思われる。日中における対立の焦点は、時には「事実記録」(例えば南京大虐殺の被害者は20万か、30万か)にあるが、より多くの場合、それは「感情記憶」の齟齬によるものである。あるいは、「感情記憶」VS「事実記録」という構図で表れる認識の「ズレ」である。したがって、お互いに相手の「感情記憶」がどのように形成されたのかを知ることが重要となる。

本論では、中国における南京大虐殺についての「感情記憶」形成のプロセスを検証したい。記憶とは本質的に感情を伴うものである。小関氏が言うように、記憶は「あらゆる人々が過去に関して抱く知や思いのアンサンブル（ensemble）である。こうした記憶の営みはいずれも表象行為である。すなわち、数え知れぬ過去の出来事の中から、現在の想像力に基づいて特定の出来事を選択し呼び起こす行為、表象を媒介とした再構成の行為である。記憶とは過去の出来事の単なる貯蔵としてではなく、現在の状況に合わせて特定の出来事を想起し意味を与える行為として理解されねばならない」★2。

つまり、記憶とは、過去に対する喚起・再構築・意義付け及びそれを表象化する行為であり、この行為は主体の「現在」の状況に合わせて行われるという特徴がある。では、「南京大虐殺」の記憶の形成における様々な主体の「現在」とはいかなるものだろうか。

1 「南京大虐殺」記憶化への道のり

南京大虐殺は、日中戦争初期の1937年12月に、日本軍が中華民国の首都南京市を占領した際、約6週間から2カ月にわたって中国軍の捕虜や一般市民を不法に虐殺したとされる事件であり、中国語表記は「南京大屠杀」となっている。

1・1 1937-1945年 報道の拡散

日本軍が南京を占領した直後、中国系のマスコミは直ちに南京城内で起こったことを報道した。1937年12月22日国民政府系の中央通信社は次のように報じた。「日本軍は入城部隊の組織的な略奪を放任し、さらに強姦や大規模な虐殺も行った。4日間に殺害された者は約5万人。日本軍は難民区にも侵入し、すべての若い男性を軍人とみなし、全員を銃殺した。現在、南京は死の町となった」★3。

ほぼ1カ月後の1938年1月23日、民間紙の漢口『大公報』は、「恐怖の中の南京、凶暴の敵の放火・略奪は止まらず、外国記者の取材は禁止」★4というタイトルの記事を発表し、その後1938年3月30日にも、重慶の『大公報』にも次のような報道が掲載された。「敵は南京で我々の同胞を殺害している。赤十字会だけで埋葬した死体は23万体を超える」★5。

共産党系の『新華日報』は1938年1月から5月まで、南京大虐殺について十数本の記事を掲載した。例えば、3月9日の報道では「日寇南京での獣行」、「13日朝、敵大部入城、全市悲惨黯淡、恐怖の状態に陥った。日本軍が放火、虐殺、強姦、略奪」、「十数日間、死者は6、7万に上る」★6などとある。

1937年9月には、福建省福州市にて創刊された旬刊誌『閩政与公余』も、1938年1月に「陥落後の南京」という題の記事を掲載し、その内容には「壮士が虐殺された」、「グランドは屠場となった」、「婦人はレイプされた」などとあった。他にも、湖北省武漢市の『武漢日報』は1938年3月28日、29日に「敵に占領された南京」を掲載、サブタイトルは「南京城内は血の海となった」、「このような『皇軍』の野外勤務」、「幾多の略奪と圧迫」など、日本軍及び傀儡政権による虐殺・レイプ・略奪などの例を挙げて報道した。

当時の南京は日本軍に占領され、中国の記者は直接取材することは極めて困難であったため、その情報源は西側の報道によるものが多かった★7。その内容は「南京は死の町となった」、「全市悲惨黯淡、恐怖の状態に陥った」などのように、概略的な表現が多く、死者の人数は5万、6万、7万、23万などと異なっていた。

1938年4月以降、南京から逃れた一部の避難民の口述が次第に中国メディアに登場した。南京陥落後の実態は、避難民の口からもたらされたのである。

広州の『救亡日報』社は、1938年4月に『獣軍獣行』というタイトルの証言集を出版した。その中には次のような証言が収録されている。「南京虐殺の時」に病気で逃げ遅れた市民の体験談や、彼の友人の17歳の妹が家でレイプされた後、無残な形で殺害され、一緒にいた4歳の友人の娘も、胸と腹を刺されて亡くなったことなどである。「一人レイプされた少女の告白」では、ある難民区に逃げ込んだにもかかわらず、日本軍に拉致されて、レイプされた少女は自分の軍人の婚約者への手紙のなかで、「汚された」自分を許してほしい、自分のため、同じ運命にさらされた南京の女性たちのために、前線で必死に戦ってほしい、と悲痛の叫びを綴っている。また、広州の戦時出版社が1938年4月に出版した『血債』にも類似の内容がある。

1938年7月、漢口の『大公報』には、南京政府職員の李克痕の「淪京五月記」が連載された。李氏は片方の足に障害があり、家には63歳の母親と重病の妻がいるため、南京陥落の際には城内に留まった。後に妻が亡くなり、彼は乞食をしながら難民区に入り、一命を取り留めた。1938年6月に彼は南京から脱出して、療養中の湖南省の農村でこの半年にわたる自己の見聞を「淪京五月記」に記した。その内容は「敵は南京を占領後、略奪・放火・レイプ・虐殺を同時に行っている。中華門・通済門・光華門辺りでは、虐殺はさらにひどい。市民の死者は数え切れなく、年寄も逃れない（年寄りも〔虐殺を〕免れない)。街中の至る所に死体が溢れている」★8 というように、日本軍の「獣行」を赤裸々に記した。

これを掲載した漢口『大公報』は、7 月 21 日に「『淪京五月記』を読む」という社評を発表し、この文章を次のように評価した。「李氏の文章は、文学的な修飾はなく、作文技法にも長じているわけではない。事実そのままを表現している。我々はこれを読む時、全身の神経は痙攣し、悲憤の気持ちを抑えることができなくなる。我々は古今国内外の戦争に関する歴史書を多く読んだが、このような残虐極まる内容が記された記事を目にしたことはない」★9。

1938 年 8 月、西安の『西京平報』は、中央軍官学校教導総隊営長である郭岐の「陥都血泪録」を連載した。郭岐は軍人として南京防衛戦に参加し、南京陥落の際に脱出できず、3 カ月間市内に潜伏した後、偽装して脱出することに成功した。

この「陥都血泪録」は彼の見聞録で、その内容は捕虜の集団虐殺、12 歳の少女から 80 歳の老婦人までレイプされたことなど、極めて衝撃的なものである。これは戦後の南京審判において、谷寿夫を起訴する際に、法廷の要望に応じて提出された。その中の 5 万字ほどの内容は証言として採用され、判決の確定にも役立てられた。その中には日本軍が悪戯で、若い男性を脅迫して自分の母をレイプさせる内容も含まれている。

上海の文学雑誌『宇宙風』も、上海租界のアメリカ系の新聞『大美晩報』(*Shanghai Evening Post and Mercury*) 記者の林娜が書いた「血涙話金陵」を掲載した。林は南京陥落後､危険を冒して自ら上海から南京へ取材に行った。彼女は金陵女子文理学院宿舎総監を務める程瑞芳の紹介で、密かに南京市内の清涼山下にある国民政府高官の白崇禧が所有する別荘の管理人の覃瑞義をインタビューした。覃瑞義の口述を記録する形で記事を作成し、「金陵血涙実録」の題名で『大美晩報』に連載した。その後､著名な文学者林語堂が主宰する『宇宙風』に『血涙話金陵』と題名を変えて、再発表した。その中で、「日本軍が入城してから私が脱出する 5 月 20 日までに死体の埋葬作業はずっと続いている」★10 と証言し、傀儡政権の動きや市民の抵抗の事実も書かれた。

1938 年 7 月に、南京守城部隊軍医の蒋公穀の『陥京三月記』が武漢で出版された。蒋氏は南京陥落後、城内に 2 カ月間身を隠して、直接虐殺を目撃した。彼は自分の見聞を日記の形で記録した。例えば、「(1938 年) 2 月 13 日、金陵大学女子収容所、しばしば日本軍にレイプ・略奪されたため、アメリカ人は日本側へ抗議し、毎晩特別駐在員を派遣してくれた。（中略）城内至る所に死体があり、特に水たまりや空き家には多くみられる。数日前から赤十字会による埋葬作業がはじまり、金銀巷金大農場に、深い穴を掘り、死体を重ねて入れ土で埋めた。聞くところによると、死体の登録番号はすでに12万まで上った」★11。

「2月17日、城内の4千人ほどの保安隊は、毎日若い市民を捕まえ検問する。軍人と疑われる者は毎日数千人があり、全員下関まで移送され、機関銃、手りゅう弾等で殺害された」★12。

以上のように、南京が占領された直後、国民党系・共産党系・民間のメディアは、ほぼ同一の内容を報道しており、そうした報道機関は重慶・漢口・上海・広州・福州など国民政府が支配する地域に及んでいる。

この段階での記憶の特徴は、「南京真可惨、殺人殺了幾十万、屍骨堆成山」（湖南民謡。和訳：南京はほんとうに悲惨だ、数十万人が殺され、死体が積み重なって山のようだ）★13のように、被害の惨状を感性的に叙述するという「感情記憶」であり、死亡人数や損失状況についての詳細な検証は出来ていない。つまり「事実記録」は不十分ともいえる。

1・2　1945-1949年「事実記録」の収集・被害者の救済・死者の慰霊・記念施設の建設

1945年、抗日戦争勝利後、戦後審判の一環として、南京国民政府は「南京敵人罪行調査委員会」、「南京市抗戦損失調査委員会」、「南京大虐殺案敵人罪行調査委員会」を設立し、被害調査を行った。

1945年12月13日に、国民党の機関紙の『中央日報』は「南京大虐殺記念特集」を掲載し、「忘れてはいけない日」という社説を発表し、「8年前の今日、我が首都南京は陥落し、この日の朝から、日本軍は残虐極まりない虐殺を行った。（中略）虐殺された同胞はどのくらいいたか、詳細の数字はまだないが、25万は下らないだろう」★14と、被害者の人数は25万人以上にのぼると推測した。

1945年12月21日、『中央日報』が「国民政府主席行轅秘書処が南京市民虐殺被害陳情の受付を行うとする公告」を公表した。それは、国民政府主席の蒋介石の名義で南京市民に被害状況の陳情を呼びかけるもので、具体的には12月21日から23日まで、南京市内の五つの郵便局に特別木箱を設け、市民の投函を受け入れた。蒋介石はこの公告について次のように述べた。「私は、我が同胞が当日の虐殺の被害及びその後敵の支配の下で受けた被害のすべてについて、詳細な事実を知りたい。（直接の被害者ではなくても）正義感に基づき、目撃した事実の告発を歓迎する」とし、さらに「一旦事実として認定されれば、必ず加害者を戦争犯罪人として告訴し、あるいは漢奸条例に基づいて、厳罰に処する」★[15] と約束をした。

1946 年 1 月 6 日『中央日報』は、この市民の被害陳情の結果を報じた★[16]。それによると、全部で 1036 件の陳情があり、その内訳は被害によって生活が苦しくなり、賠償や救済を求めるものが 279 件で、320 件は戦争中の占領軍の悪行を告発する内容で、内 67 件は南京大虐殺中の日本軍の暴行であり、その内容はとても残虐で、読んでいられないほどであったという★[17]。

1946 年 2 月 17 日に、上海『大公報』は「南京大虐殺の第一期調査は完了、遭難した同胞は約 30 万」と報道し、南京大虐殺という言葉と 30 万という被害者の数字は、次第に中国国内で定着していった。

被害調査と同時に、慰霊祭・追悼式・記念物の建設なども提案された。政府は 1947 年 12 月 13 日から、この日を「京市忠烈記念日」に指定し、1947 年 12 月 13 日午前、南京市臨時参議会及び南京政府機関・団体・学校代表は毗盧寺において「首都陥敵殉難忠烈同胞記念大会及公祭典礼」という追悼式典を開催した。国家元首の蒋介石は「永念国殤」という題辞を揮毫した。南京市長沈怡はこの追悼式典において次のように述べた。「首都陥落からすでに 10 年が経ちました。我々は、10 年後の今やっと殉難同胞を追悼することができます。とても悲しいですが、彼らの魂はこれで安らかになることができ、うれしいことでもあります。（中略）この歴史上の痛ましい日、わが南京市民は絶対に忘れてはいけません。また、全中国の国民も記憶にとどめるべきです。私は、これから南京だけではなく全国においても、この日を記念すべきだと思います」★[18] と、南京大虐殺の記憶を中国の全国民が共有すべきであると強調した。

また、公立記念施設の建設について南京市臨時参議会から市政府に提案されたが、内戦に突入したため実現しなかった。だが、民間の記念施設が建設された例がある。それは、1946 年 9 月揚子電気株式会社が構内で虐殺された 45 名の従業員のために建立した「殉職工友記念碑」である。その 1947 年 4 月 17 日に完成した碑は、45 名の死者の名前と次のような碑文を刻んでいる。

殉職工友記念碑碑文

中華民国26年8月、滬戦（訳注：第二次上海事変）が勃発し、11月に終結した。首都は危機に陥り政府機関は撤退した。本発電所は命を奉じ電力を供給するため、100人を超える工員が志願して留まった。12月13日深夜1時、日本軍が光華門発電所を攻め落とした。留まっていた工員は状況が緊迫したため送電停止を余儀なくされた。翌朝6時、工員たちは煤炭港英商記洋行に避難した。

翌日、敵軍の捜索によって川辺で拘禁され、同時に数千人が逮捕された。苦難の脅威と、飢えと渇きの苦しみで2昼夜を過ごし、本発電所で助かったのはわずか5人だった。15日夜、敵が機関銃で掃射し多数の工員が死亡した。わが工友犠牲者は45人、負傷したが致命傷にはならなかった者は2人だった。

総経理藩銘新は、記念の旗を立て、犠牲となった工友の氏名を記憶し忘れないため、石碑に文字を刻むよう命じた。それをここに記す。

首都電廠廠長陸法會　中華民国35年9月19日★19

この記念碑は、後述するが、1951年に改築され、碑文は新たな政治状況の変化によって書き換えられた。

この他にも、南京市中央門外張王廟にある広東山荘墓地構内に、戦死軍人のために民間人が建設した記念墓碑「抗日粤軍烈士墓」がある。碑文のタイトルは「先傷後亡，驚怒吾邦。無以厚葬，是為国殇」で、碑文は、

1937年、中外（国内外）を震撼させる“八一三”★20戦役が勃発。我が広東籍の兵士は血を浴びながら奮戦し、死傷者が多かった。負傷者の多くは、南京城内八府塘後方医院に入院し、治療を受けた。この年の12月13日、日寇は南京を占領、病院の傷兵を全員殺害した。彼らの遺体は後に広東同郷会によって山荘内に埋葬され、2000年7月、中華民族の精神を高揚し、後人を激励し、烈士の英魂を慰めるために、広東山荘理事会は資金を集め、烈士霊園を再建することを決定した。

抗日粤军無名烈士永垂不朽。公元二〇〇〇年十二月再建

南京の学者孫宅巍の調査によると、ここで埋葬された74人は、国民党軍広東出身の傷病兵士で、そのなかの50人余りは、1937年南京陥落以前に日本

軍の空爆で殺害された入院中の傷兵で、その他の約20名は南京陥落後に病院で殺害された傷兵である。しかし、彼らの関連資料は文化大革命の時に、「国民党軍」のものであるという理由で、すべて毀損された★21。

以上のように、戦後から1949年の内戦終了まで、政府主導の調査や民間の自発的な記録作業などによって、南京大虐殺についての「事実記録」は、戦中より大幅に増加した。特に東京裁判と南京裁判によって、多くの虐殺の事実が明らかにされた。こうした事実は、マスコミの報道によって中国全土に知らされ、中国人の戦争被害意識や日本軍への憎しみをいっそう増幅させた。これは今でも存在する中国の人々の日本に対する「感情記憶」のベースとなっている。

図1　抗日粤軍烈士墓（出典：注21）

一方、さまざまな問題もまた残された。戦争犯罪人の裁判に伴い、虐殺の被害状況の調査はある程度は行われたが、決して十分とは言えなかった。例えば、市民被害陳情の受付期間はわずか3日間で、受け取った陳情文は1036件しかなかった。また、死者の慰霊及び遺族、被害者の救済なども、不十分なまま放置された。

このような状況を生み出した最も大きな理由は、終戦直後に国民政府が共産党との内戦に突入し、被害調査などをする余裕がなかったためである。南京市臨時参議会南京大虐殺案調査委員会は1946年7月に設立されたが、9月末に任務完了を宣言し、多くの課題を残すこととなった。

1・3　1949-1982年　記憶の再編と封印

1949年10月1日に、中華人民共和国の建国が宣言され、中国と西側の関係は大きく変化した。もともと同盟国であったアメリカは敵国となった。共産党新政権は、中国対日本という「民族対立」より共産党対国民党の「階級闘争」を当面の主要任務と認識し、台湾に敗退した国民党政権との戦いを優先していた。特に、1950年に朝鮮戦争が勃発すると、中国はアメリカへの敵対意識を高めるために、国民の対日の憎しみをアメリカへの敵対心とリンクさせた。

劉燕軍の研究によると、1950年前後の中国における宣伝活動は、以下の論理で展開されていた。

一、被害者を動員して、日本軍の暴行を告発させる。

二、すぐにアメリカ、日本、国民党政権を一体のものとして（アメリカ・日本・国民党政権を一体のものとしてみなした）、従来アメリカ人などの西洋人は南京で難民救助などを行ったため、高く評価されていたが、日本軍の協力者として、虐殺に加担する悪魔とされるようになった。

図2　1951年6月15日に再建された「死難工人記念碑」（旧名は「殉職工友記念碑」）（出典：注19）

三、戦意を昂揚させて民族のプライドを維持する必要があったため、被害の悲惨さが封印され、（敵対勢力に対して）抵抗する事例が大きく取り上げられた★22。

南京大虐殺をめぐる叙述は、政治的な思惑に左右されていた。その一例として、上述の揚子電気株式会社構内にある「殉職工友記念碑」は取り壊され、新たに再建された。名前を「死難工人記念碑」とし、その碑文は以下のように書き換えられた。

> 1951年6月15日この記念碑を建てる。国民党軍と日寇によって迫害され死亡した工員兄弟45名、及びアメリカ、国民党軍の飛行機爆撃によって英雄的に殉職した同志2名を記念し、わが発電所工員が建立するものである。
> 1937年冬、日本軍の南京攻撃前夜、反動官僚資本家宋子文とその共犯者藩銘新らは、私有財産である楊子公司首都電廠を守ろうと、騙し、脅し、利で誘うという手段を駆使し、われわれ工員に彼らの代わりに命を捨てて留まるよう迫った。当時家族を連れて撤退するつもりだった工員李春江は、この悪人の手先に残るよう強要された。妻は夫に避難することを相談したかったが、この犬どもに阻まれ、夫妻は会うことを許されなかった。
> 12月18日、南京が陥落して5日目に、足止めされていた工員のうち李春江ら45人が日寇の憂き目に遭い殺害された。そのとき、国民党軍の反動首領とその手先の犬はとうに四川と香港へ逃げていた。彼らはそこで日寇に祖国を売り投降する陰謀を画策していた。
> さらに憎むべきことに、抗日戦争勝利後、羽振りがよい潘銘新は再び欺く

> 手段を使って、偽善的行為としてわれわれの犠牲工員兄弟の記念と称し、発電所内の旗の台座に碑を建てた。しかし、彼の目的はわれわれ労働者の階級的恨みを麻痺させ、われわれ工員の闘争の意志を弱めることであった。このような行動は、陰険かつ悪辣であること極まりない。
> 毛主席と共産党がわれわれを解放してくれたことに感謝する！　数年来、毛主席と共産党の育みと教えの下、われわれ労働者の階級意識はあまねく向上し、皆は反動統治者の残忍さを明確に認識した。ゆえに、今年3月、反革命分子を鎮圧する群衆大会において、全職員は声をそろえて雄叫びをあげた。「われわれは反動派が残した碑文を取り除く。迫害によって死んだわれわれの兄弟たちに二度と冤罪の侮辱を受けさせないぞ！」皆は本当に悲しみに憤りながら一人一振りし、われわれ工員を侮辱する旗の台座を打ち砕いた。
> そして、われわれ労働者階級が手に入れた輝く勝利の紅旗の台座の下、われわれ労働者階級自らの力で、迫害され、搾取され、犠牲となって死んでいった兄弟たちを慰め、記念するため、歴史的意義のある記念碑を建立した。
> 碑を建てるにあたり、同志たちは一致してこう提起した。1950年2月28日、アメリカ、国民党の飛行機がわが発電所を爆撃したとき、持ち場の仕事を守り抜くため命を捧げた名誉ある張余海と趙春富の同志2名を追想し、彼らの革命的英雄行為は永遠に不滅であることを記念する。われわれは謹んで尊敬と痛惜の念をもって、この記念碑に彼らの名前と事績を記す[★23]。

もとの碑文は比較的に単純であり、被害者の遭難の経緯を説明した上で、記念碑を建てる目的は、虐殺の被害者を追悼し、事件を記憶に留めることにあった。加害者は他でもなく、「敵」の日本軍である。

ところが、新しい碑文は、記念の対象が虐殺の被害者だけではなく、「国民党軍と日寇によって迫害され死亡した工員兄弟45名、及びアメリカ、国民党軍の飛行機爆撃によって英雄的に殉職した同志2名」となり、国民党軍・日本軍・アメリカが加害者として列挙されている。

また、被害の経緯について、「反動官僚資本家宋子文とその共犯者潘銘新ら」が加害の主体となり、日本軍についての表現は「日本軍の南京攻撃前夜」としてその背景となった。事件の中心とするべき日本軍の虐殺について、「日寇の憂き目に遭い殺害された」というわずかな文言だけで、あとの長文は国民党や資本家を断罪する内容となり、しかも総経理の潘銘新が旧記念碑を建設した目的は「われわれ労働者の階級的恨みを麻痺させ、われわれ工員の闘争の意志を弱めることである。このような行動は、陰険かつ悪辣であること極まりない」とされた。

このように、本来南京大虐殺の記憶表象としての「殉職工友記念碑」が、反アメリカ・反国民党の表象としての「死難工人記念碑」に代えられ、記憶の中心が「中国対日本」という民族対立から「共産党対国民党」、「無産階級対資産階級」という内容へと改編された。この時代の「感情記憶」は碑文にみられるように「反革命分子を鎮圧する群衆大会において、全職員は声をそろえて雄叫(おたけ)びをあげた」、「われわれは反動派が残した碑文を取り除く。迫害によって死んだわれわれの兄弟たちに二度と冤罪の侮辱を受けさせないぞ！」、「皆は本当に悲しみに憤りながら一人一振りし、われわれ工員を侮辱する旗の台座を打ち砕いた」などのように、憎しみの対象は国民党資本家という「反革命分子」であった。

この時期の教科書にも共通の傾向がみられる。日本軍の暴行はよく「国民党の不抵抗政策」とリンクして、「国民党軍の大敗退」の項目の下に簡略的に紹介されている★24。

一方、「事実記録」については、一定の範囲で残っている。中学校の教科書には、虐殺の記述を確認することはできた。1957年に出版された高級中学校の教科書に「12月13日に、南京陥落、日本侵略軍は平和に暮らす住民に残虐極まりない殺害、レイプ、放火をした。それは1カ月あまりにわたり、被害者は30万人下らない」★25と記述された。

大学などの研究機関による調査も、小規模だが行われた。1960年南京大学歴史学部は南京大虐殺についての資料収集や、生存者と目撃者の聞き取り調査などを行い、約7万字の報告書『日寇在南京的大屠殺』（日本軍の南京での大虐殺）を編集した。『人民日报』はこれについて報道し、1962年南京虐殺25周年の際に増訂を施し、1963年江蘇人民出版社が内部発行を計画したが、実現できなかった。これは中華人民共和国における南京大虐殺についての最初の著作である★26。

1972年に中日国交正常化が行われ、「中日友好」という国策の下で、国営メディアには虐殺の内容はほとんど出なくなり、南京大虐殺の記憶は被害者の心に一時封印されている形となった。しかし、被害者の「感情記憶」は決して消えていない。例を挙げると、南京のある女性はラジオで日本の総理大臣が中国訪問のニュースを聞いて、気を失ってしまったという。彼女の夫は南京大虐殺に巻き込まれて日本軍に殺害されていたのである★27。

張連紅の調査によると、20世紀80年代以来、日本国内における南京大虐殺を否定する論調が、南京大虐殺の被害者に大きな刺激を与え、封印された記憶は一気に噴出して、証言の形で「事実記録」へとつながった。例えば、南京市下関区安楽村の村民である夏瑞栄と屈慎行の夫婦は、日本右翼の言論を聞き、自ら新聞社に電話して、証言することを希望した。彼らは「日本右翼の言動を見て、耐えられなくなり、自分は南京大虐殺の時の体験を若い世代へ伝える責任があると思っている」と自分の動機を説明している★28。

また、被害者の一人である南京市民の常志強は、1997年に自ら記念館に行き、今まで隠していた被害体験を紹介（告白）した。「私の家族10人のうち、7人殺害された。しかし、このことは誰にも言わなかった。とてもつらい体験だから。しかし、1997年テレビで日本人が南京大虐殺を否認することを知り、我慢し切れず、記念館に行って、自分の体験を紹介（告白）した」★29。

2　記憶空間の構築（南京大虐殺記念館の建設）

2・1　記念館建設の経緯

1980年代に入ると、日中関係は新しい局面に入った。両国の経済協力の拡大に伴い、人的往来や文化交流も頻繁になった。このような状況で「歴史問題」が浮上した。そのきっかけの一つは、第一次教科書問題である。この発端は、1982年（昭和57年）6月26日、日本のマスコミが、「文部省が、教科書検定において、高等学校用の日本史教科書の記述を（中国華北に対する）“侵略”から“進出”へと改めさせた」と報じたことにある。この報道を受け、中国政府から公式な抗議があり、8月1日には中国側が日本の小川平二文相の訪中を拒否することを通告。このため、同文相は衆議院予算委員会にて、教科書の「訂正容認」と「日中戦争は侵略」との旨を発言するに至った。また、8月23日には鈴木善幸首相が「記述変更」で決着の意向を示し、8月26日には、日本は過去に於いて韓国・中国を含むアジアの国々に多大な損害を与えたとする政府見解（宮澤喜一官房長官談話）を発表。そして、9月26日には首相自ら訪中して、この問題を一応中国の要望に応じる方向で収拾した。

しかし、今回の事件は、中国政府及び民間に一つの危機感を募らせた。中国共産党の機関紙はその年の終戦記念日の8月15日の社説に、次のように指摘した。

> 日本の一部には、一連の注目すべき行動をとる人々が現れた。その行動は日本人民、とりわけ若い世代に、中国などアジア太平洋地域の国々を侵略した歴史を忘れさせ、かつての軍国主義の道をもう一度歩ませようとするものである。一連の行動のなかでも特に黙視できないのは、日本文部省が教科書の改訂にあたって、中国、朝鮮、東南アジア各国を侵略した歴史を改竄し、日本軍国主義を美化した行動である。『人民日報』1982年8月15日（服部龍二の訳文を引用）★30

1983年12月、中国共産党宣伝部門の責任者の胡喬木は、盧溝橋を視察して抗日戦争記念館の建設を指示した。このような背景の下で、南京大虐殺記念館の建設は政府の対日政策に合わせるような形で始まった。現在館長を務めている朱成山氏は自ら編集した記念館の館史『成長之路――侵華日軍南京大虐殺遭難同胞記念館建館20周年館誌』において、次のように述べた。

> 日本の教科書問題が記念館開館の直接の発端であったといえる。1982年、日本の文部省の教科書検定を経て採択された教科書では、中国「侵略」が「進出」と改められ、侵略戦争の性質を曖昧にし、かつ抹消したものとなった。このことは、かつて日本軍によって深く傷つけられた南京人民の憤怒を引き起こし、人々は続々と「現世代と次世代を教育」するために、「血で書かれた歴史を南京の地に刻みつけよ」と要求した。当時、党中央の指導者であった鄧小平氏は、激励と支持の意を込めて記念館の館名の題字を揮毫した。ときの江蘇省党委員会書記柳林、南京市長張耀華ら指導者は、遠大な見識をもって人民の呼び声に応じ、記念館設立の計画を立ち上げた。1983年12月13日、記念館建設の定礎石の据付けが行われ、「深圳スピード」の建築計画でさらに1年余りの時間を経て、ついに1985年8月15日、中国人民抗日戦争及び世界反ファシズム戦争勝利40周年記念の際に完成、公開され、中国において初の抗日戦争史記念館として、模範と手本として明確な役割を担うものとなった。ほどなくして、1987年7月7日、北京市は盧溝橋に「中国人民抗日戦争記念館」を建設、1992年には瀋陽市が柳条湖に「九一八歴史博物館」を建設した……。民衆の叫びは記念館

を飛び出し、国際的な運動の嵐は記念館の林立を呼び起こし、指導者の遠大な見識は記念館という事業を開拓した。1995年、中国人民抗日戦争及び世界反ファシズム戦争勝利50周年記念の際には、さらに記念館第二期プロジェクトの拡大建設を進め、石碑、彫刻や塑像を組み合わせた「古城の災難」、「歴史の証人の足跡を留める」銅板の道、犠牲者名簿の壁、「万人坑」遺跡、新しい展示館などが相次いで建設された★31。

記念館の建設地として最初選ばれた場所は、江東門という南京城郊外の小さな町だった。1930年代にはその近くに、国民党の陸軍模範監獄があった。1937年12月16日、日本軍はここに監禁した中国軍の捕虜1万人余りと一部の住民を、このあたりで機関銃によって集団虐殺した。遭難者の遺骨は1カ月余り後の1938年1月頃、赤十字会によってこの周辺に埋葬され、後にここは「江東門万人坑遺址」と呼ばれた。南京市文物管理委員会は専門家を派遣して、周辺調査した結果、大量の白骨を発見した。その結果、記念館の建設地はこの江東門に決定された。1983年12月13日、南京大屠殺46周年にあたって、江東門にて奠基碑式典が行われ、記念館の建設が始まった。

記念館の建設とともに、虐殺に関する13の主な遺跡に記念碑が立てられた。これらの記念碑は、南京市人民政府が主導し、出資及び管理は遺跡所在地の地域（県）政府が行った。中山港・煤炭港・草鞋峡・燕子磯・東郊叢葬地・挹江門・漢中門・清涼山・五台山・上新河・普徳寺・正覚寺などの13カ所に建てられた。

記念館や記念碑の工事が進むとともに、関連する史実の調査と編纂も進んだ。南京大学歴史学部の高興祖教授を責任者とする歴史編集部が設立されたが、その道程ではかなりの困難に直面した。

その理由を館長の朱成山氏は、次のように述べている。「南京大屠殺から46年経ったが、国内にある南京大屠殺に関する資料は断片的に新聞や雑誌に見られたが、中国人が自ら編纂し出版された関連史料集などは一冊もない。日本においては、南京大虐殺を巡って立場の違いがあるとはいえ、それぞれの論考が出版されている。それは、中国の研究者に対して危機感を募らせた。その空白を埋めなければならないと思っていた」★32。

1985年3月、当時の中国の最高指導者である鄧小平は、南京を視察した際、記念館に関する報告を受け、「侵華日軍南京大屠殺遭難同胞記念館」との題辞を揮毫した。1985年8月15日に「南京大虐殺記念館」及び13カ所の記念碑がすべて完成し、公開された。その後、『侵華日軍南京大屠殺史料』、『侵華日軍南京大屠殺史稿』も地元の江蘇古籍出版社から出版された。

その2年後の1987年7月7日に、北京の盧溝橋の「中国人民抗日戦争記念館」、1992年9月18日に瀋陽の柳条湖旧址と「九一八歴史博物館」、ハルビンの「侵華日軍第731細菌部隊罪証陳列館」、上海市「淞沪抗戦記念館」、山東省の「台儿庄戦役記念館」などの抗日戦争の博物館および記念館が全国各地に建設された。

1995年、南京市はさらに「記念館第二期プロジェクト建設」を推し進めた。資金不足の補填のため、中国南京市委員会宣伝部は「1元寄付活動」を行い、国内外へ建設費の寄付を呼びかけた。1995年8月15日、記念館の史料陳列庁が改修後、正式に公開された。

その後、増築工事も続いた。1998年4月から1999年12月までに、記念館内にて「万人抗」遺跡が新たに発掘され、発見・整理された遺骨は208体（外層）に達した。国家文物局と江蘇省､南京市指導者はこのことを極めて重視し、南京博物院・南京市博物館・南京市公安局などの関連機構が積極的に支持して協力した。2年余りの努力を経て、江東門「万人坑」遺跡の発掘と考証、保護プロジェクトが竣工、公開された。

2004年と05年には、政府が4.78億人民元を投入して、第三期の増築工事が始まった。今回は、原館の東西の両側が同時に拡大された。全体の趣旨は戦争・虐殺・平和という三つのキーワードと、「断刀」「死亡の庭」「和平之声」と三つの空間で構成される。東は新しい展示館で中央は原館区、西は平和公園となった。新館は全部で3階、地下2階、地上1階，原館広場と合わせ（地上3階、地下2階および旧館広場を併せると）、3万人が収納できる記念広場となった。最終的に敷地面積は2.3万平方メートルとなった。そして、これらの建物は2007年12月13日南京大虐殺70周年の際に完成した。

2・2　展示内容とその変遷

上述のように、南京大虐殺記念館は、中国側が日本の歴史認識を意識して作られたもので、その展示は決して館名通りに、単純に「侵華日軍南京大屠殺遇難同胞」を記念するだけではなく、中国側の歴史認識および対日政策の根幹を示す場でもある。館史によると、その展示理念は中国の最高指導者胡錦濤が2005年9月3日に指示し、「歴史を銘記し、過去を忘れず、平和を愛し、未来を開拓する」とされている。それは、1997年7月7日江沢民氏が北京の盧溝橋の「中国人民抗日戦争記念館」のために揮毫した題辞「愛国主義の旗を高く挙げ、歴史教育を行い、中華民族の精神を高揚し、祖国を振興せよ」という基本精神を継承していると考えられる。

具体的には、一連の展示によって、1.「適度」に日本軍の暴行を明らかにし、2. 抗日戦争勝利の史実を紹介する。3. 日本の右翼の大虐殺否定論や侵略戦争の事実を否定する論調を批判する。4. 民族団結を呼びかけ、侵略への抵抗、平和を愛する精神を高揚する★33、という目標が設定されている。

展示室の序言

1937年7月7日、日本軍国主義は盧溝橋事変を起こし、全面的な中国侵略の戦争を発動した。同年8月13日、日本軍は上海を攻撃し、上海を南京攻略の第一歩とした。11月12日、日本軍は上海を占領し、その後、兵を3つのルートに分けて南京へ向かった。12月13日、日本軍は南京を占領したあと、公然と国際公法に違反して、武器を手放した兵士と身に寸鉄も帯びない平民たちを大量虐殺した。その期間は6週間にもわたり、犠牲者の総数は30万人以上にも達した。その期間に、南京の三分の一の建物が破壊され、市内で起こった強姦輪姦などの暴行は2万件以上にのぼり、数多くの国家財産と個人財産が略奪され、文化の古都は空前の災禍に見舞われ、南京城は人間地獄と化してしまった。この世のものとも思われない悲惨なこの歴史事件は、日本軍が中国侵略期間中行った数え切れない暴行の中でも、もっとも際立った代表的な一例である。この大惨禍は永遠に人類の文明史上に記されるであろう。ここに展示されている写真、資料、映像と実物はすべてゆるがぬ歴史的証拠である。

南京大虐殺記念館は常設展「人類の災禍――南京大虐殺史実展」と特別展「勝利1945」及び一つの臨時展によって構成されている。その中心は常設展「人類の災禍――南京大虐殺史実展」で、展示面積は5700平方メートルで11のセクションによって構成されている。

1. 南京陥落前の中国の情勢
2. 日本軍による上海から南京への侵攻
3. 日本軍の南京攻略及び中国軍の南京防衛戦
4. 日本軍による南京大虐殺

5. 日本軍によるレイプ及び略奪
6. 日本軍による放火、破壊
7. 安全ではない国際安全区
8. 日本軍による死体隠滅及び慈善団体の遺体処理
9. 極東国際軍事法廷と南京軍事法廷の裁判
10. 南京大虐殺の証言者たち
11. 歴史を忘れるな

11のセクションの内、1、2は大虐殺の背景とされ、主に図表や写真で説明している。4から6の部分は展示の重点として、実物・写真・映像・図表・文字の説明によって、被害の惨状を紹介している。館長朱成山が自ら編纂した記念館の館史において、展示の基本構想は「両悲」、つまり「悲惨な虐殺、悲壮な抵抗」と設定されている。その「悲惨な虐殺」というのは、日本軍の暴行による歴史的古都としての南京の破壊と大量虐殺で、「悲壮な抵抗」は中国軍人の戦場での抗戦、民衆・捕虜による虐殺への抵抗、国際友人の救援活動などである。

朱館長の説明によると、こうした展示の目的は、「人類及び国際社会の普遍的な価値観（文明・人道・人権・平和・国際法・戦争法）および視点から、日本軍の暴行と侵略戦争が人類にもたらした深刻な被害を明らかにする」ということである。

「悲しい」という感情的な訴求を、どのように「昇華」させるのかということは、記念館にとっては、一つの大きな課題である。ここでは、「**理性**」というキーワードによって被害状況を展示した後で、被害者・証言者・関係者の言葉を選んで、写真付きで壁に大きく展示している。

許すことができるが、忘却することは許さない。
ラーベ（難民の救助に尽力したドイツ人）

歴史をしっかり覚えよう、しかし、恨みを覚えてはならない。
李秀英（女性被害者）

私は復讐主義者ではない。日本軍国主義が犯した罪を日本人民に負わせるつもりはないが、過去の苦難を忘れることは未来の災禍をもたらすことだと信じている。梅汝璈（東京裁判に参加した極東国際軍事法廷の中国判事）

また、毛沢東と田中角栄、鄧小平と福田赳夫、江沢民と小渕恵三、胡錦涛と福田康夫の写真、中日間の三つの共同声明、日本の対中ODA、中日民間経済文化交流などの内容を並べて展示している。これによって、「平和と発展」という未来志向を打ち出している。

記念館の展示内容は1994年の展示を基本として、2004年に大幅に増加した。

表1　1994年の展示内容

1. 日本軍による江南地域での暴行
2. 南京陥落前の中国の情勢
3. 日本軍の暴行
4. 国際安全区
5. 日本軍による死体隠滅と遺体処理
6. 中国人民抗日戦争及びその勝利
7. 極東国際軍事法廷と南京軍事法廷の裁判
8. 南京大虐殺の歴史的証人
9. 歴史を忘れるな

表2　2005年の展示内容

1. 南京陥落前の中国の情勢
2. 日本軍による上海から南京への侵攻
3. 日本軍の南京攻略及び中国軍の南京防衛戦
4. 日本軍による南京大虐殺
5. 日本軍によるレイプ及び略奪
6. 日本軍による放火、破壊
7. 安全ではない国際安全区
8. 日本軍による死体隠滅及び慈善団体の遺体処理
9. 極東国際軍事法廷と南京軍事法廷の裁判
10. 南京大虐殺の歴史的証人
11. 歴史を忘れるな

表2の4、5、6、7は新しい項目で、この増設は、以下の部分を中心に行われた。

1. 上海戦の抗戦と日本軍の江南地域での暴行
2. 1937年8月15日～12月までの日本軍による3カ月にわたる空爆の内容
3. 南京保衛戦の内容
4. 集団虐殺、個別虐殺などの具体的内容
5. 日本軍によるレイプ・略奪・放火・破壊の暴行内容
6. 被害者が抵抗する内容
7. 国際安全区における外国人友人の援助活動
8. 抗戦、抗戦勝利の内容
9. 極東国際軍事法廷と南京軍事法廷判決の内容
10. 証言者の証言や関連する資料の補充

上記のとおり、中国側の被害や抵抗の内容を大幅に増やしたほか、日本の右翼の「否定論」に対して、特に9、10の部分を強化して、記念館としての「証言力」を増強する狙いがある。

南京大虐殺記念館の展示のうち、歴史背景として説明されたのは、日本の中国侵略70年史という部分で、それは島の侵略（1874年台湾進攻）、海上の侵略（1895年日清戦争）、大陸の局部侵略（1931年満州事変）、全面侵略（1937年からの全面戦争）となっている。つまり、日本は明治維新以来、侵略性を持つ近代国家となったということである。近代以来、日本と中国の関係は、日本が侵略者・加害者、中国が被害者という構図がはっきりしている。また、特別展の中で歴史事件として、南京大虐殺は日清戦争・義和団事変・日露戦争・満州事変・平頂山事件などの一連の事件の中でもっとも残酷な出来事と位置づけられた。

荻野昌弘氏がいうように、戦争にかかわる記憶は、近代国民国家の枠組みのなかに位置づけられ、「正義と悪の図式」「戦争の不条理」「世界平和」といったステレオタイプ化された図式や言葉で理解されがちである★34。そこでは、さまざまな固有の記憶が、それらの枠組み・図式・言葉によって定式された「物語」のなかに回収されていく。南京大虐殺記念館の展示にもこうした傾向が鮮明に現れている。中国の文化政策において、日中戦争の記憶をいかに構築する

かということは、国民にどのような歴史像を提示するかということと直接関係している。

2・3 「現在の日本」の展示

最新の展示では、日本人の南京大虐殺に対する「正しい認識」を展示の一部として取り入れている。例えば、日本人の老人が建てた謝罪の碑、日本人団体による植林活動、修学旅行の学生たちが捧げた千紙鶴（千羽鶴）などを展示することによって、中国人に「現在」の日本人の戦争認識の一側面を見せている。

記憶空間の構築に積極的にかかわるもう一つの形は、記念活動への参加である。南京大虐殺の証言調査を行っている日本の民間人松岡環と彼女が率いた銘心会南京友好訪中団は、1990 年から日本軍の侵略戦争跡地を調査してスタディーツアーを実施し、毎年 8 月 15 日に南京大虐殺記念館で中国側と合同慰霊祭を行う。

また、「事実記録」についての協力も行われている。松岡氏は自力で南京攻略戦の日本兵 250 名、南京大虐殺被害者 300 名を調査してその結果を記録した。また、ドキュメンタリー映画『南京　引き裂かれた記憶』（88 分）を制作した。同作品は 2010 年香港国際映画祭のドキュメンタリー部門で招待作品となり、また 2011 年上海国際映画祭のドキュメンタリー部門で招待作品となった。松岡氏の仕事は中国において大きな反響を呼び、同年中国中央テレビの「2011 年中国を感動させる人物」の候補者に推薦された。

中国の南京大虐殺の記憶空間の構築において、共通の戦争認識を持つ日本人が参加することによって、「事実記録」の共同調査を行い、確認作業をすることによって、誤解を避けることができる。また、さらに重要であるのは、共通の「感情記憶」の形成の可能性が生まれることである。

まとめ

中国における南京大虐殺についての記憶は、事件発生当初から、体験者と目撃者の証言によって中国国内において広い範囲で知られていた。さまざまな制限の下で、被害状況や死者の人数などの一部の事実について、訂正の余地が残ったものの、事件の残虐さは中国の人々に強い衝撃を与えた。その後の戦後審判にあたって、政府による被害調査はある程度実施され、虐殺のイメージはほぼ定着した。しかし、その後中国国内の内戦によって、予定された調査や記念施設の建設などは十分できずに放置された。

共産党政権時代において、対立構図の変化による日本批判は、常にアメリカや台湾との関係に左右され、また中日友好のために「事実記録」の調査確認は一時的に停滞し、虐殺への「感情記憶」も再編・封印された。

中日の国交回復後、日本国内の右翼の動きは、中国に刺激を与え、南京大虐殺を「再記憶化」することを促す結果となった。それは、南京大虐殺記念館などの戦争記憶表象の建設へと繋がった。こうした記念空間の構築によって、南京大虐殺を『事実記録』と加害者としての日本軍への憎しみ（「感情記憶」）両面ともに強化された。

一方、中国の戦争記念空間において、「平和の道へ歩んでいく日本」「中国を援助する日本」という「事実記録」の展示、および日本側の「加害者としての反省」「平和への誓い」の意思表示によって、中国と日本は不幸な戦争をめぐって、「和解」の可能性をも生み出した。

追記　本論の作成にあたって、有益な助言及び日本語の訂正をして頂いた川島正樹氏に、心から感謝いたします。
本論は、中国国家社会科学重大プロジェクト「現代中国公共記憶興民族認同研究」（13&ZD191）の研究成果の一部である。

注

★1　古厩忠夫「『感情記憶』と『事実記録』を対立させてはならない――溝口雄三論文への反論として（日本の近代を問う）」『世界』（692）、2001年第9期、岩波書店、136-146頁。
★2　小関隆他編『記憶のかたち』柏書房、1999年。
★3　中央档案館等編『南京大屠殺』中華書局、1995年、167頁。
★4　漢口『大公報』1938年1月23日。
★5　重慶『大公報』1938年3月8日。
★6　『新華日報』1938年3月9日。
★7　劉燕軍「南京大屠殺的歴史記憶（1937-1985）」『抗日戦争研究』2009年第4期。
★8　李克痕「淪京五月記」『南京大屠殺史料集』江蘇人民出版社、鳳凰出版社、2005年、506頁。
★9　「読『淪京五月記』」『南京大屠殺史料集』江蘇人民出版社、鳳凰出版社、2005年、513頁。
★10　林娜「血泪話金陵」『宇宙風』第71期、1938年7月。
★11　蒋公穀「陥京三月記」『南京大屠殺史料集』③、江蘇人民出版社、鳳凰出版社、2005年、75頁。
★12　蒋公穀「陥京三月記」『南京大屠殺史料集』③、江蘇人民出版社、鳳凰出版社、2005年、77頁。

★13　田涛编著『百年記憶——民謡里的中国』山西人民出版社、2004年、219頁。

★14　『中央日報』1945年12月13日。

★15　『中央日報』1945年12月21日。

★16　『中央日報』1946年1月6日。

★17　『中央日報』1946年1月6日。

★18　『中央日報』1947年12月14日。

★19　孫宅巍「南京電廠死難工人記念碑的変遷」『档案与建設』2008年第12期、42-44頁。

★20　第二次上海事変のこと。

★21　孫宅巍「首座南京大屠殺遇難軍人記念碑」『档案与建設』、2010年第12期、39-41頁。

★22　劉燕軍「南京大屠殺的歴史記憶（1937-1985）」『抗日戦争研究』2009年第4期。

★23　劉燕軍「南京大屠殺的歴史記憶（1937-1985）」『抗日戦争研究』2009年第4期。

★24　『高校復習資料　歴史』1980年版、河南人民出版社。

★25　高級中学『歴史』1957年版、人民教育出版社。

★26　刘燕军「南京大屠殺的歴史記憶（1937-1985）」『抗日戦争研究』2009年第4期。

★27　張純如『南京浩劫——被遺忘的大屠殺』楊夏鳴訳、東方出版社　2007年、245頁。

★28　張連紅「南京大屠殺与南京市民的创傷記憶」『江海学刊』2003年第1期。

★29　張連紅「南京大屠殺与南京市民的创傷記憶」『江海学刊』2003年第1期。

★30　服部龍二『日中歴史認識』東京大学出版会、2010年2月、263頁。

★31　朱成山編『成長之路——侵華日軍南京大虐殺遭難同胞紀念館建館20周年館志』南京出版社、2008年、4頁。

★32　朱成山著『鼎力鑄史』南京出版社、2008年、6頁。

★33　朱成山著『鼎力鑄史』南京出版社、2008年、15頁。

★34　荻野昌弘『文化遺産の社会学——ルーヴル美術館から原爆ドームまで』新曜社、2002年。

参考文献

孫宅巍「論南京大屠殺真相的早期伝播」『南京社会科学』2004年第6期。

笠原十九司・吉田裕『現代歴史学と南京事件』柏書房、2006年。

歴史学研究会『歴史学における方法的転回』青木書店、2002年。

孫歌『我們為什麼要談東亜』生活・読書・新知三聯書店、2011年。

毛里和子『中日関係——従戦後走向新時代』社会科学文献出版社、2009年。

朱成山監修『南京大屠殺図録』五州伝播出版社、2005年。

張連紅編『幸存者的日記与回億』（張憲文主編『南京大屠殺史料集』③）、江蘇人民出版社、鳳凰出版社、2005年。

张生編『外国媒体報道与德国使館報道』（張憲文主編『南京大屠殺史料集』⑥）、江蘇人民出版社、鳳凰出版社、2005年。

張建寧、郭必強、姜良芹編『南京大屠殺案市民呈文』（張憲文主編『南京大屠殺史料集』23）、江蘇人民出版社、鳳凰出版社、2006年。

胡菊蓉編『南京審判』（張憲文主編『南京大屠殺史料集』24）、江蘇人民出版社、鳳凰出版社、

2006年。
張連紅「如何記憶南京大屠殺――中日共同歴史研究中的学術対話」『抗日戦争研究』2010年第4期
――――「南京大屠殺与南京市民的創傷記憶」『江海学刊』2003年第1期。
張連紅・張生編『幸存者調査口述（上）』（張憲文主編『南京大屠殺史料集』25）、江蘇人民出版社、鳳凰出版社、2006年。

第7章

日米戦争の記憶

その溝をどう埋めるか

油井 大三郎

はじめに

冷戦終結後の世界では、グローバリゼーションの荒波が押し寄せているのに、東アジアでは第二次世界大戦の記憶をめぐる「歴史摩擦」が激化し、ネオ・ナショナリズム時代の到来を感じさせている。他方、第二次世界大戦の記憶をめぐって、長く対立してきた日英、日蘭の間では、その対立の焦点であった日本軍の下で虐待を受けた元捕虜（POW）の人々との間で近年、「歴史和解」が進展してきた。しかし、なぜ、日中、日韓では同じような展開がみられないのか。さらに、冷戦時代には対ソ同盟関係を優先させて、日本の「過去」を不問にしてきた印象の強い米国が、最近、日中や日韓の「歴史摩擦」に関連して憂慮の念を表明するようになってきたが、それはなぜであろうか。本稿ではこれらの疑問に関してその答えを考えてみたい。

1　最近の米国による日本の「歴史修正主義」に対する懸念や批判

最近、米国では韓国系住民が主導して、ロサンゼルス近郊のグレンデールなど幾つかの都市に「軍隊慰安婦」を記念する像の建立が目立つようになっている★[1]。それは、韓国系住民の多い自治体で市議会などの決議によって建立されているのだが、日本大使館などがそれに反対する動きを示したため、米国内で日本が植民地支配やアジア太平洋戦争などの「過去」に向き合わない国とのイメージを広げる結果となっている。しかも、フェミニズム運動の盛んな米国では、「軍隊慰安婦」が女性の人権侵害の事例と受け止められているため、「軍隊慰安婦」問題の解決に努力しない日本は女性の人権尊重に後ろ向きの国という印象を強める結果ともなっている。

また、米国の連邦議会では、2007年7月30日に日本政府に対して「軍隊慰安婦」問題の事実を認め、謝罪することを求める決議が可決されている。この連邦下院決議121号では、次の点を日本政府に要求している。①日本帝国軍隊が1930年代から第二次世界大戦中のアジア・太平洋地域で若い女性に性的奴隷を強制したことを認め、謝罪し、歴史的責任を受け入れること、②この公的謝罪は日本の首相の公的声明として発すること、③性的奴隷や「慰安婦」の不正取引を否認する主張を公的に否定すること、④「慰安婦」に関する国際社会の勧告に従うとともに、この忌まわしい犯罪について現在と将来の世代を教育すること★2。

この決議は、サンノゼ地区選出の日系議員であるマイク・ホンダなどが提案したものであるが、この地域にはアジア系住民が多い上、ホンダ議員には第二次世界大戦中に強制収容された日系人に対して米国政府が謝罪と補償を行ったのに、日本政府が第二次世界大戦中の外国人被害者に謝罪と補償を行わないのはおかしいという日系人ならではの正義感も作用していたという。

また、アメリカ政府のレベルでは、「軍隊慰安婦」の動員や管理に対する日本軍や政府の関与を認めた「河野官房長談話」に関して取り消しの意向を示していた安倍首相に対して、シーファー駐日大使は、「慰安婦は女性への搾取の問題でもあり、見直しを受け入れる人は米国には全くいない」と発言した★3。また、2009年に民主党のオバマが大統領に就任してからは、アジア太平洋地域を重視する姿勢が示されたが、2012年に尖閣諸島などをめぐり日中の対立が激化し始めると、米国政府高官からは、民族ポピュリズムの台頭が米中日三国間の利益にならないとの意向が日本政府に示されたという★4。

さらに、米国の知日派を代表する共和党系のアーミテージと民主党系のナイの連名による超党派的な提言は、民間の提言でありながら、しばしば日米関係に大きな影響を及ぼしてきたが、その第三次報告書が2012年9月に公表された。その中では次のような指摘があった。「センシティヴな歴史的争点に関して判定をくだすのは米国政府の役割ではないが、米国は、緊張を緩和し、同盟国の関心を国家安全保障の根幹的な利益やその将来に転換させるよう外交的努力を実行しなければならない。例えば、韓国の最高裁による個人補償を求める判決とか、日本政府による慰安婦像の建立に反対するロビー活動などの政治行動は韓国と日本の指導者とそれぞれの国民の感情を刺激し、より広い戦略的優先事項から注意をそらすだけである」★5 とし、米日韓三国間の民間レベルでの対話促進を提案していた。

このアーミテージ・ナイ第三次報告で示された憂慮は、安倍第二次政権の発足で一層現実味を帯びることになった。例えば、2013 年 4 月の国会で安倍首相が「侵略の定義は国際的に定まっていない」と発言したのに対して、国務省のベントレル副報道官代行は、対話によるお互いの差の乗り越えに努力すべきと、やんわりと批判したのに対して、『ウォールストリート・ジャーナル』の社説では「安倍首相の恥ずべき発言で日本に友好的な国はなくなるだろう」ともっと直截に批判した★6。

同年 8 月には連邦議会調査局が日米関係の報告を公表したが、その中では、安倍政権閣僚の発言が「米国の国益を損なう形で隣国関係を悪化させる懸念がある」と指摘した★7。また、5 月 7 日には韓国の朴大統領が訪米し、オバマ大統領との会談で日本の歴史認識を批判し、翌 8 日の連邦議会での演説では「歴史に目をつぶる者は未来を見ることはできない」と暗に日本を批判したが、これを受け、オバマ政権の高官も非公式に日本の歴史認識に対する懸念を表明したという★8。さらに、5 月 13 日には大阪の橋下市長が「軍隊慰安婦」を肯定し、沖縄の米兵による性犯罪を予防するために風俗業を利用するように提案したことに対して、国防総省の報道官は橋下発言が米国の価値観からかけ離れているとコメントした。また、国連の社会権規約委員会は、日本に対して慰安婦を侮辱する行為をやめるように勧告したという★9。

このように、近年の米国政府は、日中や日韓の間の歴史認識や領土問題での対立激化に対して憂慮を表明することが目立つようになっている。それは、日韓間では核兵器やミサイル問題で脅威となっている北朝鮮に対する米日韓同盟の強化を阻害する点を憂慮しているためであった。また、日中間では、中国の軍事力強化の動きに対しても、かつてのような「中国封じ込め」ではなく、軍事的脅威を抑制しつつも、経済面では交流を促進するため、日中間の対立激化の回避を希望しているからであろう。また、「軍隊慰安婦」問題では、女性の人権問題にかかわる争点であり、米国国内のフェミニズムに対する配慮からも米国政府は日本政府の姿勢を批判する立場にある。かつて冷戦期の日米関係では自由主義や市場経済などの「共通の価値観」の共有が強調されていたが、冷戦後の現在では、歴史問題や女性の人権問題をめぐって日米間で「価値観」の齟齬が表面化するようになっている。つまり、冷戦終結後の日米同盟は流動化の様相を呈しているのである。

2　アジア太平洋戦争をめぐる日米ギャップ

第二次世界大戦で日本と同じ敗戦国であった西ドイツが戦後一貫して謝罪や補償に努力し、第二次世界大戦に関する歴史問題を解決してきたのに対して、なぜ日本ではアジア太平洋戦争に関する歴史問題が過去にならないのであろうか★10。

その原因の第一は、敗戦後の日本の占領が間接占領となり、日本政府を通じて諸改革が実施されたため、戦前・戦中の指導者が軍服を背広に着替えて、生き残る余地があったことにある。西ドイツの場合は、直接占領となり、徹底した「非ナチ化」が実施されたため、ナチに関係した戦前・戦中の指導者が戦後にも枢要な地位を占めることはありえなかった。それに比べると、日本の場合は、東條内閣の閣僚であり、戦犯容疑者に指名された岸信介が戦後に首相に返り咲いたことが象徴するように政治指導者における戦前と戦後の「連続性」が強いのであり、戦後の指導者がアジア太平洋戦争を批判することは自分の父や祖父の世代への批判を意味し、躊躇されるのであった。

第二には、日本の占領に法的な終止符をうったサンフランシスコ講和条約の第11条には、満州事変からアジア太平洋戦争までを「侵略戦争」と判定した極東裁判の判決を遵守することが規定され、日本もそれを受諾して主権を回復したはずである。しかし、その後、日本の歴代の保守政権内部では、アジア太平洋戦争を「自衛」とか、「アジアの解放」のためとして肯定する主張を公言する閣僚が絶えなかった。つまり、対外的には「侵略戦争」説を採用しながら、国内的には「自衛・解放戦争」説を維持するという歴史認識における「ダブル・スタンダード」が存在してきたのである。しかも、米国政府は、ソ連や中国に対抗する同盟関係を優先させて、そのような「ダブル・スタンダード」を黙認してきたのであった。

第三に、西ドイツの場合、米国は対日と同じく、対ソ冷戦戦略を優先させて、ドイツの過去を問わない姿勢を示したが、フランスやイスラエルなど西側に属する友好国が「過去」を問う姿勢を堅持したため、西ドイツとしては西欧統合の一員として迎え入れられるためには、フランスやイスラエルとの和解が不可欠であった。しかし、日本の場合は、サンフランシスコ講和会議には中国が招かれなかっただけでなく、韓国もオブザーバー参加しか認められなかったように、日本から直接被害を受けたアジアの重要な国家が不在のまま、米国主導で講和が進められたためであった。つまり、サンフランシスコ講和は、明治維新に続く「第二の脱亜」という性格をもったのであり、米国に許されればそれでよいという意識を当時の日本の政治指導者に抱かせたのであった。しかし、冷戦終結後のグローバリゼーションの時代となり、世界の各地で「地域統合」が活発化し、「東アジア共同体」の結成が提唱されている今日、ネオ・ナショナリズムに回帰する政策はあまりにも後ろ向きであると言わざるをえない。

第四に、第二次世界大戦認識に関する日米関係には戦勝国である米国側にも原爆投下という傷が存在していることが和解を難しくさせている要因となっている。日本側が「ヒロシマ・ナガサキ」の悲劇を強調すると、米国側は決まって「リメンバー・パールハーバー」で反論するという心理的悪循環がいまだに解消されていないのである。それは、終戦50周年となった1995年に公開されるはずであったスミソニアン協会の航空宇宙博物館における原爆被害者の展示が第二次世界大戦の帰還兵などの反対で流れた経緯に象徴されていた。

3　第二次世界大戦をめぐる歴史和解の試み

第二次世界大戦が終結してから既に70年近くが経過している現在、歴史認識をめぐる対立を緩和し、被害者の補償を行う努力が部分的にせよ進展している面も無視してはならない。とくに、東南アジアで日本軍の捕虜となり、虐待を受けた英蘭の元捕虜との和解の試みは注目に値する。

この元捕虜たちは戦後のヨーロッパにおける反日感情の中心的な主体となってきたのであり、1971年秋に行われた昭和天皇の訪欧の際にも最も強い反対運動を展開したグループとなった。その彼らが日本政府に対して謝罪と補償を要求し始めたのは、1988年に強制収容された日系人に対して米国政府が謝罪と一人2万ドルの補償を支払ったことがきっかけとなった。連合国側の元捕虜からすれば､勝利した米国でさえ戦中の不正行為に謝罪と補償を行ったのに、敗北した日本が何も行っていないことに怒りがこみあげてきたのであった。

1986年、カナダの傷痍軍人会が国連人権センターに日本軍の捕虜収容所における虐待による後遺症に関する報告書を提出した。1991年2月になると、同組織は、英、豪、ニュージーランド、米、蘭の元捕虜団体とともに、国連人権センターに救済の申し立てをおこなった。また、1993年秋には英蘭の元捕虜が日本に対する訴訟に踏み切った。しかし、日本政府は、補償問題はサンフランシスコ講和条約などによる賠償で解決済みという姿勢を変えなかったため、英国政府は1995年5月に犠牲認知イニシアティヴとして独自に救済措置を開始し、95年8月以降には横浜にある英連邦戦死者墓地で元捕虜の合同慰霊祭が開催されるようになった★11。

他方、日本政府の側でも、1990年代に入り、外国人の戦争被害を何らかの形で認める動きが始まった。1993年8月には「軍隊慰安婦」の管理に日本軍と政府が関与したことを認める河野官房長官の談話が発表された。また、同月に非自民連立政権が発足し、細川首相が首相としては初めてアジア太平洋戦争が「侵略戦争で、間違った戦争」であったと発言したが、遺族会などが猛反発を示した。さらに、敗戦50周年となった1995年6月9日には、国会で戦没者の追悼と「植民地支配と侵略的行為」によるアジア諸国民に与えた苦痛に「深い反省」を表明する決議が上程され、可決されたが、多くの棄権が発生した。また、同年の8月15日には、村山首相が太平洋戦争に関して、国策を誤り、国民を存亡の危機に陥れ、植民地支配と侵略によって多くの国々に多大な犠牲を与えたことに「痛切な反省」を表明する談話を発表した。

この村山談話を受けて、アジア太平洋戦争に関する歴史資料の収集・保存を目的とする「アジア歴史資料センター」とともに、「軍隊慰安婦」に対する民間の寄付による救済をめざす「アジア女性基金」が発足した。アジア女性基金の方は、あくまで国家補償を求める韓国の「軍隊慰安婦」団体による受取拒否などにあい、行き詰まったが、村山談話に関連して予算計上された「平和友好交流計画」では10年間に60もの事業に900億円もの資金が提供された。その中で、日英草の根平和交流計画には1995年から2004年間に7.49億円が支出され、日蘭架け橋計画には同じ期間に5.85億円が支出された。このような交流計画の一環として、784人もの元捕虜が来日し、4回の日英合同慰霊訪問が行われた★12。

1998年になると、平成天皇による訪欧が予定されていたため、日本政府としては元捕虜による反対運動の再燃を防ぐ方法の検討に迫られた。その結果、同年1月に橋本首相による元捕虜に対する謝罪文が公表されが、それでも一部の元捕虜団体は5月の天皇の訪英に対して抗議行動を行い、日の丸を燃やす行動に出た。そのため、イギリス政府は一人1万ポンドの特別慰労金の支払いを約束した。この天皇の訪英の際に、日の丸を燃やして抗議したジャック・カプランは泰緬鉄道の建設時に日本軍から虐待を受けた人物であったが、

2002年に来日し、ヒロシマで被爆者などと交流する中で、心を開くようになり、訪日後には「日本で受けた好意は想像以上だった。人間味があって、誠実な人たちだった」と証言するようになった。英国で長年元捕虜を支援してきたホームズ・恵子は、ジャック・カプランが「ついに悲惨な過去から解放され、やっと日本人への憎悪から自由になった」と観察した★13。

このカプランの例は、戦後長きにわたって反日的な感情を維持し続けてきた元捕虜であっても、日本側の官民両面にわたっての誠実な対応の積み重ねの中で和解が可能になることを示した重要な事例となった。しかし、歴代の日本政府は、外国人の戦争被害者に対する補償はサンフランシスコ講和条約に基づく賠償で解決済みとの姿勢を変えていないため、「軍隊慰安婦」などへの個人補償は依然として未解決の状態にある。そこで、国会では超党派の議員提案としてアジア太平洋戦争の被害者に関する調査を行うための「恒久平和調査会設置法案」が提案されているが、継続審議の状態が続いていて、設置されるまでには至っていない。

このように、日英や日蘭では元捕虜との和解が一定程度進展してきたが、日米間ではまだ研究や教育レベルでの民間交流に限られている。まず、1993年8月、スミス大学の夏季セミナーで「日米教科書比較」が行われ、北海道の教員が参加し、アジア太平洋戦争に関する日米双方の教科書記述の比較が行われた。翌年夏には北海道教育大学でセミナーが開催され、米国から12名の教員が参加し、交流を深めた。1995年3月には米国北東部地域の社会科会議の会合に日本人教員も参加し、アジア太平洋戦争の教え方の日米比較の検討が行われたという★14。

2005年から2010年にはハワイのイースト・ウエスト・センターや太平洋歴史協会が後援する「パールハーバー・ワークショップ」が実施され、日米の中学・高校教員の交流が促進された★15。

4　1990年代後半からの逆流現象と歴史摩擦の激化

終戦50周年にあたった1995年までの日本では、過去の侵略や植民地支配を反省し、外国人の戦争被害者に対しても何らかの謝罪と補償を必要とする世論の高まりがみられたが、1990年代後半に入ると、むしろ過去の責任を否定する逆流現象が目立つようになった。

例えば、1997年1月には「新しい歴史教科書をつくる会」が結成され、アジア太平洋戦争における侵略を反省し、東京裁判の判決を受け入れる考え方を「自虐史観」として非難し、独自の歴史教科書の刊行をめざす動きを開始した。翌98年10月には、小渕・金大中両首脳会談で未来志向の日韓関係の構築で合意したが、11月の日中首脳会談では、共同声明に過去の侵略戦争に対する「謝罪」の表現が入らなかったため、江沢民主席が署名を拒否する事態となった。また、2001年には「新しい歴史教科書をつくる会」が発行した中学の歴史教科書が検定で合格したため、中国や韓国は激しく反発した。さらに、2001年6月には小泉首相が靖国神社への参拝を強行したため、中国・韓国は強く抗議するにいたった。

このようにアジア太平洋戦争をめぐる歴史認識に関して、日中、日韓の間で対立が激化する中で、2006年10月には安倍首相と胡錦濤主席の間で日中歴史共同研究を実施する合意が成立し、日中間では2009年2月まで共同研究が実施された。日韓の間でも歴史共同研究の合意がなされ、2006年10月から2010年まで実施された。しかし、2012年9月には、尖閣（釣魚）諸島の国有化で日中対立が深刻化し、中国では大規模な反日暴動が発生した。また、2012年8月には韓国の李明博大統領が竹島（独島）への上陸を強行したため、日韓対立も深刻化するにいたっている。

このように、現在の日中、日韓関係ではアジア太平洋戦争をめぐる歴史摩擦に加えて、領土問題が加重されたため、対立の深刻化・長期化が懸念されている。

結びにかえて

最後に、このように対立が激化しているアジア太平洋戦争をめぐる歴史認識の溝はどのようにしたら埋められるのか、について幾つかの論点を指摘して結びとしたい。

第一に、アジア太平洋戦争認識に関するミニマムな国民的合意の再構築が必要である。終戦直後の日本では、アジア太平洋戦争を主導した政治指導者の責任を追及する一方で、国民は、空襲や原爆の被害者とする指導者責任論が一般的であった。しかし、ベトナム戦争の激化などに対応して、1960年代末ごろから戦争遂行に協力した国民一般の責任についても問題となり、日本人の「加害責任」が問われるようになった。とくに、1980年代になり、多くの東アジア諸国で軍事独裁政権が倒れ、民政移管が進むと、戦争被害者が直接、日本に対して個人補償を要求するようになった。「軍隊慰安婦」問題はその典型であったが、中国や韓国から日本人の「加害責任」が厳しく追及されるにつれて、日本人の間では「ネオ・ナショナリズム」が台頭し始め、和解が難しくなっているのが現状であろう。

しかし、日本国内では、終戦記念日の前後には300万人強もの戦争犠牲者がでたことに対する反省が繰り返されている現実もあり、アジア太平洋戦争を全体として肯定する議論はごく一部のものの主張であろう。そこで、同じく戦争に関与したとしても、無謀な戦争を主導し、国民に多大な犠牲を強いた政治指導者の責任と、その決定に追随し、戦争遂行に協力した一般国民の責任とは区別して論じることが必要である。加害・被害という二項対立の論理で日本人全体を「加害者」として追及する論法ではかえって日本人のナショナリズムを刺激する危険があるのであり、指導者責任論と「加害者責任論」とを統合した「重層的な責任論」の再構築が求められている。

第二に、終戦以来、日本における戦争責任追及は極東裁判判決の是非という形で、「外からの裁き」の評価をめぐって展開されることが多かった。しかし、300万人強もの戦争被害者を出し、近隣諸国にも膨大な被害を与えた戦争に関しては日本人自身の「自主判定」が不可欠である。それが終戦以来きちんと行われてこなかったこと自体が歴史認識問題を複雑にする一因であったと考える。そのため、2015年の敗戦70周年などを目標に国会などの場で日本人自身によるアジア太平洋戦争に関するミニマム・コンセンサス構築が必要であろう。

第三に、このミニマム・コンセンサスの構築にあたっては、対外的には「侵略戦争」と認定した極東裁判の判決を受け入れながら、国内的には「自衛・解放戦争」説がまかり通ってきた戦争認識をめぐる「ダブル・スタンダード」の解消が不可欠であろう。

日本では、鶴見俊輔が次のように指摘するように、日本人の戦争責任論には対アジアと対米を区別して考える傾向がある。「今度の戦争を、日本人は二部に分けて、満州事変、上海事変、北支事変の系列は中国に対する戦争、太平洋戦争はアメリカに対する戦争と理解し、後の部分がまずかったと評価している。……この考えは、大戦争の責任をアメリカに対してのみ切りはなして感じるという日本の支配層の奇妙な責任感の構造をあらわしている」★16。

また、竹内好のように第二次世界大戦を「帝国主義戦争」と理解する考え方も日本では根強い。つまり、「日本が行った戦争の性格を、侵略戦争であって、同時に帝国主義の戦争であり、……侵略戦争の側面に関しては日本人に責任があるが、対帝国主義の側面に関しては、日本人だけが一方的に責任を負ういわれはない……」★17。

つまり、日本人自身よるアジア太平洋戦争のミニマム・コンセンサスを構築する場合には、対米、対アジアの戦争責任とともに、帝国主義戦争観の克服も不可欠であろう。

具体的には、対米開戦にあたり、日米会談終了の通告が開戦1時間後となった点がその後の米国側で「ずるい日本人」イメージの原点になっていることを考えると、パールハーバー奇襲のプロセスに関する反省が必要となる。また、「自衛戦争」説の最大の根拠は、日本軍の南部仏印進駐に対して米国が石油禁輸措置をとった点に求められるが、この南部仏印進駐は蘭印などの石油資源確保の目的で強行されたものであり、当時の政治指導者の判断は日本「本土」の自衛ではなく、「日本帝国」の自衛のための措置だった点の反省が必要である。

しかも、1941年8月には米英首脳による大西洋憲章の提案があり、その中では領土不拡大、民族自決、貿易自由化、国際機関の再建など戦後の世界秩序の基本となる構想が示されていた。この大西洋憲章の方向性は、戦後の日本の再建に大いに資したものであり、開戦を「自衛」とする論理は戦争による領土や市場の拡大を肯定し続ける「古典的な帝国主義」の論理に固執するものと受け止められかねないのである。

第四に、冷戦終結後の世界ではグローバルな自由化とともに、世界の各地で地域統合が進展しており、東アジア地域では「東アジア共同体」の創設が提案されている。勿論、米国やオセアニアをも含んだ「アジア太平洋共同体」的な地域統合もありうるが、その場合でも、日中韓3国間の協調が不可欠であろう。第二次世界大戦後の独仏が資源や領土の奪い合いの繰り返しでは共倒れになると自覚し、石炭・鉄鋼資源の共有という画期的なアイディアをだし、今日のヨーロッパ統合の道を切り開いた点に学び、アジア太平洋戦争に関する歴史和解を積極的に進める必要がある。日本では、開戦時の「同時代的認識」を強調して、開戦をやむなしとする論調が現在でも強いが、戦争がもたらした惨禍から開戦決定を批判的に見直す視点も重要である。

つまり、同時代的評価と事後的評価の統一こそ現在アジア太平洋戦争に関する日本人の認識の基本として必要になっていると思われる。2015年の終戦70周年に向けて国民的な最低限の合意形成に努力し、近隣諸国との「歴史和解」を進めることが今の日本にとって必要・不可欠な課題だと思うが、いかがだろうか。

注

★1　『朝日新聞』2013 年 8 月 8 日。

★2　H. Res. 121, 110th Congress, 1st Session, January 31,2007.

★3　『朝日新聞』2013 年 5 月 9 日。

★4　カート・キャンベル「米の『アジア回帰』外交」『朝日新聞』2013 年 2 月 9 日。

★5　Richard L. Armitage and Joseph S. Nye, *The U.S.-Japan Alliance: Anchoring Stability in Asia*, Center for Strategic & International Relations, August 2012.

★6　木下英臣「アメリカは第二次世界大戦の歴史修正を許さない」『世界』2013 年 8 月。

★7　Congressional Research Service, *Japan-U.S. Relations: Issues for Congress*, August 2、2013.

★8　『朝日新聞』2013 年 5 月 9 日。

★9　『朝日新聞』2013 年 5 月 15 日、5 月 22 日。

★10　詳しくは、油井大三郎『なぜ戦争観は衝突するか』岩波現代文庫、2007 年参照。

★11　小菅信子『戦後和解』中公新書、2005 年、147 頁。

★12　黒沢文貴ほか編『歴史と和解』東京大学出版会、2011 年、67-77 頁。

★13　同上書、157-164 頁。

★14　Laura Hein & Mark Selden eds., *Censuring Histories; Citizenship and Memory in Japan, Germany and the United States*, M. E. Sharpe, 2000, pp.272-279.

★15　矢口祐人・森茂岳夫・中山京子編『真珠湾を語る』東京大学出版会、2011 年がその記録となっている。

★16　鶴見俊輔「日本知識人のアメリカ像」『中央公論』1956 年 7 月。

★17　竹内好「戦争責任について」『現代の発見 3　戦争責任』春秋社、1960 年。

参考文献

Armitage, Richard L., and Nye, Joseph S., *The U.S.-Japan Alliance: Anchoring Stability in Asia*. Washington DC: Center for Strategic & International Relations, August 2012.

Lind, Jennifer, *Sorry States: Apologies in International Politics*, Cornell University Press, 2008.

Dudden, Alexis, *Troubled Apologies Among Japan, Korea and the United States*, Columbia University Press, 2008.

荒井信一『歴史和解は可能か』岩波書店、2006 年。

菅英揮編『東アジアの歴史摩擦と和解可能性』凱風社、2011 年。

木下英臣「アメリカは第二次世界大戦の歴史修正を許さない」『世界』2013 年 8 月。

黒沢文貴ほか編『歴史と和解』東京大学出版会、2011 年。

剣持久木ほか編『歴史認識共有の地平――独仏共通教科書と日中韓の試み』明石書店、2009 年。

竹内好「戦争責任について」『現代の発見 3　戦争責任』春秋社、1960 年。

ダワー、ジョン・W『忘却のしかた、記憶のしかた』外岡秀俊訳、岩波書店、2013 年。

船橋洋一編『いま、歴史問題にどう取り組むか』岩波書店、2001 年。
矢口祐人・森茂岳夫・中山京子編『真珠湾を語る』東京大学出版会、2011 年。
油井大三郎『好戦の共和国アメリカ――戦争の記憶をたどる』岩波書店、2008 年。
――――『なぜ戦争観は衝突するか――日本とアメリカ』岩波書店、2007 年。
――――『日米戦争観の相剋―摩擦の深層心理』岩波書店、1995 年。

第8章

戦後平和主義とアジアとの和解の可能性

慰安婦問題とアジア女性基金を中心にして

和田 春樹

1　日本国民の戦争体験と戦後平和主義

第二次世界戦争末期の日本国民の戦争体験は二つに分けられる。第一は、沖縄島民の島ぐるみ全島死守の戦闘体験であり、第二は、本土国民の空襲・艦砲射撃体験である。

沖縄は米軍が日本本土に対する上陸作戦をおこなう際、最初に攻略すべき日本の最前線拠点、出城であった。沖縄県の人口は疎開した8万人をのぞけば、51万人であった。沖縄防衛のために創設された第32軍から一個師団が台湾に移動させられるという事態がつくられ、兵力不足をカヴァーするために、軍は沖縄現地で召集をかけた。米軍上陸直前には、軍は口頭で民間人を兵士として召集した。第32軍が最大時10万として、その三分の一は沖縄県民で動員された者であったという見方がある。それとともに、従来は飛行場の建設などにまわされていた防衛隊を武器弾薬の輸送、さらには戦闘行動へ参加させることにした。1945年1月以来、17歳から45歳までの沖縄の男子1万7千名が防衛隊に動員された。さらに17歳以下の男子中学生は鉄血勤王隊に動員され、女子生徒はひめゆり部隊等に動員された。文字通り島ぐるみの軍民一体の戦争に突入する準備が整えられた。

米軍は3月26日、慶良間列島に上陸し、4月1日には本島中部の海岸に上陸を開始した。日本軍は次第に米軍に圧倒され、ついに5月22日、島尻方面に後退した。そして6月23日、牛島第32軍司令官は、各部隊は「最後迄敢闘し悠久の大義に生くべし」との命令を発して、自決してしまうのである。のこされた軍民の抗戦は6月末までつづいた。

この間沖縄の島民は老若男女を問わず、島を守り、日本を守るためと信じて命がけで戦った。これに対して、「鉄の暴風」と形容される米軍の砲撃はすさまじいものであった。抵抗する者を許さず、皆殺しの作戦がおこなわれた。水の中にいれると爆発する黄燐弾や火炎放射機など残虐な兵器が使用された。米軍はまた一部では捕虜の民間人の男子を銃殺した。女子、とくに若い女子は「かたっぱしから強姦の対象となった」とも言われる。さらに深刻であったのは敗北の過程で沖縄県民は一緒に戦っていたはずの日本軍からさまざまなむごい仕打ちをうけた。泣き声を出すと言って幼児を殺害する、スパイではないかと言って殺害する、集団自決を強要する等々である。

戦闘で日本軍兵士は7万人が戦死した。沖縄県民で動員された兵士は3万人、一般島民は9万4000人が死んだ。地獄のような戦争を戦い、米軍に徹底的にたたきつぶされて敗北し、肉親を失い、家を焼かれ、米軍の収容施設に入れられた人々はながく心的傷害（PTSD）をのこすことになった。

沖縄県民は力をふりしぼった戦いに敗れて、踏みにじられた経験の底で、戦争はしてはならない、そして軍隊は悪だという強烈な反戦、反軍の意識をもった。その意識は明らかに強く反米、反日の色合いをおびていた。この沖縄島民の戦争体験は日本国民の戦争体験の中では例外的なものであるが、戦争のもっとも苛烈な最前線の経験として、典型的であり、もっとも重要な経験である。沖縄島民ほどあの戦争を戦い切った日本国民はほかにはいない。だから、この戦争体験のはてに生まれた沖縄島民の平和意識は戦後日本の平和主義の根幹に据えられるべき思想であったのだが、米軍占領により沖縄が日本降伏の前に本土と切り離された結果、沖縄の経験と思想は戦後日本の進路を決める過程から完全に断ち切られたのである。沖縄県民は1960年代になって、本土復帰運動の中で平和憲法を発見し、憲法擁護の最大の勢力として登場してくることになる。

戦後日本の平和主義の基礎となったのは、第二の7500万人本土国民の戦争体験であった。空襲と艦砲射撃の中で本土国民は軍人たちが国外で進めた戦争の結果がいかに恐るべきものであるかを知った。日本軍は無敵であると誇っていたが、銃後の国民の家庭さえ守ることができなかった。日本全土が焼け野原となった。東京でも一夜で8万4千人が死亡した。広島においては原子爆弾の投下によっては即死した者を含め5カ月以内に約15万人が死亡した。ここから国民の戦争否定、軍隊不信の感情が生まれた。国民がいかに無知であったにせよ、この軍隊不信の感情は実質的であり、強烈であった。

そしてこの恐るべき状態は8月15日の天皇の玉音放送によって断ち切られた。米軍の空襲と艦砲射撃のもとで恐怖の日々をすごした国民のあいだには安堵の感情が広がり、それは天皇に対する一定の感謝の気持に進んだ。国民の反軍意識は天皇に対する感謝の意識と結びついた。この意識が戦後日本の平和主義の基礎をなしている。

天皇はその放送の中で「朕ハ堪ヘ難キヲ堪ヘ忍ヒ難キヲ忍ヒ万世ノ為ニ太平ヲ開カムト欲ス」と述べた。内閣書記官長迫水久常が用意した当初原案では、この部分は朕ハ「忍ヒ難キヲ忍ヒ永遠ノ平和ヲ確保セムコトヲ期ス」となっていた。それが漢学者安岡正篤によって中国人の言葉が引用されて、あの難解な文章となったのである。さらにミズーリ号艦上での降伏文書調印の2日後、9月4日、帝国議会開会にさいして天皇は勅語を発し、「朕ハ終戦ニ伴フ幾多ノ艱苦ヲ克服シ国体ノ精華ヲ発揮シテ真義ヲ世界ニ布キ平和国家ヲ確立シテ人類ノ文化ニ寄与セムコトヲ冀ヒ日夜軫念措カス」と述べ、「平和国家確立」という目標を提示した。

1946年元旦、日本の子供たちは学校で書き初めをした。国民学校2年生の私は「太平の春」と書いた。6年生の明仁皇太子は「平和国家建設」と書いた。天皇の呼びかけには戦犯訴追を回避したいという側近の思惑が影響していたであろう。しかし、皇太子にとって書き初めは真剣な誓いであった。反戦反軍の気分であった国民は「平和国家」とは非武装の国家であるという解説に納得した。だから、象徴天皇を規定した新憲法の第1条を受け入れ、戦争放棄の第9条を受け入れた。まさに自分たちの気分に合致した憲法であった。

こうした国民は侵略戦争の実相について無知であった。しかし、戦後の日本でも次第に明らかになってきたのは、中国への侵略戦争の実相であった。評論家竹内好はそのことを出発点として彼の戦後思想をかたちづくった。竹内好は私の思想的な師である。これにひきかえ、植民地支配の問題性については国民は戦後もずっと無知であった。戦後日本国民の平和主義はそのような水準から出発したのである。歴史認識を欠いた平和主義であった。

朝鮮植民地支配の問題は戦後日本の代表的な雑誌『世界』やキリスト者の平和イデオローグ矢内原忠雄から提起されなかった。私は共産党員の歴史家石母田正の文章から朝鮮に対する日本の植民地支配について学んだ。1953年久保田貫一郎全権が日本の植民地支配を弁護する発言をして日韓会談を決裂させたとき、政府と野党、新聞が韓国全権団非難の大合唱をしたが、私は、植民地支配への反省謝罪を求めるのは韓国代表のみならず全朝鮮の人々の声だという認識をもつことができた。全くの少数者の立場であった。

戦後日本の政治体制は 1955 年に成立する。憲法 9 条、日米安保条約、自衛隊に立脚して自由民主党が半永久的に政権を独占し、日米安保、自衛隊に反対する護憲の社会党が議会の三分の一を占め、憲法体制を支えてきた。吉田茂の流れをくむ自民党本流は満州事変以後の日本の戦争を否定し、軍国主義に反対する親米護憲派であるが、岸信介の流れに立つ傍流は近代の日本の戦争を全て肯定するアジア主義派、改憲派である。だから、与党自民党は統一した歴史認識をもちえず、55 年体制は歴史認識を欠いた統治であった。

1965 年締結の日韓条約も、日本政府の変わらざる立場を反映したものとなった。批准国会で佐藤首相は併合条約について「これは両者の完全な意思、平等の立場において締結されたことは、私が申し上げるまでもありません。したがいまして、これらの条約はそれぞれ効力を発生してまいったのであります」と答弁している。併合条約にもとづく併合、すなわち韓国皇帝が統治権を日本天皇に譲与すると申し出たので、天皇はこれを「受諾」し、併合を「承諾」するとしてなされた併合であった。だから、謝罪も償いも必要ないというのである。

調印から批准の時にかけて展開された日本の運動の中では、日本朝鮮研究所が植民地支配批判の立場から条約に反対する論陣をはったが、歴史家の団体歴史学研究会も 1965 年 9 月 11 日に声明を発して、「日本帝国主義の朝鮮支配はいかなることによつても正当化されえない。……日本帝国主義の朝鮮支配は一〇年前に終つたが、日本国民の精神の問題としては決して終つていない」と指摘し、「日本政府は過去の日本帝国主義の朝鮮支配を肯定している。そして、当然に、この条約そのものも帝国主義的性格をおびている」と批判した。しかし、それも左翼の中の一部の動きであった。

2　変化のはじまり

ベトナム戦争が最終局面に入ったとき、1972 年 8 月 29 日、日中国交樹立がなしとげられた。日中共同声明には、「日本国は、過去において日本国が戦争を通じて中国国民に重大な損害を与えたことについての責任を感じ、深く反省する」という一句が入った。戦争がおわって 27 年目にして、はじめて日本国家が戦争に対して反省を示したのである。

植民地支配の問題が日本の国民の中で広く意識されてきたのは、このあとである。1973 年８月８日、金大中氏の拉致事件が日本に衝撃をあたえると、韓国民主化運動への継続的な関心が生まれるようになった。韓国人の植民地支配に対する強い批判がようやく日本の中にも広く理解されるようになった。この点で 1975 年３月１日に詩人金芝河が出した個人メッセージ「日本民衆への提言」の役割が大きい。

1982 年には歴史教科書歪曲の動きが問題にされ、韓国と中国からの厳しい批判がおこった。日本政府は宮沢官房長官談話を出して、「日中共同声明、日韓共同コミュニケに盛られた精神に変わりがないことを再確認することで､中、韓両国の理解を得るよう努める」として、教科書記述の改善を約束した。私たちは８月 14 日、知識人８人の連名で、日中共同声明ではたしかに反省が表明されたが、65 年の日韓共同コミュニケは「過去の関係は遺憾であって、深く反省している」というだけであった、植民地支配謝罪の政府宣言をあらためて発表すべきだと指摘した。

さらに韓国との間では、1984 年の全斗煥大統領の訪日のさい、天皇の「おことば｣の内容が問題となった。私たちは知識人とキリスト者 132 人の連名で、国会が次のような決議をおこなって、韓国大統領の訪日の条件を整え、同時に北朝鮮との政府間交渉をはじめることを要求した。

「日本国民は、日韓併合が朝鮮民族の意志に反して強行されたものであることを認め、日本が植民地統治時代を通じてこの民族に計り知れない苦痛を与えたことを反省し、深く謝罪する」。

私たちの要請に社会党、共産党、社民連が賛成すると返事をくれたが、社会党の石橋政嗣委員長はこのような国会決議を通すことは｢夢物語｣だと語った。

大統領を迎えた９月６日の宮中晩餐会で天皇は､｢今世紀の一時期において両国の間に不幸な過去が存したことは誠に遺憾であり、再び繰り返されてはならないと思います」と述べた。これは日韓条約仮調印のさい、椎名外相が述べた「不幸な期間があったことはまことに遺憾な次第であり、深く反省する」をくりかえしたものである。

1987 年、韓国ではついに民主革命が勝利し、全斗煥政権は大統領直接選挙制を復活させ、民主主義体制に移行することを受け入れた。このことが日本と韓国朝鮮の関係を変えるのに大きな影響をおよぼすことになる。1988 年には、植民地支配の清算をはたすことを中核として日朝交渉を開始せよという「朝鮮政策の改善を求める会」の運動が安江良介、隅谷三喜男、和田春樹などによってすすめられた。朝鮮植民地支配反省の国会決議の提案は土井たか子社会党委員長の二つの朝鮮建国40周年記念メッセージにおいて支持をうけるにいたった。昭和天皇が死去した1989年には朝鮮植民地支配反省謝罪の国会決議を求める署名運動がはじまった。

この動きはついに1990年の金丸・田辺訪朝団によって現実政治に移された。自民党の実力者金丸信は平壌で植民地支配について謝罪することによって、国交正常化交渉に道を開いた。1991年、日朝交渉がはじまった。自民党と社会党のはじめての協力によって実現したこの進展に対して反対する者はなく、国民的支持がえられた。しかし、この交渉は核問題と李恩恵問題で翌年には途絶し、金丸信はスキャンダルで逮捕され、政界から追放された。

3　慰安婦問題への取り組み——河野談話とアジア女性基金

だが、このとき韓国との間で慰安婦問題が浮上した。慰安婦の存在は朝鮮問題に関心を持つ者のあいだでは、日韓条約反対運動の過程で知られていた。その後千田夏光、金一勉氏らの仕事が1970年代に出され、認識はある程度一般化したと言える。しかし、慰安婦被害者への謝罪と補償が現実の政治問題となりうるとは誰も考えていなかった。

韓国でも慰安婦問題は日本以上に語られることが少なかった。ところが、民主化が進んだ韓国社会の雰囲気の中で、1990年、慰安婦問題が提起され、それが日本政府に直接つきつけられた。日本の国会で政府委員が慰安婦なるものは「民間の業者が軍とともに連れて歩いている」存在だと答弁したのに対して、10月17日、韓国の女性団体、キリスト教団体など8団体が公開書簡を出し、次の6点を要求した。

「1. 日本政府は朝鮮人女性たちを従軍慰安婦として強制連行した事実を認めること。2. そのことについて公式謝罪すること。3. 蛮行のすべてを自ら明らかにすること。4. 犠牲となった人々のために慰霊碑を建てること。5. 生存者や遺族たちに補償すること。6. 歴史教育の中でこの事実を語り続けること」。

第1項の「強制連行」については吉田清治氏の2冊の本が註にあげられており、吉田清治氏的な連行のイメージが念頭におかれていたことはたしかだが、全体として、この書簡は本質的な問題を提起したと言える。この8団体が中心となって慰安婦問題の中心的な運動団体、韓国挺身隊問題対策協議会（略称挺対協）がただちに11月16日結成された。

1991年8月、慰安婦であった金学順ハルモニが挺対協に連絡をとって、実名を名乗って、日本政府を告発したことが日韓両国民に大きな衝撃を与えた。さらに92年1月には吉見義明教授が日本軍の関与を示す資料を公表したことが朝日新聞で大きく取り上げられ、内外に衝撃を与えた。宮沢喜一首相はこの直後に訪韓し、盧泰愚大統領に慰安婦問題での謝罪を表明した。そして、帰国後、宮沢首相は慰安婦問題の資料調査の一層の実行を命じた。これは戦後日本政府としては前代未聞の決断であった。

第1回の調査結果は92年7月、加藤紘一官房長官の発表とともに明らかにされた。「政府の関与があった」ということが認められた。しかし、これでは資料調査が不十分であるという批判が出ると、政府はさらに資料調査の対象を内外に広げ、慰安所経営者、慰安婦被害者の聞き取りもおこない、93年8月4日、第二次調査結果を河野官房長官談話とともに発表した。河野談話は次のように述べている。

「慰安所は、当時の軍当局の要請により設営されたものであり、慰安所の設置、管理及び慰安婦の移送については、旧日本軍が直接あるいは間接にこれに関与した。慰安婦の募集については、軍の要請を受けた業者が主としてこれに当たったが、その場合も、甘言、強圧による等、本人たちの意思に反して集められた事例が数多くあり、更に、官憲等が直接これに加担したこともあったことが明らかになった。また、慰安所における生活は、強制的な状況の下での痛ましいものであった」。

「いずれにしても、本件は、当時の軍の関与の下に、多数の女性の名誉と尊厳を深く傷つけた問題である。政府は、この機会に改めて、その出身地のいかんを問わず、いわゆる従軍慰安婦として、数多くの苦痛を経験され、心身にわたり癒しがたい傷を負われた全ての方々に対して心からなるお詫びと反省の気持ちを申し上げる」。

これは画期的な歴史認識を示した政府声明であった。この声明の発表には国民は平静に対し、政府の行動を支持していたと見ることができる。

河野談話では、「お詫びと反省の気持ち」をどう表すかは、検討すると表明していたが、宮沢内閣に代わった細川連立内閣ではいかなる対応も取られず、日本政府の慰安婦問題にたいする対応の検討は94年6月に生まれた村山内閣に委ねられた。検討の出発点は、第二次大戦に関わる賠償請求権の問題はすでに国家間で解決済みであるという外務省の不動の原則、および国家補償を個人に支給することができないという日本政府のタテマエであった。村山内閣が成立したときには、すでに外務省が戦後50年問題への対処のために「平和友好交流事業」案を準備しており、その案の受け入れが求められた。慰安婦問題などの個別の問題には対応せず、交流事業を中心に10年間1000億円をつかう計画であった。次年度予算の概算要求にのせるには8月までに政府決定をだすことが不可欠だったのであろう。これが7月17日の朝日新聞一面トップにリークされた。これに対して社会党から出ている閣僚たちが抵抗し、慰安婦問題に対する補償をおこなわないということは許されないと主張した。

そこで、浮かび上がったのが、国民参加の基金をつくって慰安婦への補償に取り組むというアイデアであった。五十嵐官房長官はこの基金に民間の拠金も集めるが、政府の資金も出すという考えであった。こんどはこの基金案を付け加えた構想が8月13日朝日新聞一面トップにリークされた。「戦後補償、10年で1000億円、平和交流事業、首相が意向固める、慰安婦、基金通じ支援」という見出しであった。

ところが、ここで冷水が浴びせられる。8月19日朝日新聞の一面トップに「元慰安婦に『見舞金』」、「民間募金で基金構想、政府は事務費のみ、実質的『償い』直接補償避ける」という記事がのった。「村山政権が検討を進めている……慰安婦に対する『償い』のための措置の骨格が、明らかとなった」として、報じている。この記事が何人のリークによって書かれたのか、明らかになっていない。基金構想をめぐる論争も決着していない、三党で検討する体制もまだできていないこの段階で、このような極度にネガティヴな「措置の骨子」をリークして、別の方向への動きを封殺しようとする悪意が感じられる。

8月31日、村山首相は「総理の談話」を出して、戦後50年に向けて、「侵略行為や植民地支配」に対する反省から出発して、歴史研究支援、知的交流・青少年交流、アジア歴史資料センターの設立などを内容とする「平和友好交流計画」を発足させるとし、慰安婦問題については歴史を直視する必要を強調し、「交流計画」とあいまって、政府の気持ちを国民にもわかってもらうため、「国民参加の道を探求する」と述べたのである。

しかし、すでに「民間基金で見舞金」という言葉が政府案の内容として人々の頭を支配し、消えざる印象をつくりだしはじめていた。関釜裁判（1992年以来釜山の元「慰安婦」と勤労挺身隊員が下関地裁におこした訴訟）の法廷に立つために来日中のハルモニ李順徳さんは朝日新聞の8月19日の記事をみて、立腹し、「オレは乞食ではない。あちこちから集めた同情金はいらない」と語ったと言われる。その言葉を聞いて衝撃をうけた「関釜裁判支援の会」の人々のはたらきかけで、全国の慰安婦問題に取り組む人々は、この政府の方針に反対しようと考えて、11 月 30 日の毎日新聞に意見広告「日本軍がおかした罪は、日本政府につぐなってほしいのです。——わたしたちは『民間基金』による『見舞金』ではなく、日本政府の直接謝罪と補償を求めています」を掲載するにいたるのである。

基金をつくるなら、民間の資金をあつめるとともに、政府の資金も入れて、合わせて国民的な償いの事業をおこなうということがめざされるべき目標であった。五十嵐官房長官はそのために河野外相・自民党総裁とも、武村蔵相・さきがけ代表とも、協議をつづけた。しかし、三人が合意しても、役所に帰ると、強く反対され、議論が振り出しに戻るということが繰り返されたといわれる。のちに 10 月に戦後 50 年問題三党プロジェクトができて、具体的な検討がはじまったあとでも、なお厳しい意見の対立がつづいていた。

私も、11 月 8 日に三党プロジェクト慰安婦問題等小委員会での意見聴取に呼ばれて、「基金は特別立法で設立され、政府資金と国民拠金により構成される」べきだと提案した。しかし、そのようにはならなかった。社会党代表は、「国の道義的責任に基づく償いとして、被害者・遺族の納得が得られるよう、個人的な給付を行うよう努力する」という文章を慰安婦問題等小委員会報告に入れるように努力したが、ついに受け入れられなかった。12 月 7 日に採択された慰安婦問題等小委員会第一次報告は「道義的立場からその責任を果たす」、「お詫びと反省の気持ちから国民的償いをあらわす」、「国民参加のもとで」基金を設置する、政府は「拠出をふくめ、可能な限り協力を行う」と述べるものにとどまったのである。

だが、五十嵐官房長官は、基金の本体事業に政府資金を入れるためにさらに動き、古川貞二郎官房副長官の助言もえて、医療福祉支援という柱を立て、政府資金を加えることを追加した。元慰安婦への「医療、福祉などお役に立つような事業を行うものに対し、政府の資金等により基金が支援する」となったのである。

しかし、1995 年 6 月 14 日、五十嵐官房長官がアジア女性基金の設立を発表するさい、「慰安婦の方々への国民的な償いを行うための資金を民間から基金が募金する」ということにもっとも中心的な意義が付与されたのである。結果的には、政府内の検討は朝日新聞の 94 年 8 月 19 日のあの記事の内容の線を出ることができなかった。「見舞金」というような言葉は一度たりとも使われることはなかったのだが、かえすがえすも残念な結果であった。国家補償ができないので、国民の募金だけから償い金を出すという説明は、被害者の感情を最初から傷つけていて、最後まで基金の活動をしばりつけたと言わねばならない。

1995年8月15日朝の全国紙6紙にアジア女性基金の全面広告が掲載された。大沼保昭氏の起草になる呼びかけ文が村山首相のごあいさつとともに発表された。この広告には1億3000万円の費用がかかった。しかし、この広告は日本政府がこの水準から後退することはないという決意を国の内外に示したものであった。「基金は政府と国民の協力で」というスローガンが添えられた。

そしてこの日の午前の閣議で戦後50年の村山総理談話が決定され、記者会見で発表された。「わが国は、遠くない過去の一時期、国策を誤り、戦争への道を歩んで国民を存亡の危機に陥れ、植民地支配と侵略によって、多くの国々、とりわけアジア諸国の人々に対して多大の損害と苦痛を与えました。私は、……ここにあらためて痛切な反省の意を表し、心からのお詫びの気持ちを表明いたします」。村山談話とアジア女性基金は一体化していたのである。

4　アジア女性基金の事業

「女性のためのアジア平和国民基金」（アジア女性基金）は与党三党プロジェクトの合意をうけて、内閣の決定により設立される財団法人である。そのことは1995年6月14日五十嵐官房長官から発表された。この基金の事業に国民の支持をもとめる「呼びかけ人」として16人の民間人のリストも発表された。この基金の意志決定と行動は内閣府と外務省の代表者によってつねに監督されており、すべての文書はこれら官庁の検討をへて作成、印刷された。他方、財団法人の意志決定には、理事会、運営審議会のメンバーの他に、呼びかけ人中の有志が実質的に対等な立場で参加した。私は基金のほとんどすべての基本的な文書、出版物の作成にかかわったが、ながくただの呼びかけ人であり、99年に運営審議会委員となり、2000年に理事になり、2005年に専務理事になったのであった。

基金の専務理事・事務局長以下の有給の職員の人件費、活動費、事業費はすべて政府予算によって負担された。被害者に対する償い金は国民からの拠金から、医療福祉支援は政府の予算から支払われた。1995年から2007年までの基金活動の全期間に支出された金額は運営管理費11億298万円、一般事業費22億5376万円、医療福祉支援9億7795万円、償い金支給5億7008万円であった。その他をあわせ総計54億1365万円である。このうち国民からの拠金でまかなわれたのは5億6500万円、ほぼ10パーセントにすぎない。アジア女性基金は民間基金というようなものではなく、政府の方針のもとに、政府の政策を実施するための財団法人であった。

基金が設置されてから、内部の討論により、償い事業の三本の柱がさだめられた。第一が総理の「お詫びの手紙」である。手紙の案文は基金の中では高崎宗司氏と私の書いたものが提出されたが、手紙は内閣外政審議室で起草され、基金の代表者3名に事前に閲読が認められた。「お詫びの手紙」は河野談話を前提として起草され、基金事業を受け入れる被害者一人一人に、この問題に対する「道義的責任」をみとめること、「内閣総理大臣として」お詫びすることを述べている。基金では、基金の理事長の手紙をも添えることにした。理事長の手紙の原案になったのは、私が首相の手紙の案として起草したものである。

この総理の手紙について、韓国の運動団体は、“my personal feeling”という表現を問題にし、謝罪の公式の表明とは認めないとした。それでのちに“personal”という形容詞は削除された。総理のお詫びの手紙は橋本、小渕、森、小泉と歴代の首相によって署名され、慰安婦被害者のもとに送られた。

第二の柱は、「償い金」200万円の支給である。これは国民からの募金から支給された。韓国、台湾、フィリピンの285人に支給したので、5億7000万円を必要とした。募金は不足したので、財団法人の基本財産を取り崩して、不足分にあてられた。申請して、司法省の認定を受けた被害者全員が受け取ったフィリピンを別にして、韓国台湾では政府認定被害者の半数以上の人が受け取らなかったので、これですんだのである。あと100人が受け取りを希望すれば、さらに2億円が必要となった。そういう事態となれば、政府が当然負担して「償い金」を出すことになるというのが基金の理事、運営審議会委員、呼びかけ人の考えでもあった。原文兵衛理事長は橋本総理にその旨を約束してもらったと報告した。実際事業の最終段階で不足が出ることが明らかになったとき、「償い金」の性格が変わるということで韓国側の理解をえることができないかというのが専務理事であった私の考えであった。しかし、少額の不足にとどまったため、事態は動かなかった。

第三の柱は、医療福祉支援である。これは当初は、被害者のために医療福祉支援の活動をしてくれる団体に政府からえた資金を基金が提供するという事業であった。この点ではフィリピン政府社会福祉省が事業主体となってくれることになり、一人あたり120万円を同省に渡して、事業をしていただくことができたのが、唯一の想定通りの形であった。韓国と台湾ではそのような主体がえられないので、当初は「アジアとの対話をすすめる会」という団体を日本につくり、この団体を通して送金をおこなうようにしたのである。のちには、医療福祉支援を現金一括支給でおこない、何にどれだけ使ったか領収書を出してもらうという方式に切り替えた。結果的には韓国と台湾では医療福祉支援は現金支給でおこなわれるようになった。韓国、台湾は医療福祉支援の額は300万円相当であったから、償い金200万円と合わせて、計500万円が現金で支給されることになったのである。

オランダでは、107名が申請し、審査の結果、79人が強制された存在と認定をうけた。ここでは、医療福祉支援のみが実施された。当初は集団的な支援事業が提案されたのだが、オランダの実施団体の強い要求で、個人対象の事業となった。被害者は必要とする医療福祉支援についてのアンケートを書けば、プロジェクト・マネー300万円の支給をうけることになった。あわせて橋本首相のオランダ、コック首相あての手紙のコピーが渡された。被害者は受け取ったプロジェクト・マネーを「補償compensation 」と考えているが、それよりも首相のお詫びの手紙の方が重要だと考えた。被害者たちの手紙にはこうある。

「私は橋本総理の書簡に大いに満足しました。あの長い歳月をへて、ついに私が受けた被害が一定の形で認められたのです」「この金銭的な補償だけでなく、15歳の少女であった私がうけたあの悲惨さのすべてが認められたことに対してです。そのことが、いまもなお口をあけていて、それをかかえて生きていくのに耐えてきたあの傷の痛みをやわらげてくれます」。

基金の事業に対して、国連機関、各国の運動団体からは批判がくわえられた。そのほぼ一致した主張は、日本政府は法的責任を認める公式謝罪をおこない、国家補償をすべきだというものだった。韓国、台湾では、総理の「お詫びの手紙」については、正式な謝罪とは認めない、「償い金」はすじの通らない「見舞金」だとして、被害者が受け取らないようにとの助言がなされた。

これに対してフィリピンの運動体は国家補償を求めるが、アジア女性基金を受け取る被害者に対しては、申請書類の作成を援助した。被害者自身が受け取る、受け取らないを決める権利をもつという考えをとったのである。オランダの運動家たちも同じ考えであった。

この点で注目されるのは、基金の使う「償い」という言葉の訳語の問題である。「償い」という言葉は「補償」という言葉と区別されて使われ、英語では

compensation ではなく、atonement と訳された。これは「贖罪」、「罪をつぐなう」という意味であり、the をつけて、大文字ではじめれば、イエス・キリストが十字架にかかって死ぬことにより人間の罪をあがなうことを意味する。あるいはこのことがフィリピンとオランダで基金の事業が理解をえたことと関係しているかもしれない。ともあれ、アジア女性基金の事業はフィリピンとオランダでは、不十分さをのこしつつ、被害者の心にひびく謝罪と償いの事業になったと言えると考える。

これに反して、韓国語と中国語では、「補償」と「償い」は訳し分けられない。ともに「보상 ボサン」、「補償」となるほかない。ここでは基金は一方では国家補償はしないといいながら、他方ではこれは「보상 ボサン」、「補償」の事業ですと言っているのは欺瞞的だという印象が生まれたのかもしれない。韓国では政府の認定を受けた人は 1998 年までに 160 人、現在では 230 人であり、台湾は 36 人である。韓国、台湾でアジア女性基金の事業を受け入れた人の数は発表されていなかったが、私は 2014 年 3 月に韓国で 60 人、台湾で 13 人という数を発表した。韓国で受け取った人々は、認定被害者の 3 分の 1 を下回っている。

周知のように、台湾と韓国では基金を受け取らないと誓約した被害者に、台湾では政府が 200 万円、篤志家が 200 万円、韓国では政府が 340 万円の支援金を支給した。台湾とは異なり、韓国ではこの支給が事態をいっそう複雑にしている。基金のかたち、うごきに強い反発を感じながらも、首相の謝罪の手紙と基金の「償い」事業を受け入れた被害者はいかなる意味でも非難されるべきではないし、かつその人々の存在を無視することも誤りである。私はその人々の受け取りが社会的に認知されるべきだと考えて、韓国では金大中大統領に何度か訴えたが、ついに大統領に行動をとってもらうことはできなかった。であればこそ基金を受け入れた人々に社会的な理解があたえられるべきなのである。

アジア女性基金は 2007 年 3 月解散した。だが、韓国、台湾では、認定被害者の過半の人々がアジア女性基金に申請を出すことがなかったという事実は絶対的な意味をもつ。日本政府は韓国、台湾の被害者に対する償い事業をやり終えたということはできない。さらにまったく何もしていない北朝鮮、中国、東ティモールなどの地域はどうするのか、考えられるべき問題である。

5　アジア女性基金解散以後

ところで、日本の中では、1996年より、政府が示した歴史認識に反対する人々が、河野談話を執拗に攻撃し始めた。そして、基金の最後の年、2006年そのような批判者の一人安倍晋三氏が総理大臣になるに及んで、河野談話が取り消される危険が生まれた。私はアジア女性基金専務理事の立場にあったが、2006年9月はじめ、『世界』10月号に「拝啓　安倍晋三様」とはじまる一文を発表し、総理になったら、村山談話を堅持すると誓約されるか、河野談話を堅持されるか、日朝平壌宣言を堅持されるかと問いただした。衆議院予算委員会では、菅直人氏が村山談話に加えて、河野談話の継承についても迫ったのは10月5日のことだった。安倍首相は河野談話も「受け継がれている」と答えざるを得なかった。そこで安倍氏の同志たちの中に不満が高まり、河野談話の正式取り消しのための行動が開始された。

これに対して憂慮する声をあげたのがアメリカ下院マイケル・ホンダ議員提出の慰安婦問題決議案である。これは2007年1月31日に提出された。この決議案は、「慰安婦の苦難について、こころからのお詫びと反省を表明した」河野談話を評価し、その「内容を薄めたり、撤回したりすることを願望する旨表明している」日本の公務員や民間の要職にある者の動きに反対し、アジア女性基金の設立と活動を評価し、それが3月31日に解散してしまうことを憂慮して、安倍内閣が謝罪の公式声明を出し、慰安婦問題を否定する主張に反論するように求めるものであった。

3月1日、安倍首相が日本軍による「強制性を裏付けるものはなかった」とあらためて発言したことが火を燃え上がらせた。4月末、安倍首相は訪米して、ブッシュ大統領や議会指導者に会い、河野談話を継承している、慰安婦問題について反省していると述べた。だが、反河野談話派の政治家・知識人櫻井よしこ氏らはワシントン・ポスト紙（6月14日）に広告“The Facts”を出して、慰安婦は women “working under a system of licensed prostitution”、つまり“prostitutes”にすぎないと宣言した。これはアメリカ世論を決定的に憤激させた。ついに6月26日米下院外交委員会はホンダ議員提案の決議を可決した。安倍首相に対する不信・批判・圧力は消えず、9月、持病の難病が悪化して、安倍氏は政権を投げ出した。広範な人々の結束により、河野談話は守られ、その評価は高まった。

アジア女性基金を批判していた日本の運動団体は、2000年4月から「戦時性的強制被害者問題の解決の促進に関する法律案」の実現をめざしていた。2003年より06年までは毎年参議院で議員立法で提案した。基金が解散したあとには、運動団体はこの立法化に希望をかけ、2009年、民主党が政権を奪取するや、期待を一層高めたのだった。しかし、この法案の推進は政権をめざす民主党のマニフェストにはふくめられておらず、誕生した民主党政権には岡崎トミ子、千葉景子氏ら法案提案者たちが入閣したが、この法案がとりあげられることはなかった。民主党が政権与党となると、党内の意見対立が深刻な問題となり、党議をまとめることができなかったのである。

2010年、「韓国併合」100年にさいして、日韓の知識人1000人の共同声明が出されるなどの動きがある中で、8月10日民主党菅直人首相は首相談話を出し、「政治的・軍事的背景の下、当時の韓国の人々は、その意に反して行われた植民地支配によって、国と文化をうばわれた」と述べ、「この植民地支配がもたらした多大な損害と苦痛に対し、ここに改めて痛切な反省と心からのお詫びの気持ちを表明いたします」と述べた。併合の強制性を認めた点は村山談話にあらたな歴史認識をつけくわえたものであった。だが具体的措置としては、朝鮮王朝儀軌などの図書の引き渡しを約束するだけであった。

2011年8月30日に韓国の憲法裁判所が出した判決が慰安婦問題解決へのあらたな努力をうながす天の助けとなった。日韓条約とともに締結された請求権経済協力協定の解釈をめぐって日本政府に協議をもとめ、仲裁にすすむことをしない韓国政府の不作為は憲法違反だと判決したものである。提訴以来5年の歳月の間に109人の原告中45人ものハルモニがこの世を去っていた。残っているハルモニたちが生きておられるうちに、解決に向かっての努力がなされなければならない。そのためには過去20年間の慰安婦問題へのとりくみを全体的に検証し、その成果と失敗を総括し、その共通の認識をもって、新しい前進策が見いだされなければならない。その方策は、正義と和解をめざし、被害者が受け入れ、日韓の運動団体、世論がみとめうる、現実的に実現可能な方策でなければならないだろう。そういう志向が日韓双方に生まれた。

韓国外交通商部は日本外務省に協議をもとめたが、日本側は応じようとしなかった。たまりかねて、李明博大統領は、12月、京都でひらかれた首脳会談の席上、強い言葉で慰安婦問題の解決を野田首相に迫ったのであった。野田首相は、問題は条約的には解決済みの問題ではあるが、さらに努力することができないか知恵を出すつもりであると表明した。

こののち日本の政府の中で努力がはじまったが、日本の運動体の中からも、韓国政府との協議に応じるよう政府に求める声があがり、解決案の内容として、「①日本政府の責任を認め、被害者の心に届く謝罪をすること、②国庫からの償い金を被害者に届けること」を提案する動きが出たのは注目すべきことであった。

2012年4月、野田内閣の斉藤勁官房副長官が訪韓し、大統領の補佐官に「①首相による李明博大統領への謝罪、②武藤正敏駐韓大使による元慰安婦への謝罪、③日本政府による補償――などが検討できる」との考えを伝えたらしい。これに対し韓国側の反応は芳しいものではなかったようだ。

たまりかねた李大統領は日本に圧力をかけるつもりで、8月10日、独島（竹島）視察をおこなった。野田首相と玄葉外相は竹島は日本の「固有領土」だとして、激しく反発し、日韓関係は空前の対立状態に立ち至った。しかし、9月のヴラジヴォストークでのAPEC首脳会議のあと、日韓間では仕切り直しがはじまった。斉藤官房副長官と李大統領の意をうけた高官とのあいだで解決案の合意が生まれたと言われている。しかし、野田首相はついに決断できず、慰安婦問題の解決への前進はなされずに終わったのである。

野田民主党は選挙で破局的敗北を喫して、安倍自民党政権の復活に道を開いた。安倍氏は総裁選挙戦において河野談話、村山談話を再検討することを公然と唱えるというあからさまな歴史逆行の反動の立場を表していた。しかし、政権につくと、アメリカ政府をはじめとする周辺国の意見を気にして、河野談話再検討の意向をトーンダウンした。しかし、なんらかの契機があると、本音が現れ、村山談話も河野談話も修正する意欲をにじませている。しかし、アメリカ、韓国からの批判、国内でのメディア、世論の批判はきびしい。おそらく、安倍首相は村山談話、河野談話を公式的に否定すれば、総理の座にとどまることはこんどもできないであろう。

日本の政府、国民は獲得した河野談話、村山談話、菅談話を守りきり、その上に慰安婦問題を中心とする残された被害者に対する謝罪と償いの努力をつづけていかなければならない。そうしなければアジアとの協力もなく、和解もないであろう。われわれは穏やかな生を享受できない。

第9章

歴史認識をめぐる日中韓トライアングル

金 光旭

はじめに

最近、日本外交にとって、中国、韓国との政府間関係の改善は重要な課題となっている。周辺国の中国、韓国との政府間関係の悪化は、歴史認識と領土問題をめぐる立場の違いに起因している。

日中韓をめぐる国際関係において、日中関係は政冷経冷、日韓関係は政冷文暖、中韓関係は政熱経熱として特徴づけられている。最近の日中間と日韓間の冷たい関係を新冷戦の始まりだという悲観論まで広がっている。

経済成長を背景とした中国の台頭は､東アジアの国々に｢好不好｣(好き嫌い)の影響を与えてきたが、日中間には歴史認識と領土問題をめぐって、さらなる複雑な意味を与えている。中国の成長が周辺国に複雑なニュアンスを与えるのは、中国の経済的な成長とその政治軍事的な連動に対する周辺国の受容態度が一致しないからである。

中国の台頭についての論議が広がるなか、歴史認識と領土問題をめぐっての日中、日韓の間の立場の違いが浮き彫りになったことは、日中韓三国間の国家関係のなかで、日本外交にとって大きな負担となっている。

ここでテーマとして取り上げる歴史認識をめぐる日中韓トライアングルとは、歴史認識をめぐって、三国のなかで、日本と中国、日本と韓国、中国と韓国という二国の間に働いているダイナミズムについて調査分析し、歴史認識がいかに政治化されてきたかを分析し、また自らの安全保障を最優先する各国は外交上の国家関係のなかでいかに衝突しているかについて究明するために用いた概念である。ここでは歴史認識をめぐって、日本、中国、韓国と、この地域に深く関わってきたアメリカを中心とした国家関係の変化に注目しながら、その背景を調べることによって、関係改善の可能性を模索する機会にさせたい。

1　記憶から和解へ——問題の背景

グローバル時代の特徴の一つは、様々な通信機器を利用しながら、情報交流を行うことによって、国家間の意思疎通が円滑になったことであるが、最近、東アジアの日中と日韓の間にはこの利点が適用されにくくなった。情報交流が内向きとなって、国家間の意思伝達を妨げているからである。

東アジアにおける歴史認識と領土問題をめぐる葛藤と対立は、冷戦期にはイデオロギー対立に覆われていたため、国家間の懸案として浮かび上がる回数は少なかった。しかし、冷戦後、国家間に理念をめぐる紛争が少なくなる代わりに、ナショナリズムを背景にした歴史認識と領土問題をめぐる葛藤と対立の頻度が多くなったのである。日中間、日韓間の歴史認識と領土問題をめぐる葛藤と対立は深刻であり、周辺国と世界の憂慮の対象になっている。

日中と日韓の間に歴史認識をめぐる立場の違いで差が生じたのは、記憶と事実の間の間隙が広がり過ぎたからである。日中間の立場の違い、とりわけ日本では南京事件として呼ばれてきた南京大虐殺についての日中間の対立では、事実に基づいた歴史に争点が当てられて、発生当時の事実究明とその法的評価などの様々な側面から論点が提起された。慰安婦問題をめぐる日韓間の立場の差も、その強制性をめぐって、旧日本軍・政府の関与を否定する深刻な問題としてあらわれている★[1]。また慰安婦の数について信頼性のある調査を求める日本側の立場は、その犯罪性の自認を優先視する韓国の立場と衝突した。

慰安婦問題をめぐる立場の差は、人権問題として取り上げられて、国際問題になりつつある。日本政府は慰安婦問題は日韓間の請求権協定によって解決された事案だという認識を堅持してきた。これに対して韓国政府の認識は、慰安婦問題は非人道的な不法行為に該当する事案であり、請求権協定によって解決されたと見なさず、日本政府の法的責任が存在しているという立場である。

日中と日韓の間に歴史認識をめぐる立場の差の背景に、つぎのような二点が指摘されうる。第二次大戦後の戦後処理過程のなかで、中国と韓国がどのように関わってきたかであるが、韓国は排除され、中国の参加も限られていたことである。すなわち、戦後処理問題とはアメリカを中心とした連合国との問題解決であったため、19 世紀末以降、日本からの侵略を覚えている中国と韓国は、第二次大戦後、アメリカを中心とした連合国が主導した戦後処理について疎外感を覚えている。今日、中国と韓国は、そのような過去の歴史が繰り返されないように、歴史認識の是正を求めている。

さらに歴史認識をめぐっての問題解決を難しくしているのは、戦後レジームについて日本国内で不信感が広がっていることである。第二次大戦後、日本が受け入れた戦後の秩序は、十分にその機能を果たしたので、今後、新しい環境に適合したレジームに変えなければならないという主張である。そのために憲法解釈を始め、社会全般の制度とその機能を大規模に改革しようとする働きである。どちら側も未来のための安全保障を強調している。つまり中国と韓国は歴史認識の共有を通して将来の安全を確保しようとしているのに対して、日本は憲法解釈を通して、変化する周りの環境に対応しようとしている。

2　日中韓トライアングルとは

最近の日韓関係の悪化は、互いに抱く未来の政策についての不信に起因している。日本は朴槿惠政権が対中重視の方向に傾いているのはなぜかと疑念を抱いている。一方､安部政権は日韓関係を友好的に維持していると言っているが、歴史認識や領土をめぐる問題についての立場の差は、政府間関係を悪化させている。日本のマスコミでは中国と韓国との外交攻防が同時に広がっているので、中韓同盟との攻防だという皮肉な表現まで登場している。

同じ時期に実施された日本と韓国の世論調査によると、日韓関係は重要だという結果が両国で共に出された。しかし、世論調査の結果では、現今の政治的な閉塞状態が反映されて、日韓関係は共に良くないという答えが多かった。日本と韓国の世論の形成に影響を及ぼしている専門家の場合、相手国に対する良い印象を持っているにもかかわらず、日韓関係が悪くなったのは、最近の懸案についての認識の差だと答えている。

それでは中国をめぐる日韓関係は、どのように変化しているのか。日本と韓国の専門家と一般の国民は、日韓関係と共に中国との関係を重視している。中

表1　2014年日韓（韓日）関係と対中国関係の重要性

	どちらも同程度に重要	対中関係がより重要	日韓（韓日）関係がより重要
日本	47.0（49.6）	15.6（20.0）	12.4（13.9）
韓国	47.0（55.0）	43.8（35.8）	4.0（9.3）

出典：EAI・言論NPO「日韓共同世論調査」2014年7月9日、（　）は2013年の調査結果。

国との多様な分野における関係の増大によって、日本と韓国は共に中国との関係を重視しているが、表1で確認できるように韓国の中国重視の傾向が目立っている。

朝鮮は伝統的に封建的な秩序のなかで中国との関係を重視し、それによって政治、軍事、経済上の問題を解決しようとした。海を隔てている日本と違い、中国と朝鮮は長い国境を接しているため、対立を避け、協力と調和を模索してきた。第二次大戦後の朝鮮解放と分断、そして朝鮮戦争後、長い間韓国と中国との外交関係は閉ざされたままであった。しかし、1978年以降、中国が対外開放政策を展開し、1992年に中国との国交樹立後、韓国は中国との貿易量を伸ばし、政治・経済的な関係が深まるにつれ、あらゆる方面で関係が緊密になった。北朝鮮の核実験以降、国際社会による北朝鮮に対する制裁が続くなか、北朝鮮に対する中国の直接投資の件数は、2008年の5件から2012年の28件まで持続的に増加した。

2013年6月朴槿恵大統領の訪問に対する答礼として2014年7月訪韓した中国国家主席の習近平は、善隣友好と互恵協力を強調しながら、東アジアの複雑な安保環境に共同に対処することを呼びかけている。

韓国には日・米・韓安保体制が、中国には北朝鮮との血盟関係が存在する。それでも韓国と中国は、首脳会談を重ねて、中韓の連携を強化することによって、既存の構造的な限界を迂回できる途を探っている。

東アジアにおける安全保障問題は、北朝鮮の核保有をめぐる周辺国の対応が、その中心的な課題として定着しつつある。周辺国は北朝鮮に対して核放棄を要求し、厳しい態度を維持している中国の外交的な姿勢に注目している。冷戦後、北朝鮮に対する政治・経済上のパトロン的な立場にある中国の影響力が増している。周辺国は北朝鮮に対するパトロン的な立場にある中国の役割と影響力に疑念を抱いてきたが、このような中国の姿勢の変化は国際社会に複雑なメッセージを与えている。

中国は国際社会との協調を意識して、北朝鮮に厳しい注文をつけながら、結果的には北朝鮮との貿易規模を拡大してきた。北朝鮮が核実験によって制裁を受けて、米国をはじめ西側との貿易の制限措置が拡大すればするほど、中国への経済依存が深まるようなパターンが続いた。

北朝鮮の2006年10月の第1回目の核実験と2009年5月の第2回目の核実験と2013年2月の第3回目の核実験に対する制裁として、国連安全保障理事会は決議1718（2006年6月）と決議1874（2009年10月）、そして決議

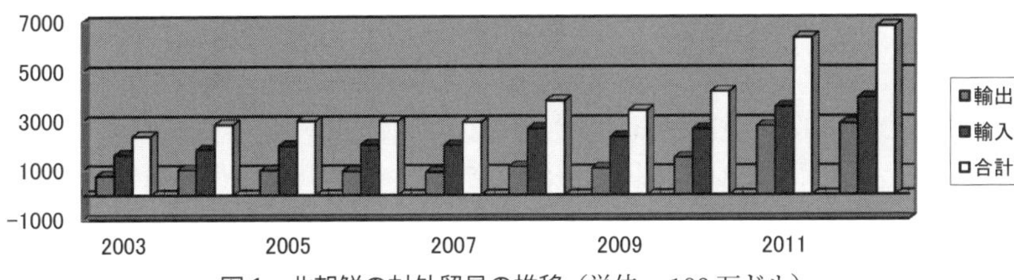

図1　北朝鮮の対外貿易の推移（単位＝100万ドル）
出典：KOTRA『北韓의対外貿易動向2012』Seoul、2012年、2～10頁。

2094（2013年3月8日）を制裁として採択したが、制裁の効果はうまく働かなかった。但し、北朝鮮の第3回目の核実験以後、中国は北朝鮮を強く非難するなど、国際社会との協調を一層固めて、政治を経済から分離する政策を続けていることも事実である。

その代わりに中国に対する北朝鮮の貿易依存度は、北朝鮮の核実験以前の2005年には既に5割を超えたが、2010年には貿易量の83%まで高くなった。さらに2011年の中朝貿易規模は前年比62.6%増の56億2900万ドル（約4000億円）に達した。全体に占める比重も89.1%に達して、対中貿易への依存は深刻な水準である。2011年の中国の対北朝鮮輸出規模は31億6500万ドル、輸入は24億6400万ドルだった。2012年には、中国の対北朝鮮輸出額は35億2700万ドル、輸入は24億8400万ドルで、北朝鮮の全体貿易規模の88.3%に達している。北朝鮮の中国への偏った貿易依存が改善されなかったのは、中国以外の国との貿易規模が1%台に留まっていることが物語っている。

長い間、中国は北朝鮮の政治経済上のパトロン的な立場で働いてきたことも、朝鮮半島を非核化地帯にさせるために、中国の立場が重視される理由になっている。

中国と韓国は、歴史認識と領土問題において日本と対立しているが、中国と韓国の間にも黄海での漁業問題、脱北者の送還をめぐる問題処理で膠着する時がある。現今、そのような中国と韓国の間の問題は日本との歴史認識をめぐる問題や領土問題にとらわれて見過ごされているが、再び中国と韓国の外交的な問題として浮上し、点火される可能性もある。既にそのような兆しがあらわれているが、それは中国の防空識別圏をめぐる対立である。2013年11月23日に中国は領土問題の解決を念頭に置きながら設定したと思われる防空識別圏を発表した。米国は「地域の緊張を高め、衝突のリスクを高める」と非難する声明を発表した。中国の防空識別圏に対して、周辺国の日米韓は反発しているが、それぞれの国の事情は異なる。中国の防空識別圏は日本や韓国、台湾の防空識別圏と重なるほか、日中台が領有権を主張する尖閣諸島と、中韓が管轄権を争う海中岩礁の離於島（中国名は蘇岩礁）上空を含んでいる。

米航空会社大手に続いて韓国の民間航空機も中国当局に飛行計画を事前提出するなど、各国の民間航空業界の対応は割れている。東シナ海の空や海上で実効支配の動きを強める中国といかに向き合うべきか。元々、防空識別圏は偶発的紛争や軍事的緊張が高まるのを防ぐよう配慮されているが、中国の防空識別圏の場合、すでに領土問題で注目されてきた尖閣諸島の周辺地域を防空識別圏に含め★2、日中間の領土問題の延長線で展開されているのである。

3 日中韓トライアングルのパラドックス

2012年11月、中国の習近平総書記の選出から始まった北東アジアにおける政治指導者の交代ラッシュは、同年12月、日本と韓国での選挙で幕を下ろした。中国の習近平総書記、日本の安倍首相と韓国の朴大統領には、共に政治家を父に持つ世襲性が色濃く残り、保守への回帰が目立っている。このような世襲のなごりは、国民の栄えた頃への憧れや安定した国造りへの期待と重なっている。

2012年12月、日本と韓国の選挙では共通的な選挙結果として次期の政権に対して、ナショナリズムに基づく国の隆盛への期待が託されていた。日中韓間の領土問題は各国のナショナリズムに吸い込まれ、その対立の溝を深め、相手国に対する不信感を募らせた。三つの国が同時にナショナリズムを掲げて国益を最優先することは、これまで表に現れなかった問題を浮上させ、一層外交的な摩擦や対立を激化させたのである。

日本と韓国の有権者はともに経済政策を優先視しながら、外交安保政策の改善を望んでいる。自民党は外交安保の公約として、内閣府設置法を改正し「領土・主権問題対策本部」を政府に設置する案を提示した。韓国のセヌリ党も外交安保政策の公約として、「国家安保室」というコントロールタワーを設置することによって、領土と主権を守る対策を提示した。

安倍首相は、著書の『美しい国へ』を通して、自らの構想を明らかにした。その本の中では現行憲法を頂点とした行政システムや教育、経済、安全保障などの枠組みが時代の変化にそぐわないものだと訴えている。安倍第一次内閣と安倍第二内閣を通して、安倍首相は、戦後、急造された日本のシステムを改めるという自らの立場を一貫して強調している★[3]。日本国内では「美しい国」へのシナリオについて賛否両論が示されてきたが、多くの有権者が安倍首相の立場に同調し、2012年12月に自民党は政権を取り戻した。中国や韓国での反応とは逆になっている。

戦後の日本憲法について安倍首相は、これからの日本の安全を守るための十分な装置ではないと把握している。とりわけ、憲法前文の、「平和を愛する諸国民の公正と信義に信頼して、われらの安全と生存を保持しようと決意した」に注目しているが、日本国民の安全と生存を諸外国に任せる態勢は無責任だと批判している★[4]。

さらに日本国憲法を平和憲法だと呼ぶ根拠として、憲法前文および憲法第９条が指摘されてきたが、安倍首相は憲法第９条を独立国としての要件を欠く条項だと認識している。日本国憲法第９条第１項では「戦争の放棄」を、同第９条第２項では「戦力の不保持」をそれぞれ明示している。これらの条文を、安倍首相は確固たる安全保障上の理由で疑っている。現行の日本憲法は、日本が占領された時代に制定され、60年近く経て現実にそぐわないものとなっているとして、21世紀の日本の未来にふさわしい憲法を書き上げることを訴えている。

安倍政権は憲法改正に時間とエネルギーを傾注しながら、当面、憲法解釈の変更を通して、集団的自衛権の行使を容認させる方針を固めている。日本の国防は、専守防衛を基本にしている。現在の憲法解釈では、日本が他国から攻撃を受けた場合、日米同盟を通して、米軍が集団的自衛権を行使して、日本を防衛することは可能だが、米国が攻撃を受けた場合、日本が集団的自衛権を行使して、米国を攻撃した国に反撃することはできない仕組みとなっている。

安倍首相は、国会答弁を通して、集団的自衛権の行使の具体例として、「北朝鮮が米国を攻撃した際、それを阻止すること」だと示した。例えば、北朝鮮に武器弾薬を運ぶ船への検査、米国に向かって発射されたミサイルの迎撃、を例示した★[5]。2015年５月、日本政府が安全保障関連法案を国会へ提出してから、国会での質疑応答を通して、この法案と関わる具体的な事例として、南シナ海での米中衝突が想定され、紹介された。さらに中谷防衛大臣はアジア安全保障会議で南沙諸島埋め立て問題は、地域緊張の原因だと米国のカーター国防長官と豪州のアンドリューズ国防相と認識を共有しながら、中国を非難した★[6]。

憲法解釈の変更を通して、集団的自衛権の行使を容認させることは、日米同盟の双務性を高めて、より対等な関係をつくりあげることである。集団的自衛権の行使によって、より強い状態の安全保障の確保を目指しているのである。一方、与党の公明党はそのような働きに慎重な姿勢に留まっていた。しかし、公明党に対する自民党の積極的な働きかけの結果、2014年7月1日に開かれた臨時閣議の閣議決定を通して、集団的自衛権の行使を認めさせた。

中国と韓国のマスコミは、日本の政治家の靖国神社参拝を過去の日本の侵略行為についての政治指導者の物差しとして置き換えようとしている。2013年12月26日に行われた安倍首相の靖国神社参拝について、メディアによって違った調査結果が発表されたものの★7、多くの日本国民は参拝を決行した安倍首相の真意を日本の戦没者への追慕として理解している。しかし、各国のメディアによって伝えられる日本へのイメージは隣国への侵略を含めた過去の事実を反省せず、逆に継承しようとする意図として、否定的な認識が広がっているのである。

最近日本の世論調査★8によると、極端な右傾化は際立たないが、若年層に徐々に安倍首相に同調する傾向が広がっている結果が出された。1945年に終わった戦争について、「侵略戦争だった」と思う20代は45%、30代は47%に留まっており、40代の57%、50代の60%、60代の55%との間に10%くらいの差を見せている。

さらに日本の防衛力については「増強する方がよい」と回答した全世代の人々は、1995年の調査の7%と比べて、38%まで増加した。最近、領土問題が関わってきたことや2012年末の政権交代の影響が滲んでいる。

日中と日韓の間に歴史認識をめぐる問題が大きくなっているのは、研究者が担うべき歴史的な事実を究明する仕事の領域とそれに基づいて政治家が担当する仕事の領域が混合されたまま、各国のメディアに繰り返し、伝えられてきたからである。

その上、政治家の逸脱発言がマスコミによって大きく取り上げられていることも警戒すべきである★9。政治家の発言は、慎重に行うべきであるし、政治家の発言についての報道にも注意を払うべきである。公職選挙によって選出される政治家の場合、政治家を支持する有権者の国民情緒をも視野に入れて訴えている。そのような意味で日中と日韓の間の歴史認識をめぐる問題は、国民の間の問題でもある。

戦後の日韓関係を振り返ってみても、日韓会談の交渉の際、たびたび政治家の発言がメディアによって失言として報道され、韓国において国民感情が癒されるまで時間がかかり、日韓国交正常化の成立には14年の歳月が必要だった。

橋下徹大阪市長の慰安婦についての発言、またその発言の背景を説明する過程は、メディアに大きく取り上げられた。橋本市長は日本の与党の政治家ではないが、日本で二番目に大きい都市の市政を率いる政治家にふさわしくない発言として、中国と韓国に紹介され、結局日本に対する信頼性が損なわれるようになった。

2013年7月麻生太郎副総理が憲法改定問題に関連してナチス政権に言及した発言に関しても、中国と韓国のメディアは日本の憲法を改正するための一つの道筋だという政治家の立場を表明した発言として受け取った★10。政治家の失言として取り扱った日本のマスコミもあるが、中国と韓国のマスコミでは問題のある発言として紹介された。韓国のマスコミが取り上げた争点は、「ナチスを引用しながら日本の改憲問題に言及したことは、論争の余地がある」という指摘であった★11。

日中、日韓間の信頼形成に影響を与えている機関としての公共放送の中立性は重要であることは言うまでもない。2014年1月27日、公共放送NHKの籾井勝人会長は、就任会見で従軍慰安婦について「戦争をしているどこの国にもあった」などと発言し、波紋を広げた。日本の国内世論でも不適当だったと指摘されたが、韓国と中国は、世論の形成に重要な働きを担っている公共放送の責任者の歴史観が疑われる発言だと非難した★12。

2014年1月31日、日本の衆議院予算委員会で野党からの質疑に対し、籾井氏は、政治的中立性が疑われる発言だったと陳謝し、公共放送の責任者として、個人的な見解を放送に反映させることはなく、放送法に基づいて、公平公正、表現の自由の原則を守っていく姿勢を示した。同予算委員会では、安倍首相も靖国神社参拝をめぐる民主党の岡田克也議員からの質疑に対し、植民地支配と侵略によって諸国民に多大な損害と苦痛を与えたことを認め、謝罪を表明した村山談話と、それを継承してきた日本の歴代政権の立場との差がないことを表明した。

ここまで見る限り、歴史認識についての安倍首相と籾井会長の発言は、心の内面の問題である。そのような内容は、私的な席での発言やオフレコでの発言として公開されたとき、表向きの真意が疑われ、当然、相手国とぎくしゃくする関係に陥ることは明白である。

日中韓のぬぐい切れない歴史認識をめぐる争いを解決に導くために、政治家から一定の距離を維持する必要がある。そのためには、政治家や社会の指導層のマスコミを介して行われているアナウンスにも注意を払うべきである。

戦後、日本と韓国はともに米国との同盟関係を通して、自国の安全を確保してきた。2011年、アメリカはアジア重視戦略へと旋回した。そこには中国の成長による台頭が加わり、アジアにおける主要な利益をめぐって中国と中国の周辺国との間の対立と紛争が展開していくなかで、アメリカと中国の周辺国が連携して、それを防ごうとする戦略が展開されるようになった。

中国の軍事力について懸念している周辺国には、日本や韓国以外にも台湾、東南アジアの諸国、オーストラリアやインドもある。そのため冷戦の終結以前より中国はソ連、韓国、東南アジアなどの近隣諸国と積極的な関係改善を通して、地域情勢の安定化と自国の経済発展に有利な環境の構築を目指してきた★13。日本を含むアジアの国々は、中国との緊張関係をつくるよりは、米国がアジアでの安定を維持するために重要な役割を担うことを期待している。日本がアジアでの軍事的な役割を担おうとしても、戦前の歴史的な影が妨げている★14。最近、尖閣諸島をめぐって、日中の間にあらわれた緊張関係は、米国とも深く関わっている。

日本と中国が対立しているとき、米国側の安全保障の目標は日本を守ることにある。特に、東アジアで中国が成長を続けている状況のなかで、安全保障上、アメリカが日本とのパートナーシップを維持することは重要な意味をもつ。それは外からの攻撃に対して、日本と自衛隊に対する損害を最小限にくいとめることであるし、適切な制空権と制海権を確保することである。但し、これには米国と日本本土に対する直接の攻撃を含めて、事態を悪化させ、戦火を広げる危険性が含まれていることも考慮しなければならない★15。

安保のための日米韓の協力は、歴史認識をめぐる日中韓トライアングルによって、その方向性が揺らいでいる。2015年4月27日、日米間で合意されたガイドライン（日米防衛協力のための指針）★16のための会議は、過去2回（1978年と1997年）は米側の要請により始められた。しかし今回、日本側が要請した背景には北朝鮮の核・ミサイル問題に加え、中国との領土問題が関わっている。アジアへの介入を深めようとする米側のアジア重視戦略は、防衛力を強めようとする日本の安保戦略との合意点を見つけたのである。中国は、ガイドラインの再改定によって、軍事的な役割を拡大しようとしている日米同盟強化を警戒している。日本の真の軍事的な警戒対象国は、北朝鮮ではなく中国だという認識である。

韓国は歴史認識と領土問題をめぐっての日韓関係のこじれと安保のための日米韓トライアングルの協力との間で悩んでいる。歴史認識と領土問題をめぐって日韓間の溝が深くなればなるほど、安保のための日米韓トライアングルの協力は難しくなる。とりわけ、韓国の朴槿恵大統領が指摘している「アジア・パラドックス」とは、日中韓の間に経済的な依存関係は深化しているが、政治的には歴史認識と領土問題をめぐって日韓間、日中間の葛藤は改善されないままである状況を指している★17。

4　安全保障のための歴史認識

どの国でも歴史認識が重視されるのは、自国の安全保障と関係している。歴史に鑑みながら、自国の誤謬を顧みるのである。E・H・カーの言い方を借りれば、歴史は「現在と過去との対話」である。国内で歴史認識を共有することによって、対外的には一糸乱れず、強い外交政策を展開することを期待するのである。

日清戦争、日露戦争でもあらわれたように、朝鮮は歴史的に自らの意思とは関係なく、周辺の情勢に巻き込まれて、自らの領土が戦場化される状況を眺めなければならなかった時期があった。あらゆる部門で中国との付き合いが多くなっている韓国は、今日、再びそのような歴史的な衝突が朝鮮半島とその周辺を舞台に、繰り返さないように、過去の経験を生かそうとしている。

日中韓の間の歴史認識と安全保障をめぐって、日中韓の政府の外交的な立場はアメリカ政府の外交的な立場から影響を受けている。それは、日中韓の各国政府がアメリカ政府筋の発表に瞬時に対応していることからも確認できる。

米側は、歴史認識と領土問題をめぐる日中韓の対立と葛藤を、アジア重視戦略を基盤とした東アジアの安保秩序の再編と比べて、相対的に低いレベルの事案に留めようとしている。よって米側は日本政府に中国政府と韓国政府との関係改善を勧めながら、中国政府と韓国政府に対しても日本との関係改善を求めている。第二次大戦後、アメリカが展開した東アジアの安全保障の軸は、日米韓の安保トライアングルの同盟関係であった。日米間と米韓間の軍事同盟は、揺らぐことなく働いてきたが、軍事的には疑似同盟となる日韓関係は日米同盟と米韓同盟の安保軸によって支えられてきた。

アメリカはアジア太平洋での役割の増大と関与を強めてきた。アジア太平洋地域への関与は、新規の市場開拓から核拡散の抑止、海上航路の自由通航の確保に至るまで、アメリカの国内市場と安全保障とも深く関わっていると認識されている。アメリカは、これまで大西洋で築いてきたものと同等の利益と価値をアジア太平洋で築こうとしている★[18]。

アメリカは安倍首相による安全保障の取り組みを歓迎している。集団的自衛権、特定秘密保護法、日本版 NSC の国家安全保障会議の創設、穏当な防衛予算の増加を支持している。このような対日政策の変化は、東アジアにおけるアメリカと同盟国の戦力を確保しつつ、アメリカの国防予算を削減するために日本への負担増加としてあらわれている。

さらにこのような戦略は、少数意見でありながら、第二次大戦後、アメリカが長い間駐留し続けたドイツや日本からの米軍の撤退を要求してきた米国側のリベラル系のメディアの主張とも矛盾しないのである。

但し、日米間には歴史認識をめぐって温度差があるのも事実である。アメリカは日本が歴史認識をめぐって周辺国の中国や韓国と争っていることを政治的な負担として受け止めている。2014 年 1 月 4 日当時、ヘーゲル米国防長官は小野寺防衛相に電話での協議を通して、「日本が近隣諸国との関係改善に向けて行動することが重要だ」と述べた。さらに安倍首相の靖国神社参拝に反発する中韓両国との関係改善を促してきた★[19]。東アジアの日中韓の国家間関係に対するアメリカの外交的な立場は、安全保障と歴史認識の間の不一致が目立っている。

米中関係には、経済的な協力と軍事的な競争という二つのトラックが走っており、それは複合的に形成されている。米中間の協力は、ネオリベラリズムの立場から、経済的相互依存の高まりは武力紛争の抑制につながるという仮説に基づいている。米中間の経済的相互依存関係が深化することにより共通の利益が持続するとの見方である。一方、安保面での競争は、アメリカはアジアへの回帰戦略を打ち出しながら、アジア太平洋地域における軍事的な絶対優位を確保することを目指し、それを中国の周辺地域の国々との同盟強化によって、実現させようとしていることである。いわゆる米中間の安保ジレンマに、日本と韓国を含む周辺国が巻き込まれる可能性が高くなっている。

むすびに

日中、日韓外交の躓きは、日中、日韓間のアジェンダが両国の友好関係を増進するための議題であるより、係争に関わる外交懸案に集中しているため、関係改善が進みにくくなっている点にある。悪化した状況を改善するためには、既成の日中、日韓間の合意を重視することが重要である。その上、政治的に敏感なアジェンダではない文化交流や環境政策などの非政治的な部門の交渉を重ねて、信頼を取り戻すための努力が必要である。日中間の首脳会談は実現されたが、日韓間の首脳会談は長く閉ざされているままである。既に兆しは見えているが、民間部門にも悪い影響を及ぼしている。

冷戦期には対共産圏の結束の象徴として、日米韓の安保同盟が強調された。しかし、最近、歴史認識をめぐって中国と韓国の協調が目立つ。この地域の安全保障をめぐっては、日本と韓国との協調が米国を介して模索されてきた。しかし歴史認識と領土問題をめぐる日中韓の立場の差は、ナショナリズムによって助長され、安全保障をめぐってさらに刺激されるようになり、収拾がつかないまま、対峙する危険な局面が増えている。日韓両国で、歴史認識と領土問題に基づく政治的な対立が続くことは、経済部門を含む様々な部門にも悪い影響を及ぼしかねない。

歴史認識をめぐる日本と中国、韓国との立場の差には、第二次大戦の敗戦より形作られた戦後日本に対する認識と、それから70年近く過ぎた今日、日本の周辺の環境の変化をいかに受け入れて、どのように対応してきたかについての認識の隔たりがある。日本の政治指導者は変化した環境に対応する必要性を国民に訴えて、一定の支持を得ている。しかしながら、周辺国は日本の政治指導者が新しい政策を選択した動機と理由、背景についての十分なコミュニケーションが取れないまま、更なる誤解が広がっているのである。

日中韓トライアングルの対立は、歴史認識についての自国の見解を優先し、その上、互いに牽制しようとする安保ジレンマによって、コントロールが効かず、相手国の動きを外交的に抑えようとしているため、さらに悪化し、エスカレートしている。

過去の歴史に関する認識が、事実に基づいたものであるかを精査し、確認しようとする日本の試み自体が、これまで日中、日韓の間に大筋で合意した内容より優先しているため、中国と韓国側に過去の歴史を否定、歪曲しようとする試みとして映っている。

日本政府は安倍政権の下で、戦後、平和国家として歩んできたことを強調しながら、これからの日本の安全を重視する立場から周辺国の軍事力の拡大を警戒し、NSCの設置や秘密保護法など国内の安全保障部門の装置を点検し、整備している。このような動きは周辺国に軍事力を強化しようとする日本のイメージを与え、日本に対する疑念の材料として使われている。中国と韓国との間の歴史認識と領土問題をめぐる対立と軋轢は、日本政府に安全保障関連法の整備を急ぐ法制化の国会審議としてあらわれた。結局、それは日中韓の間の安保ジレンマの変形だといえる。今後の成り行きとして、安保保障関連法が制定されたら、このような新しい制度に対応する周辺国の中国と韓国との安保ジレンマはエスカレートしていくことが予想される。この地域における不信と対立を乗り越えるために必要なのは、互いに理解し合い、相互信頼を深めていくことである。第二次大戦後、フランスとドイツの間の和解が、今日のEUの礎石を作ったように、日中韓の信頼が東アジア地域の平和秩序の求心点になることに期待をかけている。

注

★1　2007年3月9日、民主党内の保守系議員を中心に構成された「慰安婦問題と南京事件の真実を検証する会」には、その後、自由民主党と日本維新の会の議員も加わった。

★2　2010年5月に北京で開かれた日中間の非公式会合で、中国側がすでに設定していた当時非公表だった防空識別圏の存在を説明した。毎日新聞、2014年1月1日。

★3　安倍晋三『美しい国へ』文藝春秋、2006年。

★4　安倍晋三『新しい国へ』文藝春秋、2013年、126頁。

★5　朝日新聞、2014年2月11日。

★6　読売新聞、2015年5月30日。

★7　安倍首相の参拝後、朝日新聞の世論調査によると、「参拝したことはよかった」が41%、「参拝すべきではなかった」が46%である。民放TBSの調査では、「いいんだ」という答えが71.2%、「まずいんだ」が28.8%であった。

★8　「20代はいま」朝日新聞、2013年12月29日。

★9　David Kang, Jiun Bang, "Japan-Korea Relations: No Signs of Improvement over the Summer," *Comparative Connections11 v.15 n.2 - Japan-Korea*, September 2013, CSIS: http://csis.org/files/publication/1302qjapan_korea.pdf

★10　麻生発言のなか、憲法改正に関する日本での論議が中国、韓国でも大きく取り上げられるとの予想についての発言は以下のようである。

「昔は静かに行っておられました。各総理も行っておられた。いつから騒ぎにした。マスコミですよ。いつのときからか、騒ぎになった。騒がれたら、中国も騒がざるをえない。韓国も騒ぎますよ。だから、静かにやろうやと。憲法は、ある日気づいたら、ワイマール憲法が変わって、ナチス憲法に変わっていたんですよ。だれも気づかないで変わった。あの手口学んだらどうかね」朝日新聞、2013年8月1日。

★11　中央日報、2013年7月31日。

★12　朝日新聞、2014年1月28日；中央日報、2014年1月27日。

★13　益尾知佐子『中国政治外交の転換点』東京大学出版会、2010年、205頁。

★14　Yoichiro Sato and SatuLimaye, *Japan in a Dynamic Asia: Coping with the New Security Challenges*, Lanham: Lexington Books, 2006.

★15　James Dobbins, War with China, Survival: Global Politics and Strategy, London: Routledge, 2012, 4, 13, 54.

★16　「日米防衛協力のための指針」http://www.mofa.go.jp/mofaj/files/000078187.pdf.

★17　朝鮮日報、2013 年 10 月 16 日。

★18　金光旭「韓国の安全保障とテロ対策」『比較安全保障』成文堂、2013 年、217-242 頁。

★19　日本経済新聞、2014 年 1 月 5 日。

第10章

原爆投下に関する米国歴史教科書の記述の変遷

テキサス州採択の歴史教科書と2000年代発行の歴史教科書を事例に

バウエンス（中村）仁美

はじめに

2013年の夏から秋にかけて、オリバー・ストーン監督による『オリバー・ストーンが語るもうひとつのアメリカ史』がNHK衛星放送で放映され、話題を呼んだ。その内容は三巻本として出版され、その第一巻では広島と長崎に投下された原爆がもたらした悲惨な情景が描写され、改めて投下の必要性が問題にされた。振り返れば、日米戦終結50周年の1995年にスミソニアン航空宇宙博物館におけるエノラ・ゲイの展示を巡って議論が起こり、日米間の原爆投下に関する認識の違いが明らかになったことがある。しかし最近になって、米国の態度には変化が見られるようになった。冒頭で紹介したオリバー・ストーン監督と彼に協力した、かつてスミソニアン博物館での展示が拒否された際に広島と長崎の被害の実態を表す展示を代わって挙行したアメリカン大学のピーター・カズニック教授が制作したテレビ番組と書籍はそれを象徴している。既に2010年に駐日米国大使のジョン・ルースが米国政府代表として初めて広島平和記念式典に出席し、同年9月26日には長崎の原爆落下中心地碑に献花をし、2012年8月9日には米国大使として初めて長崎平和祈念式典に出席した。また、2013年8月6日には広島平和記念式典、9日には長崎平和祈念式典にも参加するなど、原爆投下を巡る米国の認識の変化を感じさせる様々な取り組みが行われている。2014年には、第35代合衆国大統領ジョン・F・ケネディの長女であるキャロライン・ケネディ駐日米国大使が8月6日の広島の平和記念式典に参列した。9日には長崎での平和祈念式典にも参加して平和祈念像前に献花を行った。米国大使が式典で献花をすることは初めてのことであり、2015年の被爆70周年を迎える式典に現職のオバマ大統領を招くための橋渡し役となるかどうかが注目されている。

しかしながら、筆者自身の米国の高校での留学経験やその後の滞在・研究から、国民レベルでは米国と日本の原爆投下を巡る歴史認識の溝はまだ浅からぬものがあるように感じられる。戦後70周年を前にして、筆者は米国民が一般的に原爆投下についてどのように考えているのかということを知らなければならない、と強く思うようになった。国民の歴史認識を知る一つの手立てとして、高校レベルの歴史教科書の記述の検討が考えられる。歴史教科書は、国家や社会の構成員が後世の構成員に伝えたい記憶を媒介する手段であるばかりでなく、国民の集合的アイデンティティーを形成するという重要な役割も果たしている。だが、歴史教育では基本的に国家を「価値あるもの」「正しいもの」として捉える傾向が強いため、国家や社会の負の側面は触れられることがなく、むしろ、隠蔽・歪曲されることも稀ではない。

そこで本章では、米国で執筆され、実際に高等学校の授業で使用されている歴史教科書を用いて、米国では原爆投下に対してどのような見解が教えられているのか、また、第二次世界大戦の終結から間もなく70周年を迎えるに当たって、米国における教科書の記述が戦後から現在に至るまで変化が見られるのか、吟味することにしたい。もし変化が見られるなら、どのように変化してきたのか、またその変化をもたらした背景についても考えてみたい。そして米国が日本との戦争における原爆投下をどのように見ているか、という点を検証することにより、国民レベルでの客観的かつ公正な過去の理解の共有を目指し、歴史認識上の未解決の問題の解決を展望する一助としたいと思う。

1　米国の歴史教科書

本研究では、米国民の集合的記憶を形成する手段として、高等学校で使われている歴史教科書における主に原爆投下に関する記述に着目して、その時代ごとの変化を明らかにし、その変化をもたらした背景について分析する。次節においては、筆者がこれまでに収集することができた高校の歴史教科書を資料として、全国レベルでの分析を行う。ただしその前に本節において、米国の教育制度や教科書の位置付けに関していくつか注意すべき点を確認したい。

第一に注目すべきは、米国においては教科書の利用頻度は教師によって異なり、教科書を重視する教師もいれば、教科書はほとんど使わないという教師もいるという事実である。それでも学校で用いられるために作成された教科書は、国家の多数派による文化やイデオロギー、政治権力を基盤としており、一般的に影響力を持っているのである★[1]。特に歴史教科書は国民の主な記憶を形成する役割を担い、未来の世代が知るべきであると判断できる内容を後世に伝達する存在として、歴史認識の指標として扱う意義があると言える。

第二に注意すべきは、米国では歴史教科書執筆の方式は教科書によって異なるという事実である。例えば、インディアナ大学のフレデリック・ライジンガー教授によれば、中等教育向けの教科書は出版社が選抜した、性別、人種、専門などの多様性に富んだ歴史家によって構成されるチームによって、教科書の基盤となる文章が執筆される。教科書の出版はやはり出版社にとって商売であるため、「この歴史家が携わっていれば、教科書が売れるだろう」と見込まれた歴史家が選抜される。その執筆チームが作成した文章に出版社の編集担当者が手直しを加え、読者に、より好まれるよう書き換えられるとのことであった。さらに、数年ごとに行われる改訂版の執筆も、歴史家たちは州のガイドラインに沿って重要な点のみを書き換え、全体的な改訂は出版社によって行われる★[2]。それに対し、コーネル大学のメアリー・ベス・ノートン教授によれば、高等教育で用いられる教科書の執筆はすべて歴史家自身によって行われる場合もあると言う。ノートン教授が中心となって執筆している教科書に加えられる数年ごとの改訂に際しても、歴史家自身が全文を書き換えるそうである。ただし、教科書によって執筆方法は異なるため、例外もあるのではないかとのことであった★[3]。

第三に注目すべきは、地方分権化が進んだ米国では州によってガイドラインが異なるため、州ごとに採択される教科書が変わってくるという、米国における教科書の編集と採択における地方分権主義の根強さである。とは言え、50州それぞれがガイドラインを作成しているため、すべての州のガイドラインに沿った教科書の作成は不可能であり、さらにすべてのガイドラインに合わせて50種類の教科書を作成することも現実的に不可能である。そのため、学校数・学区数が多く、教科書の需要が多いテキサスやカリフォルニアで採択される見込みの高い教科書が出版される傾向が強い★[4]。テキサスやカリフォルニアは州の教育委員会が州内で採用されるべき教科書のリストを作成するが、この二つの州で採択されなければ十分に採算が取れる利益が見込まれないため、大半の出版社は編集の初期の段階から原稿をこの二つの州の教育委員会に提出し、そこで得られた意見をもとに修正していくのである。テキサスは愛国心と政府の権威に重点を置く傾向がある一方、カリフォルニアは環境問題と文化の多様性を重視する傾向があるため、出版社は双方の相容れ難い要求に合わせて教科書を作成していかなければならない★5。その際、テキサスとカリフォルニアは、新しく修正された原稿を確認するにあたって、その新しい原稿がガイドラインにどの程度沿っているか短時間で確認するため、その原稿がどの程度州の要請に沿っているかを示すチャートの作成を出版社に求める。このチャートはテキサスとカリフォルニア以外の州には何の関係もないが、この作業が、さらに教科書の値段を上げてしまうのである★6。

教科書採択に最も大きな影響力を持つテキサスとカリフォルニアのうち、テキサスでは、州の教育委員会が中学と高校で用いるための教科書のリストを作成し、各学区がそのリストの中から使用したい教科書を選択する形式が採用されている。その一方、カリフォルニアでは、中学の教科書は州の教育委員会が数冊選び、各学区がその中から選ぶ形式になっているが、高校の教科書はすべて学区がそれぞれ選択する形式になっている。つまり、全国的に見て、高等学校で用いられている教科書の採択に最も大きな影響力を持つ州はテキサスであると言えるのである。

そこで本論文では、原爆投下に関して、まず次節において筆者がこれまでに収集してきた米国の代表的な高校歴史教科書の記述を戦後期から現在に至るまで長期的にその変化を跡付けて一般的な記述上の変化の傾向を確認し、次に州の教育委員会が州内で採用されるすべての教科書の選抜を行っており、歴史教科書の記述に全米で最も大きな影響を与えると考えられるテキサス州に焦点を当て、採択されてきた高校の歴史教科書を用い、長期的に記述の変化を分析することとする。

2　一般的な教科書の記述の変化

戦後の早い時期からの歴史教科書を収集して原爆投下に関する記述を見てみると、現在に近づくにつれ、確かに記述が変化していることが分かる。本節では、教科書の記述を四つの視点から見直す。即ち、①原爆投下に対する反対意見、②原爆投下の理由の一つとしてのソ連との関係、③原爆による放射能の影響、④被害者による体験談、という四つの項目に注目し、教科書の実際の記述を見ていくことにする。ここで分析の対象とする教科書は筆者が可能な限り収集できた米国の高校教科書である。ただし、その使用地域等の詳細は未確認である。

1945年8月6日、トルーマン大統領はホワイトハウスにて、原爆投下に関する声明を発表した。原爆を投下した理由として、トルーマンは最初に真珠湾への復讐に触れ、7月26日付のポツダム宣言を日本が拒絶したことにも言及したのである。だがこの声明の中では、原爆が多くの米国兵の命を救うために投下された、という点は指摘されていなかった。米兵を救うために行ったという原爆投下の正当化論は、主に1947年の『ハーパーズ・マガジン』に掲載された、当時の陸軍長官ヘンリー・スティムソンの論文★7において「原爆投下によって、戦争を早く終わらせ、100万人以上の米兵の生命が救われた」という文章によって広く知られることとなった。特に1946年8月31日付の雑誌『ニューヨーカー』に、ジョン・ハーシーによるヒロシマの惨劇が描かれたルポルタージュである『ヒロシマ』★8が掲載されたことにより、多くの反響を呼んだあと、米国内では原爆への否定的な見方が高まっていたのである。これを懸念した当時のハーバード大学学長であり、なおかつマンハッタン計画では政策決定過程に関与したジェームズ・コナントがスティムソンに依頼し、この論文を掲載することとなった★9。この論文による原爆投下の正当化論は、その後広く米国社会に受け入れられていくことになる。

歴史教科書の中では、原爆投下に対する反対意見は1963年に出版された教科書に最初に現れる。1963年出版の *The National Experience: A History of the United States* は、「心の底から武器の恐ろしさに気付いていたマンハッタン計画に参加した科学者たちは、(原爆を落とすべきという）推薦に反対した」★10と述べている。また、1966年に出版された *The American Nation* は、「原爆を投下すれば、何万もの日本の民間人に死をもたらすであろう。その武器を作り上げたマンハッタンの科学者たちは、その利用に反対した」「まず日本人に対して実験を見せるよう助言した科学者も中にはいたが、万が一爆弾が爆発しなかった場合を考えて、この見解は却下された」★11と述べている。

次に、原爆投下の理由に関する対ソ連外交の関連性について分析する。原爆投下の理由としては、もちろん戦争を早期に終結させるため、あるいは本土決戦の際に失われるであろう米兵の命を救うため、という理由は1950年代より述べられているが、原爆投下が戦後におけるソ連の勢力拡大を懸念して実行されたとする記述は 1970 年代後半まで存在しない。1977 年になり、やっとソ連を意識したとする記述が現れるのである。1977 年に出版された *The National Experience: A History of the United States* には、「特に国務長官ジェームズ・バーンズを初めとする大統領の側近たちは、原爆の使用が米国のソ連に対する発言力を強めることになると信じていた」★12 と述べ、原爆投下の決定に戦後の対ソ連戦略が影響していたことを明記している。

また、戦後に至ってもまだなお存在する放射能の影響に関しては、1972 年まで記述が見られない。1972 年出版の *The Shaping of America* は、「何年もあとまで、多くの人は放射能による死の苦しみを味わった」★13 との記述を採用し、1976 年出版の *An American History* は、「7 万～ 8 万以上の人々が原爆で亡くなり、それ以上の人が放射能の結果によって被害を受けたり、苦しんだりした」★14 と記述している。原爆はその時だけ甚大な被害をもたらす武器ではなく、その後も数十年に亘って人々を苦しめているという事実が述べられるようになったのは、1970 年代になってからである。

さらに最近になって、被爆者の体験談が載せられるようになった。1992 年出版の *The American Nation* では、1946 年に出版された前述のジョン・ハーシーの『ヒロシマ』から被爆者の体験談が引用されている。ジャーナリストのハーシーによる現地での生々しい取材を交えたこの書物は日本語にも訳されたが、米国での出版当初から政府内に懸念を呼んで様々な圧力を受け、長らく日の目を見ることがなかったものである。被爆者の体験に関しては、日本国内においても、1980 年代から修学旅行先に広島が選ばれるようになり、また、生徒たちに生存者の証言を聞く機会を提供することが増え、話題になるようになった★15。なぜこの時期になって米国で、そして同時に日本でも、被爆者の証言が注目されるようになったのだろうか。一つには、被爆者の高齢化が挙げられる。被爆した人々は、彼らの子どもたちの世代に至るまで様々な差別を受けてきた。被爆の経験があるが故に就職や結婚が阻まれてしまったという人々もいる。そのため彼らの中には、自分たちが退職し、子どもたちが無事に結婚して独立するまで、自らが被爆者であるということを明かさなかった者も少なくない。だが、自分たちが高齢になり、残りの人生を見つめ、自らの体験を後世に残そうと考えるようになり、彼らは口を開くようになったのである。彼らの証言が 1990 年代頃から米国の教科書にも掲載され始め、米国の子どもたちにも読まれるようになった。

このように米国の高校で戦後長らく使用されてきた代表的な歴史教科書を長

期的視点に立って見てみると、原爆投下を巡る教科書の記述は確かに変化していることが分かる。教科書の記述が変化しているから歴史認識が変化していると結論付けることは早計であるが、教科書を、子孫の集合的記憶を形成する主要な媒体の一つとして考えると、原爆投下に関して米国の人々が歴史として残したいと考えている内容は、とりわけ冷戦の終結を境として、大きく変化していると言えるだろう。ソ連との核戦争の脅威がなくなり、核軍拡競争の必要性を国民に説得することもなくなったことは、被爆者証言への注目を促進したと考えられる。

だが、米国のように教育における地方分権が原則であり、州ごとに異なる指導要領と教科書採択方式を持つ連邦国家においては、それらの教科書が実際にどこでどの程度採用されているか、ということを知らなければならない。教科書の記述がどれだけ変化しても、その教科書が実際に採用されなければ、その変化は国民には受け入れられているとは言い切れないからである。

次節では、実際にテキサス州で採用されてきた教科書のみを用いて分析を行う。前述の通り、テキサス州は高等学校用教科書市場においては全米で最も大きな影響力を有している州である。テキサス州は中高ともに州教育委員会が一括して州内のすべての学区内の各学校で使用すべき教科書のリストを作成し、各学区はそのリストの中から実際に採択する教科書を選定している。大量の教科書需要が見込めるテキサス州で教科書に採択されることは出版社の営業上の利点から、他の州で採択される教科書にも少なからず影響を与えている現実が無視できないのである。次節ではテキサス州の高等学校で採択された教科書のみを用いて、教科書が執筆された年と採用された年を踏まえた上で、主に原爆投下に関する記述の変化を見てみたい。

3　テキサス州で採択された教科書の記述の変化

まず、テキサスで採用されてきた教科書の出版年を見てみると、出版されてから採択されるまで、2、3 年の年数を要していることが分かる。つまり、教科書の記述が少なからず変化しているということを考えると、その変化も数年後には地域社会に受け入れられていると言えるのではないだろうか。つまり、歴史家の見解は、出版から数年を経て広く社会的に受け入られている可能性があると言えるのである。さらにそのように考えると、歴史認識について考える時に歴史教科書を分析する際には、出版された年のみならず、採用された年も重要だと言えるのである。実際にテキサスで採用された教科書における原爆投下を巡る記述はどのようなものであったのだろうか。本節では、筆者が収集した、テキサスが今まで採択してきた教科書を分析する。

テキサスで戦後に出版された教科書は1950年代に入ってから初めて使用される。1948年に出版され、1950年から1956年まで採択された教科書 *Our Own United States* では、「軍の専門家たちは、日本の征服が100万人以上のアメリカ人の命を犠牲にするであろうことを容易に想像した」★16と記述されている。この「100万人」という数字は、前述の通り、1947年出版の『ハーパーズ・マガジン』に掲載された当時の陸軍長官スティムソンの論文で使われた数字であり、この時にはスティムソンの見解が非常に影響力を有していたことが分かる。

次に、1949年に出版され、1950年から1956年まで採択された *United States History* には、原爆投下の記述の中に、日本のポツダム宣言受諾に影響を及ぼしたとされる、第二次世界大戦末期にソ連が対日参戦した事実についての記述が存在しない★17。つまり、日本を降伏させたのはあくまでも広島と長崎に対する原爆投下であると主張していると考えられる。戦争を終結させたのは米国であるという言い分が読み取れるのである。さらに、*History of a Free People* は1956年に出版され、1956年から1961年に採用されているが、「世界で最も恐ろしい武器が、日本の本土上陸作戦やソ連の参戦を不要にした」と記述している★18。ソ連の参戦が日本を降伏させるきっかけになり得たという可能性をあくまでも否定しているのである。この時代にはまだ、原爆のみが日本を降伏させ、戦争を終結させるきっかけになったのだという主張が重視されていたのではないかと考えられる。

このような原爆投下を無条件に肯定する記述に変化が見られるのは、1961年に出版され、1964年から1970年まで採用されていた *The American People* からである。この中には「生存者たちは、原爆の爆発によって発生した放射能に苦しめられた」★19という記述があり、目撃者の体験談が載せられている。原爆が主にその時だけの被害をもたらす通常の爆弾とは異なり、その後も数十年に亘って被害を及ぼすものであるという認識が、一般の人々の間に生まれつつあったと言える。また、同年に出版され、同時期に採用された *This is Our Nation* には、「日本の降伏の拒否が、トルーマン大統領や側近たちに恐ろしい武器である原爆を投下すべきという決定を必要とした」★20との記述があり、原爆を投下するに至ったのは日本がポツダム宣言を拒否したからであると指摘されている。つまり、日本に原爆が投下されたのは日本の責任であり、ポツダム宣言を拒否さえしていなければ原爆は投下されなかった、と捉えられる説明が載せられているのである。

1978 年に出版され、1980 年に採択されてから 1985 年まで使用された *The Promise of Democracy* という教科書には、原爆投下の代替案が登場する。「原爆投下に反対した科学者もいた」「彼らは、日本が原爆の威力を見たら降伏するかもしれないから、公の場所で爆発を見せるべきだと唱えた」「多くの軍人もその代替案を支持した」と、日本に対する無警告の原爆投下だけが唯一の選択肢ではなかったという指摘が現れる★[21]。このような記述により、米国自身にも原爆投下の実行には迷いがあった事実を明確にしようとしているのではないかと考えられる。

1986 年に出版され、1989 年から 1991 年まで採用された *A History of the United States* には、「トルーマンは、原爆が何十万もの無実の民間人を殺害するかもしれないことは分かっていた」★[22] と書かれている。当時、日本では「総力戦」が叫ばれ、民間人も軍需工場などで働いていたため、日本には純粋な意味での民間人は存在しなかったとの指摘もある★[23] が、この教科書では敢えて「民間人」という言葉を用いることにより、トルーマンが戦争に直接関わらない人々を殺傷する可能性を事前に把握していたと述べている。

このように、テキサスで採用されている教科書の原爆に関する記述は変化を遂げていると言える。だが、採用された教科書をすべて確認したわけではないため、確認していない教科書にはまた異なった記述があるかもしれない。また、記述の変化の背景には、戦後の情報公開や、歴史家の研究の発展の影響もあるだろう。だがどういう理由があるにせよ、原爆に対する批判的な視点が現れているのは事実である。保守的であり、第二次世界大戦の太平洋戦域のみに焦点を当てた唯一の全米太平洋博物館を有する州において、そのような視点を含んだ教科書が用いられるようになったということは、注目すべきことなのではないだろうか。

次節では、21 世紀に入ってから出版された歴史教科書の記述を分析する。ここで取り上げる教科書の採択状況は未確認であるが、本節でみたように、歴史家の修正された見解や新たな発見が反映された教科書が出版後 2 ～ 3 年のうちに採用されていることを考えると、21 世紀に入ってから出版された教科書の記述は未来を生きる子どもたちに少なからず影響を与えると考えられるのである。

4　21 世紀に執筆された教科書の記述の変化

ここで再びテキサス州を離れ、最近大手出版社から出版された教科書を例に記述の変化の最新の例を確認したい。ここで取り上げる教科書はすべて 2001 年以降に出版されたものであり、その採択状況等の詳細は把握できていない。だが、テキサス州の事例で見たように、教科書が出版されてから数年後に採用されているということは、ここで挙げる教科書もいずれかの州で出版年の数年後には採用されている可能性があるということであり、そこで用いられている教科書の記述に変化が見られれば、そこに載せられた見解が今後の米国の集合的記憶を形成すると言えるのである。ただし、今回は 21 世紀に入ってから出版された教科書のみを分析するため、そこで描かれている記述は 21 世紀に入る以前より採用されており、21 世紀に入ってからも継続して採用されている可能性がある。

2001 年に出版された *Liberty, Equality, Power* には、「日本本土上陸の際に失われるであろう米兵の命を救うため、ソ連の勢力を太平洋周辺に封じ込めるために、戦争を終わらせることが望まれた」「原爆は新たな段階の暴力を生み出した」「日本の広島と長崎に入った米国の調査団は、原爆はその後、長期間に亘って生物に影響を与えるであろう放射能の病気を含め、瞬時の破壊をもたらす結果となったと述べた」★24 との記述がある。終戦直後の教科書には記載されず、日本の降伏には関係がないとされたソ連の参戦が米国の戦後構想にとって脅威となったことを認めているのである。さらに、原爆は戦争を終結させただけではなく、新たな核時代の幕開けをもたらしたという事実に触れ、戦後も長く続く放射能の恐ろしさを指摘している。つまり、原爆を投下した理由は、戦争の終結や米兵の命を救うためだけではなく、ソ連の存在への意識が介在したこと、原爆投下がその後の米ソの核開発競争のきっかけとなったこと、核兵器がもたらした戦後の恐怖に満ちた新たな時代の到来を認めた記述になっているのである。

2002 年に出版された *America* には、「後に多くの人々が、なぜ米国は日本に攻撃の警告をしなかったのか、より民間人の少ない都市を選択しなかったのか、特に二つ目の原爆には理性が働かなかったのではないかと疑われる」「日本人は白人ではないということが、原爆投下の決断を促したと考える人もいる」★25 と記されている。戦後、それまで秘密にされていた軍事情報が公開されるにつれて、原爆投下は従来の説明では必ずしも正当化できるわけではないと考える人が増加したと考えられる。そして、以前のような原爆投下を全面的に肯定する一方的な記述ではなく、長崎に投下された原爆投下の正当性を疑問視することで、教科書の読み手となる生徒たちに従来の原爆投下の正当化論を再考する機会を提供しているのである。また、原爆投下の背景にあったかもしれない人種主義的な意識に言及することによって、軍事的な理由以外の理由が存在した可能性についても言及しているのである。

2003年に出版された *America: Past and Present* では、「米国には三つの選択肢があった」と述べられている。つまり、「軍は1945年11月から九州より大規模な進出を行い、1946年には東京を目指して本州において戦うことを望んでおり、外交官たちは米国が天皇に関する条件を付け加えることで日本に対する無条件降伏を緩和するという交渉による平和を望んだ。そして三つ目の選択肢として、大規模な秘密のマンハッタン計画の存在があった」★26ということが明記されているのである。つまり、原爆投下を正当化する記述が多い中、原爆を投下する以外の選択肢の存在が指摘されていると言える。つまり、必ずしも原爆投下は正当化されるわけではないという結論を出しているのである。

2005年に出版された *The Americans* は、「何人かの人々は、もし原爆が投下されなかったら原爆のために注ぎ込まれた多額の予算が無駄になると考えた」「次の問題はソ連の存在であった」「原子爆弾の開発に携わったユダヤ系物理学者であるレオ・シラードによって集められ、70人の科学者によって署名された嘆願書は、警告なしでの日本に対する原爆投下は日本に致命傷をもたらすと主張した」「陸軍元帥ドワイド・D・アイゼンハワーは、日本は降伏間近だったため、米国人の命を救うための『原爆投下は全く必要なかった』と述べている」「日本は降伏間近だったため、原爆という恐ろしい武器を投下させる必要はなく、さらにそのような武器を使う最初の国家になることは反対だった」★27と記述している。つまり、11月より開始されるはずだった日本本土上陸作戦で失われるとされた米兵を救うため、という理由以外に、マンハッタン計画に注ぎ込んだお金が無駄にならないようにという現実的な理由が存在したことを明白にしているのである。そして、ソ連の存在が少なくとも付加的な懸念の一つであったということを明確にしている。さらに、原爆投下に反対意見を主張していた科学者の存在を詳細に明らかにし、原爆に対する代替案が存在したことが示されているのである。具体的にアイゼンハワーの名前を用いることによって話に説得力を持たせ、この教科書の読み手となる生徒たちにも考えさせるきっかけを与えているのである。また、道義的な問題をも指摘している。恒久的な米国のモラルに関わる問題として道義的に原爆を懸念する声を載せ、米国がこのような恐ろしい武器の使用について懸念さえしなかった、という悪印象を取り除いていると考えられるのである。

2007年に出版された*American Republic*は、「ウィリアム・リーヒ提督は、日本を降伏させるためには経済封鎖と通常の爆撃で十分だと考えた」「歴史家のガー・アルペロビッツは、トルーマンには原爆投下以外の選択肢があったが、日本を降伏させるためだけではなく、戦後の日本占領におけるソ連の力を封じ込めるために原爆投下を決断したのだと考えた」★28との記述を採用している。つまり、そもそも日本は降伏寸前で、原爆は不要であったという原爆投下不要論を前面に出しているのである。そして、米国の原爆投下に対して誠実にかつ情熱をもって批判的論点を提示してきた歴史家の一人であるガー・アルペロビッツの理論★29を紹介し、新しい歴史への視点を投げかけるようになったのである。米国で長く信じられている原爆正当化論ではなく、歴史家の新たな見解が採用されたと言える。

2010年出版の*Visions of America*は、「米国が天皇制の存続を早く表明していたら、日本はより早く降伏しただろうか？」「当時可能だった選択肢としては、①人の住まない場所で原爆を投下させ、日本に降伏を訴えかける、②原爆を一つ投下して日本の反応を見る、③所有する二つの原爆を投下する、④ソ連に原爆の存在を教える、という手段があった」「原爆を支持する人の中にも、長崎への原爆投下は軍事上必要なかったという人もいる」「戦争終結に原爆は必要なかったという指摘もある」「最終的に米国は日本の天皇制の存続を認めたため、より早く無条件降伏をあきらめていたら、より早期に日本を降伏させることができたかもしれない」などと述べている★30。確かに、1945年7月にポツダム宣言が出された際、そこに天皇制に関する記述がなかったために日本はそれを「黙殺」した。そして、その対応によってトルーマン大統領は原爆投下を決断した。つまり、そこに天皇制の存続を認める旨を明確に示していれば、日本は早期に終戦を決意していたに違いない、という見解を述べているのである。また、原爆を投下する以外にも選択肢が存在したことを具体的に示し、原爆に対する否定的な見方を投げかけている。最近では、「長崎への原爆は必要なかった」との説も有力となった。広島・長崎への二発の原爆の両方が不要だったとは言わないまでも、少なくとも天皇が終戦の意向を示していた後で投下された長崎への原爆は必要なかったのではないかと記載し、日本での近年の歴史研究の成果との摺り合わせを探っているのではないかと考えられる。

前述のように、ここで引用した教科書がどこの教育現場で使用されているか、ということは分からない。また、本研究においては確かにすべての教科書を用いているわけではない。さらに、戦後当初と同じような記述を採用している教科書も依然として存在し、採用され続けているかもしれない。だが、そうではあっても、長期的観点から全般的に教科書の記述が徐々に変化を遂げていることは明らかであると言える。つまり、日米双方の歴史家の発見に基づく新たな見解が教科書に採用されることにより、そのような見解が教育現場で紹介され、未来を担う子どもたちに知られるようになると考えられるのである。

おわりに

このように入手できた範囲内ではあるが、長期的観点から原爆投下を巡る米国における歴史教科書の記述は確かに変化しているとはっきりと確認できる。具体的には、当初は政府見解に基づく原爆投下を正当化するだけの記述が目立ったが、次第に批判的な視点についての記述が増えてきているのである。

第二次世界大戦が終結してから 2015 年で 70 周年を迎えるが、合衆国の国家元首である大統領は広島や長崎を訪れたことはなく、同様に、日本の内閣の長である内閣総理大臣はパールハーバーを訪れたことがない。日本と米国の間の戦争の記憶はいまだに完全に一致しているとは言い難く、両国民レベルで完全な和解にまでは至っていないと考えられる。しかしその一方で、少なくとも現在、そもそも日本人が米国の原爆投下に対して、周辺のアジア諸国が日本に抱き続けているような、米国に対する被害者的な印象は希薄であるとも言える。

筆者は 2010 年 8 月に広島を訪れた際、被爆者の方の展示会に足を運ぶ機会があり、被爆者の方から直接お話を伺うことができた。そこでは原爆のみではなく、太平洋戦争全体の概要が日本語と英語の二言語で紹介されていた。そこで出会った被爆者の女性は、「自分たちは決して米国の謝罪が欲しいわけではなく、ただ、原爆の恐ろしさを知って欲しいのだ」と話して下さった。しかし、英語が分からないため、近隣の大学の学生やその他ボランティアの方々の助けを借りて被爆証言などを英訳し、紹介していると仰っていた。だが、被爆者としての思いや経験を発信することはできても、米国側の見解を知るためには日本のマスメディアに頼る他なく、米国の国民レベルの反応までは分からない。それを知ろうにも言語の壁に阻まれ、また、高齢化が進んだことにより自分たちに残された時間も短いのではないかという不安から、一方的な発信しかできないとのことだった。

実際、原爆投下に関しては日本人の大半は、米国に謝罪を求めているわけではないが、それでもわだかまりを拭い切れずにいるのも事実である。ルース前大使やキャロライン・ケネディ現大使の広島・長崎訪問や式典への参加という行為に気持ちを癒やされた日本人も少なくないだろう。一般的に日本人は、核兵器がもたらす、長期的な後遺症を含む悲惨な損害の事実を、米国民をはじめ世界の人々に広く知ってもらいたいと思っているのではないだろうか。とりわけ高齢化が進む中における被爆者の思いは、米国の加害への糾弾を超え、核兵器の将来的な廃絶を宣言してノーベル平和賞を受賞したオバマ大統領の思いと重なるのである。日本からの国民レベルの発信と交流は、将来の米国教科書の記述にも反映される可能性があるのである。

注（引用文献）

★1 Foster, Stuart J., and Keith A. Crawford. *What Shall We Tell the Children?: International Perspectives on School History Textbooks*. Greenwich, Connecticut: Information Age, 2006, 4.

★2 フレデリック・ライジンガー教授からのメールより（2010年9月7日受信）

★3 メアリー・ベス・ノートン教授からのメールより（2010年8月30日受信）

★4 二宮皓『世界の学校――教育制度から日常の学校風景まで』学事出版、2006年、121-122頁。

★5 Joan DelFattore. *What Johnny Shouldn't Read: Textbook Censorship in America*. Yale University Press, 1992, 138-139.

★6 *Ibid*. 122.

★7 Henry Stimson, "The Decision to Use the Atomic Bomb" *Harper's Magazine* Vol. 194, No. 1161. February 1947: 97-107.

★8 John Hersey. "Hiroshima" *The New Yorker* Vol. 22, No. 29. August 31, 1946: 15.

★9 Hershberg, James G. *James B. Conant: Harvard to Hiroshima and the Making of the Nuclear Age*. New York: Alfred A. Knopf, 1993, 294-299.

★10 John M. Blum. *The National Experience: A History of the United States*. Harcourt, Brace & World, 1963, 727.

★11 John Garraty. *The American Nation*. Harper & Row, 1966, 775.

★12 Blum. 1977, 707.

★13 Richard O. Curry. *The Shaping of America*. Holt, Rinehard and Winston, 1972, 634.

★14 Rebecca Brooks Gruver. *An American History*. Addison-Welsey, 1976, 892.

★15 Lisa Yoneyama. *Hiroshima Traces: Time, Space, and the Dialectics of Memory*. University of California Press, 1999, 68.
★16 John Van Duyn Southworth. *Our Own United States*. Iroquois Publishing Company, 1948, 918.
★17 Fremont P. Wirth. *United States History*. American Book Company, 1949, 567.
★18 Henry W. Bragdon. *History of a Free People*. The Macmillan Company, 1956, 631. 1967, 850-851.
★19 Clarence L. Ver Steeg. *The American People: Their History*. Row, Peterson & Company, 1961, 703-705.
★20 Paul F. Boller, Jr. *This is Our Nation*. Webster Publishing Company, 1961, 636.
★21 Blanche Armendariz. *The Promise of Our Democracy*. Rand McNally & Company, 526.
★22 Daniel J. Boorstin. *A History of the United States*. Ginn and Company, 1986, 331-332.
★23 Ronald Schaffer. *Wings of Judgment: American Bombing in World War II*. New York: Oxford University Press, 1985, 107.
★24 John M. Murrin. *Liberty, Equality, Power*. Harcourt College Publisher, 2001, 709-712.
★25 James A. Henretta. *America: A Concise History*. Bedford/St. Martin's, 2002, 770-771.
★26 Robert A. Divine. *America: Past and Present*. Longman, 2003, 816-817.
★27 Gerald A. Danzer. *The Americans: Reconstruction to the 21st Century*. McDougal Littell, 2005, 583-584.
★28 Joyce Appleby. *American Republic since 1877*. Glencoe, 2007, 645-646.
★29 Gar Alperovitz. *The Decision to Use the Atomic Bomb and the Architecture of an American Myth*. New York: A. A. Knopf, 1995, 630.
★30 Jennifer D. Keene. *Visions of America: A History of the United States*. Prentice Hall, 2010, 711-714.

参考文献（引用文献を除く）

Alperovitz, Gar. *The Decision to Use the Atomic Bomb*. New York: Vintage, 1996.
———. *Atomic Diplomacy: Hiroshima and Potsdam: The Use of the Atomic Bomb and the American Confrontation with Soviet Power*. New York: Pluto Press, 1994.
Bernstein, Barton J. *Hiroshima and Nagasaki Reconsidered: The Atomic Bombings of Japan and the Origins of the Cold War, 1941-1945*. Morristown, New Jersey: General Learning, 1975.
Butow, Robert J. C. *Japan's Decision to Surrender*. Stanford, California: Stanford

University Press, 1965.
Dower, John W. *Cultures of War: Pearl Harbor: Hiroshima: 9-11: Iraq*. New York: W.W. Norton: New Press, 2010.
Feis, Herbert. *The Atomic Bomb and the End of World War II*. Princeton, New Jersey: Princeton University Press, 1970.
FitzGerald, Frances. *America Revised: History Schoolbooks in the Twentieth Century*. Boston: Little, Brown, 1979.
Linenthal, Edward T. and Tom Engelhardt. *History Wars: The Enola Gay and Other Battles for the American Past*. New York: Metropolitan Books, 1996.
Ravitch, Diane. *National Standards in American Education: A Citizen's Guide*. Washington, D.C.: Bookings, 1995.
Stone, Oliver., and Peter Kuznick. *The Untold History of the United States*. New York: Gallery Books, 2012.
Takaki, Ronald. *Why America Dropped the Atomic Bomb*. Boston: Back Bay Books, 1996.
Walker, Samuel. *Prompt & Utter Destruction: Truman and the Use of Atomic Bombs against Japan*. Chapel Hill: University of North Caroline Press, 1997.
石田雄『記憶と忘却の政治学――同化政策・戦争責任・集合的記憶』明石書店、2000 年。
岡本智周『歴史教科書にみるアメリカ――共生社会への道程』学文社、2008 年。
奥田博子『原爆の記憶――ヒロシマ・ナガサキの思想』慶応義塾大学出版会、2010 年。
冨山一郎編『記憶が語りはじめる』東京大学出版会、2006 年。
溝口和宏『現代アメリカ歴史教育改革論研究』風間書房、2003 年。

第11章

「正常化」できない関係？

戦後ドイツとイスラエル

大竹 弘二

はじめに

ナチスの過去を清算するための戦後のドイツ連邦共和国（西ドイツ）の取り組みは、一般に「過去の克服」（西ドイツ初代大統領テオドーア・ホイス）という言葉で言い表されている。そうした取り組みとしては、国内外の戦争被害者に対する賠償措置のほか、ナチスの戦犯に対する訴追、そしてドイツ軍に蹂躙された近隣諸国との和解の努力などが挙げられる。もっとも戦後の西ドイツは、こうした「過去の克服」に当初から熱心だったわけではない。1950年代の西ドイツは「復古主義の時代」と呼ばれ、元ナチス関係者が行政や司法の要職になお多数残っており、ナチス犯罪を追及する活動も概して低調であった。当時何よりも優先されたのは、ナチスの過去への反省よりも、経済復興であり、また冷戦構造のなかでの東側陣営との対決にほかならなかった。

こうした保守的な雰囲気に変化が生まれるのは、ようやく60年代に入る頃からである。それは、ナチス犯罪の徹底した追及を求める国際世論や国内の学生運動が高まりを見せたことで、西ドイツ政府も過去の問題に真剣に向き合わざるをえなくなったからである。そうして60年代には、強制収容所の関係者の責任を改めて問う「アウシュヴィッツ裁判」が開廷され、またナチス犯罪に時効を適用するかどうかをめぐっていわゆる「時効論争」も始まった。最終的には70年代末に時効の廃止が決定され、今日まで続くナチス犯罪の永久訴追が可能となったのである。

近隣諸国との関係について言えば、すでに50年代前半には初代首相コンラート・アデナウアーがフランスなどと協調してヨーロッパ石炭鉄鋼共同体を結成し、今日のEUに至るヨーロッパ統合へと道を開いていた。これは西ドイツが西側陣営の一員として東側諸国と対決するという「西側結合」政策に沿ったものであったが、結果として隣国との和解に貢献したことは疑いない。さらに、1969年に首相となったヴィリー・ブラントのもとでは、いわゆる「新東方外交」によって東側諸国との関係改善が進められる。特に70年12月のポーランド訪問のさいにワルシャワのユダヤ人ゲットー跡地でひざまずいて頭を垂れるブラントの有名な姿は、西ドイツに対する東側諸国の不信感を払拭するのに役立ち、終戦からちょうど40周年にあたる85年5月8日にリヒャルト・フォン・ヴァイツゼッカー大統領がおこなった議会演説（「過去に目を閉ざす者は未来にも盲目となる」）とともに、「過去を反省するドイツ」のイメージを定着させるのに寄与することになった。

さまざまな紆余曲折はあったにせよ、戦後ドイツは少なくとも日本に比べると順調に「過去の克服」を進めているようであり、かつて被害を与えた他国とのあいだに歴史認識をめぐって深刻な外交問題が生じることも少ないように見える。しかしながら、戦後のドイツがとりわけセンシティヴな外交を必要としてきた、そしていまなお必要とする国がある。つまりイスラエルである。ナチス・ドイツがひき起こしたユダヤ人虐殺（ホロコースト）の比類のなさゆえに、「ユダヤ人国家」としてのイスラエルは、ドイツにとって他の被害国と同列には扱えない特別な国となっている。実際、ドイツ政府はしばしば「イスラエルに対するドイツの特別な責任」に言及する。ホロコーストを生き延びた人々がなお少なからず存命するイスラエルは、ドイツにとって、フランスのような西欧諸国はもちろん、やはりナチスによる甚大な被害をこうむったポーランドやロシアなどと比べても、「正常な」関係を取り結ぶことが難しい国であると言える。

事態をより複雑にしているのは、パレスチナ問題の存在である。1948年のイスラエル建国とともに生み出され、その後数回にわたる中東戦争で深刻化していったパレスチナ難民問題、そしてイスラエルがパレスチナ占領地でおこなう過度の実力行使は、「犠牲者」というよりも、「加害者」としてのイスラエルのイメージを強めることになった。実際ドイツにおいても、イスラエル国家の存立そのものが揺らぐ心配はなくなり、逆にパレスチナ人や周辺国に対するイスラエルの好戦的な「自衛」措置が目立ってくるに従って、イスラエルに批判的な態度をとる人々が次第に増加していったのである。

しかしながら、ドイツを含めヨーロッパでは、パレスチナ問題を理由としたイスラエル批判が、根強く残る反ユダヤ主義の隠れ蓑として利用されることもまた事実である。例えば、イスラエルへの抗議活動にドイツ国家民主党（NPD）のような極右政党が参加することはしばしばあるし、またそうした抗議活動が、イスラエル国家とは直接関係のないユダヤ人一般への差別や暴力、あるいはユダヤ教の施設への襲撃に繋がることも、ヨーロッパでは頻繁に起こっている。特にナチスの過去をもつドイツでは、イスラエルに対する批判は格段の慎重さを必要とする。それは、ネオ・ナチなどの反ユダヤ主義的な極右勢力がなお国内に跋扈しているという点でも、またホロコーストゆえのイスラエルへの負い目という点でもそうである。それゆえ、イスラエルのパレスチナ政策がいかに抑圧的に見えようと、それに対するドイツ政府の反応は他のヨーロッパ諸国に比べて抑制されたものであり続けている。

ドイツとイスラエルの関係は依然として、他の二国間関係と同じようなかたちで「正常化」されてはいない。ドイツの対イスラエル外交は、過去の罪への道徳的責任に縛られた「歴史政治」と、自らの国益の増大を第一の目的とする「現実政治」とのはざまをつねに揺れ動いている。戦後ドイツは、困難な歴史的重荷を負ったこの両国関係をどのようにコントロールしようとしてきたのか。そして、1993年のオスロ合意が実質的に破綻し、21世紀に入ってパレスチナ問題の解決がますます遠のいてしまったように見えるなかで、ドイツはイスラエルとどう付き合ってくことになるのだろうか。

1　戦後関係の始まり——ルクセンブルク協定

西ドイツ初代首相アデナウアーは、首相就任後まもない1949年11月に『在ドイツ・ユダヤ人一般週刊新聞』のインタビューのなかで、ナチス時代に不正を受けたユダヤ人に補償をおこなう用意があることをはじめて表明した。イスラエルは48年5月に建国されていたが、このアデナウアーの発言に対して直接反応することはなかった。だが、その後51年3月になってイスラエルは米英仏ソ四カ国に親書を送り、東西ドイツへ計15億ドル（西ドイツ10億ドル、東ドイツ5億ドル）の補償要求の意志があることを明らかにする。建国直後の経済的困窮に苦しんでいたイスラエルにとって、ドイツからの金銭的補償はぜひとも必要だったのである。とはいえドイツに強い不信感を抱いていたイスラエルは、自らがドイツと直接交渉する代わりに、連合国のほうから東西ドイツに補償要求をするよう求めたというわけである。これに対して、ソ連が沈黙を守る一方、西側三カ国はイスラエルが求める代理要求を拒否し、イスラエルとドイツとの直接交渉を促すことになる。同時にアメリカは西ドイツに対しても、ユダヤ人への補償問題に明確な態度表明をするよう迫った。その結果、アデナウアーは51年9月27日の連邦議会演説で、「ドイツ民族の名において言葉に尽くせぬ犯罪がおこなわれた」ことを認め、イスラエルおよび世界各国のユダヤ人に補償をおこなう意志があることを表明するのである。

アデナウアー政権下の西ドイツは一般に、戦犯の恩赦、旧ナチス関係者の公職追放（「非ナチ化」）の解除、再軍備の推進などに見られるように、極めて保守色の強い時代であったとされ、反共主義と経済復興という旗印のもとでナチスの過去の清算は置き去りにされたと言われている。にもかかわらず保守政治家アデナウアーがユダヤ人への補償に積極的な姿勢を見せたことについては、その現実政治的な理由を指摘することができる。つまり、「西側結合」路線を進めるアデナウアーにとって、西ドイツが再び国際社会の、特に西側陣営の一員として受け入れられるためには、補償問題の解決によって諸外国の信頼を取り戻すことがどうしても必要だったのである。そしてそのさい、とりわけ西側陣営の盟主であるアメリカでのユダヤ系市民の政治的影響力を無視することもできなかった。

かくして1952年3月21日からオランダのハーグ近郊ヴァッセナールのホテルで、西ドイツ、イスラエル、およびイスラエル以外に居住するユダヤ人を代表する「ユダヤ人・対ドイツ物的要求会議」の三者間で補償のための交渉が開始される。交渉のベースとなったのは、イスラエルが西ドイツに要求した10億ドル（約42億マルク）である。ドイツに強い敵対心を抱いていたイスラエルは、自国の代表団に対し、西ドイツの代表団から火を借りることがないよう、交渉の席でタバコを吸うことを禁じたほどであった。

イスラエル国内の反ドイツ感情も強烈であり、この交渉に対する激しい反対論が巻き起こった。ホロコーストの記憶も生々しい終戦後わずか7年足らずのこの時期に、かの「殺人者の国」と補償交渉をおこなうことが、ユダヤ人犠牲者たちへの裏切りとみなされたとしても無理はない。特に強い反対運動を展開したのは、建国前の反英武力闘争を指導し、のちに首相となるシオニスト過激派のメナヘム・ベギンである。ベギンは殺人を金銭で弁済するような「血のカネ」の受け取りを断固拒否し、彼の率いる右派政党ヘルートの新聞は連日のように「カネと引き換えの赦し」を攻撃した。交渉開始前の1952年1月7日には、クネセト（イスラエル国会）前で大規模な抗議デモがおこなわれ、数百人の負傷者が出るに至った。また、右派政党のみならず、中道の「一般シオニスト党」、そして左派の「統一労働者党（マパム）」や「共産党」に至るまで、ドイツとの交渉に対するイスラエル国民の拒否反応は総じて強いものがあった。

こうした国内の強い反対論にもかかわらずドイツとの交渉開始を決断したのは、イスラエル初代首相ダヴィッド・ベングリオンである。彼にとって、新生イスラエル国家が緊急に解決すべき課題とは、建国以来の危機的な経済状況にほかならなかった。いまだ多くのユダヤ人避難民がテント暮らしを強いられている状況にあって、西ドイツからの補償は是が非でも獲得しなければならなかったのである。また、西ドイツとの関係改善は、西ドイツをイスラエルに敵対するアラブ諸国に接近させないためにも必要であった。現在のイスラエルの眼前の敵であるアラブ諸国から自らを守るためにも、西ドイツを敵に回すことは決して得策ではなかったのである。実際アラブ諸国は、イスラエルが西ドイツから賠償金を得るのを防ぐため、絶えず交渉の妨害を図った。あるときは「伝統的なドイツ＝アラブの友好関係」に訴え、またあるときは経済ボイコットをちらつかせるなど､アラブ諸国はさまざまな手段で西ドイツに揺さぶりをかけ、とりわけアラブ連盟が東ドイツの国家承認に踏み切るという脅しに対し、西ドイツは神経をとがらせることになった。

他方、ドイツ国内においてもまた、イスラエルとの補償交渉には消極的な意見が多かった。アデナウアーを支える政権与党や閣内からも、10 億ドルという賠償額の高さを問題にして交渉に反対する声が多く上がった。むしろ、戦争被害を受けたドイツ人への補償や再軍備のほうに財政資金を優先的に振り向けるべきとの考えが根強かったのである。当時の世論調査においても、ユダヤ人に対する補償よりも、戦争未亡人となったドイツ人女性や、ポーランドやソ連によって東方領土から追われたドイツ人避難民への支援を求める声のほうが多数を占めていた。さらに、東側との対決のために西ドイツの早期復興を図っていたアメリカも、あまりにも高額な賠償が西ドイツの再軍備の妨げになるのは望んでいなかった。被害者のイスラエルよりも、加害者のドイツのほうが国がうまくいっているとベングリオンが嘆いたとき、アメリカ国務省のドイツ課長は動じることなく、「それが我々の優先順位だ」と答えたとされている。

最終的に 1952 年 9 月 10 日に、西ドイツ、イスラエル、「要求会議」の三者間でいわゆるルクセンブルク協定が締結される。これによって西ドイツはイスラエルに30億マルク、「要求会議」に4.5億マルクを支払うことが取り決められた。53年3月18日の西ドイツ連邦議会で協定批准のための採決がおこなわれたさいには、与党から多数の欠席者や棄権者を出すことになったが、かねてからナチス犠牲者への補償に積極的だった野党の社会民主党（SPD）の賛成で協定は無事に批准される。そもそもアデナウアーがユダヤ人への補償に前向きな態度を見せるようになったのは、社会民主党のカリスマ的党首クルト・シューマッハーからナチス被害者への無関心をたびたび批判されていたことも一因であり、与野党の垣根を超えた社会民主党の協力がなければルクセンブルク協定が成立することはなかっただろう。

西ドイツの「過去の克服」においてルクセンブルク協定がもつ意義は大きい。国内の根強い反対論にもかかわらず補償協定を成立させたことは、諸外国、特にアメリカで好意的に受け止められ、西ドイツの西側結合を一層強化することになった。また、ルクセンブルク協定は基本的に国家間賠償であったが、これをきっかけにナチス被害者に対する個人補償のための西ドイツ国内の法整備も進められ、1956年の連邦補償法（BEG）の制定につながっていく（もっともこの法律は、ユダヤ人と同様に迫害を受けた同性愛者、シンティ・ロマ、身体・精神障碍者など、「忘れられた犠牲者たち」への補償を含まないという問題点もあったが）。アデナウアーは、ルクセンブルク協定の締結は「すべてのドイツ人にとって悲しい章の終結」であると誇らしく語り、これが「ドイツ民族とユダヤ民族とのまったく新たな関係」に道を開くことを期待した。

2　現実政治としての和解――アデナウアーとベングリオン

ルクセンブルク協定によって西ドイツとイスラエルとの国交がすぐに樹立されたわけではない。両国の国交樹立はなお時期尚早であり、アデナウアーはアラブ諸国との関係を考慮して、またベングリオンも国内の反ドイツ感情を気にしていまだその決断に踏み切るには至らなかった。とはいえ、アデナウアーとベングリオンの時代にドイツとイスラエルの関係が和解に向けて大きく前進したことは間違いない。卓越した現実政治（リアル・ポリティクス）の感覚を備えたこの二人の指導者は、両国の火種になりそうな問題が生じるたびにその拡大を未然に防ぎ、両国の関係悪化を食い止めることに幾度となく成功した。

その最初のケースは、1956年10月に勃発した第二次中東戦争（スエズ危機）である。エジプトからのスエズ運河の管理権の奪回をもくろむイギリスやフランスの支援のもとでイスラエルはシナイ半島に出兵するが、アメリカは反植民地主義の観点からこの三カ国の行動を非難し、イスラエルにシナイ半島からの撤兵を要求する。このとき同時にアメリカから西ドイツ政府に対し、ルクセンブルク協定による補償支払いを停止することでイスラエルに圧力を加えるよう働きかけがおこなわれる。これが実行された場合にはイスラエルにとって死活的な問題となりかねなかったが、アデナウアーはアメリカの要請を拒否し、補償支払いの継続を決めるのである。このことは、アデナウアーに対するベングリオンの信頼を醸成するのに大きく寄与することになった。

第二次中東戦争の勃発とほぼ同じ頃、西ドイツとイスラエルは軍事協力のための秘密交渉を開始した。西ドイツ国防相フランツ・ヨーゼフ・シュトラウスとイスラエル国防相シモン・ペレスの秘密の会合を経て、1960年には西ドイツからイスラエルへの総額3億マルクの武器供与が決定される。60年3月14日にはニューヨークのホテルでアデナウアーとベングリオンの会談が実現するが、そこでもイスラエルへの経済・軍事支援が秘密裏に確認された。国交のないままおこなわれたこの秘密の軍事協力は、それが暴露されて停止される65年まで続くが、その後もしばしばドイツからの武器供与がイスラエルにとって有利な値段でおこなわれることになる。それは、イスラエルの生存に必要な武器を提供することは、ユダヤ人への罪責を負ったドイツ政府の責務であるという意識によって支えられたものであった。

1960年に、ユダヤ人絶滅計画の責任者である元ナチス親衛隊高官アドルフ・アイヒマンが、イスラエルの情報機関によって逃亡先のアルゼンチンからイスラエルに拉致される事件が起こる。これが明らかになると、西ドイツ政府は国内で裁判にかけるためにアイヒマンの身柄引き渡しを要求するが、イスラエルはそれを拒否し、翌年からイェルサレムで公判を開始する。アデナウアーの懸念は、国際的な注目を集めたこのアイヒマン裁判を通じてナチスの犯罪が改めて明るみに出され、西ドイツに対する諸外国の不信感が喚起されるのではないかという点にあった。だがベングリオンは、問題はあくまで過去の「ナチス・ドイツ」の犯罪であって「ドイツ人」の犯罪ではないと述べ、この裁判によって西ドイツの国際的立場が悪くなることがないよう慎重に配慮した。62年にはエジプトのミサイル開発にドイツ人技術者が関与していることが明らかになり、イスラエル国内から強い懸念の声が上がったが、このときもベングリオンはドイツへの強い抗議を避けて、ことさら問題を荒立てることはしなかった。

ベングリオンにとっての政治的な至上命題は、イスラエル国家の存立の維持にほかならなかった。そのためには、たとえかつての仇敵であってもドイツとは良好な関係を維持し、援助を引き出すことが不可欠だったのである。彼は1959年7月1日のクネセトでの演説で、「第二のホロコーストを防ぐこと」をすべてに勝る優先課題としている。「ヒトラーは打ち負かされ、排除されましたが、その子分や支持者たちが中東で生き延び、アラブ諸国を操り、我々を包囲しています。……ホロコーストの犠牲者たちの遺志とは、強固で安全なイスラエルの建設です。そのために我々は友人を必要としています。とりわけ、我々が生存を確保するのを支援する用意があるような友人を、です」。今日のイスラエル国家が安全を保つためには、ドイツに対する怨讐を克服しなければならない。もしドイツがアラブの味方になるようなことがあれば、今度は生き残ったユダヤ人たちが危険に晒されてしまう。ベングリオンの見るところ、ドイツはその歴史的負い目ゆえに、むしろイスラエルの最良の支援国となるはずであった。実際、ベングリオンの現実政治(リアル・ポリティクス)の論理に基づくドイツとの和解および経済・軍事協力によって、誕生まもないイスラエル国家は中東で生き残ることが可能だったとも言えるのである。

アデナウアーの時代には、西ドイツがナチス・ドイツから本当に手を切ったのかを疑わせるような出来事が相次いだ。1959年のクリスマスにケルンのシナゴーグに鉤十字が落書きされる事件が起こると、その後わずか一カ月の間に、ユダヤ人の墓地荒らしなど数百件の類似事件が各地で発生し、西ドイツ国内に残る根深い反ユダヤ主義を知らしめることになった。また、50年代後半から東ドイツを中心とする東欧諸国が西ドイツ批判のプロパガンダを激化させ、そのなかで西ドイツとナチス・ドイツのあいだの人的連続性が大々的に暴き出された。元ナチス突撃隊大尉としてロシア領内での大量虐殺に関与したとされた難民相テオドーア・オーバーレンダーは辞任に追い込まれ、また、ナチスの人種立法である「ニュルンベルク法」(1935年)の公式注釈書を著した連邦首相府長官ハンス・グロプケは、とりわけ激しい攻撃対象となった。ここでもまたベングリオンの融和姿勢が西ドイツにとっての幸いとなった。彼が戦後の「新しいドイツ」への信頼を繰り返し口にしたことは、西ドイツに対する道徳的糾弾の矛先を鈍らせるのに少なからず役立ったのである。

ところで、西ドイツ攻撃の国際的なネガティヴ・キャンペーンを張っていた当の東ドイツは、戦後補償の問題にどのような態度を取っていたのか。実のところ、東ドイツは再三にわたるイスラエルからの補償要求を一貫して拒否し続けた。というのも、東ドイツは公式には共産主義の闘士たちによる反ナチス闘争の延長上に建国された国であって、西ドイツと違いナチス体制とはいかなる連続性もないとされたからである。実際、東ドイツでは西ドイツよりもはるかに徹底して元ナチス関係者が公職から追放され、良かれ悪しかれ共産主義シンパの活動家によって置き換えられていた。さらにソ連による反イスラエル・親アラブ政策も、東ドイツのイスラエル外交に影響を与えた。東側諸国はイスラエルをもっぱら中東におけるアメリカ帝国主義の橋頭堡とみなし、度重なる中東戦争をイスラエルの侵略主義の現れとして非難したのである。東ドイツが「過去の克服」はすでに済んでいるという建前を変更し、遅ればせながら補償の用意に言及したのは、国家消滅直前の80年代後半になってようやくである。

3　西ドイツにおける親イスラエルと反イスラエル

1963年にアデナウアーとベングリオンがともに退陣すると、両国関係にはきしみが目立つようになってくる。新たにイスラエル首相となったレヴィ・エシュコルは、懸案となっていたエジプトのミサイル開発でのドイツ人技術者問題でベングリオンほど控えめな態度はとらず、イスラエルを危険に晒しかねないこの事態に強い抗議をおこなった。また64年10月には、西ドイツとイスラエルの秘密軍事協定がアメリカの『ニューヨーク・タイムズ』紙によって暴露される。これがアラブ諸国の憤激を呼び起こしたことで、西ドイツはイスラエルへの軍事援助を停止し、それを経済援助に切り替えることを余儀なくされる。だがこの決定は、今度はイスラエル側の不興を買うことになる。イスラエルは金銭よりも武器のほうをより緊急に必要としていたからである。

この間イスラエルはドイツにますます多くの要求をするようになり、武器供与を含めたより広範な支援を得るため、ドイツとの国交をも求めるようになった。このことは西ドイツをアラブ諸国とイスラエルとの板挟みに追いやることになる。中東への石油依存や東ドイツとの外交的な競合関係を考えると、西ドイツはアラブ諸国の機嫌を損ねるような親イスラエル一辺倒の政策を取ることはできない。こうした事情を理解せずに要求を強めていくイスラエルに対し、西ドイツ側の苛立ちも募っていった。時の西ドイツ首相ルートヴィヒ・エアハルトは、1965年2月のメディア関係者との非公式会合のさいに、西ドイツがユダヤ人に「道徳的義務」を負っていることは確かだが、「しかし我々は武器をイスラエルに引き渡す永遠の義務を負っているわけではない」との不満を口にしている。

西ドイツと国交を結ぶことに対して、イスラエル国内ではなおヘルート党やマパムが反対していたものの、ルクセンブルク協定の頃と比べると、西ドイツとの関係改善に反対する声ははるかに小さくなっていた。むしろより多くの問題に直面していたのは西ドイツ側である。両国が徐々に国交樹立に向けて動くに従い、それをけん制するアラブ諸国の動きも強まっていったからである。東ドイツの国家承認という脅しはここでも西ドイツを悩ませた。実際、西ドイツとイスラエルが協力を深めるにつれて、東ドイツとアラブ諸国の関係のほうも緊密化していった。そうしておこなわれたのが、1965年2月から3月にかけての東ドイツ最高指導者ヴァルター・ウルブリヒトのエジプト訪問である。これに強く反発した西ドイツは、65年5月にイスラエルとの国交樹立を正式に発表することになるのである。他方でこれを受けて、アラブ連盟もその加盟国のほとんどが西ドイツとの断交を宣言するに至った。もっとも、この西ドイツとアラブ諸国の外交危機は、70年代前半までにはほぼ修復される。

1967年6月の第三次中東戦争（「六日間戦争」）は、イスラエルに対するドイツ人の見方を錯綜したものへと変えていった。戦争が始まった当初、西ドイツではイスラエルに同情的な世論が巻き起こった。アラブの敵国に囲まれたイスラエルには巨人ゴリアテに立ち向かうダビデの姿が重ね合わされ、イスラエルに好意的な印象をもつドイツ人がかつてないほど増加したのである。当時外相であったヴィリー・ブラントもまた、この戦争に対する西ドイツ政府の中立を宣言しながらも、心情的にはイスラエルの命運に無関心でいることはできないと表明した。

しかし、戦争はわずか六日間でイスラエルの圧勝のうちに終結し、イスラエルは広範な占領地を得て領土を戦争前の4倍に拡大した。そして、これによって新たに発生した多数のパレスチナ人難民が、イスラエルのイメージを次第に変えていくことになる。つまり、ナチスの犠牲者の国としてのイスラエルに代わって、イスラエルの犠牲者としてのパレスチナ人に注目が集まるようになるのである。こうして、それまでほとんど関心を払われなかったパレスチナ問題が、第三次中東戦争を境にしだいにドイツ人に意識されるようになっていくのである。

イスラエルに対する批判の声は、左翼学生運動のなかから上がり始めた。それまでの戦後ドイツの左翼は、ナチス犯罪を強く追及するとともに、その犠牲者としてのイスラエルを支持する立場を取ってきた。だが新左翼の若者たちは、そうした態度から距離を取り始めるのである。おりしも60年代の西ドイツは、世界的な潮流にたがわず反体制運動が盛り上がりを見せていた時期である。それは一方では、親の世代によってないがしろにされた徹底したナチス追及を求める若者たちの声となり、ドイツ社会が戦前の価値観から最終的に手を切るのに大きく寄与することになった。しかし他方で、それはある種の反イスラエル主義をも生み出すことになる。ベトナム戦争反対や反植民地主義を訴え、アジア・アフリカの植民地解放闘争に共感する若者たちは、イスラエルの占領政策に対しても、それを帝国主義的な侵略として攻撃するようになるのである。大衆紙『ビルト』を発行する右派系メディアのシュプリンガー社などに親米・親イスラエルの論調が見られることも、左翼の若者の反発を招くことになった。西ドイツの学生の全国組織である社会主義ドイツ学生同盟（SDS）がイスラエル批判の先頭に立ち、極端な場合には、極左武装組織のドイツ赤軍派（RAF）がパレスチナの武装グループと協力しつつ、70年代に国内外で多くのテロ事件をひき起こすことになる。

左翼の若者たちの反イスラエル主義はドイツの世論に大きな広がりを見せたわけではなく、特にユダヤ人やイスラエルの関連施設に対する左翼過激派のテロ行為は、多くの西ドイツ国民の同情を集めた。しかしながら、70年代になると西ドイツ政府もまた、以前ほど手放しでイスラエルの肩を持つことは少なくなっていく。これはヨーロッパ統合という文脈から説明することができる。1970年に始まる欧州政治協力（EPC）によって、EC諸国は外交政策において共同の政治行動を取るようになる。それはイスラエル＝パレスチナ政策においても同様であり、西ドイツはイスラエル批判にそれほどためらいのない他のEC諸国と外交上の足並みをそろえる必要が出てくるのである。71年5月にECはイスラエルの占領地からの撤退とパレスチナ難民への補償を求める宣言を採択する。また、73年10月の第四次中東戦争のさいにアラブ諸国が石油戦略を発動すると、同年11月にECは中東問題でアラブ側に加担するような声明を出す。こうしたECの親アラブ的な決定に西ドイツが同調したことは、西ドイツにヨーロッパでのイスラエルの支持者の役割を期待していたイスラエルの失望を招くことになった。しかし西ドイツにとっては、ヨーロッパ諸国との外交的協調もまた、戦前の失敗から引き出された重要な政治的教訓にほかならない。それは親イスラエル外交にも増して優先順位の高い戦後ドイツ政治の根本方針をなしているのである。

1974年11月には国連総会の場で、西ドイツ国連大使リュディガー・フォン・ヴェヒマーが「パレスチナ人民の自決権」に言及する。イスラエルはこれに強く反発し、アラブの石油を目当てとする日和見主義として非難した。実際には西ドイツのこの発言は、東西ドイツの再統一を念頭に置いたものだった。冷戦構造のなかで東西に分断されたドイツ人の自決権を求める以上、パレスチナ人に対しても、独立国家とは言わぬまでも、何らかの同じような自決権を認める必要があったのである。こうして70年代には、パレスチナ問題が西ドイツとイスラエルとのあいだにしばしば軋轢を生み出すようになっていく。それが両国の深刻な亀裂につながったのが、80年代初頭に起こったシュミット=ベギン論争にほかならない。

4　歴史問題の再燃——シュミット=ベギン論争

1977年5月におこなわれたイスラエルの総選挙の結果、第四次中東戦争(「ヨム・キップール戦争」)の苦戦で支持を失った労働党が建国以来はじめて政権を手放し、代わって躍進した右派政党リクードが主導する政権が誕生する。首相となったのはリクード党首メナヘム・ベギンである。すでにベギンは60年代から、労働党の社会主義シオニズムに不満をもつ都市中間層などを惹きつけ、ヘルート党を中心とするシオニスト右派の勢力を糾合しつつあった。右派勢力は第三次中東戦争の勝利による大イスラエル主義の台頭とともにその勢いを増し、73年には新政党リクードのもとに結集するのである。

リクード党による1977年の政権奪取は、イスラエル社会の構造変動を示す出来事として注目される。リクード党の躍進を支えたのは、ミズラヒームと呼ばれるイスラーム圏出身のオリエント系ユダヤ人であった。彼らは労働党による政策の恩恵が行き渡らない低所得層をなしており、エリートである欧米系ユダヤ人への不満を募らせていた。同時に、イスラエル社会でのこうした不利な立場はアラブ・パレスチナ人に対する屈折した優越感によって代償され、ミズラヒームは排外主義的な大イスラエル主義へと吸引されていく。こうした新たな社会層に支えられて保守強硬派のベギン首相が誕生するのである。

前任のベングリオンやエシュコルが20世紀初めの早い時期にパレスチナに移住していたのに対し、ベギンは第二次世界大戦の勃発時にはまだ出身地のポーランドに居住しており、独ソ戦のさなかに両親と兄弟をナチスによって殺害されている。ベギン自身はソ連軍の捕虜となったのち戦争中にパレスチナに渡り、そこで武装組織イルグン軍を率いてイギリスに対する武力闘争、およびアラブ人住民追放のためのテロ活動を続けることになる。こうした経歴からシオニスト過激派のイメージが強かったベギンであるが、政権に就いてからは、1979年にエジプトと平和条約を締結してシナイ半島から撤退するなど、現実主義的な一面をも見せることになる。ドイツに対しても、ルクセンブルク協定や国交樹立のさいに見せたような反ドイツ的な態度はさしあたり抑制し、それまでの外交政策を引き継ぐことを表明する。

他方、西ドイツは1974年にヘルムート・シュミットが新たに首相の座に就いていた。彼はブラントと同じ左派の社会民主党の首相であったが、極めて即物的なものの考え方をする人物であり、過去の歴史的負い目にとらわれないような、もっぱら西ドイツの国益を顧慮した現実主義的な外交を展開する。これは対アラブ＝イスラエル政策に関しても同様であった。特に70年代の二度にわたる石油危機によって、石油資源の確保のためにアラブ諸国との関係を強化することは西ドイツにとって急務となっていた。それゆえシュミット政権では、石油獲得のための交渉カードとしてアラブ諸国への武器輸出が検討され始める。この武器輸出問題をめぐる西ドイツとイスラエルとの緊張の高まりが、シュミット＝ベギン論争の背景となるのである。

論争の直接のきっかけとなったのは、1981年4月にシュミットが武器輸出の商談のために訪れていたサウジアラビアで、「パレスチナ人民の自決権」に触れ、イスラエルにそれを認めるよう促したことである。これもまた東西に分断されたドイツ人の自決権との関連でおこなわれた発言であったが、のみならずシュミットは、パレスチナ問題に対するドイツの道徳的義務にまで言及する。つまり、かつてユダヤ人に加えられたのと同じような不正が今日パレスチナ人に加えられている以上、ドイツ人はこの問題に無関心ではいられないというのである。

アラブへの武器輸出に加え、よりによってナチスのユダヤ人迫害を引き合いにしたパレスチナ人への加担が、ベギンの怒りに火をつけることになった。彼はシュミットの発言にすぐに反応し、ユダヤ人を虐殺したドイツ人がイスラエルへの義務をないがしろにしたままアラブ人への義務を語る「傲慢さと厚かましさ」を激しく非難する。そして、第二次世界大戦中に中尉として軍役についていたシュミットの経歴を問題にして、彼がナチスと共犯であるという糾弾を浴びせることになる。さらにベギンは、ホロコーストによって肉親を殺害されたことに起因する反ドイツ感情を抑えられなくなる。彼はドイツ人がヒトラーと「共同の罪」を負っていると断じ、自分は「全体としてのドイツ人を決して赦したことはない」と述べるのである。

すべてのドイツ人がナチス犯罪の罪を負わねばならないのかというのは、終戦直後から議論を呼んできた問題である。近代刑法の原則から言えば、犯罪の帰責はあくまで個々の人間に対して行われる。実際、連合国による戦犯裁判も西ドイツ国内のナチス裁判も、問われてきたのはあくまで個人の戦争犯罪であった。ベングリオンもまた、すべてのドイツ人に「集団的な罪」があるという見方はとらなかった。50年代に一時期イスラエル首相を務めたモシェ・シャレットも、一つの民族全体に「集団的な罪」を着せることはある種の「人種主義」であると述べ、そうした考えを退けていた。

この「集団的な罪」の問題を蒸し返すようなベギンの感情的反応に対し、シュミット自身は対立の激化を避けるためにノーコメントを貫いたが、西ドイツ国内からは強い反発の声が上がった。多くのドイツ人にとって、ベギンの発言はドイツ人を恫喝し、ナチスの過去を政治の道具として利用しているように映ったのである。ナチス時代に迫害を受けた社会主義者の団体（AVS）からは、ドイツ人全体に罪を負わせることは、ユダヤ人に対する戦後補償のために努力してきたドイツ人や、戦争中にユダヤ系市民とともに抵抗して殺されたドイツ人への侮辱であるとの声も上がった★1。この一連の論争は、ナチスの過去の問題がなお西ドイツとイスラエルのあいだの深刻な火種になりうることをあらわにした。アデナウアーが望んだような「すべてのドイツ人にとって悲しい章の終結」がいまだ程遠いことが明らかになったのである。

さらに、イスラエルに対する西ドイツ世論の見方を大きく変えることになったのは、1982年6月からのイスラエルのレバノン侵攻である。レバノン南部を拠点にイスラエルを攻撃していたパレスチナ解放機構（PLO）を駆逐する作戦のさなか、キリスト教の民兵組織がイスラエル軍の協力のもとでパレスチナ難民を虐殺するサブラ・シャティーラ事件が発生する。この事件は国際社会に大きな衝撃を与え、イスラエル国内でさえもこの虐殺事件への大規模な抗議デモが起こった。西ドイツにおいてもこれを機に、それまでは一部の左翼に限られていたイスラエルのパレスチナ政策への批判が、一般市民のあいだに広がりを見せるようになるのである。

おりしもこの頃は、ユダヤ人絶滅を意味する「ホロコースト」という言葉が人口に膾炙し始めた時期であった。そのきっかけとなったのは、1978年にアメリカで制作・放送され、翌年には西ドイツでも放送されたテレビ映画『ホロコースト』である。両国で大反響を呼んだこの映画は、西ドイツ国民を改めて過去の犯罪に向き合わせるとともに、そのタイトルとなった「焼き尽くされる」

という意味のギリシア語由来のこの言葉を、ナチスによるユダヤ人虐殺の同義語として広く普及させるのである。

だがこれと同時に、「ホロコースト」は他の似たような非人道的な虐殺事件を比喩的に言い表す語として転用され始める。そして、それはまさにイスラエルのレバノン侵攻に対しても用いられ、例えば左派系の『ターゲスツァイトゥンク』紙は、それを「さかさまのホロコースト」、さらには「パレスチナ人問題の最終解決」（当然ナチスによる「ユダヤ人問題の最終解決」の当てこすりである）などと呼んだりしている。こうしてパレスチナ人をかつてのユダヤ人に、そしてイスラエルをかつてのナチスに喩えるような見方が現れてくるのである。むろんこうした単純な比較を諫める声も数多くあり、また場合によっては、現在のイスラエルの犯罪性を糾弾することがユダヤ人に対するナチスの犯罪の瑣末化あるいは免責を意図していることもあるだけに、そうした比較には慎重でなければならない。しかしこの頃からパレスチナ問題が、ドイツに対するイスラエルの道徳的優位性を揺るがし始めたというのも確かである。

5　中東和平とドイツの責任

1983年9月にベギンはレバノンでの虐殺事件の責任を取るかたちで首相を辞任し、政界を引退する。他方で西ドイツでも、すでに82年10月にシュミット内閣が退陣し、保守のキリスト教民主同盟（CDU）が13年ぶりに政権を奪い返していた。両国での政権交代により、シュミット＝ベギン論争がもたらした西ドイツとイスラエルの対立はしだいに鎮静化に向かうことになる。新たに西ドイツ首相となったヘルムート・コールは、79年のイラン革命やソ連のアフガン侵攻という新たな国際的緊張をうけて対米協調を重視し、それとともにイスラエルとの関係強化も図っていく。84年1月にコールはイスラエルを訪問し、クネセトで（何人かのイスラエル国会議員の抗議はあったものの）ドイツの首相としてはじめて演説をおこなっている。また85年には西ドイツ大統領のリヒャルト・フォン・ヴァイツゼッカーがイスラエルを訪問することになるのである。

1980年代の西ドイツは、60年代から70年代にかけてのリベラルな政治風土が退潮し、社会全体が再び保守的な雰囲気に包まれたと指摘されている。歴史問題に関して言えば、85年にアメリカ大統領ロナルド・レーガンが西ドイツを訪問したさい、コールがレーガンにナチス親衛隊員も埋葬されているビットブルク軍人墓地への墓参を求めたことが大きな議論を呼び、また、86年には一部の歴史家がナチスのホロコーストをスターリンによる粛清やポル・ポトによる大虐殺と同列に扱い、ユダヤ人虐殺の矮小化を図ったのをきっかけとして、有名な「歴史家論争」が勃発する。

とはいえ、イスラエルとの関係に限ってみれば、この時期に過去の歴史をめぐって深刻な外交問題が発生することはなかった。シュミット政権以来のアラブへの武器輸出問題は依然くすぶっていたが、原発の建設や北海油田の開発によって、西ドイツはイスラエルとの関係を悪化させてまで中東からの石油獲得を焦る必要はなくなっていた。そして、1987年4月には、ハイム・ヘルツォーグがイスラエル大統領初の西ドイツ訪問を実現するのである。同年末からの第一次インティファーダによって占領地のパレスチナ人の一斉蜂起が始まり、これにイスラエルが武力鎮圧によって応じると、イスラエルの国際的イメージは一層低下していく。西ドイツ政府はイスラエルとアラブ諸国の双方に配慮して、パレスチナ問題への積極的な関与を避け、無用の外交的摩擦を招かぬよう気を遣うことになる。

1990年10月に東西ドイツの統一が実現するが、同年にはじまった湾岸危機をきっかけに、ドイツとイスラエルのあいだに再びさざ波が立つことになった。90年8月にクウェートに侵攻したイラクのフセイン大統領は、クウェート撤退の条件としてパレスチナ占領地からのイスラエルの撤退を主張する。そして91年1月に多国籍軍によるイラク攻撃がはじまると、アラブの世論を味方にするため、イスラエルへのミサイル攻撃を開始する。イスラエル市民はとりわけ化学兵器による攻撃の可能性に怯えることになるが、このときイラクの化学兵器開発にドイツ企業が関与していたことが大きな問題となった。ユダヤ人に向けられた「ドイツの毒ガス」の恐怖はかつてのホロコーストを思い起こさせるものであり、このことがイスラエル国内の対ドイツ感情の悪化を招いたのである。これに対し、コールは湾岸戦争後、イスラエルに潜水艦を供与することでその埋め合わせを図ろうとした。イスラエルへの潜水艦売却はその後も、2000年代のメルケル政権に至るまでたびたびおこなわれることになる。

湾岸危機のさいにフセインが自らの侵略をパレスチナ問題とリンケージさせたことは、国際社会にこの問題の解決の必要性を痛感させ、中東和平に向けた機運も生まれてくる。かくして1993年9月13日に実現したオスロ合意では、パレスチナ解放機構（PLO）がイスラエル国家の生存権を認める一方で、イスラエルはヨルダン川西岸とガザ地区でのパレスチナ人の自治を承認し、これによって将来のパレスチナ国家樹立への展望も開けることになる。こうした状況をうけて、90 年代半ば以降のドイツの対イスラエル＝パレスチナ政策も、原則的にはこの合意に則ったかたちで展開される。ドイツの主要政党は今日、2002 年の緑の党のベルリン綱領、2007 年のキリスト教民主同盟の新基本綱領、2007 年の社会民主党のハンブルク綱領などに見られるように、「イスラエルの生存権」の保障と「パレスチナ国家」の樹立をともに基本政策として採用している。

とはいえ、ドイツにとってイスラエルはやはり特別な負い目を負った国であり、イスラエルのエフード・バラック元首相が述べたように、ドイツは「ヨーロッパにおけるイスラエルの良き大使」としての役割を果たそうと努力してきた。1998 年 10 月に誕生したゲアハルト・シュレーダー政権では、社会民主党と緑の党の連立合意のなかでイスラエルに対するドイツの特別な義務がはっきりと表明されている。シュレーダー内閣の外相である緑の党のヨシュカ・フィッシャーが若い左翼活動家時代にイスラエルへの武装闘争を訴えるパレスチナ解放機構の会議に参加していたことが暴露され、問題になったことはあったが、外相時代の彼はパレスチナ人のみならず、イスラエルからも信頼を得ることに成功している。また、2002 年春にネタニヤのホテルで起こった自爆テロを口実にイスラエル軍がパレスチナ自治区に侵攻し、自治政府のアラファト大統領を殺害直前まで追い詰めたときにも、シュレーダーはこの軍事行動への批判を避け、イスラエルの生存権と安全保障こそがドイツ外交の変わらぬ基礎であると強調していた。

2005 年 11 月にキリスト教民主同盟と社会民主党の大連立によって成立したアンゲラ・メルケル政権においても、連立合意のなかでイスラエルに対するドイツの特別な責任が述べられている。特に旧東ドイツ出身のメルケルは、かつての東ドイツがナチスの戦争責任を引き受けることを拒否していただけに、イスラエルとの関係にとりわけ気を配ることになる。例えば、2007 年のキリスト教民主同盟の新基本綱領には「ユダヤ人国家としてのイスラエルの生存権」（強調引用者）という言葉が盛り込まれているが、これはイスラエル政府の意向に沿った表現にほかならない。イスラエルはいまやイスラエル国籍を保持するアラブ系市民の増加などによって多文化社会に変化しつつあり、実体としては「ユダヤ人国家」という建前からずれてきているにもかかわらず、である。「ユダヤ人国家」というユダヤ民族主義的な国家観のもとでは、イスラエル国内の非ユダヤ系マイノリティはまったく顧慮されていないのである。

とりわけ、メルケルは2006年にイスラエル首相となったエフード・オルメルトとのあいだに個人的な蜜月関係を築くことになった。2006年7月から8月にかけてイスラエルがシーア派組織ヒズボラを攻撃するためレバノンに侵攻したときは、戦後のレバノンPKO活動にドイツ連邦軍を派遣している。イスラエルの隣接地域でドイツの軍隊がPKO活動をおこなうことは、場合によってはイスラエル軍と交戦する可能性もあるだけにそれまでは控えられていたのだが、このときはイスラエル側からドイツへの要望もあって連邦軍の派遣が実現したのである。さらに、2008年末から翌年初頭にかけて、ハマスによるロケット攻撃への報復としてイスラエルがガザ地区に侵攻したときには、メルケルはこの紛争の激化の責任を一方的にハマスに負わせ、イスラエルの軍事作戦を擁護している。

しかしながら、公式にはイスラエルに理解を示す立場を取り続けながらも、しだいにエスカレートしていくその行動に対しては、ドイツ側の戸惑いも増しているようである。中東ではこの間、2000年9月にイスラエル側からの挑発をきっかけにはじまった第二次インティファーダによって、オスロ合意が事実上破綻し始めていた。さらに2001年の9・11同時多発テロとそれに続くアメリカの「対テロ戦争」は、イスラエルがパレスチナ人に対して一層強硬な対応に出るのを後押しすることになった。テロリストの侵入防止を名目としたパレスチナ自治区への分離壁の設置やユダヤ入植地の拡大など、2000年代に入ってますます強まっていくイスラエルの強硬姿勢は、EU諸国のなかではイスラエル寄りの立場を取ってきたドイツ政府にとってさえ容認し難いものになってきている。

2009年3月にイスラエルで右派のベンヤミン・ネタニヤフが首相になると、メルケル政権もこれと距離を取り始める。アメリカのオバマ政権の中東和平政策に対するネタニヤフの非協力姿勢や、極右政党「我が家イスラエル」党首のリーベルマン外相が繰り返す人種差別的発言などは、イスラエルに対するドイツ政府の苛立ちを深めることにもなった。2010年3月にはメルケルがイスラエルの推進する入植地建設を異例の強い調子で批判し、同年5月にガザに向かっていた人道支援船がイスラエル軍に襲撃された事件に対しても、メルケルは即座に遺憾の意を表明している。

他方、ドイツ国民のあいだでも、最近のイスラエルの過激な措置に疑問をもつ人々の割合が増加している。世論調査を見ても、レバノンやガザに対するイスラエルの武力行使は度を超えているとする意見が大多数であり、またドイツがイスラエルに「特別な責任」を負っているとするドイツ政府の立場に対しても、それに賛同する人よりも、否定する人のほうがはるかに多いという結果が出ている。中東和平に向けた機運が遠のくなかで、ドイツの政府も国民もイスラエルへのシンパシーを徐々に失いつつあるように見える。

おわりに

2014 年 7 月にまたも始まったイスラエルのガザ攻撃は国際的な非難を呼び起こし、ドイツも含めて EU 各国で多くの抗議デモがおこなわれた。だがそのさい、これまでもヨーロッパでのイスラエル批判がそうであったように、一部の抗議活動のなかでユダヤ人への人種差別的なスローガンが叫ばれたり、またシナゴーグなどのユダヤ人施設への襲撃事件が発生したりした。とりわけこの問題に敏感なドイツでは、ドイツのユダヤ系市民を統括する「ユダヤ人中央評議会」が憂慮の声明を出したのを始め、政府もメディアもイスラエル批判に名を借りた反ユダヤ主義の台頭に警告を発した。このガザ攻撃に対しては、メルケルも公式には「イスラエルには自衛権がある」という従来の主張を繰り返し、イスラエルへの直接的批判には触れることはなかった。ドイツとイスラエルは依然慎重なリスク・マネジメントを必要とする「正常」ならざる関係にあるのである。

イスラエルとの関係はドイツに外交政策上の道徳的ジレンマを突き付けている。かつての加害者であるドイツがイスラエルを批判することはできるのか。ホロコーストの負い目があるドイツ人は、イスラエルの意向に反してパレスチナ人に加担してはいけないのか。それとも、そうした負い目にもかかわらず、パレスチナ人に対するイスラエルの行動は批判できるし、また批判すべきなのか。その場合、そうした批判が反ユダヤ主義やナチスによるユダヤ人迫害の免責に繋がってはならないとするなら、どのようなアプローチをとるべきなのか。このことは、例えば中国政府によるチベットやウイグルでの人権侵害に対して、日本はどう対応すべきなのかという問いにも関わってくるだろう。日本でもドイツでも右翼勢力がしばしば企てるように、かつての被害国が他の民族におこなっている現在の人権侵害が、その国に対するかつての加害責任の免罪符として利用されてはならないのである。

さらに、近年のドイツの反ユダヤ主義は、ドイツ社会の構造変化を背景として、民族主義的な極右勢力やネオ・ナチが担ってきた従来のそれとは性格の違うものになりつつある。つまり、この間ドイツは90年代末からの帰化要件の緩和などによって多文化社会への移行が進み、トルコ系やアラブ系のドイツ国籍保持者が増加してきた。こうした新たなイスラーム系のドイツ人がイスラエル批判のデモに参加するようになっているのである。彼らはドイツ人とはいっても、ナチスの過去に対する負い目を共有することはほとんどない。彼らはパレスチナ人との連帯意識を強く持ち、また往々にして自分たちの出身イスラーム諸国に見られる反ユダヤ主義的な偏見を引きずってもいる。こうした人々の参加のもとでイスラエルへの抗議活動が、ときに過激な宗教的スローガンやユダヤ人へのヘイト・スピーチを伴って展開されるのである。

こうした状況のなか、およそイスラエル批判全般に反ユダヤ主義の危険を見て、それをタブー視する人々もいれば、イスラエルのパレスチナ政策を批判しつつも、それを反ユダヤ主義から切り離そうと努める人々もいる。パレスチナ人への同情がユダヤ人への敵意と混同されることがあってはならないからである。イスラエルに対する最近の抗議デモでは、パレスチナ問題とは無関係なユダヤ人一般への差別的言動を禁じたり、宗教的なスローガンやシンボルを持ち込ませないようにしたりして、極右勢力やイスラーム原理主義勢力を排除する試みもなされている。戦後70年を経てなおドイツ社会は、イスラエルとの正しい関係のあり方を模索し続けているのである。

注

★1 すべてのドイツ人を区別なしに弾劾するような「集団的な罪」という考えについては、今日ではそれを否定する意見がほとんどである。1985年5月8日の西ドイツ大統領ヴァイツゼッカーによる終戦40周年の議会演説では、「一民族全体の罪や無罪というものは存在しません。罪は無罪と同じく、集団的ではなく個人的なものです」と言われている。これを受けて左派系の哲学者ユルゲン・ハーバーマスも、同年5月17日の『ツァイト』紙の論考で「今日なお集団的な罪という主張に固執する者は一人もいない」と述べている。また、2002年初頭に外相ヨシュカ・フィッシャーも、ナチス・ドイツによるチェコのズデーテン地方併合に関連してこう言っている。「集団的な罪という非難は受け入れられません。ズデーテン・ドイツ人のなかにも、チェコ国家に忠実であり続けたり、ナチス体制に抵抗活動をおこなったりした人々がいました」。

参考文献

Asseburg, Muriel und Jan Busse, “Deutschlands Politik gegenüber Israel.” in Jäger, Thomas, Höse, Alexander und Kai Oppermann, hg., *Deutsche Außenpolitik: Sicherheit, Wohlfahrt, Institutionen und Normen*, 2. akt. und erw. Aufl., Wiesbaden: VS Verlag für Sozialwissenschaften, 2011, 693-716.

Eitz, Thorsten und Georg Stötzel, *Wörterbuch der "Vergangenheitsbewältigung" : die NS-Vergangenheit im öffentlichen Sprachgebrauch,* Bd.1-2, Hildesheim: Georg Olms, 2007-2009.

Fischer, Torben und Matthias N. Lorenz, *Lexikon der "Vergangenheitsbewältigung" in Deutschland: Debatten- und Diskursgeschichte des Nationalsozialismus nach 1945*, Bielefeld: transcript, 2009.

Hansen, Nils, "Normalisierung und Einzigartigkeit," *Aus Politik und Zeitgeschichte* 45, no. 16 (April 1995): 14-19.

Jaeger, Kinan, "Die Bedeutung des Palästinenser-Problems für die deutsch-israelischen Beziehung," *Aus Politik und Zeitgeschichte* 45, no. 16 (April 1995): 21-30.

Neuberger, Benyamin, "Israel und Deutschland: Emotion, Realpolitik und Moral," *Aus Politik und Zeitgeschichte* 55, no. 15 (April 2005): 14-22.

Weingardt, Markus A., "Deutsche Israelpolitik: Etappen und Kontinuitäten," *Aus Politik und Zeitgeschichte* 55, no. 15 (April 2005): 22-31.

石田勇治『過去の克服——ヒトラー後のドイツ』白水社、2002年。

板橋拓己『アデナウアー——現代ドイツを創った政治家』中公新書、2014年。

ライヒェル、ペーター『ドイツ　過去の克服——ナチ独裁に対する1945年以降の政治的・法的取り組み』小川保博・芝野由和訳、八朔社、2006年。

武井彩佳『戦後ドイツのユダヤ人』白水社、2005年。

臼杵陽『イスラエル』岩波新書、2009年。

ヴォルフゾーン、ミヒャエル『ホロコーストの罪と罰——ドイツ・イスラエル関係史』雪山伸一訳、講談社現代新書、1995年。

第12章

現代フランス教育制度のなかの独仏共通歴史教科書

小林 純子

はじめに

歴史教育をめぐる問題、とりわけ「教科書問題」は、日本では、「新しい歴史教科書をつくる会」（以下、「つくる会」）による一連の『新しい歴史教科書』の出版や、それらの教科書の一部採択をめぐる問題を想起させる。この「つくる会」の「歴史」は、内容だけでなく、「言語使用」、いわば記述のしかたにおいてもイデオロギー性を帯びたものであることが指摘されている★1。そのいっぽうで、『新しい歴史教科書』にみられるような「ナショナリズム」が若者の間で一定の共感を呼んでいる実態も指摘されている★2。

近藤孝弘の著書『国際歴史教科書対話』によれば、このような「国家による自国史の美化という行為」はヨーロッパやアメリカにも見られる★3。だがそこでは、歴史教育が国民国家の形成と不可分に結びついているということや、そのことがもつ暴力性、隠蔽性が問題として認識され、歴史教育をナショナリズムから解放し、歴史のイデオロギー性に自覚的であろうとする試みもなされている★4。また現役の教員として歴史教育の再考を試みた安達一紀は、日本の高校世界史が「基本的には各国の国民史の紹介にとどまってきた」と指摘する★5。安達は、歴史教育の役割を、「歴史と関わる力」をもつ生徒、すなわち「『歴史の知』の帰属先、発話者のポジションに注意を払うことができるような『構え』をもった生徒」を育てることであるとし、「歴史の知」が国民国家時代につくられたものであるということを、国民国家時代に生み出された歴史教育において、どのように教えるかという問題を検討している★6。

こうした問題意識にとって、ドイツとフランスの双方の専門家によって編纂され、「両国関係を問う」というよりも、「ともにヨーロッパについて何を学ぶべきかという問いへと発展していった」★7 独仏国際歴史教科書対話と、そこから生まれた『独仏共通教科書』(以下、「共通教科書」) は、教科書に記述されている「歴史」それ自体のみならず、それがいかに生産されたかという「歴史」の面においても検討に値する。他方で、「共通教科書」を誰がどのように使用しているかに目を向けるならば、各国の学校教育制度に応じて明確な違いが認められる★8。このように各国の学校教育制度に規定される「共通教科書」の使用のありかたは、どのような課題を提示しているだろうか。ここではフランスの教育制度からみた「共通教科書」の使われ方について考えてみたい。

1 「共通教科書」ができるまで

1・1 「共通教科書」とは

ここで取り上げる「共通教科書」とは、2006年に発行された『ドイツ・フランス共通歴史教科書第3巻　1945年以降のヨーロッパと世界』、2008年に発行された『ドイツ・フランス共通歴史教科書第2巻　ウィーン会議から1945年までのヨーロッパと世界』、2011年に発行された『ドイツ・フランス共通歴史教科書第1巻　古代から1815年までのヨーロッパと世界』の3巻を指す。この教科書には、まったく同じ内容のドイツ語版とフランス語版があり、ドイツではKlett社から、フランスではNathan社から出版されている。時代区分のもっとも新しい第3巻から発行され、2006年から教科書として市場に出ている。また第3巻は日本語にも翻訳されている。

「共通教科書」の製作にあたっては学術委員会が設置され、両国からほぼ同数の専門家が参加している。フランス側に限って言えば、執筆者は地理歴史の教師で、そのほとんどがアグレガシオンの資格を保持し、勤務校の名前から国内でも有数の進学校に所属しているということが分かる★9。このような独仏2カ国による教科書製作は、戦前から存在した「国際歴史教科書対話」の一環をなすものとして位置づけられる★10。

1・2 「共通教科書」成立の背景

独仏の「共通教科書」はどのようにして実現に至ったのか。「共通教科書」の歴史は2003年にさかのぼる★11。この年の1月23日にベルリンで開催された「独仏青少年会議（le parlement franco-allemand des jeunes）」において、「両国に対する同じ内容の歴史教科書の導入」の提案があった。この会議は、「エリゼ条約（Traité de l'Élysée sur la coopération franco-allemande）」40周年記念行事のひとつで、当時のフランスのシラク大統領とドイツのシュレーダー首相が参加した、高校生の集会である。

エリゼ条約は、1963年、当時の西ドイツ首相であったアデナウアーとフランスのド・ゴール大統領のあいだに結ばれた。協定の目的は、独仏和解によって双方の国民、とくに若い世代が連帯を意識し、統一ヨーロッパへの道筋をつくることであった。このように、エリゼ条約は数世紀にわたる戦争を体験した両国の関係を改善する機会をもたらし、独仏の友好関係に立脚した「ヨーロッパ統合の原動力」となったとされる。教育や青少年の分野では、「より多くの学生が外国語としてのフランス語ないしドイツ語を学ぶような措置をとること」や、「就学期間、試験、大学のディプロムの互換性を高めること」、「学術研究における協力体制を発展させること」などが明記されており、その結果、交換留学の実施や「独仏青少年交流センター（Office Franco-Allemand pour la Jeunesse）」の設置、ダブルディグリー取得を可能にする「独仏大学」の設立など、さまざまなかたちでの独仏協力が実現可能になった。

独仏の協力体制は経済・金融、環境、安全保障の各分野にも及び、今日ではかつて世界のどの地域にもみられなかったような親密な関係を築いているとされる★12。これに対し近藤は、「フランスよりもはるかに大きな被害を受けた東の隣人ポーランドとのあいだで、まずは行われるべきだった」教科書対話が1970年代にようやく実現したことについて、その理由を当時のドイツとポーランドの関係から明らかにしている★13。このように、教科書対話の実現には政治情勢や国際関係などの影響が大きく関与している。

2　現代フランス教育制度と「共通教科書」

「共通教科書」は、ドイツとフランスの一部の高校で使用されている。しかしフランスとドイツでの「共通教科書」の使用状況調査を試みた剣持久木は、教科書の登場の華々しさとは裏腹に教科書の導入が限定的であったことと、そのことが理由で「共通教科書」を使用している学校だけを直接訪問することになった経緯に触れている★14。ここではフランスのケースについて、「教科書の使われ方」の特徴を、フランスに固有の教科書制度と学校教育制度の特徴から考えてみたい。

2・1　フランスの教科書制度

教科書研究センターの「諸外国の教科書に関する調査研究委員会」が2007年にまとめた『フランスの教科書制度』によると、フランスの教科書制度は、「3つの自由」（「出版社の教科書発行の自由」、「学校の教科書選択の自由」、「教員の教科書使用の自由」）に支えられている★15。

発行の自由とは、教科書は私企業としての出版社が学習指導要領を自由に解釈し製作するが、つくられたものが「学習指導要領に則っていることを公的機関が保障する仕組みはない」ことを指している。政治や統制の教科書への不介入の原則については、2012年の国民教育省中央視学局による教科書に関する報告書の中でも確認できる★16。教科書選択の自由とは、教科書が学校ごとに教員によって選択されることを示している。このことは、ヴィシー政権下で教育行政にその権限があったことを除いては、1881年以来現在も続いている原則である。教科書使用の自由とは、教師が教えるにあたって教科書を使用しても使用しなくてもよいということを意味している。実際、フランスの国民教育省中央視学局による教科書に関する1998年の報告書では、観察の対象となった小学校の90の授業のうち四分の一の授業で実際に教科書を用いて行われていたとされている★17。その他の教材としてはコピーが多く、コピーだけで授業が行われている場合もある。

比較のために日本の教科書制度を例にとると、日本では、「教科書の発行に関する臨時措置法」が「教科書」は「文部科学大臣の検定を経たもの又は文部科学省が著作の名義を有するもの」としている。そのため、民間の出版社によってつくられた教科書は検定による統制を受ける。また「義務教育諸学校の教科用図書の無償措置に関する法律」によって、義務教育の諸学校では教科書採択が都道府県の教育委員会の定める「採用地区」ごとに行われるため、個別の教師に教科書選択の自由がない。さらに「学校教育法」で小学校、中学校、高等学校において「文部科学大臣の検定を経た教科用図書又は文部科学省が著作の名義を有する教科用図書を使用しなければならない」とされている★18。

このように日本の教科書制度と比較してフランスの教科書制度には、教科書製作のプロセスにおける統制が弱く、教科書の選択や使用における教員の自由度が高いという特徴がある。ここでは、とりわけ教科書使用の自由度の高さゆえに授業における教科書使用頻度が低いという点から、フランスでは「共通教科書」の出版自体が、直ちにその使用や内容の共有に結びつくとは限らないと言える。

2・2　フランスの学校教育制度——細分化した中等教育

フランスの中等教育制度は、4年間の前期中等教育と3年間の後期中等教育から成り立っている（図1）。かつて「文化的に恵まれない家庭の子どもを早期に（中1入学時点）容赦なく排除することによって非常に安定していた中等教育機関」は、1960年代に義務教育期間が16歳にまで延長されると、初等教育修了後の進路として、進学コース、短期修了コース、職業コースに分かれていた各種の学校がコレージュというひとつの教育機関にまとめられ、すべての子どもが同じ教育機会を得られたかのように見えた★[19]。社会学者ピエール・ブルデューとパトリック・シャンパーニュは、このような「民主化」が表面上のものであって、学校制度がその内側に常に「排除されたものたち」を抱えているということを指摘している。彼らによれば、すべての子どもが学校制度に到達できても、学校制度の中ではあらゆる段階で選別が働き続けるため、その選別によってはじかれたものは、制度内の「価値の低いとみなされている」コースに集められてしまう。実際、フランスでは1970年代まで、同じ中学校の中に普通教育コース、短期教育コース、実践教育コースが維持された★[20]。

学年	一般バカロレア	技術バカロレア	職業バカロレア	職業資格BEP	職業資格CAP
3	普通高校	技術高校	職業高校	職業資格BEP課程	職業資格CAP課程
2					
1					

学年	
4	中学校
3	
2	
1	

学年	
5	小学校
4	
3	
2	
1	
3	保育学校
2	
1	

図1　フランスの学校制度
出所：*Repères et références statistiques* 2013 MENをもとに筆者作成。

こうした「内なる排除」とでもいうべき状況は、現在も存続している。フランスには「普通高校」、「技術高校」、「職業高校」という教育課程の異なる3種類の高校がある（図1）。普通高校と技術高校に在籍する高校生は、2012年に145万2200人だったのに対し、同じ年に職業高校に在籍する高校生は65万7500人で、同年代の生徒のおよそ3割が職業高校に在籍していることになる（表3）。学歴と社会的出自の関係はよく知られており、表1にみられるとおり、普通課程や技術課程に在籍する生徒と職業課程に在籍する生徒とでは、その社会的構成が著しく異なっていることが分かる。

一般に、普通高校の生徒は普通バカロレアの試験に合格することで普通バカロレア資格を取得し、高等教育機関への進学を目指すのに対し、職業高校の生

表1　親の職業カテゴリー別にみる高校生の在籍コース（公立のみ）（%）

	上位A	上位B	中位	下位
普通・技術課程	29.5	15.6	26.7	28.2
職業課程	7.2	10.3	27	55.5

出所 : *Repères et références statistiques* 2013 MENをもとに筆者作成。

表2　普通高校・技術高校の学習指導要領上の必修地歴時間数（選択を除く）（週）

バカロレア／学年	S	ES	L
高2	2h30	3h	4h
高3	2h	4h	4h

出所：「2010年1月27日高等学校最終課程の教育と時間編成に関する省令」（MENE0929859A）をもとに筆者作成。
http://www.legifrance.gouv.fr/affichTexte.do?cidTexte=JORFTEXT000021751685（2014/02/25アクセス）。

表3　2012年ヨーロッパコース、国際コース在籍生徒数（公立＋私立）

	生徒数	コース内生徒数	%
中学校	3,189,845	170,903	5.4
普通高校、技術高校	1,452,155	163,377	11.3
職業高校	657,540	16,711	2.5
合計	5,299,540	350,991	6.6

出所：*Repères et références statistiques* 2013 MENをもとに筆者作成。

徒は、職業生活への準備のための実践的な教育を受ける★[21]。こうした異なる教育課程においては、地歴という教科の重みも異なってくる。たとえば、普通高校・技術高校の1年生は週に28時間30分の教育を受けなければならない★[22]。そのうち地歴公民は週3時間であるのに対し、高校2年生と高校3年生では、表2の通り、受験するバカロレアの種類によって週に何時間の地歴公民を受講するかが異なってくる★[23]。職業高校では、職業資格取得コースの場合、職業実習との組み合わせでフランス語や数学などの一般教科の必修授業時間数が週15時間程度となっており、地歴公民が週何時間という規定ではなく、フランス語と地歴を合計して週4時間程度を目安とすることになっている★[24]。

また中学や高校には「ヨーロッパコース、東洋言語コース les sections européennes ou de langues orientales」という外国語強化クラスや、「2カ国語コース les sections binationales au lycée」と呼ばれるダブルディグリーコース、「国際コース les sections internationales」のようなコースも設置されており、「すべての子どもに開かれた中等教育」は、内部のコースにおいてますます多様化している★[25]。

「ヨーロッパコース、東洋言語コース」は、特定の中学と高校に設置された外国語強化クラスである。中学では通常クラスよりも外国語の時間が週2時間多い。一部の高校では外国語そのものではなく外国語でいくつかの教科が教えられる。通常中学3年からのクラスだが、中学1年から開いている学校もある。ドイツ語クラス、英語クラス、スペイン語クラス、イタリア語クラス、オランダ語クラス、ポルトガル語クラス、ロシア語クラス、アラビア語クラス、中国語クラス、日本語クラス、ベトナム語クラスがある★[26]。

「2カ国語コース」ではフランスのバカロレアと外国ディプロム用の二つのテストを受け、フランスの普通バカロレアと、もうひとつ別の国のバカロレアに相当するディプロムの両方の取得を目指す。ドイツの「アビトゥーア Abitur」とのダブルディグリーを目指す「アビバッククラス Classe Abibac」、スペインの「バチジェラート Bachillerato」を目指す「バチバッククラス Classe Bachibac」、イタリアの「エザメディスタト Esame di Stato」を目指す「エザバッククラス Classe Esabac」がある★[27]。

「国際コース」は、高校では普通バカロレアを受ける高校生にのみ開かれている。外国文学という科目を週4時間外国語で学ぶことと、地歴を週2時間外国語で、さらに週2時間をフランス語で学ぶことを特徴としている。ドイツコース、アメリカコース、アラブコース、イギリスコース、中国コース、デンマークコース、スペインコース、イタリアコース、日本コース、オランダコース、ノルウェーコース、ポルトガルコース、ポーランドコース、ロシアコース、スウェーデンコースがある★28。

これらの「特色あるクラス」は、中学校や高等学校のすべてに、同じように設置されているわけではない。たとえば、表3はヨーロッパコースと国際コースに在籍する生徒が同じ種類の学校に在籍する全生徒に占める割合を示しているが、このようなコースに在籍する生徒は全体的に極めて少数であること、その割合は教育課程別に異なることが分かる。またヨーロッパコースと国際コースに在籍する生徒の割合を学習外国語別に示しているのが表4である。英語がもっとも多いが、それに続くスペイン語とドイツ語の履修者は、それぞれ1割程度にとどまる。さらに学習言語に応じて異なる「ヨーロッパコース」への在籍者の割合には地域差が大きい。たとえば、ドイツ語クラスへの在籍者の割合は、メス、ストラスブール、ランスなどドイツに近いフランス東部で高く、コルシカではほとんど見られない★29。これとは対照的に、イタリア語クラスへの在籍者の割合はコルシカで高いが、ストラスブールでは極めて低い。こうした地域差は、国境近くの地域の特色を生かした多様性ともとらえられるが、教育課程に応じた履修者数の差からみれば、ある生徒が「特色あるクラス」に在籍できるかどうかが、どのような学校に在籍しているかによって決まってくるということでもある。

近年、フランスの都市部では宗教的な動機とは関係なく学業における成功という動機から中学入学段階で親が子どもを私立学校に就学させるケースが増えている。その背景には、失業や地元のゲットー化をはじめとする社会的不安が、親による子どもの「学校選び」の実践を助長しているという事実がある。一部のエリート校を除く公立学校は、どのような子どもも受け入れる義務があるため、「荒れている」というイメージが親のあいだに広まるためである。このように、フランスの都市部では、学校がバカロレア合格率のような明確な数値か

表4　2012年言語別生徒在籍者数

コース内生徒数計		英語	ドイツ語	スペイン語	イタリア語	ポルトガル語	ロシア語・東洋言語	その他
ヨーロッパコース	332,378	229,126	42,259	45,469	12,605	483	2,388	48
国際コース	18,613	10,781	1,578	2,525	1,210	705	1,217	597
%	100.0	68.4	12.5	13.7	3.9	0.3	1.0	0.2

出所：Repères et références statistiques 2013 MENをもとに筆者作成。

表5　2012-2013 資格別学校種別教員数の割合（%）

	中学	職業高校	普通・技術高校	全教員に占める割合
アグレジェ	5.3	0.7	27.2	13.1
セルティフィエ	85.7	7.5	55.5	64.3
職業高校教師	1.5	81.5	11.3	15.3

出所：Repères et références statistiques 2013 MEN をもとに筆者作成。

らだけでなく、評判のような曖昧なイメージからも序列化されている。そのうえ、学区緩和措置の枠内で、「特色あるクラス」は指定校とは別の公立学校への就学を希望する正当な理由とみなされるため、公立学校制度内部の複線化、それに伴う学校ごとの「社会的カテゴリーに応じた子どもの集中」とでもいうべき状況に貢献してしまっている側面もある★30。

フランスの教育制度においては、教師の資格にも明確な序列が存在する。表5は、資格別、学校の種類別にみた教師の割合である。アグレジェとは、上級教員資格試験（アグレガシオン）という教員採用試験に合格した教師のことである。セルティフィエとは、中等教育教員免状（カペス）または技術教育教員免状（カペット）を取得するための試験に合格した教師のことである。

中学校や職業高校で教えるアグレジェがいないということはないが、アグレジェは普通高校または技術高校で教えることが多く、とりわけグランゼコル準備級などの高校に設置されている高等教育部門で教えることが多い。大学教員の中にもアグレジェ取得者が多いが、アグレジェは一般にアグレガシオンを通過した「エリート」とみなされている。これに対し、職業高校の教師は職業高校で教えていることがほとんどである。アグレジェが *L'EXPRESSE* のような週刊誌の「全国高校ランキング」でトップに並ぶ「アンリ4世高校」のような進学校で教えることはあっても、職業高校でキャリアを終えるということはほとんどない。むろん教員資格の差が、そのまま教育実践の実力の差につながるとは言えないが、親はこのような教員資格の序列の存在を知っているため、学校の序列化のイメージはますます膨らみ、そのことが特定の学校を避ける基準になることもある。

メディア上の情報では、フランスでもドイツでも、「共通教科書」は例外を除いてヨーロッパコースでのみ使用されている★31。「共通教科書」のフランスにおける使用状況調査でも、調査の対象となった三つの高校のうち、ひとつは一般クラスだが、もうひとつはヨーロッパコース、さらにもうひとつは2カ国語コースの「アビバッククラス」を設置している学校である★[32]。上述のような事情から、「共通教科書」を使用している学校やクラスは限られており、そうした学校やクラスはさまざまな社会的、制度的選別を経て集まった「問題」の少ない生徒集団から成り立っていることが推察される。

3 「記憶の共有」をめぐって

フランス国民教育省の情報では、「共通教科書」の著者によるテキスト本文は、教科書全体の20%から25%にとどまるとされている★[33]。剣持久木によれば、フランスの既存の教科書との比較において、「共通教科書」には、「分析の素材になるような、対立した資料が数多く掲載されている」という特徴がある★[34]。このような教科書には、「多声的な構成」をもたらし、語り手の資格を広げて「単一の大きな物語を解体する」効果があるのではないだろうか★[35]。だとすれば、「共通教科書」の使用は、物語られることによって過去が「歴史」になることを知る、つまり「『歴史とはそういうものだ』と、『歴史』の限界を逆に自覚」させたりすることで、歴史の物語性に意識的であろうとする歴史教育の試みにもつながる★[36]。またこのような試みは、多文化教育の5つの側面を提示したジェームズ・A・バンクスの議論に通じるものがある。バンクスは、多文化教育の五つの側面のうちのひとつとして「知識形成」を挙げ、ある知識がつくられる方法に、文化的な偏り、基準となる枠組みやバイアスが、どのように影響しているかを生徒に理解させることとしている★[37]。

とはいえ、「共通教科書」にはその使用が難しいのではないかという現場の評価もある★[38]。近藤孝弘は、「世界の優れた歴史教科書に与えられるヘルマン・テンブロック賞」を受賞した教科書の特徴として、教科書を編集したひとや執筆したひとの「絶対的な『語り』」がなく、ほとんどが写真資料や文献資料から構成されている点を挙げている★[39]。同時に、こうした教科書を使って授業を行うことは教育技術的に極めて難しく、「ギムナジウムの教師のあいだで、必ずしも大歓迎されているわけではない」ということを指摘している★[40]。

「共通教科書」についても、学校やクラスの特徴によっては使用することが難しいことが推察される。剣持は、「共通教科書」使用の調査対象となったパリの高校が「地元というより、ダンス、音楽などその道に秀でた学生が各地から集まってきている学校」で、パリ19区の人口の社会的特徴に比して荒れていない印象の学校であったと述べている★[41]。このことからも、「共通教科書」

を使用している学校やクラスが比較的選別された生徒の集まりであることがうかがわれる。パリ19区のような庶民的界隈に「共通教科書」を使用するような高校ができるのは、パリという都市そのものの人口の「ブルジョワ化」も影響しているが、上述の通り、従来の「公立学校＝地元の学校」の政策から、コースの多様化によって公立学校間選択の要求に応えようとする政策への変化が背景にあるからである★42。このことは裏を返せば、「荒れ」は別の高校に集中し、そうした学校が「共通教科書」を使用するような高校の周縁に出来てしまうということなのである。

映画『パリ20区、僕たちのクラス』(2008年、フランス)では、19区と隣接するパリ20区の庶民的界隈の公立中学校が舞台となっている。映画に使用されている学校や出演者の中学生の社会的構成は、この地区の公立学校の現状を反映している。この映画のフランス語の授業の一場面には、「ビル」という名前を使って例文を提示する教師に対し、マグレブやマグレブ以外のアフリカ諸国出身の子どもたちが、「白人の名前」ばかりを使用せずに別の名前を使うよう提案しながら、「アイサタ」や「ビントゥ」や「モハメッド」などの名前を次々と挙げていくシーンがある。このような子どもたちが集まるクラスにとって、ドイツとフランスからみた「ヨーロッパと世界の歴史」は、どのように受容されるだろうか？

おわりに

ドイツとフランスの「共通教科書」は、歴史の教科書に「多声的な構成」をもたらすという点では、極めて重要な一歩を踏み出している。しかしそれは、実際の教育制度のなかでどのように使用されるのかという点で、「記憶の共有」において誰が何を共有するのかという問題を提起しているように思われる。

2010年2月4日の第12回独仏閣僚会議では、今後の相互協力の指針「独仏アジェンダ2020」が定められた★43。この指針は、ヨーロッパの産業、競争力、イノベーション、EUやG20の定める経済戦略に沿った金融政策、エネルギー政策や環境政策のための独仏協力などに言及し、経済や社会の「成長」というキーワードを多用している。教育分野では、高等教育や幼少期教育における独仏バイリンガル課程の設置などが目標として定められているほか、独仏以外のヨーロッパ諸国の参加にも開かれたヨーロッパの歴史についての教科書製作の意向を示している。このような教科書が実現されることになれば、ヨーロッパの歴史に、独仏2カ国のまなざしとはまた別のまなざしが加わることになるだろう。

注

★1　石井正彦「『新しい歴史教科書』の言語使用——中学校歴史教科書8種の比較調査から」『阪大日本語研究』24、大阪大学日本語学研究室、2012年、1-34頁、大阪大学リポジトリ http://hdl.handle.net/11094/10788 よりダウンロード（2014/01/30アクセス）。この論文の分析対象となっている『新しい歴史教科書』は、2001年の教科書検定に合格した初版のみ。

★2　香山リカ「若者はなぜナショナリズムに惹かれるのか」（『クレスコ』No.58、大月書店、2006年、4-9頁）、市川昭午『愛国心』（第1章「戦後日本の愛国心論」、学術出版会、2011年）。

★3　近藤孝弘『国際歴史教科書対話』中央公論社、1998年。

★4　同上。

★5　安達一紀『人が歴史とかかわる力』教育史料出版会、2000年、61頁。

★6　同上、118頁、167頁。

★7　近藤、前掲書、45頁。

★8　共通教科書を使用している高校への視察について、西山暁義「国境を越える教科書」（廣田功編『欧州統合の半世紀と東アジア共同体』第9章、日本経済評論社、2009年、165-179頁）、剣持久木「独仏共通歴史教科書の射程」（剣持久木，小菅信子，リオネル・バビッチ編著『歴史認識共有の地平』序章、明石書店、2009年、13-47頁）を参照。西山はドイツとフランスの従来の歴史教育の方法の相違にとって「共通教科書」がもつ可能性を示唆している。また視察にもとづく剣持の観察からは、教科書を使った授業方法の独仏間の相違だけでなく、教師個人の授業スタイルの相違による共通教科書の異なる使われ方をみてとることができる。

★9　アグレガシオンは、フランスの教員資格のひとつ。

★10　近藤は、「国際歴史教科書対話」を「複数国の歴史研究者、教師、また場合によっては教科書出版社や行政の代表者も参加して国際的な会議を開き、各国の歴史教科書やその他の教材のなかに存在する自国中心主義的な記述を相互に指摘しあうことを通して、客観的で公正な理解に到達することを目指す活動」と定義し、「独りよがりな歴史教育を問題と捉える目」が、すでに19世紀後半に存在していたこと、独仏間の対話は戦前にも戦間期にも存在したが対話が発展するのは戦後であったことを指摘している。近藤、前掲書、1-14頁、16-46頁。

★11　「共通教科書」の成り立ちについて、剣持「独仏共通歴史教科書の射程」前掲書、ウォルフガング・パーペ「欧州におけるフランスとドイツの関係」（安江則子編著『EUとフランス』第7章、法律文化社、2012年、171-191頁）、フランス外務省 http://www.france-allemagne.fr（2014/01/31アクセス）、フランス国民教育省 http://www.education.gouv.fr/cid4070/presentation-du-manuel-d-histoire-franco-allemand-a-peronne.html（2014/01/31アクセス）などを参照。

★12　パーペ、同上。

★13　近藤、前掲書。

★14　剣持「独仏共通歴史教科書の射程」前掲書。

★15　諸外国の教科書に関する調査研究委員会（藤村和男、藤井穂高、池田賢市）『フランスの教科書制度』教科書研究センター、2007 年、13 頁。

★16　Inspection générale de l'éducation nationale, *Les manuels scolaires : situation et perspectives*, rapport n°2012-036, 2012。

★17　この報告書については『フランスの教科書制度』（前掲書）、56-88 頁の抄訳を参照。

★18　同上、13 頁。子どもと教科書全国ネット 21『最良の「教科書」を求めて』つなん出版、2008 年。

★19　Pierre Bourdieu, Patrick Champagne, "Les exclus de l'intérieur", *Actes de la recherche en sciences sociales*, vol. 91-92, 1992, 71-75、Persée よりダウンロード http://www.persee.fr/web/revues/home/prescript/article/arss_0335-5322_1992_num_91_1_3008（2014/01/31 アクセス）。

★20　Eric Debarbieux "La violence à l'école", in Agnès van Zanten (sous dir.), *L'Ecole, l'état des savoirs*, Editions La Découverte, 2000, 399-406、夏目達也「前期中等教育改革の系譜とその特質」小林順子編『21 世紀を展望するフランス教育改革』第Ⅱ部第 3 章、東信堂、1997 年、167-186 頁。

★21　普通バカロレアの歴史は 1808 年に遡る。バカロレア取得者は 1936 年には同年代の 2.7%、1970 年でも 20% しかいなかった。その後 1968 年に技術バカロレアが、1985 年に職業バカロレアが創設され、高等教育への進学の可能性を広げた。フランス国民教育省「バカロレア」http://www.education.gouv.fr/cid143/le-baccalaureat.html（2014/01/31 アクセス）。職業高校では職業資格のほか、職業バカロレアの資格の取得を目指すことができる。職業課程在籍者のうち、およそ 8 割が職業バカロレアコースに登録している。Ministère de l'Education nationale, *Repères et références statistiques*, édition 2013, 97.

★22　フランス国民教育省「高校 1 年生の教育プログラム」http://www.education.gouv.fr/cid52692/les-enseignements-nouvelle-seconde.html（2014/02/25 アクセス）

★23　普通バカロレアには理系の科学バカロレア S と社会科学系の経済・社会バカロレア ES と文学系の文学バカロレア L がある。バカロレア S の取得者が大学やグランゼコル準備級の文学系や社会科学系に行くケースがみられるのに対し、バカロレア L やバカロレア ES 取得者が理系コースに行くケースはほとんどみられないことから、これらにも暗黙のヒエラルキーが存在する。Ministère de l'Education nationale, op. cit., 207。

★24　フランス国民教育省教育専門職サイト http://eduscol.education.fr/cid47104/les-textes-de-reference.html（2014/01/31 アクセス）、フランス国民教育省 http://www.education.gouv.fr/bo/2002/21/default.htm（2014/01/31 アクセス）。

★25　その他、ダンスや音楽に特化したクラス、スポーツに特化したクラスなどもある。

★26　フランス国民教育省「ヨーロッパコース、東洋言語コース」http://www.education.gouv.fr/cid2497/les-sections-europeennes-et-de-langues-orientales.html

（2014/01/31 アクセス）。

★27　フランス国民教育省「2 カ国語コース」http://www.education.gouv.fr/cid52147/sections-binationales-au-lycee-abibac-bachibac-esabac-au-bulletin-officiel-special-du-17-juin-2010.html（2014/01/31 アクセス）。

★28　フランス国民教育省「国際コース」http://www.education.gouv.fr/cid23092/les-sections-internationales-au-lycee.html（2014/01/31 アクセス）。

★29　Ministère de l'Education nationale, op. cit., 129。

★30　学区緩和措置とは、健康上の理由や、親の職場と学校の距離の近さ、教育課程の希望などを考慮して、教育行政機関による許可を得られた場合に公立の指定校とは別の公立学校に就学できるしくみのこと。

★31　Frédéric Lemaître, "Malheureux manuel franco-allemand…" *Le Monde* (en ligne), 2011,http://www.lemonde.fr/europe/article/2011/05/23/malheureux-manuel-franco-allemand_1526162_3214.html（2014/01/31 アクセス）。

★32　西山「国境を越える教科書」前掲書。剣持「独仏共通歴史教科書の射程」前掲書。また「共通教科書」は、その「まえがき」において、一般のクラスで使用されることのほかに、2 言語で出版されているという強みを生かして、「ヨーロッパコース」や「国際コース」や「2 カ国語コース」での使用を推奨している。

★33　フランス国民教育省 http://www.education.gouv.fr/cid4070/presentation-du-manuel-d-histoire-franco-allemand-a-peronne.html（2014/01/31 アクセス）

★34　剣持「独仏共通歴史教科書の射程」前掲書。

★35　近藤孝弘「ヨーロッパの国際歴史教科書研究と語り」渡辺雅子編著『叙述のスタイルと歴史教育』第一部第一章、三元社、2003 年、16-40 頁。

★36　安達、前掲書。

★37　"Multicultural Education, Dimension of", James A. Banks, editor, *Encyclopedia of Diversity in Education*, vol 3., Sage Reference, Los Angeles, 2012, pp.1538-1547

★38　剣持「独仏共通歴史教科書の射程」前掲書、西山「国境を越える教科書」前掲書。

★39　近藤「ヨーロッパの国際歴史教科書研究と語り」前掲書。

★40　剣持「独仏共通歴史教科書の射程」前掲書。

★41　同上、28 頁。

★42　公立学校を「多様化」して親の「選択」にゆだねるようとする政策の傾向は、イギリスやアメリカ、日本にも存在する。フランスの私立学校（ほとんどがカトリック系）は親の「宗教的理由以外の私立選択の傾向」を認識しており、生徒の「学業成績の優秀さ」に特徴づけられる学校と、学業に困難を示す子どもに対する「手厚い保護」に特徴づけられる学校の、二つのタイプの学校を共存させるなど私立学校自体が一様ではない。

★43　フランス外務省エリゼ条約 50 周年記念サイト http://www.france-allemagne.fr/Agenda-franco-allemand-2020-12eme,5230.html（2014/08/30 アクセス）。独仏閣僚会議は、1963 年から続いた独仏サミットに代わり、2003 年のエリゼ条約 40 周年記念から行われている。同じ年の 3 月に、EU の欧州委員会は、「欧州 2020」という成長戦略を提案している。欧州連合「欧州 2020」http://ec.europa.eu/europe2020/index_fr.htm（2014/01/31 アクセス）。

参考文献

Agnès Van Zantan, (sous dir.), *L'Ecole, l'état des savoirs*, Editions La Découverte, Paris, 2000.

Pierre Bourdieu, Patrick Champagne, “Les exclus de l'intérieur”, *Actes de la recherche en sciences sociales*, vol. 91-92, 1992, 71-75.

L. Bernlochner, L. Boesenberg, M. Braun, P. Geiss, C. Gigl, D. Henri, G. Le Quintrec, E. Leon, M. Lepetit, B. Toucheboeuf, *Manuel d'Histoire franco-allemand tom3 : L'Europe et le monde depuis 1945*, Nathan, Paris, 2006.

L. Boesenberg, M. Braun, A. Duménil, B. Galloux, P. Geiss, G. Große, D. Henri, G. Le Quintrec, K. Maase, B. Toucheboeuf, M. Wicke, *Manuel d'Histoire franco-allemand tom 2 :L'Europe et le monde du congrès de Vienne à 1945*, Nathan, Paris, 2008.

R. Bendick, P. Geiss, T. Heese, D. Henri, H. Jürgen Hermann, G. Le Quintrec, M. Lepetit, E. Leon, W. Will, *Manuel d'Histoire franco-allemand tom 1 : L'Europe et le monde de l'Antiquité à 1815,* Nathan, Paris, 2011.

Inspection générale de l'éducation nationale, *Les manuels scolaires : situation et perspectives*, rapport n°2012-036, 2012.

Dictionnaire encyclopédique de l'éducation et de la formation, Retz, Paris, 2005.

James A. Banks, editor, *Encyclopedia of Diversity in Education*, vol 3., Sage Reference, Los Angeles, 2012.

安達一紀『人が歴史とかかわる力』教育史料出版会、2000 年。

石井正彦「『新しい歴史教科書』の言語使用――中学校歴史教科書 8 種の比較調査から」『阪大日本語研究』24、大阪大学日本語学研究室、2012 年、1-34 頁。

市川昭午『愛国心』学術出版会、2011 年。

香山リカ「若者はなぜナショナリズムに惹かれるのか」『クレスコ』No.58、大月書店、2006 年、4-9 頁。

小林順子編『21 世紀を展望するフランス教育改革』東信堂、1997 年。

安江則子編著『EU とフランス』法律文化社、2012 年。

諸外国の教科書に関する調査研究委員会『フランスの教科書制度』教科書研究センター、2007 年。

剣持久木, 小菅信子, リオネル・バビッチ編著『歴史認識共有の地平』明石書店、2009 年。

近藤孝弘『国際歴史教科書対話』中央公論社、1998 年。

廣田功編『欧州統合の半世紀と東アジア共同体』日本経済評論社、2009 年。

ペーター・ガイス, ギヨーム・カントレック監修『ドイツ・フランス共通歴史教科書【現代史】1945 年以降のヨーロッパと世界』福井憲彦, 近藤孝弘監訳、明石書店、2008 年。

渡辺雅子編著『叙述のスタイルと歴史教育』三元社、2003 年。

第13章

シンガポールにおける「日本占領期」の記憶

中野 涼子

はじめに

シンガポールは、1942年2月から1945年9月までの約3年半に及ぶ日本占領を体験した。しかし、この記憶が日本・シンガポール間で外交問題に発展することは、現在ではほとんどない。シンガポールが共和国として独立した1965年以降、日本とシンガポールは友好な関係を築いており、経済協力、文化交流の面においてこの二国間関係は着実に発展してきたと言える。

しかし、シンガポールは日本軍による占領をすっかり忘れてしまったわけではない。むしろ、戦争の記憶は、東京23区とほぼ同面積の小さな島の至る所に刻まれている。たとえば、戦争にまつわる追悼施設はシンガポール中心部のシティホール近くにそびえたち、リゾート・コンプレックスとして知られるセントーサ島のシロソ砦では、「日本占領期」に関する大規模な展示が行われている。戦争捕虜を収容したチャンギ刑務所は、現在では場所を少し移動して博物館として生まれ変わり、毎年多くの英国人、オーストラリア人が訪れている。その他にも、日本占領に関する展示を行っている博物館を探すことは容易である。毎年2月15日には戦争追悼記念式典が行われ、学校では日本によって占領された歴史を語り継ぐための行事が開かれる。この日は「トータル・ディフェンス」（総合防衛）の日として位置づけられ、国家を脅かす危機に対応するための――たとえば徴兵制などの――意義を理解するよう国民に促している。また、中等教育では、日本軍によるアジア侵攻やシンガポール陥落後に多くの中華系住民が日本軍によって殺害されるという「華僑虐殺」★[1]や、日本軍政下における多くの人々の生活困窮などについて学ぶよう指導されるため、ほとんどのシンガポール国民は日本軍政がシンガポールに大変な苦難を強いたという認識を共有している。

それにもかかわらず、現在のシンガポールの若者が反日的な態度を示すことはほとんどない。シンガポールには日本料理店や日本のスーパーマーケットがあふれ、日本のファッションやドラマに心酔する若者たちも多くいる。日本の歴史認識が外交、政治関係の火種になることはなく、また、日本の首相や閣僚が靖国神社に参拝しても、それに対してシンガポールの国民が抗議を行うようなことは全くないと言っていい。こうした状況は、中国や韓国の場合とは対照的である。中国、韓国においては、戦争を知らない若者世代においても積極的に日本の戦争責任を追及する動きが見られる。これに対してシンガポールでは、日本の歴史認識を正そうとする声高な追及は、ほとんど聞こえてこない状況である。

この違いは、どこから来るのであろうか。シンガポール陥落後の「華僑虐殺」という記憶があるにもかかわらず、日本における歴史認識を断罪したり、この問題を外交問題に発展させようとする動きがまったくないのはなぜなのか。日本とシンガポールは、その良好な関係によって歴史問題を乗り越えたのであろうか。本章では、「日本占領期」の歴史がシンガポール国民の記憶に刻み込まれる経緯を明らかにしながら、これらの問いに答えたい。

本章における議論の対象は、シンガポールの英語媒体に現れる「日本占領期」の表象とその形成過程である。シンガポールでは、英語のほかに、マレー語、標準中国語（マンダリン）、タミル語が公用語に指定されているが、異民族間での意思疎通は英語を通じて行われ、また、政府指導者や公的機関の関係者は英語で高等教育を受けた者がほとんどである（筆者が所属するシンガポール国立大学においても、英語で教育が行われており、教授陣も英語圏で学位をとった者ばかりである）。シンガポールで「華僑虐殺」が起こったことを考えれば、標準中国語に見られる「日本占領期」の表象も研究になり得るが、本章では英語媒体に焦点を置き、ほかの言語で示されるものについては別の機会に譲りたい。

以下では、まず最初に歴史の記憶形成を分析する上で重要となる三つの視点を示した後、シンガポールの場合はどの視点が有効であるかという問題提起を行う。次に、シンガポールが英国から自治権を獲得した 1959 年からの歴史を見ていく。ここで明らかにされるのは、分離独立当初のシンガポール政府が、「日本占領期」の記憶にほとんど言及しなかったのに対し、国家形成、経済成長の道筋をある程度確保した 1980 年代に入ると、国民国家の公式な記憶形成に積極的関与を始めたことである。続いて次節では、リー・シェンロンが首相に就任した 2004 年以降のシンガポールにおいて、どのように歴史認識の問題が取り扱われているかを分析する。その上で、シンガポールの歴史認識はどのような形で形成されたのかについて、改めて考察する。最後に、この本の大きなテーマである、国境を越えた「共有の歴史」を日本とシンガポールの間で構築するためには何が求められているか、に付言する。

1　公的記憶の形成過程を分析する三つの視点

戦争に関連する歴史の公的記憶は、通常、追悼式典や歴史教科書、政治指導者のレトリック、テレビドラマなどの、様々な媒体を通して人々に伝えられる。しかし、そのような媒体を通じて伝えられる歴史の記憶が形成される過程は、それほど明らかではない。ボストン大学のトーマス・バーガー（Thomas Burger）によると、公的な歴史の記憶を読み解く視点は、歴史決定主義（historical determinism）、機構主義（institutionalism）、文化主義（cultural account）の三つに分類される。

第一の視点では、過去に何が起こったのかを重視するものであり、公的な歴史認識は歴史そのものによって形成されると考えられる。たとえば、日本の歴史認識はドイツに比べて戦争責任についての深い反省がないと表現されることがある。歴史決定主義によれば、その理由は、帝国日本の複雑な歴史そのものにあると考えることができる。1937 年に日本が中国で戦争を始め、4 年後に真珠湾の米軍基地を攻撃した理由について考えるとき、歴史家は、西洋列強による砲艦外交の衝撃などの 19 世紀半ばからの日本の経験をひも解くであろう。なぜなら、第二次世界大戦中の日本だけを取り出してその侵略性を理解することは困難だからである。これは、1933 年以降のナチス・ドイツの残虐行為が、ドイツの歴史の中で断絶性のあるものとして語られることとは対照的である。歴史決定主義によれば、現代の日本における歴史認識がドイツの場合に比べて、一様に批判的ではない理由は、両国の経験が異なるという点に着目して説明することができる。

第二の視点は、戦争以降の現在の政治に焦点を置く機構主義である。これは記憶形成にかかわる政治アクターを重視するもので、特に、権力のある機構（政府、あるいは政府関係者とつながりのある出版社など）が記憶を作り出していると考えられる。たとえば、日本の歴史教科書は、文部省・文部科学省による教科書検定や、教科書の執筆にかかわる教授陣や出版社の意向が強く反映されていると解釈される。中国国民の歴史認識においては、共産党政府がそれらを作り出している、もしくは操作している、という見方が、この機構主義の議論として分類される。

第三は、記憶形成にかかわる人々や社会が重要であるという文化主義の視点である。ここでいう文化とは、社会規範なども含む広いものであり、歴史の公的記憶は市民社会における価値観、規範を通して形成された歴史認識が反映されると考える。たとえば、思想家の丸山真男は、第二次世界大戦における日本軍の残虐的行動が、日本社会の根幹にある「無責任の体系」によるものだと論じた。バーガーによれば、これは、明治維新以降の日本が近代国家を建設する際に培った文化・社会的なものに、日本軍の行動の理由を見出す言説である。あるいは、戦後、日本社会に浸透した平和主義を文化とみなし、この文化によって戦争犠牲者の観点を重んじる現在の歴史教育の基調が作られたとする見方が、これに当てはまる。権力のある政治アクターが公的記憶の形成に関与する点に着目する機構主義とは異なり、むしろ市民社会における文化、社会的価値観を通して作られた歴史認識が、自ずと公的な歴史認識にも反映されていると考えるのが、文化主義の視点である。

シンガポールの場合は、いずれの視点がもっとも重要であろうか。シンガポールにおける公的な歴史認識が、過去に起こったことを忠実に示しているのであれば、歴史決定主義が有効であると考えられる。二つ目の、政府の役割を重視する視点はどうであろうか。一党優位の権威主義国家として知られるシンガポールにおいて、政府が「日本占領期」の記憶形成に大きな役割を果たしていると考えるのは当然ではないだろうか。しかし、それは、政府から社会へ記憶を伝達するという、一方通行の作業であるのだろうか。それとも、三つ目の視点が示すように、市民社会において語り継がれる集団的な歴史の記憶が、政府から発せられる公的な記憶に影響しているのだろうか。以下では、それらを検証するために、1950年代からのシンガポールにおける「日本占領期」の記憶形成の歴史を追うことにする。

2 日本による経済進出と歴史の忘却（1950-70年代）

本節では、シンガポールの創生期ともいえる1950-70年代に焦点を当てる。この時期は、日本の戦後賠償について議論が沸騰したにもかかわらず、シンガポール政府は歴史教育を重視せず、「日本占領期」の記憶形成においては控えめな態度をとっていたことで知られている。その理由を明らかにするために、まずはシンガポール国家の成立について概観し、当初の政府の関心がどこに集中していたのかについて考察する。その上で、1960 年代において日本政府の戦後賠償に関する「血債問題」を、政府がどのように解決したのかを見ることで、なぜこの時期のシンガポール政府が「日本占領期」の記憶形成に消極的であったのかについて明らかにする。

2・1　シンガポールにおける「生き残りのイデオロギー」

英語教育を受けた華人エリートがシンガポール政権を担ってきた理由は、この島を植民地として長く統治してきたイギリスにある。シンガポールは、英語系華人エリートのほかに、華語教育を受けた華語系華人、マレー人、インド人など様々な移民から成り立っていたが、なかでもイギリス統治下において施政者に最も近い存在は、英語系華人エリートであった。第二次世界大戦後、イギリス統治が復活する中で、英語系華人が進歩的エリートとして、政治に携わるようになった。1959 年に行われた総選挙で第一党になり、自治権を獲得した人民行動党（People's Action Party）は、華語系華人と英語系華人の連帯によって成立した政党である。1965 年のシンガポール独立に至るまでの期間において、華語系華人の急進派が離党することで、英語系華人が党内における主導権を確保したが、急進派がバリサン・ソシリアス（社会主義戦線）を設立した結果、人民行動党は過半数を一議席上回るのみの苦境に追いやられ、次の選挙まで非常に厳しい政権運営を強いられた。

この国内の政治権力闘争の関係を背景に、人民行動党は「生き残りのイデオロギー」を発展させた。このイデオロギーによれば、イギリスのケンブリッジ大学で教育を受けたリー・クアンユーなどはメリトクラシー（能力主義）の世界を生き抜いてきた優秀な人材であり、そうした人々から成り立つ人民行動党のみがシンガポールに安定と繁栄をもたらすことが可能である。国内面積が狭く人口も少数であったシンガポールにおいて、リー・クアンユーなどの英語系エリートは、マレーシア連邦と共同で経済発展政策を行うことを画策した。また、当時、華人の間で広がりつつあった共産党勢力を駆逐するためには、マレーシア連邦の枠組みで行った方が効果的であるという判断もあったと考えられる。しかし、そうした考え方は、党の一部の急進派には受け入れられず、その結果、1961 年に急進派は人民行動党から離党して新たな政党を設立し、1960

年代前半には人民行動党を脅かす存在となったのである。そこで、人民行動党の英語系華人エリートは、学歴の低く、英語を話さないバリサン党指導者とは異なる自らの存在意義を強調したと言える。

この「生き残りのイデオロギー」の形成、発展には、国際的な状況も大きく関係している。東西冷戦が続く中、インドシナ半島ではベトナム戦争が始まろうとしていた。東南アジアでは、植民地支配を脱して独立新興国が次々に生まれたものの、国内的には政情が不安定なところが多く、経済的にも発展途上の段階にあった。シンガポールに隣接するインドネシアでは、「大インドネシア主義」を掲げるスカルノ首相がマレーシア連邦の結成にも反対しており、リー・クアンユーをイギリス新植民地主義の手先として見る向きもあった。こうした情勢下で、1965年にマレーシアからの分離独立を余儀なくされると、人民行動党は新たに共和国を設立した上で、マレー人優遇政策をとるマレーシアとは一線を画しながらバリサン党を駆逐し、メリトクラシーを標榜する多民族独立国家として国民をまとめ上げる努力を行う。しかし、シンガポールは多民族国家であるゆえ、政情が不安定な状況下で歴史を振り返ることは国家分裂の危機を招く可能性もある。そのため、まずは政情を安定させ、経済的に自立することを、シンガポール政府は国是とした。

2・2　血債問題の経済的解決

1959年に首相の座についたリー・クアンユーは、既に英国統治終了後の将来を見据え、外国資本の誘致に力を入れようとしていた。1965年にマレーシアからのシンガポール分離独立を余儀なくされても彼はこの方針を維持し、日本との経済協力を推進しようとする。当時、高度経済成長期を迎えて「先進国」となった日本では、輸出振興策に基づいて海外の市場開拓、資源供給を必要としていた。特に、日本の製造業者は、シンガポールとマレーシアを含むマラヤ経済圏の将来性に大きな関心を示していたのであり、シンガポール政府による資本誘致の申し出は、日本政府や日系企業にとって渡りに船だったと言える。1961年、シンガポール西部のジュロン地区を船舶業の拠点として開拓するために日本のエンジニアたちが招聘されたのは、この時期にシンガポール政府が日本との経済協力を推進したことを示す一例である★2。また、1963年には、シンガポール政府と石川島播磨重工業との合弁会社が設立され、さらには、同年、汎マラヤゴム工業とブリヂストン・タイヤのジョイント・ベンチャーが発足し、シンガポールにおける自動車タイヤ製造が可能となった。この工場用地はシンガポール政府が提供している。いわばシンガポールは、経済的に「生き残る」ために日本と協力する選択をしたのである。

しかし、ちょうどこの時期に、「血債問題」が起こる。血債とは、残虐行為を行った者は代償を払わねばならないという、日本に向けてのスローガンである。1962 年、シンガポール東部のチャンギ地区において百体に及ぶ華僑虐殺犠牲者たちの遺骨が掘り起こされる中で、シンガポールの中華系住民は、日本軍による残虐行為を鮮明に思い起こさせられた。さらに問題になったのは、シンガポール中華系商工会議所が日本政府に対して戦後賠償を要求したところ、日本政府は賠償について英国政府と既に決着済みであるとして却下したことである。中華系シンガポール住民は、日本政府の態度に腹を立て、日本製品のボイコット運動を計画し、1963 年 8 月 25 日、約 12 万人による大規模なデモ行動が、シティホール前で行われた。その結果、この件に関して腰の重かったリー・クアンユーと人民行動党は、最終的に日本政府と交渉する意向を示した。日本との友好関係を保つことで、シンガポールの経済発展に必要な外国資本と産業振興のための高度な技術を獲得しようと期待していたリー・クアンユーにしてみれば、日本との関係悪化は避けたいところであった。しかし、当時の野党が、人民行動党の日本に対する態度は弱腰であると批判し、政権奪取を画策したため、リーはこの問題を無視できなくなったのである。

リーが日本との交渉を約束したことで、ボイコット運動は停止した。また、1963 年にはシンガポールがマレーシア連邦に編入されたが、マレーシア与党の統一マレー国民組織と人民行動党の関係悪化による政情不安やそれに伴うマレーシア連邦からのシンガポール離脱により、賠償請求の市民運動を行うどころではなくなった。最終的に、リーの日本政府への働きかけもあって、1967 年に日本政府はシンガポールに対して 2500 万ドル（29 億 4000 万円）の経済援助を約束し、さらにその後、円借款の取決めがされた。これらは、華僑虐殺の犠牲者遺族らに対する個人賠償ではない。経済援助金のほとんどは、造船所の建設などの船舶業の発展のために使用されており、現在のジュロン港はその結果と言える。しかしながら、シンガポール中華系商工会議所も、日本による経済支援に理解を示し、血債問題は収束した。

経済援助が戦争賠償の代替の役割を果たすというのは、何もシンガポールに限ったことではない。韓国や東南アジアの他の新興独立国に対しても、国交を開くために日本は同様の措置をとった。ただ、韓国が日本政府との合意内容を国民に周知することなく援助金を受け取ったのに対し、シンガポール政府は犠牲者追悼を求める人々の意図を汲む形で援助を受け入れ、問題を処理した点に大きな違いがある。

血債問題が収束した1967年には、「日本占領時期死難人民紀念碑」（別名、「血債の塔」）がシティホールの近くに建てられた。この記念碑を形作る四つの支柱、いわゆる「4本の割り箸」は、華人、マレー人、インド人、ユーラシア人その他の「共通の苦難」を象徴している。記念碑のデザインに関しては華人グループから中華的なものが提案されていたが、リー・クアンユーはその申し出を却下し、その代わりに、民族色の薄いポストモダンなデザインを採用した。その理由は、この記念碑の式典におけるリーのスピーチによく表れている。

> この記念碑は、若く、まだ成立していない移民コミュニティが国民として立ち上がるために必要な（シンガポールの）経験を記憶し、恐怖を潜り抜けた人々を追悼するものである。我々は共に苦しんだ。この経験は我々が運命を共有していることを示すものである。この共通の経験を通して、一つのコミュニティに我々が生き、そのコミュニティーを担っているということが確認できるのである★3。（リー・クアンユー、1967年2月15日）

上記のスピーチにおいて、シンガポールにおける戦争体験は、国民共通の歴史体験として提示されている、すなわち、シンガポールという国が存在しなかった時代の人々の歴史が、シンガポール国家の歴史として編入されているのである。そして、この歴史は、中華系、マレー系、インド系すべてのシンガポール国民が共有すべきものとして示される。「華僑虐殺」を考えれば、日本軍政下での最大の犠牲者は中華系住民であったと言えようが、中華的デザインの記念碑にしてしまっては、ほかの民族を排除することになってしまう。そのため、リー・クアンユーは華人グループからの提案を却下したのである。このシンガポール国民の物語が大量生産されるのが1980年代以降であるが、建国時から既にこの路線が確立されていた。

2・3　まとめ

1960年代から70年代にかけてのシンガポール政府の関心は、経済的な自立であり、マレーシアから分離独立を余儀なくされることでより重視されるようになったのは、シンガポールという国が国として存続することであった。リー・クアンユー首相が、新たなパートナーとしての日本との関係を重視した理由も、そこにある。この時期、血債問題という形で歴史問題が表面化したにせよ、経済支援の受け入れという形でシンガポール政府は日本と国内世論の間で折り合いをつけることに成功した。「日本占領期」の歴史について語られることがほとんどなかったのも、政府の無関心によるところが原因であり、その意味で機構主義の視点が有効である。もちろん、血債問題という形で日本政府との交渉を求めた商工会議所の役割などを考えると、文化主義的な見方も必要であろう。ただ、最終的に日本からの経済支援受け入れという形で政府がこの問題を解決し、それ以上の紛糾がなかったことを見れば、実利主義に基づいた政府の役割が大きかったことは否めない。

3 「日本占領期」という記憶の再生産（1980-90年代）

1980年代以降のシンガポールでは、歴史に関する知識・情報が、博物館、教育、メディアなどを通じて、社会に流通するようになった。1984年になると、シンガポールで初めて歴史教科書が作られ、シンガポールの生徒たちは帝国日本のアジアにおける勢力圏拡大や「日本占領期」について学ぶことになる。1990年代には50周年記念行事が開かれ、戦争に関するテレビドラマ、博物館が急増した。これらすべてに、政府機関が関与している。近年はソーシャル・メディアの出現により、公式な場で語られないシンガポールの歴史認識も出てくるようになったものの、大多数の国民は政府やその関連機関によって提供される歴史の物語を共有している。

なぜ1980年代からか。考えられる理由は主に二つある。第一にあげられるのは、国家の発展である。それまでは、経済発展を目標に掲げる他の新興国と同様に、科学・数学などの実利的科目と比べ、人文系に属する教育はあまり重視されてこなかった。シンガポールの建国以来、徴兵制、公共住宅の建設、学校における国旗掲揚、国歌斉唱などの方法でシンガポール・アイデンティティーを涵養してきたものの、シンガポールの歴史を教えることは民族間の団結と国民のプライドを高めることに繋がらないと判断されていた。しかし、国が発展するに伴って、人文、ことさら自国のアイデンティティに関する歴史教育の充実が図られるようになった。

第二は、人民行動党の幹部たちがシンガポール若者世代の歴史認識を疑い始めたことにある。1981年、アンソン選挙区の補選で人民行動党候補が予想に反して敗退したことをきっかけに、シンガポール発展に党やリー・クアンユーが貢献したことを若い世代が理解していないことを、人民行動党は危惧するようになった★4。そこで、新しい世代のシンガポールへの愛国心や忠誠心を育てるために、歴史教育を行おうと考えたのである。

そのほかに考えられる理由として、1980年代に日本の歴史教科書の内容が文部省の教科書検定によって書きかえられたことに関する報道（誤報）や、中曽根康弘首相をはじめとする日本閣僚による靖国神社参拝によって、シンガポールが日本の歴史認識について疑いを持ち始めたこと、また、第一期の経済成長を遂げたシンガポールにとって日本の相対的重要性が低下したため、過度に日本を保護する必要もなくなった、という点があげられる★5。

3・1　国民の歴史として学ぶ「日本占領期」

シンガポールにおける「日本占領期」は、通常、シンガポールに住む移民たちがシンガポール国民として一体化するための歴史として描かれる。日本軍政下で華人コミュニティが弾圧され、そのほかの民族もインフレや物資の不足によって生活が困窮したことが、様々な形でシンガポールの次世代に伝えられた。こうした人々の体験は、先に見た1967年のリー・クアンユーによる「我々の歴史」を謳う宣言と同様に、シンガポールが「日本占領期」において共通の苦難にさらされたとする認識と呼応するものである。

日本のシンガポール占領を取り扱うテレビドラマ、戦争博物館、そして歴史教科書では、日本軍の残虐性を示す記述や画像が使用されている。こうした占領期の表象において、当時はまだ存在しない「シンガポール人」は、日本人という他者による残虐的行為に耐え、抵抗したシンガポールの英雄として描かれる。シンガポールのテレビドラマで度々取り上げられるリン・ボーセン、エリザベス・チョイは、その典型的な例と言えよう。彼らが生きていた時代にはシンガポールという国自体が存在しなかったため、彼らの中にはシンガポール人としてのアイデンティティはなく、活躍の場はシンガポールだけではなかったが、それが問われることはない。救国抗日運動にかかわった連隊（ダルフォース：シンガポール華僑義勇軍、および、マレー連隊、マラヤ人民抗日軍など）も同様に、シンガポール独立に貢献したものとして取り上げられる。特にマレー連隊は、マレー人も日本に抵抗したと言う意味で重要なモチーフになっており、ブキ・チャンドゥ回想館が中心に取り上げている。この回想館におけるマレー連隊の銅像前に添えられた説明書には、「人民としての我々の強みは、過去に関する我々の共通の記憶と、将来に向けての共通の希望である」とある。

また、インド独立運動は、英国統治に抵抗し、マラヤ、シンガポールの独立に貢献したものとして描かれている。

国民の歴史として「日本占領期」を学ぶことで忘却されるのは、この歴史に収まらない日本占領体験に関する人々の様々な記憶である。人々の記憶は、シンガポール国民の歴史に符合するエピソードとして選択的に取り上げられるため、それぞれの民族の歴史は置き去りにされている。たとえば、「日本占領期」におけるインド系、マレー系住民の経験は、本来、シンガポールの外側で起こった救国運動との関連で理解する必要があろうが、シンガポールの公的記憶の中にはその部分についての記述はほとんどない。また、日本占領が始まったとき、英国支配からの離脱とインド独立を掲げたチャンドラ・ボーズ率いるインド独立党に賛同する者が多く、シンガポールで英国軍を降伏に至らしめた日本軍に協力を申し出た。しかし、そうした協力者の存在については大きく取り上げられることはない。中華系住民の場合は、中国本土の国民党、共産党による抗日戦争との関連性が強いはずだが、それに関しては部分的な記述しかない。特に、共産党との関連性に至ってほとんど教科書などに記述がないのは、1960 年代に人民行動党が反対勢力を共産党と位置づけて駆逐しようとした歴史が関連していると言える。

シンガポールにおける「上からの」歴史認識は、1990 年代に確実に強化されていった。1979 年からシンガポールの日本占領体験の証言を集める作業を始めたオーラル・ヒストリー・センターでは、その後、シンガポール国立公文書館に編入された後、1 万 8000 時間におよぶ 3300 もの証言（現在では 4000 とされている）を取ることに成功した。しかし、インタビューにおける質問自体がシンガポール政府の期待する回答を導くように作られたため、この「下からの証言」は必ずしも下からのものでなく、むしろ、ノスタルジーを喚起させながら「上からの」歴史認識を強化する役割を果たしていると指摘されている[★6]。つまり、市民社会の声を選択的に取り入れることで国家共有の歴史を強固なものにするのが真の意図であり、「下からの証言」を忠実に人々に伝達するのは二次的な目的なのである。

シンガポール国民共通の記憶が形成される中で、人民行動党の「生き残りのイデオロギー」も強化される。たとえば、社会科の教科書では、英国という外部の統治者がシンガポール防衛のために力を尽くさなかったため、1942 年にあっけなく日本に陥落したと教えられる。また、戦争犠牲者追悼式典は、日本軍によるシンガポール占領が終了した 8 月 15 日ではなく、英軍が降伏した 2

月15日に設定された。この日に起こったシンガポール陥落の歴史を強調することで、シンガポールは「トータル・ディフェンス」の必要性を再確認し、徴兵制を肯定する。「日本占領期」の記憶は、シンガポール政府の政治的、社会的基盤を強化し、その政策を正当化することにも役立てられている。

3・2　侵略者、そして近代国家としての日本

虐殺や差別的行為に耐えた「シンガポール人」を作り出すために不可欠な存在は、日本軍である。リー・クアンユーが明言しているように、シンガポールが描くアジアにおける日本軍の行動は、明らかに侵略であった★7。この認識は、メディア、教科書などを通じてシンガポール国民に浸透していったと言える。1984年に出版された歴史教科書には、日本軍の残虐性を示すもの――たとえば、中国人漁師が日本人に耳を切られるエピソードなど――が含まれている。現代の教科書では、それほど生々しい記述はないにせよ、風刺画などを用いて、1930年代から40年代にかけての日本軍が、いかにおごり高ぶり、アジアの民族を虐げ、国際連盟を脱退して独自路線をたどったのかを、学生たちに議論させる内容を含んでいる。また、博物館においては、日本兵が刀によって跪いた中国人を処刑する様子を示す写真や絵画が、いくつか展示されている。蝋人形などを用いて日本軍の虐殺行為を伝える中国の戦争博物館のように酸鼻を極めるものはないが、それでも日本軍が残虐であったことを示す十分な展示内容である。

同じことはテレビドラマにも言える。シンガポールでは1997年ごろから「日本占領期」を扱うテレビドラマが華語で次々と作成され、その一部は英語化された。先に述べたように、これらのテレビドラマの主目的はシンガポールの英雄が存在したことを示すことであり、日本を糾弾することに重きを置いているわけではない。しかし、この中には、日本軍の残虐性を示す場面があり、「日本占領期」が抑圧の時代であったことを視聴者に印象づける。『平和の代償』（*Price Of Peace*）というテレビドラマのオープニング・シーンでは、南京で日本軍による虐殺があったことを明確に示す内容になっている。

日本軍の残虐性を若い世代に身をもって感じさせるものとしては、体験企画がある。1997年に、シンガポールが陥落した2月15日が「トータル・ディフェンス」の日に設定されると、政府からの公的な指示がないにもかかわらず、この日に、他国の軍によるシンガポール占領の恐怖を実体験させようとする企画が各地でこぞって行われた。学校では、シンガポールの住民が日本軍に捕ま

った時の状況を再現する企画が、競うようにして実施された。2001年には、シロソ砦でも、シンガポールが日本軍に支配されたという設定に基づいて、日本軍によって抑留されることへの恐怖を、参加者は体験した。その内容は、アメリカの原爆が広島・長崎に投下されたために、シンガポールが日本軍から解放されるという理解を育てるものでもある。ただ、こうした企画は、過度に参加者の恐怖心をあおるものとして批判を呼んだため、現在では行われなくなったが、これに参加したシンガポール国民が「我々」の地を侵略した者として日本を理解することは、当然の結果であると言える。

興味深いのは、日本の侵略を許したイギリスについては、ほとんど同情の余地なく描かれる点である。日本が強靭で献身的であるのに対し、イギリスは受動的で軟弱な存在として認識されているのである。そこには、日本軍の残虐行為に対しては批判的でありながら、日本が強靭で献身的な国であることに対するある種の畏敬の念が存在する。このことは、1980年代のシンガポールが、国家のさらなる発展を模索している段階にあり、アジアで最も発展した国として日本を認識していたことに関係している。たとえば、1984年に出版された歴史教科書では、明治維新以降の日本の近代化についての記述があり、全体的な歴史の流れの中で日本の帝国主義が理解できるように構成されている。つまり、帝国であると同時に、近代国家でもある日本の発展について、学べる構成になっているのである。折しも1980年代は、「日本に学べ」運動がシンガポール政府によって推奨された時期である。付加価値産業や高度人材の育成を目指した当時のシンガポールでは、目覚ましい経済発展を遂げる日本の企業経営が参考にされた。同時に、個人よりも団体の価値を重んじる日本の労使一体経営のあり方や交番システムなどが、シンガポールにおいて統治を行うエリート層の関心を引いた。第二次世界大戦の日本軍について鋭い批判を行ったリー・クアンユーも、戦後の日本から積極的に学ぶ必要性を説き、これに基づいて、1990年代初期には「アジア的価値」論を発展させるに至った。

さらに、国民レベルでは、日本の多様なイメージも浸透するようになった。戦後日本の発展に注目するシンガポールでは、日本のドラマ、アニメ、音楽などの文化コンテンツも多く輸入されるようになった。そのため、シンガポールの若者世代は、歴史教科書やローカルなテレビドラマなどを通じてシンガポールの「日本占領期」について知る一方、日本のドラマやアニメなどの娯楽を通して、日本人社会や日本人の姿を学ぶことになる。こうした社会・文化的状況の中で、日本を敵国として見る視点のみを養うことはなく、かつての日本軍の行動は、シンガポール人の記憶の中で相対化されて捉えられるようになった。

それでも1990年代においては、シンガポールでは戦後日本の歴史認識を問うことが多くなる。たとえば、「村山談話」★8についてのシンガポールの閣僚の反応もその一つである。村山富市首相は、外務省の助言を受けないで「血債の塔」に初めて献花した日本の首相としてシンガポールでは名高いが、彼の行動によって日本への評価がすっかり変わったわけではない。たとえばジョージ・ヨー閣僚は、「村山談話」は歓迎されるべきだが、日本政府や日本国民全体からの公式謝罪ではないことは遺憾であるとの声明を発表した。また、1995年にシンガポールの新聞、『ザ・ストレーツ・タイムス』に掲載されたシンガポールにおける対日認識に関する調査（表1）によると、その多くが日本が正式な謝罪をすべきだと答え、日本人は過去の過ちを思い出したがらないとした。この認識に基づいてであろうか、日本人は可能な限り不都合な真実を隠そうとする項目において、回答者の81.7%が、正しいとしている。これに対して、日本人は思慮深く思いやりがあり、信用できる、で、正しいと答えたのは20～30%である。そして、おそらくは戦後の日本の経済発展を念頭に置いて、日本人は精密、正確さを大事にしているということに賛同する意見が多い。質問自体、日本人のステレオタイプによって回答者を誘導しているとも見えるが、ここからわかるのは、シンガポール人は高度に経済発展した日本を買い被って

表1　若いシンガポール人の日本認識について

第二次世界大戦について

	はい	いいえ
日本はその理由如何にかかわらず、侵略行為について謝罪すべきだ	78.3	21.7
日本による占領を我々は忘れるべきではない	80.7	19.3
我々は注意深くしなければ、歴史は繰り返される	80.7	19.3
日本人は過去の過ちを思い出したがらない	78.3	21.6

日本人とは、

	正しい	正しくない	わからない
思慮深く、思いやりがある	31.7	37.3	30.0
信用できる	20.3	40.0	37.3
精密さ、正確さを強調する	88.0	4.0	7.7
自分勝手で自惚れている	29.7	30.7	38.7
お金や経済的な観点を重視する	68.7	14.0	16.7
可能な限り不都合な真実を隠そうとする	81.7	6.3	11.3

出所：*The Straits Times*, 1995年8月17日

もいなければ、否定してもおらず、ただ、日本の負の歴史について教育がなされていないとの認識が強いことである。

こうした結果を反映するかのように、1998年に出版された リー・クアンユーの自伝にある日本の占領期についての一章には、こうした負の歴史を顧みない自民党に対する批判も含まれている。

> 歴代の自民党政権政府は、そして主要政党の主だった指導者、学会、そして大半のメディアは、この悪魔の行い（日本兵による虐殺、拷問）については語ろうとしない。ドイツと違い、彼らは世代が過ぎていくことでこのような行いが忘れられ、彼らの行動の記述が埃をかぶった歴史の中に埋もれ去られてしまうことを願っている★9。

3・3　まとめ

1980年代から90年代にかけて、シンガポール政府は様々な媒体を通じて、「日本占領期」の記憶を作り出した。機構主義が示すように、この時期の記憶形成は政府の力によるところが大きいと言える。ナショナル・アイデンティティの涵養のために、シンガポールでばらばらだった住民の歴史は「共通の苦難」として語られ、日本はシンガポールを侵略する他者として描かれた。ただ、シンガポール政府は個人によって語られる歴史認識をまったく無視したわけではなく、むしろそれを取り入れる形で公的記憶を形成する努力をした。その意味で、記憶形成の双方向的ダイナミズムがある程度、存在することを示している。また、アジアの国でありながらいち早く経済大国となった日本は、シンガポールにとっては参考になるケースでもあったため、残虐な日本軍とは異なるさまざまな日本のイメージが、国民の間に浸透していったことも事実である。シンガポールが日本占領に関する内容を国民の歴史の中にしっかり刻みながらも、総じて親日的になったのは、日本を一面的に語らないことによるものだと考えられる。

4　21世紀アジア太平洋における歴史問題とシンガポール

21世紀に入り、リー・クアンユーの息子であるリー・シェンロンが首相になると、日本の戦争・占領に関して日本を直接断罪するような表現は、明らかに減少した。多くの場面でシンガポール政府は日本との「前向きな」関係を強調するようになり、「日本占領期」の記憶が日本との関係において直接問題にされることはほとんどなくなった。歴史教科書においても、日本軍によるシンガポール占領に関する記述が減少している。しかし、中国、韓国と日本の間で歴史問題が取り上げられると、シンガポール政府もそれについて言及するようになるが、その論調は1990年代のそれと異なっている。シンガポールの真意はどこにあるのだろうか。

4・1　歴史問題の外交問題化

日本とシンガポールの関係は、経済、政治、文化交流など全ての面において、極めて良好であると言える。リー・シェンロン首相は、大体1年に1回の割合で日本を訪れて、シンガポールと日本における歴史問題は既に終わっていること、将来に向けた前向きな関係構築を望んでいることを伝えている。過去ではなく日本との前向きな外交関係を強調する態度は、現在の中国、韓国のものとは対照的である。

もっとも、シンガポール政府は、日本に対してのみ、良好な関係を築くよう努力しているのではない。他国からの輸入品と資本に大きく依存し、グローバルな都市国家を目指すシンガポールは、常に、多様な移民、移住者、観光客（日本人を含む）に受け入れられるよう心がけている。シンガポールにとって日本の経済的重要性は相対的に低下したが、2002年、日本にとって初めての自由貿易協定をシンガポールと結び、それ以降、貿易や経済協力関係も一段と深化した。シンガポールには1000にも及ぶ日本企業がビジネスを営み、在シンガポール日本人の数は3万人近くいると言われている。また、シンガポールの若者世代の間に日本の戦争責任を問う声はなく、政府に対して日本を批判するよう働きかけることもない。こうした状況下で、日本の残虐性のみを強調する歴史認識は影を潜めていると言える。

しかし、2013年12月に安倍晋三首相が靖国神社への参拝を行うと、シンガポール外務省がすぐさま遺憾の意を表明した★10。また、2014年2月7日のリー・シェンロン首相も、控えめではあるが、シンガポールが日本の首相・閣僚が靖国神社を訪れるのを歓迎しているわけではないことを伝えた★11。ここで興味深いのは、日本の歴史認識のあり方に対してというよりは、日本の首相の靖国参拝が東アジアの秩序を揺るがすことに対して、シンガポール外務省が懸念を表明していることである。

シンガポールは、日本と同様に、米国なしでアジア太平洋の安定は考えられないという立場をとっている。しかし、近年、中国は日本を抜いてトップのシンガポールの貿易パートナー国になったことを考えれば、中国との関係を重視せざるを得ない状況にあることが分かるであろう。また、ASEAN（東南アジア諸国連合）の中心的役割を担う国の一つとして、シンガポールは東南アジアでの影響力を高めている中国に関しても注意を払わざるを得ない。特に、東南アジアでは近年、中国の台頭に伴う南シナ海の国境紛争が地域の秩序安定を揺るがすことに対して大きな懸念が広がっているが、そんな中で同じく中国との国境問題を抱える日本の行動を注視するのは、当然と言っていいだろう。2013年、日本は、ベトナム、フィリピンの海洋の監視機能を強化するために巡視船を供与することを約束した。このことは中国の軍事的行動への抑制を促すものとして歓迎される一方、シンガポールとしては、そうした行動によって中国をむやみに刺激してほしくないというのが本音である。東南アジアのほかの国々と同様に、シンガポールにとっては、中国か日本（あるいはアメリカ）かといった二者選択を迫られることほど困った問題はない。そのため、中国を刺激するような言動を慎むよう日本に促しているのである。

日本から見れば、シンガポールもまた、靖国神社をめぐる日本の内側の論理を理解していないと考えられるかもしれない。しかし、シンガポールから見れば、歴史問題のために外交的利益を失っている日本は非論理的で理解し難い。日本は高度に発展した国であり、日本人は礼儀正しく、テクノロジーの最先端を行っているというシンガポールの一般認識は、1990年代とそれほど変わっていない。しかし、他国の批判を無視して首相が靖国参拝を行うことに関しては、そのような発展した国のイメージと合致しないのである。シンガポールは、東南アジアの小国として、どのような国とも良好な外交関係を結ぶことを心がけてきた。1960年代の血債問題の解決にも見られるように、「生き残り」のためには外交的妥協が求められるのは当然とされてきた感がある。シンガポールが日本の立場に立てば、中国の台頭を考慮した上で歴史問題を取り扱う必要性を認識するだろう。それができないのは、こうした態度によって地域の安定性が失われることの危険性を認識していないから、あるいは、それによって失われる利益はそれほど大きくないと考えているから、と読むことができる。そうであるなら、シンガポール人が日本から大国としてのおごりを読み取ることも、不思議ではない。

4・2 まとめ

21世紀のシンガポール政府は、日本との前向きな関係発展を強調している。グローバルな都市国家としてのシンガポールの建設を目指す政府は、親日的な態度で日本と接することを心がけ、日本軍の残虐性をことさら批判することはない。地政学的な観点から日本の言動を批判することはあっても、同時に、中国と肩を並べて日本を糾弾することは慎重に避けているように見える。英語媒体を見る限り、シンガポールの市民社会においても日本政府の歴史認識を断罪する動きはなく、日本のイメージは礼儀正しい経済パートナー、ユニークな文化国として固定されている。抗議活動をシンガポールで組織するのはそれなりの覚悟が必要であるとは言え、日本の首相による靖国参拝に対して抗議活動を行おうとする若者がそもそも皆無に等しいのは、1980年代、90年代の歴史教育によって「日本占領期」の知識を受け継ぎながらも、その記憶はシンガポールにおける「共通の苦難」の歴史の中で語られるものに過ぎないからであろう。政府、国民双方にとって最大の懸念は、日本の言動によって中国を刺激し、それで東アジアの安定が脅かされることのようである。

5 三つの視点から見た シンガポールにおける「日本占領期」の歴史認識

ここで、冒頭に取り上げた公的な歴史認識形成を読み解くための三つの視点から、シンガポールの記憶形成について改めて議論したい。

第一の歴史決定主義によれば、公的な歴史認識は過去の出来事によって形成されると考えられる。1980年代以降に大量生産されたシンガポールにおける「日本占領期」は、「華僑虐殺」を筆頭にして、日本軍政下で様々な移民コミュニティが経験した苦難の歴史として描かれてきた。その内容は、過去に実際起こった出来事をある程度、忠実に再現しているものの、内容にはばらつきがあり、国民国家の歴史に当てはまらないものは重視されていない点に特徴がある。その意味で、歴史決定主義のみでシンガポールの「日本占領期」の歴史認識について理解することは難しい。また、中国や韓国との歴史と比べた場合、シンガポールにおける虐殺規模は中国に比べて小規模で、「日韓併合」という形で、日本による統治を長期間において経験した朝鮮半島に比べれば、シンガポールは3年半と比較的短期間であった。歴史決定主義を採用して、相対的な観点からシンガポールを見れば、現在のシンガポールが中国や韓国に比べて日本に対してそれほど批判的でないのも、歴史決定主義の観点から説明しやすいように見える。しかし、シンガポールでの犠牲者の数が中国より少ないのは、もともと人口が少ないからであって、1960年代に「血債問題」が起こったことを考えれば、日本占領が華人社会に与えたインパクトの大きさは中国の場合とそれほど変わらないと考えられる。そのため、シンガポールの華人社会が「血債問題」の解決以降、日本がシンガポールを占領したことや、その歴史が日本で語り継がれていない事実に対して批判しないのはなぜかという問いに対して、根本的な回答を与えるのは困難なように思われる。

これに対して、政治アクターの役割を重視する第二の機構主義的視点は、記憶の形成過程にシンガポール政府が深く関与していることを考えれば、有効な視点であることは間違いない。権威主義国家の政府が公的な記憶形成に深く関与するのは珍しいことではない。政府はその威信を保つために、歴史上の出来事を自らの存在意義と結びつけて描くものである。特にシンガポールでは、1980年代になって、歴史認識の養成がシンガポール・アイデンティティの涵養にも役立つとの認識が人民行動党の中に生まれたため、シンガポール政府の関連機関が学校教育、戦争博物館、式典などを通して、「日本占領期」に関する知識や情報を国民に提供するようになった。このことは、シンガポール国家そのものの歴史や「生き残りのイデオロギー」と深くかかわっている。

しかし、シンガポールの場合、第三の文化主義的視点の有効性も否定できない。なぜなら、シンガポールの歴史認識の形成には、市民社会もある程度関与しているからである。それは、シンガポールがまったくの独裁国家ではなく、むしろ、形式的ではあるが選挙制を取り入れ、市民社会の意見を考慮するという姿勢を保ちながら統治を行う、いわば、「緩い」権威主義的国家だからである。政府機関は、国民の大多数が共有している感情をベースに慎重に公的な記憶を形成する。1980年代に、日本の歴史教科書や靖国参拝が国際問題化した際に、中華系住民がいち早く声を上げたことがきっかけで、シンガポールでも「日本占領期」が語られるようになったことは、その一例である。近年では、ソーシャル・メディアの出現により、日本占領に関するさまざまな記憶も出現するようになる一方、戦争を知らない第三世代、第四世代が公的な歴史認識を消費し、政府の語る歴史とほぼ同様の画一的な歴史認識を持ち、それが政府の歴史認識を強化する役割を果たす。したがって、シンガポールにおける「日本占領期」の記憶を全体として見た場合、公的・私的な記憶形成の相互作用によって現在ある記憶が維持されていくと推測できる。

だが、21 世紀におけるシンガポール政府による日本占領やそれに関連する歴史問題への対応には、歴史よりも現代の地政学的観点を重視する、極めてプラグマティックで現実的な態度がうかがえる。日本占領の歴史を国民国家の歴史として構築する作業が一段落したシンガポールにおいて、政府が外交利益のために「日本占領期」の記憶を過去のものとして封印する時代に入っているのかもしれない。これまで、歴史の記憶は、国民国家のものとして形成され、国家の役割を強調されるために利用されてきた。しかし、日本の歴史認識が中国などによって外交問題化されるアジアにおいて、小国であるシンガポールもこの問題に対して慎重にならざるを得ない。たとえば、現在のシンガポール首相が、1990 年代のリー・クアンユーのような発言をすれば、中国や韓国による日本たたきに賛同しているような印象を日本に与えることになるだろう。しかし、靖国問題を問題として受けとめない日本に対して沈黙すれば、中国に対抗する国として理解されるかもしれない。このためシンガポールは、日本と中国の間で中立性を保ち、無用な対立を避けようと腐心していると考えられる。

おわりに

シンガポールにおける人々の「日本占領期」の記憶は、国民国家形成の過程で選択的に国民の歴史の中に組み込まれていった。1980 年代以降、歴史教育、追悼式典などを通じて、シンガポール国民は日本軍に占領された歴史を国民共有の歴史として学ぶ機会を多く持った。国民国家の歴史に収まらない民族、集団の歴史は、国民統合を重視するシンガポール政府にとっての有用性は低いため、トランスナショナルな歴史の記憶は国民の歴史の陰に隠れるような形で存在している。グローバリゼーションによって人々の移動がさらに頻繁になった 21 世紀のアジアにおいて、トランスナショナルな歴史は、シンガポールと地域とのつながりを強調するためには有用であるとは言える。しかし、全体としてはシンガポールの「日本占領期」の記憶は、いまだ国家的なものであると言えよう。

そんな国家の歴史において日本は侵略戦争を行った他者であることに間違いないが、戦後日本との経済関係の発展により、シンガポールにおける日本イメージは驚くほど改善されたと言える。シンガポールでは、日本軍による残虐行為がしっかりと記憶されているにもかかわらず、近年においては政府、国民共に、この問題を賠償請求や外交問題として日本を糾弾しないのはそのためである。また、シンガポール政府は、中国、韓国とは異なり、歴史問題を外交問題に発展させるような発言は明らかに控えている。それは、日本とシンガポールが共通の歴史認識に到達したからではなく、シンガポール政府が経済協力や全方位外交を重視しているためである。日本とシンガポールが良好な関係を築くことができたのは、シンガポールのプラグマティズムによるところが多く、国民レベルでの和解や相互理解によるものではないことは、注記する必要がある。

現状では、日本とシンガポールが歴史の記憶を共有する道筋はほとんどない。日本においてシンガポールが語られるとき、その多くはマーライオンやマリーナ・ベイ・サンズなどの観光施設に関するものか、東南アジア経済発展のシンボルとしてである。日本の歴史教科書には日本軍による東南アジア占領についての記述があるにせよ、シンガポールにおける華僑虐殺について理解する機会を日本人学生はほとんど持たない。シンガポールを訪れる日本の観光客のほとんどは、日本軍がシンガポールにおいて何をしたのかについて何も知らないまま、シンガポールを訪問し、立ち去ることがほとんどである。現在のシンガポールにおける親日的態度も手伝って、日本人からすれば、日本軍によるシンガポール占領は忘却を許された歴史のように見えるかもしれない。

しかし、他者に記憶することを求められていないからといって、歴史を理解する必要がないとは言えない。経済的利益に基づく協力関係は、もろく、崩れやすい。日本とシンガポールの協力関係を深化させるには、相互理解が必要であり、日本人がシンガポールにおける「日本占領期」について理解した上で、シンガポール人と対話することで、はじめてそれは可能になる。また、本章では取り上げなかったが、近年、シンガポールでは中国大陸からの新移民が増加しており、今後、華語系華人が日本の歴史問題について公に断罪する可能性もあるだろう。そのときになって、はじめて日本が自身の歴史認識について問い直すのであるなら、遅きに失したと言わざるを得ない。現在、一部の市民団体やシンガポールの日本人学校などにおいて、シンガポールにおける「日本占領期」について積極的に学ぼうとする試みがあることは、一縷の希望の光を与えるものであるが、決して十分とは言えない。シンガポールのように、日本がグローバル化を目指すのであれば、他者から見た日本の歴史を学ぶ必要性は、以前にも増して大きくなっている。

追記　この論文をまとめるにあたって、渡辺洋介氏、宮川佳三教授から有益な助言をいただいた。深く感謝したい。

注

★1 「華僑虐殺」については、林博史『華僑虐殺——日本軍支配下のマレー半島』（すずさわ書店、1992年）、林博史『シンガポール華僑粛清——日本軍はシンガポールで何をしたのか』（高文研、2007年）などを参照。

★2 Hiroshi Shimizu and Hirakawa Hitoshi, *Japan and Singapore in the World Economy: Japan's Economic Advance into Singapore 1870-1965* (New York and London: Routledge, 1999), 180-206.

★3 Lee Kuan Yew, "Prime Minister's Speech at the Unveiling Ceremony of Memorial to Civilian Victims of Japanese Occupation on 15th February, 1967," Ministry of Culture, Singapore, 2. Accessed November 23, 2014, http://www.nas.gov.sg/archivesonline/data/pdfdoc/lky19670215.pdf

★4 Goh Chor Boon and Samvanan Gopinathan, "History Education and the Construction of National ldentity in Singapore, 1945-2000" in Edward Vickers and Alisa Jones, eds., *History Education and National Identify in East Asia* (New York and London: Routledge, 2005), 203-225.

★5 Kevin Blackburn and Karl Hack, *War Memory and the Making of Modern Malaysia and Singapore* (Singapore: NUS Press, 2013), 298-301.

★6 Lisa Hong, "Ideology and Oral History Institutions in Southeast Asia" in P. Lim Pui Huen, James H. Morrison, and Kwa Chong Guan, eds., *Oral History in Southeast Asia* (Institute of Southeast Asian Studies, Singapore, 1998), p. 37. Kevin Blackburn, "The 'Democratization' of Memories of Singapore's Past" in *Bijdragen tot de taal-, land- en volkenkunde* [Journal of the Humanities and Social Sciences of Southeast Asia], 169 (2013), 431-456.

★7 Lee Kuan Yew, "Japan's WWII Role in Asia was War of Aggression, Not War of Liberation," *The Straits Times*, January 4, 1995, 24.

★8 「村山談話」とは、日本がほかのアジアの人々の惨禍をもたらしたことを詫びる、村山富市首相の1995年の声明である。以下の箇所がよく知られている。「わが国は、…植民地支配と侵略によって、多くの国々、とりわけアジア諸国の人々に対して多大の損害と苦痛を与えました。私は、…痛切な反省の意を表し、心からのお詫びの気持ちを表明いたします」。

★9 リー・クアンユー『リー・クアンユー回顧録〈上〉——ザ・シンガポールストーリー』小牧利寿訳、日本経済新聞社、2000年。

★10 Ministry of Foreign Affairs, Singapore, "MFA Spokesman's Comments in response to media queries on Japanese Prime Minister Shinzo Abe's visit to the Yasukuni Shrine on 26 December 2013." Accessed November 23, 2014, http://www.mfa.gov.sg/content/mfa/media_centre/press_room/pr/2013/201312/press_20131229.html

★11 Lee Hsien Loong, "Transcript of Prime Minister Lee Hsien Loong's Interview with Caixin, 7 February 2014, at the Istana," Prime Minister's

Office, Singapore. Accessed November 23, 2014, http://www.pmo.gov.sg/content/pmosite/mediacentre/speechesninterviews/primeminister/2014/February/transcript-of-prime-minister-lee-hsien-loong-s-interview-with-ca.html#.VHGsQCSwpjo

参考文献（抜粋）

Berger, Thomas, *War, Guilt, and World Politics after World War II*, Cambridge University Press, 2012.

Blackburn, Kevin, "History from Above: The Use of Oral History in Shaping Collective Memory in Singapore," in Paula Hamilton and Linda Shopes, eds. *Oral History and Public Memories*, Philadelphia: Temple University Press, 2008, 31-46.

Blackburn, Kevin and Karl Hack, *War Memory and the Making of Modern Malaysia and Singapore*, Singapore: NUS Press, 2013.

Brunero, Donna, "Archives and Heritage in Singapore: The Development of 'Reflections at Bukit Chandu', a World War II Interpretive Centre", *International Journal of Heritage Studies*, 12: 5 (2006): 427-439.

Muzaini, Hamzah, "Producing/Consuming Memoryscapes: The Genesis/Politics of Second World War Commemoration in Singapore", *GeoJournal* (2006): 211-222.

Hong, Lisa and Huang Jianli, *Scripting a National History: Singapore and Its Pasts, Singapore*: NUS Press, 2008.

Morris, Paul, et al., *Imagining Japan in Postwar East Asia: Identity Politics, Schooling, and Popular Culture*, London and New York: Routledge, 2013.

ダイアナ・ウォン「戦争の記憶と歴史の物語――シンガポールの創られた過去」『世界』1999年8月号、226-233頁。

田村慶子『シンガポールの国家建設』明石書店、2000年。

リー・クアンユー『リー・クアンユー回顧録〈上〉〈下〉――ザ・シンガポールストーリー』小牧利寿訳、日本経済新聞社、2000年。

第14章

日本によるシンガポール占領の未公認の歴史★1

Ve-Yin Tee

川島正樹 訳

なぜ皆さんは日本軍によるシンガポール占領に関心を持つべきなのでしょうか。それが皆さん自身の歴史であるとしても、とても短期間の、私の国が日本帝国の一部となった1942年2月15日から1945年9月12日までの短い期間のエピソードにすぎないのです。過去というものは非常に広大な領域であるために、小説家のＬ・Ｐ・ハートレーは、過去を扱うのはあたかもまったく別の国のことを考えるようなものである、と示唆しています。つまり「過去は外国である。そこでは別のやり方が行われているである」★2。私たちは世代間のギャップについては語りますが、皆さんと60年から70年も時代の離れた（大半が）男性——その数は（おそらく）6万から7万にのぼりますが——のやったことなんてどうしたっていうのでしょうか。皆さんの国である日本には長い歴史があるのに、どうしてシンガポール占領などという、日本から遠く離れた、日本の0.2パーセントの面積にすぎない小さな国の、短い、不快な期間について、敢えて調べてみようなどと思い立つことなどありうるでしょうか。しかしこれまで世界各地で起こってきた戦争に日本がどれほど深く加担し、それによって日本が今日に至るまで外国からどのような評判を得てきたのか皆さんが知っていれば、過去における戦争の歴史に関心を抱くことでしょう。これからお話しする過去の話題が中国と韓国との関係に影響することが意識されていれば、東アジアにおける日本人の地位をうかがい知るための、現在皆さんが見ているのとは別の見方を提供してくれるかもしれないもう一つの窓として、シンガポールが絡んだ出来事に関心を持つかもしれません。

このエッセーは私が南山大学で2014年10月11日に行った、日本の戦時期に関する共通認識を模索する川島正樹教授のプロジェクトの一環としてなされた講演を基にしています。中野涼子博士のお話と私の上記の開口一番のコメントが示唆しているように、このプロジェクトの成否は地政学的な現実に依存しています。換言すれば、皆さんおよびその他の人々を含めた日本人の側においても、私と我がシンガポールの同胞の側においても、この過去という未発見の国を見つけ出そうという気概がなければなりません。このようにして常に国を超えた関係性の枠組みが形成される限りにおいて、国際関係論分野の学者としての、このプロジェクトにおける中野博士の立場は明確です。彼女と同様に、私も歴史家ではありません。私は文芸批評家です。では、私のような文学の専門家がこのプロジェクトに関わりを持つ理由はどこにあるのでしょうか。

今となってはもうだいぶ前のこと——実際、あれは1970年代末のことでしたから——ですが、文学を専門とする人々で歴史を勉強する人が増え始めました。それはたいていの場合に歴史の記憶のされ方における広範な変化が起こったことに起因しています。とりわけ先進諸国では人々は過去を記憶するための新たな注目すべき方法が選び取られるようになっています。伝統的に過去は記念碑として、そして印刷技術の発明とともに本の形で記憶されています。そのどちらの形式においても、私たちはこのような記憶のされ方がある種の不滅性を付与するのみならず、キリスト教徒や科学者ないしアメリカ人の諸行動に影響を及ぼすことで未来への指針としても作用する、イエス・キリストや、アイザック・ニュートン、あるいはトマス・ジェファソンといった著名な人々の人生や行いに、とりわけ言及するのです。後に18世紀および19世紀になって、傑出したデザインによる人工遺物や建物は、自然の美を伴う場所とともに、重要な「遺産」として認定されました。旧来の記憶のされ方が主要には政治的であったのに対して、新しい形式は基本的に商業的な利益に奉仕しました。つまり産業革命の波を受けて急速に拡大する観光業の利点を活用したのです。しかしながら、第二次世界大戦の終結とともに、大して価値もなく美しくもない、個人的な関係さえないような場所が、ホロコースト博物館やその他の虐殺が起こった場所のように、人々に共通する恥辱や苦痛の概念に基づいて、記念されるべき場所とされたのです。さらに最近では、タイム・カプセルや、映画やテレビのスターたちの蝋人形が展示される博物館で、時代の共通経験の記念物が保存されるようになり、実在しない人物である「サツキとメイの家」——宮崎駿の『となりのトトロ』(1988年)の登場人物の小屋——さえ建設されています。

近代において(人工的に)建設された歴史的村落を覗けば、人が歴史を再現するために(いわゆるコスプレのように)それらしき衣装をまとい、博物館では有名なテレビ番組の登場人物の肘掛椅子が展示されているように、アメリカの歴史的景観の研究者であるJ・B・ジャクソン自身が「歴史的対象物と一般にみなされている物に当惑する」と告白しています。これを個人の人生に関わる歴史、つまり日常生活の歴史、ポスト・モダン、あるいは「偽の」歴史とまで呼ぶなら——呼び方は様々でしょうが、次のような事実が残ります。このような今日的な記念物はそれらを訪れる人々にとってまさに重要である、という事実です。このような文化的な傾向は人々に共通の経験を記憶するように奨励するのみならず、歴史家にも日常生活により密着した歴史的枠組みを設定するようにも促します。つまり、個人的な語りとして私たちが記憶することを選び取るような記憶としての歴史です。記憶はともかく、情念や日常生活は、文学研究者が仕事上の糧として扱う分野であるのはもちろんです。消極的な観点に立てば、歴史がよりいっそう文学に近づいていると言うこともできるでしょう。他方、私もそうですが、この現象を私と同様に積極的な発展と見ることもできますし、文学研究者と歴史家が今やより共通の課題を扱うようになっていると言うこともできます。

1　昭南神社は重要か？

昭南神社（写真1参照）は3年半に及んだ日本によるシンガポール支配の期間の1942年に建立されました。それは主にオーストラリア人および英国人の捕虜によってシンガポール島に建設され、彼らは本島において共に戦って命を捧げた連合国軍戦没者の慰霊のために巨大十字架も建設しました。1945年に日本が降伏すると本島は英国に返還され、その頃にこの神社は破壊されて今日に至るまで朽ちるにまかされたままとされてきました（写真2参照）。写真を見ればお気づきのように、この場所はうっそうとした森林に囲まれています。写真1によれば、木造の橋が貯水池に架けられていたことが分かりますが、それは今や切り株のように見えるばかりです。この二葉の写真では見ることができませんが、今やこの橋の向こう端の一帯は、シンガポールの政治家や財界人が顧客であり、日本の駐在人も顧客に含まれるゴル

写真1　「昭南神社」
（『一億人の昭和史　第10巻』毎日新聞社、1977年）

フ・クラブであるシンガポール・アイランド・カントリー・クラブによって占有されています。この時点で私は、シンガポール人が戦争の歴史に関して共通の教科書を確立しているという点において、川島教授の記憶の共有化プロジェクトに先駆けていることを指摘したいと思います。それは『シンガポール――植民から国家独立まで』（2007年刊）という14歳の生徒用の共通の歴史教科書です。ここで私が引用する日本占領期に関する叙述は、私が皆さんと共有したい歴史を探り出すために選び取った特定対象である昭南神社に、この公的な叙述において全く言及されていないという意味において「未公認」なのです。実際、シンガポール政府教育省が歴史教育のために作成してきたどの歴史教科書にも、この神社に関する言及は全くありませんでした。私が昭南神社を「未公認」と呼ぶもう一つの理由は、この社殿の跡が物理的に占有する場所には公的な標識が全くないということです。例えばここには昭南神社があるという場所の名称を示す標識すらありませんし、この廃墟を昭南神社と特定する物は――もし皆さんが遺物を探そうとしても――何もないのです。この場所は完全に未開発のままであり、シンガポール政府の運営する史跡保存委員会によって保護されていないままなのです。公的な資産目録に記載がないために、皆さんはそこに行って神社の痕跡のかけらを拾ってくることもできますし、そうしたとしても罰せられません。日本占領という歴史的主題へのアプローチが「未公認」であると理解されるべきである最後の理由は、私が用いるこの方法がようやく近年になって歴史と見なされるに至っているという非常に限定されたものであるからです。私が関心をもっているのは人々の日常生活に密着した歴史ですが、その中でも特に見落とされたり忘れ去られたりされやすい部分であるということです。つまり「我々」シンガポール人は忘れることを選んでいるのであり、「我々」が誤って記憶することを選び取っており、日本によるシンガポールの占領に関してでっち上げをしていることに、私は焦点を当てようとしているのです。

写真2　ジェローム・リム「昭南神社の跡」（2014年）★3

昭南神社が歴史的な記録において無視されているといっても、私がここで言及していることに意味があるかどうかを問うことは極めて公正な問いかけです。私が申し上げたいのは、日本でもおそらくどんな学校教科書にも昭南神社について記載がない、ということなのです。と申しますのも、私が話しかけたことのある日本人で、実際にこの神社について知っていたのは、日本帝国主義のシンガポールにおける歴史研究の専門家である明石陽至教授だけだったからです。日本の占領に関する多くの事柄の中で、私はなぜ昭南神社に焦点を当てることを選んだのでしょうか。何よりも第一に、公認の歴史記録からの排除にもかかわらず、シンガポールの人々の多くが――シンガポールに居住する日本人も含め――それがそこにあることを知っており、それが何らかの重要性を有すると感じているからなのです。例えば、ウィキペディア――誰もが使用していますが、ほとんどの歴史家は学術的な引用において敢えて使用しようとしません――にある「日本軍によるシンガポール占領政策」という項目においては、全体の記述の5分の1が昭南神社に充てられています★4。これは何を示しているでしょうか。公的機関が公衆のために生み出す資源として、それは昭南神社が日本占領期における最も関心のある単一の特色となっていることを示しているのです。

第二に、それがシンガポール政府の運営する史跡保存委員会によって歴史的遺跡として指定されているからです★5。それはこの神社が亡霊につきまとわれた場所のひとつとしてシンガポールのオタク集団から注目されているからだと思います。昭南神社のことを耳にしたことがあるシンガポール人の誰もが、日本兵がそこで死んだと信じています。広く流布している噂によれば、英軍への降伏を拒否した日本軍兵士が多数おり、彼らが神社で自決したと言われています★6。別の噂では、日本の近衛師団が地元中国人社会から盗んだ金塊を神社近辺に隠したとされ、彼らはこの地を隠すために神社を破壊して自決した（または殺された）とされています★7。ウィキペディアのウェブサイトにおける日本による占領に関する英語の説明文では、神社を破壊したのは英国人とされていますが、日本語版ではそれを爆破したのは日本人と主張されています★8。国立図書館委員会が主宰する「インフォペディア」というサイトにある昭南神社に関する説明文では、次のような別の説明を付しつつも、日本兵が破壊したという見解が支持されています。そこで説明されていることによれば、日本兵が神社を爆破したのは英国軍に冒瀆されるのを恐れたためということです★9。地元の児童生徒は、ベストセラーとなったラッセル・リーの『シンガポール幽霊物語』シリーズのような超自然的な世俗フィクションを詰め込まれて成長したために、復讐に燃えた狂信的な日本軍兵士の亡霊が今でも出没するという想像力を働かせているのかもしれません★[10]。この件に関する真実を追究するべく、シンガポール超常現象調査会（Singapore Paranormal Investigators）が2008年に洗練された記録装置を用いて昭南神社の現場を調査しました。超自然現象は儲かる商売です。シンガポールをベースにしたシンガポール超常現象調査会のウェブサイトには600万回を超えるアクセスがありました。地理的に見ると、神社跡地はいろいろな思いを想起させる不気味な場所と言わざるを得ません。シンガポールの中心地、文字通り島の真ん中にありながら深い森に囲まれた場所に、昭南神社はあるのです。

終わりに、しかし重要度が低いとは言えないこととして指摘したいのは、昭南神社が占める対抗文化的な地位がますます補強され続けているということです。多数の写真やビデオが神社を発見するチャレンジに従事するアウトドアの冒険家によってインターネット上に掲示されています。芸術家の集団がパーフォーマンスの場とし、自らの作品の主題としています。最後に昭南神社は、私が書いた小説『ドーナッツと念力について』（2014）のクライマックスの場面として、私にとっても個人的にかなり重要な場所でした。

2　難しい史跡

では、シンガポール政府の運営する史跡保存委員会が昭南神社の歴史的な重要性を自ら認めているにもかかわらず、現在のように捨て置かれたままなのは何か変ではないでしょうか。超常現象の熱狂的なファンはこの神社は呪われていると言うでしょう。私が提示したい説明は、昭南神社はどの集団も自分たちのものであると主張し難いという意味での「難しい」史跡と私が呼ぶものである、というもう少し世俗的なものです。

もちろん最も明らかなのは、シンガポール政府は昭南神社に対して何かを為しうる主体である、ということです。不幸にも、政府が過去を記憶したのは次の二つの理由からです。チャイナタウンの復興と同じく観光収入源として、あるいはもしそれが国民的な連帯感を補強するブランドとなるなら、一般市民の戦争記念碑（写真3参照）として、です。公的な記録によれば、一般市民戦争記念碑は「日本軍がシンガポールを占領していた時に……殺された市民」のすべてを追悼しているのです★[11]。この記念碑はシンガポール湾の歴史的中心に位置しているので、2月15日（日本による占領の初日）が全国民防衛記念日として指定され、「被征服民に起こりうること」を忘れないために、このようなことが二度と起こらないようにするために、毎年2月15日に軍関係者によって訪問されています★[12]。昭南神社の記念碑化がこのような政治的目論見と合致しないのは明らかでしょう。我々シンガポール人の大半が歴史的記念碑を訪れるのは、学校行事とか兵役とか、そうするように命じられるときにすぎないので、どちらの道を選ぼうとも財政的にたいした収益は期待できません。その理由は、一つの国民として我々シンガポール人は一般的に歴史に関心が薄いからです。我がシンガポール政府の規制を受ける数学や理科の教科書がよりいっそう厚みを増しつつある一方で、我がシンガポール政府が規制を設ける歴史の教科書はよりいっそう薄くなりつつあります。例えば、私の属する世代は（現在30代ないし40代）は14歳の時に教科書に6500語で既述された日本による占領に関して学んでいます★[13]。今日では14歳の生徒は平均で1500語での記述によって日本による占領を学んでいるにすぎません★[14]。

写真3 「一般市民戦争記念碑」
（2014年、Ve-Yin Tee撮影）

最悪なのは、政府の観点から行われる昭南神社の記念碑化が国民の感情を刺激しかねないことであり、シンガポール人は日本との間に何の歴史的な問題もないという商売優先の嘘が見破られることです。1965年にシンガポール中国系商工会議所会頭の要求に従って、詩人のパン・ショウが一般市民戦争記念碑に、次のような文面を含む献辞を書きました（C・M・ウォンの英語訳に基づく）。

> シンガポールの民衆は厳しい屈辱、奴隷化、そして強奪に晒された。「集団検診」という名目の下……日本軍は何千何万もの非戦闘員の虐殺を秘密裏に行った。神は嘲笑された。文明は埋葬され、人間の尊厳は損なわれた。あらゆるところで涙が流された。あらゆるところが血塗られた。そしてあらゆるところが恐怖で支配された。

当初はこの記念碑が建てられた1966年に献納式を執り行うことになっていましたが、実際には未だに実行されておりません★[15]。確かに、公的な記録との関連で言えば、シンガポール政府教育省は日本による占領に関するかつてほど強烈な情熱はもっておりません。私の属する世代は13歳の時に最初に日本による占領について習ったのですが、その教科書の最初の章である「悪夢の始まり」は次のような書き出しで始まりました。

> 日本によるシンガポールの占領は長い悪夢のようで、3年半続きました。日本による占領として知られるこの期間に、人々は苦しみ、日本人を常に恐れて暮らしました——それは別の国によって占領される時に払う代償なのです★16。

今日の中等学校の生徒たちは14歳で日本による占領について学ぶのですが、その教科書の「いかにして日本による占領はシンガポール民衆の生活を変えたでしょうか」と題される章は次のように始まります。

> シンガポールの陥落はシンガポールの歴史における短いながらも混乱した章の始まりを画したのです。シンガポールは「南の光」あるいは「燦然たる南部」を意味する「昭南」と改称されました★17。

シンガポール政府は日本による占領の描写について厳しい規制を行使してきました。政府にとって最も望ましくなかったのは、日本との経済的に有益な関係に支障をきたしかねないという考えをシンガポール人の間に生むことであり、このことは昭南神社が朽ち果てるままに放置されているもっともな理由の一つとなっています。

日本人である皆さんは昭南神社の件を扱うことができる一方の側の集団に属しています。実はこれまでに日本人は外国（シンガポールも含めて）に存在する遺産を保護する取り組みを他にも行っています。中野涼子博士が私に思い起こさせてくれたように、ホーガンには東南アジア最大の日本人墓地があり、そこには19世紀にこの地で亡くなった日本人も埋葬されています。この墓地は私の両親の住んでいるところから5分ほどの距離にあり、シンガポール日本人協会によって管理されています。日本人が昭南神社に関して何もしてこなかった事実は明らかに何か示すものがあるのではないでしょうか。国際的な観点からすれば、ホロコースト博物館を建設したり虐殺の地を記念したりすることは、昭南神社を記念碑化することと対立することになるでしょう。コリン・ロングとケイアー・リーヴズが述べているように、「苦痛と恥辱の場所である史跡を保存する目的は、犠牲者を追悼することである」からであり、それゆえ「加害行為が行われた場所を保存することはほとんど意味がない」のです★18。いわゆる加害国のひとつである国に属する皆さんは昭南神社を記念碑化することに何らかの価値を見出しうるでしょうか。私が思いますに、皆さんの大半はこの神社が関係する植民地支配とか軍国主義的過去とかに関与したくないと思っておいででしょう。実際、過去の戦時中の経験を追憶することを選んだ時にさえ、広島と長崎の平和祈念館が明らかに示すように、侵略者としての過去よりも、犠牲者としての立場から過去を思い起こしたいのです。この日本で最も過激な右翼集団、たとえば黒塗りの「街宣車」と呼ばれるトラックに乗って軍歌を流し、愛国主義的な主張を並べて街路を走り回る運動家たちでさえ、彼らが昭南神社のことを耳にしてシンガポール政府がかの地での活動を許したと仮定しても、5000キロメートルも離れた朽ち果てた昭南神社を再生するプロジェクトに募金することはないでしょう。

それでは、親切にも戦没した戦友を追悼するために1942年9月に昭南神社に十字架を建てることを許されたオーストラリア人や英国人はどうでしょうか。神社の建設に動員された後に悪名高いビルマ鉄道の建設に追いやられた2万人と推定される両軍の捕虜およびその親族がこの場所を再生する計画に共感するとは思えません。彼らのほとんどは昭南神社で示された態度の誠実度に疑いを持っており、それはブキットバトクヒルという丘の上にある昭南忠霊塔に建てられた連合軍兵士を追悼する十字架がシンガポールの英語メディアによって日本軍によるプロパガンダとみなされていることと同じだからです★19。

それでは、昭南神社は今と同じようにそのままほっておかれるべきなのでしょうか。個人的にはこれはそれほど悪い考えではないと思います。それは記憶されて**いる**のです、たとえシンガポール人がそれを超自然的な物語の中でほのめかすだけだとしても。私は——既述のごとく——このことを自分の小説に書きました。小説には昭南神社の行く末について二つの異なった見通しを描いています。ショーマ・テイは右翼のシンガポール人の少年で、少しばかり多すぎるSF小説やファンタジー小説を読みふけっており、彼にとってそこは日本兵に関する一般的な固定概念を呼び起こす場所なのです。

> 彼は……もちろん日本人があの森の真ん中に建てた、幽霊が出ることで悪名高い戦争中の神社のことは耳にしていた。彼らの残忍な支配が終末に近

> づいたころに山下奉文大将が中国人街から彼らが盗んだ金塊を神社の地下金庫に運び込んで埋めるように命令を下したという噂がある。技術者たちはその所在を隠すためにフィリピンで行われたのと同じ隠匿の方法を採用した。つまり彼らはアクセスポイントを分からなくするために地下金庫にそのまま留まって自爆して果てたのだ。降伏を拒否して神社へ行って自決を試みようとしたという日本兵の証言もある。このような狂信的兵士たちの亡霊がまだかの地にあり、神社とその財宝を守っているという考えは、彼をぞっとさせた。彼は青い空を見上げ、日暮れ時がとっくに過ぎていることに感謝した★20。

日本人の右翼少女である小川レイにとって、この神社は日本人がいかにヨーロッパ人より優れているかという神話を粉砕し、仲間のアジア人にイギリスの植民地支配の足かせから自らを解放しようという意識を植え付けるものだった★21。

> シンガポールの真ん中には大きな森があり、その森の真ん中に神道の社殿の遺物があった。それはこの島をめぐる戦いで命を失った人々の霊を祀るために、1942 年に建てられた。この社殿を侮辱のしるしとしてしか見ない英国人は、支配権を回復した 1945 年に、社殿と貯水池に架けられた橋を破壊した。植民地の支配者たちはもちろんのこととして、世界を意のままに動かした、かつてのやり方に戻ることを欲した。しかし彼らに長らく支配されてきた人々はそれに反対し、シンガポールは、アジアやアフリカにおけるその他の植民地と同様にとうとう覚悟を決めたのである★22。

文学的な語りが歴史的作品に対して有する利点は、異なった信念を示しうるという点にあるだけでなく、ともに生き、交流し合い、相争う登場人物において脚色して示すことができるということです。

私が書いた小説がそれほど多くの人々に読まれそうにないことを私は認めねばなりません。ですが、もし昭南神社が野蛮な形で破壊されたとしたら、それは完全に忘れ去られることになるのでしょうか。そしてもしいつの日にか忘れ去られて**しまっている**と想定してみてはどうでしょうか。深い緑の森の植物に覆われ、誰も訪れる者などいず、木製の橋の残骸がマクリッチー貯水池の暗い緑の水面に静かに残っているのが見えるだけの光景は、美しくはないでしょうか（写真 4 参照）。日本兵とオーストラリア兵と英国の兵士が 1942 年に建て

写真4　ジェローム・リム「橋の今日」（2014年）★23

た時、この自然はこのシンガポール島に何千年も前から存在していたのですが、そこ以外に現在はなくなってしまった原生林を、兵士たちはその部分だけ伐採したのです★24。昭南神社に手を加えようとするいかなる企ても、この森林とそこに戻って棲むようになった森林生物たちへの、暴力を繰り返す行為にほかなりません。もしいつの日にか私たち――日本人、オーストラリア人、英国人、そしてシンガポール人――が真にこの神社のことを忘れる日が来たら、そこはそれが本来属していた自然にただ戻るだけでしょう。

注

★1　英語原題は “The Unauthorized History of the Japanese Occupation”.

★2　L. P. Hartley, *The Go-Between* (1953; repr., London: Collector's Library, 2013), 11.

★3　From Jerome Lim, “Lost Places: The Shrine across the Divine Bridge,” The Long and Winding Road, https://thelongnwindingroad.wordpress.com/2014/04/07/lost-places-the-shrine-across-the-divine-bridge/ (accessed November 13, 2014).

★4　*Wikipedia*, s.v. “Japanese Occupation of Singapore,” http://en.wikipedia.org/wiki/Japanese_occupation_of_Singapore (accessed October 9, 2014).

★5　National Heritage Board, “Syonan Jinja,” Singapore Government, http://www.nhb.gov.sg/NHBPortal/faces/oracle/webcenter/portalapp/pagehierarchy/Page857.jspx?detContId=NHBSVRAPP61620000029920&_afrLoop=1275519518844248&_afrWindowMode=0&_afrWindowId=gbxlanue9_50#%40%3F_afrWindowId%3Dgbxlanue9_50%26_afrLoop%3D1275519518844248%26detContId%3DNHBSVRAPP61620000029920%26_afrWindowMode%3D0%26_adf.ctrl-state%3Dgbxlanue9_118 (accessed November 11, 2014).

★6　For example, Aaron Chan, “The Search for Syonan Jinja,” One° North Explorers, http://sgurbex.blogspot.jp/2010/11/search-for-syonan-jinja.html (accessed November 14, 2014).

★7　For example, Kenny Fong, *Spooky Tales: True Cases of Paranormal Investigation in Singapore* (Singapore: Marshall Cavendish, 2008), 120-121.

★8　*Wikipedia*, s.v. “昭南神社,” http://ja.wikipedia.org/wiki/昭南神社 (accessed

November 11, 2014).

★9 *Singapore Infopedia: An Electronic Encylopedia on Singapore's History, Culture, People and Events*, s.v. "Syonan Jinja," http://eresources.nlb.gov.sg/infopedia/articles/SIP_236_2004-12-24.html (accessed November 11, 2014).

★10 The ghosts of Japanese soldiers are stereotypically those of them who have committed suicide. See, for example, "Death by Hara-Kiri" in Russell Lee, *True Singapore Ghost Stories* (Singapore: Angsana Books, 1995), 6:59-60.

★11 The words are engraved on the tablet at the foot of the memorial.

★12 Samuel Dhoraisingam, "Civilian War Memorial (War Memorial Park)," Streetdirectory Pte Ltd, http://www.streetdirectory.com/travel_guide/singapore/world_war_2_military_site/180/civilian_war_memorial_war_memorial_park.php (accessed October 7, 2014).

★13 At 13, we had to read "The Beginning of a Nightmare," "When Singapore was Syonan-to" and "Lessons from the Japanese Conquest," in *History of Modern Singapore* (Singapore: Longman, 1984), 147-154. There was an entire chapter dedicated to "Singapore During the Japanese Occupation," in *Social and Economic History of Modern Singapore* (Singapore: Longman, 1985), the textbook we had to read when we were 14.

★14 That is, "How Did the Japanese Occupation Change the Lives of People in Singapore," in *Singapore: From Settlement to Nation* (Singapore: EPB Pan Pacific, 2007), 108-117.

★15 National Archives, *The Japanese Occupation 1942-1945* (Singapore: Times Editions, 1996), 185-186.

★16 Curriculum Development Institute of Singapore, *History of Modern Singapore* (Singapore: Longman, 1994), 147.

★17 Curriculum Planning & Development Division, *Singapore: From Settlement to Nation* (Singapore: EPB Pan Pacific, 2007), 108.

★18 Colin Long and Keir Reeves, "'Dig a hole and bury the past in it': Reconciliation and the Heritage of Genocide in Cambodia," in *Places of Pain and Shame*, ed. William Logan and Keir Reeves (London: Routledge, 2009), 78.

★19 Romen Bose, *Kranji: The Commonwealth War Cemetery and the Politics of the Dead* (Singapore: Marshall Cavendish, 2006). See also *Singapore Infopedia*, s.v. "Bukit Batok Memorial," http://eresources.nlb.gov.sg/infopedia/articles/SIP_1224_2008-12-12.html (accessed October 7, 2014).

★20 Ve-Yin Tee, *On Donuts and Telekinesis* (Singapore: Ve-Yin Tee, 2014), 138-139.

★21 To ex-prime minister Lee Kuan Yew, as a result of the victory of the '60,000 attacking Japanese' over the 'more than 130,000 British, Indian and Australian troops … 70 days of surprises, upsets and stupidities, British colonial society was shattered, and with it all the assumptions of the

Englishman's superiority', *The Singapore Story: Memoirs of Lee Kuan Yew* (Singapore: Times, 1998), 52.

★22 Ve-Yin Tee, *On Donuts and Telekinesis* (Singapore: Ve-Yin Tee, 2014), 128.

★23 See note 3.

★24 Richard Corlett, "Vegetation," in *The Biophysical Environment of Singapore*, ed. Chia Lin Sien, Ausafur Rahman and Dorothy Tay Bee Hian (Singapore: Singapore University Press, 1991), 135-153

参考文献

Bose, Romen. *Kranji: The Commonwealth War Cemetry and the Politics of the Dead.* Singapore: Marshall Cavendish, 2006.

Curriculum Development Institute of Singapore. "The Beginning of a Nightmare." In *History of Modern Singapore*, 147-154. Singapore: Longman, 1984.

———. "Singapore During the Japanese Occupation." In *Social and Economic History of Modern Singapore*, 158-171. Singapore: Longman, 1985.

Curriculum Planning & Development Division. "How Did the Japanese Occupation Change the Lives of People in Singapore." In *Singapore: From Settlement to Nation*, 108-117. Singapore: EPB Pan Pacific, 2007.

Corlett, Richard. "Vegetation." In *The Biophysical Environment of Singapore*, edited by Chia Lin Sien, Ausafur Rahman and Dorothy Tay Bee Hian, 135-153. Singapore: Singapore University Press, 1991.

Fong, Kenny. *Spooky Tales: True Cases of Paranormal Investigation in Singapore.* Singapore: Marshall Cavendish, 2008.

Hartley, L. P. *The Go-Between.* 1953. Reprint, London: Collector's Library, 2013.

Jackson, J. B. *The Necessity for Ruins and Other Topics.* Amherst: University of Massachusetts Press, 1980.

Lee, Kuan Yew. *The Singapore Story: Memoirs of Lee Kuan Yew.* Vol. 1. Singapore: Times, 1998.

Lee, Russell. *True Singapore Ghost Stories.* Vol. 6. Singapore: Angsana Books, 1995.

Long, Colin and Keir Reeves, "'Dig a hole and bury the past in it": Reconciliation and the Heritage of Genocide in Cambodia'. In *Places of Pain and Shame*, edited by William Logan and Keir Reeves, 68-81. London: Routledge, 2009.

Tee, Ve-Yin. *On Donuts and Telekinesis.* Singapore: Ve-Yin Tee, 2014.

第15章

日米戦争と戦後日米関係[★1]

五百旗頭 真

はじめに

川島先生から大変丁寧な過分のご紹介をいただいて、恐縮しております。国際地域文化研究科10周年という大切な機会にお招きいただいたことを大変光栄に思っている次第です。

南山大学は父や兄がお世話になったゆかりのある大学であるということで、親近感を持っております。私自身も、会場におられます明石陽至先生がアメリカ研究をしていらっしゃるころにお招きいただいて、参上したこともありますし、国際政治学会やアメリカ学会などのときにもお伺いさせてもらったことがありますので、大変懐かしく、親近感を覚えておりますので、今日も勇んでやって来た次第です。

1　第一次大戦後の現代世界
――現代世界を成り立たせる三つの要因

2014年は第一次大戦100周年にあたります。開戦した1914年からちょうど100年ということで、今話題になることがありますが、ちょうど100年だからということではなく、現代世界というのは、第一次大戦を契機に成立したと思います。では、何が現代世界を成り立たせる要因かというと、次の三つであります。

まず一つ目は「科学技術革命」です。これは大変なものです。第一次大戦のときには、戦車や飛行機がまだ主力ではなく、主力は機関銃でした。塹壕戦で、飛び出して突撃しようとしたら機関銃の餌食になるということを繰り返すので、大変な犠牲を強いる総力戦になります。
その後、現れた戦車や飛行機が、現代世界の主要な戦争手段になっているのは、ご承知のとおりです。そうした科学技術革命はとどまるところを知らず、第二次大戦においては核兵器まで生み出したというわけです。現代世界の鮮明な特徴は、科学技術革命の終わることのない凄まじい革命の続行であります。
もう一つは「民主化」ということがあげられます。そうした動きは、非常に大きく社会の様相を変えていきます。エリートだけ、王様や貴族だけ、ブルジョアだけの社会から全国民へと拡がりを見せていきます。戦争においても、一部の傭兵ではなく、全国民が動員されるようになっていきますので、総力戦の凄まじいものに変わっていきます、パワーも高めていきましたが、同時に惨禍も大きくしていったわけです。
「科学技術革命」と「民主化」は、その価値感も伴って、人間の安全保障まで語られるようになりました。阪神・淡路大震災のときには、まだ要援護者とか災害弱者という人たちには、あまり目が届きませんでした。130万人のボランティアが、阪神・淡路を機会に湧き出るように出てきて、「ボランティア元年」と言われましたが、当時はみんな行き当たりばったりでした。「何かありませんか」「何かしましょうか」と、何をしたらいいのか分からないといった状態で、「とりあえず避難者のお世話をしてください」という調子でやったわけです。それ以降、20年近くたって中越地震などの災害が起きて、NGO、NPOといったボランティアと被災者とをつなぐ、中間支援員のような人、専門家集団の組織化、専門化が随分進みました。
そのおかげもあって、避難所運営についても、男性の視点でしか考えていなかったのではという阪神・淡路の時と違って、女性や子どもたちのことを考え、また要援護者のこともしっかりと考えるというような流れが着実に生まれていきました。こうした流れも元をたどると第一次大戦ごろからはっきりと出てきた「民主化」によるものを反映しているのだと思います。価値観もそれに伴って大きく変化していきました。
そうした動きは国内的に、それぞれの国で均等に進んでいくわけですが、全体として「国際化」が進んでいきます。戦争とも連動して、「国際化」していったわけです。現在では「グローバル化」という方が一般的かもしれません。冷戦終結後のアメリカを中心としたITグローバリゼーションという大きな流れの中で、「国際化」「グローバル化」していきました。
この「科学技術革命」「民主化」「国際化」という三つの主要な要因によって、

現代世界は第一次大戦ごろから、戦争のときも平和なときも、実現していった良きものも、また破壊力も極大化していくということが、現代史の特徴であります。

その第一次大戦のパリ講和会議が戦後処理に当たります。面白いことに、ウィルソン大統領に率いられたアメリカと、ロイド・ジョージのイギリス、そして、フランスのクレマンソーといった人たちが戦後処理に当たるわけですが、パリ会議の途中、イギリスとアメリカの代表団の改革派といいますか、国際派といいますか、比較的若い層の人たちがマジェスティック・ホテルというところに集まって、「われわれは、このたびは大きな失敗をした」「第一次大戦という途方もない総力戦に対して、どのようにそれをこなすか、戦後秩序というものをいかにして作り上げていくのかということについて、残念ながら十分な準備がなかった」と深刻な議論をいたしました。

ウィルソン大統領は、国務省の官僚的プランニングでは駄目だということで、ハウス（Edward Mandell House）大佐に「Inquiry（調査）」という暗号名で、民間学者を集めてプランを作らせたのですが、ワンセットのプランしかありませんでした。何しろ時間がない、素人集団であるということで、とりあえずこれでどうかというものを作り上げたのです。

ところが、それはロイド・ジョージやクレマンソーといったヨーロッパの猛者たちからすると、「何を甘いことを言っているのだ」「ドイツをしっかりと押さえ付けなければ、また平和が乱れる」というような報復主義も甚だしい、民衆の憎悪というのがまだまだ煮えたぎっている中で、ウィルソンの下で、ハウス大佐らが作ったプランは一蹴されます。そうすると、アメリカにはもう第2線、第3線の防衛ラインはありません。あとはもう、彼らの議論に引きずり回されるままになってしまいました。

そういう状況の中で、イギリス、フランスの代表団の心ある人は、「このたびは失敗だった。われわれは対処ができなかった。しかし、次の機会にはしっかりやろう」と議論し、そのためには、「次の機会にしっかりと対処できるように、日ごろから国際問題を研究しよう」と話し合います。そうして将来に備えて新しいスタートをしようとイギリスのロンドンとアメリカに研究所を一つずつ作ろうということを、マジェスティック・ホテルの集まりで合意します。

その結果、約束どおり、イギリスではチャタム・ハウスが、ロイヤル・インスティテュート（王立研究所）として出来上がりました。一方、アメリカでは、いろいろ議論した後、ワシントンではなくニューヨークのウォール街を基盤にして、『フォーリン・アフェアーズ』という最も権威ある国際外交雑誌を出しているCouncil on Foreign Relations（外交関係評議会）というものが、民間機関として出来ました。

そういう経緯があったものですから、1939年、第二次大戦がヨーロッパで始まった瞬間、ヒトラーがポーランドに侵略したことに対して英仏が宣戦布告した瞬間に、チャタム・ハウスだけではなく、ニューヨークのCouncil on Foreign Relationsも「残念ながらわれわれのときが来た」「しっかりやらなければいけない」と立ち上がるわけです。

何をしたかというと、アメリカ史が専門の方にとってはなじみ深いことですが、当時は中立法というものが非常に強くて、ヨーロッパで戦争が始まったからといってアメリカが関与できるわけではありません。アメリカの若者をヨーロッパの戦争に連れ込むのではないかという危惧、批判が非常に強かったのです。

それに対して当時のルーズベルト政権は、当時アメリカ史の不文律であった2期8年を超えて、世界的危機の中という事情も合わさって、1932年、1936年に続いて1940年に3選されるわけです（その後、1944年にも当選し、4選される）。その大統領選挙のとき、「若者たちを戦争に巻き込まない」ということを言って選ばれましたから、ヨーロッパで第二次大戦が始まったからといって、すぐ参戦するような姿勢を示すこと自体が政治的犯罪に近いということでした。

そこで、政府としては機敏な対応はできない。しかし、ルーズベルト大統領もハル国務長官も「たった20年にして、またもや世界大戦になった。今度という今度は、人類のために意味のある平和をつくらなければいけない。戦後平和、戦後秩序というものをしっかりつくらなければいけない」という思いを持っていたのです。

その二人以上に強い思いを持っていたのが、Council on Foreign Relationsの指導者たちです。ノーマン・デイビスなどパリ会議のマジェスティック・ホテルでの談合に加わった人たちもいて、「今度という今度はしっかりした戦後平和をつくろう」と思うわけです。しかし、政府としては、そんな戦後計画を作り出したら、「やっぱりアメリカを戦争に連れ込んで、戦後秩序の主導権を取ろうとしている」と批判されますので、政府とCouncil on Foreign Relationsの間で次のようなやりとりが交わされました。ノーマン・デイビスらが「当分の間、われわれが戦後計画の研究をやりたい」と熱心に提唱し、ルーズベルト政権も「誠にありがとう」と答え、ハル国務長官は「ロックフェラー財団に推薦状を書く」と約束しました。「これは表には出さないけれども、国家的重要性を持つ研究だ。それについてご配慮いただきたい」という手紙を書くに至ります。

ロックフェラー財団が巨額の財源を提供し、それによって民間機関が 600 以上の研究結果の報告書を作り上げたのです。アメリカらしく、民間主導で戦後計画を始めました。

そうこうしていたら、1941 年 12 月、日本の真珠湾攻撃によって、アメリカは否応なく第二次大戦に参戦します。そこで、戦後のことも公的に考えるようになるわけですが、そのときには、既に Council on Foreign Relations の「War and Peace Studies（戦争と平和研究）」でかなり地ならしが行われていたために、真珠湾後、かなり早いスピードで戦後計画の策定が始まります。

戦後世界、戦後の平和、秩序をどうつくるかという大きな問題で、五つぐらいの部会があるのですが、その中の重要な局面が Territorial Subcommittee（地域問題）の部門です。世界の安全保障システムをどうするのか、国際経済をどうするか、後にブレトン・ウッズでやることになります。

地域ごとの具体的な戦後像を扱うのが Territorial Subcommittee でしたが、当時、地理学会の会長をやっていた地理学者のイザヤ・ボーマンがその中心人物でした。この時点でアメリカでは既に、Council on Foreign Relations が『フォーリン・アフェアーズ』を出しておりましたが、その編集長であったジョージ・ブレイクスリーは、アジア太平洋の国際関係を専門に「International Relations」という言葉を用いていました。今、皆さんのうちで国際関係に関心のある人にとっては、ごく普通の言葉ですが、第一次大戦後、Council がつくられるころには、すごく斬新な、格好いい言葉でした。

最近は「国際関係論」という講座が日本でも非常に多くあるのですが、その「国際関係論」という言葉を最初に出してきたのもジョージ・ブレイクスリーです。マサチューセッツ州のウースター大学というところで、彼の国際関係講座が『フォーリン・アフェアーズ』という雑誌に出していたのを、Council の方で全国紙にしたのです。

そういう「国際関係論」はまだ草分け的な存在であって、あまり大勢力になっていませんでした。それに対して、地理学会というものは大変な伝統とパワーを持っているわけで、世界中の地理に通じている人が至るところにいるわけです。そのトップに立っているイザヤ・ボーマンという地理学者に世界の各地域の戦後の在り方を検討してもらうということになって、その一つとして、極東班（Far Eastern Unit）というものが出来上がります。

その Far Eastern Unit の長にウースター大学で国際関係論の教授であって、アジア太平洋の専門家であったジョージ・ブレイクスリー教授が就任します。ブレイクスリー教授は、非常に尊敬されるアジア太平洋、国際関係の専門家なのですが、日本語はできません。中国語もできませんでした。アジアの言語を知らないのですが、非常にバランスの取れた、誰もが敬意を払うような人だったのです。若いときには、野球チームの監督などをやっていて、非常に見事な監督ぶりを示したそうです。すなわちチームプレーがお上手であるということです。

従って、彼は長としてはいいのですが、戦後日本をどうつくり変えるか、占領政策をどうするかということが中心問題になってくる状況にあって、日本語ができないというのは困ります。日本のことが好きで、日本に数回訪れて、天皇にも拝謁したり、友達もたくさんいるのですが、やっぱり本当の専門家とは言えません。そこで、当時 40 歳になるかならないかのコロンビア大学の日本史の助教授である若いヒュー・ボートンにその極東班の中核を担わせるのです。

彼は「徳川時代の百姓一揆」というテーマで、オランダのライデン大学で博士号を取っている本物の日本専門家です。日本経験もあるし、日本語の読み書きはもちろん、話すこともできました。日本に滞在して、東京から京都、奈良に旅行し、法隆寺を訪ね、百済観音には震えるような感動を覚えたというような人でした。そういうところで出会った、親切な、よき日本人、細やかな心遣いができて、約束をちゃんと守る日本人というのを知っていました。

そのヒュー・ボートンが中核になり、ブレイクスリーがリーダーとして、オーガナイザーとして頑張るという極東班がいました。1942 年の秋には、もういろいろな政策文書が書かれ始めるということになります。

2　六つの対日案（1943 年段階）

翌 1943 年になると、かなり具体的に、戦後日本をどうしたらいいのかということが議論されます。どういう原則を持って考えていくべきかということについては次の二つの原則が出ておりました。

一つは、アメリカが参戦する前、ルーズベルト大統領がチャーチルと、アルゼンチア湾のプリンス・オブ・ウェールズ旗艦上で行った大西洋会談のときの共同声明として出した「大西洋憲章」です。その中には、勝者と敗者を問わず、大国と小国を問わず、全ての国が平等に資源にアクセスし、市場にアクセスできるという、自由貿易の理念が高らかにうたわれています。

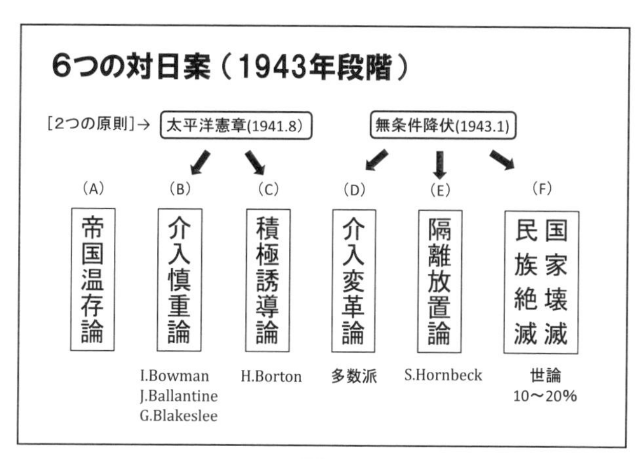

図 1

復讐心だとか敵愾心によって戦後秩序をつくってはいけない。それが第一次大戦の失敗であるとして、今度は、かぐわしい普遍的な理念に基づいて、大国と小国を問わず、勝者と敗者を問わず、諸国民の家族を形成するのだという理念が記されました。

もう一つは、「無条件降伏」です。1943 年 1 月、英米側はドイツに対する早い時期の手軽な勝利が欲しいということで、ノルマンディー上陸作戦のようにドイツの主力とぶつかり合うと、まだ負けてしまいますので、アフリカの方から迂回的に解放地をつくっていきます。その一角にあるカサブランカで、ルーズベルトとチャーチルが会談いたします。敵国に対する方針というものをルーズベルトが掲げました。それが「無条件降伏」（unconditional surrender）です。敵国ドイツ、イタリア、日本を軍事的に壊滅させる、破壊する。完全なる自由を勝者が得て、その上で戦後の民主化を行う。「大西洋憲章」が非常に普遍主義的な「勝者と敗者を問わず」という言い方をして、ある共通目標を語っているのに対し、その前にけじめがあるのだとしたのです。

ドイツ、イタリア、日本は侵略によって世界平和を乱した。その国に対して、処断がまず行われるのだと。無条件降伏で、完全破壊の、抗弁ができない状況まで勝利を確かにした上で、われわれの考えるビジョンというものを戦後につくり上げるのだということで、こういうパッケージだということを示してきたわけです。

それを受けて作成された案は、六つの対日プランに整理できます。先ほど紹介いただいた『米国の日本占領政策』（中央公論社、1985年）、『日米戦争と戦後日本』（講談社学術文庫、2005年）の中に書いておりますので、詳しくはそちらをご覧ください。

当時、「帝国温存論」という議論があったことは驚きですが、政府内の責任ある人がこういうことを言うと、政治的犯罪になるような雰囲気があり、真珠湾直後ということもあって、「Remember Pearl Harbor」、「よいジャップは死んだジャップだけだ」という雰囲気の中で、そういう議論をする人は、みんなから、「空気が読めないのにもほどがある」ということになるわけです。

しかし、民間人であったスパイクマン（Nicholas J. Spikeman）という、結構有名な国際関係の議論をしていた人などは、「帝国温存論」を提唱します。日本帝国を今、「Remember Pearl Harbor」の情熱に駆られてたたき潰したら何が起こるのか。その結果、中国帝国やロシア帝国がのしてきて、日本帝国に代わって彼らが支配するアジアになるだけだ。そのことはわれわれにとって望ましいかよく考えろと主張したのです。中国帝国やロシア帝国の支配に比べれば、日本帝国の支配は、悪い部分が少ないという議論に達したのです。彼も、それを公的に言うことはなかなか難しい状況であったため、「読む人は読む」ということになります。

その対局に位置していたのが、「民族絶滅・国家壊滅」です。日本というのは、とんでもない国だ。真珠湾まで経験すると、近代日本は軍事的侵略の歴史であったという見方が支配的になります。日清をやり、日露をやり、第一次大戦でうまいことをやった。満州事変以後、戦争に次ぐ戦争に明け暮れ、近代日本というのは戦争の歴史でしかなかった。日本が行動すれば、他国を痛めつけてきたわけだから、こういう国は、もう世界から国家として壊滅して、できたら民族としても絶滅してもらった方が良いという、むちゃくちゃな、ヒューマニズムはどこへ行ったのかというような議論です。

世論調査で日本について「あなたはどう思いますか」と聞いてみると、「民族絶滅・国家壊滅」が選択肢にあると、10％から20％の人がそれを選びます。やはり「Remember Pearl Harbor」、戦時の敵愾心というのは恐ろしいものです。

今、われわれは中国人についてどのようなイメージを持っているでしょうか。もし実際に尖閣諸島に軍事侵攻したら、第二次大戦時のアメリカと同じように「中国なんか、世界から消えてもらうのが世界の利益だ」と思ってしまうことでしょう。真珠湾奇襲攻撃を食らったアメリカ国内は、日本に対してそうした雰囲気にありました。

しかしながら、「大西洋憲章」のようなかぐわしい普遍的理念を語るアメリカ政府として「民族絶滅・国家壊滅」とは面と向かって言えませんので、政府内で真剣に主張されたのが「隔離放置論」でした。

スタンリー・ホーンベックは、もともと親中派の学者で、アメリカ国務省極東政策のドンみたいな存在でした。彼は、中国には行ったことがあって、日本のことはあまり好きではなかったようです。中国の側から物事を見ているので、日本の中国侵略に対して、中国に強く同情心を持って考える人でした。

従って、先ほどの議論のように、近代日本の歴史は侵略の歴史である、特に中国を痛めつけてきたのが近代日本であり、それは日本の本性に深く根ざしていると考えたのです。このあたりから非常に独断的になるのですが、彼は、ヒュー・ボートンのように奈良や京都へ行って、非常に優しい、細やかな心遣いのできる日本人を知ったというような経験を持ちません。日本は目を吊り上げて殺しに回る殺人鬼のような存在のイメージを親中派であるあまり持ってしまっていたのです。

日本という国民は、存在する限り必ず悪をなすから、可能ならばなくしたほうがいい。それが世界の公益のためになる。しかしながらそれは人道上許されない。ただ好都合な点として、日本が島国であるということに着目したのです。ドイツはヨーロッパ大陸の中に深く組み込まれていて隔離することができません。しかし日本は島国ですから、島国を封鎖隔離すれば、国際関係の関与を免れることができる。関わる限り悪いことをする日本なら、関わらせないように封鎖隔離するのが、日本に対する最も望ましい対処だと、政府の中で本気で主張したのです。

それに対しては、それは無茶ではないかと批判が起こるのです。徳川時代に3000 万だった人口が倍ぐらいになっている。その増えた人口は、貿易や産業、国際交易の中で増加したのだから、封鎖隔離してしまったら、半分の人は死ねということになるのではないか、食べていけなくなるのではないかと反論がおこったのです。

そうするとホーンベックは、「それはそうだ」と答えます。日本のもたらす害があまりに大きいので、人道的な観点を別にすれば、封鎖隔離という政策が一番妥当性のある、望ましいものだと主張するわけです。

当時の Territorial Subcommittee には、政府の人だけではなくて、Council on Foreign Relations を通じて民間の人も流れ込んでいたのですが、そのメンバーの中に『ニューヨーク・タイムズ』のアン・マコーミックという論説委員をしていた人が入っていました。そのアン・マコーミック女史が、ホーンベックの主張に対して、「人道的観点を別にすれば」という除外はあまりにも大きすぎる除外で、アメリカにとっては受け入れることができないと言い放つのです。そうするとホーンベックは何も言えなくなってしまいました。

そうした議論の末、「民族絶滅・国家壊滅」「隔離放置論」が外されていきます。残るは「介入慎重論」「積極誘導論」「介入変革論」でした。

アメリカ民主主義は危ないという認識を持っていて、自らも介入慎重論者であったイザヤ・ボーマンは、アメリカ人の民主主義への信念は結構だが、その信念の強さのあまり、他の国の伝統的な諸要素を十分に配慮せず、内在的理解なしに、まるでブルドーザーで一気に既存社会を潰してしまって、その上に民主主義なるものを打ち立てようとするやり方は通用しないということをアメリカ人は学ばなければいけない、民主主義の悪しき情熱というものに対して、アメリカ人は謙虚であり、自制心を持っていなければいけない、そういう観点から、日本のような古い伝統を持った社会に対しての介入は慎重にすべきである、日本自身がこうなってもらいたいと仕向けるのはいいけれども、旧社会を壊した上に、「民主主義をどうぞ」ということは成り立つものではないし、望ましいことではないと、主張したのです。

それを受けてほっとしたのが、ジョージ・ブレイクスリーであり、外交官で知日派のグルー大使などをサポートしていたジョセフ・バランタインでした。この人は日本語の辞書まで書いたような人です。外交官の中の知日派の代表がバランタインでしたが、イザヤ・ボーマンのように、多文化共生、内在的理解というようなことを言ってくれるのは非常にありがたかったわけです。

「大西洋憲章」の原理も、「大国と小国を問わず」「勝者と敗者を問わず」という言い方をしてくれるのはエンカレッジングですが、さらにそういう多文化の中で、内在的理解を持って、配慮して進めるべきだというのは、まさに日本をよく知っているバランタイン、ボートン、ブレイクスリーという人にとって、大変ありがたいということで、「大西洋憲章」の原理を援用し、イザヤ・ボーマンの多文化共生論的なものをも使いながらやろうと考えていったのです。

イザヤ・ボーマン、ジョセフ・バランタイン、ジョージ・ブレイクスリーは「介入慎重論」です。ヒュー・ボートンも、同じような考えでした。ブルドーザーで日本の既存社会を粉々に潰した上でアメリカ民主主義をつくればいいなどとは思わない。そうではなくて、日本自身の自主性、自発性が大事だと。それを尊重しなければいけないと考えたわけです。

ただ、戦前の日本には大変粗暴なところがあった。やはり十分な民主主義があったとは言えない。家族関係の中でもあまりにも亭主が威張り過ぎていて、まるで嫁は奴隷のようであり、十分に自立した主体としての尊厳が得られたとは言えない。時に子どもは、むちゃくちゃな労働を強いられたりもする。

そういうことはよろしくないし、薩長中心の権威主義的な政治体制というのは、やはり改めていかなければいけない。民主主義が必要であると若いだけに信じていました。ただ、それをブルドーザーで潰して強制するのではなくて、日本自身の近代化の中に、立派な民主主義の実積があるではないかと考えたわけです。

明治には、自由民権運動が行われて、血を見るような藩閥との戦いをしながら、最終的には明治憲法を作らせた。大正時代には、大正デモクラシーという二大政党の時代をつくり出しているではないか。これらは誰の強制にもよらず、近代日本自身の立派な実積として、再度のウェーブとして民主化をやってきているのだと。

その日本の民主化への持続する志というものを尊重して、それを後ろからバックアップする、誘導するというようにとどめるのが、勝者であるアメリカの知恵ではないかという観点に立ちます。従って、「介入慎重論」のような否定的な「やめておきなさい」という主張に対して、ボートンは、積極的に自由主義的改革、民主化というものを促して、日本にそういうことができる人を見いだして、その人に委ねてやってもらうようにすべきだという「積極誘導論」の立場をとったのでした。

それに対してアメリカの政府高官のほとんどは、「介入変革論」に行き着きます。日本は侵略戦争をあれだけ続けた。一体何を狂ったのか。戦争に次ぐ戦争、中国大陸を支配して奪い取るということが何のためになるかを考えたのか。ただひたむきに戦争して、支配を広げる。あのような狂気のような試み、これを二度と繰り返してはいけない。そのために、しっかりと平和化しなければならない。その後の Demilitarization、非軍事化をやらなければいけない。そして、民主化していくのだと主張したのです。

しかし彼らは、ボートンや知日派の人々のように、明治、大正と、再度にわたって、日本自身の自前の民主主義の努力があるなどということをよく知りませんから、ホーンベックの「日本は存在する限り侵略するのだ」ということの方が、断片的イメージに合うわけです。そうすると、しっかりと勝者の側で介入して、平和と民主化を強制すべきだということの方が、すっきりとアメリカの理念に合うと思われ、これが多数派になるわけです。

3　国務省原案の作成（PWC）（1944 年段階）

そうした六つの案が、「介入慎重論」「積極誘導論」「介入変革論」の三つに絞られる中で、最終決定がないまま 1943 年にいろんな議論が重ねられ、1944 年になると、国務省原案の形成 PWC（Post-War Committee）で行われていきます。

政府国務省の幹部会、Policy Committee というものが、月、水、金とハル国務長官の下で行われます。週に三日もやっていたのですが、そのうち金曜日は当面の対処ではなく、長期的な戦後平和の問題を扱おうというように決めました。従って金曜日だけは、幹部会での議論が戦後計画に変わるわけです。

そこで、国務省としての対日原案を作っていったのです。非常に早いと思いませんか。普通は、戦争をし始めたら、もう戦争のことで頭がいっぱいです。平時の作業が 2 倍、3 倍、4 倍、5 倍となります。それだけで大変なのに、真珠湾からたった 1 年半のところで戦後計画、戦後政策、占領政策の原案を国務省で、最高幹部たちで作るというところまで来ているのです。大変立派な実積であります。

その 1944 年段階で、高官たちは、先ほども言ったように、「介入変革論」。ルーズベルトの「無条件降伏」の観点に立って、侵略戦争に対する憎しみもあり、正義感もあって、多数がこれに集まりました。

国務省原案の形成（PWC）（1944年段階）

高官たち　(D)「介入変革論」路線

知日派　(B)「介入慎重論」(C)「積極誘導論」路線

↓

(1) 共同占領しかし分割せず
(2) 日本政府の最高レベル廃止／官僚は活用
(3) 天皇制は見守ったうえ判断（先送り／温存）

図 2

それに対して、知日派は、下部の専門家でしかないのですが、「介入慎重論」と「積極誘導論」の立場を主張します。しかし、「天皇制をどうするのか」「議

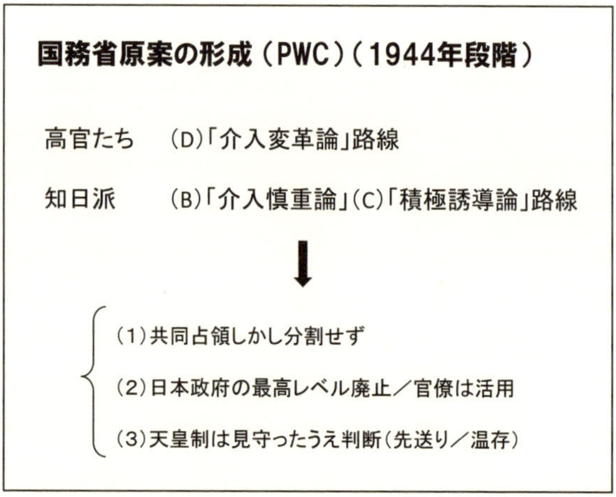

会はどう改革するのか」「内閣はどうするのか」といった具体的な問題になると、知日派しか書けないのです。「日本の侵略はけしからん」ということは言えますが、「では、どこをどう改革したらいいのですか」ということになると、もう知日派しか書けない。ほとんどヒュー・ボートンが起草するということになるわけです。

3・1　天皇制の取扱い

特に下部の専門家と高官たちが喧嘩したのが、天皇制の問題です。知日派の原案は、天皇制というのは、このたびの侵略戦争の神主さんのような役割も果たした面もあるけれども、多くのときに、天皇制は、軍部の代弁者ではなく、多くの良識ある普通の国民の上に乗っかっているのだ。だから、天皇制を潰したら侵略戦争がなくなるというのではなく、安定的に平和と民主主義を回復するためにも、天皇制は有用性を持ちうる。これを潰したら済むのだと考えるべきではないという主張をして、平和と民主化の担い手として、あるいはそれをサポートするインフラとしての天皇制を擁護する姿勢を示したわけです。

それに対して、「何を言っているのか。われわれの若者たちが、太平洋の戦場で天皇に代表されるものに対して命を懸けて戦っているときに、それを擁護するような議論がよくできたものだ」と高官たちは頭にきて文句を言います。

しかし、天皇制が日本社会の中でどういう意味を持っているかという話になると、知日派のほうがその答えをたくさん持っているわけです。高官たちからすれば、知日派がいくら知識を持っているといっても、下部の作業メンバーでしかないので、叱りつけたらよいと考えていたようですが、極東局長にジョセフ・グルーが就任することになります。これがたいへん大きな意味を持つのです。

グルーは、ご承知のように、満州事変から真珠湾までの 10 年間、駐日大使を務めました。ある意味で、軍部の支配する日本政治の最大の被害者でした。彼は外交官として、自分の責務は二つの国のブリッジをすることだと、アメリカの日本に対する無理解をたしなめ、言って聞かせ、そして、日本に対しては、世界のことをもっと見るようにしないと、アメリカに受け入れられないですよ、と双方に対して注文を付けながら、日米関係が良好に進むようにすることが、自分の任務、大使としての職務だと思って一生懸命に頑張ります。

従って、日本のやったことを「けしからん」とアメリカ世論が高まるときにも、「いやいや、自分が会って話したところ、外務大臣はこう言っている」とか、「天皇側近の人たちの間には、穏健な観点に立って、これから欧米との協調を重視する人がいる」というようなことを強調して伝えていったのです。
ところが、その舌の根も乾かないうちに、また日本が新しい軍事行動を起こすということで、「グルーは何だ」「ミイラ取りがミイラになっている」と非難され、日本にすっかり飲まれてしまって、全うな判断ができなくなっている、という批判も浴びたのです。
そうした批判も浴びながらも、彼は「いや、日米はやはり争ってはならない。協力しなければならない」と不屈の精神を持って頑張ったのですが、いよいよ真珠湾に至っては、完全に立場を失ってしまうのでした。
彼は、半年ほど抑留された後、野村大使らと交換で本国に送り返されるのですが、その前に重光葵とか吉田茂などと秘密の手紙のやりとりをしているのです。
吉田茂との間では、日米友好関係の再建が自分のライフワークであると記し、現職である間は、日米関係の破綻を食い止めることが自分の天職だ、聖なる任務だといって、一生懸命、吉田などと協力してやっていたわけです。それが破綻した後、今度は日米関係の回復が自分の任務であるといって帰っていきます。
そうは言っても、彼が帰ったら、アメリカ社会は「Remember Pearl Harbor」で、対日敵愾心が燃え上がっています。そんな中、彼は、ハル国務長官の補佐官として、代理人として、全米を講演旅行で駈け回ります。
初めのうちは、アメリカ政府の期待に応えて、敵、Enemy Japan とはどういうものか。あなた方アメリカ人は認識が甘い。日本人は小さな島国だと思っているかもしれないが、実に効率の高い、ドイツに劣らない効率を持った、科学技術重視で、立派な社会的マシンを造り上げる、そういう社会なのだ。甘く見てはいけない。ドイツさえバーンと潰したら、日本はあと小指ではじくようにしてやっつけられるなどという、甘いことを考えてはいけないと。日本との戦いは長期にわたる厳しいものになる。そのことをしっかり認識すべきだと言うわけです。日本との戦いのために、しっかりと動員しなければいけませんから、そうした講演活動はアメリカ政府にとって、とても好都合でした。
しかし、日本の真珠湾後の勢いは、半年後の Midway で挫折して、それ以後、膠着状態となっていましたが、1943 年のガダルカナルに至っては、アメリカ側が怒濤の横綱相撲で、小柄な日本を圧倒していくという流れになってきたのです。
そのころになると、「もう先は見えた」「ざまあ見ろ、日本ごときが」というような手荒い表現をするようになったかというと、全くの逆でした。「日本に対する理解を、われわれは見失っていないだろうか」と続けるのです。「20 年前、私は外交官としてパリ講話会議のためにパリに行ったとき、ドイツに対する戦勝で、パリの町は紙吹雪が町中を舞い、もう二度と戦争などのない平和が欲しいと、人々はみんなそう思っていたはずです。しかし現実はたった 20 年にして、もっとひどい第二次大戦を招いてしまった。それはなぜか。英知のある平和を見失ったから。敵愾心に基づいて、ドイツさえたたき潰せば、ドイツに天文学的賠償金を強いて、それで戦後、勝者みんながうまくやれればいいというような、視野狭小の平和を追求したために、結局のところ、みんなが失うことになった」。

そこから得る教訓としては、ドイツや日本に対して一方的な破壊、制裁、賠償、そういうものを強いてはいけない。今度は、本当に妥当な、存立できる、再生の可能な平和を持つ、英知を伴った平和を考えなければいけないと、高邁な議論にシフトしていったのです。

彼は、それを一般論として言うだけでなく、戦後日本の再建に当たって、天皇制についても発言し始めます。天皇はあの暴虐な軍部の代弁者ではなく、むしろ、よき日本人、その人たちのパトロンなのだ。平和と民主化のためにも、天皇を活用した方がいいと議論をし始めたわけです。

ここに至っては、『アメラシア』などの左翼系のメディアが怒り狂いました。以前から、グルーは長い間、日本に駐在して、天皇の取り巻きの一人、イエス・キリストの使徒のように天皇の使徒だという批判さえありましたが、最近のグルーの言動により、そうしたことが証明されていると、厳しく批判したのです。

『ニューヨーク・タイムズ』もそういうことを受けて、グルーの高邁な、英知の平和という提案は、さすがに傾聴に価する、しかしながら、われわれの若者が太平洋の戦線で、そのために命を懸け、命を失っている中で、天皇を擁護するがごとき発言は、少なくとも時季外れである、という記事を掲載したのです。結局、グルーは講演旅行をストップすることになります。

その後、半年ぐらい無職でいたのですが、1944 年の 5 月、グルーは極東局長として返り咲きます。極東局長として返り咲くというと、国務省の偉い人になったと思われるかもしれませんが、グルーは既に第一次大戦のときには、パリ講話会議の事務局長という顕職をやっています。その後、国務次官を 1920 年代初めに、ワシントンに戻ってやっています。トルコ大使や日本大使も歴任して、本来ならもう上がりです。既に 60 歳の定年も過ぎているのです。

しかし、時は非常事態。大戦争のさなかであり、グルーの持っている日本の知識が必要であるとされて、極東局長への就任を打診されるのです。国務次官をはるか前にやったことを考えると、極東局長というのは三段階ほど降格の人事です。普通なら、「やってくれませんか」と言っても、「人をばかにするな」と言って断るものですが、グルーは逆に「喜んでやらせていただきます」「自分の持っている経験や知識が、いささかでも戦後の平和のために役立つのであれば、ポストが何であるかは問わない。喜んでやります」と言って、極東局長を引き受けました。このあたりから、吉田との約束、日米友好関係の回復こそが自分のライフワークだということが嘘ではなかったということが、はっきりしてまいります。

極東局長として戻ったところ、天皇制について高官たちと知日派が激しく揉み合っていました。そこで、グルーが極東局長としてステートメントを出します。グルーは、実は日本の政治的文脈の中で、衆議院が国民感情に感度良好過ぎて、危機をあおって、大変好戦的な議論に支配されるときに、貴族院の方が冷静な議論が行われていたということを話します。

それに対して、リベラルなロング次官補の日記を見ると、「グルーのやつが、またとんでもない天皇派の議論をしやがって許せない」というようなことを、怒りに満ちて書いています。ただ残念ながら、「そんなことはないでしょう。あなたの歴史観は間違っています」とは抗弁ができなかったのです。

知識が知日派に独占されて、一般の人はあまり日本のことを知らないという中で、グルーのお墨付きをもらうことによって、結局天皇制については、そのまま存続させるということではなく、平和と民主化のために天皇制が役に立つのか、やはりそういう権威主義的な伝統というのが有害であるのか、事態を見守ろうと、その結果を見てから、天皇制を存続か廃止かということを決めればいいということになります。

今、この問題で真っ二つに割れるような議論を繰り返すことには意味がない。バール次官補という人も「もういい加減にしてくれ」「天皇制について、ああだこうだと西と東の議論をすることは時間の無駄だ」と言うわけです。「それよりも戦後日本の民主化のプロセスということを全般的に進めるプログラムが大事ではないか、それを書いてもらいたい」と。天皇制については、言うならば、先送り、廃止するとは決めないで、先送りにする。その代わり、ヒュー・ボートンがもう一つ民主化のプロセスを強化するというペーパーを書くということで、落着いたしました。

3・2　日本政府の取扱い

天皇制については、先送りになったのですが、もう一つの大きな議論の戦場は、「日本政府を廃止するのか」つまり、「直接軍政にするのか」という問題でした。

この段階では、日本政府はやはり廃止する。これほどの侵略戦争をやった政府をそのまま存続することは許されない。そして、最高レベル、首相をはじめ閣僚レベルは廃止するということになりました。その後の議論は、その下にある官僚制をどうするかということに移りました。

高官たちは、「官僚制もみんな戦争に協力したのだから、一蓮托生だろう。であるならば、しっかりと潰さないと真の民主化ができない」と主張します。それに対して知日派は、「官僚というのはニュートラルであって、それが藩閥の支配であっても、あるいは大正デモクラシーの政党政府であっても、どちらに対しても貢献するというニュートラルな技術能力なのだ」と発言するのです。官僚制は、近代社会を運営する上で不可欠であるから、アメリカの希望する民主化、リベラルな政治が行われるときにも、官僚制の支えなくてはスムーズにできない。だから、これは残さなければいけないという議論をします。

それに対して激しいやりとりがありました。知日派の人から「皆さん、勘違いされては困ります。日本という国は、日本なりに近代化された高度な社会です。それを運営するためには、たくさんの専門家がいる。官僚制を全部廃止するというなら、その代わりはどうするのですか。皆さんがもし50万人の日本語が堪能な軍政要員を用意してくだされば結構です。その人たちにやってもらったらいいでしょう。しかし、そういう人が用意できないのであれば、やはり官僚というのは近代社会を運営する上で不可欠です。500人、5000人すら用意することは難しいでしょう。戦争に入ってから大急ぎで軍政学校などを作って、知能指数の高い若者に日本語を特訓して、養成しようとしても、そんな50万人などとうてい用意できません」との指摘を受けるのです。

結局、PWCは、大臣、次官クラスは、みんな首を切る。しかし、それ以下の、「Administrative machinery」と言っていますが、意思決定をするのではなく、それを支え、事務的に実施するような行政機構については、これを利用するという知日派の言い分が通りました。

3・3　占領の取扱い

1943年のテヘラン会議の精神（グランド・アライアンス）で、アメリカ、ソ連、イギリスが大同盟を戦時につくっています。それを中心にして、後に中国も入れた勝者の連携で、日本を共同占領する。しかしながら分割はしない。アメリカの司令官の下での一元的管理の下、各国が協力し、アメリカの負担軽減はしたいというものでした。

ですから、なるべくそれなりの軍隊を各国から提供してもらって、共同占領する。しかし、地域割り、ドイツのように日本をいくつかに分割するということはしないということが、1944年段階での国務省原案となります。

4　初期対日方針の形成「SWNCC150」(1945年6月)

そして、1945年、終戦の年を迎えるときに、初期対日方針「Initial Post-Defeat Policy for Japan」と言われていました。完全な、無条件降伏的な打倒後の初期方針というものとして書かれ始めたのですが、ポツダム宣言を受け入れるという形で、平和的に降伏することになるので、結局は「Post-Surrender Policy」ということになります。

それは、SWNCC、State-War-Navy Coordinating Committee(国務省・陸軍省・海軍省調整委員会)というものが、国務省原案のレベルから全政府レベルということで、対日占領に関わるのは、国務省、そして陸・海軍。その三省の調整委員会としての政府文書を作るようになったのですが、その「150」というのが、初期対日方針を扱ったシリーズです。

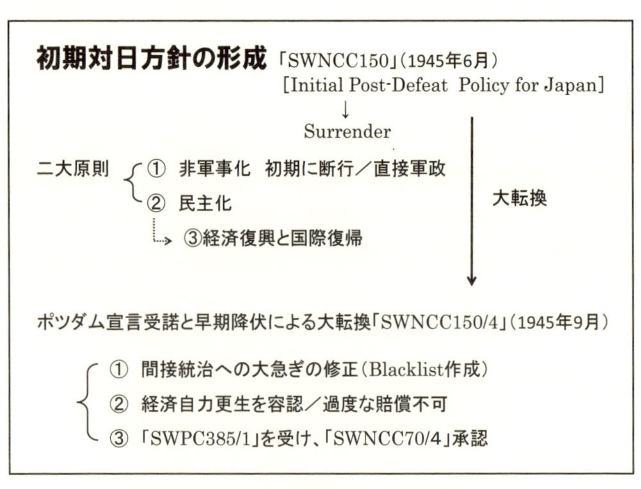

図3

4・1　二大原則

その第一原案が6月11日に出来るのですが、その中で定式化されたものは、「非軍事化」「民主化」という二つの基本方針、原則です。初期には、この「非軍事化」、例えばパージだとか戦犯処刑だとか、厳しいことをビシッと旧社会を処断するということをやって、直接軍政で掌握するわけです。しかも同時に、「民主化」を進めるとしたのです。

最終的に国務省原案でブレイクスリーが書いたペーパーなどでは、初めは「非軍事化」と「民主化」をやるけれど、次第に「経済復興」を許し、そして「国際復帰」をさせる。諸国民の家族の中に戻るという展望が書いてあります。初期の方針に限ると、「非軍事化」と「民主化」であるということになります。

4・2　ポツダム宣言受諾と早期降伏による大転換「SWNCC150/4」（1945年9月）

この時期、直接軍政方針がまだ生きていて、かなり厳しいものでした。それが、ポツダム宣言受諾と日本の早期降伏によって大きく様変わりします。1945年9月の「150/4」の文書では、「間接統治への大急ぎの修正」が行われました。ブラックリスト作戦、軍事レベルでの日本占領作戦の作戦書は、ワシントンの命令を受けて、マニラのマッカーサー司令部が作り上げた「ブラックリスト」という文書です。その中には、直接軍政でやるべきことがたくさん書いてありました。

マッカーサー自身は、日本占領において、天皇と日本政府を使いたいという意向を表明して、ワシントンの了承を求めたこともありました。しかしながら、国務省と相談して、軍部は、それは相成らぬと。直接軍政をするようにと。

後に三布告といって、裁判はアメリカの軍事裁判所がやるとか、布告は英語で出すとか、有名な三布告が突然9月初めに出されたことがありました。それは、この時代の直接軍政方針のブラックリスト作戦の名残です。ずっとその準備をしてきたのです。

それが、ポツダム宣言を受諾したということで、間接統治に大急ぎで8月中旬から下旬にかけて改正されることになるのですが、大部の文書ですので、修正が間に合わないところが多かったのです。

それから「経済自力更生の容認」です。それまでの間、日本はアジアを侵略した責任ある国だと。従って、6月段階の「SWNCC150」では、日本はアジア諸国の低い生活水準を超えてはならないなどというくだりがありました。それをスチムソンの下にいたマックロイやブレイクスリー、ドゥーマンという知日派の外交官が手を入れる中で、日本経済については自力更生を認める。日本自身が、経済復興の努力をするということを容認する。アジア諸国よりも低くとどめなければいけないという無理な改定や軌道修正はしないというように修正されます。

それと第一次大戦の教訓からですが、「過度な賠償不可」ということが決定されました。日本はアジア諸国を痛めつけたのだから、自国の復興よりも賠償をドンとしなければいけない。もしそうであると、第一次大戦後のドイツと同じように、世界経済が回らなくなるし、またヒトラーを呼び起こすということになりかねない。だから今度は、過度な賠償を日本に要求してはならないと。

アメリカやイギリスなどの先進国は、できたら賠償は辞退する。そして、アジアの途上国の場合、賠償をもらう際にも、日本経済を痛めつけない範囲で、日本が復興する中で余力ができる中で出すようにと。その程度に留めるようにという方針を打ち出すことになります。それは、日本にとって非常に救われたことでした。

JWPC（Joint War Plans Committee）という軍の統合参謀本部（JCF）の作戦工場のような委員会が、その「385/1」が日本の分割占領案を作っていました。

私は若い頃に、ワシントンの公文書館でこの文書を発見して、大騒ぎになったことがあるのですが、北海道と東北地方はソ連の占領下に、九州それから中国地方はイギリスの占領下に置く。アメリカは東京から大阪までの中枢部を占領する。中国は、四国を占領、近畿の占領にも一部協力する。東京は、米、ソ、英、中の四カ国が分割して共同占領する、というものでした。

ドイツ占領の日本版のようなプランです。これは大部の二百数十ページの大プランです。それが8月16日、終戦の翌日に出来上がりました。8月下旬になって、「SWNCC70」で日本占領軍の国家的構成ということについて論じているのですが、国務省の原案、共同占領はするが分割はしないという方針について書かれた文書をトルーマン大統領が8月18日に承認します。それによって軍部の作った日本分割占領案は、書き上げた2日後に立場を失ったわけです。それで日本は助かるのです。

「SWNCC150」の初めの線で行けば、分割占領にもなりかねない、特に本土決戦が続いていれば、アメリカ軍が太平洋側から、ソ連軍が北側から入ってまいりますので、プランが何であれ、事実として日本は分割占領される運命にあったと思います。本土決戦前のポツダム宣言受諾という形での終戦が行われたおかげで、日本はこれを免れることができたのです。

5　大戦末期に大転換をもたらしたもの

それで、この大転換がどうしてなされたかという、ここからが大事です。ルーズベルトの路線は、敵国の無条件降伏、ドイツ、イタリア、日本の無条件降伏と、それから「グランド・アライアンス」に中国を加えた、大国による協調で戦後世界を管理するというビジョンでした。これは 1943 年 11 月のテヘラ

大戦末期に大転換をもたらしたもの

(1)FD Roosevelt 路線－敵国の無条件降伏と大国(米ソ英＋中)による協調と管理
　1943.11テヘラン　→　1945.2ヤルタ

(2)太平洋戦場の異変　1945.2 硫黄島の戦
　栗林忠道「死よりつらい生を生きよ」
　(たこちゃんへ／1日でも家族・故国の安全を伸ばすため)
　→3.10東京大空襲→「国がため重き任務を果たしえで」 2万3千の日本兵全滅

　米軍　Casualty ratio「1対1」に衝撃　→　本土決戦はどれほどの出血？
　→ただ「無条件降伏」と言うのではなく穏当な「処遇」を日本に　←　日本兵に対する意識調査結果(4／1)

(3)1945年5月末
　グルーの対日声明構想　→　スチムソンと共に　7月「ポツダム宣言」へ

(4)ポツダムでスチムソン、トルーマン大統領へ原爆実験の成功を伝え、要請
　① 京都への投下禁止
　② 天皇制についての配慮

(5)聖断によるポツダム宣言受諾
　① 本土決戦の予定　→　回避／日本人死者310万に留まる
　② 直接軍政と日本政府廃止　→　間接統治に(日本政府を用いて)
　③ 分割占領回避／ソ連、日本本土に侵攻するいとまなく

図 4

ンから1945年2月のヤルタまで貫かれていたわけです。

このヤルタの席で、北方領土についてスターリンの要求に秘密協定の中でルーズベルトが同意したわけです。千島列島はソ連に「hand over」される、手渡されると。南樺太については、「return」という言葉を使っております。日露戦争で日本が南樺太を勝利の獲物として奪ったわけです。それがソ連に「return」されると書いてあります。

千島列島については、ルーズベルトは初め「return」というイメージでいたと思うのですが、ハリマン大使がルーズベルトに注意を喚起します。千島列島については全然歴史が違いますと。戦争によって奪った、奪われたではなくて、1875年の千島・樺太交換条約によって、平和的に全千島が日本領土として合意されたものです。ですから、日本の侵略戦争と何の関係もないと、ルーズベルトに注意したのです。

ルーズベルトは「分かった」と。分かった上で、しかし、千島諸島をソ連に与えることが自分の方針であると言いました。どうしてか、それは、戦後の米ソ協調こそが、第二次大戦が終わって、また米ソが対立するということになると、第三次大戦を心配しなければいけない。これはもう人類にとって耐えがたい、許せないシナリオだと。

それを避けるためには、アメリカはソ連の基本的な要望に理解を示さなければいけない。ソ連のアジアにおける基本的な要望は、太平洋への通路が欲しい、不凍港が欲しいという希望だと。そういうことについて、自由になるわけではない。中国の領土をあげるとは言いにくい。しかし、侵略責任のある日本の一部をソ連に与えるということは、戦後処理の中で許されると、ルーズベルトは考えたわけです。それで、ヤルタ秘密協定を与えて、全千島を平和的に日露の間で領土合意があったにしても、千島は第二次大戦後、ソ連に与えるとヤルタで密約したわけです。

5・1　太平洋戦場の異変

その同じ1945年2月、太平洋の小さな島での戦闘が大きな意味を持つことになります。栗林忠道という陸軍中将が2万3000人の将兵を率いて防衛にあたっていた硫黄島での戦闘です。

それまでの太平洋の島々の日本の守備側は、みんなワンパターンでした。水際で敵軍が上陸するときが一番脆弱な瞬間だと考え、そこをたたくのが防衛側にとって一番有利だというセオリーを日本軍は持っていました。ところが、アメリカ側はそんなことは百も承知で、制海権、制空権を奪っているのです。上陸作戦をする前には、艦砲射撃によって、上陸する砂浜周辺１平方メートル当たり何トンという猛爆撃を加えて、アリ１匹生きていられないというぐらいに飛行機と艦砲射撃でたたいた上でやってきます。

従って、水際のあたりでトーチカを作って、上陸してくるやつを撃つのだと用意しても、全部その前に潰されます。にもかかわらず、日本側はいわば信仰みたいなもので、水際をたたくのだといってそこに突撃して、逆に向こうの機関銃に突進して、みんな玉砕するということを繰り返していました。

アメリカにとっては楽なものだったのです。ところが、海の山本五十六と、陸の栗林忠通は、アメリカ経験が長く、アメリカにも友人がいて、アメリカを良く知っているのです。知っているだけに、それと戦う場合にどうしたらいいかということを考える力を持っていて、今までのやり方は、無意味に死なせるだけだと。

自分が指揮する硫黄島は火山島で、熱い硫黄が下から湧いてきますので、トンネルを掘るのは本当につらいのですが、トンネルを張り巡らして、縦横無尽に動いてアメリカ兵の意表を突きながら、犠牲を大きくしていくという作戦を取ったわけです。

その作戦は本当にたいへんなものでした。「もう早く死なせてください」と機関銃に向かって突進したほうが楽だったのです。水も食べ物もない中で、熱い硫黄のトンネルを掘って、ゲリラ戦をやるというのは本当につらいのです。しかし、「死よりもつらい生を生きよ」と、栗林は命令するのです。安易に死んではいけない。しっかりと生きて戦えと。何のために、2 万 3000 人の部下をみんな死なせながら、そんなことをやったのでしょうか。

彼は家族によく手紙を書いていました。たか子さんという末っ子の娘さんには「たこちゃんへ」という手紙をいっぱい書いているんです。その中に、「お父さんは、君たちが東京で平和に生きていけるように、1 日でも長く、平和に生きられるように頑張っているからね」と書いてあるのです。栗林はリアリストですから、制海権、制空権を失った中で、大本営が言うように、「間もなく戦局を大転換して、われわれが勝利する」などという幻想は全く持っていません。そんなことはあり得ない。しかしながら、自分がこうやって穴掘りをして、硫黄島で抵抗している限り、アメリカ軍は日本本土に入れない。それを 1 日でも遅らせる。非常に限られた目標だけれども、そのために命を懸けるのだといって、頑張っているわけです。

ところが、ショッキングなことに、3月10日、まだ抵抗を続けているのに、そのはるか上空をB29の大編隊が越えて、東京大空襲で10万人の東京市民を焼き殺したのです。これを聞いた栗林忠道は、自分のささやかな、1日でも家族や郷土の人が敵のやいばから免れる日を長くするという目的すら果たせなかったということにショックを受けました。彼の辞世の句は「国の為重きつとめを果し得で」と、果たすことができずに、「矢弾尽き果て散るぞ悲しき」という辞世の句とともに玉砕します。そのことは、彼が自分の境遇、いささかでも家族や郷土にやいばが届くのを長く引き延ばすという、その務めすら果たすことができずに散るのだという、かくも自分の置かれた状況を曇りなく認識している辞世の句も珍しいと思いますが、2万3000人の将兵を全滅させた、絶望的な辞世の句とともに散ったわけです。

私がワシントンのナショナル・アーカイブでアメリカ軍部の文書を見ていて、「えっ」と思ったことがありました。それは、アメリカ軍が硫黄島の戦いにものすごくショックを受けていることです。どうしてか。アメリカ側は、軍事的にcasualty ratioというものを非常に重視しています。死傷者の、つまり戦力として失った人の数がすごく大事で、ガダルカナルでは22対1だったそうです。日本兵が22人死ぬ間に、アメリカ兵1人が、たぶん死ぬのではなくて負傷する。その後、だんだんと5対1ぐらいが規準になっていきました。サイパンでもどこでも、日本側はもうあらゆる防備をつくして水際などで抵抗するのですが、あっという間にやられて、結局5対1になるのです。

ところが、硫黄島にいたっては1対1になったということに大変なショックを受けているのです。実際は1対1ではありません。日本側は2万3000人全員、若干200～300人の捕虜になった人以外はみんな死にましたが、アメリカ側は2万7000人の死傷者を出しています。アメリカのほうがたくさんcasualtyを出した珍しい戦場でした。それをアメリカは、自分の死傷者の数は、このときも正確につかんでいると思いますが、穴から出てきて次々に死んでいく日本側の数はよく分からないから、2万7000人ぐらいいたと思ったんでしょうね。それで軍は大ざっぱに1対1のcasualty ratioになったということでショックを受けたのです。

この後、沖縄戦で、日本がまた凄まじい抵抗をやるわけです。日本側は、沖縄戦は失敗。直前に台湾との間の守備兵を動かしたりして、ばかなことをやったと批判されていますが、沖縄本島南部での抵抗というのは、誠に凄惨なもので、アメリカ側も、当初は1カ月で沖縄を制圧する予定だったのに、3カ月かかってしまったわけです。3 倍の時間と犠牲をかけた。硫黄島、沖縄と続いて、日本の抵抗というのは狂気のごとき凄まじさになっている。

この続きとして、本土決戦をやったらどうなるのか。1 対 1 というのであれば、アメリカの将兵は、日本兵をみんな火力で皆殺しにすることだってできる。しかし、同じぐらいのアメリカ兵の命を吸い取られるとしたら、それは成り立つ戦いなのかという反省を、アメリカ軍はし始めます。

5・2　グルーの対日声明構想～「ポツダム宣言」へ

そのことで、グルーが提唱していた、ただ「無条件降伏」と言うのではなく、日本側が受け入れ可能な条件を示すことが武器を置かせる最上の道だという主張に、軍の側が同調してきたのです。

4 月 1 日、日本の捕虜になった兵隊たちの意識調査の結果がまとまりました。アメリカの情報将校が日本兵に聞きまして、「あなた方の抵抗ぶり、あなた方は死ぬのが趣味なのか」と。みんな玉砕、突撃だとかいって、軍事的合理性を越えて、組織的抵抗がなくなっても、単発的に玉砕したがります。そんなに死ぬのが好きなのか、何のためにやっているのかと。

日本兵の答えは案外普通の答えであって、それは家族を守るため、郷土を守るため、さらには天皇を守るためですと。そのためだったら、われわれは命を惜しみませんと。

ああ、そうかと。だったら、もしわれわれが所領安堵し、お殿様である天皇について、これを許すと言ったら、あなた方は武器を置くのかと聞いたら、8 割以上の日本兵が「もちろんだ」と。われわれは、何も死にたくない。平和に過ごしたい。だから、家族、国民が平和に安全に生きられて、天皇も許されるというのであれば、何も戦わない。非常に高い比率でそう答えたのです。その調査結果がまとまって、上に上がったのが 4 月 1 日で、硫黄島の衝撃、それからグルーなどの平和的終戦というものの提案を後押しすることになります。

グルーは 5 月末に、国務省の幹部会とトルーマン大統領に直訴いたしまして、その主張を訴えます。日本人は賢い人たちです。彼らは、心の内で負けたということは分かっているんです。ただ、彼らは誇り高い、メンツを重んじる国民で、何らかの理由が必要なのです。その理由として日本人が一番大事なのは、天皇について配慮を得ると。そのことがあれば、日本兵は武器を置くことができる。

もしそれを、ただ「無条件降伏」といって軍事的にやれば、全ての日本人が死ぬまで抵抗するでしょう。しかしながら、われわれが理解と配慮を持っているということを示したら、心優しく、細やかな心遣いができて、恩に対して感謝の気持ちを示す、そういう日本人、全く別の日本人が現れてくるでしょうという、長いレクチャーを、トルーマン大統領の面前でやるんです。

ビジネスライクに、「早く結論を言え」と言うことの好きなトルーマン大統領ですが、我慢強く聞いて、老人の説教を聞き終えて、終わった後、軽くうなずきながら、「私自身も同じように考えていただけに、興味深く伺った」と言ったのです。

「同じように考えていた」というのは何かといえば、アメリカ兵の犠牲をできるだけ少なく、早く戦争を終えるという観点は、私にとって、どうしたものかと思っていたので、興味深く伺った、と言ったのでした。

グルーの結論は、大統領自身が5月30日のメモリアルデー、戦没者記念日の演説の中で日本に対する特別声明を出して、「われわれは日本に対して、殺人鬼のような、民族絶滅、国家壊滅のような要求を持っているというのは誤解で、全く違う」と。「われわれは、穏当な、妥当な、人間らしい条件を、処遇を考えているのだ」と。「その中身は、天皇制を日本国民が望むのであれば、それが平和的、民主的なものであるならば、存続も構わないということを含む、そういうスピーチをしていただきたい。そうすれば日本側は、武器を置く機会を得ると思います」と言ったわけです。

その5月30日のメモリアルデーの演説の前に、軍のほうの意向を確かめてもらいたいと。国務長官代理を務めていたのですが、「グルー国務次官、ご苦労だが、軍のほうへ行って、彼らと意見調整をしてもらいたい」と。「軍も賛成するのならば、自分はメモリアルデーにその声明を演説しよう」と言ってくれたのです。

それで、翌29日、グルーはペンタゴンに行って、スチムソン陸軍長官のオフィスに、海軍大臣フォレスタル、そして、ジョージ・マーシャル参謀総長、キング提督、その他の将軍、提督が集められておりまして、そこで同じ演説、スピーチをします。日本に対して、新たな軍事的手段よりも、むしろ穏当な、寛大な条件を提示するほうが重要なのだというスピーチをいたしました。

それに対して、スチムソンという老人政治家がおりました。スチムソンは第一次大戦のときに、既に陸軍長官をやっておりますので、もう大変なベテランです。ルーズベルトよりも年上だと思います。ルーズベルトを叱りつけることのできた、ただ一人の政治家だと言われています。

例えば、ルーズベルトがケベックでのチャーチルとの会談で、有名なモーゲンソー・プランが出されました。ドイツを農業牧畜国家に戻らせよというものです。二度の世界大戦が起こったのは、ドイツの侵略主義による。それは、ドイツが力を持ち過ぎたからいけないのだ。ドイツを、かつてのような農業牧畜国家に戻らせれば、この二つの戦争はなかったし、ヨーロッパにとって危険ではなくなるというモーゲンソー・プランに、ルーズベルトは共感して、チャーチルを説得して、その線で帰ってきたのです。

そうしたところ、ワシントンでスチムソンに叱られました。農業牧畜国家にドイツを戻らせるということは、多くのドイツ人が食べていけなくなるということを意味する。それは、ドイツ人がその犠牲者に対してやった無慈悲な処断というのを、われわれがドイツ全体に行うことを意味すると、スチムソンは叱りつけました。ルーズベルトは、今から先のことまで決める必要はないと言って、撤回します。

というように、ルーズベルトをも叱りつけることのできる唯一の政治家、スチムソンが主宰する集まりで、従って発言権は断然スチムソンにあるのですが、結論的にどう言ったかというと、スチムソンは、グルーのペーパーには不満があるということを言います。

それは何かといえば、日本社会が、若槻禮次郎、濱口雄幸、幣原喜重郎といった、西側世界の民主主義国のどこにおいても一流の政治家であると認められるような人材を生み出し得る社会だということが、十分説得的に書かれていない。それが自分の不満であるという、逆説的な言い方で、趣旨としては 100%、120%賛成である。日本に理解を示したらいいとサポートしてくれたのです。ただし、Time is premature、まだ時機は熟していないと。

この寛大な条件の声明を出して、それに日本が反応せず、ただ聞き逃したら、こちらが一方的に無意味な譲歩をしたことになります。それを使うには時がある。スチムソンの頭の中では、日本に対する原爆投下とも併せて、日本に大きな衝撃を与えながら、しかし寛大な条件というパッケージにして使ったほうがいいという考えがあったことと思われますが、ただ条件を緩和するということだけを、今一方的にするのはよくないと。しかし、この考えは進めようということで、アメリカ大統領一人の声明ではなくて、連合諸国の共同声明にしようということで、ポツダム宣言という方向へ進めます。

その内容について、グルーの下で、ドゥーマンが起草した、この日の声明文案をもっと水準の高いものに改めるということで、スチムソンの腹心であるジョン・マックロイ次官補、そしてグルーの腹心であるドゥーマンとバランタイン、その3人が中心になって、ポツダム宣言草案というのを7月までに用意することになります。

それを、スチムソンはトルーマン大統領に取り次いで、これを実施してもらいたい、と言います。スチムソンは、若槻、濱口、幣原という戦前の日本の1920年代の政党政治時代のリベラルな指導者の名前を挙げて、それを高く評価します。つまり、日本の歴史・伝統の中には、ブルドーザーで破壊すべきことばかりではなくて、立派なものがあるのだ、と強調したのです。

ポツダム宣言の中で、日本における民主主義的傾向の復活強化というのが第10項の中にあります。普通、認識が足りないと、民主主義的傾向を強制する、イラクの民主化を強制するという話になります。ところが、ポツダム宣言は「復活強化」と言っています。

これは、日本自身の、明治と大正の歴史が民主化を遂げてきた。それをさらに復活させ、強化させたらいいのだ、という意味です。自分が全部手を突っ込んで、「ああせい、こうせい」と、「お前では駄目だ。こっちがやる」というようにやるのではなくて、日本の伝統を復活させて強化すればいい。つまり、戦争をした日本との和解という考えが組み込まれています。

そういうやりとりが5月段階でありました。そして、いよいよポツダムの席に、スチムソンはトルーマンに対して売り込み、持ち掛けます。ポツダム宣言をスチムソンのほうからトルーマン大統領に説明して渡します。グルーは、やはり外交官にすぎないので、それほど政治的な影響力がありません。スチムソンは圧倒的な威信を持っていますので、彼から直接渡してもらったのです。その説明をしたら、トルーマンは目を輝かせて、非常に興味深いと。

その会談の終わりに、スチムソンは「大統領、一つ伺いたいのですが、あなたが私に対してポツダムに同行せよとおっしゃらないのは、私の高齢と病身を心配してくださってのことでしょうか」と質問したのです。トルーマンは思わず吹き出して、「そのとおりだ」と言ったのですが、翌日もう一度会ったときに、「あなたのような高齢の方に申し訳ないが、もしポツダムにご一緒くださって助言を続けてくれればありがたい」と、大統領から言わせることに成功したのです。「はい。マックロイと共に参ります」と言って付いて行きました。

トルーマンがスターリンとの間で、本当に厳しい争い、やりとりをするのです。トルーマンは実務的なしっかり者ですが、スターリンはもうカリスマ的な悪魔ですから、全然桁が違います。翻弄されるのです。いつもトルーマンはくたくたになって帰ってくるのですが、帰ってきたらスチムソンが現れて、いろいろ英知をもって励ましたのです。

5・3　原爆実験の成功、天皇制への配慮

そうした時にワシントンから極秘電が来ます。ロスアラモスの砂漠で最初の原爆実験が成功しました。それは予定されていた威力をはるかに上回る大変な威力であるということが明らかになったということが、全くの暗号で書いてあるのでした。グローヴス少将からのトップシークレット、アイズ・オンリー。トップシークレットはよくありますが、アイズ・オンリーとは、見るだけですよ。見た上で処分、焼却してくださいというものです。その電報の内容は、「あなたのお子様は、手術は成功し、無事出産いたしました。子どもはハスキーな声を上げて、周りの者がびっくりするほど元気であります」と。そういうことによって、原爆の威力は周辺住民を驚かせるほど大変な威力だったということを示して、「なお、私たち関係者全員一致で、あなたのペットシティーを求めております」と書いてあるのです。

それを読んでも、何のことか分からないと思うのですが、実は5月末に、グローヴス少将は、原爆は間もなく出来る、7月に最初の実験が行われて、それがうまくいけば、8月末には使えるようになるだろうと。その展望の下で、どこに落とすかという、Target Committeeをつくって検討した結果、全会一致で、1発目は京都に落とすことになりました。2発目は、広島、小倉、横浜、新潟などいろいろあるということが書いてあったのですが、京都が一番、全会一致で第一ターゲットになったという会議の結論を、口頭でスチムソンに伝えました。グローヴス少将にすれば、こんなものは会議の結論だから、ちょっと立ち話程度で済むというように考えていたのですが、スチムソン陸軍長官は、「京都？　なぜだ。駄目だ！」と言います。「なぜ駄目ですか」と。「では、なぜ京都なのか言ってみろ」と言ったら、「京都はもうあらゆる条件が揃っているのです」と答えたのです。京都は盆地で、84％山に囲まれているので、落ちた原爆の威力が流れてしまうのではなく、山にぶつかって、また反復効果があるので、かまどのように、まるで用意されたように、大変効果が大きい。京都駅の上空に落としたら、人口稠密で100万都市だから、1マイル以内、2マイル以内、10マイル以内、どれだけの人が死傷したかということが完全に分かる。しかも伏見には、陸軍の師団司令部があるので、軍事的ターゲットもあって、正当性も十分です。それに、最近通常爆撃が京都にはないということで、

軍需生産の下請け工場的なものが京都に集まってきているので、実施的意味も多い。それに加えて、京都は知的な人が多いので、その意味というものが分かる科学者が少なくない。そして何よりも、京都は千年の都で、日本人の心の古里です。それが１発の新型爆弾で壊滅したということが与える日本国民への衝撃というのは、最高に大きいと。それやこれやを考えると、京都ですというのが、われわれの結論だと答えたのです。

スチムソンは、その最後の理由、京都は日本人の心の古里である、それをわれわれが焼き溶かしてしまったら、われわれは戦後日本との和解が困難になるから、いけないと言います。

軍人からすると「えっ、何を言っているんですか。今は戦っているんですよ」と。理解できないという思いがあったのでしょう。一度そうやって５月末に断られたので、７月のポツダム会議中の原爆実験成功とともに、「あなたのペットシティーを求めています」という言い方で、もう一度京都への行使を求めてきたのです。

それに対してスチムソンは、私の決定は変わることはないという急電を打った上で、トルーマン大統領のところへ行って、その事情を説明して、「もし京都に原爆を落とすという無分別なことをわれわれがやれば、日本人はわれわれへの信頼を持てずに、ロシア人の懐に飛び込むことになると思います。それは、アメリカにとって大きな戦略的損失です」と説明しました。何しろトルーマンはちょうどスターリンという悪魔と苦闘していたので、あのスターリンの下に日本国民が抱き留められたのではたまらないということで、「分かった。この問題は君に任せる」と即答したのです。

それで、スチムソンはグローヴスに対して、「私のペットシティーは使ってはならない」という急電を打ち、「なお、これは最高権威者の決定したところである」と書き加えたのでした。京都には大統領が原爆投下してはならないとおっしゃっているということを伝えたのです。こうして京都の案は消えたのでした。

スチムソンは、ポツダムの席でもう一つ意見するのです。それは「バーンズ修正」についてでした。当初の案では、日本国民の自由な意思により政治体制を選ぶことができるという民主主義の原則が書いてありました。それには、「This may include a constitutional monarchy under her present dynasty」、現皇室下の王制も含み得ると。それも日本国民が選べると。イギリスと一緒だというわけです。平和で民主主義でさえあれば、天皇制があっても構わないということが書いてあったのです。その部分がバーンズによって修正されたのです。アメリカ兵が戦っている相手に対して、そんな甘いことは出せないとハル前国務長官にも助言されたので、そこが修正されたのでした。そのことをスチムソンはトルーマン大統領に指摘して、「もし日本政府がこの削除ゆえに躊躇をして、ポツダム宣言受諾に困難を感じるようなことがあれば、大統領の口頭でもいいから、その点の保障をしてやってくれないか」と伝えるのです。「天皇制は日本国民が望むなら、そして、平和と民主主義を歩むなら良いというように口頭でも答えてやってもらいたい」とお願いしたところ、トルーマンは「分かった」と答えたのです。そしてそれが 8 月 14 日に実際に行われることになります。

というわけで、そういう準備の後、ご承知のように 8 月 6 日に原爆 1 発目が広島に落ち、8 月 9 日に長崎に落ち、そして同じ 8 月 9 日の未明、2 発目よりも前にソ連の参戦が行われるわけです。こうして日本は、もう全く防衛戦略が成り立たないという事態になったわけです。

5・4　聖断によるポツダム宣言受諾

そのような事態に至って鈴木貫太郎内閣は、緊急に最高戦争指導会議を開いて議論をいたしますが、鈴木首相自身が、この事態では、もはや戦争は続けられないと思うが、どのように考えるか議論していただきたいと。東郷外務大臣は、ポツダム宣言を受託して平和を回復することが日本にとって望ましいという議論を、理路整然と展開いたしました。それに対して阿南陸相は「このままでは死者に相済まぬ」となるのです。

日露戦争で、満州で失われた 10 万の英霊に相済まぬと、過去の犠牲、それで呪縛して政治を動かす。金縛りにして戦争政策に連れていくということが、何度行われたか。いよいよ、この日本本土での決戦をやって、310 万人の犠牲で済まずに、700 万人かと思われる犠牲者を出すような本土決戦をやるというところでも、またまた陸軍の議論は「このままでは英霊に相済まぬ」と、死んだ人の命を無駄にしてはいけないから、やはり戦わなければいけないと、もっと死者を増やしていくのです。

そういう、民族の誇りに訴える力強い議論を行って、これが 3 対 3 になったのです。3 対 3 に対して、鈴木貫太郎総理は「私はやはり、外務省の言うことが日本にとって必要だと思う」と言って、4 対 3 にしたら結論が出るわけではないのです。明治憲法の制度は、信じられないのですが、多数決ではなく全会一致なのです。

全会一致ということは、一人でも、陸軍が反対したら、変えられないのです。日本は既に、徹底的に戦うということを方針として合意しているのです。それを変えるためには、全会一致がいるのです。どう考えても不可能です。そこで鈴木首相は、自分の意見は、多数にするのはこちらだと何も言わずに、「かくも長きにわたって議論せられ、なおかつ一致を見ざるは遺憾である」と。こういう場合に今まではどうするかというと、閣内不統一で総辞職しますとか、先送りしますということで、ずっとごまかしてきたんですね。「しかしながら」というわけです。事態は重大にして、一刻の猶予も許されない。原爆が次々に落ち、ソ連が参戦している。そういう中で「先送りしましょう」と言っていたら、もう悪くなる一方です。内閣総辞職しても、どうなるものでもありません。

そこで、「かくなる上は聖断を仰ぎ奉るの他なし」と言って、勝手に陛下の玉座に向かって歩き始めるのです。普通は臣下がしっかりと合意をつくって、それを陛下に厳かに神聖化していただくというのが決定の在り方で、それ以外はいけないのです。言うなら、禁じ手を使った。

明治憲法では、全ての権限は天皇大権で、全部あります。しかし、その重要決定は、最後のほうの第55条で「国務各大臣の輔弼(ほひつ)による」と書いてあるのです。天皇大権はたくさんあるが、その担当する国務大臣が補佐することによって、助言と同意によって行うことになっています。

従って、国務各大臣の全会一致がなければできないというところなのですが、初めてそれを越えて、禁じ手を使って、天皇自身の判断を求めるということをする他はない事態だという説明をしました。一座には「えっ」という驚きの雰囲気があって、阿南陸将は「総理」と言って、引き留めようとしたという話もありますが、鈴木貫太郎は老人のくせに意外に動きが速いものですから、宙をかいたということです。

天皇はそこで、「それでは席に帰って聞くように」とおっしゃったのですが、鈴木貫太郎は本当に聞こえなかったのか、また韜晦(とうかい)なのか分かりませんが、「は？」とか言っているのです。それで、しぐさをもって「帰るように」と。

それで席に戻ったところ、天皇は、戦況についての厳しい現実を言って、軍は房総半島に米軍上陸に備えて砲台を造ると前から言っていたので、最近人をやって調べてもらったところ、まだ出来ていないと。また、新しい師団を次々につくって、人を動員している。しかし、人は集めても、銃もない、靴すらないということでは、火力に優れた米軍に対抗することは無理であろうと。

確かに、ポツダム宣言受諾ということは誠に耐えがたい。ここをと頼む汝らを戦争犯罪人として引き渡すことは、誠に耐えがたい。さらに、家を焼かれ、家族を失い、戦に倒れた国民を思えば、誠に忍びがたい。しかし、だからといって戦いを続けるならば、民族の種子すらも失われるかもしれない。耐えがたきを耐え、忍びがたきを忍んで、平和さえ得ておけば、また復興の光明ということも考えられるというのが、彼の聖断で示した議論の筋道です。

民族の種子すらも失われるというのは、明らかにオーバーです。本土決戦をやったとしても、皆殺しということにはならなかったでしょう。しかし、310 万人という凄まじい犠牲を出したのです。

阪神・淡路大震災では 6434 名が犠牲になりました。そのさなかにいて、何ていうことだと。屍累々、遺体安置所の棺桶がずらっと並んで、これがこの間まで元気にしていた人がこの調子かと、信じられない。

さらに、東日本大震災では今までのあの魅力あった町が、がれきしかない。そのがれきの中を自衛隊がとりあえず通れるようにして、そこを時々自衛隊の車やトラックがちょっと走るだけで、全く人の気配がない。がれきしかない町。何と信じがたい。1 万 8000 人もの犠牲を出しました。

大自然は時として大きな犠牲を出します。しかし、人を目がけてやって来るわけではないのです。被害を受けた人は、あたかも自分を目がけて来たように感じます。私も、阪神・淡路大震災の時に、この家を大地が皆殺しに来ていると殺意を感じて戦慄しました。しかし実際は、自然が暴発しているだけなのです。

一方、戦争は殺しに来るのです。日本は 310 万人。ドイツやポーランドに至っては 700 万人もの犠牲を出しています。本土を戦場にして、町一つ一つが潰されていく、焼き尽くされていく。ブロック 1 個 1 個、アンネが隠れているところまで、屋根裏まで潰して殺していくわけです。日本も本土決戦をやっていたら、その犠牲は 500 万人で済んでいたのか、600 万人か 700 万人か分かりませんが、もっと大きな犠牲になっていたのです。

民族の種子まではなくならないけれども、われわれが生きている公算はぐっと減ります。われわれの親の世代が倍以上殺されるということになったかと思うのですが、天皇は、「何とか、陸軍が体面を失って負けを認めるということだけはしたくないのはよく分かる。しかし、だからといって国民を地獄に連れていく、みんなを地獄へ連れていくということだけは勘弁してくれ」と。「やけにならないでくれ」と。「もう一度やり直すことを受け入れてもらいたい」

という切なる願いとして、「民族の種子すらも失われる」とまで言い、かつ、「復活の光明が考えられる」と言われたのです。状況からすれば明る過ぎる言葉も吐かれたのだと思います。

その言葉を聞きながら、特に国民の犠牲や「自分を助けてくれた汝らが戦争犯罪人」というあたりで、もう既に一座の中には鼻をすする音が出始めたと言いますが、やがて、国民へのいたわりの言葉が続く中で、ほとんど嗚咽になった。みんな、民族の運命を共に感じて、泣いたのです。

そのことが、実は意外に大事でした。というのは、明治憲法の下では全会一致なのです。陸軍大臣が「あのお言葉には感銘いたしましたが、しかし、組織の立場としては徹底抗戦であって、本土決戦でありますので、残念ながら自分ははんこを押せません」と言ったら、もうそれまでで、天皇の言ったことは独り言になります。

しかし、あのように天皇が言葉を尽くして、みんな一緒に民族の運命を感じて泣いた。そのことが、阿南陸軍大臣をして、組織を裏切らせました。陸軍の総意に反して、天皇の意向に従ってサインしたのです。

そのことについて、彼は部下から糾弾されました。官邸に帰って、内容はこういうことであったと説明すると、山口三郎少将から「大臣は何を言っているんですか」と文句を言われるのです。阿南陸将は、自分は「なお戦いに行くべきだと言った。しかし陛下は、阿南に『もうよい』とおっしゃった。自分はそれ以上言えなかった」と説明します。

そうすると、みんなはシーンとします。その後、大臣はキッとなって「これに不服な者は、まずこの阿南を切れ」とパッと言われた。そうすると、みんな、後ずさりするような感じで、何もできない。その後皇居に帰っていき、結局15日の未明、割腹自殺することによって、阿南は陸軍の総意に反して、天皇の意に従って、終戦の決定に加わったという、彼なりの決着をつけるということになるわけです。

そういうことを通して、ポツダム宣言を本土決戦前に受諾したのでした。そのことの意味は大きいということが、天皇の聖断によってポツダム宣言を受け入れて、平和を得たということが、知日派が言っていた平和回復と民主化にとって、天皇制は利用できる、有用であるという立場を事実として補強したわけです。

その結果、直接軍政ではなく、ポツダム宣言の条項に従っての、日本政府を用いての間接統治という路線に変えることになった。そして、分割占領は回避されることになりました。本土決戦が行われていたら、プランが何であれ、ソ連軍が北側から入ってくるという事態が、早期終戦によって回避されたということです。

おわりに

栗林忠道は部下の兵たちに「死よりつらい生を生きよ」と。そのことが、故国への敵のやいばを遅らせることができなかったということで、彼は「重きつとめを果たし得で」という辞世の句を書いたんですね。

しかしながら、それが本土決戦前の和平をもたらす大きな条件になりました。ですから私は、栗林さんに会ったら、言ってあげなければいけないと。「あなたは止めることができなかった、故国に敵のやいばが届くのを遅らせることすらできなかったとご自分は思っていらしたようだけれど、それどころではない。故国が戦場になることを回避する上で、大きな頑張りをされたんですよ」と。

そして、天皇は「戦い続ければ民族の種子すらも」という状況から、「平和さえ得ればまた復興の光明も」と。あの状況の中で「復興の光明」は少し空気から外れているのですが、しかしながら、実際には、どこまでお考えだったか知りませんが、「強兵抜きの富国」路線によって、戦後日本は大変な復興を遂げるわけです。

剣をすきに持ち替えて、大きな再生を果たした。そのことについて、今、「天皇記」というのが編纂されていて、昭和天皇の言行録をまとめています。私はそれに加わっていませんが、加わった人が書いたものによると、終戦の翌年、昭和21 年、1946 年に、彼は吉田茂や幣原（喜重郎）のような政界の長老と懇談すると

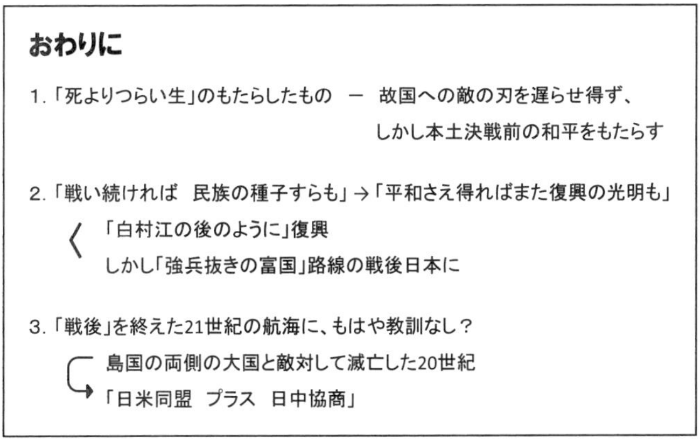

おわりに

1.「死よりつらい生」のもたらしたもの　―　故国への敵の刃を遅らせ得ず、
しかし本土決戦前の和平をもたらす

2.「戦い続ければ　民族の種子すらも」→「平和さえ得ればまた復興の光明も」
「白村江の後のように」復興
しかし「強兵抜きの富国」路線の戦後日本に

3.「戦後」を終えた21世紀の航海に、もはや教訓なし？
島国の両側の大国と敵対して滅亡した20世紀
→「日米同盟　プラス　日中協商」

図 5

きに、日本の主要都市、京都以外の大都市は全部がれきの山ですよね。このたびの津波以上に、広範にひどいがれきの山になっている。そういう日本の状況を指して、「本当にひどい状況だけれども、絶望するには当たらない」と、天皇は言われるのです。

昔、白村江の戦いに敗れた後も大変な衝撃を受けたけれども、日本はそのときに、かえって再生と躍進の時代を持ったと。大和王朝は、2万7000の大軍を朝鮮半島に差し向けましたが、二日にして壊滅します。どうしたのか。「日本書紀」によれば、現地の気象も知らないと。あれは錦江の別名が白村江なのですが、その河口あたりで戦になったのですが、潮流が激しく干満の差が大きいです。そういう現地の地理・気象をわきまえて戦をするのが、いろはです。

ところが、外国へ出掛けていくとき、勇ましい議論の影で、日本はそれをしばしば怠けます。秀吉の朝鮮出兵もそうですね。そのときは地理・気象はだいぶ調べています。しかし、現地の人の心を捉える、彼らがどう思っているか、文化的にどんなことを大事にしているか、その心を捉えるにはどうすればいいか、それが全然できていないのです。

一部、黒田官兵衛の息子の黒田長政の部隊は、そういう点に配慮を持っていて、結構成功しました。しかし、秀吉の軍隊全体としては「いけいけどんどん」なんですね。日本国内でそんな野蛮なことをしていたのだなと思いますが、それを外国でもやる。

首級を上げて、その手柄のしるしにします。しかし、首級を上げても日本に持って帰るのは大変だから、鼻か耳だけでいいと。そぎ落とした鼻耳を送っているんですね。これは、やられる側からしたら、どうですか。何という野蛮な国だと。

初めは、それまでの、どうせよくない政治があるでしょうから、「もしかして大和から来たやつのほうがいいかもしれない」ぐらいに思っていたとしても、耳や鼻をそぎ落としては送るような、そういうものに対して協力する人がいるわけがないですよね。相手の事情をつかんで、内在的に理解して、その上で、受け入れられる対処をするということが、侵略戦争をするときには全然できない伝統があるんですね。

ですから、白村江の時も、地理・気象もわきまえず、壊滅しました。しかし、その結果、日本人は目を覚ました。中大兄皇子が天智天皇になって、日本の防衛システムを構築しました。必ず唐・新羅の連合軍が攻め込んでくるだろうと、対馬に金田城を造ります。そして、北九州に拠点を造るだろうから、太宰府の前に大野城を、背後に基肄城、そして水城も造って、これは百済の軍法に従って防衛ラインをしっかり造った。

それから、最近分かったものでは、62 キロ南の鞠智城というのを熊本県のほうに造って、万一太宰府が包囲されたり、あるいは占拠されたときに、鞠智城を拠点にして反撃をするという城まで造っています。78 の建物跡が出てきました。防人の入る兵舎も、武器庫も、米蔵も、それから朝鮮半島が好きな八角形の、対になった二つの塔も、それから行政ビルも次々出てきました。

今、古代史の専門家で、何だということで分かったのは、大野城、基肄城、太宰府城郭と同じときに造られたと。唐・新羅が攻め込んできたときの防衛の重要背後拠点として、そんなものまで造っているんですね。それと同時にずっと城を造って、難波津まで来たら、河内平野は狭くて、すぐ生駒山です。生駒山の地形を利用した最後の防衛線、高安城を造って、そこで食い止めようということで、大和防衛のために東北の次男坊、三男坊を動員して、防人として対馬や九州に配備しているのが、「万葉集」で分かるわけです。

というように、大変な全国防衛網、それから、のろしの通信システムを作って、「敵だ」というと、ザーッと伝わるようにしたわけです。そういう防衛を一生懸命やったということはすごいですが、それ以上に、敗戦の翌年から、唐文明を猛然と学習し始めました。負けて分かったんです。こんなに唐文明が進んだものかと。それを知って、結局、大和の文明が唐文明と同じ水準にならないと、いつまでたってもビクビクしなければいけないわけです。

猛然と学習して、50 年間努力をした後、710 年に平城京を造りました。これが、唐律令国家の首都とほぼ同じものを、小さいですが作ったのです。ということは、唐文明のエッセンスをほぼ学んで、同じ水準に近付けたということです。これが日本史にとっての大きな革命です。

唐文明は、ローマ文明衰退後、世界で一番強力にして進んだ文明でした。その世界最高水準をほぼこなしたのが敗戦後 50 年で、その後、8 世紀中は、僧、鑑真を連れてくる天平の時代のように、中国文化のエッセンス、いいものがあると知ったら、しゃにむにそれを学び、吸収しようと。その努力の中で、日本の水準を高めたのです。

昭和天皇は、敗戦の直後にそのことを言って、白村江の敗戦の後も、日本はかえって再生し、躍進できたと。われわれも失望することはないと。頑張れば、これからいい時期を築けるかもしれないとおっしゃったのです。偉い人ですね。立派な歴史家です。

明治の西洋文明、ペリーの黒船に国禁を破られた後も、大変な緊張感を持って、攘夷の志士たちが荒れ狂う、独立は絶対失わないぞと、外国の支配に入らないぞという荒れ狂い方を一方でしながら、西洋文明をものすごく学習して、非西洋社会の中で日本が初めて、西洋列強と並び立つ存在になるということを、日露戦争の勝利で示したわけです。50年後です。やはり50年かかっています。

戦後の場合は、50年をかけず、1960年代の高度成長、1980年代の世界一のものづくり国家という中で、「強兵抜きの富国」路線の再生ということを遂げたと。それは、あの戦争に狂った時代、そして、敗戦の苦しさをかみしめて、そこから教訓を得て再生をしたということで、可能になったわけですが、今、「戦後」を遠く終えて、21世紀の航海において、もはやあの戦争の時代の教訓はなくてもいいのかという雰囲気も出てまいりました。

若い人たちの間では、安倍首相が靖国に行けば、支持率が上がるのだそうです。田母神さんも大変たくさん票を取られました。若手の支持が多いのだそうです。しかし、20世紀の日本は滅亡に至った。なぜか。簡単です。島国の両側の大国と敵対して、両方を敵にして戦えば、負ける他はありません。滅亡する他はありません。それが20世紀の歴史です。

中国、韓国との関係は難しい。そのとおりです。それは、日本が心ないことをしたということもあって、日本人は、それに対していたわりを示さなければいけません。そのことが問題になったら、私は「大変失礼いたしました。先祖が心ないことをいたしまして、さぞや大変だったでしょう」と、必ずシンパシーを表明することにしています。

しかし、「戦後日本は違うでしょう？　平和的発展の路線を取り、民主化を遂げ、そして、アジア諸国に協力をする。その発展を支える努力もしてきた。そういう戦後日本のこともよろしく理解してください」と。日米同盟プラス日中協商。同盟はアメリカだけです。中国とは、難しいことはありますが、協商というのは、共同利益はそれぞれ尊重できる、そういう関係を続けなければ、21世紀の日本の航海は安全ではないと思っております。

長くなりましたが、私の話を以上にさせていただきます。

質疑応答

質問1　早期降伏、「SWNCC150」の転換によって、初期占領体制にどういう影響があったか。当時ワシントンの主流派であった親中派のバーンズ、アチソンらと、マッカーサーの主導権争いによる影響などはどうでしょうか。

五百旗頭　まさにそうです。

終戦までグルーとスチムソンで頑張ったんですね。そのお話は、今申し上げたとおりで、若いトルーマン大統領をスチムソンが面倒を見るような形で。グルーはその前に、国務長官はステティニアスという、経済界から来た温厚な、白髪のエレガントな紳士だったのですが、もう政治的影響力の限界に来ており、力がなくて、握手して回るぐらいしかできないということで、ワシントンでの終戦のときの重要な政治決定は、国務次官であったグルーが仕切っていたんですね。そういう意味では、三段階降格と言いましたが、1944 年の春に極東局長に、自ら「降格人事で結構だ」といって一度下りたものが、結局次官になり、そして、ステティニアスはサンフランシスコの国連関係の会議のほうへ行かなければいけないので、ワシントンではグルーが Acting Secretary、国務長官代理という、事実上の運転者になっていたわけです。

そこに戻って、日本の終戦を仕切るということができたのは、日本にとって大変幸いであったし、グルーも頑張る機会ができてよかったのですが、ところが、国務省の他の幹部たち、ここに出ているアチソンとか、マクレイシという人たちは、グルーがあまりにも日本びいき過ぎる、保守的過ぎるということで、ご不満なんですね。

幹部会で反対のようなことが起こります。それを収拾できないという状況を見て、グルーにばかり頼っているわけにはいかないと、政治的影響力の限界、そこをスチムソンという巨人、長老政治家が代わって走ってくれたので、ポツダム宣言と、それから、あのときに京都原爆投下回避だとか、日本に対して口頭でも了解を与えるということまでできたわけです。

二人、グルーとスチムソンが終戦とともに職務を終えます。ご高齢の方、どうぞお引き取りください、ということになったわけです。代わってバーンズが国務長官になり、そして、グルーと対抗したアチソンらは健在なんですね。

終戦までは日本に随分配慮を示したのですが、終戦とともに親中派の力が強くなります。バランタインとドゥーマンは外されて、バランタインは残るのですが、それに代わってジョン・サービスとか、ジョン・エマーソンとか、ジョン・デイビスとか、3 人の「ジョン」と呼ばれる親中派の人たちが中心に座ります。

そうすると、日本に厳しくなります。初期対日方針の内容は、先ほど「SWNCC150/4」が変えられたので、日本の経済の自力更生が可能になったり、割と寛大になったと言ったのですが、しかし、実施する段階になると、親中派が中心になって、天皇を処断すべきではないかと。もっとしっかりと民主化改革を、日本政府に対して活を入れるべきだという声が強くなります。

それを反映して、東京のGHQの中では、民政局（Government Section)、これはホイットニーが長ですが、その次長であるチャールズ・ケーディスというのが辣腕を振るいます。次長が独裁すると言っているのです。

日本政治の現場指導は、ケーディスがやりました。彼は非常に改革熱心な人で、左派に近いというようなところがあるものですから、例えば、東久邇宮内閣が潰れて、幣原首相が出てきて、マッカーサーと10月10日だったかに会談するのですが、そのときに、マッカーサーは珍しく、自分でとうとうと持論をしゃべるのではなくて、部下が書いたものを読みます。

それが民政局の作ったもので、それはワシントンの意を受けて、親中派のやや左に振れたワシントンが、日本に対して厳しく民主化改革と非軍事化の筋を通すということを求めるものでした。というように、終戦とともに親中派が強くなったものが、東京で初期の非軍事化と民主化改革を徹底するという路線と連動するということで、強くなりました。

それに抵抗したのが、結局のところマッカーサーなんですね。1月6日にパージが行われます。広範なパージで、幣原内閣の主要閣僚、松村謙三だとか、日本の政治の文脈では、リベラルな立派な政治家なのですが、戦争中にある公職に就いていたら、機械的にパージされるために、立派なリベラルな人も、結構含まれています。それが現職閣僚もありました。

ご存じの方はご存じだと思いますが、幣原首相は高齢なのに総理に復帰します。そして、暮れに暖房のない官邸で、昭和21年のお正月の、天皇の人間宣言を英語で書く作業を、幣原が一生懸命やります。幣原さんの英語の使いぶりというのは、もう大変なものです。川島先生が今、英語で本を書こうとしているそうですが、私にはできないと思いますが、幣原さんの英語というのは、もうずば抜けているんですね。英米人の教養すら上回るほどの人が、英語で書くのは、まさにうってつけです。

それはいいのですが、高齢の人が暖房のないところで作業をしたものですから、風邪をこじらせて肺炎になって、高齢だから死ぬことになっていたんですね。そこでマッカーサーが「それはいかん」と言って、当時まだ貴重なものだったペニシリンを、アメリカ軍のほうからプレゼントしてくれて、それで幣原さんは一命を取り留めて、病床で寝ていたんですね。

寝ていたところが、1月6日にパージで、自分の頼りにしている閣僚まで公職追放だということで、幣原は真っ赤になって怒って、「マックのやつめ」と。「こんな仕打ちがあるか。俺と話したときにはあんな風に言ったじゃないか」と、悶々として怒って、「総辞職だ。こんなものには協力できない。責任を自分でとらせてやる」とか言っていたんですね。

ところが、パージされることになった松村謙三、次田大三朗とか、そういう人たちが病床にやってきて、「総理ともあろう者がそんな感情的になって、辞表をたたきつけるということで済むのですか。総理をお辞めになるのはご勝手だとしても、その後、どうされるつもりか。それぐらいの責任はおとりください。誰をお考えですか」と言われて、幣原さんも「うーん」と困って、「三土などはどうか」と言ったら、「三土さんは確かに財政家として立派な方で、大蔵大臣は務まると思いますが、この大変な事態の中で、米軍と折衝してやれると思いますか」と。「うーん」と。何か言い掛けても、「それは無理でしょう」と。

言葉に詰まって沈黙した後、はらはらと涙を流して、「分かった。もう一度やろう」と、幣原は言うんですね。病床から起き上がって、そして、平和憲法を作るのに協力します。

その平和憲法を作ることに協力をするという意向を、床上げのときにマッカーサーに、非常に抽象的で、マッカーサーの操作があるのですが、憲法の第 9 条を作ろうと、幣原は提案したわけでは全くありません。ただ、日本政府の方針として、これほど国際的な信用を失う戦争をした以上、平和路線ということを政府として力強く宣言するということをやることを考えて、戦後日本は徹底した平和路線で行きたいということをマッカーサーに言って、マッカーサーを感動させたんですね。

しばらくしたら、マッカーサーがそれを第 9 条という形で出してきて、幣原もびっくり仰天したんですね。憲法にまで入れるのかと。占領者が支配している中で、基本法である憲法を、こういう極端なものを作らせた場合に、後がかえって、反論が来るのではないかという心配もしたけれども、やはり国際的な親和性を持って、国際環境と一緒にやっていける戦後日本にするためには、いずれにせよ今は国防を全うするに足る武力など持てるわけではないから、これでいこうと飲み込んだわけです。

その飲み込むのと、ほぼ時を同じくして、マッカーサーはワシントンの人に対して激烈な意見書を送って、「天皇制について現場の判断を言えと、前におっしゃってこられたが、それに対して答えを申し上げましょう」と。もし天皇制を一方的に潰し、従って、裕仁を戦犯処刑するということをすれば何が起こるか。現場において明らかなことは、日本人が占領軍に協力をやめて、ゲリラ戦が再発する。それに備えるために100万の軍隊を送っていただきたい。そうでなければ、天皇制を処断するということはやってはならないということを言うんですね。

これはまた非常にオーバーな、極端な議論なのですが、しかし、ワシントンとしては、現場責任者がこう言っている以上、できないということになります。そういう仕方で、初期の親中派が強くなったワシントンでは、改革の徹底というほうがグッときつくなったのですが、それに対してマッカーサーは結構抵抗して、バランスを取って、平和憲法を飲み込ませた以上、割と早い機会に日本の復興が可能になるようにするべきだと。

まずその精神的必要、当時、死ぬ兵士たちは、みんな「お母さん」というのが断然多くて、自分の母、家族、故郷を思ったでしょうが、やはり「天皇陛下」ということを口にして亡くなる人も多かったんですね。

それほど自分たちの、いわば国民共同体の「お父さん」というイメージを持っていた、それぐらい親近感が強いということをつかんでいるマッカーサーからすれば、やはり天皇にいてもらって、そして「マッカーサーのほうが天皇より偉いぞ」と示しながら、しかし、マッカーサーが、天皇制を含む、日本国民にある種慈父のような、いたわりを持ってやっていると。それを売ることによって、自分の統治というものが成功するということを考えたんですね。

そういう路線とワシントンが競争しながら進んでいったというのが、お答えかと思います。

質問2　グルーら知日派は、日米友好からアメリカがいかなる利益を得られると考えていたのでしょうか。

五百旗頭　今でもありますね。中国がこんなに存在感を高めて、アジアにおける圧倒的な経済的シェアを持つようになった。冷戦終結のときは、日本は世界GDPの15%を占めていました。アメリカは25%、日本は15%、あとは一桁以下ばかりです。その日本がたった20年ほどの間に、中国が日本に取って代わって、日本は今、6%か7%です。一桁の真ん中ぐらいまで、どっと落ちてしまいました。それは、アジア全体の経済のパイが大きくなっているということです。

そうすると、日本なんかは、もうアメリカはいらないのではないか。紙切れを結んでいても、中国のほうが重要だから、日本との友好関係など意味がないのではないかと、日本人は心配して思う向きがありますね。しかし、違います。

当時も今も、実はアジアの地にあって進んだ工業国家であり、従って、科学技術水準は非常に高い。そして、自前の民主主義経験を、明治、大正と持っています。もちろん日米の間でも考え方は違います。アメリカは納得できないところがありますね。アメリカについては、川島先生がおられるから、何も言いたくはありませんが、しかし、例えば大国というのは、みんな例外主義者です。

大国は、自分の国だけは例外、日本人だって、自分たちはユニークで例外だと思いたいですが、それに加えて、現実に大国である国は例外主義者で、アメリカは自分たちは特別な使命を持っていると。世界の普遍的な理念に基づく秩序をつくるのだということで、日本の占領政策を含め、戦後のああいう国連体制とか何かも、ものすごく頑張るでしょう？　これはやはり例外主義ですね。自分たちは特別な、天から与えられた使命を持っていると思うんですね。

それで普遍的制度を作ったら、今度はジレンマに身もだえし始めます。ルールを作ったら、それはアメリカにとってちょっと不自由だと。われわれは例外だから別だと言いたいけれども、普遍的なルールだから、そうはいかないということで、出ようかとか、何か変なことを言い出します。

そういう大国の例外。中国は、その例外主義者が普遍主義ではないんですね。中国は別格だと。中国の欲する領土や資源は、中国のものであると。周りの国は尊敬しなければいけない。それを受け入れたら、それなりに利益はちゃんと与えてやるからという、中国らしい考えです。これは厄介ですね。

大国はみんな例外主義なのですが、例外主義のアメリカは、アメリカだけ無茶してもいいというわけにはいかないですから、パートナーが必要です。アジアにおけるパートナーとして日本ほど工業化の進んだ先進社会であるというだけではなくて、民主主義についても、それなりの蓄積、伝統があり、やはり心から民主主義的なものを大事にする、人権を大事にするという人の比率も、アジアで断然高いです。

そういうパートナーがアジアにいないと、アメリカも実は何もできないんですね。全部自分だけで中国に対して何もできません。日本という国がいて、現場で中国や韓国と揉めるのは困るので、もっと協力してくれなければいけない。一緒にやっていくようでないと、日米同盟の値打ちもなくなるから、もう少しちゃんとやってくれと、オバマさんはいらいらして、日本の安倍政権に対して注文を付けて、靖国に行くと「失望した」などと言うわけです。

つまりそれは、それほど日本が大事だということです。日本ほどの大国、世界第3番目の経済大国であり、民主主義国であり、相互に人の行き来ができて、話ができる、分かり合える存在が、アジアの中でそれなりにちゃんとやっていけるようにしてくれ、できたら、アジアにおけるコーディネーターをやってくれと。

橋本龍太郎首相と小渕首相の時代には、日本政府がアジア太平洋国際関係のコーディネーターをやっていました。支配はしていません。上に立ってはおりません。しかし、世話役を上手にやっていました。もちろんアメリカとはいいし、中国とも結構いいし、東南アジアとは特に親しいし、みんなといいから、うまくやれた。動かせたんですね。

ところが、小泉さんのときから、日米関係はどっとよくしたのですが、中国、韓国は、靖国に行ったことによって、また関係を冬に戻してしまって、その結果、コーディネーターが務まらなくなったわけです。代わって、北朝鮮に対する六者協議をアメリカに頼まれた中国が、世話役をやり始めました。そこでクルッと入れ替わってしまったんですね。

アメリカの希望は、本当は日本です。日本が中国、韓国とも一緒に、少なくとも共同利益ぐらいはちゃんと進められるようにして、そして、それを大きく後ろからマネージするというぐらいが望みなのだと。少なくとも、中国という激しい、アメリカに対するライバル心を今なお強く持った国と、やいばを含めて、エンゲージメントとヘジングを組み合わせてやるというのではなく、日本がかなりこなしてくれるということを希望しているんですね。

そういう意味で、戦後アメリカは、アジアに自分の力で何でもできるという幻想を持つ人もいますが、やはり日本という、これまで敵だった国が、パートナーとしてやってくれる。1920年代はそうでした。

戦前の幣原の時代には、結構パートナーとして、戦後はもっとそういうものになってほしい。それがないと、何でもかんでもアメリカがアジアを左右できないということで、日米友好はアメリカにとっても、そのとき思っていた以上に大きな資産です。

スチムソン流に、日本がロシアの懐に飛び込んだら、アメリカはものすごい損失だということは、これはもうすぐに分かります。日本ほどの進んだ工業国家が、共産体制の味方になってしまわれたら、西側はたまったものではないと。そういう言い方は分かりますが、積極的にも、そういう……。

質問3　現在の安倍首相が進める積極的平和主義、集団的自衛権の容認の方向について、アメリカはどのように受け止めていますか。

五百旗頭　積極的平和主義、つまり世界の安全保障に協力する日本、それをアメリカとしては望む。一部のアメリカの中では、日本が力を持ったり、世界的関与を広めること自体を危険だと思う向きも、戦後当分の間はありました。しかし、今アメリカが力の限界を意識するようになったので、日本のような国が、つまり、どちらかというと日本は平和主義的で、乱暴をする国であるよりは、控えめ過ぎて、十分仲間として力にならない傾向の強い日本に対して、やってもらうことは結構だというのが主流だと思います。

それから、集団的自衛権についても、特にアメリカ軍部、ミリタリーとミリタリーの日米同盟関係というのは、ものすごくいいんですね。政治のほうで、中国や韓国の、ものすごい宣伝がアメリカ国内で行われて、それに人々は揺れます。しかし、ミリタリー・レベルでは、自衛隊とアメリカのペンタゴンとの間、それから現場の関係というのは、ものすごくいいです。ですから、離島防衛の共同訓練なんかは非常に熱心にやるわけです。

そういうものに関与している人たちは、集団的自衛権を日本政府が容認するとすれば、結構であると。どうしてかといえば、アメリカが日本に基地を置いて、アメリカの軍部、海外においては一番強力なものを置いているわけです。それは、もちろんアメリカの世界戦略のためです。しかし、その世界戦略のためにいることが、日本の防衛に役立っているということは鮮明なことです。

日本としては、それを大事にしなければいけない。なぜならば、日本は自前で拒否力は持っています。防衛する努力はしています。しかし、抑止力というのは、「お前が俺の頭を打ち抜けるのか。いいよ、俺はお前の心臓を打ち抜けるぞ」と。「Mutual Assured Destruction だね。だから、ばかなことはしないよ」といって手を出させないというのが、抑止戦略です。

その抑止能力は、日本は持とうといたしません。「北京と上海を火の海にするぞ」という能力は、日本は持とうとしません。ですから、抑止はアメリカに対抗してもらって、専守防衛だけやる、拒否力だけ。お宅が手を出してきたら、スッポンのようにかみついて、「痛い痛い」と手を引かなければいけなくなるよと。その能力だけ持つとしているんですね。

その日本にとって、アメリカ軍のプレゼンスというのは、今、中国の力がものすごく強くなり、北朝鮮が乱暴になってきたので、アメリカがしっかりいてくれないと、自前で全部防衛するようにすら、できません。そうすると、集団的自衛権、一緒に防衛する。集団的攻撃権ではないですよ。集団的自衛権です。例えば、アメリカの軍艦が日本近海に、日本防衛の意味も持っている。そこが攻撃されたときに、日本は、それは許せないと。アメリカ軍と共に戦うということです。

それをやらないならば、日本が尖閣で中国にやられたとき、アメリカは一緒に守るなんていう義理は全くないということになります。そういう意味で、日本近海にいる、周辺にいるアメリカ軍が攻撃を受けたときに、日本は一緒に戦うということは、はっきりしたほうがいいです。それをやらないようだったら、日本を守るということもまた怪しくなる。そういう非常に厳しい状況になっています。

かつては日本の自衛隊の水準は、小さいですが非常に高くて、中国なんかは目ではありませんでした。尖閣なんかは、取りに来ても、取れるわけがない。日本のほうが上でした。今でも、日米を合わせたら、上です。

中国の潜水艦はガラガラヘビとは言いませんが、動く音が聞こえるんですね。私も二日間潜水艦に乗って、太平洋体験ゲームをやったことがありますが、日本の潜水艦はものすごく静かです。音が全然出ません。中国のものは、適当に音を出していらっしゃる。

音の音紋がどうなっているかというと、全部、日本とアメリカのコンピューターに入っています。従って、ある音を出して動いている中国の潜水艦、これは何年の何型のどういうものだというのが、すぐに分かります。こちらはそれが見えていますが、向こうには、日本の潜水艦は静かだから、いることが分かりません。

しかし日本軍は、ゾーン・ディフェンスをやって、たった16隻を20隻にするだけで、それは自分たちの海域を守っているだけで、アメリカ軍は、それが中国沿岸にまで行けるわけです。その能力は非常に高い。そういう能力の差はものすごく、中国は空母もようやくジャンプ台付きのものを一つ造りましたが、アメリカはカタパルト発進の、しかも実戦で何度も鍛えたものを11隻、世界中に展開させています。

軍事能力において、中国はものすごい勢いで増やしていて、日本だけでは苦しいけれども、日米合わせたら、とてもではないですが、大人と子どもほどの総合力の差があると考えたほうがいいです。

そういうアメリカを、日本としてはしっかり協力者にしておく。日本をも守るものとして活用すると。今はそれをしっかりやらなければいけないところですので、集団的自衛権ということについて、アメリカの、地球の裏側に一緒に行くわけではないですよ。それは、日本も攻撃に加わる。そんなことは全然。

日本の防衛にとって、アメリカ軍と共に行動するということは、はっきりしておいたほうが、中国は思いとどまるんですね。

日本だけならば手を出せるが、取れるけれども、アメリカ軍も一緒であれば、できないと思ってもらうということが、この地域の平和に必要だと。そういう意味で、集団的自衛権も積極的に。平和主義もいいのですが、問題は、安倍首相が原理主義的に、国家的、民族的誇りはいいのですが、自分の思いで靖国に行ったりするわけです。それは、国のために命を捧げた人のために、哀悼の誠を捧げて祈るというのは当然のことで、アーリントンでもどこでも、世界中がやっているのは何の問題もありません。

しかしながら、A 級戦犯を合祀したことによって、侵略戦争を開始した人たちをも神聖化しているんですね。遊就館に行けば、そういう歴史観がビデオになって、とんでもない説明が横行しています。

そういうことになると、首相がそこへ行くということは、日本は侵略戦争をまた正当化するんですね。昭和 20 年に全てを失う結果になった反省から出発した戦後日本が何を言っていやがるんだと。いいかげんにしろと。われわれは、やればやれるんだぞと、喧嘩をすることもよしとする、そういうリビジョニズムをやるんですかと思わせる、そういう事の進め方が、非常な危惧を与えている。

もう靖国に行くということは、小泉さんのときもそうでしたが、結局中国、韓国と首脳会談ができなくなるんですね。話ができなくなります。日本自身が、積極国際的な PKO とか何かで、平和を構築する上で協力する。それから、集団的自衛権、アメリカとしっかり一緒にすると、そのことはオーケーというのが答えです。

川島　予定の時間がかなり過ぎていまして、今私には、まとめの言葉を提示する能力に欠けていますので、1 点だけ先生の言葉を引用させてください。

先生は今回のご講演で、本当にギリギリのことをおっしゃられたと思います。ただ、もう 25 年前にこの『日米戦争と戦後日本』の原本が出されたとき、先生は後書きにこう書かれています。そのとき、「ジャパン・アズ・ナンバーワン」でした。

そのときより、日本の経済力とか影響力はかなり低下しているのではないかと思います。それから、アメリカにとっても、どう思われているかもだいぶ変わっていて、その反応の一つが、安倍首相のいろいろな発言や行動への批判になったりしています。ただ、先週 3 月 14 日、金曜日には、今後「河野談話」

を遵守するという発言があり、これからは、国際関係がいい方向に行くといいなという段階です。

今このように状況が違っている中で、この引用がいいかどうかは分かりません。後でタクシーの中で、先生に怒られるかもしれません。

「再び、今度は経済主義の山を一歩一歩登り詰めて尾根筋に立った現在」、「ジャパン・アズ・ナンバーワン」ですね。「『足りない何か』はいっそう切実に感じられる。足りないのは、軍事力というハードではない。尾根筋に立った者に求められる大局的展望力と、それに基づいて決断する者に漂う風格というべきものであろうか。身を潜めて経済の実を手にする慣性の中で、われわれは、他国民と世界の運命に共感を持って行動する苦痛と誇りを見失い過ぎたのではなかろうか」と書かれています。

まだまだわれわれにできること、特にアメリカ研究者の立場から、先ほどいい言葉がいただけました。「例外主義」と「普遍主義」です。アメリカの例外主義というのは、われわれはよく批判するのですが、「ニューレフト・ヒストリアン」のような立場の方は特にですね。人ごとのように言っていますが。

普遍主義を、われわれと共に、アメリカにはきちんとやっていただくと。それが今求められているのかなと、アメリカ研究者として考えています。

今日は本当に長い間、ありがとうございました。それから、皆さまにも、御礼申し上げます。本当にありがとうございました。

注

★1　本稿は 2014 年 3 月 23 日に五百旗頭氏によって南山大学名古屋キャンパスで行われた講演録である。

第16章

戒厳状態と沖縄戦

尋問の記憶

冨山 一郎

1　沖縄戦と戒厳令

プロイセン憲法を参照した戦前期の大日本帝国憲法には、その第14条に戒厳を定め、「天皇ハ戒厳ヲ宣告ス」とある。戒厳令はここに構成されるのだが、それだけではない。周知のように関東大震災の際に東京、神奈川、埼玉、千葉に登場した戒厳は、大日本帝国憲法14条にある「天皇ハ戒厳ヲ宣告ス」に基づくものではなく、第8条「天皇ハ公共ノ安全ヲ保持シ又ハ其ノ災厄ヲ避クル為緊急ノ必要ニ由リ…法律ニ代ルベキ勅令ヲ発ス」に基づいている。この「緊急ノ必要」による勅令として、戒厳令が部分的に適用されたのだ。こうした戒厳令は行政上の法運用の停止とみなされ、行政戒厳とよばれたが、それは憲法に戒厳令規定を持たない現憲法下での自衛隊の治安出動や有事法制における周辺事態法、さらには大規模地震対策特別措置法における「警戒宣言」に近似したものだともいえる。また国益を根拠として登場する特措法なども、法の停止を前提にしたものであり、乱暴にいえば戒厳状態の一種と考えることもできるだろう。

ところで戦前期の戒厳令の第二条第二項には、「合囲地境ハ敵ノ合囲若クハ攻撃其他ノ事変ニ際シ警戒ス可キ地方ヲ区画シテ合囲区域と為ス者ナリ」とある。すなわち戒厳令は敵に囲まれた場合に発令されるのであるが、沖縄戦に際しては、この合囲地境戒厳は最後まで発令されていない。したがって、大江志乃夫が指摘するように、「沖縄において日本軍が戦場における作戦行動の必要上とった超法規的な非常措置は、戒厳宣告がなされなかったがゆえに、すべて軍司令官の越権行為であり、不法行為ということ」になるのだ★1。しかし同時に北博昭がいうように、戦時立法は、「狙いにおいては戒厳令もどきの法であり、戒厳令の権利制限にかかわる条項を個別に立法化したようなものである」とするなら★2、戒厳宣告だけで戒厳令を考えることはできないともいえるだろう。だが、ここで考えたいのは沖縄における戦時行政と軍との関係でもなければ、その法的制度的根拠でもない。重要なことは、沖縄戦が戒厳状態として遂行されたということだ。

では戒厳状態を考えるとはどういうことなのか。戒厳令に通底しているのは、「公共ノ安全」「社会秩序」という規範的な目的である。この戒厳令の基底に存在する、公共や秩序といった規範とは一体何か。金杭が、カール・シュミットの独裁における法の意味をふまえながら指摘するように、「問題はあくまでも、戒厳令の布告によって、それがいかに部分的な適用であれ、通常法規を停止して、規範の支配を維持することが目的とされたことにある。言い換えると、法と規範が限りなくその距離を縮める事態にこそ注目すべきなのだ」★3。ここでいう戒厳令における規範とは、法が守ろうとしている規範であり、重要なのはその規範の実現が「法規の停止」、すなわち法外な力において遂行されるという点にある。いいかえれば「公共ノ安全」は、安全という公的規範を規定する法によるのではなく、法を越えた無法な暴力において遂行されるのであり、逆にいえば無法な暴力は、規範維持において正当化されることになる。そしてこの法を越えた暴力こそ、国家なのだ。

「国家の活動、役割、そして場所は、法あるいは法的規定をはるかに超えている」★4。国家が法的正当性ではなく、国家が法を越えて自らの活動の正統性の根拠を確保する事態を国家の常態として考えようとしたニコス・プーランツァスは、その確保された根拠を国家の「非合法性」とよんだ。戒厳状態とは、法が後景に退き、司法的判断にかわって、問答無用の暴力と「公共ノ安全」にかかわる日常的規範が直結する事態なのだ。従って法的に戒厳状態を定めること自体、ある種の自己矛盾を孕むことになる。それは、国家が規範であるということより、法的判断において行使されていた国家の暴力と規範の重なりであり、混同である。そしてそれは、これから述べるように、司法的に限定された尋問という領域が、日常世界に広がっていくことでもあるだろう。重要なのは、尋問が司法的判断にかかわる法廷内の証言や調書にかかわることではなく、規範と直結した発話として登場することなのである。ここに国家の「非合法性」としての戒厳令の意味があり、この点こそ戒厳状態の要点なのだ。

前述したように、沖縄戦は戒厳状態でもあった。そこでの要点は、国家の「非合法性」であり、問答無用の暴力の蔓延である。周知のように沖縄戦では、多くの住民が「スパイ」という名目において日本兵により問答無用で虐殺されたが、本章ではこの沖縄戦での暴力を、戒厳状態の暴力として考えたいのだ。そしてかかる暴力は、決して時期区分と地理的区分においてくくり出された沖縄戦に限定されるものではない。議論を先取りしていえば、連累し拡大する尋問空間の中で、沖縄戦を考えたいのである。

2　主権と沖縄近現代史

ところで戒厳状態は、広くいえば沖縄の近現代史にかかわることでもある。琉球王国という独自の国家形態を歴史的背景に持つ沖縄の近代は、武装警官による、日本による併合という形で始まった。この点からすれば、近代日本の植民地支配の開始とともに沖縄の近代があるといえる。しかしその後制度的な同一化がすすみ、日本の中の一地方としての沖縄県になる。沖縄は植民地なのか、それとも国内の一地域なのか。沖縄の近代を考える時、いつもこうした植民地と国内の沖縄県という位置の間で揺れ動く沖縄という場所がある。

さらに 1945 年以降の戦後沖縄を考えた際、1972 年まで続く米国による沖縄統治がこの問題を複雑にしている。米国による沖縄統治の法的特徴は、主権は日本にあるが統治は米国が行うというものだった。これは「潜在主権」とよばれる複雑怪奇な統治であり、米国が沖縄を軍事的拠点として自由に使用するために、戦略的信託統治に代わって持ち出したものである。すなわちミクロネシアにみられる戦略的信託統治は冷戦の中で実現不可能になり、沖縄において実質的に自由に基地使用をするために登場したのが「潜在主権」であった。では、1972 年に日本に復帰して以降は、文字通り日本の一つの県になったといえるのか。1972 年以降の沖縄を考えると、米軍基地の存続にかかわって日米の密約、さまざまな特措法といった特別な統治がなされており、そして今、新たな基地建設にかかわって刑事特別法なる例外措置が登場している。

このような沖縄の近現代をどう考えればいいのか。戦前は帝国日本による植民地支配なのか、戦後の米国統治は日本帝国と無関係なのか、そして現在の日本の中の沖縄は。考えなければならないことは、沖縄は近代的主権の淵あるいは例外の位置にたえずおかれてきたということである。あるいは、恒常的に例外化に晒されているといってもいいかもしれない。戒厳状態とは、こうした主権からの例外化という領域にかかわる歴史性でもあるのだ。

近代的主権における例外化は、まずもって植民地主義の問題である。とりわけ帝国日本における沖縄を考えた時、植民地化された台湾や朝鮮、中国東北部のなかで沖縄を考える必要がある。と同時に、例外化はいわゆる国家それ自体にかかわる問題でもある。前述したようにニコス・プーランツァスはそれを「国家の非合法性」という言葉であらわしたのであり、それはカール・シュミットの「例外状況」、あるいはアントニオ・ネグリやマイケル・ハートが新しい帝国について論じる際に持ち出した、法的秩序を越えた帝国の統治形態の問題でもあるだろう。

だがこうした議論自体を精緻化することは、本章の課題ではない。重要なことは、植民地主義という形で見いだされる制度化された無法状態とでもいうべき統治は、国内とされる領域においても戒厳状態として登場しうるのであり、またそうした植民地主義的な占領と戒厳状態が繋がっていくような統治こそ、戦後世界に継続する暴力の問題に他ならないという点である。そしてまさしくこうした領域に関わる歴史をどのように考えるのかということこそが、沖縄の近現代が抱え込んだ戒厳状態という問いではないだろうか。かかるいみで、沖縄戦は、今日にまで続く問いでもある。

3　防諜

1944年3月に設立された牛島満を司令官とする第32軍が、沖縄においておこなった統治の基軸には、防諜ということがある。玉木真哲が実証的かつ説得的に明らかにしたように★5、沖縄戦における日本軍と住民の関係は、この防諜を軸に構成されていったといってよい。それはまた、戦場における住民のスパイ視や虐殺ともむすびついている。法が停止し問答無用で暴力が行使される戒厳状態とは、まずもってこのスパイとしての虐殺において看取することができる。

ところでこうした防諜は、いわば平時の日常的な秩序とも密接に関連していた。たとえば沖縄戦研究においてはよく知られた、沖縄戦のさなか第32軍司令部から出された「沖縄語ヲ以テ談話シアル者ハ間諜トミナシ処分ス」という軍命を考える時、そこには沖縄語をめぐる日常生活の秩序が重なっている。そしてそれは、近代以降の沖縄にかかわる同化ということよりも、1920年代以降の沖縄のありようと、まずは密接にかかわっているといえるだろう。

注目すべきは 1930 年代から 1940 年代にかけて展開した生活改善という実践である。そこで改善すべき対象として言及されているのは、沖縄語をはじめ、はだし、葬送儀礼、サンシン、服装など、日常生活の諸点にわたっており、これらが払拭すべき沖縄の風俗や文化として主張された。日常的で私的な、ドメスティックな領域における実践が、生活改善において集中的に取り上げられたのである。そしてこの生活改善は極めて多様な側面を持つ。まずこの生活改善は、1930 年代後半の翼賛体制構築をになった国民精神総動員運動において盛んに取り上げられた運動である。それはまた、同時期に知事であった渕上房太郎が「沖縄文化抹殺論」を掲げ、沖縄語の撲滅を主張したこととも重なる。生活改善は翼賛文化運動と重なり、沖縄語の発話はそれ自体、異端視され、撲滅の対象となっていったのである。

だが、翼賛体制の中で沖縄文化が抑圧されたという理解だけでは、圧倒的に不十分である。なぜなら、沖縄の人々が生活改善という実践に重ねた未来は、翼賛体制への動員だけではなかったと思われるからだ。生活改善を考える時、それが沖縄のみならず、多くの沖縄出身者が居住する大阪や当時南洋群島と呼ばれたミクロネシアの地域の沖縄人コミュニティや組織においても展開したことが、重要である。そしてこの沖縄という地理的範囲を超えた生活改善の横断的な広がりは、この運動が 1920 年代からはじまる沖縄の経済危機と深く関係していることを意味している。すなわち、人々が沖縄を出て生きていかざるを得ない状況がそこにはある。

たとえば渕上知事が「方言撲滅」を掲げていた 1940 年の 1 月、民芸運動をになう柳宗悦らの日本民芸協会のメンバーが沖縄を訪れた際に起きた「沖縄方言論争」を考えてみよう。柳らはこの「方言撲滅」に疑義を唱え、文化としての沖縄語の価値を主張する。こうした柳らの主張をきっかけに、沖縄における『琉球新報』、『沖縄日報』、『沖縄朝日』といった新聞メディアや、民芸協会が刊行する雑誌『月刊民芸』において、論争が行われることになる。この論争の中で浮き上がってくるのは、柳らの民芸協会がどこまでも文化の問題として沖縄語を扱おうとしたのに対し、沖縄語の払拭を語る者たちが目指しているのは、文化的な意味での日本や日本語の価値ではないという点である。すなわちこの「沖縄方言論争」の中で沖縄語の払拭を主張する者たちが思い描く未来とは、郷土としての沖縄からの離脱である。自分たちの未来は沖縄では描くことができず、大阪や南洋群島において生きる他ない。その未来において、沖縄語を払拭し日本語を手に入れることが必要だというわけである★6。

こうした流亡の生とでもいうべき中で、沖縄語の払拭が語られたのである。沖縄戦における沖縄語をスパイとみなす防諜は、第32軍においていきなりはじまったわけでもなければ、一般的な同化や皇民化だけでもなく、そこにはこうした流亡の生において沖縄語を「撲滅」しようとしてきた歴史があるのだ。かかる意味で、防諜を根拠に行われた問答無用の暴力は、すなわち戒厳状態は、平時の日常世界と無関係ではない。その上で、こうした日常世界の秩序が戒厳状態となった事態として沖縄戦を考えたいと思う。先取りしていえば、そこには言語行為が問答無用の暴力にズレ込んでいく展開がある。

1960年代後半より、沖縄戦にかかわる経験の組織的な聞き取り作業が行われた。こうして集められた証言は、たとえば『沖縄県史 第9巻　沖縄戦記録1』（琉球政府、1971年）や『沖縄県史 第10巻　沖縄戦記録2』（沖縄県、1974年）として刊行された。これまでも手記などの形で多くの証言が語り出されていたが、この組織的な聞き取り作業の一つの特徴として、日本兵の住民虐殺が語り出された点がある。またこうした作業と同時に刊行されたのが、『これが日本軍だ——沖縄戦における残虐行為』（沖縄県教職員組合戦争犯罪追及委員会、1972年）である。同書は、沖縄県教職員会の呼びかけで結成された戦争犯罪追及委員会によって編集された証言集である。勿論ここでの戦争犯罪とは日本兵の戦争犯罪である。当時この作業にかかわった嶋津与志は当時の調査活動を次のように振り返っている。

> 委員会の調査活動が始まるとその反響は大きかった。毎日のように電話がかかってきて今まで闇に埋もれていた数々の虐殺事件の目撃者が現れてきた★7。

他にも、次に引用する『日本軍を告発する』（沖縄県労働組合協議会、1972年）があった。あえていえば組織的な聞き取り作業の中で、沖縄戦という戒厳状態は想起され、言葉として語られ始めたのである。またこうした証言からは、沖縄語だけではなく、移民経験や些細な様々なふるまいがスパイの根拠となり、問答無用で殺されていることがわかる。またこうした虐殺の光景を見た者たちから語られるのは、日本兵への怨みである。しかしそれは軍隊にとどまらず、「私は日本人を憎みます」というように日本人、あるいは日本なるものへの激しい憤りをともなっている★8。ここでは何が想起され、また怒りの対象になっているのだろうか。もちろん直接的には理不尽な虐殺である。だがそれだけだろうか。『日本軍を告発する』に所収されている証言の中で、次のようなものに注目したい。語り出されているのは、沖縄戦の戦場の記憶ではない。いや正確には、戦場ではない記憶が戦場の記憶として語られているのだ。

「大震災の時、標準語がしゃべれなかったばかりに、多くの朝鮮人が殺された。君たちも間違われて殺されないように」★9。戦前期沖縄において沖縄語の矯正を行おうとする教師は、関東大震災に言及しながら教室でこう述べた。それを聞いた元生徒が、『日本軍を告発する』において、沖縄戦における日本軍の残虐行為に関わる記憶としてこの教室での出来事を語っているのだ。またこの元生徒は沖縄から大阪に流出している。そこには流亡の生と、関東大震災での虐殺、そして沖縄戦における防諜と虐殺がひとつながりの記憶として想起されている。このつながりは一体何だろうか。とりあえずそれが、戒厳状態という言葉で考えたいことだ。またこうした広がりを考えるには、虐殺という凄惨な場面に限定された戒厳状態ではなく、平時の状況にまで拡大された空間として戒厳状態を設定しなくてはならないだろう。そのために、戒厳状態における尋問に、議論の焦点を当てる。

4　戒厳状態

ある質問に応答することが、自らの身体への暴力や生死にかかわることとして感知されるとしたら、そのような質問は、既に暴力なのではないか。フランツ・ファノンは一度拷問を受けたものが、その後において自分に向けられたどんな質問も拷問を予感させるものとして登場することを、指摘している。すなわち、「拷問後数カ月たっても、かつての囚人は自分の名前も、住んでいた町の名前も言うことをためらっている。どんな尋問も、まず拷問者と被拷問者との関係の再版として、体験されるのである」★10。

このファノンの文章にかかわる論点は、実際に拷問を受けたという体験にあるというより、尋問という言語行為が拷問という暴力を不断に感知する事態として登場するという点にある。またここではその事態が、実際に拷問を受けたことに起因するとは考えないでおこう。以下に述べるように、その拷問が個としての自分に直接かかわることではなかったとしても、親しい友人や親族といった、自分ではないがその人物に生じたことは他人事として受け止めることもできないような他者にかかわる暴力であった場合、尋問は尋問者の意図とは直接関係なく、不断に暴力を感知させる発話行為となりうる。重要なのは、個人のトラウマ的体験という治療すべき病状ということではなく、応答を求める質問において構成される発話行為が、ある人々にとっては既に身体をこわばらせ、口をつぐませ、沈黙させる暴力になるという点である。

考えたいのは、かかる発話行為における暴力である。また戒厳状態において考えなければならないのは、戒厳令という制度の問題ではなく、かかる尋問の拡大であり、したがってそれは、戒厳令の宣言や解除などによりすぐさま制度的に区分けされるものではなく、まずは発話行為にかかわる問題なのだ。

こうした事を考えるために、石原慎太郎が2000年4月9日に陸上自衛隊を前に行った、いわゆる「三国人」発言を最初に取り上げる。

> 今日の東京をみますと、不法入国した多くの三国人、外国人が非常に凶悪な犯罪を繰り返している。もはや東京の犯罪の形は過去と違ってきた。こういう状況で、すごく大きな災害が起きた時には大きな大きな騒じょう事件すらですね想定される、そういう現状であります。こういうことに対処するためには我々警察の力をもっても限りがある。だからこそ、そういう時に皆さんに出動願って、災害の救急だけではなしに、やはり治安の維持も一つ皆さんの大きな目的として遂行していただきたいということを期待しております★11。

まず、この発言が石原の勝手な思いではなく、戒厳状態にかかわる制度的な根拠を持っていることを確認しておかなければならない。周知のように、今の日本国憲法においては、戒厳令を定める規定はない。すなわち自衛隊法第六章の「自衛隊の行動」において規定されているいわゆる災害派遣は、国民の生命、財産を保護するものとして規定されており、こうした行動は2011年3月11日におきた震災においても人々から支持され、またさまざまな美談を生んだ。だが同じ自衛隊法第六章における災害派遣の前の項目には、治安出動ならびに警護出動が規定されている。すなわち同法により、「一般の警察力をもっては、治安を維持することができないと認められる場合には」、自衛隊を治安維持のために出動させることができるのである。そしてこの災害派遣と治安出動の二つの出動要請は、都道府県知事が行える。石原の発言は、意識的に両者を重ねながら災害における治安出動を語ったものなのだ。

だが今ここで問題にしたいのは、石原の発言の制度的な実行可能性ではない。重要なのは、この発言が暴力を感知させるものであり、尋問の形式であり、それ自体が戒厳状態を生み出すものだという点である。周知のようにこの石原発言をめぐっては、多くの人々から抗議の声が上がった。そして多くの場合、関東大震災における戒厳令と虐殺が想起されている。

> 何十年かぶりで「ゾクッ」と背筋が凍り付く感触がよみがえった。私にとっては、ほとんど忘れかけた感触である★12。

石原の発言に対して徐翠珍がこのように述べる時、そこでは「ゾクッ」という身体感覚とともに、子供のころに近所のおじさんから聞いた自警団に殺されそうになった関東大震災の記憶が想起されている。それは単に過去の出来事として思い起こされたのではない。今における背筋への身体感覚として、石原発言はあるのだ。石原の発言に徐翠珍は、過去の出来事ではなく今作動中の暴力を感知したのである。ファノンにならっていえば、その発話は自警団と自警団に殺されそうになった者たちとの関係の再版として登場しているのであり、それはやはり尋問ではないのだろうか。今重視したいのは、歴史家による「三国人」ということばの歴史的定義や、それがいってはいけない差別発言であるということではなく、石原の発したこの言葉が問答無用の身体感覚として、今もあるという点である。

石原の発言に、関東大震災における尋問を想起する者たちは少なくない。たとえば目取真俊は、沖縄から神奈川に働きに出てきていた祖母を想起しながら、石原のいう治安維持が、自分に向けられた暴力であることを記している★13。「標準語がうまくしゃべれない沖縄人が、朝鮮人と間違われて殺されそうになった」という。「間違われて殺されないように」。だが、沖縄戦では多くの人々が殺されたのだ。そこでは、戦場は戒厳状態であり、拡大する尋問空間でもある。

ところで石原発言で重要なのは、「三国人」という用語に沖縄人が含まれるかどうかという事実確認的な問題ではない。たしかに結果的には殺されなかったが尋問され殺されそうになったという経験は、いわゆる間違いや錯誤としてあつかわれるだろう。しかし以下に議論するように、尋問の暴力は、発話された時点で作動しているのである。したがって重要なのは、事実として間違いだったということではなく、発話において既に暴力が行使されているということであり、目取真は石原の発言をそのような尋問の暴力として聞き取ったということなのだ。また鄭暎惠も石原の発言から自警団の尋問の場面を想起しているが、そこで想起されている尋問は、日本人も含め通行人全体に向けられたものである。錯誤をただの間違いと認識することは、自警団の暴力は本来なら○○人に向けられたものであるという前提において錯誤だということであり、そこでは尋問において生じている暴力が視野に入っていない。間違ったとしても殺されたのであり、たとえそこで難を逃れたとしても、死の淵に立たされて応答することが求められたことは、「拷問者と被拷問者との関係の再版として」継続するのである。

問題はとりあえず二重になっているといえる。たしかに関東大震災にかかわる戒厳令下では、朝鮮人、中国人、アナーキスト、社会主義者が殺された。しかし、同時に戒厳令の暴力を、出自や集団への帰属にもとづく○○人への暴力としてのみ認識するならば、尋問という領域が看過されることになる。戒厳状態の中での暴力を尋問において考えることは、○○人への暴力とその暴力が尋問という形式において遂行される暴力であるということを意味しているのであり、尋問という形式における暴力は、○○人への暴力であると同時に、○○人ではないということにおいて回避されるものではないという点こそ重要なのだ。先ほど述べた錯誤という問題は、単なる間違いではなく、尋問という形式にかかわるのであり、文字通りこれを間違いとしてではなく、戒厳状態における暴力の根幹にかかわる問題として議論する必要がある。それは同時に、石原発言を今作動中の暴力として検討し、今の戒厳状態を考えるためでもある。

戒厳状況が朝鮮人や中国人を排撃する暴力として登場したとしても、同時にそこにはすぐさま○○人という帰属的な根拠に還元できない尋問という形式が持つ暴力がある。また尋問に焦点を据えることは、○○人に向けられた暴力がどのようなものであるかを理解するうえでも、重要なことだ。先取りしていえば、尋問が暴力であるのは、それが既存の主体間の区別というより、生きることが許される主体を定めるプロセスにかかわっているからであり、したがって人の帰属や出自というより、生き延びることの許される応答をあらかじめ定めるこの尋問という領域が、まず検討されなければならないのだ。

5　尋問空間

したがって、尋問という発話を注意深く検討していかなければならない。なぜ言語行為が身体への脅威として登場するのか。なぜ発話が拷問となるのか。かかる問いから、戒厳状態を再定義する必要がある。関東大震災にかかわる記述には、この尋問の場面が多数ある。

（汽車内の場面…引用者）「この中にだって社会主義者が潜り込んでいるかもしれないぞ！」そう叫んで車内をじろじろと見渡すやつもあった。／私は気味悪くなって帽子を目深にして、乱れた長い頭髪を隠した。
（壺井繁治「十五円五十銭」『戦旗』1928年9月号）

（路上の場面…引用者）「一人の兵士が私の背にギラギラと研ぎ澄ました銃剣を突き付けている。私はギョッとして思わず一歩足後へさがった。すると、「待て！貴様、××人だろう」と怒鳴りながらその兵士は私のそばへ一歩詰め寄って来た。「日本人です、僕は！」どぎまぎしながら、私はやっとこれだけ答えた。「嘘つけ！貴様！」…「そんな服装しているから、怪しまれるんだ…」（壺井繁治「十五円五十銭」『戦旗』1928年9月号）

（路上の場面…引用者）「ちょいと主義者みたいだからね」
（山之口漠「野宿」『群像』1950年9月）

上記のような複数の場面からわかるのは、尋問は視線でもあったということだ。すなわち言語的コミュニケーションであるというより、一方的に視るという行為でもあったのだ。そしてその視線は、服装や頭髪、身体動作に向かう。またこの視線にたいしては、言語的抗弁は、とりあえずは無力である。どのように説明しようと「そのように見える」というわけだ。また重要なのは、尋問とともにあるこうした身体に向けられた一方的視線が、生き延びてもいい人間かどうかの判別としてあったという点である。またさらにその視線は、尋問者にその発生の根拠があるというより、それ自体として存在し、身体に突き刺さる。すなわち「私」に直接尋問している訳ではなく、「車内をじろじろと見渡す」だけで、「私は気味悪く」なるのだ。次に別の場面を見てみよう。

（汽車内を窓からのぞきこむ兵士…引用者）「おい、貴様、ジュウゴエンゴジツセンといって見ろ！」
（壺井繁治「十五円五十銭」『戦旗』1928年9月号）

（自宅に押し入った自警団…引用者）
「朝鮮人だろう」(自警団)。

「ちがう」(比嘉春潮)。
「ことばが少しちがうぞ」(自警団)
「それはあたりまえだ。僕は沖縄のものだから君たちの東京弁とは違うはずじゃないか」(比嘉春潮)。
「何をいっているんだ。日清日露のたたかいで手柄を立てた沖縄人と朝鮮人をいっしょにするとはなにごとだ」(友人)
（比嘉春潮『沖縄の歳月』中央公論社、1969年）

これらの場面から看取されるのは、尋問が要求する言語行為は、何を話すのかという言語的意味内容ではなく、身体動作としての発話である。この「ジュウゴエンゴジツセン」以外にも「ザブトン」と言わせたり、教育勅語を読ませたりもした。またこの尋問に対して、例えば上記の比嘉春潮は、沖縄は沖縄県であるという地方自治制度の制度的正当性に尋問を再設定しようとしている。この自警団と比嘉の両者の間にあるのは、事実確認の間違いという問題ではなく、身体にかかわる発話と制度の判断をめぐる発話の違いであり、引用した場面に現出している状況は、かかる違いにおいて後者の制度的発話が前者の身体的動作にずれ込んでいく事態なのだ。発話そのものが許されるものかどうかが問われているのであり、発話主体が何を話すのかではなく、発話主体の存在を問うこととして尋問があることに注意したい。そしてかかる尋問は、「沖縄語ヲ以テ談話シアル者ハ間諜トミナシ処分ス」という沖縄戦の光景につながっている。このつながりにおいては、内容ではなく、発話という動作そのものが問題なのである。このような言語空間を、どのように考えるべきなのだろうか。
ジュディス・バトラーは軍隊内での同性愛者の発話への検閲という問題をとりあげながら、その検閲が、「発話ではなくふるまい」にかかわっていることに注目しながら、次のように述べている。またここでバトラーが議論している検閲は、軍隊内の同性愛者を摘発する尋問でもあるだろう。

ここでの問題は、主体によって語られるある種の発話が検閲を受けるか否かではなく、主体となる人間を、ある種の検閲操作がどのように定めているかである。そのさいに依拠しているのは、何が語りうるもので、何がそうでないのかを取りしきっている規範に、主体となる候補者の発話がしたがっているかどうかである。発話可能性の外に出ることは、主体としての地位を危うくすることである。自己の発話可能性を取りしきっている規範

> をみずからが身体化することによって、自己は、発話主体という自らの地位を完成させる。「不可能な発話」とは、まさしく非社会的なものが跋扈している発話であり、「精神病患者」の呻き声である。そういうものこそ、発話可能な領域を取りしきる規則によって生産され、またそういった規則に絶え間なく憑きまとわれているものである★14。

バトラーは、検閲という領域に二つの文脈を見ようとしている。一つは、発話の是非を判定する検閲制度であり、今一つは発話主体として認めるかどうかの検閲である。また後者には規範がかかわっており、前者についてあえていえば、検閲制度という法的な文脈がかかわっている。すなわち法に基づいた法廷内で是非が問われる検閲と、発話主体の存在可能性自体を問題にする検閲が存在するというのだ。そして、後者は前者の前提としてあり、この前提としての検閲により発話可能性が否定される事態を、「予めの排除」とよんでいる★15。

かかる排除においては、発話は、話しているのに発話とは認められず、ただの身体動作となるのだ。それはいわば検閲制度の外であり、法廷の外でもあるだろう。そして検閲が、かかる法外への放逐として登場する時、「発話可能性が予め排除されているときに主体が感じる、危険にさらされているという感覚」★16が身体に帯電するのだ。徐翠珍の「ゾクッ」と背筋が凍り付く感触は、この感覚の地平にあるのではないか。また発話が「ふるまい」という動作になるということは、それが話を聞く相手ではなく、その動作を眺め判断を下す対象物になることでもあるだろう。ここに視線の問題も浮上してくる。

司法的判断が国家の暴力行使にかかわるとするなら、ある発話の法的判断が禁止や排除、あるいは罰則の対象になることはありうる。しかし、バトラーが「予めの排除」とみなしたのは、この法の手前の判断であり、この法の手前におかれること自体が身体にかかわる暴力になるという問題である。それは司法前鑑定により、いくら法廷証言として発話しても発話とは認められず、ただ病状として聞き取られ、問答無用の暴力が行使される「精神病患者」の領域でもあるだろう。

そして法が停止し、国家の非合法性が前景化し、それが規範と直結する戒厳状態とは、バトラーにそくしていえば、区分されていた二つの検閲が一体化し、制度的検閲が「予めの排除」へと融合していく事態なのではないか。この展開こそが、法的判断にかかわる尋問そのものが、拷問になることではないか。この時、身体動作としての、すなわち病状としての発話は、すぐさま問答無用の暴力と結びつく。

尋問に「予めの排除」が含まれている以上、尋問を受けた時点で既に身体に刻まれた暴力として作動することになる。そしてだからこそ尋問に応答する主体には、必然的に身体的傷が刻まれるのである。その傷は尋問を記憶し、制度としての戒厳令が終了しても、戒厳状態の継続を感知する神経系になるだろう。と同時にバトラーはそこに、応答する主体にはなりえない別の主体化の可能性をみようとする。「予めの排除によってひかれた境界線に対抗するには、その境界を引き直すことしかない」のだ★17。そしてかかる引き直す作業は、発話とみなされない領域を発話していく遂行的な営みなのだろう。

それは、傷自身の可能性というより、傷にかかわる言葉の領域にかかわるのであり、いいかえれば戒厳状態をどのように言葉として想起するのかという問いでもあるだろう。尋問を受けたという経験から引きだされるのは、殺されたものと殺されなかったものの区分を問い直す作業であり、たとえ生き残ったとしても、そこには「予めの排除」による傷がある。かかる傷に別の主体化の可能性を見出していくことこそ、戒厳令を想起することにつながるのではないだろうか。そしてこのような作業は、尋問の直接の経験者に限定されることではないだろう。

6 尋問の記憶

尋問において戒厳状態を考えるならば、そこには制度において区分された時空間とは異なる暴力の様態が浮かび上がる。「君たちも間違われて殺されないように」。この教師の言葉を聞き取った者たちは、自らの発話行為において、予め排除しておかなければならない発話の存在を、みずからの内部に確認するだろう。そしてその発話がしまい込まれた身体においては、バトラーのいう「発話可能性が予め排除されているときに主体が感じる、危険にさらされているという感覚」が、帯電しているに違いない。かかる意味でこの教師の発言は尋問であり、予め発話を押し隠した身体はしたがって、今も継続する戒厳状態を感知する身体でもあるだろう。暴力は間違いが正された後に定義されるのではない。間違われるかもしれない身体は、既に尋問を受けているのであり、問答無用で殺されるかもしれないと感じている時点において、暴力は作動中なのだ。そしてあえていえば尋問空間は、関東大震災、沖縄での教室、戦場を通底しているのだ。いいかえれば危険にさらされている身体は、とりあえず地理的にも時間的にも区分けされた空間を、地続きの尋問空間として、すなわち戒厳状態として感知しているのだ。そして重要なことは、間違われないようにといわれたこの元生徒が、沖縄戦の想起を次のような言葉で締めくくっている点である。

> 終戦の玉音放送を聞いたあの日、日本人の多くは、敗北の虚脱感と同時にホッと安堵の喜びにひたっただろう。しかし私の見たところ一番喜んだのは、虐待され続けてきた朝鮮人、それから沖縄出身者だったように思う★18。

ここで記されている「沖縄出身者」と「朝鮮人」の「喜び」の重なりは、被抑圧者たちの解放の喜びということだけではなく、「予めの排除」により、危険にさらされ続けた身体の重なりであり、排除の境界を引き直す作業なのではないだろうか。それは、当初間違われないように回避しようとした他者を、自らの延長線上に見出すことであり、尋問空間が刻み続けた傷が、戦場の記憶を想起する中で、別の主体化に向かうプロセスなのではないか。そしてかかる多焦点的に重なり合う喜びは、戒厳状態に抗する可能性の連鎖として、想起すべきなのではないか。尋問から戒厳状態を考えることとは、かかる連鎖を浮上させる作業なのではないか。

注

★1　大江志乃夫『戒厳令』岩波書店、1978 年、81 頁。
★2　北博昭『戒厳』朝日新聞出版、2010 年、202 頁。
★3　金杭『帝国日本の閾』岩波書店、2013 年、155 頁。
★4　ニコス・プーランツァス『国家・権力・社会主義』田中正人・柳内隆訳、ユニテ、1984 年、89 頁。
★5　玉木真哲『沖縄戦史研究序説』榕樹書林、2011 年。
★6　冨山一郎『流着の思想』（インパクト出版会、2013 年）の特に第三章を参照。
★7　嶋津与志『沖縄戦を考える』ひるぎ社、1983 年。
★8　沖縄県労働組合協議会『日本軍を告発する』、1972 年、4 頁。
★9　同上、69 頁。
★10　フランツ・ファノン『革命の社会学』宮ヶ谷徳三・花輪莞爾・海老坂武訳、みすず書房、1969 年、107 頁
★11　内海愛子・高橋哲哉・徐京植『石原都知事「三国人」発言の何が問題なのか』影書房、2000 年、201 頁。
★12　同上、123 頁。
★13　同上、99-101 頁。桃原一彦は、3 月 11 日の大震災後の沖縄にかかわる系譜の中に、

この目取真の文章を確保している。知念ウシ・與儀秀武・後田多敦・桃原一彦『闘争する境界――復帰後世代の沖縄からの報告』未來社、2012年、189頁。また、冨山一郎『暴力の予感』(岩波書店、2002年)の序章ならび桃原一彦「大都市における沖縄出身者の同郷的結合の展開」(『都市問題』91巻9号、2000年)も参照。

★14 ジュディス・バトラー『触発する言葉』竹村和子訳、岩波書店、2004年、208頁。

★15 同上、210頁。

★16 同上、216頁。

★17 同上、218頁。

★18 沖縄県労働組合協議会『日本軍を告発する』、1972年、69頁。

第17章

昭和天皇と「戦後レジーム」の形成[★1]

豊下 楢彦

はじめに

豊下でございます。今日の研究会に関しましては、川島先生はじめ、皆さま方に大変お世話になりました。御礼を申し上げたいと思います。

それでは、なぜこうしたテーマを議論するのが大事なのかという、前提の話から始めます。

まず、集団的自衛権の問題です。2014年7月1日の閣議決定については、もう皆さん、よくご承知のところだと思います。実は私も7月に、『集団的自衛権と安全保障』という本を上梓しましていろいろフォローしてきたのですが、この問題を歴史的に考えますと、太平洋協定という問題が浮上してきます。

日本が安保条約、講和条約を結んだ1951年、アメリカ大統領のトルーマンが提唱したもので、NATOの太平洋版という構想です。具体的には、日本とフィリピン、あるいはオーストラリア、ニュージーランドというところを含めた、太平洋全域の共同防衛体制みたいなものをアメリカがつくろうとします。もちろん、これはソ連の共産主義、あるいは中国の共産主義に対抗するものとして考えたわけです。

ところが、この構想は挫折してしまいました。なぜなら、アメリカはそういうことで考えるのですが、フィリピンやニュージーランド、オーストラリアからすると、共産主義の脅威も大変ですが、日本の脅威が問題だ、というわけです。日本の軍国主義が再び復活して、ああいう戦争を始めるような国家になったら大変だということで、これらの国々が強く反対することになります。

そこで、トルーマンの特使ダレスは、共産主義の封じ込めと日本の封じ込めという二重の封じ込めを強調しました。しかし、反対が強く、こういう日本を含めた太平洋協定的なものは潰れてしまい、結局は、日米安保条約とか、ANZUS条約とか、アメリカ・フィリピン条約とか、2国間、3国間の個別の同盟条約が締結されました。

さて今回の7月1日の閣議決定については、いろいろ解釈はできますが、結局、日本は集団的自衛権に踏み込もうというところに行くわけです。そうしますと、1953年に締結された米韓条約も含め、トルーマンが提唱した太平洋協定に当たるような相互防衛条約を、太平洋全域で新たなレベルでやり得る客観条件が整ったということです。

しかし、別の考え方をすると、どうも今の日本というものに対して、特に韓国とか中国をはじめアジア諸国の中では、やはり脅威を感じているところもあるのではないかということです。特に安倍政権の性格については、アメリカさえも、いろいろ危惧を持っています。そうすると、1951年段階と同じような問題があるのではないか、ということも考えられるわけです。

とりわけ問題は、第1次政権を組閣した時から安倍首相がずっと唱えてきた、「戦後レジームからの脱却」というスローガンです。「戦後レジーム」とは何かということですが、私なりに解釈すると、二つの柱があります。

第1の柱は、俗に「9条・安保」体制と言われるものです。9条は、字義どおりに取れば「非武装」を規定していますが、現実には自衛権は認められ、専守防衛だけは許されるということです。しかし他方で、外国からの本格的な侵略には、やはり日米安保条約に頼らざるを得ないと。ですから、「9条と安保条約」というような、対立しながらも両方がうまく、セットになってきたのだということです。

これを、吉田茂首相の「吉田路線」、「吉田ドクトリン」というように言うわけです。つまり、外交や軍事はアメリカに依存し、日本は専守防衛に徹するということです。一方で、日本は、ひたすら経済成長をはかるというのが、吉田路線です。

しかし、これは安倍さんからすると、とりわけ軍事をアメリカに依存している現状は許されない。日本も、もっと軍事的に力を発揮すべきだ、日本の青年も血を流すべきだ、ということです。ですから、この吉田路線というものは、安倍さんにとっては、克服すべき対象ということになります。

第2の柱が、東京裁判史観です。安倍さんからしますと、戦後の日本というのは、東京裁判史観、つまり、東京裁判によって「日本が全て悪い」と決め付けられたと、そういう歴史観によってマインド・コントロールされてきたということです。歴史認識も、政治も、経済も、文化も、メディアも、世論も、全部この東京裁判史観によってマインド・コントロールされてきたということです。

従って安倍さんからすれば、吉田ドクトリンと東京裁判史観によって、本来の国家のありようというものが失われてしまっているのだということです。これが、戦後レジームです。ですから、こういうことをひっくり返すことが、「戦後レジームからの脱却」だということになってきます。

さて、改めて考えてみますと、憲法9条は、なぜ成立したか。東京裁判とは、どういうものだったか。安保体制というのは、どういうものだったか。実はこれらの問題は、私なりに言わせると、全て、昭和天皇なり天皇制というもの、どのように天皇制を維持していくかということと密接に関わっています。それが、私の問題意識です。

1　天皇制の崩壊と戦犯訴追

1・1　憲法改正問題と天皇制

それでは、いよいよ本論に入ります。まず、日本の降伏からサンフランシスコ講和条約までの占領期に昭和天皇が直面した危機を、大きく二つに分けて考えました。

一つは、戦争に負けた結果、天皇制自体が崩壊するかもしれないという危機です。明治憲法は、変えざるを得ないわけですが、新しい憲法で天皇制が維持されるのか、という問題があります。それから、東京裁判なのですが、下手をすれば、昭和天皇も訴追されるかもしれないということです。これは戦後処理の問題、戦後直後に直面した大きな危機です。

次いで第2の危機は、第1の危機を克服してから、世界はやがて冷戦の時代、米ソ冷戦からもたらされます。つまり、昭和天皇からすれば、内外の共産主義によって天皇制が打倒されるのではないかという、新しいレベルでの危機です。

それでは、まず最初に憲法問題です。ご承知のように、マッカーサーは、1946年（昭和21年）2月上旬に、1週間から10日間で、GHQ民生局に今の憲法を作らせます。そういった意味から言えば、まさに押し付けであったことは間違いないのですが、問題は、なぜそれだけマッカーサーは憲法制定を急いだのか、ということです。
　実は、1946年2月26日から、ワシントンで極東委員会というものが発足することになっていたからです。この極東委員会は、前年12月のモスクワの英米ソ3国外相会議で決まったのですが、日本占領の最高政策決定機関です。しかも、憲法問題も扱うということです。つまり、日本の憲法の改正問題も、この極東委員会が権限を握ることになっていました。
　マッカーサーは、こういう極東委員会が組織されるとなったときに、いったん諦めてしまうわけです。自分はもう憲法改正にはタッチできないと。しかし、知恵者がいまして、2月26日に極東委員会が発足するまでの間に、事実上、自分たちで憲法を作って、あたかも日本政府が作ったかのようにやれば、極東委員会に任せずに自分たちでイニシアチブを取れるというような、一種の脱法行為みたいなものを入れ知恵しました。
　マッカーサーは、それに乗ったわけです。ですから、とにかく極東委員会が発足する2月26日までに、GHQが主導して憲法を作り、それを日本政府に認めさせる。そして、「これは日本側が自主的に作ったんですよ」という形をつくりたい、そういうことで、急ぎに急いだわけです。
　ですから、よく石原慎太郎・元都知事などが「押し付けではないか」ということで批判するわけですが、マッカーサーの意図からすれば、もし極東委員会に憲法改正作業を任せてしまったら、おそらく天皇制は維持されなかった可能性があるということです。ソ連、中国はもちろんのこと、オーストラリア、ニュージーランドとか、カナダもそうですが、そういった国々は極めて天皇制に批判的です。こう考えますと、石原さんなんかは、むしろマッカーサーに感謝する必要がある、ということです。
　ところで、東京にはマッカーサーがいるのに、なぜワシントンに、こういう日本占領の最高政策決定機関ができたのかという問題です。私は1992年『日本占領管理体制の成立』という本を出しましたが、ご関心があったら見てほしいのですが、この問題は、実はイタリアから始まるわけです。
　イタリアは、1943年にムッソリーニ体制が崩壊して、その後、英米が占領するのですが、実はヨーロッパでは、イタリアとドイツだけではなくて、ルーマニア、ブルガリア、ハンガリーという東欧諸国も枢軸国家でした。問題は、そういった枢軸陣営が倒れたときに、どうやって連合国が占領するかということについて、当初はイギリス、アメリカ、ソ連の3大国は、一緒になって、共同で枢軸国を占領管理しようと。3国対等でやろうということになっていたということです。

ところが、一番最初に降伏したのがイタリアになりまして、イタリアを攻めたのは英米ですから、英米は排他的にイタリアを占領して、ソ連はオブザーバーだという方式が作られました。これが「イタリア方式」です。

イタリアではそれで良かったのですが、今度はルーマニアとかブルガリアとかハンガリーとか、東欧枢軸諸国が倒れますと、ソ連だけが排他的権限を握って、英米はオブザーバーであるということになってしまいました。

戦後トルーマン大統領は、東ヨーロッパをソ連が支配しているのはけしからん、アメリカも東ヨーロッパの占領で対等の発言権を持たせろと要求するわけです。そうすると、スターリンからしますと、日本はどうなのだと。日本はマッカーサーだけが権限を握ってしまっているではないかと。もし東ヨーロッパにアメリカが発言権を持ちたかったら、日本においても、ソ連に発言権を持たせろということです。

日本と東ヨーロッパの問題がリンクしてしまったのです。そこで妥協の産物として、東京においてはマッカーサーが実権を握ると。その代わり、ワシントンという離れたところに、日本占領の最高政策決定機関の極東委員会を設けるのだと。こういう、一つの妥協の産物が成り立ったのです。

ですから、ちょっと話がややこしかったですが、一般の日本人の見方からすれば、「マッカーサーが全権を握っているではないか」と思われます。しかし、ヨーロッパの占領と比較したときに、実はマッカーサーの権限は相対的なものでした。ですから、こういう極東委員会ができたわけです。だから、マッカーサーは急がざるを得なかったということです。

この辺は、先ほど言いましたように、イタリアから始めないと分からない議論です。私は、そもそも一番最初にイタリア研究から始めました。ムッソリーニが倒れた後の、イタリアの戦後再建をやったものですから、一応、こういう視点で問題を見ることができたということです。

議論を進めますと、マッカーサーにとっては、日本軍との戦争を体験し、日本の問題にいろいろな関わりを持ってくる中で、日本というのは、一種の「天皇教」みたいな宗教国家だと認識されていきました。そうすると、「教祖」である天皇をなくしてしまったら、もう日本はバラバラになってしまうと。ですから、むしろ天皇を引き込んで一緒にやっていくほうが、占領が円滑に進むのだということを、マッカーサーは早々と判断します。

ですから、昭和天皇というものを取り込んで、合作として占領を進めていく。

しかし、諸外国からすれば、天皇制が維持されれば戦前と一緒になってしまうではないか、という危惧が大きいわけです。ですから、皇室というものは残しつつ、二度と再び日本が軍国主義に復帰しないためにはどうしたらいいかといえば、憲法9条だったわけです。戦争放棄だということです。

ですから、とにかく天皇制を形だけでも残す。天皇を残すということと、諸外国の危機感、脅威感をなくすために、「日本は非武装です」と。こうして、1条と9条は、ワンセットとして出来上がってきたわけです。

実は9月に『昭和天皇実録』というものが一般公開されました。表面的に読んでいったら、議事録みたいなものです。しかし、その記述の中に、どの資料を参照したのか出典が数多く載っていて、読み込んでいくと非常に興味深いものです。

その『実録』で私が非常に驚いたのは、1945年9月2日に日本が降伏してから3週間もたたない9月21日に天皇が「憲法改正について調査せよ」ということを側近に命じていたことです。

そして、近衛文麿(このえふみまろ)を責任者にして、とにかく「早くやれ、早くやれ」と急がせます。近衛はA級戦犯で引っ張られそうになって、12月に自決しますが、2月7日に、松本・東大教授の案ができます。これは、明治憲法の根幹はほとんど揺るがさないままに、若干修正したものです。

つまり昭和天皇は、明治憲法のままでは、とてもではないけれども乗り切れないから、少しでもそれを修正して、それを諸外国にアピールして、天皇制を維持しようと考えたわけです。降伏から3週間もたたないうちに、もうこの方向に乗り出していたわけです。

ところが、松本案のようなもの、明治憲法的なものでは、GHQはとても受けられないということで、GHQ案が2月13日に提示されました。先ほど言ったように、とにかく2月26日までに形を整えなければいけないということで、2月22日に日本政府が受け入れて、閣議決定をします。

そうしますと、1946年5月31日、天皇とマッカーサーとの2回目の会見のときに、天皇は「憲法改正への助力に謝意」を表したということです。これは新憲法です、天皇は象徴で、憲法9条のある、今の憲法の原案です。これについて天皇は、「マッカーサーが一生懸命やってくださったことに感謝する」ということです。

私はこれを見たときに、昭和天皇は、実にリアルだなと思いました。本当は明治憲法を若干修正した形でやりたかったけれども、ここでもGHQは「それでは駄目だ」ということで、象徴天皇制と戦争放棄に踏み切った。

そうすると、おそらく天皇からすれば、形だけでも天皇制が残ったことを良しとする。もうそれで行くしかないということです。実は『実録』で出てくるのですが、昭和天皇の弟宮である高松宮は、今回の新憲法は主権在民が強過ぎるといって反対します。しかし昭和天皇は、もうこれで行くと。

私は、もうその辺の割り切り方は実にドライだと思います。そういうことも『実録』でいろいろと出てきます。この第2回会見というのは、私はずっと昭和天皇・マッカーサー会見をフォローしてきましたが、今まで全く分からなかった。今回、概要だけですが、初めてこの内容が明らかになりました。

他の「識者」という人たちは、あまり戦後のことをやっていないので、このことの意義は、ほとんど分かっていないのですが、私から言わせたら、もうこれはすごいことが明らかになったということです。昭和天皇が、この段階で、早くも新憲法に感謝を表明しているということは、すごいことだと思います。

これで、極東委員会に話を持っていかれずに、マッカーサーのイニシアチブで、象徴天皇制であれ、とにかく天皇制が残ったということで、危機をクリアしたということです。

1・2　東京裁判と昭和天皇の訴追問題

次に行きますが、東京裁判です。これも先ほど言いましたように、マッカーサーは、もう終戦処理の段階から、昭和天皇と二人三脚でやっていく方向を決めていますから、マッカーサーは天皇を訴追しない、東京裁判に掛けないということは、もう大体割り切っているわけです。

昭和天皇の周辺も、天皇制が生き残っていくためには、昭和天皇が裁判に掛けられたら大変なことです。そうしますと厄介なことは、1941年12月8日、パールハーバーを攻撃したときに、「宣戦ノ詔書」という、天皇の名において戦争を布告したわけです。天皇の名で戦争をしている。では、天皇は戦争責任があるではないかと、国際社会は見るわけです。それをどうクリアしたらよいかということです。

そのときに、全ての責任を東条英機に押し付けると。「あれは東条英機がやったことであって、昭和天皇の意に反したことです」という、あらゆる責任を東条英機におっかぶせるという、そういう戦略、戦術でやっていくというのが、日本の降伏以降の昭和天皇とその周辺の方針でした。

昭和天皇自身は、東条を非常に信頼していました。なぜ信頼するかといえば、何でも言うことを聞くからということでした。ですから、人間的には、おそらく昭和天皇は、内心はものすごく葛藤があったと思いますが、やはり彼は非常にドライでした。

あらかじめ言っておきますと、私は長年、二十何年間、昭和天皇を研究してきましたが、結論的に言うと、彼は戦争主義者でもなければ、平和主義者でもないということです。立憲主義者でもなければ、親政といいますか、昔の絶対君主みたいなものでもないわけです。天皇は、2600年の天皇制というものを、とにかく生きながらえさせるという、それが全てでした。そのためにあらゆる手段を使うという、そういう主義です。立憲主義の建前を取りながら、必要になったら、もう自分も出ていくわけです。私は、今回いろいろ『実録』を読んだりして、本当にその感じがいたしました。

ですから、東条英機は本当に信頼し得る部下としてやってきたのですが、この段階になったら、全てを東条におっかぶせます。それは何も自分が生き残るということではなくて、万世一系の天皇制を維持するためには、それしかないという割り切り方です。

第1回の昭和天皇・マッカーサー会見のことについては、話をしだすと大変な時間をとりますが、結局、第1回の会見を通訳した奥村さんの手記の中には、「全責任を取ります」というような昭和天皇の言葉は出てきません。『マッカーサー回想記』の中にそういう発言が出てくるので、『実録』には、それも触れてありますが、私から言わせたら、1946年1月末に、イギリス国王ジョージ6世、今のエリザベス女王のお父さんに、昭和天皇は「親書」を送ります。

天皇から国王への親書ですから、本来は誰にも見られるわけがありません。その中で、「ある意味で、東条英機に強要されながら、自分は戦争の詔書を書いた」という主旨のことを言っているわけです。その内容が、今回の『実録』で、東条のことは載っていませんが、「自分の意に反して戦争の詔書を書かされたのだ」というようなことをイギリス国王に書いたということが確認されます。私は、これは実は第1回会見の内容だと思っています。

さて、東京裁判との関係で重要なのが、靖国問題です。具体的には、A級戦犯が合祀されたから、昭和天皇は靖国に参拝しなくなったという問題があるわけです。

これも大きな焦点になってきまして、日経新聞が2006年に、富田侍従長のメモというものをすっぱ抜いて、「A級戦犯を合祀したことが悪いのだ。だから、私は行かなくなったのだ」と、天皇がそのように言っていることを明らかにしました。これも今回、『実録』で大きな問題になったのですが、『実録』も日経のこのメモだけ引用して、宮内庁自身はコミットしていませんが、事実上は認めているということです。

ところで、東京裁判をめぐって、皆さんは、よく「勝者の裁判」であるとか「政治裁判」だと、いろいろな批判があることはご存じだと思います。私から言わせれば、東京裁判は、昭和天皇を訴追しないという意味において、マッカーサーと宮廷が合作したんです。全てを東条に押し付けるという意味で日米が合作した政治裁判だと思っています。

一部の人たちからは、遡及法に基づく裁判だというようなことで批判があります。ですから、東京裁判は、勝った者が自分の勝手な都合で裁判をやったのではないかという批判が常になるわけです。

それは、そのとおりです。しかし、皆さん、ぜひ調べてほしいのは、ベルサイユ条約についてです。これは、第一次世界大戦の戦後処理ですが、このベルサイユ条約の227条の中に、当時のドイツ皇帝、ウィルヘルム2世を裁くための国際法廷を設置するという条項があります。

これはどういうことかといいますと、第一次大戦までは、戦争の自由というものがありました。戦争は決して違法ではないと。みんな戦争を自由にやるから、戦争責任を問うなどということは全くありませんでした。

ところが、第一次大戦によって1000万人の人たちが亡くなるような戦争になってしまったときに、それでいいのかということになりました。そこで、連合国側は、戦争を起こしたウィルヘルム2世を裁かなければいけなくなってきました。裁くためには、戦争は違法であるというようにしなければいけないということです。それで、この227条を設けて、「国際道義を守らなかった」ということで、ウィルヘルム2世を裁こうとしました。

ウィルヘルム2世はオランダに亡命して、結局、国際法廷は開かれませんでしたが、問題は、そこで規定された法廷の裁判官の中に、日本も入っていたことです。5大国の中の一つでした。もしこれが開かれていたら、日本は、いわゆる「勝者の裁判」として、敗者のウィルヘルム2世を裁くことになっていました。

つまり日本は、一方で「東京裁判はけしからん」、「勝者の裁判だ」と言っているけれども、第一次大戦のときは「勝者の裁判」として、自分は裁判官として敗者のドイツを裁くことになっていたわけです。

そうすると、東京裁判批判をするときには、ベルサイユ条約227条をどう考えるのかということが大事です。日本もかつて「勝者の裁判」をしようとしたではないかということです。そういう側面を見てほしいと思います。

2　国際共産主義による天皇制打倒の脅威

2・1　1947年段階からの冷戦の展開

さて、憲法問題をクリアし、東京裁判をクリアした昭和天皇が、次に直面する危機の問題です。それは、世界が次第に米ソの冷戦になってくるなかでもたらされる危機です。とりわけ天皇にとって脅威だったのは、日本の共産党が合法化されて、公然と天皇制打倒を叫ぶ政党が活動を展開し始めたということです。これがソ連共産主義と結び付いて、内外から、共産主義が天皇制を打倒するのではないかということです。

そこで、1947年5月、マッカーサーとの第4回会見で昭和天皇は、「9条では日本は守れない」、「ぜひアメリカ軍による日本の防衛を」と要請します。このマッカーサーとの会見があったのは、1947年5月6日です。これは、新憲法が施行されて3日後です。昭和天皇は象徴天皇になっていますから、一切の政治的行為を禁止されています。にもかかわらず、このように、日本の防衛をどうしたらいいかと、「日本の防衛は米軍がやってください」などという、高度に政治的なことをマッカーサーに提案しています。これは、もう立憲君主の枠をはるかに外れた話です。

それから半年近くたった9月20日、有名な天皇メッセージです。これも、今回の『実録』で再確認されています。このときに、沖縄を「25年から50年、それ以上にわたって貸与します」と。これも、「象徴天皇」としての行為なのですが、アメリカの政策決定に非常に大きな影響力を持ったと言われています。

2・2　講和・安保をめぐる対米交渉の本質

さて、いよいよ問題の1950年段階に入ってきます。もう占領も5年以上続いている、米軍による日本占領を終えて日本を独立に持っていかなければ駄目だ、ということになってきます。

そのときに、昭和天皇だけではなく、日本全体にとって最大の問題は、日本は憲法9条で、一切の軍隊を持っていないということです。日本が講和条約を結ぶということは、日本が独立するということです。それまでは、アメリカ軍は占領軍としているわけですが、日本が独立すると、建前上、アメリカ軍は占領を終えるわけですから、占領軍としては撤退せざるを得ません。そうすると、日本は憲法 9 条だけしか残りません。非武装です。では、この非武装の日本の安全保障をどうやっていけばいいかということが、最大の関心になってきます。

これで、日本の講和問題というのは、日本の安全保障問題と直結した問題になってきます。そこで、1951 年の 1 月～ 2 月にかけて、先ほどのトルーマン大統領の特使としてのダレスが日本にやってきて、吉田茂首相との間で、講和問題、安保問題をめぐって激しい交渉をします。これが戦後日本をつくってきたわけです。

この日米交渉をどう捉えるかということが、長く論争になっていました。京都大学の有名な先生に、高坂正堯(こうさかまさたか)という先生がいらっしゃいます。彼が、先ほど言った、いわゆる吉田ドクトリン論というイメージを出したわけですが、その核心は、当時の交渉の最大の争点が再軍備だったということです。ダレスが吉田に再軍備を迫る。それに対して吉田が、経済の問題とか憲法 9 条を持ち出して、抵抗するという図式です。

ですから、ダレスの再軍備要求に、吉田は果敢に抵抗して、その結果、戦後の軽武装・経済成長という、日本の基本的枠組みが固まった、それがこの交渉だったということです。これが､高坂先生が打ち出した吉田ドクトリン論です。これが定説でした。

それは確かに、そういう面があるのですが、私は『安保条約の成立』という本で、この高坂論に対して批判をいたました。それは何かというと、当時、ダレスが交渉の前にスタッフに語っていたのは、自分たちが獲得すべき最大の目標は、「望むだけの軍隊を、望む場所に、望む期間だけ駐留させる権利」を獲得することだということです。これはどういうことかといいますと、アメリカは占領期と同じ特権を持って、独立後の日本においても、日本に居座るということです。

これは結局、国務省と国防省との妥協の産物なのです。アメリカの国務省のほうは、もう 5 年も占領が続いているのだから、早く日本を独立させろということです。しかし、軍部のほうは、朝鮮戦争が始まったから、占領をずっと続けて、自由に日本の基地を使いたいということです。その「占領を終わらせるべきだ」という国務省と、「ずっと軍事支配を続けるべきだ」という国防省との間を取って、講和条約、安保条約を結ぼうというのがダレスでした。

それが今、ここで見ました「望むだけの軍隊を、望む場所に、望む期間だけ」、つまり、形だけ日本を独立させるけれども、実態においては全土基地化、日本の基地の自由使用という、その権利を獲得しようというのが、当時のダレスの最大の目標だったということです。ですから私は、これが日米交渉の最大の争点だったと考えます。

さて、こういう問題に対して、当時の外務省、とりわけ条約局は、今の日本の外務省と違って「自分の頭で考える」能力を持っていました。

当時、朝鮮戦争になって、日本の基地を使ってアメリカ軍が、朝鮮で戦っているわけです。そうすると、日本の基地というのは、アメリカにとって、必要不可欠です。とすると、講和交渉をやっていくときに、日本の「基地のプライス」というものが非常に高まってきます。これをうまくカードとして使うことができる。つまり、日本も丸腰だから、独立した後もアメリカ軍にいてもらいたいのですが、しかし、それは条件付きです。期間は一定で、中心部から遠い場所で、しかも占領経費はアメリカが負担するということです。ですから、基地を貸すかどうかということを交渉カードとして巧みに使って、条件付きでアメリカ軍にいてもらうという、これが当時の外務省条約局が考えたことです。

昭和天皇のほうは、朝鮮戦争というのは、天皇制を打倒するための国際共産主義運動による戦争なのだと。ですから、北朝鮮やソ連や中国の狙いは、明らかに日本の天皇制打倒だと。そういう国際共産主義の狙いを前提としたら、条件付きの基地提供などということでは駄目だと。無条件的に、とにかくアメリカ軍にいてもらうと。なぜなら、日本は憲法9条ですから、一切軍備がないわけです。ですから、あらゆる犠牲を払っても、アメリカ軍によって日本を守ってもらうということです。これが、昭和天皇と、その周辺の方針でした。

ちなみに、当時、マッカーサーはどう考えたかというと、マッカーサーは、この1950年の春の段階でも、「日本は東洋のスイスたれ」と主張します。スイスというのは、非武装です。なぜマッカーサーはそんなことを言うかといえば、彼の頭の中にあったのは、沖縄さえアメリカ軍が完全に支配していれば、日本の本土が非武装でも十分やっていけるということです。ですから、マッカーサーは、事実上、沖縄併合論です。ですから、当時の戦略状況の中で、沖縄の米軍支配さえ確保されれば、日本の本土が非武装でもいいということです。

この背景には、やはり新憲法は自分が作ったという前提があるわけです。憲法9条も自分が作ったという。そういうことが、マッカーサーの判断です。

ですから、天皇からしますと、吉田や外務省は、何か条件付きでやろうとして腰が定まらない。マッカーサーは、「東洋のスイス」だなどといって、もう話にならないということです。そのマッカーサーの影響を、吉田はすごく受けているということです。そういうことで、次第に昭和天皇は、自分を救ってくれたマッカーサーや、彼の影響下にあった吉田とも袂を分かち、自分で動かざるを得ないというようになってきます。それが、1950 年 6 月 26 日の「口頭メッセージ」です。

これはちょうど、当時ダレスが来ていたのですが、それに対して昭和天皇は側近の松平康昌を使いニューズウイーク東京支局長のパケナムを介して自分の伝言というものをダレスに伝えました。その中で、事実上、吉田首相は信頼できない、それに代わって、日本を真に代表するような諮問会議をつくり、そこによって講和問題を決着させるということです。

このことが今回の『実録』の中で、当時ダレスがアメリカに帰って、7 月 3 日に国務省宛ての報告書を書いているわけですが、その内容を紹介する形で、事実上、認められているわけです。これは、私にとって『実録』の最大の収穫です。

この「口頭メッセージ」を、私は最初に『安保条約の成立』の中で紹介して、さんざん批判されましたが、やっとこれで、『実録』が認めたということです。もう驚くべき話です。しかも、この中で、青木冨貴子（あおきふきこ）さんというジャーナリストが 2011 年に出した、『昭和天皇とワシントンを結んだ男』という本が、参照文献として載っています。

これは、青木さんが「パケナム日記」を発掘して書き上げられた本です。パケナムが宮廷とのパイプになっていました。パケナムの上司はカーンという、後に軍事疑獄の主役になる人物です。昭和天皇は、そういう人物たちとのパイプを形成しました。

それから、「パケナム日記」を見たら、驚くべきことが出てきました。それは例えば、昭和天皇の料理人が、パケナムのために料理をするのです。驚きました。昭和天皇は必死なんです。こうした「パケナム日記」を紹介した青木さんのこの本が、『昭和天皇実録』において、参照文献に挙げているわけです。

さらに、1950 年 8 月に「文書メッセージ」というのがあって、これは「基地問題をめぐる最近の誤った論争も、日本側からの自発的なオファーによって避けるべし」というものです。「誤った論争」というのは、7 月 29 日に吉田が参議院で「私は軍事基地を貸したくありません」と言ってしまったことです。吉田は、野党との関係とか、いろいろあって、こういう発言をしているのですが、これを、昭和天皇は「誤った議論」だと。日本から自発的に、無条件的に基地提供をして、アメリカとの交渉をやれということです。

この「自発的オファー」というのは、1950年4月に、当時の池田大蔵大臣が訪米した際のミッションの中身の問題です。建前はドッジ・ラインという非常に厳しい財政をめぐる問題ですが、実質的には講和問題でアメリカと交渉するために、吉田が派遣するという形です。そのときに、日本から「基地を自発的にオファーします」ということをアメリカ側に伝えて、講和問題で決着を図ろうとしたという、これが「池田ミッション」と言われるものです。

実は今回、明らかになってきたことは、池田が訪米する前の日に、昭和天皇に拝謁しているということです。それから、池田が帰ってきた翌月に、また昭和天皇に会っています。一大蔵大臣が、訪米の前と後に拝謁しているんです。しかも、この池田のミッションは「講和問題」だと『実録』は書いているのです。

ところが吉田は、実はこの大蔵大臣の池田を派遣しただけではなくて、同じ飛行機で白洲次郎（しらすじろう）を派遣しています。白洲次郎を、吉田首相の特使という形で派遣しています。池田は、今言ったようにアメリカの高官に、「日本から基地を提供しましょう」と言っています。ところが白洲次郎は、別の高官に対し、「国民の感情からすれば、基地を提供できません」と言っているのです。これは、完全な「ダブル・シグナル」です。

昭和天皇は常日ごろ、白洲次郎が一番悪いのだということを言っていました。吉田・白洲ラインは警戒すべきだと。ですから、先ほどの「文書メッセージ」で、日本側からの「自発的オファー」というのは、まさに池田ミッションのラインです。

いずれにしましても、1951年末から夏にかけて、日米交渉がずっと行われました。結果的に、今の安保条約の前段階の旧安保条約は、事実上、昭和天皇の意向どおり「無条件的基地提供条約」となりました。つまり、占領期と実質的に変わりません。アメリカは、日本のどこでも基地にできるということです。極東条項というのがありまして、「極東」という名において、アメリカは日本の基地からどこにでも飛んで行くことができるという、自由使用です。こういう、旧安保条約ができました。

あらためて考えますと、昭和天皇は、天皇制が生き残っていくために、憲法9条を持っている日本においては、アメリカ軍に頼らざるを得ないと。2600年の天皇制を維持するためには、外国軍によって守ってもらわねばならないという、きわめてドライな選択をしたということです。これは、すごいことだと思います。

もう一つ、この旧安保条約を考えるときに、すでに申しましたように、高坂先生が出した「吉田ドクトリン」、吉田首相のイニシアチブで旧安保条約が結ばれて戦後日本が形成されてきたのだというのが定説でした。ところで、先ほどの『安保条約の成立』の本を書くにあたって、外務省が 1982 年に公開した、多くの削除がある『調書』の原文のコピーを、青山学院の図書館で確認しました。その中で私が最も驚いたことは、吉田首相が、サンフランシスコへ全権代表として行くということについて、「私は行きたくない」ということで、何カ月にもわたって固辞していたことです。

そして、当時、病床にあった幣原喜重郎という日本の外交界の長老や、あるいは参議院の議長に「講和会議に行ってほしい」と要請するわけです。ダレスと全面的に交渉した最大の責任者である吉田が「私はサンフランシスコへ行きたくない」などというのは、もうひどい話です。

最終的に吉田が全権代表を引き受けたのは、1951 年 7 月 19 日に昭和天皇に拝謁した､その直後のことでした。私のイメージからすると､昭和天皇に「お前が行け」と、こっぴどく怒られたのでしょうね。

従来、講和会議というのは、もうまさに吉田外交の頂点だというように見られていたわけです。その吉田が何カ月にもわたって、「自分はもう行きたくありません」と。それはやはり、吉田の視点からすると、この旧安保条約などというのは、主権国家として誇れるような条約ではないという判断があったのではないかと思います。

さて、このように、昭和天皇は安保条約の成立過程においても、重要な役割を果たしたわけですが、そもそも最初に申しましたように、昭和天皇は立憲主義者でもなければ、絶対君主でもなければ、平和主義者や戦争主義者でもなかったと思います。天皇制を生き残らせていくために、必要であれば自ら動く、つまり、天皇制の維持が至上の課題でした。これが、昭和天皇の実像と考えます。

終わりに

さて、最初の問題は、太平洋協定から始まりました。集団的自衛権を日本も行使できるようになりました。では日本は、例えば韓国や、フィリピンや、オーストラリアなどと一緒に、太平洋全域で、アメリカと集団的自衛権を行使できるような集団防衛体制をつくれるかということになってきます。ところが、今や、ご承知のように、いろいろな背景があるのですが、日本と韓国の間は、ぎくしゃくしています。

集団的自衛権というのは、「共通敵」を前提にしているわけです。しかし、例えばアメリカは、イスラム国が共通敵だということはあるわけですが、アメリカにとって、もう一つ重要なことは、ロシアが共通敵だということです。ウクライナで勝手なことをやっていると。だから日本に対して、「ロシアを共通敵として対処しろ」ということを言っているわけです。しかし、安倍さんからすれば、ロシアとは良好に、他方で中国こそが共通敵だということです。

もう一つ、アメリカは、北朝鮮は共通敵だと言います。しかし、今は拉致問題もあるから、安倍さんは制裁緩和に動いている。

今、アメリカと中国はいろいろと対立がありますが、戦略対話ということで非常に密接に関係しています。また、韓国の今の方針は、親米・和中といいまして、アメリカと一緒にやりながら、中国とも蜜月関係でやっていくということです。そうすると、韓国にとって、中国は共通敵ではないわけです。アメリカにとっても、今、中国は共通敵ではないわけです。

それで、日本、韓国、北朝鮮、ロシア、中国、アメリカという、6者を取り上げたときに、今、実は日本が一番腹を割って話せるのは北朝鮮とロシアだと言われていて、日本、北朝鮮、ロシアの「3国枢軸」という笑い話さえあります。そうしますと、集団的自衛権の前提の、共通敵というもの自体が成り立ちません。

あるいは、ホルムズ海峡の機雷封鎖でも、あたかもイランが共通敵のようですが、今、イランとアメリカは接近して、イスラム国と戦おうとしています。そういうことも含めて、今は集団的自衛権の前提の、共通敵というものがなくなってきて、全方位外交のような形です。どの国もそうです。そうしたときに、あらためて、今、安倍政権というものが、国際社会でどう見られているかという問題があります。

例えば「日本会議」というものがありまして、これは超党派的に200人近い議員が参加しています。この組織の主張は、東京裁判を否定するということです。「戦前の戦争について、日本は悪くなかったのだ」という主張です。今の19人の閣僚の中で15人は、この組織のメンバーだということです。そうしますと、今の第2次安倍政権は東京裁判を否定し、東京裁判を否定するということは、サンフランシスコ体制を否定するということです。こういう論理と信条を持った人たちによって形成されています。しかも、かなりの大衆的基盤を持っています。重要なことは、このような政権が発足したのは、戦後初めてのことだ、ということなのです。

　ですから先日、英紙『フィナンシャル・タイムズ』が主張したのは、アベノミクスの「三つの矢」は、もう「的を外してしまった」、しかし問題は「第 4 の矢だ」、ということです。ここで第 4 の矢とは、この歴史修正主義、日本の軍国主義の復活だ、というのです。

　そうしますと、「戦後レジームからの脱却」ということを掲げる安倍政権が、今の国際社会の中でどのように評価されているか、ということです。そのことは結局、先ほど言いましたように、戦後史をどう見直すかということになってきます。

　短い時間の中であれこれ、たくさんお話をしてしまって申し訳ありませんでしたが、取りあえずこれで終わらせていただきます。

質疑応答

司会（川島）　どうしてもお聞きしたかったのは、1945 年 6 月 8 日の段階では、まだ徹底抗戦。ところが、22 日までの間に、和平交渉といいますか、もうかなりの現実路線になってくるということです。この大転換をもたらしたものとして、沖縄の戦闘があるのではないかと考えられます。

　沖縄戦では全部で最大 25 万人、亡くなった人がいたということですが、そのうちの 10 万人が、主にこの 5 月 30 日から 6 月 23 日の間に亡くなられています。この期間の、やはり沖縄の情勢というのが天皇に大きな決断をさせたということです。もちろん、木戸幸一とか近衛とか、そういう人も含めてなのですが、そういうことがあったのではないかということです。

豊下　おっしゃるとおり、この 6 月 22 日の翌日、6 月 23 日が沖縄守備隊が壊滅した日です。今の沖縄の慰霊の日です。ですから、沖縄情勢がいよいよ最後段階だということは、当然、昭和天皇の認識としてはありました。

　もう一つあったのは、6 月 8 日の徹底抗戦方針は、軍令部総長なり参謀総長が、「アメリカ軍がやって来ても、自分たちは十分戦います」というようなことで、御前会議で決まったわけです。

　ところが昭和天皇は、もうこの段階に来て、信用していないわけです。そこで、自分の信頼できる人たちを全国に派遣して、実際はどうなのだと調査をさせますが、それによって、惨憺たる状態を認識します。ですから、おっしゃったことと重なると思いますが、徹底してリアルな天皇からすれば、アメリカ軍と本土決戦して持ちこたえられることなど、とてもできないということです。そこを自分で確認しただろうと思います。

会場1　所属は南山大学大学院、国際地域文化研究科、アメリカ研究領域1年生の杉山将矢（すぎやままさや）と言います。

私は今、修士論文のテーマとして「愛国心（Patriotism）」について研究をしています。指導教官は、ここにいらっしゃる山岸敬和先生の下で、今、勉強をしています。あと、他の先生の講述を聞いて、勉強させていただいています。

その愛国心に関心があるわけですが、つまり、愛国心とは何かということに関心を持っています。最近読んだ本に、清水幾太郎という社会学者の方が1950年に書かれた、『愛國心』という本があります。この本において清水氏は、愛国心というのは、自分の国家を愛し、その発展を願い、ここに奉仕しようとする態度であるということを定義した上で、日本とアメリカの愛国心の違いということについて論議を展開しています。

では、どのように論議を展開しているのかというと、日本とアメリカの愛国心の違いというのは、民主主義というプロセスを経ているか、経ていないかということが大きな違いであるということを指摘しています。

例えばヨーロッパであれば、18世紀にフランス革命が起きて、アンシャン・レジーム、封建制度という時代が終わって、個人の自由とか平等の時代が到来する、民主主義というプロセスを経ているわけです。このプロセスを経て、アメリカ合衆国という国ができ、独立宣言、アメリカ合衆国憲法というプロセスを経ているわけです。

しかし、日本の場合は異なっていて、幕末に江戸幕府から明治政府に転換するときに、一応、制度上は封建制度はなくなったということになっているのですが、根本的なものとして、薩長土肥だとか華族だとか、そういった旧来の封建制度を基盤として政府が運営されていたと指摘されています。

この民主主義を経ているアメリカとヨーロッパというものと、民主主義を経ていない、封建制度を基盤とした日本という、この二つの違いというか、そういった格差が広がっていって、それが両国の溝を深めて、第二次世界大戦になっていったということです。つまり、この戦いというのは、愛国心がきっかけなのだというように、この著者は指摘しているわけです。

しかし、そのように違う愛国心を持っている両国ではあるのですが、清水氏は、共通している点もあるのではないかと指摘しています。それは、宗教というものを挙げています。国そのものを自分の一部であると。つまり、無意識に、国というものを「神」と位置付けているのではないかと指摘しています。

それが、日本の場合では天皇を崇拝するということだったり、神道を基盤として国家を運営していくということであると。アメリカの場合であれば、キリスト教、福音派の力というのが大きいのですが、そういったキリスト教という、神を基盤として国を運営していくという点では、神ということに関しては一致しているのではないかと、愛国心について、彼は指摘をしているわけです。

先ほど議論の中盤で登場した、青木冨貴子氏という先生がいらっしゃいますが、この方も、1990 年に文藝春秋のほうから『星条旗のアメリカ』という本を出して、アメリカの愛国心について論じられています。この先生の場合は、ネイティビズムという観点からアメリカの愛国心を述べています。

まだ自分もよく分かっていない点もあるのですが、日本の愛国心とアメリカの愛国心というのは、根本的に何が違うのでしょうか。その辺について教えていただきたいと思います。

豊下　民主主義とか宗教とかは、ものすごく難しい問題なのですが、私は、愛国心ということを考えるときに、最近思うのは、外敵の存在の問題です。例えば、ブッシュ大統領のときのアメリカを考えたら、例の 9.11 から、ブッシュは一気に、まさにアメリカの愛国心を鼓舞していくわけです。

そうすると、あなたがおっしゃった、民主主義がアメリカの伝統だというのですが、例えば盗聴の問題であれ、個人がそれまで享受してきた自由というものが、「テロとの戦い」という名において徹底的にやられているわけです。今、ロシアに亡命しているスノーデンが暴露したように、私たちのプライバシーの問題が、ほとんど国家権力につかまれています。

ところがアメリカ社会は、半ばそれを許容しています。なぜかといえば、問題は外敵です。外敵と戦うということがあれば、自分たちの築き上げてきた民主的な枠組みとか、個人の自由というものを侵害されても、それを受け入れるということです。

ですから、共同体というものが成り立っていくときの外敵の存在という問題性が、最も鮮明に出てしまったということがあると思います。

会場 2　南山大学国際地域文化研究科の留学生で、王梦琦（オウムキ）と申します。中国の上海から来ました。

外国人としては、天皇制というものが存在しているのはよく知っていますが、天皇というものは、日本人の頭の中ではどのような存在なのか、正直、かなり理解しにくいと思います。

前にちょうど、天皇制に関する論文を読みましたが、その中で一番イメージに残っているのは、和辻哲郎の、タイトルは、はっきり覚えていませんが、確か、「国民全体性の表現者」という論文なのですが、まさに象徴天皇制のことが書いてあります。かなり難しくて、なかなか読めないのですが、その中には、天皇制を二つに分けて、「政治的な天皇制」と「文化的な天皇制」が書いてあって、特に和辻哲郎は、文化的な天皇制を強調しました。

当時は、特に日本国内の共産党の「天皇制打倒」という声がかなり大きかったので、和辻のような天皇制を支持する人たちは、文化的な天皇制という、当時はまだ新しい考え方で天皇制を支持する人が多いです。

私の勝手な考えでは、なぜみんなが文化的な天皇制を強調するかというと、まず一つは、やはり戦争責任を追及するときに、もし政治的な天皇制の部分がなくなったら、同じく天皇の罪もなくなるということがあります。

もう一つは、当時日本は、ちょうど戦後なのですが、まだ全体的に社会は安定していませんので、もしこのときに天皇制が排除されたら、社会全体は、より混乱するかもしれないということです。

以上は、ただの私の勝手な考えなのですが、先生に聞きたいのは、なぜ、そのときこんなに、日本で天皇制を支持する人たちは、象徴天皇制、あるいは文化的な天皇制を強調したのでしょうか。この文化的な天皇制は、やはり天皇の唯一のあるべき形ですかということです。

豊下　「文化的」ということの定義は難しいのですが、一種の宗教的な装いを取ったというようなことも入ると思うのですが、私は、今の天皇になって、そういう文化とか何とかというレベルから、もう明らかに変わってしまって、週刊誌さえ時にはスキャンダル報道の対象にするような、そういうレベルになってきています。ある種、イギリス的なところになってきたのかもしれません。

ところで、天皇制の存在を強調するのは、いわゆる右派です。天皇をもう一度元首にしろ、そういう憲法にしろというようなことを主張します。ところが、実は今、右派にとって最大の問題は、今の天皇の存在そのものです。これはもう、最大の矛盾です。

この問題の背景として触れておきたいのは、私が中学生あたりに読んだ週刊誌で、いまだに非常に印象に残っているのですが、「孤独の皇太子」という特集をやったことがありました。この皇太子とは、今の天皇です。

さて特集記事が何を書いているかというと、皇太子もだんだん物心が付いてくると、いろいろな本を読みます。本を読めば読むほど、お父さんの戦争責任の問題を考えざるを得なくなる。なぜ昭和天皇は、もっと早く戦争を終わらせなかったのかとか。もしそうしていたら、原爆もなかったし、沖縄戦もなかったではないかと。そういうことを、本を読めば読むほど感じていくわけです。しかし、皇太子という立場からすれば、そんなことは言えないわけです。それを「孤独の皇太子」と。

ですから、今の天皇は、憲法9条を何より重視している訳です。また例えば、先ほどの6月23日、沖縄慰霊の日。この日に、天皇一家は、一家を挙げて喪に服しているわけです。さらに天皇は、もちろん靖国神社に行かないわけです。私からすると、靖国神社というのは天皇家と最も深い関係がありますが、その天皇が行かない靖国神社というのは、すでにして存在意義がないはずです。

こうした天皇の存在というものは、右派にとっては受け入れがたいわけです。「天皇制だ、天皇制だ」と言いながら、今の天皇の存在自体が最も大きな障害になっているということなのです。

司会（川島）　こういうものは必ず盛り上がったところで終わりになるものですが、残念ながら時間がきましたので、これで終わりにさせて頂きたいと思います。先生、今日はどうもありがとうございした。

豊下　こちらこそ、どうも有難うございました。

注

★1　本稿は2014年9月25日に豊下氏によって南山大学名古屋キャンパスで行われた講演録である。

参考文献

豊下楢彦『安保条約の成立』岩波新書、1996年。
――――『昭和天皇・マッカーサー会見』岩波現代文庫、2008年。
――――『日本占領管理体制の成立』岩波書店、1992年。
――――『イタリア占領史序説』有斐閣、1984年。
――――『集団的自衛権とは何か』岩波新書、2007年。
――――『尖閣問題とは何か』岩波現代文庫、2012年。
松尾尊兊『戦後日本への出発』岩波書店、2002年。
高坂正尭「宰相吉田茂論」『中央公論』1964年2月号。
青木富貴子『昭和天皇とワシントンを結んだ男』新潮社、2011年。

山本雅人『天皇陛下の本心』新潮新書、2014年。
三浦陽一『吉田茂とサンフランシスコ講和（上下）』大月書店、1996年。
吉田裕『昭和天皇の終戦史』岩波新書、1992年。
豊下楢彦・古関彰一『集団的自衛権と安全保障』岩波新書、2014年。
古関彰一『日本国憲法の誕生』岩波現代文庫、2009年。
――――『「平和国家」日本の再検討』岩波現代文庫、2013年。

第18章

ペルー日系人拉致・米国抑留および戦後処理の意味

日系人強制収容研究と恐慌・ニューディール・大戦研究の架橋的作業に向けて

山倉 明弘

はじめに

1941年12月7日（日本標準時では12月8日）のパールハーバー攻撃を直接の引き金として、第二次世界大戦中に約13万8千人の在米日本人と日系アメリカ人が連邦政府によって強制排除、または強制収容、あるいはその両方の対象となった。米国政府による戦時日系人対策は大別して「危険な」敵性外国人逮捕・抑留計画と、主として米国西海岸に居住していた日系人の強制排除・収容計画の二つに分けられる。驚くべきことに、前者の「危険な」敵性外国人逮捕・抑留計画は、米国国内ばかりかラテンアメリカ諸国にも及んだ。連邦政府は、「危険」でもなく、またラテンアメリカの居住国にとっては「敵性」外国人ですらなかった日本人をビザも発給せずにアメリカへ送り（つまり、拉致である）、その途上でパスポートを没収し、入国審査では入国書類を所持していないという理由で「不法入国者」として扱い、さらに「敵性外国人」として抑留し、そのうえ、彼らを日本に捉えられたアメリカ人民間人との人質交換に使おうと企んだ。彼らには米国の市民権も永住権もなかったために、戦後は意思に反する日本送還の対象となったばかりか、主として西海岸居住の日系人の強制排除・収容計画の被害者には認められた戦後補償でも不利で不公正な扱いを受けることになった。本論は、それらの事実を詳述するというよりは、むしろそれらの事実の意味を論じるものである。

アメリカ日系人戦時強制収容研究の奇妙さ

アメリカ日系人戦時強制収容の研究史を概観して不思議に思うのは、連邦政府による大規模なこの人権侵害事件がアメリカ史、特に恐慌、ニューディール、大戦と続く激動の時代にどのように位置づけられるのかという問題意識が鮮明でなく、そのような記述があまりないことである。これらの研究ではもちろん、長年にわたって蓄積された日本人に対する人種偏見や強制収容の直接のきっかけとしてのパールハーバー攻撃が重視されるのは当然で、この点においては、従来の日系人戦時強制収容研究でもアメリカ史との関連は指摘されている。それでも、恐慌、ニューディール、大戦と続く時代を詳細に検討しなくても、戦時強制収容研究はこれまで可能であり、その結果、日系人戦時強制収容と恐慌、ニューディール、大戦とは、互いに独立した別個の出来事として扱われてきたという印象を受ける。ましてや、アメリカ日系人戦時強制収容の歴史的文脈として、1930年代後半から40年代にかけて連邦権限と大統領権限が強化・拡大され、1920年代にはアメリカ経済を圧倒していた民間部門にかわって公共部門（政府管轄部門）が優越するようになり、フランクリン・ローズベルトによって高度福祉国家が構築されたことを論じることはまれであった。

アメリカ日系人戦時強制収容事件は脚注の扱い

一方、恐慌・ニューディール・大戦の時代に関する主流の歴史研究では、アメリカ日系人戦時強制収容事件は、無視されるか、言及されることはあってもほとんど脚注に近い扱いである。このような状態は、1980年に米国議会が戦時強制排除・収容の実態を調査し必要な是正措置を検討するために超党派委員会「民間人の戦時転住および抑留に関する委員会」を任命し、同委員会が1982年に調査結果について報告書 *Personal Justice Denied*（『否定された個人の正義』）を出版したことによりほんのわずか改善されたかに見える。この報告書は、戦争を巡る記憶と歴史を研究するジョン・ボドナーによれば、「アメリカの戦争努力が善であると何十年も唱えてきた公式・非公式の美辞麗句の土台を掘り崩す公の宣言」(John Bodnar, *The "Good War" in American Memory*. Baltimore: Johns Hopkins University Press, 2010, 192）だからである。

しかし、1990年代以降も研究者やジャーナリストたちによる大戦まで視野にいれたニューディール研究が次々に刊行されているが、日系人戦時強制収容については相変わらず記述が薄い。たとえば、伝記作家、歴史家、政治評論家のドリス・グッドウィンはピューリッツァー賞を獲得した759ページに及ぶ1994年の著書（Doris Kearns Goodman, *No Ordinary Time: Franklin & Eleanor Roosevelt: The Home Front in World War II*. New York: Simon & Schuster, 1994＝グッドウィン、ドリス・カーンズ『フランクリン・ローズヴェルト・上　日米開戦への道』『フランクリン・ローズヴェルト・下　激戦の果てに』砂村榮利子・山下淑美訳、中央公論新社、2014年）では、わずか2、3ページを割いて、ローズベルトが民主主義の弱点である世論の横暴に抵抗し損ねて日系人集団強制収容に踏み切り、またその終結を1944年11月の大統領選挙後まで遅らせたと指摘する程度である。政治学者ジーン・エドワード・スミスは、2007年出版の858ページの大著（Jean Edward Smith, *FDR*. New York: Random House, 2007）で、パールハーバー攻撃に対する反応の一部として日系人強制収容に言及し、脚注で司法省と司法長官フランシス・ビドルが強制排除・収容に懸念を感じていたがローズベルトを説得できなかったことに言及している。

アメリカ史家H・W・ブランズは、890ページ近いローズベルトの評伝（H. W. Brands, *Traitor to His Class: The Privileged Life and Radical Presidency of Franklin Delano Roosevelt*. New York: Doubleday, 2008; Anchor Books, 2009）で、戦時中のローズベルトの政策で暗い側面に触れているが、そのひとつが5、6ページを割いている日系人強制収容である。ローズベルト大統領が承認した連邦捜査局（FBI）の政策が、一般大衆を刺激しないように枢軸国諜報員の活動に関するニュースを最小限に抑えることであったけれども、大衆の反日系人感情は連邦捜査局の能力では抑えがたく、また大統領にはそのような政治的意志もなかったとブランズは述べている。日系人の強制排除・収容政策を求める米国陸軍西部防衛司令官の進言を聞き入れようとするヘンリー・スティムソン陸軍長官に待ったをかけることができたであろうが、大統領は日系人強制排除・収容という政治的に微妙な問題ではそうすることができなかった。平和時には、個人は個人として扱われるべきだという原則を信じていたローズベルトは、戦時にあっては大きな国益を優先してその原則を緩め、日系人を危険な集団として扱ったのだとブランズは主張した。

最近の恐慌・ニューディール・大戦研究で、日系人強制排除・収容事件にもっとも大きなスペースを割いているのは、管見の限りではアメリカ史家デイビッド・M・ケネディー（David M. Kennedy, *Freedom from Fear: The*

American People in Depression and War, 1929-1945. New York: Oxford University Press, 1999）で、936ページのうちの13ページを割いている。ケネディーは戦時中の日系人を襲ったこの不幸な出来事、アメリカ社会の偏見、偏見に動かされる軍人や政治家の言動、またそうした言動を修正しようとする司法省官吏の行動を記述する。陸軍省が注目した日系人による訴訟も記述され、アメリカ日系人戦時強制排除・収容研究の標準的道具立てがおおむねそろっている。しかし、それらの記述の最後のあたりでは、「アメリカ的正義の理想を公然と傷つける」強制収容事件が、あくまで戦時の異常な状態を表すもので、二世が遭遇した運命も「多くのアメリカ人を見舞った戦争の影響の典型と取れるかも知れない」と強制収容政策を弁護するかのような口調になる。いわく、「日系人に起こった出来事は、戦時のアメリカにとっては心穏やかなものではなかった。それはまさに、寛容的に包摂的で公平な"人種の坩堝"社会としてのアメリカの自己イメージを大声で侮辱するものであったからにほかならない」。ケネディーはまた、寛容的に包摂的で公平な"人種の坩堝"社会の自己イメージを磨く努力はパールハーバー攻撃前から始まっており、大統領の年頭教書を典型例として挙げる。大統領は、「我々は人種差別を（中略）特に警戒しなければならない。ヒットラーは、個人と個人の間に、集団と集団の間に、人種と人種の間に再び不信と警戒心を醸成しようとするだろう」と語っていたのである。

アメリカ日系人戦時強制収容がこのようにごく簡潔に、挿話的に、またやや詳細に扱われる場合でも弁解がましく語られる傾向★1があることの主たる原因は、アメリカでは市民的自由や人権がひどく侵害された第一次世界大戦時の出来事に対する反省があり、第二次世界大戦中は事態がおおいに改善されたという通説である。この通説は早くも第二次世界大戦中に生まれている。アメリカ政治学会会長のロバート・クッシュマンは1943年の論考（Robert E. Cushman, "Civil Liberties," *The American Political Science Review* 37:1. February 1943: 1-20.）で、パールハーバー以前は多くの思慮深いアメリカ人が市民的自由はアメリカ参戦後生き残れないと考えていたにもかかわらず、実際は活況を呈していると述べた。その理由として彼は、議会も連邦最高裁も第一次世界大戦の教訓を学び国家危急時における市民的自由の問題に対処できるようになったこと、枢軸国での市民的自由の完全な抑圧が衝撃的で印象的な他山の石になったこと、大統領や司法長官を通じて政権が第一次世界大戦時の行き過ぎを繰り返さないという決意を表明し、抑制された政策を採ったこと、などを挙げた。

クッシュマンは翌年、アメリカ政治学会で会長として「戦後の市民的自由」という講演を行ったが、戦時における表現の自由という問題に集中し日系人集団の抑圧にはまったく触れなかった。戦後すぐに 1943 年のクッシュマン論文を引用した当時の代表的憲法学者エドワード・コーウィンは、第一次世界大戦の教訓が生かされ、ファシズムとの闘いが市民的自由の意識を高揚させたと評価した（Edward S. Corwin, *Total War and the Constitution*. New York: Knopf, 1947）。

クッシュマンとコーウィンに始まるこの見解の流れは、その後も変わっていない。憲政史家のポール・マーフィーは 1972 年、連邦最高裁の役割に注目し、「市民的自由に関する最高裁の良好な姿勢は、いくつかの点で、第一次世界大戦時の暗黒状況と比べると〔今次の〕戦争の最も注目すべき面のひとつである」と述べた（Paul L. Murphy, *The Constitution in Crisis Times*, 1918-1969. New York: Harper & Row, 1972）。

何といっても注目に値するのは、ニューディール史の代表的研究家、ウイリアム・ルークテンバーグの評価である。ルークテンバーグによれば、アメリカでは市民的自由と市民的権利（公民権）に対する関心は大恐慌の時代に大きくなり、それは司法省などの政府機関の働きかけ、内務長官ハロルド・イッキーズらの市民的自由への配慮、大統領夫人エレノア・ローズベルトが示した模範、そしてニューディール計画が伝えた物事に対して関心を持つ精神のためだったという。しかし、と彼は続ける。「アメリカ・リベラリズムが取組むべき課題として市民的自由と市民的権利（公民権）が重要な地位を占めるようになったのは 1940 年代になってからである」と。彼は特に、1937 年のいわゆる「裁判所革命」後、市民的自由を強調する傾向を見せた連邦最高裁の役割に言及し、「第二次世界大戦とマッカーサー時代のある程度の過ちにもかかわらず、〔市民的自由を〕強調する最高裁の新たな姿勢は、次の半世紀間のほとんどで持続したのである」と主張した（William E. Leuchtenburg, *The Supreme Court Reborn: The Constitutional Revolution in the Age of Roosevelt*. New York: Oxford University Press, 1995）。

アメリカ日系人強制収容事件は規範からの「逸脱」

このような通説が流布している状況では、アメリカ日系人戦時強制収容事件は、市民的自由への配慮が示されていた第二次世界大戦当時にあっては例外的事件、当時の社会的規範からの一時的逸脱と評価されるのは必然であろう。その典型が、アメリカ自由人権協会（American Civil Liberties Union）の活動家にして刑事裁判が専門の法制史家サミュエル・ウォーカーの著書（Samuel Walker, *In Defense of American Liberties: A History of the ACLU*, 2nd ed. Carbondale, IL: Southern Illinois University Press, 1999）である。ウォーカーによると、アメリカ自由人権協会は第一次世界大戦時の言論の自由を求める闘いの中で誕生し、進化論裁判、第二次世界大戦中の日系人強制収容、冷戦中の反共的魔女狩り、人工中絶権利のための闘争などの、アメリカ史の最重要事件で大きな役割を果たしたという。そのために特に保守派には最も不人気な組織のひとつであったという。

ウォーカーは自著で、パールハーバー攻撃の8日後、ローズベルトが、第一次世界大戦時の過ちを繰り返さないと述べ、「我々は、いかなる脅威を受けても、いかなる危険に直面しても、我々の権利章典に我々の祖先が盛り込んでくれた自由の保障を放棄しない」という約束をかなりの程度守ったと評価した。ただし、「ローズベルトの感服すべき業績のひとつの大きな例外」としてウォーカーは「12万人の日系アメリカ人の抑留」を挙げた。そして、「ほとんどすべての人々が支持したそのような恥ずべき行動は、アメリカ自由人権協会に輝く瞬間を提供した。同協会はほとんど単独で、個人の権利のこの完全な侵害に挑んだのである」と自分の所属する組織を誇らしげに語るのである。

アメリカ日系人戦時強制排除・収容事件は、その詳細を知れば、いくら「大きな」と形容しても「例外」とは表現できないであろう。ましてや、アメリカ日系人戦時強制排除・収容事件の中でも、特に異様で不合理なペルー日系人拉致・抑留事件を知れば、強制排除・収容事件を「例外」とみなせるどころか、当時の人種統治のあり方を反映した典型的事件と考えざるを得なくなるであろう。また、第一次世界大戦時に著しく侵害された市民的自由や人権の状況が第二次世界大戦時は大いに改善されたという通説は、途方もない思い違いであることが理解できるであろう★2。以下はそのことを示す試みであるが、次の第1節でアメリカ日系人戦時強制排除・収容事件の全貌を概説し、第2節でその事件の重要な一部であるペルー日系人拉致・抑留事件の不合理と異様さを説明する。最後の「おわりに」で、それらの事件を歴史的文脈に位置づけ、それらが決してアメリカ社会の規範から逸脱した例外的な事件ではないことを明らかにする。

1　米国政府による第二次世界大戦時民間人強制収容政策の全貌概観

米国政府による戦時日系人対策は大別して「危険な」敵性外国人逮捕・抑留計画と、主として西海岸在住日系人の強制排除・収容計画の二つに分けられる。「危険な」敵性外国人逮捕・抑留計画により米国政府は国内安全保障を確保したつもりであったが、一般大衆は、特に西海岸の人びとは、敵国日本の人びとと同じ顔をしており、同じ文化と帝国主義を共有していると考えていた在米日系人に対する猜疑心と警戒心を緩めることはなかった。彼らの猜疑心と警戒心に、野心的で人種偏見を持った政治家が応え、パールハーバー攻撃の翌年の春

表1　第二次世界大戦時に米国政府が強制収容した日系人民間人

	対象者	対象者国籍別	規模・人数	対象地域	管轄政府機関
（A）在米敵性枢軸国人逮捕・抑留計画	米国情報機関が国家安全保障にとって危険と判定しリストアップしておいた人々	日本人、ドイツ人、イタリア人	日本人15,213人、ドイツ人7,449人、イタリア人2,442人、計25,104人	米国本土、ハワイ・アラスカ準州、マーシャル群島	司法省、ＦＢＩ（司法省）、移民帰化局（司法省）、陸軍省
（B）枢軸国国民拉致・抑留計画	米国情報機関・国務省が国家安全保障にとって危険と判定しリストアップしておいたラテンアメリカ諸国在住の枢軸国出身者	日本人、ドイツ人、イタリア人（ラテンアメリカ諸国に帰化していた人々を含む）	日本人2,264人、ドイツ人4,058人、イタリア人288人、計6,610人	ラテンアメリカ諸国	国務省、司法省、陸軍省
（C）日系人強制排除・収容計画	米国西海排除指定地域居住の日本人とアメリカ生まれの日系市民、および抑留された父や夫と合流するために「自主的に」抑留を申し出て合流が実現するまで収容されたハワイ、アラスカの日系人	日本人、日系アメリカ人	120,313人	米国西海岸（陸軍立ち退き指定地域）およびアラスカ、ハワイ	陸軍省、戦時転住局

出所：拙著『市民的自由』、88頁、表4

から、主として西海岸在住日系人の強制排除・収容計画が実施された。

敵性外国人逮捕・抑留計画では、米国本土、アラスカ、ハワイで逮捕・抑留された日本人1万5123人（表1の（A））とラテンアメリカ諸国から拉致され米国本土で抑留された2264人（表1の（B））が対象となり、西海岸在住日

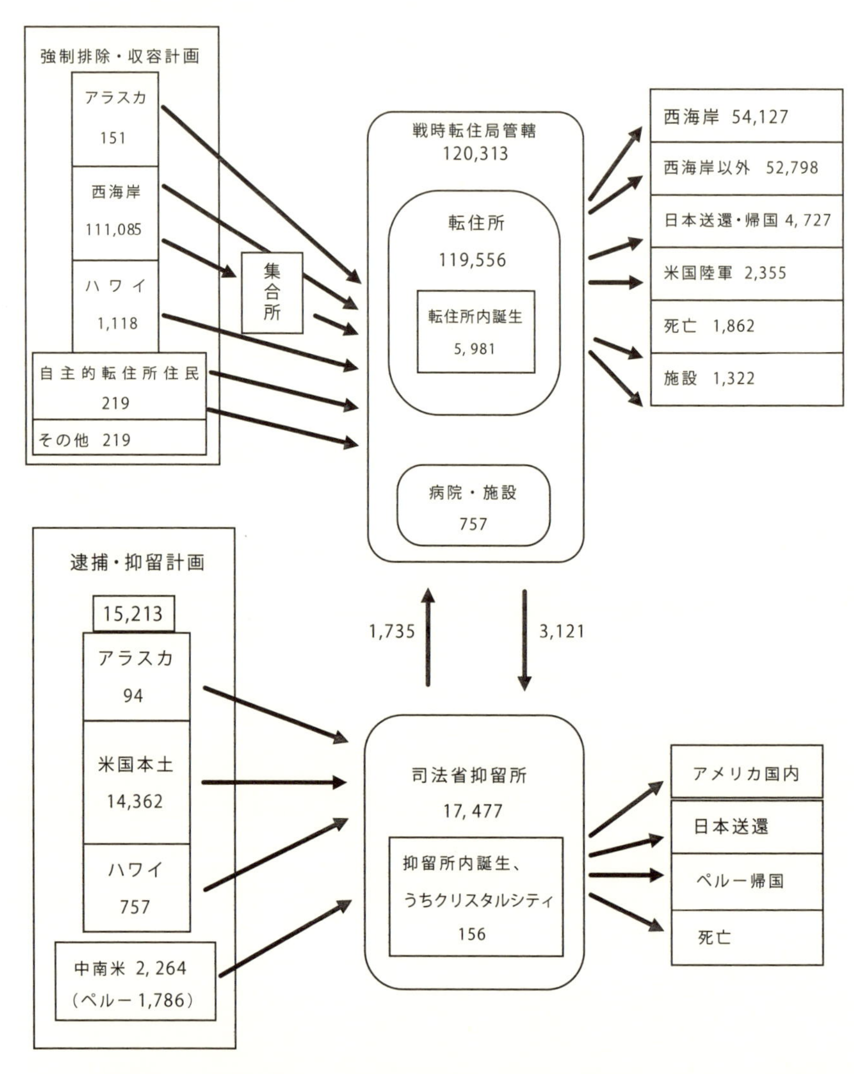

図1　米国政府による戦時日系人立ち退き・転住および逮捕抑留計画の人の流れ（概略図）
出所：拙著『市民的自由』、90頁、図2

系人の強制排除・収容計画では、12万313人（表1の（C））が対象となった。

敵性外国人逮捕・抑留計画で逮捕・抑留された人びとの中には、抑留中に審問を受け、国家にとって「危険」ではないことが判明し釈放された人びとがいた。ただし、彼らは逮捕前の居住地が西海岸日系人強制排除対象地域であった場合は、この強制排除計画にしたがって内陸部に設置された「転住所」という名称の10カ所の強制収容所に送られた。反対に、「転住所」内で当局の不合理な扱いに憤り、アメリカ市民権を放棄した人びとは、アメリカ生まれの「外国人」（native American aliens）となり、敵性外国人逮捕・抑留計画の対象となった。そのため、司法省移民帰化局が管轄する敵性外国人抑留所に送られた。二つのタイプの収容所間の移動を含めたアメリカ日系人戦時強制排除・収容全体の概要を描いたのが図1である。

米国政府が西海岸の民間人強制排除・収容計画の対象としたのは日系人だけであるが、敵性外国人逮捕・抑留計画では、ドイツ人とイタリア人も対象となった。枢軸国籍敵性外国人、すなわちドイツ人、イタリア人、日本人の在米人口を本土とハワイに分けて記したのが、表2である。

1940年度の国勢調査ではアメリカ本土在住の日本人は4万7305人、ドイツ人は123万7772人、イタリア人は162万3580人である。また、1941年11月に米国陸軍情報部がハワイ在住の日本人「逮捕・抑留計画」策定のために作った統計によると、ハワイの日本人一世の数は、4万1346人である。そうすると、日米開戦時の本土・ハワイ在住の日本人人口は、8万8651人と推定される。一方、ハワイ在住のドイツ人、イタリア人の同時期の人口は特定できないが極めて少ないと考えられる。以上を総合すると、アメリカ本土とハワイに居住していた枢軸国出身者に占める抑留者の割合は日本人17.2パーセント、ドイツ人0.6パーセント未満、イタリア人0.2パーセント未満となり、日本人の場合は抑留された割合が断然高いことが分かる（表2参照）。

ところが、ラテンアメリカ諸国在住の枢軸国国民を対象とした拉致・抑留計

表2　1940年時点での外国生まれ日独伊人口と第二次世界大戦中米国在住抑留者数

	本土	ハワイ	本土・ハワイ計	抑留者	抑留者の占める率（%）
日本人	47,305	41,346	88,651	15,213	17.2
ドイツ人	1,237,772	—	1,237,772	7,449	0.6
イタリア人	1,623,580	—	1,623,580	2,442	0.2

出所：拙著『市民的自由』、87頁、表3

画で、国籍別の抑留者数を見ると、異なる状況が現われる。連邦政府がアメリカ国内で監禁した枢軸国国籍民間人総数は、3万1714人、内訳は日本人が1万7477人、ドイツ人が1万1507人、イタリア人が2730人である。そのうち在米の枢軸国国籍民間人で抑留された枢軸国民間人は2万5104人、内訳は日本人が1万5213人、ドイツ人が7449人、イタリア人が2442人で、絶対数で日本人が最も多いが、在米日本人数はドイツ人やイタリア人よりもはるかに少ないので、人口比では日本人が圧倒的に多かったことになる。ところが、ラテンアメリカ諸国からの抑留者数を見ると、ドイツ人が最多なのである。ラテンアメリカ諸国から拉致されてきた枢軸国籍外国人総数は6610人で、内訳は日本人が2264人、ドイツ人が4058人、イタリア人が288人である（表3

表3　第二次世界大戦時米国政府による枢軸国民間人抑留者統計

	(A) 米国在住抑留者	(B) ラテンアメリカ諸国からの連行	戦時抑留者数 合計
日本人	15,213	2,264	17,477
ドイツ人	7,449	4,058	11,507
イタリア人	2,442	288	2,730
総計	25,104	6,610	31,714

出所：拙著『市民的自由』、86頁、表2

参照）。

枢軸国国籍抑留者全体では、日本人が絶対数でも最多で、人口比では他の2カ国の人びとを圧倒しているが、ラテンアメリカ諸国からの抑留者の場合は、少なくとも絶対数ではドイツ人が日本人を上回っている理由は、ペルー日系人逮捕・拉致・抑留計画の性格にもかかわる問題であるが、この点については次の第2節で詳述する。

2　ペルー日系人拉致・抑留・戦後処分のリーガル・ヒストリー

2・1　ラテンアメリカ諸国日本人の逮捕・拘束

2・1・1　在ペルー日本人に対する反感

1940年10月1日時点での在ペルー日系人人口は約2万1200人だった。ペルー移住の当初、日本人は土地を所有して農業に将来を見いだそうとしたが、ペルー人の土地に対する執着心は極めて強く、日本人の進出する余地は限られたものだった。そこで彼らはやむなく都市へ進出し着々と成功を収める。日本人の経済進出、経済的成功、および都市や特定の分野に日本人が集中したことが日本の軍事的進出と相まって、1930 年代にはペルーで日本人への反感が高まり様々な反日・排日的立法が成立した。反日・排日の波はさらに 1940 年 5 月 13 日に反日暴動という事件を生んだ。何百件という日本人の家屋や商店が襲われ、略奪を受けた。7 月には暴動に恐怖を感じて、また被害を受けて再起不能に至ったために妻子を日本へ送り返したり、あるいは家族で日本へ引き上げたりした人も現れた。この暴動をペルーの日本人は、スペイン語で「略奪」を意味する言葉で「サケオ」と呼んだ。ペルーにおける反日的法令や偏見のため、日米開戦前の 10 年間は帰国者が入国者を上回った。この後、日米開戦と共に日系人にはさらに大きな苦難が訪れる。

2・1・2　パナマ政府による日本人の逮捕

日米開戦以前から米国とパナマは非公式に日本人の戦時抑留で合意していた。パールハーバー攻撃後、パナマは枢軸国に宣戦布告し日本人の資産を凍結し、日本国籍の外国人は運河地帯の近くに居住しているという理由で逮捕された。パナマ政府はその後、日本に捕らわれた西半球諸国国民との交換要員として抑留者を米国に送ることに合意した。実際にパナマ政府は 1941 年 12 月 7 日、女性・子供を含めた在パナマ日本人全員 220 名を逮捕し拘留した。翌日、彼らは米軍に引き渡され、米領パナマ運河地帯の移民収容所裏庭のテントに収容された。翌年の 4 月 2 日、これらパナマ在住日本人は全員、米国船でニューオリンズへと拉致されたのだった。

2・1・3　在ペルー日本人に対する偏見・警戒心と
ペルー政府の統治能力への不信感

米国政府とパナマ政府によるこの日本人対策が、後のペルーを中心とするラテンアメリカ諸国在住の日本人対策のモデルとなった。ラテンアメリカでは 12 カ国の政府が米国政府の日本人逮捕・抑留政策に協力したが、中でも熱心だったのがペルー政府である。米国国務省はペルーにおける潜在的な軍事的脅威を取り除き、またペルー経済とペルー政府をアメリカの戦争努力に利用しようと努めていた。戦争勃発後ペルーはアメリカ陸軍省に対し国内にアメリカの軍事施設をおいてもよいと通告し、実際にペルー北部の油田地帯近くのタララに米軍が駐留した。最初に米国へ追放された日系人141名が米国に着いて1週間もしないうちに、米国は武器貸与協定によってペルーに対し2900万ドル相当の武器弾薬の貸与を約束した。これはラテンアメリカ諸国への貸与としては最高額であった。

ペルー日系人の逮捕・拉致計画に重要な役割を果たしたのは、外交官ジョン・K・エマソンである。彼は、日米開戦以前に東京の米国大使館に勤務していたが、休暇で帰国していたときに日米戦争が勃発し東京へ戻れないでいた。そんな折に、リマの大使館に日本語が話せるスタッフがいないため赴任を要請され、1942年2月にリマへ赴任した。任務はペルー在住日本人対策である。エマソンは、その対策の起源を次のように説明している。「そのうちだれかが、太平洋の地図を眺めているうちに、約3万人の日本人がペルーの海岸地帯にひっそりと暮らしているという驚くべき事実を発見した。そして、そこは敵の浸透、秘密の交信、その他ありとあらゆるスパイ活動が、罰せられることなく行われ得る重要な戦略的地域であり、ペルーをなんとかしなくてはいけない、ということになった」。彼は、4月18日に書いた報告書の中で、日本人は「危険な存在」で、「組織化が徹底しており」、「日本への愛国意識が強く」、「暗黙のうちに」大きな力を持った「指導者の指示に従う」と述べた。「ペルー人はこうした状況に無頓着である。日本人を嫌ってはいるけれども、実際の危険性にはほとんど気づいていないようであり、また政府の方は積極策を採りたくないようである。そのうえ、地方の警察や役人は日本人からの賄賂に弱く、彼らの危機管理は当てにできない」。このように述べて彼は、「危険人物と考えられる日本人指導者のペルーからの追放」と「日本人の危険性にペルー人の注意を喚起するための宣伝工作を促す間接的努力」を勧告した。この報告書には、先入観に基づいた警戒心とペルー政府の統治能力への不信感がある。

2・2　米国への拉致の目的

逮捕・拘束されたペルー日系人を米国へ拉致した目的は、西半球の安全保障と人質交換の二つである。どちらも外交関係がからむので、アメリカ日系人戦時強制排除・収容政策の他の様々なプログラムと異なり、ペルー日系人対策だけには国務省が関与した。

2・2・1　西半球の安全保障

米国政府が西半球安全保障の観点からラテンアメリカ諸国政府をどのように

見ていて、それがペルー日系人対策にどう反映されたかを考察するときに、米国政府のラテンアメリカ在住ドイツ人対策について史家マックス・フリードマンが行った研究は重要である。フリードマンは、米国がラテンアメリカ在住ドイツ人を特に警戒したと指摘し、その理由の一つとして、モンロー・ドクトリンから現代まで続く米国・ラテンアメリカ関係の本質的な面、すなわち、「米国では多くの人びとが、ラテンアメリカ諸国はアメリカ政府の家父長的(パターナル)指導がないと自分の国の運営もできず、アメリカの計画との間に不穏状態や不協和音が発生する蔭には、ヨーロッパの国の影響が潜んでいると考えていたこと」を挙げた。

周知の如く、1823年、ジェイムズ・モンロー大統領は、アメリカ大陸が今後はヨーロッパ列強による植民化の対象とはならないと宣言した。また、米国と最近独立したばかりの南米の共和国との連帯を強調し、西半球を民主主義に向かうべき空間として保護すると宣言した。グレッチェン・マーフィーは、西半球の連帯を強調したこのモンローの宣言には帝国主義が隠されていたと主張する。ラテンアメリカに対する保護の宣言はその後のモンロー宣言の再三にわたる解釈を通じて管理・支配の宣言になったのである。北米と南米の「同胞」同士の関係がかくの如く保護から管理・支配に変わった時に、西半球民主主義のオーナーとしての米国の役割はラテンアメリカの問題への介入を正当化するようになった。

フリードマンは、第1節の最後で指摘した疑問、すなわち、枢軸国国籍抑留者全体では、日本人が絶対数と人口比の両方で他の2カ国の人びとを上回るのに、ラテンアメリカ諸国からの抑留者で見ると、少なくとも絶対数ではドイツ人が日本人を上回っている理由に関連する重要な疑問を表明している。いわく、

> ヨーロッパにおけるナチスの躍進に対する脅威が、北米ドイツ人と南米ドイツ人で大きく異なる扱いにつながったのはなぜか。米国で拘留されたドイツ人は審問会(ヒアリング)の機会を与えられ、抑留処分なく大半が釈放されたのに、ラテンアメリカで拘束されたドイツ人に対しアメリカ政府の指示はなぜ審問会を認めなかったのか。米国在住のドイツ国民で抑留されたのは1パーセント未満であったのに、米国が組織したラテンアメリカからのドイツ人追放計画では、アメリカへの追放者がグァテマラではたぶん30パーセント、コスタリカでは25パーセント、コロンビアでは20パーセント、

> ホンジュラスでは半数以上にも及んだのはなぜなのか。

フリードマンはさらに、ラテンアメリカ在住ドイツ人の間にはナチ支持者が約８千人でアルゼンチン、ブラジル、チリというアメリカの追放政策に参加しなかった国に集中していたという。それに対しアメリカのナチ支持団体「ドイツ系アメリカ親ナチ主義協会（ジャーマン・アメリカン・ブント）」には、1万人から２万５千人の会員がいた。ラテンアメリカのドイツ人が米国のドイツ人よりもナチス支持に熱心だったという証拠はないとフリードマンは述べる。にもかかわらず、米国政府の対ドイツ人政策は米国内では比較的穏やかでラテンアメリカ諸国で厳しいものになった。それはひとつには、ラテンアメリカが脆弱な従属的地域であり、ラテンアメリカ人は無力でエイリアンこそが力を持っているという見解を米国政府が持っていたからであるとフリードマンは指摘する。またもうひとつには、ラテンアメリカ在住ドイツ人がアメリカに突きつけているもうひとつの困難、すなわち、ラテンアメリカ市場への重大な侵入が進行中であると米国政府が認識していたからである。

フリードマンは、ラテンアメリカ諸国の日本人移民とドイツ人移民との比較についても言及した。つまり、

> ドイツ人はあらゆるラテンアメリカ諸国に住んでいたのであり、彼らより新参で数も少ない日本人をはるかに凌ぐ社会的地位と財政的成功を達成していた。（中略）国務長官コーデル・ハルが述べたとおり、「ほとんどの国々で日本人の問題は比較的小さい」のだ。ペルーと、それからある程度まで、パナマを除いては、捕まえられ米国の収容所へ追放された日本人は、ドイツ人捕獲計画を策定した後に、ほとんど事後の思い（アフターソート）つきのように、一網打尽にされたという訳だ。

このように、ペルーとパナマのケースを除いては、ラテンアメリカ諸国で逮捕され米国へ拉致された日本人は、ほとんどドイツ人逮捕・追放後の思いつきのようにして、米国で抑留された。しかし、パナマとペルーのケースはそうでない。逮捕・拉致・抑留の理由は、ラテンアメリカ諸国在住ドイツ人の逮捕・拉致・抑留の理由とほぼ同じである。つまり、パナマとペルーの日本人はアメリカと西半球にとって危険な存在で、しかも、彼らを統治し管理する能力はラテンアメリカ諸国政府にはないと米国政府は考えていたのである。

2・2・2　人質交換――もう一つの目的

ペルー日系人を含むラテンアメリカ諸国在住日系人の拉致計画には、ドイツ人のケースとは異なるもう一つの理由があった。それは、アジアにおける日本の勢力圏に囚われていたアメリカ人民間人との人質交換である。1942年8月27日、ハル国務長官は大統領に対し、アジアに取り残されたアメリカ人民間人約7千人との交換のために南米の日本人の追放が必要だと述べた。中国には帰国を希望するアメリカ人が3千人おり、彼らの多くは有力者で彼らの帰還には同じ数の日本人を交換船で送り返す必要がある。フィリピンには3千人、さらに日本本土では7百人が抑留されており、彼らを帰国させるにも日本人との交換が必要である。このように述べた上で、ハルは今後取るべき行動として、対日政策としては、(1)「アメリカ人が中国、フィリピン、日本から出国するまで日本との交換交渉を続ける」、(2)「アメリカで抑留するために中南米諸国からすべての日本人を排除する努力を続ける」の二つを提案した。ハルはまた、1942年9月4日付の書簡でビドル司法長官に対し、上記二点の提案を大統領が「無条件で承認」してくれたと伝えている。ここに述べられている措置は、アジアに取り残されたアメリカ人民間人を帰国させるために、中南米で合法的に、平和に生計を立てている日本人をアメリカへ拉致し、人質交換に使おうというものである。

2・2・3　法的身分の剥奪

米国へ拉致されたラテンアメリカ諸国の日系人は米国到着後に司法省移民帰化局と司法省国境警備隊の管轄下に置かれた。理由のひとつは、司法省の解釈では彼らがパスポートもビザも所持していない不法移民（illegal aliens）だからである。しかしリマのアメリカ大使館は、彼らに米国入国書類を発行しないように指示されていたし、さらにペルーまたは日本のパスポートを持っていた人は連行途中の船上で没収されていた。

戦後、ペルーへの帰還を希望しながらペルー政府に拒否され、また米国政府による日本への送還を拒否した人々は、最終的に米国から追放されるのか、あるいは米国滞在を許されるのか、長い間最終処分が決まらなかった。

2・3　米国での抑留――「敵性外国人」の地位

ラテンアメリカ日系人の拉致に関与した国務省の国務次官補ブレッキンリッ

ジ・ロングは 1942 年 3 月 12 日付のビドル司法長官宛親展極秘書簡で、その処遇について「彼らは全員が危険な敵性外国人としての地位を与えられることになり、最終的送還の交渉まで国防策として拘留」と説明していた。

この親展極秘書簡では、ペルーから拉致されて入国書類も所持せず「不法に」入国した日本人は「敵性外国人」として扱われることになっているが、その法的根拠はかなり薄弱である。パールハーバー攻撃の 1941 年 12 月 7 日、ローズベルト大統領は、大統領布告第 2525 号により、大統領は日本帝国による米国領土の侵攻を宣言し、在米日本人はこの布告により「敵性外国人」となった。米国政府は、1918 年敵性外国人法に基づいてかねてから調査ずみの「危険な日本人」を逮捕・抑留する法的根拠を得た。大統領布告は「敵性外国人」を、「敵対国や敵対する政府のもとで生まれ育ったもの、それらの市民、住民、臣民で 14 歳以上の者で、米国内に居住し帰化していない者」と定義している。したがって、ペルーを始めとするラテンアメリカ諸国在住日本人はその範疇には入らないはずである。

2・4　戦後処理

2・4・1　ペルー帰還

米国で抑留された約 1800 人のペルー日系人のうち、ペルーに帰還できたのは 79 名、日本へ送還されたのは約 1400 名、米国にとどまり永住権を得たのは約 300 名だった。ペルー政府は戦後、追放した日本人を引き取ることを拒否した。ペルー政府首脳は、日米開戦の前年から日本の危険性を公言するようになっていた。1940 年 6 月 16 日、ペルー外相、陸相、海空相の 3 名はプラド大統領の意向を反映し、ペルーにとっての「一番の懸念は日本である」と表明した。1941 年 7 月、ペルー外務大臣アルベルト・ウリョアは、ペルー在住の中国人集団と日本人集団を比較して、中国人は「政治的に危険な存在」ではないが、日本の政策はアメリカに敵対的であり、日米戦争の際は、ペルーが中立国であろうとアメリカの同盟国であろうとペルー政府は日本人を抑留しなければならないと述べた。日米開戦後になると日本人脅威論がアメリカ・ペルー両政府関係者の間に明確に現れたのだった。

ペルー外相は、1944 年 3 月の段階で、「ペルー人女性と結婚しペルー人の子供がいるか、あるいは、法的にペルー市民権を取得している日本人に限っては、本人がペルー帰還以外の措置を望まない限り、戦争終結までは本国へ送還されることなく米国に留まることを望む」と米国国務省関係者に語った。つまり、これらの日本人に限って戦後、ペルーへ帰還させてもよいと米国側に伝えたのである。最終的に、米国へ送られた約1800名のペルー日系人のうち、ペルー政府が帰還を受け入れたのは79名であった。

2・4・2　日本送還

米国で抑留中のペルー日系人の帰還をこのように頑強に拒むペルー政府の態度を受けて、移民帰化局の方針は、ペルー政府が引き取らない日系人は日本へ送還せざるを得ないというものであった。抑留中のペルー日系人が、移民帰化局に今後の彼らの処置について問い合わせた書簡に対し、移民帰化局外国人管理担当次長W・F・ケリーは、「南米への帰還に関し問い合わせ中のペルー出身の日本人に対して、次のことを伝達すべし。ペルー政府は彼らのペルー帰還を望まず、またアメリカ政府としては彼らをできるだけ速やかに日本へ送還するつもりである」と返答している。

米国政府が彼らを日本へ送還する法的根拠は、1945年9月8日付の大統領布告第2662号である。布告は、「合衆国の大陸部に居住している敵性外国人全員のうち次の二つに該当する者は、もし彼らが引き続き西半球に留まることが、戦争と平和の問題に関する米州会議の第七号決議に定められたアメリカス世界の将来の安全または福祉に有害であると国務長官が考える場合は」、西半球外の目的地にそのような人物を排除できる権限を国務長官に与えると規定していた。排除に相当する二つのケースとは（1）他の米州諸国から拘束と送還の目的で、米国政府の国際誓約に関して、あるいは米国および協力国の安全のためにアメリカに送られて来た者、（2）移民法のもとでの入国許可なしに米国の領土内にいる者、である。この二つには、ほとんどのペルー日系人拉致被害者が該当するのであり、そこでは見事なまでに適法性の確保が努力されているが、その理屈は法匪的である。

2・4・3　米国滞留と永住権付与

米国政府はこのようにして多くのペルー日系人を日本へ送還したが、それでも法廷闘争を通じて敗戦後の日本への送還と闘った人びとがいた。1947年初頭、米国内には300名ほどのペルー日系人が在留していた。彼らの行き先は、ペルーか日本しかないと考えていた米国政府は、ペルー政府との交渉は続けていたが、何の成果もなかった。1949年春、事態が進展しないことに苛立ちを募らせていた国務省は、ペルー日系人抑留問題の唯一の解決策は、彼らに「永住権のある合法移民」の地位を与えることであるとの結論に達した。最終的に1952年7月、米国に残留していたペルー日系人は、7年以上米国に居住したことから送還命令差し止めのための公聴会を再開するよう入国管理不服審判所（Board of Immigration Appeals）に請願した。1953年、米国議会は送還差し止めを承認した。ペルーから米国への拉致が始まってから優に10年以上が経過していた。

2・4・4　リドレス（補償）

「はじめに」で紹介した「民間人の戦時転住および抑留に関する委員会」報告書『否定された個人の正義』は、巻末近くに「補遺（アペンディックス）」を設けラテンアメリカ諸国日系人拉致・抑留事件についても報告した。委員会の勧告に基づいて1988年に成立した市民自由法令は、強制排除・収容の被害に遭った日系人に対して、国家による謝罪と生存者一人あたり2万ドルの補償を定めていた。しかし、ラテンアメリカ諸国から拉致されて米国で抑留された日系人の大半は、委員会報告書がわざわざ、「補遺」を設けて報告しているにもかかわらず、主として「不法移民」であったことを理由に補償の対象から漏れたのである。市民自由法令は、補償の有資格者を「合衆国市民、あるいは〔強制収容期間中に〕永住権を持っていた者」に限っており、そもそも米国に拉致され入国した異様な経緯が、四十数年後の国家謝罪と補償を阻んだのである。

1996年、国家謝罪と補償を阻まれた人々のうちの5名が補償資格を求めて代表訴訟（同じ立場にある人々全員に判決の効力が及ぶ訴訟）を起こした。しかし、ラテンアメリカ諸国出身の日系人被害者の高齢化のために関係者は和解に応じざるを得ず、生存者一人あたり5000ドルの補償を受け入れた。違法な逮捕・拘留に始まり、拉致、虐待、抑留、補償の否定、不平等な補償という一連の動きをみると、外交政策における見当はずれの「安全」保障観は、国際法、人権、そして正義をいとも簡単に長期間にわたって損なうことが分かる。

関係者のうち17名は和解金を拒否し、訴訟を続けた。また、補償のための16億5000万ドルの原資が尽きたために5000ドルの補償すら否定された人々が500人以上もいた。1996年に補償獲得全国連合は南カリフォルニアのアメリカ自由人権協会と日系ペルー人口述歴史プロジェクトという二つの団体と合同して、「正義のための運動」を結成した。この団体はその後、ラテンアメリカ日系人元抑留者に日系アメリカ人と同じ額の補償を求める法案を提出したり、「日系ラテンアメリカ人戦時転住・抑留調査委員会」設置の努力をしたりするも、成果は出ていない。また、ペルー日系人有志と日系ペルー人口述歴史プロジェクトは、2003年に米州機構の一機関である米州人権委員会に請願を行い、戦争犯罪と人道に対する犯罪に対してアメリカ政府が公正な補償を行うことを求めた。しかし、10年以上たった現在でもいまだに米州人権委員会は結論を出していない。「正義のための運動」は、国際的な請願運動を起こし、また人権委員会に積極的な結論を促すためにワシントンに代表団を派遣することを検討している。

おわりに――歴史的文脈

ペルー日系人拉致・抑留を含むアメリカ日系人戦時強制排除・収容事件は、歴史の空白で起こった出来事ではない。ペルー日系人拉致・抑留事件には、これまで述べてきたとおり、日本人に対する人種偏見、日本帝国の侵略的膨張に対する警戒心が西半球に居住する日系人に転化された反日感情、それを利用した政治家の野心などがあったことはもちろんである。しかし、それだけで、13万人もの民間人を強制的に移動させ監禁し、監禁中もその一部を絶え間なく移動させるという大規模で複雑な国家事業が実現できるわけではない。それには、そのような事業を可能とするような国家統治機構、官僚機構の拡大という物理的環境が必要である。さらに、第二次世界大戦当時は通説の説明で紹介したように、市民的自由や人権への配慮がある程度働くようなリベラルな時代である。そうした配慮にもかかわらず、大規模な市民的自由や人権の侵害を可能とするイデオロギー上の、また法制上の裏づけも存在したからこそ、日系人戦時強制排除・収容が実現したのである。

福祉国家構築、官僚機構の拡充、連邦主義の変貌

ローズベルト大統領は1933年5月の炉端談話で、経済計画における政府とビジネスのパートナーシップ、およびその関係で政府が主導権を取る構想に言及した。そのような構想は政府・ビジネス対等論とレッセフェール経済という哲学からの大胆な離脱を意味していて、ローズベルトは明らかに、市場原理優先の経済体制から国家主導経済に誘導する構想を描いていたのだ。

1920年代以降国家機能は増大し続けた。1920年代には民間部門が公共部門を圧倒していたが、第二次世界大戦終結時にはそれが完全に逆転していた。連邦政府がまさに強大な中央集権的権限を手にしていたのである。1929年から

1940年までの時代は、政府部門と民間部門という国家の二つの経済部門が優位を求めてしのぎを削っていた権力闘争の時代であった。1920年代には民間部門が優勢であったが、第二次世界大戦が始まる頃には政府部門が国の経済を圧倒していた。

史家ジェイソン・スミスは、ニューディール政策が根本的にリベラルで革新的な改革であったとしてローズベルトの功績を認めるニューディール官僚やアーサー・シュレジンガー・ジュニアに代表されるリベラル歴史家にも、また、また彼らを批判してニューディール政策の限界を唱えるニュー・レフトの歴史家にも与せず、ニューディール政策が米国という国家の優先事項に革命的変化をもたらし、国家の物理的環境、政治制度、そして経済を根本的に変えたことを強調している。この中で、ニューディール官僚組織の代表的存在である就業促進局（Work Progress Administration、1936年以降はWork Projects Administration）は、米国陸軍西部防衛司令官が「民間人管理」――日系アメリカ人という民間人の強制排除――を管轄するために設立した戦時民間人管理局（Wartime Civil Control Administration）の一部門として日系アメリカ人の強制収容の実務を担当し、実際の強制排除・収容の企画・立案・実施にあたった陸軍を上回る予算を使ったことをスミスは明らかにしている。

就業促進局は、戦争努力への貢献を目的に、防衛産業労働者を訓練したり、公共事業の生産を向上させたりして戦時体制へ適応しようとしていた。しかし、失業者の減少と保守化を強める議会の存在のために、その存続が危ぶまれていた。そんなときに反対者のほとんどいない日系人強制排除・収容に参画しようと積極的に動いたのだとスミスは分析する。また、西海岸の日系人を監禁した収容所に悪名高い鉄条網のフェンス、監視塔、照明灯の設置を提案したのは、それらの収容所の管理を任された就業促進局の官僚のひとりであった。このように主要なニューディール機関が、組織の存続を図り存在意義を強調する目的でアメリカ日系人強制排除・収容に直接にかかわった。この点は従来のニューディール研究にも、またアメリカ日系人強制排除・収容研究にもあまり見られなかった画期的議論である。

ニューディール期の国家機能および公共部門の拡大・強化というこの観察は、ローズベルトがニューディール政策を推し進め、自由放任経済、契約の自由、司法積極主義に基づき抵抗を続けていた最高裁が1937年についにその姿勢を転換させ、連邦政府や州政府の規制立法を支持し、またマイノリティーの市民的自由を尊重する判決を出すようになったことと符合する。最高裁も、連邦政府権限の拡大とそれに伴う官僚機構の拡大、すなわち連邦主義の変貌に手を貸すようになったのである。第二次世界大戦への参戦は当然のことながら、この連邦政府権限の拡大に拍車をかけた。このようにして大規模で複雑な戦時強制排除・収容政策実施の物理的環境が整ったのである。

政策に入り込む人種主義——法による人種統治の四つの時代

戦時強制排除・収容政策の実現には、法制史上の、またそれに伴うイデオロギー上の条件も整っていた。アメリカ史をリーガル・ヒストリーの観点から見ると、法による人種統治に関して少なくとも四つの明確な時代を特定することができる。一つ目は、市民権取得の前提条件が人種であった時代で1790年から1952年である。1790年の帰化法は、アメリカ市民を白人に限定した。アメリカ人になる権利（帰化権）から人種という要素を取り除いた画期的な連邦法が1952年の移民・国籍法であった。ちなみに、市民権から特定の集団を排除するのに人種という基準を設けていたのは、米国以外ではナチス・ドイツだけである。

二つ目は、公式人種主義的移民政策の時代で、1882年から1965年までの83年間である。1882年中国人排斥法は中国人移民の入国を禁止した。つまり、特定の人種を挙げてその入国を禁止したのであった。これは、人種差別的意図を制定法の名称に明記した唯一の連邦法である。移民の国別割り当てを廃止したのは1965年移民法で、後にアジア系移民が急増し、アメリカの人口構成に大きな影響を与えることになる画期的移民法である。

三つ目は、人種隔離が合憲であった時代で、1896年から1954年までの58年間である。1896年には合衆国最高裁のプレッシー対ファーガソン事件判決が出されており、悪名高い「分離すれども平等」の法理で有名になった判決である。「分離すれども平等」法理を覆し、人種隔離を違憲としたのは、1954年のブラウン対教育委員会事件判決であり、たぶん最高裁史上最も有名な画期的判決である。

四つ目は、帰化不能外国人（白人およびアフリカ人とその子孫以外の人びと）が移民として米国に入国できなかった時代で、1924年から1952年の28年間である。1924年移民法は、北欧・西欧移民を優遇し、南欧・東欧移民を冷遇したことに加え、アジアからの移民を全面的に禁止した。すでに1917年移民法により日本を除くアジア移民は禁止されていたのであるが、その例外をなくしたのであった。前述のように帰化不能外国人という存在そのものをなくしたのが、1952年移民・国籍法である。市民権取得と入国の条件が人種であったということは、米国に居住する人びとがどんな顔と身体的特徴を持っているかを決めたのであり、現在のアメリカ人がどんな顔をしているか、どんな「人種的」特徴をもつのかは、これらの法によるところが大きいのである。

ペルー日系人の拉致・抑留が実施された時期は、上記の四つの時代が重なり合う時期である。当時は、市民権取得の前提条件が人種であったために彼らは米国市民権を獲得できるはずがなく、公式人種主義的移民政策の時代であったために、移民としての入国は認められるはずがなく、人種隔離が合憲の時代で日系人だけの隔離は法的に容易であり、帰化不能外国人（白人およびアフリカ人とその子孫以外の人びと）が移民として米国に入国できなかったからこそ、彼らは「不法移民」として扱われたのである。

以上の如く、福祉国家構築、官僚機構の拡充、連邦主義の変貌という歴史的文脈と、四つの人種統治時代の特定の如く、リーガル・ヒストリー的文脈を考慮に入れることが、「はじめに」で述べた日系人戦時強制排除・収容研究と恐慌・ニューディール・大戦研究の架橋的作業に向けての筆者なりの回答である。また、このような文脈に適切に置くことにより、ペルー日系人拉致・抑留計画を含むアメリカ日系人戦時強制排除・収容計画が、けっして戦時の危急時における当時の社会規範を逸脱して行われた不幸な例外ではなく、むしろ政府当局者や民衆の人種偏見に駆られて国家機構を動員して行われた当時の規範を表す事件であったことが確認できるのである。

注

★1　前述のボドナーは、戦争の記憶に関する伝統的言説に対しては常に異議申し立てが為されてきたと、興味深い議論を行っている。伝統的言説は、過去の米国の行動の中には殺戮や迫害などの負の側面もあったが、それらは、現状よりも原始的な状態への「一時的な退行」に過ぎず、いったん国家の危機が過ぎれば、また平和的で進歩的な正常なやり方に戻るのだと主張するという（Bodnar, 3-6)。米国では実際の、あるいは想像上の国家危急時に、マイノリティーが迫害・抑圧を受ける事例は多いが、ボドナーのこの指摘は、そうした迫害・抑圧についての伝統的・保守的な言説のほとんどに当てはまると筆者は考える。

★2　この通説の顕著な例外は、21世紀に入ってから史家ジェイソン・スミスが発表したニューディール研究の通説を修正する試みである。スミスはニューディール・大戦研究者には珍しく、日系人戦時強制収容事件をニューディール政策の性格を論じるのに使用しているが、彼の議論については「おわりに」で触れる。

参考文献

Commission on Wartime Relocation and Internment of Civilians. *Personal Justice Denied: Report of the Commission on Wartime Relocation and Internment of Civilians*. Washington, DC: GPO, 1982.

Corbett, P. Scott. *Quiet Passages: The Exchange of Civilians between the United States and Japan during the Second World War*. Kent, OH: The Kent State University Press, 1987.

Friedman, Max Paul. *Nazis and Good Neighbors: The United States Campaign against the Germans of Latin America in World War II*. Cambridge, UK: Cambridge University Press, 2003.

Gardiner, C. Harvey. *Pawns in a Triangle of Hate: The Peruvian Japanese and the United States*. Seattle: University of Washington Press, 1981.

Lopez, Ian F. Haney. *White by Law: The Legal Construction of Race*. New York: New York University Press, 1996.

Murphy, Gretchen. *Hemispheric Imaginings: The Monroe Doctrine and Narratives of U.S. Empire*. Durham, NC: Duke University Press, 2005.

Saito, Natsu Taylor. "Justice Held Hostage: U.S. Disregard for International Law in the World War II Internment of Japanese Peruvians–A Case Study," *Boston College Law Review* 15:1 (December 1998) and *B.C. Third World Law Journal* 19:1 (Fall 1998): 275-348.

Smith, Jason Scott. *Building New Deal Liberalism: The Political Economy of Public Works, 1933-1956*. New York: Cambridge University Press, 2006.

———. "New Deal Public Works at War: The WPA and Japanese Internment," *Pacific Historical Review* 72:1 (February 2003): 63-92.

Kashima, Tetsuden. *Judgment without Trial: Japanese American Imprisonment during World War II*. Seattle: University of Washington Press, 2003.

Weglyn, Michi. *Years of Infamy: The Untold Story of America's Concentration Camps*. New York: William Morrow, 1976; Seattle: University of Washington Press, 1996.

坪居壽美子『かなりやの唄――ペルー日本人移民激動の一世紀の物語』連合出版、2010 年。

東出誓一『涙のアディオス――日系ペルー移民、米国強制収容の記』彩流社、1981 年（増補版、1995 年）。

山倉明弘『市民的自由――アメリカ日系人戦時強制収容のリーガル・ヒストリー』彩流社、2011 年。特に、第 3 章および第 5 章第 2 節。

第19章

「現代戦争」としてのヴェトナム戦争[★1]

戦争の実相、「戦争の克服」と「和解・共生」

藤本 博

はじめに

現在、グローバル化の進展の中で相互依存が進んでいる中にあって、過去の戦争を克服する視点から、国際諸地域間において共通の戦争認識をどのように生み出し、「和解・共生」の世界をいかに創造していくかが課題となっている。そしてこの課題に関して言えば、ナショナリズムや愛国主義を超えてトランスナショナルなレベルでの「戦争の記憶」の共有と「和解・共生」の世界への創造に向けた回路を導くためには、20世紀における「現代戦争」の特徴が民間人に対する無差別的な攻撃・(大量)殺りくにあるというその共通性に着眼し、この点を可視化することが重要であると考える。

以上の問題意識をふまえ、本稿では、「現代戦争」を象徴する戦争の一つであるヴェトナム戦争を対象に、戦争の実相ならびに「戦争の克服」と「和解・共生」をめぐる諸問題を考えてみることにする。具体的には、第一に、民間人に対する無差別的な攻撃・(大量)殺りくに着眼するためには、「現代戦争」に関する戦争認識の座標軸の文脈の中でヴェトナム戦争を位置づける必要があること、第二に、民間人に対する無差別的な攻撃・(大量)殺りくの実態を知る前提として、ヴェトナム戦争における民間人に対する無差別的な攻撃・殺りくの実相はどのようなものか、またこのような戦争政策はどのように正当化され、いかなる戦争批判の視点が提起されたか。そして第三に、アメリカの戦争政策の実相を象徴する「ソンミ虐殺」を事例として、「戦争の克服」と「和解・共生」の位相をいかに把握することが可能か、の以上三点に関して考察する(「ソンミ虐殺」とは、1968年3月16日、米軍アメリカル師団バーカー任務部隊第20連隊第1大隊に所属するチャーリー中隊の三つの小隊、主としてウィリアム・カリー〔William Calley〕中尉率いる第1小隊がヴェトナム中部クアンガイ省のソンミ村〔現ティンケー村〕を攻撃した際、無抵抗の村人504名〔その7割が女性と子ども〕を無差別に殺害した事件のことを言う)。

1　戦争認識の縦軸と横軸

上記に述べた問題設定をふまえ、ヴェトナム戦争をめぐる民間人に対する無差別的な攻撃・(大量) 殺りくの実相に着眼する視点から、戦争の実相ならびに「戦争の克服」と「和解・共生」の位相を考えるにあたって、ヴェトナム戦争を「現代戦争」の歴史的文脈の中に位置づける視点、言い換えれば歴史の (時間的な) 縦軸 (「戦争認識の縦軸」) と、戦争当事国の市民レベルにおける国境を超えた越境的な連帯が重要であると言う意味での空間的な横軸 (「戦争認識の横軸」) という、二つの座標軸を設定しておきたい。

1・1　「戦争認識の縦軸」とヴェトナム戦争の歴史的位置

まず、「戦争認識の縦軸」という点からヴェトナム戦争を考えれば、ヴェトナム戦争を単に1960年代から1970年代半ばにかけておこった戦争というだけではなく、民間人に対する無差別的な攻撃・(大量) 殺りくを特徴とする20世紀における「現代戦争」の中で位置づける必要がある。歴史的にみれば、民間人に対する無差別的な攻撃・(大量) 殺りくという「現代戦争」は、地上での民間人に対する (大量) 虐殺と住民の居住地域や民間施設に対する空からの「戦略爆撃」の二つの側面があった。地上における民間人に対する (大量) 虐殺に関する歴史的な象徴的事例としては、ドイツ軍によるアウシュヴィッツでのユダヤ人虐殺、日本軍による南京での民間人大量殺りく、朝鮮戦争時における米軍による老斥里での民間人殺りくがあり、ヴェトナム戦争について言えば、本稿でとりあげる米軍による「ソンミ虐殺」もこのような歴史的文脈の中で位置づけることができる。また、空からの「戦略爆撃」について言えば、代表例として、スペイン市民戦争時におけるドイツ軍によるゲルニカ空爆、第二次世界大戦末期に行なわれた連合国軍 (英軍と米軍) によるドイツのドレスデン空爆、米軍による広島、長崎への原爆投下、朝鮮戦争における米軍による空爆、そして最近では湾岸戦争やアフガニスタン戦争、イラク戦争における米軍の空爆をあげることができる。本稿でとりあげるように、ヴェトナム戦争時における、とくにヴェトナム北部に対して行なわれた大規模な空爆も、同じようにこのような「戦略爆撃」の歴史的文脈の中で考えることが可能である。

1・2 「戦争認識の横軸」とヴェトナム戦争をめぐる「戦争の克服」、「和解・共生」

次に、「戦争認識の横軸」という点からヴェトナム戦争を考えてみる。この点では、前述した「戦争認識の縦軸」との関係で戦争の「加害」「被害」の重層性という諸相をふまえながら、越境的な「和解・共生」創造の可能性が模索されていることに注目することができる。前述したように、現在、原爆投下や「南京事件」などの特定の事象についての「記憶の共有」の試み★2など、ナショナルなレベルを超える形で、戦争観の相剋や歴史摩擦の克服に向けたトランスナショナルなレベルでの「和解・共生」創造の試みに注目が集まっている。そして、こうした「和解・共生」創造の可能性が生み出される条件として、ナショナリズムを超えた人類史的立場から普遍的価値の共有が不可欠であることや、その普遍的価値を共有する「場」を生み出すうえで、市民社会の成熟や国境を超えた市民団体、市民運動のイニシアチブの重要性が言われている★3。

本稿で述べる「和解・共生」とは、戦争当事者の国ならびに市民社会レベルにおける「加害」「被害」という双方の立場は異なるものの、ナショナルなレベルを越えて戦争の悲惨さ・非人道性という共通項に着眼することで、ナショナルなレベルからの視点につきまとう「憎しみ」を克服し、トランスナショナルなレベルで「加害」側、「被害」側双方の相互理解を育み、報復的思考の克服と「戦争の悲劇」防止の立場から、戦争を記憶し、「非暴力・平和の世界」を創造しようとする営みを念頭に置いている。ヴェトナム戦争に即して言えば、こうした意味合いでのトランスナショナルなレベルにおける「和解・共生」創造の試みの一例として、ヴェトナム帰還米兵マイク・ベイム（Mike Boehm）が主宰する「マディソン・クエーカーズ」プロジェクト（Madison Quakers, Inc. Projects in Vietnam）の活動が注目される。

以下、これまで述べたことをふまえながら、最初に「現代戦争」としてのヴェトナム戦争の実相と戦争正当化の論理・批判の論理について検討し、次いで「ソンミ虐殺」の事例を手掛かりとして、「戦争の克服」と「和解・共生」の可能性について具体的に検討する。

2 「現代戦争」としてのヴェトナム戦争
――戦争の実相、正当化の論理・戦争批判の論理

2・1 「アメリカの戦争」としてのヴェトナム戦争の特徴と戦争正当化の論理

周知のように、ヴェトナムに対するアメリカの軍事介入は、米軍が1965年2月にヴェトナム民主共和国（北ヴェトナム）に爆撃（北爆）を開始し（翌3月からは恒常的爆撃開始）、同年3月には米戦闘部隊が派遣されて「アメリカの戦争」の様相を呈することになる。その後、1973年3月に米軍の戦闘部隊は撤退し、最終的には、1975年4月にアメリカが長らく支えてきた親米政権のヴェトナム共和国（南ヴェトナム）の首都サイゴンが解放勢力軍によって解放されることによって戦争は終結する。

「アメリカの戦争」の様相を呈してから戦争終結まで10年間の長きにわたって続いたヴェトナム戦争においては、とくに米軍による無差別的な攻撃・(大量）殺りくによって膨大な数の民間人が犠牲となった。このような戦争の実相のなかで、ヴェトナムにおける民間人の死者は約200万人にのぼると言われている。そして、民間人をめぐる戦争の実相の特徴は，荒井信一が指摘するように、「戦争に民間人がまきこまれたのではなく、初めから民間人とその生活空間とが攻撃の対象とされたこと」にあった★4。

ヴェトナムにおける米軍の戦争政策は、「南ヴェトナムの共産化を阻止」することを目的に二つの側面で展開された。一つに、米軍は、「戦略爆撃」の思想のもとでヴェトナムにおいて空爆を展開した。具体的には、南ヴェトナム解放民族戦線による抵抗運動の源が北ヴェトナムからの指令と支援にあるとみなして北ヴェトナムへの爆撃を強化するとともに、空爆を南ヴェトナムにおいても展開した。そして第二に、米軍は、南ヴェトナムにおける地上戦として「索敵撃滅」（search and destroy）作戦を展開し、広範な民衆を基盤とする民族的抵抗の抑圧を目指した。

2・1・1 「戦略爆撃」の思想に基づく南北ヴェトナム領内に対する空爆と正当化の論理

ヴェトナム戦争中の米航空機からの砲爆弾使用量（南北ヴェトナム、そしてヴェトナム近隣のラオス、カンボジアを合わせた総使用量は約700万トン）について言えば、あまり知られていないことではあるが、北ヴェトナムに対す

る爆撃（北爆）よりも、南ヴェトナム領内により多くの爆弾が投下された。具体的に言えば、北爆での爆弾使用量約100万トンに対して、南ヴェトナムにおける爆弾使用量は約328万トンであった★5。そして、北ヴェトナムに対する爆撃（ローリング・サンダー作戦）による出撃回数は、戦争拡大にともなって、1965年には9万5000回であったものが、1967年には10万8000回に及んだ★6。

北爆の正当化の論理に関して述べれば、北爆は、ヴェトナム民主共和国が南ヴェトナムの解放勢力に対する支援を中止し、停戦あるいは和平会談に応じることを強制する目的をもっていたという意味で、ヴェトナム民主共和国にアメリカの政治目的を強制しようとするものであったと言える。そして、民間人に対する攻撃を徐々にエスカレートさせることで住民に対する脅しと恐怖を助長して、戦争終結に応じさせる戦略でもあった。したがって、北爆の展開の過程で、市民の生活空間とともに経済インフラの破壊が意図的に展開され、例えば、1966年には北爆の拡大にともなって、北ヴェトナムの石油など各種燃料備蓄基地や工業施設、輸送網が米軍の攻撃目標になった。

最近のイラク戦争までの「戦略爆撃」の思想に基づく「空爆」の歴史が示しているように、ヴェトナム戦争においても住民に対する脅しと恐怖を与える意味合いを空爆は持っていた。そして、ヴェトナムにおける米軍による空爆作戦においては、ナパーム弾、対人殺傷兵器としてのボール爆弾、クラスター爆弾など、使用兵器の残虐性においても顕著なものがあった。この点は、ヴェトナム戦争中の同時代に、「アメリカの戦争犯罪」の告発がなされた「ラッセル法廷」の場で国際的に初めて体系的に明らかにされた（「ラッセル法廷」については、本稿後述2・2参照）。付言すれば、ヴェトナム戦争における空からの爆撃の効果について、1966年末頃には米政府内でも疑問が出されていた★7。

2・1・2　地上での民間人無差別攻撃を生み出した「索敵撃滅」（search and destroy）作戦

1965年の米戦闘部隊派遣とその拡大によって南ヴェトナムの地上戦として展開されたのが「索敵撃滅」作戦であった。「索敵撃滅」作戦は、すでに述べたように、広範な民衆を基盤とする民族的抵抗の抑圧を目指すもので、具体的には、米軍による平定計画による焦土作戦のもとで、「自由砲撃地帯」を設定するとともに、（その地域内の民間人を敵戦闘員・「ヴェトコン」同調者と見なす傾向があった）住民を南ヴェトナム政府支配地区の防衛拠点の村落に移動させるために強制的な「難民政策」が展開された。しかしながら、この「索敵撃滅」作戦のもとでは、火力に依拠した米軍の作戦によってむしろ南ヴェトナムの農村社会を危機的状況に追いこむ事態をもたらし、同時に、ゲリラ戦に基礎をおく「姿なき敵」に対する戦闘の中では、戦闘員と非戦闘員の区別はつけにくく、民間人に対する無差別的な攻撃・（大量）殺りくが行なわれる結果を招くことになった。こうした政策の帰結としてのアメリカの戦争政策の実相を象徴するものが、1968年3月16日に起こった「ソンミ虐殺」である。

2・2 「北爆・南爆」と「索敵撃滅作戦」に対する批判の論理

以上述べた米軍による南北ヴェトナム領内における空爆（「北爆・南爆」）や「索敵撃滅作戦」によって、莫大な数のヴェトナム民間人が犠牲になった。ヴェトナム戦争において顕著なことは、戦争が展開されているまさにその最中に、多数のヴェトナム民間人が犠牲になっている事実に着眼して、こうした犠牲がアメリカの戦争政策の意図的かつ系統的な政策の帰結であり、アメリカの戦争政策が「戦争犯罪」的性格をもつことが明らかにされたことであった。

アメリカの戦争政策に対する告発はまずはアメリカ国外でなされた。この代表的なものが、1967年にスウェーデンのストックホルム（第1回法廷）とデンマークのコペンハーゲン郊外ロスキレ（第2回法廷）で開催された国際民衆法廷とも言うべき「ラッセル法廷」の場である。イギリスの哲学者バートランド・ラッセルは早くも1963年時点で米軍によるナパーム弾と枯れ葉剤など化学毒物の使用に抗議しており、この「ラッセル法廷」はラッセルとフランスの哲学者サルトルの提唱によって開催されたものである。

「ラッセル法廷」においては、米軍が民間目標に対して「意図的、系統的、かつ大規模な」砲爆撃を行なっているとともに、戦時国際法で禁止されている兵器を使用し、民間人や捕虜に対して非人道的行為を行なっていることが明らかにされた。そして、アメリカの戦争行為が、民族の生存そのものの抹殺を図る「ジェノサイド」的様相を帯びているとの理解を提示したことに、このラッセル法廷の意義があった。

アメリカ国内では、1969年秋に「ソンミ虐殺」の存在が公に明らかになった時点でヴェトナム民間人への犠牲に対する事実が広い範囲で明らかにされた。興味深いのは、戦場で戦った帰還米兵自身によって、「ラッセル法廷」と同様な観点からアメリカの戦争行為の「戦争犯罪」的性格が告発されたことであった。この代表的なものが1971年1月末から2月初頭に、反戦ヴェトナム帰還兵で組織された「戦争に反対するヴェトナム帰還兵の会」（Vietnam Veterans Against the War, VVAW）が主催して開催した「冬の兵士」調査会（Winter Soldier Investigation）であった。「冬の兵士」調査会では、帰還米兵たちが自らの体験に基づいて証言し、「ソンミ虐殺」に関して、ニクソン大統領が言うように「孤立的」なものではなく、ヴェトナム民間人にたいする残虐行為が日常的に起こっていることが明らかにされた。

現在では、新たな史料公開により★8「ソンミ虐殺」以外にも320件に及ぶ民間人や捕虜に対する虐殺・虐待事件があったことが明らかにされており、これらの新史料は、ヴェトナム戦争時において、米軍によるヴェトナム民間人に対する残虐行為が日常的に行なわれたことを裏づけるものとなっている。また、「冬の兵士」調査会では、人種差別主義を生み出すアメリカ社会を問題にし、ヴェトナム民間人を人間以下のものとみなすことでヴェトナム民衆に対する無差別的な攻撃・殺りくが軍の政策として展開されていることも明らかにされた。そして、「冬の兵士」調査会の場において、著名な心理学者のロバート・リフトン（Robert Lifton）は、「ヴェトナムにおいて米軍兵士は、被害者（victim）でもあるとともに、加害者（executioner）でもある」という米軍兵士が置かれた重層的性格を強調したのだった★9。

3 「終わらない」ヴェトナム戦争

以上述べたように、ヴェトナムにおいて「アメリカの戦争」が進行していた最中、米軍によるヴェトナム民間人に対する残虐行為の日常化の現実に注目し、多くのヴェトナム民間人が犠牲になっていることが意識されることになった。しかしながら、とくにヴェトナム戦争が終結した1975年以降、ヴェトナム戦争において多くのヴェトナム民間人が犠牲になったことを念頭にした「ヴェトナム戦争の記憶」のあり方が定着しているとは言い難い状況にあることは否めない。このような状況の中で、米国の人びとの間で、「ソンミ虐殺」におけるヴェトナム民間人の犠牲に対する関心が希薄化しているとも言われる。

ヴェトナム戦争終結以降、1980年代における外国に対する軍事的介入を肯定的にとらえる当時のレーガン政権による「ヴェトナム症候群」の克服の動き、そして2001年の「同時多発テロ」後におけるアフガニスタンやイラクにおける「対テロ戦争」の展開という歴史的過程を考えてみた場合、ヴェトナム戦争において多くのヴェトナム民間人が犠牲になったことを念頭においた問いかけを契機にアメリカの外国における軍事介入政策の転換が促されるまでには至っていないと言える。実際に、1991 年の湾岸戦争や 2001 年の「同時多発テロ」後におけるアフガニスタン戦争、イラク戦争においては、米軍による空爆作戦が継続されてきた。

ヴェトナム戦争の当事者であるアメリカとヴェトナム（1975 年 4 月にヴェトナム戦争が終結した翌年、ヴェトナム社会主義共和国として南北ヴェトナムは統一）の両国は、1995 年 7 月に国交を樹立した。そしてその後、クリントン大統領（当時）が 2000 年 11 月、ヴェトナム戦争終結後において現職の大統領として初めてヴェトナムを訪問する。クリントンのヴェトナム訪問の際、当時のルオン国家主席はヴェトナム戦争時における自国の甚大な損失に対してアメリカの道義的責任を問いかけた。これに対しクリントンは、ヴェトナム人行方不明者の捜索のための情報提供や枯れ葉剤被害に対する両国の研究協力を約束したものの、アメリカの戦争行為に対する謝罪はせず、枯れ葉剤被害者への補償にも言及することはなかった。このことは、アメリカ政府指導者レベルでは、自らの国家の「加害」の事実を直視することが依然として極めて困難であることを示している。

ヴェトナム戦争中に米軍が行なった枯れ葉作戦について言えば、ケネディ政権時の 1961 年から 1971 年までの 10 年間に及び、中でもとくにオレンジ剤に含まれていた発がん性と催奇性を備える猛毒ダイオキシンによる被害は、枯れ葉剤を直接浴びたヴェトナムの兵士や女性、子どもにとどまらず、先天的奇形児出産等の形で、その二世、三世と世代を超えて見られる。

これまで、アメリカ政府がヴェトナム枯れ葉剤被害者に対して何ら補償してこなかったことから、2004 年 1 月にヴェトナム枯れ葉剤被害者協会（Vietnam Association for Victims of Agent Orange/Dioxin, VAVA）と枯れ葉剤被害者が原告となり、枯れ葉剤を製造した米化学会社 36 社を相手に損害賠償請求訴訟をニューヨークの米連邦地裁に提訴した。最終的に、アメリカ合衆国連邦最高裁は 2009 年 3 月、下級審の棄却判決を支持し、この訴訟の審理を行なわないとの判断を下している。審理の過程で、米司法省は、2005 年 1 月に提出した弁論趣意書において、かつての敵から提訴されて開廷することは、大統領の戦争遂行権限に対する危険な脅威になると主張したのであった。

このような状況を考えた場合、現在、「加害者」側のアメリカ政府が「被害者」側のヴェトナム政府にヴェトナム民衆犠牲者の補償をすることはきわめて困難な状況にあると言える。

4 「戦争の克服」と「和解・共生」
――「ソンミ」の事例を手掛かりに

4・1 「戦争の克服」と「和解・共生」への回路

次に、ヴェトナム戦争における民間人に対する米軍による無差別的な攻撃・殺りくを象徴する「ソンミ虐殺」を事例として、「戦争の克服」と「和解・共生」への回路について考えてみることにする。

今日的状況として、上記で述べたように、ヴェトナム戦争では「加害」の側にあった米政府側から国家としてヴェトナムに対する謝罪や枯れ葉剤犠牲者などの戦争犠牲者に対する補償を期待することは難しい。この背景の要因の一つとして、政府指導者のみならず米国内の市民レベルにおいても、「ソンミ虐殺」の戦争犠牲者も含めヴェトナム民間人の戦争犠牲に対して関心が希薄化していることをあげることができる。現代史家の油井大三郎は、米国人の間で外国の戦争犠牲者に対する無関心が見られるのは、「アメリカの民主主義には『国民民主制』という厳然とした『国境』があるため」で、こうした「国境」を克服するためには、「自民族中心主義」的な行動様式を是正する必要性を強調している★[10]。

油井のこの問題提起をふまえて、「ソンミ虐殺」を事例として、「戦争の克服」と「和解・共生」への回路を考える場合の前提として、次の二点を指摘することが可能である。第一は、「ソンミ虐殺」に見られた民間人に対する無差別的な攻撃・(大量)殺りくの非人道性に着眼しながら、アメリカ「国民」のみに注目する「一国的な枠組み」ではなく、戦争の攻撃対象となった「他者」(「ソンミ虐殺」の場合はヴェトナム民衆)の犠牲にも眼差しを向けるトランスナショナルな戦争認識の視点を獲得する必要があること。そして第二は、「加害者」側のアメリカ政府が「被害者」側のヴェトナム政府にヴェトナム民衆犠牲者に対する補償を行なうことはきわめて困難な現状であることから、「和解・共生」の担い手が市民レベルの組織や個人に委ねられている点である。

4・2 「戦争の克服」と「和解・共生」をめぐる活動の一つの事例
――「マディソン・クエーカーズ」プロジェクト★[11]

ここでは、「ソンミ虐殺」の場であるクアンガイ省ソンミ村(現、ティンケー村)とその周辺地域において、1994年以降、ヴェトナム帰還米兵のマイク・

ベイムが主宰して進めている「マディソン・クエーカーズ」プロジェクト★12を紹介する。この「マディソン・クエーカーズ」プロジェクトに注目する理由は、マイク・ベイムがヴェトナム民衆の戦争犠牲への着眼を通して得た「他者」への眼差しをもとに、従軍による「非人間化」という精神面でのトラウマを克服しながら、様々なプロジェクトを通して、現地のヴェトナム民衆の戦争後遺症克服などの支援活動を行なうことで、「戦争の克服」とヴェトナム民衆との「和解・共生」を目指しているからである。

「マディソン・クエーカーズ」プロジェクトの活動を紹介するにあたり、その活動の二つの側面に注目する。一つは、ヴェトナムの人々との「和解・共生」を目指す活動であり、もう一つが、ヴェトナム民衆と育んでいる「和解・共生」をアメリカとヴェトナム両国関係にとどまらず、両国以外の地域にも活動の視点を広げ、国際的次元における「平和創造」の普遍的試みとして展開している活動である。第二の点では、ベイムが、ソンミ虐殺40周年にあたる2008年3月において広島、長崎で被爆体験をもつ被爆者4名を旧ソンミ村に招いたことが注目される。

4・2・1　ヴェトナムの人々との「和解・共生」を目指す活動

「マディソン・クエーカーズ」は、これまで、「少額無担保融資」(Micro-credit Loans, 1994年開始)、「ミライ（ソンミ）平和公園」(My Lai Peace Park, 2001年開所式〔dedication ceremony〕)、「小学校支援」(Primary Schools, 2001年に8教室を備える最初の校舎が完成、2004年と2009年に同様の第2棟、第3棟の校舎が完成)、「絵を通した文通」(Art PenPals/Greeting Cards, 1996年開始)、「思いやりの家」(Compassion Houses, 2004年開始)、の五つのプログラムを進めてきた。近年では、「英語教育への教師派遣」(Volunteer Teach English, 2009年開始）や「井戸掘り」(Wells for Water, 2012年開始）のプログラムを新たに進めている。

以下、上記の五つのプログラムのうち、「思いやりの家」プログラムと「絵を通した文通」プログラムの内容を紹介することで、「マディソン・クエーカーズ」が進めるヴェトナムの人々との「和解・共生」を目指す活動の特徴の一端について述べることにしたい。

「思いやりの家」プログラム

2004年から開始されたこのプログラムの当初の目的は、戦争で稼ぎ手を失って粗末な家屋に住む家族の支援のために新しい家の建設をすることにあった。2005 年 5 月からは、米軍による枯れ葉作戦によってヴェトナム民衆が被った犠牲に着眼して、枯れ葉剤犠牲者にも対象を拡大し、枯れ葉剤犠牲者をもつ家族が安心して生活できる環境を確保することで、何らかの心の「癒し」を得て、生活への「希望」を持ってもらうことを目的にしている。ここでは、枯れ葉剤犠牲者の家族がアメリカ民間人による資金提供を受けることで、戦争による「憎しみ」と「悲しみ」を克服し、「希望」を生み出すことが期待されており、戦争当事者双方（米兵とヴェトナム民衆）による精神的な絆の構築が重視されている。2014 年現在、主として貧困女性や枯れ葉剤被害者を対象に 100 戸以上の「思いやりの家」がこれまで建設されてきている★13。

「絵を通した文通」プログラム★14

1996 年 1 月に開始されたこのプログラムは、旧ソンミ村（現ティンケー村）の小学校生徒とウィスコンシン州マディソンの小学校生徒が描いた絵を交換し、国境を越えての生徒同士の相互交流を深めることを目的としている。「マディソン・クエーカーズ」プロジェクトの大半がヴェトナム側の要請によって生まれたものであるのに対して、このプログラムはベイム自身によるものである。すでに述べたように、ベイムがこのプログラムを発案したのは、ヴェトナム戦争中にヴェトナム民間人への無差別的な攻撃・（大量）殺りくを生み出した兵士の認識としてヴェトナム民間人を人間以下とみなす人種差別的な意識が根底にあったことをふまえ、「他者」理解の欠如や「他者」への蔑視が戦争の根源には存在するとの認識からであ。ベイムは、絵を通した文通を促進することで、アメリカとヴェトナムの未来を担う子どもたちの相互理解を促進するとともに、「ソンミ虐殺」に象徴されるような殺りくや、ひいては戦争の発生を防ぐことを期待したのだった。

4・2・2 アメリカ＝ヴェトナム二国間の枠組みを超えた「和解・共生」の創造の普遍的試み――「ソンミ」と「ヒロシマ・ナガサキ」

ベイムは 2005 年と 2006 年の 2 回にわたって広島を訪問し、最初に広島を訪問した 2005 年には広島平和記念資料館を訪問した。ベイムは、この訪問を機に、「ソンミ」と「ヒロシマ・ナガサキ」が、恐るべき殺りくが行なわれた場所であること、それぞれ枯れ葉剤と放射能の後遺症に今なお苛まれ続けている場所であること、そして「憎しみ」を「希望」につなげている場所であること、という三つの点で共通性があることを理解するに至る。ベイムは、このような理解のもと、すでに述べたように、ソンミ虐殺40周年にあたる2008年3月に被爆者4名を旧ソンミ村に招いたのであった。

40周年記念式典の前日の2008年3月15日には、「ソンミ虐殺」の場所に近いクアンガイ市内にて「ソンミ、ヒロシマ、ナガサキをつなぐ交流のつどい」が開催された。この「交流のつどい」は、被爆者4名を含む日本からの参加者と「マディソン・クエーカー」プロジェクトを資金的に支えるアメリカからの人々、そして地元クアンガイ省の行政組織にあたる人民委員会副委員長や同対外関係局長など地元の当局者を含め地元の人々が一堂に会する中で行なわれた。この「交流のつどい」においては、日本からの被爆者4名が自己の被爆体験を語ることで、「ソンミ」と「ヒロシマ・ナガサキ」とが民間人に対する無差別的な攻撃・(大量)殺りくの惨劇という点で共通している点が想起された。地元の人民委員会は、「交流のつどい」がそこに参加した様々な国の人によって「ソンミと広島・長崎の双方で戦争を克服して平和を生み出すとともに、憎しみを乗り越えて愛をもたらし、破壊の灰燼から生命を育んでいること」が確認された点で「歴史的」であると評価した★15。このように、この「交流のつどい」において市民レベルで「加害」者側のアメリカと「被害」者側のヴェトナムとの「和解」の精神が確認されるとともに、被爆者の参加によって国境を超えての「平和」創造の大切さが訴えられたことは、意義深いものがあった。

4・3 「マディソン・クエーカーズ」プロジェクトの意義とその歴史的意味

以上、ヴェトナム戦争、わけても「ソンミ虐殺」の地で、「戦争の克服」と「和解・共生」をめぐる活動の一つの事例として「マディソン・クエーカーズ」プロジェクトを紹介してきた。ここで、「マディソン・クエーカーズ」プロジェクトの意義とその歴史的意味についてまとめれば、以下の二点をあげることができる。

第一に、戦争で生み出された「憎しみ」を超えて「希望」を生み出すことを重視し、その「希望」を生み出す方法としてヴェトナムの人々との精神的な絆の構築を大切にし、しかもこの精神的な心の通い合いを土台として「和解・共生」にもとづく両国の人々の間における平和的関係の構築を目指していることである。そして、ベイムがヴェトナム民衆との「和解・共生」への取り組みを行なうにあたっては、ヴェトナムの人々の戦争の犠牲への着眼をもとに、アメリカという「一国的な枠組み」を超えて、ヴェトナム民衆という「他者」を組み入れたトランスナショナルな戦争認識が前提になっていることに注目する必要がある。そして第二は、アメリカとヴェトナム両国関係にとどまらず、両国以外の地域にも活動の視点を広げ、2008年3月に広島、長崎の被爆者を「ソンミ虐殺」の地に招いたように、グローバルな視点から「和解・共生」を育むという、その普遍的試みにある。

おわりに

20世紀における「現代戦争」の特徴が民間人に対する無差別的な攻撃・(大量)殺りくにあり、ヴェトナム戦争もこの歴史的文脈の中に位置づけることで、「アメリカの戦争」のもとでの南北ヴェトナム領内における空爆や南ヴェトナムでの「索敵撃滅」作戦によって生み出された莫大なヴェトナム民間人の犠牲を可視化できることになる。改めて言えば、一般的に米国内ではヴェトナム民間人を含め外国の戦争犠牲者に対して等閑視する意識状況が生み出され、しかも「加害者」側のアメリカ政府が「被害者」側のヴェトナム政府に謝罪やヴェトナム民衆犠牲者の補償をすることはきわめて困難な現状がある。したがって、この文脈では、「戦争の克服」と「和解・共生」の担い手として、市民レベルの組織や個人の役割が重要であると言える。この意味で、本稿の後半でとりあげたヴェトナム帰還米兵のマイク・ベイムによって推進されている「マディソン・クエーカーズ」プロジェクトは、国を超えた「他者」の戦争犠牲に着眼することによって、戦争当事国であるアメリカとヴェトナムの市民レベルにおける「和解・共生」創造の生み出される可能性を示唆していると言える。

現在、課題になっている日本と中国、そして日本と韓国、ひいては東アジア地域における「記憶の共有」や原爆投下をめぐる日米間における戦争観の相剋の克服を考えるうえでも、「国家」というナショナルなレベルでの戦争認識の呪縛から解き放たれ、民間人に対する無差別的な攻撃・(大量)殺りくという「現代戦争」の共通性に着眼して、「国家」を超えた「人間」の視点から戦争を把握する視点が重要になっていると考える。こうした「人間」の視点にたつことで、トランスナショナルなレベルにおいて「戦争の克服」と「和解・共生」の回路が切り開かれる可能性が生み出されることになる。そして、こうした回路を切り開くうえで、国境を超えての市民団体、市民運動のイニシアチブと連携・連帯が重要になっていると考えることができる。

注

★1　本稿は、本共同研究の2012年度における研究会（2012年11月29日）での報告内容を原稿化したものである。その後、筆者は、上記の報告で提示した諸論点のベースとなった十数編の拙稿をもとに単著を刊行した（『ヴェトナム戦争研究――「アメリカの戦争」の実相と「戦争の克服」』（法律文化社、2014年）。本稿における論述は、拙著の叙述と重複している部分があることをお断りしておきたい。したがって、本稿の叙述ならびに諸論点に関する詳しい内容については、上記の筆者の著作を参照されたい。

★2　例えば、原爆投下と南京事件をめぐる「記憶の共有」の試みに関してはそれぞれ以下を参照。広島平和研究所国際シンポジウム（2002年8月3日報告書）『原爆投下をめぐる「記憶」と和解――平和構築における広島の新たな役割を探る』（広島平和研究所、2002年）、笠原十九司『南京事件と日本人――戦争の記憶をめぐるナショナリズムとグローバリズム』（柏書房、2002年）。

★3　ここで述べた問題状況の全体像については、菅英輝「総論　冷戦後東アジア国際関係の構造変動と歴史和解――パワー、ナショナリズム、市民社会、歴史摩擦の交錯」菅英輝編『東アジアの歴史摩擦と和解可能性――冷戦後の国際秩序と歴史認識をめぐる諸問題』（凱風社、2011年）、12-44頁参照。

★4　荒井信一『戦争責任論――現代史からの問い』（岩波現代文庫、2005年）、271頁。

★5　古田元夫「ベトナム戦争統計資料」ベトナム戦争の記録編集委員会『ベトナム戦争の記録』（大月書店、1988年）、259頁。

★6　George C. Herring, *America's Longest War: The United States and Vietnam, 1950-1975*, 5th edition, New York: McGraw Hill, 2014, 179.

★7　Yuki Tanaka and Marilyn Young, eds., *Bombing Civilians: A Twentieth-Century History*, New York, The New Press, 2009, 164.

★8　新たに公開された史料とその内容については、前掲拙著、第2章参照。

★9　「冬の兵士」調査会における証言の全記録は、以下の議会記録に収められている。*The Congressional Record*, 92nd Cong., 1st Sess., April 16, 1971, vol.17, Pt.8: 9947-10055. ロバート・リフトンの証言は、同、9978-9979参照。同様の指摘は、「ソンミ虐殺」についてまとめた下記の著作も参照。Michael Bilton and Kevin Sim, *Four Hours in My Lai*, New York & London, Penguin,1992, p.21. なお、上記の議会記録の抄訳として、陸井三郎編訳『ベトナム帰還兵の証言』（岩波新書、1973年）がある。

★10　油井大三郎『好戦の共和国アメリカ――戦争の記憶をたどる』（岩波新書、2008年）、248-249頁。

★11　「マディソン・クエーカーズ」プロジェクトについて詳しくは、「マディソン・クエーカーズ」の以下のWebページを参照されたい。http://www.mqivietnam.org/、2014年8月21日閲覧。

★12　このプロジェクトについて「マディソン・クエーカーズ」と呼称するのは、このプロジェクトが、ベイム氏が住むウィスコンシン州の州都マディソンのクエーカー教徒の組織の資金援助のもとで始まったことによる。現在では、マディソンのクエーカー教徒の組織とは独立した非営利法人格のNGO組織として活動を展開しており、ヴェトナム現地では、ファン・ヴァン・ドー（Phan Van Do）が現地でのコーディネーター役を務めるとともに、地元の女性同盟や枯れ葉剤被害者協会、小学校、人民委員会等の要請を受けてプロジェクトを展開している。

★13 詳しくは、以下の「マディソン・クエーカーズ」の関連 Web ページを参照。http://www.mqivietnam.org/compassion-houses、2014 年 8 月 21 日閲覧。

★14 詳しくは上記と同様に、以下の Web ページを参照。http://mylaipeacepark.org/art-penpals、2014 年 8 月 21 日閲覧。

★15 以下のクアンガイ省人民委員会の Web ページ参照。"Historic Event (17/03/2008)," April 29, 2008. http://www.quangngai.gov.vn/quangngai/english/news/2008/27684、2008 年 4 月 29 日閲覧。

参考文献（注で引用した文献は除く）

Boehm, Mike, "Hope Rises from the Ashes of My Lai: The Madison Quakers Project in Vietnam," *Nanzan Review of American Studies*, Vol. XXVII, 2005, 27-50.

Duffet, John, ed., *Against the Crime of Silence: Proceedings of the International War Crimes Tribunal* , New York: A Clarion Book,1968（抄訳：ベトナムにおける戦争犯罪調査日本委員会編『ラッセル法廷』人文書院、1967 年；同編『続ラッセル法廷』人文書院、1968 年）.

Giffy, David, ed., *Long Shadows: Veterans' Paths to Peace*, Madison, WI: Atwood Publishing, 2006.

Kolko, Gabriel, *Anatomy of a War: Vietnam. the United States, and the Modern American Experiences*, New York: Pantheon, 1986（陸井三郎監訳、藤田和子・藤本博・古田元夫訳『ベトナム戦争全史――歴史的戦争の解剖』社会思想社、2001 年）.

McNamara, Robert, James Bright, Robert Brigham, Thomas Biersteker and Colonel Herbert Schandler, *Argument Without End: In Search of Answers to the Vietnam Tragedy*, New York, Public Affairs, 1999（仲晃訳『果てしなき論争』共同通信社、2003 年）.

Turse, Nick, *Kill Anything That Moves: The Real American War in Vietnam*, New York: Metropolitan Books, 2013.

荒井信一『空爆の歴史――終わらない大量虐殺』岩波新書、2008 年。

北村元『アメリカの化学戦争犯罪――ベトナム戦争枯れ葉剤被害者の証言』梨の木舎、2005 年。

白井洋子『ベトナム戦争のアメリカ――もう一つのアメリカ史』刀水書房、2006 年。

藤本博『ヴェトナム戦争研究――「アメリカの戦争」の実相と「戦争の克服」』法律文化社、2014 年。

松岡完『ベトナム症候群――超大国を苛む「勝利」への強迫観念』中公新書、2003 年。

第20章

東アジアの情勢と平和共存の課題

日米関係も射程に入れつつ

川崎 哲

はじめに

戦後70年を迎える今日、日本は過去の戦争をめぐるアジア近隣諸国との和解を達成し、冷戦期の分断を克服し、平和な東アジア共同体の形成に向けて歩みを進めていくことができるのか。残念ながら、現状では正反対を向いているといわざるをえない。

70年というのがほぼ人の一生とするならば、戦後70年とは、日本がほぼ戦後生まれの社会になるということを意味する。実際に、政治・経済の指導層は既に戦後生まれに代替わりしたといってよい。

約3年間の民主党政権の後、2012年12月に自民党政権を復活させ2回目の首相の座に着いた安倍晋三氏も、戦後生まれ指導者の一人である。国際的に「右翼ナショナリスト」と評される安倍首相★[1]は、靖国神社の参拝、日本軍「慰安婦」をめぐる政府見解の検証、教育における愛国心重視や歴史教育における日本の加害性に関する記述の見直しなどを、国内外からの批判を尻目に次々と進めている。「戦後レジームからの脱却」というスローガンの下で進められるこれらの動きは、かつての日本による戦争行為が過ちだったという認識を出発点とする戦後平和主義に対する根本的な挑戦といえる。これに対して「戦前の軍国主義の復活のようだ」と懸念する声も強いが、重要なことは、これが戦前世代が当時に回帰しようとしている動きではなく、戦後世代が自ら歴史の再認識を行おうと進めている政治運動の一環であるということだ。

防衛・外交政策では、国家安全保障会議（日本版NSC）の設置と国家安全保障戦略の策定（2013年12月）、特定秘密保護法の制定（同年同月）、武器輸出三原則の撤廃と輸出のための新三原則への置き換え（2014年3月）、そして憲法9条の根幹を変える集団的自衛権の行使容認の憲法解釈変更の閣議決定（同年7月）とそれを実行に移す安全保障法制などが進められてきた。その多くは国民の懸念、不安、反発を伴うものであったが、アベノミクスと称される経済政策への期待感から、安倍自民党政権は全体としては安定飛行を続けてきた。この政権の基本的指向性は、現代版の「富国強兵」といえる。

それを下支えするように、いわば草の根からのナショナリズムの動きが顕著になっている。北朝鮮の脅威に対する認識が、日本の軍事態勢強化の理由として広く国民に受け入れられてきたことに加えて、近年の中国の軍事拡張と海洋進出に対する警戒心は日本社会にかなり広がっている。領土保全と「国益」のためには対中国強硬姿勢が必要であるという主張が、一定の説得力を持って、平和憲法の根幹を変える強行的な閣議決定さえも可能にしてきた。

インターネットや書店に平積みで並ぶ書籍の間では「反中、嫌韓」が主流の論調になっており、若い学生の間では南京大虐殺や日本軍「慰安婦」そのものが無かったのだというような認識を持っている人も珍しくない。片や、アジア隣人に対するあからさまな攻撃と民族差別を煽るヘイトスピーチの動きが台頭してきており、深刻な社会問題、国際問題となっている★2。

本稿は、2013年3月23日に行われた南山大学アメリカ研究センター主催、名古屋アメリカ研究会共催の会合における筆者の講演の記録である（文体は“である体”に変え、内容は事後加筆している）。第二次安倍政権が誕生後3カ月の時点での講演録であり、上に掲げたような数々の政策がまさに始まろうとしていた時期のものである。しかし、そこで述べた内容と枠組みは、今日でも十分に当てはまるものである。この講演のなかで筆者が提示しようとしたことは、次のようなことである。日本で台頭するナショナリズムは経済の低迷と資源をめぐる争いに根を持つものである。しかしナショナリズムと軍事拡張の連鎖は日本と地域の安全保障環境を悪化させており、これに対してはアメリカを含む国際社会が懸念を持っている。対抗軸として東アジアの紛争予防のための地域メカニズムは可能であり、市民社会にその萌芽はある。過去の戦争の記憶と戦後平和へのコミットメントは、そのような地域メカニズムを構築するために、今日再認識され、生かされるべきものである。

現実にはそれに逆行する動きが続いている。しかし、ナショナリズムの扇動と時代錯誤的な富国強兵は、今日のグローバル化社会のなかで決して持続しえない。今日の風潮が行き詰まりを見せてきたときに、本稿で筆者が提示する視点が注目され、現実に生かされるようになることを願う。

1　ピースボートで世界を回るなかで

筆者が活動しているピースボートは国際交流の船旅を行っている非政府組織（NGO）で、1983 年に早稲田大学の学生たちがアジアの交流の船旅として立ち上げたものである。

筆者は発足当時からピースボートにいたわけではないが、当時の社会状況は今日と似ていて、日本の歴史認識と歴史教育のあり方がアジアの中で大きな問題になっていた。歴史教科書において日本がアジア諸国に対して行った「侵略」が「進出」と書き換えられたといった報道があり、日本がかつての植民地支配、侵略、占領について軽く扱っているのではないかとアジア諸国から批判を浴びた。これは大きな政治問題になっていた。

こうした問題に対して、顔と顔をあわせた市民の対話が必要だと若者たちは考えた。しかし当時は今日と違って、格安航空券で簡単に海外に飛べる時代ではなかったから、皆で船を借りて旅をしようじゃないかということになった。それがピースボートの始まりだった。

そこから 30 年経って時代はいろいろと変わったが、また同じように、そもそも日本の人たちは歴史の問題をどう考えているのかということが厳しく問われる状況になってきてしまった。

1・1　オーストラリア訪問で考えたこと

福島の原発事故から 2 周年となる 2013 年 3 月 11 日に、福島の被災者の状況と原発をめぐる日本の動向について聞きたいということで、オーストラリアの市民グループから招待を受け、約 10 日間にわたってオーストラリア各地を回る旅を行ってきた。

飛行機というのはたいてい、上昇してしまえば外は雲しか見えない。ところがオーストラリア南東のシドニーから北部のダーウィンまで飛行機で約 4 時間かけて飛んだのだが、その間窓側に座って外をみると、ほとんどずっと赤茶けた砂漠ばかりが見える。4 時間といえば、東京から北京よりもはるかに先まで行けるほどの距離である。下がずっと砂漠だと、乾いているので雲も出ない。だからずっと 4 時間くらい、延々と砂漠が見える。この赤茶けた砂漠を眼下に見ながら、いろいろと考えさせられた。
　この訪問は、オーストラリアでウラン採掘に反対するグループが招待してプログラムを組んでくれたものである。福島県飯舘村の酪農家で現在伊達市の仮設住宅で避難生活を続けている長谷川健一夫妻と一緒であった★3。
　原発の燃料はウランからできているが、日本はそのウランをオーストラリアやカナダなどから輸入している。福島の事故の後、オーストラリアの方々は「自分たちの土地から出たウランが元となって、被害がもたらされてしまった。日本の皆さんに申し訳ない」と言ってくれた。実際には、原発を動かしていくために日本の政府や企業が圧力をかけて、無理矢理地元を同意させてウラン採掘を進めてきたというのが実態なので、私たちが謝られる立場かどうかは疑問である。
　北部ダーウィンを訪れたのは、この北部準州のカカドゥ国立公園で大規模なウラン採掘が行われており、その現地を訪問するためであった。広大なオーストラリア大陸の中でウラン採掘が行われ、それが日本の原発の燃料になっている。赤茶けた砂漠を４時間見ながら、資源ということについて考えさせられた。

1・2　ウラン採掘と先住民族

　なぜこれだけ砂漠が広がっているのかということを地元の人に聞くと、オーストラリア大陸は非常に歴史が長く、先住民は数万年前から暮らしてきた、そして大陸というものはできあがってしまえば、あとは基本的に砂漠化していくしかないということだった。アフリカ大陸も同じである。長い目で見れば大陸の砂漠化は宿命である。それがある日、地殻変動が起きて大陸が二つに割れるとか、二つがぶつかって一つになるとかして、新たな大陸が生まれ海が生まれる。そして緑が育ち始めるという。「ある日」といっても、それは私たちの日常の時間軸とはまったく異なる次元のことである。
　オーストラリアはウランに限らず、鉱業を重要な産業とする国である。レアアースも最近は注目されている。一方で砂漠化や山火事の問題が絶えず、他方で水不足も深刻だ。
　原発についていえば、「日本は資源のない国であるから原発が不可欠である」と長く言われてきた。しかし、実際には原発はウランという資源がなければ動かない。その資源はこのオーストラリアの大地から来ている。一方、日本は資源がないというけれど、オーストラリアに広がる砂漠を見せつけられると、日本は緑と水という素晴らしい資源に溢れた国ではないかと思える。

このオーストラリア訪問では、カカドゥ国立公園の中のレンジャー・ウラン鉱山を見学させてもらい、それに対する反対運動を続けている先住民族（アボリジニ）のリーダーたちとも会うことができた。現地には 1 〜 2 万年前の先住民族が残した壁画があり、一部は観光開発されているが、多くは手つかずのままで残されている。そういう長い歴史軸の中で、人間と資源の問題を考えなければならないと考えさせられた。

1・3　資源をめぐる戦争

資源をめぐる争いということが、今日の世界で非常に高い関心の的になっている。2007 年に、気候変動に関する政府間パネル（IPCC）がノーベル平和賞を受賞した。地球温暖化に対して警鐘を鳴らす国際的な科学者の機関がなぜ平和賞を受賞したのか。それは、気候変動の問題にきちんと対処していかないと、それが原因となって紛争が起きる危険性があるからである。この問題は、国連の安全保障理事会でも議論されている★4。たとえば温暖化で海面上昇が起きて島嶼国で居住可能地域が狭まる。それによって移民や難民が発生し、それが紛争の火種となる。あるいは気温の上昇が干ばつなど農業への悪影響をもたらす。それが食料価格の高騰につながり、社会の不安定化を引き起こす。実際にアフリカでは食料暴動が起きている。あるいは、水や資源の奪い合いが国家間の紛争を引き起こす。このようなことへの国際的関心が近年高まっている。筆者自身、このオーストラリア訪問を機に、そのことが実感となった。

2　日本のナショナリズム台頭と世界

「日本を取り戻す」というのが、2012 年 12 月の衆議院選挙における安倍自民党のスローガンであった。このときの自民党の政策集には、エネルギーの項目で次のような表現がある。「……レアアース・レアメタルは不可欠であり、わが党は、一部の国による独占を防ぐ観点からも、産出国との連携等によって、その着実な確保を国家戦略として官民一体で強力に進め、世界的な争奪戦を勝ち抜きます」★5。

これはかなり激しい表現である。世界の人口が 70 億人を超えた今日、どうやって人類が限りある資源に向き合い、どうやって長い目で資源を持続可能な観点で管理し、分配していくかが問われている。そのような中で日本のような国が「世界的な争奪戦を勝ち抜」くなどという好戦的で挑発的な言葉を公約として掲げていくことは、どういう意味を持つであろうか。実際のところ、日本のマスメディアではこのような「資源争奪戦」といった観点の報道が日々なされているから、多くの人はあまり違和感を覚えなくなっているかもしれない。

しかし、本来私たちが考えなければならないことは、地球上の限られた資源の中でどうやって長く生きていくのか、近隣どうし紛争を起こさずに共生していくのか、ということである。しかしそれとは対照的に、「資源争奪戦を勝ち抜くのだ」というような威勢のいいかけ声が日本のリーダーの姿勢を表している。そのことが、今日の日本が近隣諸国と抱える領土問題を含めた諸問題の前提になっている。

2・1　安倍路線とアメリカ

安倍首相は、かつて日本が行った戦争について「日本は間違っていなかったのだ」という方向での議論を好む政治家であり、そのような考え方の人たちが力をつけてきているのが昨今の情勢だ。「日本を取り戻す」というスローガンの中には、「周辺諸国に謝ってばかりではいけない」というニュアンスもある。つまり、一方で周辺諸国との経済戦ということがあり、他方で歴史認識を修正していこうとするナショナリズム的な動きがあり、両者がセットになっている。

では、このような日本の動きを世界はどう見ているのか。第二次安倍政権発足直後の『ニューヨーク・タイムズ』の社説は「日本で過去の歴史を否定しようという試みがまた起きている」と指摘している。この社説は、安倍首相のことを「右翼ナショナリスト」と呼び、安倍首相による歴史修正主義的な動きを懸念している。具体的には、1993年の「慰安婦」問題に関する河野官房長官談話や、植民地支配と侵略についてアジア諸国にお詫びを表明した1995年の村山総理談話を変えようとしていることを厳しく批判している★6。

このように今日の日本のナショナリスティックな動きは世界的には懸念の対象になっているが、そのことがあまり日本国内で理解されていない。それこそが大きな問題である。安倍首相や日本政府は「日米同盟の強化」を掲げて、アメリカと日本が緊密に連携していくのだとたえず発信している。日本と中国の関係が領土問題などで緊張しているが、対中国で日米は強固に連携していくと言われている。ではアメリカが今の安倍路線を全面的にバックアップしているかというと必ずしもそうではない。もちろん、多くの軍事面や沖縄の基地問題で日米両政府は一体となっている。しかし、歴史問題については、米政府や言論界の中には、今の日本の方向性を懸念する見方が強く存在する。

日本は歴史問題や領土問題での対立をエスカレートさせるような行動を慎むべきであるという警告を、たえずアメリカは発している。しかしそのような警告のメッセージが、どこかでフィルターがかかってしまって、私たちのところにあまり届いていない★[7]。

2・2　国際危機グループの提言

国際危機グループ（ICG）という、世界中の紛争の状況やその予防・解決について分析し発信している民間シンクタンクがある。ベルギーに本部を持ち世界的に権威のあるこの団体は、2005 年に「東北アジアの紛争の底流」と題する報告書を出している★[8]。報告書は、東北アジア地域で日本、中国、韓国、台湾、北朝鮮が、非常に複雑にねじれた紛争関係を第二次世界大戦以降引きずっているとしている。日本、中国、韓国はいずれも、世界的に有数の軍事費支出国であり、武器貿易の金額も大きい。この地域は、世界的に見ても武器・兵器の一大マーケットになってしまっている。この地域の紛争をどう食い止めるかは、世界的な有識者の関心事項になっている★[9]。

この報告書は、東北アジアの主たる領土問題として、独島／竹島（韓日）、尖閣／釣魚（日中台）、クリル列島／北方領土（ロ日）の三つを挙げている。いずれも日本が絡む問題である。これに加えて、南北朝鮮の分断という問題、そして中台問題がある。中台問題という言い方は、台湾は中国の一部であると考える中国側からは受け入れられないことになるので、台湾海峡をはさむ両岸問題とも呼ばれる。

領土問題の背景には、未解決の歴史問題が横たわっている。ICG の報告書は、日本による「慰安婦」、強制労働、731 部隊による生物兵器の人体実験などの戦争犯罪行為について、被害者個人に対する救済の問題は未解決であるとして、これを支援するための基金を設置することを提言している。さらに、日本の閣僚が靖国神社を参拝したり日本の植民地支配を賞賛するような発言をくり返していることが諸国間の関係を悪化させていると指摘している。そして日本政府に対して、第二次世界大戦中の文書資料の開示、靖国神社に代わる新たな追悼施設の設置、閣僚が日本の植民地活動を賞賛するような言動を行わないようにすることなどを具体的に勧告している。歴史問題については、中国側や韓国側に対しても、挑発をするような行動を取らないようにという勧告がなされている。

2・3　歴史博物館の役割

報告書がまた、東北アジアにおける歴史博物館の館員や学者が集まって「国家主義ではなく、普遍的な人々の苦痛や業績に焦点を当てるような展示」をめざして協力すべきであると提言していることも注目される。

歴史博物館といえば、日本では広島、長崎の原爆資料館が象徴的な存在である。日本の私たちのほとんどは、原爆の恐ろしさと戦争の悲惨さを広島、長崎から学んできたし、平和といえば広島、長崎が出発点といってもおかしくない。しかし、中国や韓国の人たちにとって広島、長崎は決して平和の象徴ではない。それは、広島、長崎への原爆投下によってアジアが解放されたという見方が、いまだにアジアの多くの国々の中に根強くあるからである。もちろん、広島や長崎の資料館が日本の軍国主義を賛美しているわけではないし、日本の過去の行為を反省した展示内容は盛り込まれている。それでも、まだまだイメージとして広島、長崎がアジア共通の平和の象徴にはなっていないのが現実である。

その一方で、中国を旅したことのある人なら分かるであろうが、中国のさまざまな革命記念館は、かつての日本の軍人たちがいかに残虐な仕打ちを中国の人々に対してしてきたかということを生々しく描いており、そのような日本と戦って自らの国を作り上げてきた人々の歴史が誇らしげに展示されている。韓国についても同様である。

歴史をみるときに、国家の枠組みや国家主義をこえて、人々の体験や苦痛、人々の思いからつながっていくことを考える必要がある。そのことを通じて東アジアは過去の克服を果たすべきであるということを、私たちはヨーロッパの人々から言われているのだ。このICGの報告書は戦後60周年のときに出されたものであるが、私たちはまもなく戦後70周年を迎える。私たちはいま改めて、歴史をどう学び直すかということを考えなければならない。

3　紛争予防と平和メカニズム

ここで、ピースボートを含むNGOが具体的にどのような活動をしているかを紹介したい。武力紛争予防のためのグローバル・パートナーシップ（GPPAC）というNGOネットワークがある。GPPACは、2002年に国連事務総長が「武力紛争予防」に関する報告書を発表し、その中でNGOとの協力を打ち出したことを受けて翌年に始まった世界的なNGOのネットワークである。

3・1　GPPAC

国連で「武力紛争予防」ということが話題になってきた背景には、冷戦後の1990年代、国家間の戦争よりも、地域紛争や国内の武力紛争、あるいはいわゆる「テロ」という非国家主体の暴力が世界の主要な安全保障問題として浮上してきたことがある。これらの武力紛争のなかでどのように人々を保護し、また、紛争で使われる小型武器をどのように取り締まっていくかが、国際社会の重要な課題になってきた。2005年には一連の国連改革が行われ、平和構築委員会や人権理事会が新設された。そこには、世界中の紛争や暴力、その下での人権侵害により効果的に対処するという理念があった。それと同時に、こういった分野で役割を果たすのは国家だけでなく、市民社会やNGOが重要であるということが認識されてきた。国家対国家の戦争であれば国家の軍隊が役割を果たすのだが、国内の紛争や非国家主体を含む暴力の問題については非国家アクターの役割が重要になってくる。

こうしたことを受けて、当時のアナン国連事務総長は2002年の報告書の中で、これからは紛争の予防を国連の重要な課題として取り組むということ、そこにはNGO・市民社会の役割を重視するということをうたった★10。

これを受けて、国連と協力して世界各地の武力紛争予防に取り組もうといって立ち上がったのがGPPACである。オランダに事務局がある。GPPACは世界を15の地域に分けて（アフリカ、ラテンアメリカ、北米、東北アジア、南アジア、太平洋など）、それぞれに地域プロセスを立ち上げ、各地域の武力紛争の問題とその予防のための提言をまとめる活動を始めた。そのことによって、世界各地域で平和に取り組んでいるNGOがネットワークを形成してきた。

GPPACによる最初の大舞台は、2005年に世界会議をニューヨーク国連本部の議場にて開催したことであった。各地域プロセスが出した地域提言を基に、世界提言をまとめて国連に提出した。

3・2　東北アジア地域プロセス

このGPPACの東北アジア地域プロセスの事務局をピースボートが担っている。

2005年2月、GPPAC東北アジア地域会議を東京の国連大学で開催し、東京、北京、台北、香港、ソウル、ウランバートル、ウラジオストックからのNGO代表や民間専門家が一堂に会した。GPPACで集まるときには日本とか中国とか、国の代表として参加する形式をとるのではなくて、各都市名で所属を語る形式をとっている。中国と台湾はそれが対等な国家であるかどうか自体が論争の的で、紛争の火種になってしまう。だから市民として、北京や台北から来たという形式をとる。ロシア代表といえばモスクワから人が来るようなイメージになってしまうが、東北アジア地域の一員である極東ロシアのウラジオストックから参加者が来る、という形式だ。

ピョンヤンは特別で、他の地域とは少し参加形態が異なるが、それでも連絡関係はとっている。北朝鮮にも一応「非政府」を名乗る団体があって――もちろん実質は政府の一部なのだが――、諸外国の民間団体との交流事業をやっている。ピョンヤンに「平和委員会」という組織があり、そこを窓口としてGPPAC東北アジアとして連絡をとりあっている。

この2005年のGPPAC東北アジア地域会議でまとめた地域提言のタイトルは、「平和のための地域的メカニズムの創造をめざして」というものであった。このときの出発点は「東アジアは、国家レベルの冷戦がいまだに残存する世界唯一の地域である」という認識である。

今日の多くの学生にとっては生まれる前のことになるわけだが、1989年にベルリンの壁が崩壊して、世界を東側と西側に二分していた冷戦対立構造がなくなった。その後冷戦構造を引きずった二国家分立をいまだに残しているのは、朝鮮半島だけである。また、中国と台湾の両岸問題は、かつて日本が中国を侵略してこれに対する抗日戦争が戦われる中で作られ固定化された対立状況である。つまり、朝鮮半島と台湾海峡という東北アジアにおける二つの分断は、かつての日本による支配と侵略が遺した問題の上に、第二次大戦後の東西冷戦構造が乗っかってきた問題ということができる。両サイドの政治的・軍事的対立は、今日まで続いている。

このような東北アジアがどうやって冷戦構造を克服し、地域的な平和メカニズムを作れるかということを市民が国境をこえて集まり議論してきた。このGPPACの活動を始めて10年以上が経つが、残念ながら、新しい状況を作り出すための政治的な突破口には至っていない。それでもこのような基本的な認識を地域の仲間と共有しながら、活動を続けている。

3・3　東北アジア地域平和メカニズムをめざして

2005年2月にまとめた東北アジア地域提言は約30ページの文書で、4本の柱からなっている★11。第一に軍縮や脱軍事化をうたった「平和共存」、第二に人道支援や開発支援の指針となる「平和的関与」、第三に正義、人権、多様性を尊重する「平和文化」、第四に持続可能な発展を目指す「平和のための経済」である。これらを東北アジアの政府や市民社会が共通の価値にしていこうとしている。

第一の「平和共存」については、国家間が分断された状況にある中で、緊張を緩和して新しい国家間の共存関係を作り出すための具体的な提案を数多く出した。まずは朝鮮半島の核危機を平和的に解決し、東北アジア非核地帯を創設する。台湾海峡における緊張緩和と信頼醸成を進める。米軍基地の新設を停止し段階的撤退を求める、といった提案である。

領土紛争地の「非武装地帯化」という提案もある。2010年に韓国の延坪島に北朝鮮が砲撃を行って大きな問題になったが、もともとこの地域は韓国と北朝鮮の間で領有権をめぐって係争地になっていたところであった。そのような地域で韓国が射撃訓練を行ったことが北朝鮮を挑発してしまったという側面がある。このような係争地については非武装化し、軍事演習などを禁止する地域取り決めを作ろうというのが、この提案である。

さらに、地域の紛争予防のためにも日本が憲法9条を遵守することが重要であり、日本が持ってきた武器輸出三原則を拡大し、武器貿易を取り締まる国際規範へと発展させるべきだと提言している。このような内容を含んだ東アジア全体の「平和憲章」を作り、平和のための地域機関を作ろうとしている。これはかなり野心的な提案になるが、ヨーロッパが欧州連合（EU）で統一され欧州安全保障協力機構（OSCE）のもとで共通の安全保障メカニズムを持っていることに習って､同様のことを東アジアでも追求しようというものである。

第二の「平和的関与」については、東北アジア地域の国々が災害の予防・救援を担う共通の部隊を作るという提言をしている。それが地域の安全保障協力の土台になるという考え方からである。この提言は3.11のずっと前に出されたのだが、この地域は台風や地震、津波など自然災害を共通に抱えている。地域共通の対処が必要である。2007年の四川大地震のときに日本から多くの救援が入ったことや、2011年の東日本大震災で日本に対して中国をはじめアジア諸国から多くの支援が来たことは、地域内の市民間の相互感情を改善し、協力と協調の関係を深めた。

3・4　戦争被害者の観点から歴史を見つめる

第三の「平和文化」という面では、先に紹介したICGの提言にもあったように、どのようにして共通の歴史認識を作るかという大きな課題がある。そのための歴史教育、平和教育の実践者によるネットワーク作りという課題もある。歴史認識について、それぞれの国が「戦争に勝っていった」歴史を語り続けていれば、決して共通認識にはたどり着かない。やはり、被害者の観点、人間の観点というものが重要になる。

一つのエピソードとして、ピースボートが広島・長崎の被爆者の方々と船で世界を回る「ヒバクシャ地球一周　証言の航海」の体験を紹介したい。2010年に韓国の被爆者の郭貴勲（カク・キフン）さんがこのプロジェクトに参加し、シンガポールの高校で証言をした。当時日本には、強制連行され強制労働させられた人たちを含め、多くの人々が朝鮮半島から日本に来ていた。広島と長崎にも朝鮮半島からの人々がたくさんいて、そのような人々が被爆者となったのである。彼らは戦後「日本人」ではなくなってしまったので、被爆者としての十分な援護を受けられなかった。これに対して当事者たちが訴訟を起こし、長い闘いの末に、日本人と同様の援護が受けられるようになった。郭さんは、そのような闘いを進めた一人であった。

その郭さんがシンガポールの高校で原爆の証言をしたわけだが、シンガポールも第二次大戦中に日本に支配・占領された国である。今日の高校生も当時の歴史のことはよく理解している。講堂に集まった100人くらいの高校生に対して、郭さんが広島で被爆したときの体験をずっと語った。その話が終わったときに一人の高校生が手を挙げて「話は分かりました。大変なご苦労だと思います。しかし、あなたは韓国人なのだから、日本は原爆を落とされて当然だとは思わなかったのですか」と聞いてきた。そのとき、シンガポールの高校生の間からドッと笑い声が聞こえた。それは「そうだ、そうだ」という同意の声にも聞こえた。重く張り詰めた被爆証言が長い時間続いた後に、「でもそれは、当然なのではないですか」という切り返すような質問が出たので、会場の緊張が解けたようにドッと笑い声が立ったようであった。

筆者はちょっと背筋が寒くなって、これはどうなるかなと案じた。しかし、その後の郭さんの返しがとてもよかった。彼は最初に「私は、よかったと思ったのです」と答えた。郭さんの被爆体験というものはすさまじくて、背中にやけどを負ったとか、歩いて逃げ回ったとか、生々しい話である。そういう彼が、でもこれで戦争が終わるんだ、これで支配が終わるんだから「よかったと思った」と言ったのである。

郭さんは初めにそう言った後で、しかし、その後さまざまなところを歩き、酷い目に遭った人たち、苦しんでいる人たちを数多く、いやというほど目の当たりにする中で、「これは決してよかったのではない」と後で思うようになったと語った。そうしたら、そのように語る郭さんの話をシンガポールの高校生たちが食い入るように聞いていたのである。

このときに「原爆や戦争は絶対に許されません」といういわゆる正論だけが語られていたならば、きれいごとにしか聞こえなかったかもしれない。そうではなくて、「最初はよかったと思った。しかし苦しむ多くの人々の姿を見て、よくなかったと分かった」と郭さんが率直に語ってくれたからこそ、シンガポールの高校生たちにもしっかりと伝わったのであろう。このときのシンガポールの高校の先生が歴史を専門とする先生だったので、一連のやりとりの後に原爆投下の歴史的背景などを説明してくれて、高校生たちはさらに深く理解したようあった。

このときのことは、筆者がピースボートの活動を長くやってきた中でももっとも心に残っている場面の一つである。戦争の被害者が、本当にどういう思いでいたかということを語り合うときに、国家主義をこえた体験の継承ということが生まれるのである。

3・5　平和のための経済

第四の「平和のための経済」とは、近年の中国を中心とする東アジアの急速な経済成長が、資源の収奪や貧富の格差の拡大によって紛争の原因を作り出してはならないということである。経済発展の中で環境を悪化させたり人権を侵害したりしないということに対する共通のコミットメントが必要である。地域の政府や企業は、そのための共通の規範を策定すべきである。

日本は、戦後多くの公害病や環境破壊に苦しんできた。アジア全体で過ちをくり返さないような規範を作っていくことは、日本が率先して果たすべき役割ともいえる。また今日、中国における大気汚染が日本に対する直接の害をもたらしたり、食品の汚染や安全管理の不行き届きが国境をこえた問題として顕在化している。国家の枠をまたいだ環境基準を策定して企業活動を律していくことは、待ったなしの優先課題である。

4　日本の憲法 9 条はアジアの共有財産

GPPAC 東北アジアの中から、グローバル 9 条キャンペーンが立ち上がった。

これは、戦争放棄と軍隊の不保持を定めた日本国憲法9条の理念を、東北アジア地域全体の平和の基盤として活用していこうという国際運動である。憲法9条はもともと、かつての軍国主義の過ちを反省して、日本がこれをくり返さないための国際公約として生まれたものである。だから日本が9条を変えることは、また日本がかつての軍国主義に戻るのではないかという懸念を周辺諸国に引き起こす。

しかし、日本が9条を維持するということに限らず、地域全体が武力によらずに平和をつくることを希求していこう、9条をそのために活用していこうというのが、このグローバル・キャンペーンの重要な点である。こういった考え方に、韓国や中国やロシアの方々もが共感して、共に活動を進めてきた。

4・1 9条を地域で生かす

2007年にGPPACの東北アジア地域会議がモンゴルのウランバートルで開催された。モンゴルは、一国非核地帯という地位を国際的に宣言している国である。モンゴルは北はロシア、南は中国という二つの核保有国に挟まれている。通常の国家安全保障論では、向こうが核を持つならこちらも持つ、それによって核抑止の均衡を図るということが言われる。しかしモンゴルは核武装するでもなく、核の同盟を結ぶでもない。むしろ非核の地位を国際的にアピールすることによって自国の安全を確保しようとしている。

具体的には1998年からモンゴルの非核地位に関する国連総会決議を提出し、全会一致で採択させている。そこには、一国非核地帯であるモンゴルに対しては核攻撃をすべきではないということが書かれている。もちろん国連決議には法的拘束力がないので、モンゴルはさらにこれを条約にまで発展させて、核攻撃をしないという法的約束を核保有国から取り付けようとしている。このように、非核の地位を国家安全保障の手段にしようとしている。

このようなモンゴルの例は、日本の9条と同じように、非武装の規定が国際的な約束として安全保障にプラスに働くという例を示している。

北朝鮮は核実験やミサイル発射実験を継続しており、核・ミサイル問題は年々深刻化している。政府間では六者協議の枠組みが何とか存続しており、再開に向けた準備が進められている。GPPACは北朝鮮との連絡関係があるので、これを生かして「市民版・六者協議」を開催しようとしている。そのときに、モンゴルが対話のプラットフォームを提供してくれることを期待している。ヨーロッパではスイスのジュネーブが軍縮や和平の対話交渉の場として使われているが、モンゴルのウランバートルがそういう役割を果たせないかという議論を今している★[12]。モンゴルでは、こうした軍縮問題に取り組む NGO と政府の関係が密接であり、GPPAC の会議はモンゴル外務省の建物中で開かれるなどしている。

2005 年にニューヨーク国連本部で開かれた GPPAC 世界会議では、「日本の憲法 9 条は、アジア太平洋地域の集団安全保障の土台となってきた」という認識を盛り込んだ世界提言が発表されている★[13]。この世界提言ではまた、「反応（reaction）から予防（prevention）へ」、すなわち武力紛争の脅威が発生してから対応するのではなくて問題の根源に早期から対処していく必要があることが強調されている。そして、これからは国家の安全保障だけでなく人間の安全保障の観点が重要であるとされている。さらに、こうした取り組みは政府や軍隊ではできないことが多く、だからこそ市民団体や NGO と政府、国際機関のパートナーシップが重要であるのだ。

国家と国家の関係を基礎とし、軍事を中心とする伝統的な「安全保障」の概念を根底から転換する動きが起きているといえる。これは、軍事力だけでは平和を作れないことが今日の世界でますます現実化しているからでもある。日本が持つユニークな非武装規定である 9 条を世界的に活用していくことは、タイムリーといえる。世界が軍事力に依存しない平和のあり方を模索している中で、平和憲法を維持してきた日本の私たちが 9 条の考え方を提供すると、非常に前向きに受け止めてもらえる。それは、筆者自身が日々の活動の中で実感してきたところである。

4・2　北朝鮮の核問題解決への視点

GPPAC 東北アジアの地域会議は、毎年 1 回開催されている。2006 年には北朝鮮の金剛山で行われた。金剛山は、南北朝鮮に挟まれた非武装地帯の近く、北朝鮮側にある観光地で、韓国企業によって開発されてきた。この観光事業が南北の交流と緊張緩和に大きな役割を果たしていたのだが、残念ながら今日ではこの事業は終わってしまっている。東西ドイツの場合にも、統一の前から企業が果たした役割は大きかったといわれる。このような象徴的な土地で、地域の平和活動者たちが一堂に会して地域の冷戦構造を解体するビジョンを議論し、行動計画を策定してきた。

金剛山での会議の昼食の際に、中国と台湾からの参加者が「中台の間でもこの金剛山のような場があればいいのに」と話していたのが印象に残っている。

GPPACを通じて見えてきた課題は、私たちが日本人とか韓国人とかいう「国民」である前に一市民であるという原点に立ち、「東アジア人」という共通の意識を持てるかという問題である。

北朝鮮の核の脅威に対して、日本の9条の理念を生かして対処するというのはどういうことを意味するのか。韓国のあるNGOリーダーは、北朝鮮に核を放棄させるためには「北朝鮮に対して、軍事的手段に頼らず、ほかの方法で体制を維持する方法があるということを分からせなければいけない」と言った。これは、先ほどのモンゴルの例を想起させる視点である。一国のみが丸裸になるとか、一方的な武装解除ということではなくて、9条をまさに国際関係の中で双方向的に生かしていくことが大切である。

東北アジア非核地帯の構想は複数のものがあるが、主要な提案は以下のようなものだ。北朝鮮が核を放棄し、日本、韓国、北朝鮮の3カ国が非核国として、そしてそれを取り巻くアメリカ、ロシア、中国の3カ国が核保有国として、「3＋3」の条約を結ぶ。条約を通じて核保有3カ国は、日韓朝の非核3カ国に対して核攻撃をしないという約束（消極的安全保証）を提供する。これは、モンゴルが追求していることと同じである。核の傘にかわる「非核の傘」で地域全体の安全を保障するというのが、非核地帯の考え方である。

4・3　9条世界会議

グローバル9条キャンペーンは、東北アジアだけではなく世界の多くの地域で支持を集めてきた。日本とは形は違うが、1948年に軍隊を廃止する平和憲法を作った国コスタリカでは、青年法律家のロベルト・サモラさんがその平和憲法を今日に生かす取り組みをしている。2003年のアメリカによるイラク戦争をコスタリカ政府が「支持」したことについて、これは憲法違反だとして裁判所に訴えた。彼はこの訴訟に勝利し、コスタリカ政府は支持を撤回した。彼は「平和とは、人々の権利である。憲法とは、人々が使い、生かすものである」と語っている。

武力紛争の絶えないアフリカでは、日本の9条は、軍事費を抑制し武器取引を規制するものとして、高く評価されている。これら世界のさまざまな取り組みをつなぐために、国連で「国際平和の日」と定められた毎年9月21日に、世界同時の平和アクションが行われている。

2008年には「9条世界会議」を幕張メッセなどで開催し、のべ3万人以上が参加した。日本の9条の理念を世界中に輸出し、各地域で活用してもらおうというユニークな国際会議となった★[14]。イラク戦争で戦わざるをえなかったアメリカとイラクの元兵士が幕張の会議で出会うといった感動的な場面もあった。西アフリカ・ガーナからの代表は、9条は世界の軍事費を削減して人間のために振り向けていくためのツールになると語った。東アフリカ・ケニアの代表は、国内の暴力紛争を解決するために、非武装の市民団体や女性団体が対話促進などの重要な役割を担っている事例を報告した。

写真１　9条世界会議
2008 年 5 月に幕張メッセで開催された 9 条世界会議では、イラクとアメリカの元兵士たちが共に語り合った。
出所：ピースボート

2008 年に開催された 9 条世界会議での議論は、今日の日本を取り巻く状況をみていると、もう一度このような考え方をしっかりと取り戻さなければならないというものばかりである★[15]。

5　日本のプルトニウム問題と東アジア

最後に、3.11 以後の日本の原子力政策の行く末を地域安全保障の観点から考えてみたい。とくに、日本のプルトニウム備蓄に注目する必要がある。日本は 2014 年時点で、約 45 トンの分離プルトニウムを保有している★[16]。これは、非核保有国の中では突出した数字である★[17]。プルトニウム 8 キロで 1 発の原爆が作れるというのが国際原子力機関（IAEA）の公式の数字であるので、日本は原爆5000個分以上に相当する量のプルトニウムを持っていることになる。もちろん、日本は原子力の平和利用にコミットしているから、これらはすべて民生用であると説明されている。しかし技術的には、これら民生用プルトニウムを核兵器に転用することは可能である。広島の原爆は濃縮ウランで、長崎の原爆はプルトニウムで作られていた。

5・1　核燃料サイクルとプルトニウム

日本が世界有数のプルトニウム保有国であることは、東アジアの安全保障にどのような意味を持つのだろうか。日本政府のもともとの立場は、次のようなものであった。日本は天然資源のない国だから、原発が不可欠である。ウランを輸入して原発の燃料として燃やした後に、使用済み燃料からプルトニウムを分離して取り出す（プルトニウムは、天然には存在しない物質である）。取り出したプルトニウムは、また原子炉の燃料として再利用する。これが、核燃料サイクル構想である。この核燃料サイクルを完成させることにより、日本は海外からのエネルギー輸入に依存することなく、自前のエネルギーのサイクルを確立することができる。まさに夢のエネルギー・サイクルとしてこのような核燃料サイクルを完成させることが、日本が原発を始めた当初からの大方針であった。

核燃料サイクル構想の中核をなす施設として、一方で使用済み燃料の再処理工場が作られ、他方でプルトニウムを燃料として使う高速増殖炉が作られてきた。しかし福井県の高速増殖炉「もんじゅ」は 1995 年に深刻な火災事故を起こし、以来立ちゆかなくなった。

プルトニウムを直接利用する高速増殖炉計画が事実上破綻したために、次に考案されたのが、取り出したプルトニウムをウランと混ぜ合わせた MOX 燃料にして通常の原子炉で利用するという計画である。これが「プルサーマル計画」である。使用済み燃料から取り出した大量のプルトニウムは、これからはプルサーマル計画によって順次消費していくというのが日本の建前になった。とはいえ、40 トン以上という世界的にも稀に見る量である。そもそもプルトニウムを燃料として使うという計画を進めてきた国は、世界でイギリス、フランス、日本だけである。そのなかで日本は、唯一の非核兵器国である。非核兵器国の中で、使用済み燃料を再処理してプルトニウムを取り出す能力を持つことを世界的に認められてきたのは、日本だけなのだ。

もし日本と同じことを北朝鮮が行おうとすれば、これは国際的な大問題になってしまう。1990 年代からの北朝鮮の核問題は、北朝鮮が平和利用の名の下に使用済み燃料から取り出したプルトニウムが核兵器に使われるようになったという問題であった。北朝鮮は国際社会から制裁を受けながらも、平和利用という名目で手にした核物質を利用して計画を強行し、核保有国になってしまったのである★[18]。

近年のイランの核疑惑というものも、似たような問題である。イランが平和利用と言いながらも、潜在的には核兵器に利用可能な技術を持ち核物質をため込んでいるから、国際社会が懸念している。今日の時点でイランが核兵器を持っているわけではない。それは国際的にも確認されているところだ。問題は、潜在的に核保有国になりうる活動をイランにやらせておいていいのか、ということなのである。

5・2　日本はこれからも特別でいられるのか

これに対して日本のプルトニウムは、国際的に許されてきた。それには多くの理由があるが、日本は核保有国にならないだろうという安心感を少なくともこれまでは持たれてきたといえる。また、日本が IAEA の査察をしっかりと受け入れて、原子力活動が核兵器目的に使われることはないことを国際的に示したことも事実である。日本が保有する大量のプルトニウムは、プルサーマル計画で消費していくということで、それが本当に実現可能かどうかはともかく、一応建前としての説明は続いてきた。

しかし、3.11 が起きた。その結果、これからの日本の原子力政策の将来ビジョンはきわめて不透明となった。安倍自民党政権は原発を再稼働させる方針を打ち出しているが、それでも、原発を増やしてくことは現実的にみて不可能であろう。かつてのように原発への約 3 割の依存に戻るとか、いわんや依存度を 4 割や 5 割まで高めるとかいったことに国民的合意が生まれる可能性はない。

日本の原発依存度は、完全なゼロをめざすのか、どのくらいのペースなのかはともかく、減らしていく流れであることは確実である。日本の原発が確実に減っていく中で、45 トンある日本のプルトニウムを近い将来消費して使い尽くすということは、まったく非現実的となっている。日本には、説明のつかないプルトニウムが大量に残っていくことになる。そうすると、北朝鮮に潜在的な核兵器技術は止めよと言っているそばから、なぜ日本だけがこれだけのプルトニウム保有を許されているのか、という問題がこれまで以上に際だってくる★[19]。

5・3　東アジア核拡散の影

一方で厄介なことに、日本の各地の原発から出る使用済み燃料をどこに持っていくかという問題は定まっていない。置き場がないゆえに、とにかく青森県の六ヶ所村にある再処理工場に運び込んでしまっている。再処理工場に回してしまえば、各原発にとっては使用済み燃料の置き場問題はとりあえずなくなるからである。今日でも3.11以前の計画の通り、六ヶ所村の再処理工場の本格操業を近く開始するという前提で事業は進められている。しかし仮に六ヶ所村の本格操業が始まれば、年間最大8トンのプルトニウムが生み出される。これは原爆1000発に相当する量である。これが既存の45トンに加わるから、日本が保有する潜在的な核兵器物質は、原爆1～2万発分にまで増えていってしまう。日本は世界の中で、突出した核兵器物質保有国になっていく。

こういう中にあって最近、一部の政治家が「日本は核武装を検討してもいいのだ」とか「原発を保持しておくことは潜在的核抑止力として意味があるのだ」といった発言をしていることはきわめてゆゆしき事態である。これらの政治家は、自分たちの発言が周辺諸国にもたらす意味を分かっているのだろうか。隣国の韓国では、日本の状況をみながら「日本が再処理能力とプルトニウム保有を許されるのであれば、我々も持てるようにしたい」という主張が強くなっている★[20]。

現在、韓国は使用済み燃料の再処理はしてはいけないことになっている。これは、1992年の朝鮮半島非核化共同宣言によって、韓国も北朝鮮も核兵器につながるような再処理技術やウラン濃縮技術を放棄しているからである。この共同宣言は、南北共に核保有国にならないための約束として結ばれたものだ。

その後北朝鮮はこの宣言での合意に違反して、核開発を強行している。これに加えて、今後韓国が日本と同様に自分たちも再処理を行いたいということになれば、朝鮮半島非核化共同宣言は完全に放棄されてしまうことになる。朝鮮半島非核化の土台が失われる。

北朝鮮が核を放棄しない。日本は大量のプルトニウムを持つ。韓国もプルトニウムを持とうとする。中国は原子力活動を活発化させ、軍拡もしている。領土問題や歴史問題が未解決なこの地域で、危険な歯車が音を立ててきている。それぞれの国では、熱狂的な国家主義的スローガンを掲げる人たちが街に出て、愛国デモのようなことを行っている状況さえある。こういう対立の先に、どのような将来が予測できるであろうか。

アメリカ政府は、日本の安倍政権の歴史問題での姿勢に懸念を示しているだけでなく、日本のプルトニウム保有に関しても大きな懸念を持っている。日本の民主党政権が2012年9月に原発ゼロ政策を決めたときに、アメリカ政府が難色を示したという報道があった。そのときのアメリカの懸念の中で重要だったのは、日本はこれだけ溜まってしまったプルトニウムをどうする気なのか、その方針が示せていないではないかということであった。もちろん米政府と一口に言っても幅があり、原子力産業保護の観点から日本に脱原発してほしくないという見方もあった。しかし、使用済み燃料から取り出されるプルトニウムの管理と処理に関して日本が無策であるということに対して、アメリカが苛立っているのは確かなことである。それは、東アジア全体の核軍拡競争につながる問題であるからだ。2018 年には日米原子力協定の見直しが予定されているが、そのときに日本の再処理「特権」をアメリカ側が自動的に更新して認めるかどうかは、予断を許さない。

日本の原子力政策とプルトニウムの扱いにこのような懸念が持たれていることは、歴史問題と同様、日本の私たちにあまり伝わってきていない。これは深刻な問題である。私たちは、日本自身が地域の平和に対する不安定要因を作っているという側面を真摯に見つめなければならない。

おわりに

国家の安全を一国家の力だけで確保しようとすることは、理念的に欠陥があるばかりでなく、もはや現実的ですらなくなっている。私たちは「東アジア人」であるという自覚を持ち、地域全体の平和を考え、地域全体として紛争を予防し暴力の芽を摘むことを考えなければならない。ここでは核兵器やプルトニウムの例を挙げたが、このような兵器や、紛争を助長しうる潜在的な危険物質の規制を地域的に築いていくことも重要である。

ピースボートは地球をめぐる船旅を通じて、地球市民意識の醸成にささやかながら貢献している。船旅を通じて、船上や寄港地でさまざまな地球規模課題を学ぶ地球大学というプログラムも展開している。

狭い国益ではなく地球益の観点に立ち、地域レベルでの平和共存のメカニズムを構想し実践していく。そのような柔軟な思考や行動力を身につけていくことが、閉塞感の漂う今日の状況のなかで、持続可能な未来を拓く道につながるものである。

以上が 2013 年 3 月の講演録である。講演のなかでは日本の憲法 9 条の国際的な価値や、武器輸出を原則として禁止する武器輸出三原則の先駆性などについて強調したものの、その後、武器輸出が解禁となり、武力行使を厳しく抑制する憲法解釈が変更されたりと、逆向きの動きが立て続いている。そして、第二次安倍政権の発足以来 1 年半以上にわたって、隣国である中国とも韓国とも二国間首脳会談が開けていない現状は、異常である（2014 年 11 月にようやく短時間の日中首脳会談が実現した）。東アジア平和共同体をめざすどころか、むしろ中国を包囲する新しい冷戦的ブロック構築の様相すら呈している。

こうした状況は、観念的なナショナリズムを煽る右翼政治家やメディア、対米一体化路線を押し進める外交・安保官僚、原発や武器産業に活路を見出す産業界、官僚をはじめ社会に蔓延する硬直化（一度確立した枠組みを変化させられない症候群——原発や核燃料サイクル政策はその典型といえる）などの諸要素が絡み合って進んでいるといえる。これらを一つひとつ解きほぐしていかねばならない。私たちは国単位で生きているわけではない。国をこえた地域に暮らし、資源に限りのある一つの地球を共有しているのだという意識をもち、現実的に持続できる未来を考えていくとき、進むべき方向は自ずと定まるはずである。

注

★1 *New York Times* Editorial, "Another Attempt to Deny Japan's History," January 2, 2013.

★2 時事通信「ヘイトスピーチ処罰を＝慰安婦問題、国家責任認めよ——国連対日勧告」2014 年 7 月 24 日。

★3 2013 年 3 月の飯舘村・長谷川夫妻とのオーストラリア訪問については、ピースボート災害ボランティアセンター「3.11 から 2 年。オーストラリアで福島の現状を語る」（ふくしま支援ブログ http://pbv.or.jp/blog_fukushima/?p=2153）参照。

★4 たとえば、United Nations Security Council 5663th Meeting on Energy, Security and Climate, April 17, 2007 (President: United Kingdom), and Security Council 6587th Meeting on the Impact of Climate Change, July 20, 2011 (President: Germany) など。

★5 自由民主党『J ファイル 2012　自民党総合政策集』2012 年。

★6 *New York Times* Editorial, ibid.

★7 琉球新報「オバマ氏発言で『誤訳』が独り歩き　日本メディア」2014 年 4 月 27 日。

★8 International Crisis Group Asia Report No. 108, "North East Asia's Undercurrent of Conflict," December 2005.

★9 Patricia Lewis, "How to Prevent the Third World War," Chatham House, August 2014.

★10 Kofi Annan, "Prevention of Armed Conflicts: Report of the Secretary-General," United Nations, 2002.

★11 武力紛争予防のためのグローバル・パートナーシップ（GPPAC）東北アジア提言「平和のための地域的メカニズムの創造をめざして」2005 年 2 月

★12 2013 年 9 月 26 日、国連総会核軍縮ハイレベル会合において、モンゴルのエルベグドルジ大統領は「モンゴルは、この地域に非核兵器地帯を設立することが可能か、そしてそれはいかにして達成可能かを検討する非公式ベースの作業を北東アジアの国々と行う準備ができている」と述べている。詳しくは長崎大学核兵器廃絶研究センター(RECNA)。

★13　Global Partnership for the Prevention of Armed Conflict (GPPAC), *People Building Peace: A Global Action Agenda for the Prevention of Violent Conflict*, June 2005.

★14　「9 条世界会議」日本実行委員会『9 条世界会議の記録』大月書店、2008 年。

★15　2013 年 10 月 13 ～ 14 日には、「9 条世界会議・関西 2013」が開催された。

★16　ウェブサイト核情報「日本、プルトニウム保有量を 640kg 過小報告　玄海 3 号装荷後使用せず取り出した MOX 燃料」、2014 年 5 月 28 日。2015 年時点では約 47 トン。竹内敬二「プルトニウム『2.3 トン急増』の謎」朝日新聞、2015 年 6 月 8 日。

★17　International Panel on Fissile Materials (IPFM), *Global Fissile Material Report 2013*, October 2013.

★18　川崎哲『核拡散──軍縮の風は起こせるか』岩波新書、2003 年、28-47 頁。

★19　川崎哲「イラク大量破壊兵器問題、10 年目の教訓──国連、アメリカ、日本」嘉指信雄・森瀧春子・豊田直巳編『終わらないイラク戦争──フクシマから問い直す』勉誠出版、2013 年、168-176 頁。

★20 朝日新聞「韓国、『核の主権』に意欲　原発増設・輸出拡大狙う」、2012 年 7 月 24 日。朝鮮日報「韓米原子力協定　42 年ぶり改定へ＝再処理緩和に道」、2015 年 4 月 22 日。

参考文献

梅林宏道『非核兵器地帯──核なき世界への道筋』岩波書店、2011 年。

「9 条世界会議」日本実行委員会編『9 条世界会議の記録』大月書店、2008 年。

グローバル 9 条キャンペーン編『5 大陸 20 人が語り尽くす憲法 9 条』かもがわ出版、2007 年。

原子力市民委員会『これならできる原発ゼロ！市民がつくった脱原子力政策大綱』宝島社、2014 年。

『世界』別冊『北朝鮮核実験以後の東アジア』岩波書店、2007 年 4 月。

『世界』別冊『新冷戦ではなく、共存共生の東アジアを』岩波書店、2011 年。

徐勝監修、康宗憲編『北朝鮮が核を放棄する日』晃洋書房、2008 年 6 月。

日中韓 3 国共通歴史教材委員会『日本・中国・韓国＝共同編集　未来をひらく歴史──東アジア 3 国の近現代史（第 2 版）』高文研、2006 年。

長谷川健一・長谷川花子『酪農家・長谷川健一が語る──までいな村、飯舘』七つ森書館、2014 年。

平野伸人『海の向こうの被爆者たち──在外被爆者問題の理解のために』八月書館、2009 年。

フランク・フォンヒッペル＋国際核分裂性物質パネル『徹底検証・使用済み核燃料──再処理か乾式貯蔵か』合同出版、2014 年。

第21章

紛争終結後の当事国間関係★1

―紛争から平和へ、そして繁栄へ―

東ティモールの場合

ジョゼ・ラモス＝ホルタ
東ティモール前大統領・1996年ノーベル平和賞受賞者

川島正樹 訳
Ve-Yin Tee 英語録

こんにちは、紳士淑女の皆様、そして先生方、今日ここでお話しできますことは大いなる喜びですが、その前に昨日ご母堂を亡くされた青木清副学長に哀悼の意を表します。これは悲しいお知らせであり、ご本人とご家族に心からお悔やみを申し上げます。訪日は今回が初めてではありません。過去20年間に何度も日本を訪れています。1年前には津波で被災した地域を訪れました。私は津波の被災地である仙台に被災者と会うためだけに訪れた唯一の大統領（経験者）でした。そこで仮設住宅で暮らす高齢者と会いましたし、津波を生き延びた生徒たちにも会いました。我が政府、東ティモールという国は小国でまだ比較的貧しい国であるとはいえ、日本に心ばかりの復興支援の募金をさせていただいた最初の国の一つとなりました。これまでの何度もの日本訪問に際して、天皇陛下や多くの首相とお会いました。日本にはご存じのように多くの首相がいらっしゃいました。1年か半年もたたないうちに頻繁に交代があり、3カ月で辞められた首相もおられました。すべての首相の名前を覚えるのはとても難しいのですが、鳩山さんと菅さんは覚えています。菅さんは二十年来の、彼がまだ首相はおろか政治家にさえなる前からの、私と東ティモールの友人です。菅さんが首相になられたときに、彼が最初に手紙を書いたのは私に対してでしょう。その手紙の日付を見て申し上げますが、オバマ大統領よりも早く私に手紙をくださったに違いないと思います。なぜなら彼が内閣を発足した直後の手紙だったからです。でも私の前回の訪問の際に菅さんは首相を辞めていました。現在の首相の名前は知りません。しかしながらいつでも日本に来るのは大きな喜びです。そして本日の話題ですが、二つお話ししたいと思います。一つ目ですが、事前に用意した、皆さんもお持ちの原稿を読み上げるのは止めることにし、代わりに東ティモールとアジア全般のことについて、アジアにおける日本の役割について、日本と中国や韓国や北朝鮮との関係について、少々述べたいと思います。それでよろしいでしょうか。オーケー、アリガトウ。今日の聴衆は皆英語ができると言われたので、英語で講演します。通訳は不要ですね。私の話の後で質疑応答の時間をとります。私から質問しますので、皆さんは覚悟していてください。

東ティモールが独立から10年でここまで進歩を遂げられたことを、我々は非常に誇りに感じています。ご覧になればお分かりになりますように、2010年の国連人間開発指標は0.501でした。2005年には0.423、2002年には0.376でしたから、10年足らずで急上昇したことになります。この成果は目をみはるほどです。2002年にゼロから出発したことを考慮してください。かつての広島をはじめとする第二次世界大戦後の日本と同じような状態、それが東ティモールの出発点だったのです。完全な破壊の中で資源も資金もありませんでした。東ティモールの2002年度の予算は6800万米ドルにすぎませんでしたが、今や12億ドルです。しかし2002年の独立直後の年間予算は6800万ドルにすぎませんでした。今は石油や天然ガスの収入がありますが、それらが得られるようになったのは2005年以降です。ですから2002年から2005年ないし2006年まで、我々はそのような収入は当てにできませんでした。後に我々は石油と天然ガスから収入を得るようになりました。バユンダン油田から産出される天然ガスは100パーセント日本に輸出されています。産油量は一日当たり10万バレルという巨大な量ではありませんが、サウジアラビア産と同じく不純物の少ない原油です。クウェート産の原油は不純物が多いので、精製に手間と経費がより多くかかるのです。東ティモール産は精製に手間と費用のかからない不純物の少ない原油なので、現物市場でより高値がつくのです。2年ほど前の『エコノミスト』誌によれば、東ティモールは最も急速に発展しつつある国の一つです。しかし繰り返しますが、より広い視野で見れば、確かに急速に発展を遂げてはおりますが、平等な分配や貧困の解消を達成できてはいません。我々はゼロの状態から出発しなければならなかったのであり、政府がインフラ投資や、貧しい人や高齢者への資金供与も含めた貧困対策のために積極的に支出する必要があり、それで急成長を遂げているのにほかならないのです。貧困率は過去4年下がっていますが、まだ高いと言えます。子どもの死亡率は、すでに半分にまで減少したとはいえ、まだ高いままです。5歳未満の幼児の死亡率も半分になりましたが、こちらもまだ非常に高いです。子どもの栄養失調率もまだ高いままです。ですから過去10年間、とりわけこの5年間、目を見張る進歩を遂げたということを誇れたとしても、まだ取り組むべき課題は多いのです。先に触れましたように、我々には2004年ないし2005年ごろから石油と天然ガスの収入が入るようになりました。しかし名前を挙げるのは控えますが、過去30年から50年ないし60年間ほど石油や天然ガスや金やダイヤモンドを多く産出してきた世界の他の一部の国々とは違うのです。それらの国々では石油や天然ガスや金やダイヤモンドからの収入がひどい管理のゆえに、海外の銀行口座での不正貯蓄や、浪費がなされているので、貧困にさいなまれたままです。アジアでいえばシンガポールでは資金がアフリカやラテンアメリカから引き上げられ、イタリアでは資金がスイスの銀行口座に持ち込まれています。世界の一部の石油や天然ガスや金やダイヤモンドの収入のある政府の指導者は、何の規制も受けずにそのような収入を手にしています。かつてベネズエラのウゴ・チャベス大統領が「私は100万ドルをキューバに供与するつもりである」、また何に対してであれ「500万ドルを供与する」というのを聞いたことがありますが、どうしてそんなことができるのでしょうか。通常このような決定はできないはずです。たとえ大統領であれ首相であれ、こんな決定を下すことなどできるはずがありません。こんなことが我が国でできるでしょうか。我が国の議会は2004年に石油法を成立させました。同法によって「石油基金」が創設されました。「石油基金」は中央銀行総裁を含む委員会によって管理されています。中央銀行の総裁は独立しています。政府にも、どんな政党にも属していません。財務大臣と専門家からなる顧問委員会もあります。石油と天然ガスからの収入のすべては「石油基金」に組み入れられます。同法には、政府が同基金から利用できる資金の総額を年収の3パーセントに制限する条項もあります。しかしこの3パーセントの使い方を決めるのは誰でしょうか。それは政府ではなく、中央銀行なのです。同基金から政府の年間予算に組み込まれるお金の使い道を議会に指示するのは中央銀行なのです。ですから政府がお金を支出したければ予算化する必要があります。予算案は議会に回され、最低1カ月間は審議され、その模様はテレビで中継されます。首相は最低1カ月間ほとんど毎日質問に答えなければなりません。議会の多数派を代表しているとはいえ、今年初めに起こったように、首相の提案の一部が否決されることもあります。このように「石油基金」は議会と市民社会の厳しい監視下に置かれています。「採取産業透明性イニシアティブ」(EITI) がノルウェーのオスロに創設されています。EITIは、現在約40カ国出身の石油会社や政府から選ばれた40人ほどの委員から構成されており、諸政府や石油会社や資源をどう管理しているかをモニターしています。その結果、2年前ですが、東ティモールはEITIによってアジアで最善、世界でも第3位のモデルとして評価されました。

ですから我々は、東ティモール政府が安易に多額の資金を流用できる国にならないようにしている、このような法制度的メカニズムを立ち上げたことを、大変に誇りに思っているのです。石油やダイヤモンドが産出されるというのは簡単にお金が入ることを意味します。それは勤労の結果ではなく地中からもたらされる神の恩恵です。でも日本には別の恩恵があるのです。日本人はとても勤勉な国民です。シンガポールも大きな恩恵を受けています。とても勤勉な国民がいるからです。韓国人もとても勤勉です。私は神が我々を勤勉に創り給うたかどうか知りませんし、それについてコメントしたくもありませんが、神は少しばかりの石油と天然ガスを与え給うたのです。でも知性と高潔さを以て石油と天然ガスによる収入を民衆と国家のために何とか使うことが我々の責任なのです。そしてこの点において我が国はとても誇れると申し上げたいのです。私は「石油基金」の創設に関与しませんでした。前首相のマリ・アルカティリ博士が作り上げたのであり、現在の首相で当時は大統領だったシャナナ・グスマンの業績です。この両名が前述の監視委員会の設計者であり、私は彼らの将来を見る目に大変に心を打たれたのです。我々は今後5年ないし20年くらいは「石油基金」の融資を受けることができるでしょうから、その間に戦略的な開発計画を立案しなければなりません。道路や空港や新たな港の建設、および幼少期から大学までの教育への投資、我々を苦しめる多くの疫病の予防、そして栄養状態や教育の改善です。栄養失調はしばしば教育の問題、人々への公衆衛生教育プログラムの欠如に関係があります。ですから、今後5年間でこの分野にもっと投資を行います。5年以内には結核、マラリアは消滅することが期待できますし、子どもの栄養失調の問題もなくなるでしょう。これは国民のためなのです。加えて我々は国内およびインドネシアとの関係という二つのレベルにわたる和解のための政策に成功裏に取り組んでまいりました。ここで脱線して皆さんにお尋ねします。第二次世界大戦中に東ティモールは日本によって侵略され占領されたのでしょうか、それともされなかったのでしょうか。ご存じの方はいますか。

私は 20 年ほど前にも訪日してお話をしたことがあります。場所は忘れましたが、会場には教会、プロテスタント系教会の日本人指導者も同席しておりましたが、彼は日本が東ティモールにも侵略したことを知りませんでした。そして彼は「我々はあまりにも多くの国々を侵略したので、いちいち覚えていません」と言いました。とにかく東ティモールも日本に侵略され、4 年にわたって占領されました。その後 1975 年に今度はインドネシアの侵略を受け、24 年間占領下に置かれました。しかしよくあることでしょうが、どちらが悪かったのか、白黒決着がついていません。東ティモール人の間でも多くの人が互いに争ったからです。インドネシア軍に協力した人も多かったのです。暴力を行使して協力した人も一部にはいました。また学問的に、あるいは政治的に協力した人もおり、それは犯罪とは言い難いのです。犯罪と言えるのは暴力を用いたり、殺人をしたり、などの場合です。アメリカの傘下に入るべきだという人もいました。私は東ティモールがボリビアや日本の傘下に入るべきだと確信していましたが、それは犯罪ではありません。それは政治的考えであり、夢であり、意見なのです。しかし東ティモールはインドネシアに併合されるべきで、反対する人は誰でも殺してよいというのは、明らかに犯罪です。しかし我々は、誰であれ東ティモールのインドネシアによる併合を支持した人々を赦すことに決めたのです。今日の東ティモールにはかつてインドネシアを支持した人々が大勢いるのです。議会にも、政府にも、警察にも、そして軍にもいます。個々人を差別したり迫害したりできないのです。そんなことをすれば国家レベルに及ぶでしょう。それで我々はティモール人の間で何とか和解することにしたのです。第二に、インドネシアとの和解をしなければなりませんでした。それは日本と中国の関係に少し似ています。日本は中国を侵略し占領したのですが、その後中国人と日本の指導者及び国民はあるプロセスを通じて和解する決断をしました。もちろん日本と中国の間でまだ和解は達成されていないままですが、我々はインドネシアとの和解を達成したのです。我々は指導者として、インドネシアとの和解を決断したのです。インドネシア側は積極的にそれに応じ、両国の中間点まで会談しにやって来たのです。そして今や我々はアジアで望みうる最良の二国間関係を築いています。東ティモールとインドネシアは、日本と中国や韓国との関係よりも、あるいはいつも争ってばかりいるアメリカとメキシコとの関係よりも、またドイツとポーランドの関係よりも、良好な二国間関係を築いています。それは政府間関係だけでなく、国民レベルでも言えることです。東ティモールでは何千人もの犠牲者が出たのですが、人々はインドネシアに敵意を抱いていません。東ティモールに在住するインドネシア人で隣人の東ティモール人から嫌がらせを受ける人は一人もいません。東ティモールに居住するインドネシア人は多いのです。彼らは街路を歩き、露店や商店で買い物をしたり、自転車その他の機械や靴などを直してもらったりしています。多くのインドネシア人が居住しているのですが、事件は一件も起こりません。でもコソボではセルビア人は集団避難所に住み、安全を懸念しています。コソボの位置は知っていますよね。

それで我々はティモールの歴史上なされた暴力について語るために、国民真実追究委員会とインドネシアとの間に二国共同の真実追究のための委員会(「受容真実和解委員会」)を設置しました。世界初の紛争当事国同士による国立の委員会の設置でした。それはインドネシア大統領と東ティモール大統領のそれぞれの指名による公式の組織であり、トップレベルの５人の学者、判事や弁護士、諸個人が協力して公式報告書を作成し、それには両大統領も署名したのです。日本と中国も同じようなことをするべきです。韓国と日本もそうすべきです。米国もベトナムや、おそらくいつかキューバとも、そうすべきです。一般の国民は、真実を知り、語り、それを受け入れる勇気と将来の展望をもたない限り、幾度となく過ちを繰り返すでしょう。

以上が東ティモールで達成されたことです。次にもう一つの、アジアで起こりつつある別の論点に移りたいと思います。手元の原稿は後で自宅に帰ってから辞書を使って読み直してくださいね。グーグルの翻訳装置を頼りすぎてはいけません。グーグルの翻訳機能に全面的に依存してはいけません。たまに日本の友人から英語でメールをもらうのですが、もちろん知った人たちですから、彼らの意図することは分かりますが、彼らはグーグルで英訳するのです。でももし自分で通訳できれば、そのような必要はないのです。皆さんなら意味がお分かりになりますよね。この論題を申し上げたいと思ったのは、私が携わっている著作に関わることだからです。それは指導者たちにショックを与えているのです。「興隆するアジア」と言う場合には自動的に中国のこと、興隆する中国のことを指すことが多いですよね。さてしかし、「興隆するアジア」とか21世紀はアジアの世紀であるとかよく言われるのですが、私は本当にアジアの世紀が来たのか、疑問に思うのです。まだアメリカの世紀が続いているとも言えます。それともアフリカの世紀と言うことができるのかもしれません。今後30年の間にアフリカが急速に台頭する潜在能力を秘めていることを軽視してはいけません。アジアは深刻な政治問題に直面していますから。中国と日本と韓国の関係を見るだけでもそれは分かります。アジアにおけるこの三つの豊かな強国が60年前の問題を解決するべく協力し、和解し、公式の関係を樹立するだけでなく、国民同士の関係を作り上げ、この地域の様々な問題に対応しうる強力で安定的なパートナーシップを作り上げれば、北東アジアがアジア全域の繁栄を牽引することができるでしょう。しかし三国は小さな岩礁の問題に関してさえ合意できないでいます。岩礁の問題で相互に第三次世界大戦を勃発させる脅威を与え合っています。ですから、21世紀のアジアを導きうるパートナーシップを作り上げることは容易ではないのです。

しかしそれを除けば南シナ海の問題は解決可能です。アジアの多くの地域で起こっている一部の石器時代のような信念に対処するのは、より困難です。幸運にも、インドネシアやフィリピンやタイやマレーシアなどではこのような問題は起こっていません。しかしパキスタンやインドへ行ってごらんなさい。私はインドを大いに尊敬しており、20年か30年のうちに中国を追い抜くのではないかと考えていますが、インドに21世紀の今でもカースト制度があるなんて、信じられません。あれほど文明化し、マハトマ・ガンディーのような偉大な人物を生んだインドのような国において、どうして不可触民がまだ残存しているのでしょうか。ヒンドゥー教徒――急進派のヒンドゥー教徒がイスラム教徒を迫害したり、殺したりする例が多くあります。一方パキスタンでは少年に視線を向けた少女が自分の両親に殺されました。パキスタンでは学校に敢えて徒歩で通学しようとした少女が撃たれました。またパキスタンやアフガニスタンでも、少女たちが登校途中に劇薬を投げかけられたりしています。まあそのようなわけで、アジアの世紀の興隆を夢見る前に、これらのすべての問題を解決しなければならないのです。アジアには潜在能力はありますよ。アジアで科学技術は受容されてもいます。しかしインドの核兵器は同じアジアの仲間であるパキスタンを標的とし、パキスタンで核兵器が標的としているのはアジアの従姉妹兄弟であるインドなのです。北朝鮮の核兵器の標的は従姉妹兄弟である日本です。なぜかは知りませんが、アメリカでは北朝鮮が本当にアメリカの脅威であるという馬鹿げた信念がはびこっています。それは東ティモールがロシアの脅威であるというようなものです。北朝鮮だけでなくアジアのいたるところに、程度の差こそあれ、狂信家がいるのです。北朝鮮の狂信的指導者は核兵器を保有していますが、パキスタンやアフガニスタンにも狂信家がおり、政治家ではないのですが、各国でゆゆしき害を及ぼしています。これらがアジアにおいて知識人や学者や指導者が立ち向かうべき深刻な問題の一部なのです。ですから、「西洋からアジアへのパワーシフト」などという聞こえのよいことを一部のアジア人学者が言うのを耳にして、我々はあまりいい気分がしないのです。どこからアジアへ権力は移動するというのでしょうか。たぶんワシントンからでしょうか。そしてどこへ向かうのでしょうか。北京やニューデリーへ、でしょうか。中国が先頭を維持し続けるのでしょうか。それともインドに追い越されるのでしょうか。私の著書ではこのような疑問を投げかけようと思っています。

アジアは、核兵器の数量が問題ではなくても、保有国が多いというという点において、世界中で最も核兵器が問題化している地域となっています。ラテンアメリカには、ブラジルにはその能力がありますが、核保有国はありません。核と原発に関する高度な科学技術を有するブラジルは簡単に核保有国になれるはずですが、持たないのです。アフリカにも核保有国はありません。アジアは一部の貧しい国々が簡単に大国の地位を得られると考えて核兵器保有国になっている唯一の地域です。北朝鮮は自国民を十分養えないのに核兵器を持っています。パキスタンも極端な貧困にさいなまれているのに、核兵器を持っています。インドも同じです。イランでは国民が核兵器を持つことの利点について議論し、保有国になろうとしています。世界総人口の 4 割から 5 割を占めるアジアで資源が浪費され、世界のどこよりも水や食糧への心配が高まっています。工業化どころか生存が脅かされているのです。森林が破壊され、湖水や河川は汚染され、汚水が海に流され、甚大な量の魚介類を汚染しています。しかしアジアには、もしやろうと思いさえすれば、問題解決のためのノウハウと資金と柔軟な考え方はあるのです。

私のお話は以上です。もし十分にご理解いただけなかったのでしたら謝りますが、ご質問には何であれお答えします。とくに前の席にお座りの方には質問の口火を切ってもらえるようにお願いしたいと思います。私は学生の時にはいつも後ろの方に座り、同級生の陰に隠れていました。とくに苦手な数学や理科の時間には、先生から見えないようにしていました。でも語学や歴史や地理の時間にはとてもリラックスしていました。どんなご質問にも喜んでお答えします。

質疑応答

質問1（経営学科3年の女子学生）　東ティモールとインドネシアの間で積極的な和解ができたことは素晴らしいと思いました。21世紀はアジアの世紀であると言われましたが、同時にアジアのいくつかの国が核兵器を持っています。日本はこれからどんどんアジア諸国と付き合っていかねばならないと思いますが、今日本は核兵器を持っていません。持っている国々との関係をどう結んだらよいか、難しいと言われました。日本はアジアの振興する国々とどう付き合っていったらよいと思われますか。

回答1　私はもはや大統領でも外相でも、政治家でさえもありませんので、個人的に私が考えていることを述べたいと思います。私は日本人が大好きですし、日本のことが大好きで、日本を称賛しております。しかし一方で中国にも何度も行っており、中国の一般の方々や指導者の方々とも話をしてまいりました。中国の人たちには、指導者から若い人々を含めたどの人にも、共通な考え方や感じ方というのがあります。それはすなわち、日本が第二次世界大戦中に起こしたことについて正直に対応していない、という感情です。現実のところ日本の政治家はそのことをうまく逃れようとしてしまっています。日本が大戦中に中国人、インドネシア人、東ティモール人、フィリピン人、マレーシア人、シンガポール人、ビルマ人、などに対して、アジアの国々を侵略してどういったことをしたかということに関して、遺憾の念が誠実に表明されることは全くなかった、という現実があるのです。それに対してドイツの例を見てみましょう。ドイツ、そしてヨーロッパの偉大な指導者である戦後二代目の首相であったヴィリー・ブラント首相はポーランドへ行き、跪いて、第二次世界大戦中にドイツが行ったことに関してドイツ国民に代わって謝罪したのです。なんと偉大な政治家でしょうか！　ヴィリー・ブラントはすでに亡くなっていますが、存命中で別のドイツ人指導者である、1980年代に在職した敬愛すべきリヒャルト・

フォン・ヴァイツゼッカー元大統領は、第二次世界大戦中にドイツがしたことに関して、ヨーロッパの指導者が行ったうちでもっとも道徳的で倫理的な演説を行いました。皆さんにもぜひ読んでいただきたいと思います。それは桁外れに勇気と知性の溢れる、素晴らしい演説でした。そう、日本でもそれが必要なのです。アジアの人々に頭を下げる、日本の侵略と日本の占領下で犠牲になった人々に対して謝罪する指導者が必要なのです。それが出発点となるでしょう。それなくしては、怒りはなくならないでしょう。例えば次のようなことがありました。東ティモールは当初から日本の安全保障理事会の常任理事国入りを支持してきました。私は外務大臣だったので、インドや、ラテンアメリカではブラジル、ヨーロッパではドイツとともに、日本は安全保障理事会の常任理事国となるべきであると主張しました。しかし中国陣営が大反対をしました。中国側は日本を応援する東ティモールの立場に強く心を動かされることはなかったのです。我々は日本を大いに称賛しています。我々は常に日本に協力してきたのです――しかし日本に本当のことを申し上げねばならないのです。他国を侵略してはなりません。何百万もの人々を殺してはいけません。あれほどの多くの破壊行為をしてはいけませんし、その一方で国内で歴史を書き直してはいけないのです。以上がご質問に対する私の誠実なお答えです。

質問 2（法学部の女子学生）　東ティモールについて勉強中ですが、言語をめぐる問題があることを知りました。公用語がポルトガル語とテトゥン語で、実用語としてはインドネシア語も用いられているとのことです。国家建設の上で言語は非常に大事であると思います。先ほどの講演の中でインドネシアとの和解について触れられましたが、今後言語が統一されていくのかどうか、教えていただきたいと思います。

回答 2　東ティモールの憲法では二つの公用語が定められておりますが、第一の言語はテトゥン語です。マレー語系の言語がもとになり、多くのポルトガル語の単語がテトゥン語に取り入れられています。インドネシア語にポルトガル語が多く入っているのと少し似ています。ポルトガル語で「テーブル」のことを「メサ」と言いますが、我々も「メサ」と言います。インドネシア語では「メジャ」と言います。インドネシア語と、今は東ティモールの主要言語であるテトゥン語は、ポルトガル語の影響を多く受けています。ポルトガル語の影響はテトゥン語の方がインドネシア語よりも多く受けています。インドネシア語はより近代的で、活用性に富み、とても機能的な言語です。テトゥン語ですが、我々は今開発しているところです。テトゥン語を近代化するための研究所を設立しています。もう一つの公用語はポルトガル語です。500 年にわたるティモールにおけるポルトガル人による支配の影響はとりわけ宗教に強く残されています。東ティモール人の 97 パーセントはカトリック教徒です。それはポルトガルの支配の影響です。今私たちには憲法もあります。憲法の定めによれば我々には二つの実用語があるのです。インドネシア語と英語です。東ティモールの人々はいろいろな言語を操りますが､それは簡単なことです。日本人や韓国人、あるいはオーストラリア人やアメリカ人とも違うのです。英語以外の言葉を操れるオーストラリア人やアメリカ人を見つけるのは難しいです。あるいはフランス語以外をしゃべれるフランス人を見つけるのも難しいです。フランス人はフランス語しかしゃべりません。街中生まれであろうと田舎育ちであろうと、東ティモール人は三つの言語をしゃべります。生得語はマンバイ語やファタルク語、ケマルク語、ハブン語、ガロリ語、バイケノ語といった、かなり特殊な言語であるかもしれません。このような母語があって、次にテトゥン語があるのです。加えて 30 から 40 パーセント近くの人々がインドネシア語を話せるのです。ですから三つの言語を話せるというのがとても普通なことなのです。朝鮮半島には東ティモールの人々が多く行っています。北朝鮮ではなく、韓国ですが。北朝鮮とは交流がありませんので。私は 100 パーセント、韓国を支持しています。北朝鮮とは交流がありません。もちろん北朝鮮と外交関係はありますが、活発な交流は韓国とだけです。韓国では若い東ティモール人が 1000 人ほど働いています。彼らは皆韓国語が流暢です。医学を学ぶためにキューバに行った東ティモール人は 700 人いました。スペイン語が話せるようになるまでにどのくらいかかったと思いますか。3 カ月でスペイン語が流暢になりました。100 人以上の留学生がフィリピンの大学に行っていますが、英語に加えてタガログ語もしゃべれます。中国にも行っていますが､1 年で中国語、つまり北京語がとても流暢にしゃべれるようになります。ですからティモール人は語学の才にとても恵まれているのです。ティモール人の司祭がローマにいるのですが、私が知る限り世界でもっとも多くの言語をしゃべる人です。13 カ国語を話します。10 と 3 ですよ。フルマヌ・ジュアン・イノセンシオ神父です。彼は哲学博士号を二つも持っています。学位論文の口頭試問をドイツ語とフランス語で受けたのです｡試験官の一人がフランスのソルボンヌ大学から、もう一人の試験官がドイツの大学から来たからです。学位論文の口述審査のために彼は両国語を使い分けて答えていたのです。ですから、ティモール人にとって言語は問題になりません。頻繁に同じ質問をオーストラリア人やアメリカ人からも受けるのですが、あなたたちには言語が問題になるのでしょうけど、数カ国語を容易にしゃべれる東ティモール人には問題になりません、と答えるのです。東ティモール人はあと 10 年もすれば、アジア中とはいかなくとも、東南アジアのすべての言語をしゃべれるようになっているでしょう。ティモールの若者はとても柔軟な頭を持っていますから。こう申しますのも自慢したいからではありません。そうではなくて、私は若者世代に感心させられているからです。彼らはどこであれ適応できますし、頭が柔軟であることは民族と国家にとってとても重要なことだからです。自分の文化やアイデンティティを保つことともに、可能な限りどんな文化であれ吸収することです。これで言語政策はどうあるべきかというご質問へのお答えになったでしょうか。私が個人的に思いますに、東ティモール人はテトゥン語とポルトガル語に加え、インドネシア語も公用語にすべきです。我が国は三つの公用語を持つべきなのです。インドネシア語は既に憲法上で実用語になっていますが、公用語の地位にまで引き上げるべきです。三つは多すぎるでしょうか。シンガポールには四つの公用語があります。南アフリカでは 9 言語が話され、スイスでも 4 言語です。何が問題かと言えば、初等レベルでどの言語で教育されるかでしょう。しかし教育の専門家たちは答えを出してくれるでしょう。政治家が念頭に置かねばならないのは、40 パーセント以上の人々がインドネシア語を話しているという根本的事実です。2 億 5000 万の人口を擁する隣人であるインドネシアとは良好な関係にあり、東ティモールとインドネシアの両国民は互いに頻繁に行き来しています。ですから、インドネシア語を公用語に加えないのは馬鹿げています。よい関係にあるのですから、そうすべきなのです。良好な関係にないと他国の言語は学べません。両国は良好な関係にあるのです。しかしこの件はまだ今後の課題です。このインドネシア語の公用語化については、既に 2、3 年前に私から当時の教育相と首相に提案しており、ティモール議会で協議が始められ、次年度にはこの提案が審議され始めるかもしれません。

質問 3（経営学部の女子学生）　日本が第二次世界大戦中に韓国や中国その他の国々にしたことに関して、言われる通りそれがそれらの国々にとって重要な意味があることは分かります。また私は今すぐにでも謝意を示したいと思うのですが、謝罪だけは十分でないように思います。そこで質問ですが、なぜあなたはインドネシアが東ティモールに対して行ったことに関して一方的に水に流す決定を下したのでしょうか。

回答 3　ご質問ありがとう。いい機会ですから、我々の哲学と政策について少し詳しくご説明させてください。現在の東ティモールの首相を務めるシャナナ・グスマンは 1999 年当時、インドネシアで拘留中でした。彼は日本の政治家、たぶん皆さんもご存じの人でしょうけど、今は引退されましたが、当時社会民主党の国会議員だった土井たか子さんに手紙を書きました。土井さんは東ティモールを応援していました。シャナナ・グスマンは、東ティモールは独立に際して、日本に第二次世界大戦中の侵略と占領に対する物質的賠償を求めない、と書いたのです。そして東ティモールは今でも日本に侵略を受け占領されたアジア諸国で唯一、公式の謝罪や賠償を求めていないのです。私は日本の常任理事国入りを求める 2004 年の国連総会での演説でも申しましたが、それは日本が第二次世界大戦において重い代償を払わされたからです。広島と長崎への原爆投下で原爆攻撃の犠牲となった世界最初の国となりました。第二に、終戦直後に国際裁判所が確立されました。ドイツではニュルンベルク法廷、日本では東京法廷でした。第二次世界大戦に直接関与した者は地位や職責に従って東京法廷で裁かれたのです。多くの日本人が戦争のせいで苦しみ、今日に至るまで広島や長崎では放射能の後遺症が続いています。ひどい肉体的苦痛です。しかし日本人はとても立ち直りが早い国民なのです。第二次世界大戦の灰燼の中から国家を再建したのです。1960 年代までにほとんど回復し、その直後にアジア・アフリカ・ラテンアメリカ諸国への援助を開始したのです。ですから私は申し上げたのです、謝罪には国によってやり方がある、と。日本の謝罪のやり方とはまず敗北を受け止めることだったのかもしれません。敗北があったのです。裁判がありました。東京法廷です。受けた罰ですが、核兵器ですよ、他にこのような罰を受けた国はありませんよね、それなのに他国を援助したのですよ。それで我々はあのように考え、私は国連総会演説で申し上げたのです。中国人は私の演説を愉快には思いませんでしたが、私は 60 年も前のことを蒸し返し続けるなと言ったのです。しかし我々の展望は中国や韓国のそれとは異なったのです。それで我々はこう考えるのです。我々は第二次世界大戦に関して日本にはわだかまりはないのです。それが東ティモールの立場です。それは中国や韓国はもちろん、おそらくこの地域の他のどんな国の立場とも異なるかもしれません。しかし個人の犠牲者がいるのです。第二次世界大戦中に性的奴隷とされた人々です。大半の人は多分亡くなっています。私は一人の東ティモール人の女性に会ったことがあります。彼女は 80 代でした。私が外相に就任する前のことで、暫定的に外相を務めていたときのことです。第二次世界大戦中の性的奴隷に関する会合に出席するためにオランダへ行く途中、私の執務室に立ち寄ったのです。マニアナ出身の大変品位のある女性でした。彼女はそれまで村から外へ出たことがありませんでしたし、飛行機に乗るのも初めてでした。ですから帰国後に彼女に、飛行機はどうだったかお聞きしました。「自宅と変わりませんよ！　私は座っていたのですから」と彼女は答えました。「白人女性がお世話をしてくれたのでびっくりしました。白人の女の人からそんなことをされたことなんてなかったものですから。よかったですよ！」と彼女は言いました。これが彼女がオランダでの大冒険で覚えていることのすべてでした。でも私はあえて個人的に「あなたと他の東ティモール人女性に起こったことについてどう思うか」と尋ねました。そして彼女の答えはあの当時私が確信しシャナナ・グスマンが確信していたことを補強したのです。彼女は「もうずっと昔のことです。あれは戦争だったのです。それに今では日本政府が私たちを援助してくれています」と言いました。当時、1999 年か 2000 年のことでしたが、日本はオーストラリアやアメリカとともに、全力を挙げて東ティモールの復興を助けてくれていました。彼女にとって重要なのはこれでした。彼女個人の問題ではなかったのです。貧しく慎ましい、直接の被害者から得た教訓でした。彼女は日本が東ティモールの国全体を助けている様子を見ていました。彼女との会話はこのようなものでした。もう彼女は亡くなっているでしょう。ですから我々のやり方はこうなのです。我々は期待しません。ですが他のアジア諸国、中国にとっては、正式な謝罪がないとこの問題はきっぱりと解決することはないのです。誠実に謝ることはできないものです。謝らないのは日本だけではありません。アメリカ合衆国も奴隷制に謝罪できません。2、30 年ほど前に私の親友であるオハイオ州選出で民主党所属の下院議員で保守派のトニー・ホールが連邦議会に奴隷制への謝罪決議をあげさせようとしました。結局うまくいきませんでした。圧倒的多数が反対したのです。我々には謝罪することは何もないのだというのです。この提案は票決にさえ至りませんでした。フランス人はアルジェリアに謝罪していません。100 万人以上が殺されたのに、そうなのです。アメリカはベトナムやカンボディアに謝罪しません。英国人は全く謝罪せず、世界中で物議を醸しています。ですから謝罪できないのは日本だけではないのです。それで私は人々にヴィリー・グラントがしたように謝罪することの重要性を、何とか分からせることはできないものか、と思う時があります。

質問 4（アジアの歴史専攻の女子学生）　グローバル化の流れの中でどの国でも少数派が苦境に立たされています。この点も含めて東ティモールはグローバル化にどう対処しようとしていますか。

回答 4　グローバル化については、否定的な側面とともに、長所や恩恵があります。グローバリゼーションのおかげでお金のやり取りや投資が容易になりました。反面、同じく一夜にして経済が崩壊するようなことも起こるようになっています。ヨーロッパ、例えばロンドンでなされる決定によって、世界中の多くの人々が影響を受けるのです。グローバル化によって我々はより一層相互関係が深まり依存し合うようになっていますが、相互に傷つきやすくもなっています。しかしとりわけ傷つきやすくなっているのは大国よりも小国です。大国の方がグローバル化によってより多くの利益を得ているのです。小国はそこから利益を得て生き延びる方途を見出さねばなりません。ご存じのように、シンガポールは国土が乏しいです。都市国家であり、水でさえマレーシアから輸入しなければならないのに、世界有数の繁栄と安定を誇っています。それは指導者の将来の展望と国民の溌剌さと勤勉さの賜物です。小国の民はどの分野でも抜きん出ていないといけません。日本もある意味で似ています。人口はともかく、国土は狭いです。石油も鉱物資源もないのに、世界有数の金持ちです。それは知識と教育と勤勉によるものです。それこそ我々が皆しなければならないことなのです。東ティモールが今後 20 年間生き残るためには、何と言っても国民を教育することが必要です。石油や天然ガスは枯渇する時が来ます。その時までに誰もが文学修士号や哲学博士号を持っているようにすべきです。もちろん哲学の分野というよりも、科学や技術の分野での学位の方が望ましいですが。シンガポールや韓国や日本は哲学や人文学分野で成功したわけではありませんから。さて、少数派の問題についてお答えしましょう。実は私はバングラデシュから日本に来ました。数日間ですが、私的に滞在したのです。その間にバングラデシュ首相やその他の友人たちと会談し、ムハマド・ユヌスとも会いました。彼がどんな人かご存じですか。その通り、グラミン銀行の創始者で、2006 年にノーベル平和賞を受賞しました。私も同年に候補者になりましたし、以前から彼のことを知っていました。我々はミャンマーのロヒンギャ人のことを話しました。彼らはおそらく今日の世界において最も無視され、迫害され、拒絶された少数派です。私は国連の潘基文（パン・ギムン）事務総長に会って話をした時に、ヨーロッパ人が「ジプシー」を如何に迫害したかについて語ったことがあります。どうやってフランス人がジプシーたちをフランスから追い出し、どうやってチェコ共和国で近代的なゲットーが造られてジプシーたちが追い込まれたかについて語ったのです。もちろん、それはミャンマーにおけるロヒンギャ人の扱いよりはましです。ミャンマーでは仏教徒が多数派で、寛容であるとみなされています。しかし仏教の修行僧でさえも少数派の民族や宗教信者への暴力的迫害に直接加わるのです。しかし少数派の問題はこれに留まりません。現在も未解決の問題の一つに、何世紀にもわたる先住民に対するものがあります。オーストラリアにはアボリジニーがいます。もちろん今日ではオーストラリア政府は200年以上にわたってなされたかつての政策を追求することはもうありませんが、アボリジニーに対する賠償は実際にはまだなされていません。アボリジニーのコミュニティに連邦政府や州政府からお金はつぎ込まれていますが、アボリジニーの平均寿命は東ティモール人以下です。アボリジニーはとても金持ちの国であるオーストラリアに住んでいるのに、平均寿命は東ティモール人より10年も短いのです。オーストラリア政府が気前がよくないからなのでしょうか。いいえ、お金には関係ありません。それは民族としてオーストラリアのアボリジニーが疎外感にさいなまれ、文化やアイデンティティを剥奪されていることに関わっています。どうしますか。拒絶された彼らはどうしたらよいでしょうか。彼らは酒を飲みます。憤激していますが、本来は平和的な人々です。ですから、怒りを感じても暴力に訴えず酒を飲んで自滅するのです。アメリカの先住民にも起こったことです。世界中で大好きな国の一つであるブラジルでも、大きな牧場が開発されるたびに、おそらく世界最大の農産物輸出国であるブラジルで、アマゾンの先住民は生活の場を奪われるのです。世界中で起こっていることです。ですから国連でも何年も前にいくらかは議論されたのです。先住諸民族を抱える国における宗教間関係や人権保護に関しての教育を継続することについて、今はあまり語られなくなりました。ご存じのように、数年前にボリビアで先住民出身者が大統領に選出されるなど、少しは進歩が見られるようになっています。これは現地の民族に大きな希望となっています。これでご質問へのお答えになっているとよいのですが。

Post Conflict Countries: From Conflict to Peace and Prosperity

—The Case of Timor-Leste—

José Ramos-Horta
Ex-President of the Republic of Timor-Leste,
and the Nobel Peace Prize Laureate in 1996

Lecture

Good afternoon. Ladies and gentlemen, faculty, it's a great pleasure to be here today but I will not start my remarks before I present my most sincere heartfelt condolences to professor Kiyoshi Aoki-san for the passing away of his mother last night. This is a sad news for him, for his family, and I join all in extending my deepest condolences. This is not my first visit to Japan: I have been here many times over the past 20 years. I was here a year ago to visit the tsunami-affected areas. I was the only president who made a special trip just to meet with the victims of tsunami, particularly in Sendai. I met with the old people, people who were living in a shelter, I met with the students who survived the tsunami. Our government, Timor-Leste, although we are small, a relatively still poor country, we were among the first to provide also a cash donation to Japan to symbolically contribute in assisting the recovery efforts. In my many trips here in Japan, I have met with his majesty, the emperor, many prime ministers. In Japan, necessarily, you have to meet with many prime ministers, because Japan changes prime ministers every six months, and sometimes one year, sometimes less than six months - three months you have a new prime minister. So, very difficult to remember the names of all of them, but I remember Hatoyama. I remember Kan. He was a friend of Timor, of mine before 20 years ago, before he became a politician, a prime minister. I was very happy when he became prime minister. Maybe I was the first person he wrote a letter when he became prime minister. Because I look at the date of the letter, I said 'must be the first one, even before Barack Obama', because the letter was so recent after he took office. But then he also out, so now I don't know who is the prime minister, but it is always a great pleasure to be here in Japan. And today I will talk to you about two issues. One, you have the speech before you so I will not read completely, I will just talk a few points about East Timor and then a few points about my thoughts about Asia in general: about Japan's role in Asia, about Japan's relationship with China, with Korea, the Northeast Asia, joint responsibility for Asia in general. You understand - you agree with that? Okay, *arigato*. Because I was told everybody speak English here, so no need for a translation. Besides you have the speech, and when I finish you can ask me questions, but I will also ask you questions. So you have to be ready because I will ask you questions.

East Timor, we are very proud that only ten years after independence we have made significant progress. If you look at the United Nations Human Development Index report, you will see for the 2010 data - if you understand the UN Human Development Index, if you understand what it is, the concept of a measurement of human development - in 2010, Timor-Leste had already 0.501 - number, value - compared with 2005 when it was 0.428, compared with 2002 when it was only 0.376. So, from 2002, when we became independent, 10 years later, it jumped to 0.502. That is significant. Particularly when you bear in mind we started in 2002 from zero. Maybe, if you think of Hiroshima, or Japan after World War Two, that's where Timor is started: complete destruction, and no real human resources, plus no money. Our budget in 2002, the national budget, was US$68 million. Today it is $1.2 billion, but in 2002/3, it was $68 million. Today we have oil and gas, revenue from oil and gas, but that started in 2005. So, really, between 2002 to 2005, or 2006, we wouldn't count. We begin to have the money from our oil and gas. We export all the gas by the Bayundan field to Japan: 100% is export to Japan. It's not huge. It's a bit of 100,000 barrels a day, but of a very high quality: light crude like from Saudi Arabia. The oil from Kuwait is heavy crude, much more or difficult, expensive to refine. The Timor oil is light, cheaper to refine, so it's always at a higher value in the spot market. According to The Economist of 2 years ago, East Timor is one of the fastest growing economies in the world. But again, we look at things in perspective. You know, we are one of the faster growing, but it doesn't mean we are one of have the most equitable distribution or poverty cease to exist. No. We start from ground zero, and if the government has access to money and invest in infrastructure, in a direct assistance to poor people - like cash transfer to poor people, to elderly - so if the budget, the government expenditure is high, inevitably you have the high growth. But it does not mean that in the last 10 years we have solved social and humanitarian problems. Poverty is still high, although it went down in the last four years. Child mortality: still high, although we reduce by half already. Infant mortality before 5, we reduce by half but still very high. Child malnutrition: very high. So even though I am very proud to say in the last 10 years, particularly the last 5 years, we have made tremendous progress the challenges remain very high. As I mentioned, we have oil and gas revenues that started in 2004/5. But unlike some countries in the world - that I don't mention names - that have a lot of oil, a lot of gas, gold, diamond, for the past let's say 30 years, 50 years, 60 years, but they still have rampant poverty because the oil, gas, gold, diamond revenues are wasted in management, in corruption, in bank accounts abroad, in Asia, normally in Singapore - where they put away the monies from Africa, Latin America - in Italy, it goes to Switzerland, bank accounts in Switzerland. Government leaders in some parts of the world with oil and gas, gold, diamond revenues, they have access to the revenues almost without any control. Sometimes when I hear President Hugo Chavez of Venezuela saying, 'I'm going to give a billion dollars to Cuba', 'I am going to give five billion dollars' to whatever - but how can you do that? You cannot make, normally, you cannot make this kind of decisions. A president, a prime minister cannot make this kind of decisions. How we do it in our country? In 2004, we established, our parliament approved what is called the Petroleum Law. The Petroleum Law created the Petroleum Fund. The Petroleum Fund is managed by a board that includes the governor of the Central Bank. The governor of the Central Bank is independent. He doesn't belong to the government, to any political party. Plus, the Minister of Finance and a board of expert advisors. All the revenues from oil and gas go to the Petroleum Fund. And the law, it stipulates how much the government can access the Petroleum Fund every year: 3% of sustainable income. But who decides what is 3% of sustainable income? Not the government, it is the bank that saying to the parliament - direct to the parliament - its estimate of how much money is available each year from the Petroleum Fund for the government to apply it through the parliamentary and budget process. So if the government wants - needs the money it has to budget it. The budget goes to the parliament, one month at least of debate - live TV coverage - our prime minister has to spend one month almost in the parliament every day defending the budget. Sometimes, even though he has majority, some of his requests are voted down like it happened this year, early in the year. So, there is strict parliamentary and civil society control on the Petroleum Fund. There is an organization in Norway called Extractive Industries Transparency Initiative - you have it on my written speech to you on page 4 - it said Extractive Industries Transparency Initiative (EITI) is based in Oslo. Membership are about 40 now, about 40 countries, petroleum oil companies and civil society that develop this concept. They are the ones who monitor how countries, governments, oil companies manage these resources. As a result of that, they made a determination 2 years ago that East Timor model was the best in Asia, and number 3 in the world.

So, we are very proud that we have established these legal institutional mechanisms that prevent Timor-Leste from becoming like other countries with a lot of easy money. Because if you have oil, you have diamonds, oh that is easy money. It is not result of work, it comes from the ground, it is God's blessing. So, Japan has another blessing, the people, very hardworking people. Singapore has a great blessing, very hardworking people. South Korea - Republic of Korea - hardworking people. We, I don't know whether God make us into hardworking or not - I will not comment much on that - but gave us some oil and gas. But then it's our responsibility, with wisdom and integrity, how to manage this oil and gas revenues for the benefit of the people, of the country. And in that regard I have to say I am very proud of our country. And I don't say it praising myself because I was not involved in the making the law. I was not involved in the making, establishment of this Petroleum Fund. It was the previous prime minister, Dr. Mari Alkatiri, and the current prime minister, Xanana Gusmão, when he was president, now he's prime minister. The two are the main chief architects of this initiative and I am very impressed with their vision. And we try to use the Petroleum Fund to finance the next 5 years, the next 20 years, our strategic development plan: to build roads, new airport, new port, to invest more in education from childhood to university, to invest more in health to eliminate some of the many diseases we have that are related to health, to nutrition, to education. Like malnutrition often has to do with education, has to do with lack of public health programs that educate people. So, the next 5 years, we will invest more in that field. Hopefully, in 5 years, we can say that TB - tuberculosis - ceased to exist, malaria ceased to exist, child malnutrition no longer a problem. So that's for people. But also we have had very successful policy of reconciliation at two levels, internal, among East Timorese, and East Timor and Indonesia. I interrupt here to ask you a question: was East Timor invaded and occupied by Japan during World War Two or not? Who knows?

So, some twenty years ago, when I was here once, I spoke somewhere - I don't remember the city - there was even a church leader, he was a protestant church leader, Japanese, he didn't know that Japan invaded East Timor as well. And he said, 'well, we invaded so many countries that I no longer know the names of all of them'. Well East Timor was invaded, occupied by Japan for 4 years. Then in 1975 it was Indonesia that invaded, occupied for 24 years. But, like in many situations, it is never clear, black and white that the good are always on the one side and the bad all on one side. Because among East Timorese people, many fought each other. Many collaborated with Indonesian army. Some collaborated with violence. Some collaborated only academically or politically, and that's not a crime. A crime is when you commit a crime of violence, killing people. But if someone tells me, you know, I believe East Timor should be part of United States. I believe East Timor should be part of Bolivia, or Japan, that is not a crime. That is a political idea. That is a dream. That an option. But when you say I want Timor-Leste to be part of Indonesia and I will kill anyone who disagrees - yeah that becomes already a crime. But in our case, we decide to forgive everyone who believed or supported Timor-Leste to be part of Indonesia. Today, in East Timor, you have many people who in the past who were on the side of Indonesia. They are in the parliament, some even in the government, in the police, in the army. Not a single person discriminated or persecuted. So that's national level. We managed to reconcile among the Timorese people. Second, reconcile with Indonesia. A bit like Japan and China; in the sense that Japan invaded and occupied China, and then the Chinese people and Japan leaders and people decide to reconcile through some process. Of course that hasn't happened between Japan and China, but it happened between ours and Indonesia. We decided as leaders to reconcile with Indonesia. Indonesian side responded positively, so they also came to meet us halfway. And we have today the best possible relationship between two countries in Asia. Timor-Leste and Indonesia have a better relation than Japan and China, better relation than Japan and South Korea, better relation than the United States and Mexico because they always fight each other, better relation than Poland and Germany. And that's true at the government level, and people-to-people level. In East Timor even though many thousands of Timorese were victims, thousands were victims, you don't find hatred towards Indonesia. Not a single case of any Indonesian citizen living in East Timor that is harassed by East Timorese neighbors, and we have many Indonesians living there: all walks of life from the street vendors, people who repair bicycles, people who repair shoes, mechanics, to bigger shops. There are many Indonesians there, not the slightest incident involved. But if you go to Kosovo you find Serbians who live in an enclave, very much afraid for their safety. Do you know where Kosovo is? Do you know where Kosovo is? Do you know where Kosovo is? Hello.

So we established a National Truth Commission to tell the truth about the violence of the history in Timor and a bilateral truth commission between Indonesia and Timor-Leste. The first time anywhere in the world where two countries involved in conflict they established a national commission. And that was an official body appointed by the Indonesian president, appointed by the Timorese president, among five top different academics, top judges, lawyers, in their individual capacity working together and then produce an official report that was signed by the two presidents. Japan and China should do that. Korea and Japan should do that. The US should do that with Vietnam, maybe one day with Cuba. Because as long as people do not have the courage, the vision, the integrity to know the truth, to tell the truth, to accept the truth, time and again you always have problems.

So, that was one of the success of East Timor. I will move on to the next topic and that is rising Asia, but I will brief on that. You have the speech, you can read more carefully at home with a dictionary. You go to Google, but be careful Google because sometimes it gives you very strange translations. So, don't trust 100% in Google translation. And because sometimes I have some Japanese friends they send me text messages in English or email - of course, because I know them, I know what they mean, but they got the translation from Google, and if I were to interpret it literally it wouldn't be necessarily what he or she meant. But you get the meaning. The reason why I talk about this topic, it's part of a book I am working on partly to shock leaders, people into thinking, into action, because we hear all the time about "the rising Asia", and when we hear about "the rising Asia" normally people automatically think we are referring to China, the rising China. Well, but if we talk about the rising Asia of the Asia century, 21st century - would it be the 21st century - I am a bit skeptical that this is going to be the Asia century. It could very well be still the American century. It still could be even be the Africa century. Don't underestimate the potential of Africa to rise fast in the next 30 years or so. Because Asia faces extraordinary political problems. Just look at the relationship between China, Japan and Korea. The three richest countries, most powerful countries in the Asia region working together settling the problems of the past 60 years ago, reconciling, building not only official relation, but people-to-people relation, strong, stable partnerships in dealing with various issues in the region, northeast Asia could drag, lead the rest of Asia into prosperity. But the three cannot even agree on some rocks, who owned those rocks, and then every time there is some disagreement about the rocks, they threaten World War Three on each other. So highly unlikely that you can forge a partnership that leads Asia to 21st century.

But besides that maybe the South China Sea problem could actually be resolved more easily. More difficult are the ethnic, religious tensions throughout Asia between India, Pakistan, throughout Southeast Asia. More difficult to deal with some of the Stone Age beliefs that prevailing in many parts of Asia. Fortunately, not in Indonesia, not in the Philippines, not in Thailand, Malaysia and so on. But you go to Pakistan, you go to India. Although I have great admiration for India, and I believe that India might even overtake China in 20, 30 years from now, but the caste system in India, in this 21st century, it's mind-boggling. How such a civilized country like India, home place of some of the greatest people, like Mahatma Gandhi, still have the untouchables. Still in many instances, Hindus - radical Hindus - persecute, murder Muslims. Then in Pakistan a girl look at a boy, she is killed by her own parents. In Pakistan, a girl is shot for daring to walk to school. Time again in Pakistan, in Afghanistan, girls are thrown acid at for going to school. Well, we have to resolve all these problems and many more before you can dream of a rising Asia century. The potential is there; science, technology mastered by Asians. But affordably, Indian nuclear weapons are targeted at a fellow Asian country: Pakistan. Pakistan nuclear weapons are targeted at a fellow Asian cousin: India. North Korea nuclear weapons are targeted at Japanese cousins. And somehow at the United States, in that the idiotic belief that North Korea can really be a threat to the United States. It's a bit like saying Timor-Leste can be a threat to Russia. So you have lunatics like in North Korea and in many parts of Asia, because in different scale. The lunatic in North Korea, he possess nuclear weapons, but you have lunatics in Pakistan, in Afghanistan, they are not state actors but can do tremendous damage to their respective countries. So that's some of the challenges that Asians, intellectuals, academics, leaders have to face, so that we don't feel too good when we hear some Asia academics call us saying, 'power shifting to Asia from the West'. Really from where? From Washington, obviously, shifting to where? To Beijing or New Delhi? Will China maintain the lead or will be overtaken by India? So these are questions that I intend to throw in my book.

Besides Asia is the most nuclearized region of the world. If not in terms of quantities of nuclear weapons, in terms of countries possessing nuclear weapons. In Latin America, no one has nuclear weapons, although Brazil could have if it wanted. Easy. It has an extraordinarily advanced nuclear science, nuclear energy, nuclear technology, but they don't have it. Africa, there are no nuclear weapons. In Asia, the only region in the world that some poor countries think this shortcut to superpower status is to have nuclear weapons. So North Korea, cannot feed its people, have nuclear weapons. Pakistan, it still faces extreme poverty: nuclear weapons. India, the same. Iran, people talk about the merit particularly that they have the intention to possess nuclear weapons. Then you have 40 to 50% of the world population live in Asia, taking more resources, until the water, food, pressure on the planet than any region of the world. Just the human activities, aside from industrialization. The damage done to forests in Asia, to the lakes, to the rivers, to the seas, to fish stock, is innumerable. But Asia has the knowhow, the money, liquidity to deal with all this problems if it wanted, if it had leadership.

So that's are my comments. I finish here. I apologize, if you have not really understood, but you look like you have understood everything and I be happy to answer questions, and I will ask some questions, particularly those sitting in front. When I was a student, I always sat in the back hiding behind a colleague so that the teacher wouldn't look, particularly in Math, Science classes that I didn't like. But in languages, in history, in geography, I was totally relaxed. So, I'm happy to answer questions.

Questions and Answers

＊ As for Questions-and-Answers, please refer to Japanese transcript.

A1 Well, because I'm not any longer a politician, I'm no longer president of my country, I'm not the foreign minister, I will tell you what I think. As much as I have very good friends, admire this country, particularly Japanese people, I also been to China many times, and I talk to Chinese leaders, Chinese people. And one - or Korea - one sentiment, very common in China, from leaders to people, young people, is the refusal on the part of Japan to truthfully, honestly deal with the facts of World War Two. And the reality is, time again, in Japan, politicians play with this. There is no real sincere expressions of regret about what happened to the Chinese people, what happened to Indonesian people, East Timorese, Filipinos, Malayans, Singaporeans, Burmese, all the countries in Asia that Japan invaded. Number one. Two, compare that with Germany, one of the greatest leaders in Europe that I always admire was Willy Brandt, second chancellor of Germany, post-World War Two chancellor. He went to Poland, he kneel down and apologized on behalf of the German people for World War Two. What a great statesman! And then, another German leader, he's still alive, Willy Brandt died already, former fellow president, Richard von Weizsäcker, he was a president in the '80s, he made a speech, the most, moral ethical speech of any European leader about German responsibility during World War Two. You should read that. It's an amazing speech of enormous courage and intellect. Well, you need that in Japan. You need a leader, who bow to the people of Asia, that were victims of Japanese aggression and occupation, and apologize. That would be the starting point. Without that, you'll see a lot of anger. Give you an example. Timor-Leste, from day one, we supported Japan's permanent membership for the Security Council. Because I was foreign minister, I argued that Timor-Leste should support Japan as a permanent member of the Security Council, together with other countries like India, Brazil in Latin America, Germany in Europe. But the Chinese side completely objected to it. The Chinese side was not very impressed with the Timor-Leste position in supporting Japan. So we have a great admiration for Japan. We always work well with Japan. We had - but there are certain truths that people have to tell Japan. And you cannot invade a country, slaughter millions, cause so much destruction, and then back home rewrite history. So that's my honest truthful answer to you.

A2 Our constitution establishes two official languages: Tetum, the number one, Tetum. It's a Malay-based language, Malay origin with lots of Portuguese words now into Tetum. A bit like Bahasa Indonesia has lots of Portuguese words also. In Portuguese, 'table' we say 'mesa', in Tetum, we say 'mesa', Portuguese, in Bahasa Indonesia, they say 'meja'. So Bahasa Indonesia and Tetum, which is Timorese main language now, a lot of Portuguese influence. Tetum has more Portuguese words than Bahasa Indonesia. Bahasa Indonesia developed over the generations into a modern, vibrant, fully functional language. Tetum, we are still developing it. We have a Tetum language institute that is modernizing Tetum language. The other language is Portuguese. Five hundred years of Portuguese presence in Timor left strong influence, but particularly in religion. 97% of the people in East Timor are Catholics. That's from Portuguese presence. Then we have a constitution also. The constitution says we have two working languages: Bahasa Indonesia and English. East Timorese people speak lots of languages. Easy. Unlike Japanese, unlike the Koreans, unlike the Australians, or the Americans, you know, difficult to find an Australian speaks more than English. Or an American speaks more than English. Or a French speaks more than French. Just French. East Timorese - any East Timorese born in a village, in a town, he or she easily speak three languages. His native dialect - mother language, mother tongue can be Mambai, Fataluku, Kemark, Habun, Galoli, Baikeno. Very distinct language. Second, of two first languages is the mother tongue, then Tetum. And then, more than 30%, close to 40% speak Bahasa Indonesia. So three languages, very common. We have many Timorese working in Korea, South Korea, not North, we don't have any relations with North Korea. I'm 100% on the side of South Korea. No relations with North Korea. We do have formal diplomatic relations only with North Korea, but active relations with South Korea. We have more than one thousand people, young people, working there. They all speak Korean fluently. We had seven hundred Timorese youth went to Cuba to study medicine. You know how long it took them to study Spanish? 3 months. Very fluent in Spanish. We have Timorese in the Philippines. More than one hundred in universities. Besides English, they speak Tagalog. And in China, we have Timorese there. In one year they speak Chinese, Mandarin, very fluent. So Timorese are very gifted. There is a Timorese priest. He works in Rome, he speaks the most languages in the world that I know of. He speaks 13 languages. One three. One three. 13 languages. Father Filomeno João Inocencio. He did his PhD. He did two PhDs. Defense thesis in one day, in German and French. With a jury from Sorbonne, and another jury from a German university. He had to defend his thesis in two languages, switching to French and German. So, only for non-Timorese, the language issue is confusing. So often I'm asked questions about this from Australians, from Americans, I say, it's easy, it's you people who are confused not East Timorese, because East Timorese speak languages easily. One day, another 10 years, East Timorese would be the people will be speaking most languages in the whole Southeast Asia, if not in Asia. Because Timorese young very open-minded. And I'm telling this not because I'm too proud to be - no, I'm impressed with the young generation. They adapt easily, anywhere, and that's very important for a nation, for a country to be open-minded. Preserving your culture, your identity, but absorb any knowledge that you can able to. So that's how - in answer to your question - how did language policy will evolve? I personally believe that besides Tetum and Portuguese, East Timorese should adopt also Bahasa Indonesia as official language. We should have three official languages. Bahasa Indonesia is working language in the Constitution, but it should go up to the level of official language. Will that be too much? No, Singapore has four official languages, South Africa, I think, nine languages, Switzerland four languages. So what's the problem? The question is, you know, in the elementary level, you know, what language of instruction. But that educators will find a way how to deal with that. Politicians have to know, you know, what are the facts on the ground, the issues: we have Bahasa Indonesia that is spoken by almost 40%. Indonesia, 250 million next door, good relations, people moving back and forth all the time between Indonesia and East Timor. So, it's a bit silly not to have Bahasa Indonesia as the official language. And we have great relationship, so why not. Even if we didn't have relationship, you cannot because of not - there is no relationship you do not learn the other country's language. No. But we do even have excellent relationship. But this still an ongoing brainstorming. Timor, maybe next year, the parliament might actually consider my suggestion. Because I suggest it already two years ago, three years ago, to our minister of education, to the prime minister at the time.

A3 Thank you for your question. It helps me elaborate a bit more on our philosophy, or our policies. In '99, current prime minister, at the time he was still in prison, in Indonesia, Xanana Gusmão, he wrote a letter to a Japanese leader - I don't if you remember her - Doi Takako. She's no longer in parliament, but she was a socialist Diet member and big friend of Timor-Leste. And Xanana Gusmão said, East Timor will not demand in independence material compensation from Japan for the World War Two invasion and occupation. And Timor-Leste remains the only country in Asia, invaded and occupied by Japan, that never demanded from Japan an official apology or compensation. Because for you - and I stated this in a speech in the UN General Assembly in 2004, I think, and when I argue in support of Japan for Permanent Security Council, I stated, hey, Japan because of World War Two paid a heavy price. The only country in the world that had - became victim of nuclear bombs, Hiroshima and Nagasaki. Second, immediately after World War Two, an International Tribunal was established. One, in Germany, the Nuremberg Tribunal, and in Japan, the Tokyo Tribunal. Those directly implicated in World War Two, found guilty, were sentenced according to the principal and statues of the Tokyo tribunal. Many Japanese suffer the consequence of the war, the lingering problems of radiation, Hiroshima and Nagasaki, till today. Total physical devastation. But Japan always very resilient people; resurrected from the ashes of World War Two, rebuild your country. By the '60s Japan was already recovering and soon after its recovery it began to help countries in Asia, Africa and Latin America. So I said, you know, there are countries that have ways to apologize. Maybe Japanese way of apologizing was, first, we accept the defeat. The defeat was there. There was a trial, Tokyo tribunal. The punishment, you know, that no country in the world had nuclear weapons, and then help others. So we thought, and I said that in my speech. The Chinese were not very pleased with my speech, and I said let us not keep digging back the issues of 60 years ago. But that our perspective, not the perspective of the Chinese or the Koreans. So, we deal with it like that. For us, no issue with Japan in regard to World War Two. That East Timor position. It is not the Chinese position, it is not Korea's position, or maybe other countries in the region. But then you have the individuals, victims, like the sex slave, World War Two. Many probably already, most died already. I met a Timorese old lady. She was in her eighties. Even before I became foreign minister, I was the transition foreign minister during the transition in Timor-Leste. She was eighty-something years old. She came to my office, because she was going to Holland. Taken by some NGOs, for some international conference on 'Sex Slave: World War Two', in Holland. Very dignified old lady from Maliana. She never travelled outside her village. Never got into a plane. So when she came back, I asked her, how was your experience with the plane. She said, 'What: it was like a house! I was sitting there.' And she said, 'I was very surprised, all these white women serving me. I never had a white woman serving me. So nice!' And that was all her - what she remembered and her great adventure going to Holland. But I asked her, personally I asked her, 'what do you feel about what happened to you and many other Timorese women?' And her answer reinforced what I believed at the time and Xanana Gusmão believed. She said, 'that was long ago. It was war. And today, the Japanese government helping us.' Because at the time, '99, 2000, Japan was in full force with Australia, US, others, helping East Timorese recovery. So for her that was it. A lesson from a poor, humble direct victim, survivor. She saw the way to help was to help the whole country. You know, not only her individually. So that was my conversation with her. I think she passed away already. So that's how we deal with it. We don't expect - but for the rest of the Asia, for China, maybe this issue would be once and for all settled if there was a formal apology. But in a solemn way, you know, you cannot - and I have to say it is not only Japan that has this difficulties of apologizing. Americans, the US, find it difficult to apologize for slavery. Some 20 or 30 years ago, a good friend of mine, a US congressman, his name is Tony Hall, Tony, that's easy, Hall. Congressman from Ohio, Democrat, but conservative. He tried a resolution in the US Congress to apologize for slavery. Well, it didn't go very far. Overwhelming majority rejected it. We have nothing to apologize for. The resolution was not even put to a vote. The French never apologized for Algeria. More than a million people killed in Algeria. The US never apologizes to Vietnam, Cambodia. The British never apologize for anything, and they create a lot of problems in the world. So, it is not only Japan that have difficulties you know. And I sometimes don't understand why, people, leaders don't understand the importance of showing like Willy Brandt did.

A4　A, on the issue of globalization, it has its great advantages, benefits for humanity as it also has had many nefarious, negative impact. Globalization makes transfer of monies, investments, etc., easier overnight. But overnight also, economies can be ruined because of globalization. Because of decisions made in Europe, or London, it affects many and many around the world. But globalization is what also makes us much more interconnected, interdependent but when we're interconnected, we're interdependent, we're also mutually vulnerable. But particularly vulnerable are the smaller, poorer countries in relation to the larger ones. The larger ones are the ones that benefit more from globalization. The smaller ones just have to know how to benefit, survive. And Singapore is a very good example of how a small country can benefit from globalization. You know, Singapore has no land. It's a city state. They even have to buy water from Malaysia, and yet it is one of the most prosperous, stable countries in the world. And that thanks to the vision of the leadership and the enormous resilient hard work nature of the people, particularly because they know they are very vulnerable. You have to excel in every field. In some ways, Japan, is like that. Japan has no - well, small land. Population not so small. No oil, no minerals, and yet is one of the richest countries in the world. And that has to do with knowledge, with education, and hard work. So, that's what we all have to do. For East Timor to survive in the next 20 years, it has to educate and educate and educate our people. When one day we no longer have oil and gas, we have the people, everyone with a Master's degree, with PhD. Hopefully, not everybody with a Ph.D. or Masters in Philosophy. It doesn't, you know, get you very far, and, you know, besides Philosophy, maybe majority should be in novelty in Science, technology and things like that you know. Singapore has not been successful because of Philosophy, not because of Humanities, South Korea, Japan were the same. So, let us move on to the issue of minorities. Well, I just came from Bangladesh. I was there for few days, on a private visit. A bit like here, I gave some talks there. Met with the prime minister of Bangladesh, many other friends. Met with Muhammad Yunus. Have you heard of Muhammad Yunus? Yes, Grameen Bank. He is the founder of Grameen Bank. Nobel Peace Prize laureate of 2006. I was the one nominated in that year - I know him for a long, long time. And we talk about the problem of the Rohingya in Myanmar. Well, it's one of the most neglected, persecuted, rejected minorities in the world today. I told Secretary General Ban Ki Moon some time ago when we were chatting I said it reminds me of how the Europeans persecute, reject the gypsies in Europe. The way the French kick out the gypsies from France, the way the Czech Republic create a modern ghetto to enclose the gypsies. Of course, not to the European treatment of gypsies not as bad as the way the Rohingya are treated in Myanmar. And Myanmar is majority Buddhist, supposedly a religion of compassion. But even monks in Myanmar were involved directly in the violence against that ethnic and religious minority. But that's not the only situation of minorities in the world. You know, one of the ongoing minority problems that have been going there for centuries are the indigenous peoples. In Australia, aborigines. Of course, the Australian government today does not pursue the policies of two hundred years ago, or hundred years ago, but they still not able to really address the problem of aborigine people. You can pour money, a lot of money by the Federal government, the State government for the aboriginal communities, but life expectancy of the aborigine in Australia is less than East Timor. The aborigines in Australia, they live in a very rich country. Life expectancy of aborigine in Australian is 10 years less than East Timor. Is it because the Australian government is not generous? No, it has nothing to do with money. It has to do with - when a people, that's aborigines of Australia, feel excluded, dispossessed in their culture, their identity. So what you do? You refuse - what they do? They drink. They're angry, but they're a very peaceful people. So, you're angry, you don't do any violence, you just drink, kill yourself. It happened with Native Americans in US. And in Brazil, one of my favorite countries in the world, but time and again, as more the big, big ranchers - agriculture people, Brazil is today probably the biggest agricultural country in the world in terms of export - they take more and more land in the Amazons, dispossessing the people in Amazon, the indigenous people. It happens all over. So, while there was some debate about it many years ago in the UN. Today, there is very little talk about how to continue with the efforts to educate people to have religious relation, protection, in a country with indigenous peoples. Some progress has been made, you know, many years ago it would be unthinkable that an indigenous person in Bolivia would be elected president. You know, that is already a major step, because that gives maybe more power more hope to the people there. So that's my - I hope that was the question. I thank you.

注

★1　本稿は 2012 年 11 月 27 日にジョゼ・ラモス＝ホルタ氏によって南山大学名古屋キャンパスで行われた講演録である。当日の講演は英語で行われており、本稿では英語の講演録とともに日本語訳を併載した。

執筆者紹介（掲載順）

川島　正樹→奥付ページ

木村　靖二（きむら・せいじ）

1943 年生。1965 年東京大学文学部卒業。東京大学大学院人文科学研究科博士課程中退。
現在、東京大学名誉教授、大学評価・学位授与機構名誉教授。
主な著作：1)『第一次世界大戦』（筑摩書房、2014 年）、2)『世界の歴史〈26〉世界大戦と現代文化の開幕』（共著、中央公論新社、2009 年）、3)『二つの世界大戦』（山川出版社、1996 年）ほか。

永井　　和（ながい・かず）

1951 年生。1974 年京都大学文学部卒業。1979 年京都大学大学院文学研究科博士課程退学。博士（文学・京都大学）。
現在、京都大学教授。
主な著作：1)『日中戦争から世界戦争へ』（思文閣出版、2007 年）、2)『青年君主昭和天皇と元老西園寺』（京都大学学術出版会、2003 年）、3)『近代日本の軍部と政治』（思文閣出版、1993 年）ほか。

川田　　稔（かわだ・みのる）

1947 年生。1971 年岡山大学法文学部卒業。1978 年名古屋大学大学院文学研究科博士後期課程満期退学。博士（法学・名古屋大学）。
現在、日本福祉大学教授、名古屋大学名誉教授。
主な著作：1)『昭和陸軍全史 2　日中戦争』（講談社、2014 年）、2)『昭和陸軍全史 1　満州事変』（講談社、2014 年）、3)『昭和陸軍の軌跡——永田鉄山の構想とその分岐』（中央公論新社、2011 年、第 21 回山本七平賞受賞）ほか。

秋元　英一（あきもと・えいいち）

1943 年生。1966 年東京大学経済学部卒業。1972 年東京大学大学院経済学研究科博士課程単位取得退学。博士（経済学・東京大学）。
現在、千葉大学名誉教授。
主な著作：1)「アメリカ大恐慌下における経済政策ビジョンをめぐるエリートと民衆の交錯」（『歴史と経済』政治経済学・経済史学会、2010 年 4 月）、2)『世界大恐慌——1929 年に何がおこったか』（講談社、2009 年）、3)『アメリカ 20 世紀史』（共著、東京大学出版会、2003 年）ほか。

川成　　洋（かわなり・よう）

1942 年生。1966 年北海道大学文学部卒業。1969 年東京都立大学英文学専攻大学院修士課程修了。博士（社会学・一橋大学）。
現在、法政大学名誉教授。
主な著作：1)『ジャック白井と国際旅団——スペイン内戦を戦った日本人』（中公文庫、2013 年）、2)『スペイン内戦——政治と人間の未完のドラマ』（講談社学術文庫、2003 年）、3)『スペイン戦争青春の墓標——ケンブリッジの義勇兵たちの肖像』（東洋書林、2003 年）ほか。

王　　暁葵（Wang Xiaokui）
1964年生。1985年南京大学中文系卒業。2001年名古屋大学大学院国際開発研究科国際協力専攻博士後期課程修了。博士（学術・名古屋大学）。
現在、華東師範大学教授。
主な著作：1)「戦争体験はどのように伝承されるのか」（『比較民俗学研究』第27号、2012年6月）、2)「遺骨のゆくえ――中国における戦争、災害、事件の死者をめぐって」（『民俗文化研究』第11期、民俗文化研究所、2011年2月）、3)『記録と記憶の比較文化史』（共著、名古屋大学出版会、2005年）ほか。

油井大三郎（ゆい・だいざぶろう）
1945年生。1968年東京大学教養学部卒業。1974年東京大学大学院社会学研究科博士課程単位取得退学。博士（社会学・一橋大学）。
現在、東京女子大学特任教授、東京大学名誉教授、一橋大学名誉教授。
主な著作：1)『好戦の共和国 アメリカ――戦争の記憶をたどる』（岩波書店、2008年）、2)『なぜ戦争観は衝突するか――日本とアメリカ』（岩波現代文庫、2007年）、3)『未完の占領改革――アメリカ知識人と捨てられた日本民主化構想』（東京大学出版会、1989年）ほか。

和田　春樹（わだ・はるき）
1938年生。1960年東京大学文学部卒業。
現在、東京大学名誉教授。
主な著作：1)『デジタル記念館　慰安婦問題とアジア女性基金』（村山富市と共編、青灯社、2014年）、2)『日露戦争　起源と開戦』上下（岩波書店、2009年、2010年）、3)『ある戦後精神の形成　1938-1965』（岩波書店、2006年）ほか。

金　　光旭（Kim Kwangwook）
1954年生。1981年韓国、延世大学神学部卒業。1991年名古屋大学大学院法学研究科博士後期課程満了。博士（法学・名城大学）。
現在、岐阜経済大学兼任講師。
主な著作：1)『比較安全保障』（共著、成文堂、2013年）、2)『新自由主義に揺れるグローバル・サウス』（共著、ミネルヴァ書房、2012年）、3)『民主化過程の選挙――地域研究から見た政党・候補者・有権者』（共著、行路社、2010年）ほか。

バウエンス（中村）　仁美（ばうえんす・なかむら・ひとみ）
1986年生。2010年南山大学外国語学部卒業。2013年南山大学国際地域文化研究科修士課程修了。
現在、南山大学大学院国際地域文化研究科博士後期課程。
主な論文：1) “Changes in United States Perceptions of Atomic Bombings in Historical Perspectives: A Look at American Historical Textbooks”（『南山大学国際地域文化研究科紀要』第8号、2013年3月）、2)「沖縄戦の記憶と記録――テキサス州で採択された教科書をもとに」（『南山大学国際地域文化研究科紀要』第9号、2014年3月）、3)「『硫黄島の戦い』をめぐる米国の記憶――歴史教科書における記述の変遷」（『南山大学国際地域文化研究科紀要』第10号、2015年3月）

大竹　弘二（おおたけ・こうじ）

1974年生。1997年早稲田大学政治経済学部卒業。2005年東京大学大学院総合文化研究科博士課程単位取得満期退学。博士（学術・東京大学）。

現在、南山大学外国語学部准教授。

主な著作：1）『岩波講座　政治哲学4　国家と社会』（共著、岩波書店、2014年）、2）『正戦と内戦――カール・シュミットの国際秩序思想』（以文社、2009年）、3）『グローバル化の行方』（共著、新世社、2004年）ほか。

小林　純子（こばやし・すみこ）

1978年生。2002年東京外国語大学外国語学部卒業。2010年パリ第5大学大学院人文社会科学研究科教育科学専攻博士課程修了。博士（教育学・パリ第5大学）。

現在、南山大学外国語学部准教授。

主な著作：1）『児童の放課後活動の国際比較』（共著、福村出版、2012年）、2）『学校選択のパラドックス』（共著、勁草書房、2012年）、3）『フランス教育の伝統と革新』（共著、大学教育出版、2009年）ほか。

中野　涼子（なかの・りょうこ）

1975年生。1998年南山大学外国語学部卒業。2000年神戸大学大学院国際協力研究科修士課程修了。2002年アバリストゥイス大学大学院国際政治研究科修士課程終了。2005年オックスフォード大学大学院政治・国際関係論研究科博士課程修了。D.Phil.（International Relations・University of Oxford）

現在、シンガポール国立大学助教授、南山大学社会倫理研究所非常勤研究員。

主な著作：1）*Beyond the Western Liberal Order: Yanaihara Tadao and Empire as Society*（Palgrave Macmillan、2013）、2）“The Sino-Japanese Territorial Dispute and Threat Perception in Power Transition”（*The Pacific Review*, March 2015）、3）“Nostalgic Asianism in Postwar Japan: The TV Drama Kaiketsu Harimau”（*Electronic Journal of Contemporary Japanese Studies*, March 2014）ほか。

Ve-Yin Tee（鄭 維英）

1971年生。1996年キングス・カレッジ・ロンドン大学人文・文化学部卒業。2005年ヨーク大学英文学部・文学研究科博士課程修了。PhD（English Literature・University of York）。

現在、南山大学外国語学部講師。

主な著作：1）*Coleridge, Revision and Romanticism*（Continuum, 2009）、2）*On Donuts and Telekinesis*（Rank, 2014）ほか。

五百旗頭真（いおきべ・まこと）

1943年生。1967年京都大学法学部卒業。1969年京都大学大学院法学研究科修士課程修了。博士（法学・京都大学）。

現在、熊本県立大学理事長、公益財団法人ひょうご震災21世紀研究機構理事長。前防衛大学校長。

主な著作：1）『日本は衰退するのか』（千倉書房、2014年）、2）『日米戦争と戦後日本』（大阪書籍、1989年〔後に講談社学術文庫、2005年再刊〕、吉田茂賞受賞）、3）『米国の日本占領政策――戦後日本の設計図　上・下』（中央公論社、1985年、サントリー学芸賞受賞）ほか。

冨山　一郎（とみやま・いちろう）
1957年生。1982年京都大学農学部卒業。1989年京都大学博士後期課程農学研究科農林経済学単位取得満期退学。博士（農学・京都大学）。
現在、同志社大学教授。
主な著作：1）『流着の思想――「沖縄問題」の系譜学』（インパクト出版会、2013年）、2）『増補　戦場の記憶』（日本経済評論社、2006年）、3）『暴力の予感』（岩波書店、2002年）ほか。

豊下　楢彦（とよした・ならひこ）
1945年生。1969年京都大学法学部卒業。同年京都大学法学部助手。博士（法学・京都大学）。
現在、元関西学院大学教授。
主な著作：1）『「尖閣問題」とは何か』（岩波書店、2012年）、2）『昭和天皇・マッカーサー会見』（岩波書店、2008年）、3）『集団的自衛権とは何か』（岩波書店、2007年）ほか。

山倉　明弘（やまくら・あきひろ）
1952年生。1975年天理大学外国語学部卒業。1983年テキサス大学大学院アメリカ研究科修士課程修了。修士（Master of Arts・テキサス大学）。
現在、天理大学教授。
主な著作：1）『市民的自由――アメリカ日系人戦時強制収容のリーガル・ヒストリー』（彩流社、2011年）、2）イアン・ティレル『トランスナショナル・ネーション　アメリカ合衆国の歴史』（藤本茂生・吉川敏博・木下民生と共訳、明石書店、2010年）、3）“The United States-Japanese War and Tenrikyo Ministers in America,” *Issei Buddhism in the Americas*, edited by Duncan Ryuken Williams and Tomoe Moriya（University of Illinois Press, 2010）ほか。

藤本　　博（ふじもと・ひろし）
1949年生。1973年愛知県立大学外国語学部卒業。1982年明治大学大学院政治経済学研究科博士課程単位取得満期退学。博士（国際関係学・立命館大学）。
現在、南山大学外国語学部教授。
主な著作：1）『ヴェトナム戦争研究――「アメリカの戦争」の実相と戦争の克服』（南山大学学術叢書、法律文化社、2014年）、2）『冷戦と同盟――冷戦終焉の視点から』（共著、松籟社、2014年）、3）『東アジアの歴史摩擦と和解可能性――冷戦後の国際秩序と歴史認識をめぐる諸問題』（共著、凱風社、2011年）ほか。

川崎　　哲（かわさき・あきら）
1968年生。1993年東京大学法学部卒業。1998～2002年NPO法人「ピースデポ」スタッフ・事務局長、2003年～ピースボートスタッフ。
現在、ピースボート共同代表、核兵器廃絶国際キャンペーン（ICAN）国際運営委員。
主な著作：1）『核拡散――軍縮の風は起こせるか』（岩波書店、2003年）、2）『核兵器を禁止する』（岩波書店、2014年）、3）“Japan’s Decision on Collective Self-Defense in Context”（The Diplomat , co-authored with Celine Nahory, October 3, 2014）ほか。

編者紹介
川島　正樹（かわしま まさき）
1955年生。1979年京都大学文学部卒業。1988年立教大学大学院文学研究科博士後期課程単位取得満期退学。博士（文学・京都大学）。
現在、南山大学外国語学部英米学科教授、南山大学アメリカ研究センター長。
主な著作：1)『アファーマティヴ・アクションの行方――過去と未来に向き合うアメリカ』（名古屋大学出版会、2014年)、2)『アメリカ市民権運動の歴史――連鎖する地域闘争と合衆国社会』（名古屋大学出版会、2008年)、3)『アメリカニズムと「人種」』（名古屋大学出版会、2005年）ほか。

2015年度南山大学地域研究センター共同研究
研究代表者　川島正樹

記憶の共有をめざして
第二次世界大戦終結70周年を迎えて

2015年8月10日　初版第1刷印刷
2015年8月15日　初版第1刷発行

編　者――川島正樹
発行者――楠本耕之
発行所――行路社 Kohro-sha
520-0016 大津市比叡平 3-36-21
電話 077-529-0149　ファックス 077-529-2885
郵便振替　01030-1-16719
装　丁――仁井谷伴子
組　版――鼓動社
印刷・製本――モリモト印刷株式会社

ISBN978-4-87534-381-3 C3021